연시조 작품론 일반

연시조 작품론 일반

양희철

결속, 종결, 구조, 주제 등을 중심으로

도서출판 월인

머리말

이 책『연시조 작품론 일반(連時調 作品論 一斑) : 결속, 종결, 구조, 주제 등을 중심으로』는 연시조의 주제와 구조를 좀더 분석적으로 논리적으로 이해하기 위하여 썼다.

연시조를 읽으면서 제일 먼저 직면하는 것이 주제와 구조의 문제이다. 구조를 이루는 단락들이 각각 단시조 1수로 구성된 단순한 구조를 가진 몇몇 연시조들의 경우에, 그 구조와 주제의 파악은 매우 쉽다. 그러나 구조를 이루는 단락들의 일부 또는 전체가 단시조 2수 이상으로 구성된 복잡한 구조를 가진 적지 않은 연시조들의 경우에, 그 구조와 주제의 파악은 그렇게 쉽지 않다.

그러면 이 복잡한 구조를 논리적으로 분석적으로 쉽게 이해하거나 설명할 수 있는 방법은 무엇인가? 이 문제의 해결 방법은 쉽게 발견할 수 없는 것 같이 보였다. 그러나 문제가 복잡한 구조, 즉 구조를 이루는 단락들의 일부 또는 전체가 단시조 2수 이상으로 구성된 복잡한 구조에 있다는 사실은, 문제의 해결 방법을 암시해준다. 바로 단락내의 단시조들을 한 단락으로 묶는 단락내 결속과 한 단락의 마감을 보여주는 종결이다. 그리고 이 단락내 결속과 종결은 범위를 확대하면, 단락간의 결속과 종결이 된다.

이 결속과 종결에 기초한 구조와 주제를 파악하는 방식으로, 연시조들을 연구하여 왔다. 특히 결속과 종결을 문체들(반복표현, 일탈표현, 대칭표현 등등)을 통하여 정리하는 방식으로, 대칭표현을 보여준 연시조 28

편과 이 작품들의 해석에 도움을 주는 작품 2편[〈강호사시가〉(맹사성), 악장가사의 〈오륜가〉]의 결속, 종결, 구조, 주제 등을 검토하여 왔다. 이렇게 검토해온 글들을 이 책으로 묶으면서, 개별적으로 보았을 때는 보이지 않던 것들을, 전체적으로 보면서 수정 보완을 할 수 있었다. 그리고 그간 검토해온 연시조 29편의 내용만으로도 나머지 작품들을 어느 정도 가늠할 수 있다고 판단하여 책의 이름을 『연시조 작품론 일반(連時調 作品論 一斑) : 결속, 종결, 구조, 주제 등을 중심으로』로 하였다.

이 책에서 정리한 연시조 29편의 결속, 종결, 구조, 주제 등은 이 자체만으로도 필자의 즐거움이다. 게다가 이에 포함된 구조의 정리에는 주목할 만한 두 가지의 사실도 포함되어 있다. 하나는 대칭표현들과 대칭적 구조들을 연시조의 연구에서 처음으로 정리하였다는 사실이다. 이 대칭표현과 대칭적 구조는 표지의 화면 〈일월오봉도 삽병〉은 물론 조선조의 궁궐, 서원, 사찰 등등에서 보편적으로 보이는 문화 현상이다. 다른 하나는 연시조의 부분을 떼어서 연시조로 수용하기도 하고, 붙여서 연시조로 수용하기도 하는 탈착형(脫着形)의 연시조들을 처음으로 정리했다는 사실이다. 이 탈착형의 구조는 〈용비어천가〉와 판소리에서도 흔히 발견되는 문화 현상이다. 이런 사실들과 정리들은 필자가 이 책을 내면서 즐거워하는 것들이다.

이 즐거움을 향유할 수 있게 이끌어 주신 선생님들께 감사를 드린다. 그리고 항상 물심양면으로 옆에서 공부를 도와주고 있는 집사람에게 다시 한 번 고마움을 표한다.

끝으로 좋은 책을 만들어 주신 도서출판 월인의 박성복 사장님께 감사를 표한다.

2016년 6월 8일

우암산록에서 필자

차례

머리말 5

제1부 사시가 계통

맹사성의 〈강호사시가〉 15
1. 서론 15
2. 결속과 종결 18
3. 배경시공간의 구조 20
4. 논리적 구조와 주제 23
5. 결론 27

황희의 〈사시가〉 31
1. 서론 31
2. 결속과 종결 33
3. 배경시간의 구조 35
4. 논리적 구조와 주제 36
5. 결론 40

신계영의 〈전원사시가〉 42
1. 서론 42
2. 〈사시〉 텍스트 45
3. 〈제석〉 텍스트 60
4. 〈사시+제석〉 텍스트 64
5. 결론 75

이휘일의 〈전가팔곡〉 79
1. 서론 79
2. 〈원풍〉 텍스트와 〈춘하추동〉 텍스트 82
3. 〈신오석〉 텍스트 90
4. 〈원풍+춘하추동+신오석〉 텍스트 94
5. 결론 102

제2부 오륜가 계통

『악장가사』와 주세붕의 〈오륜가〉 109
1. 서론 109
2. 『악장가사』의 〈오륜가〉 112
3. 주세붕의 〈오륜가〉 119
4. 결론 125

박선장과 김상용의 〈오륜가〉 127
1. 서론 127
2. 박선장의 〈오륜가〉(1) 128
3. 박선장의 〈오륜가〉(2) 132
4. 김상용의 〈오륜가〉 136
5. 결론 141

박인로의 〈오륜가〉 143
1. 서론 143
2. 부자유친과 군신유의 146
3. 부부유별과 형제유애 160
4. 총론 173
5. 결론 177

제3부 육가 계통

이황의 〈도산십이곡〉 183
1. 서론 183
2. 〈도산육곡1〉(언지)의 텍스트 186
3. 〈도산육곡2〉(언학)의 텍스트 210
4. 〈도산십이곡〉의 텍스트 232
5. 결론 236

이정의 〈풍계육가〉 241
1. 서론 241

2. 결속과 종결 242
3. 배경시공간의 구조 245
4. 논리적 구조와 주제 247
5. 결론 253

정철의 〈주문답〉 255
1. 서언 255
2. 결속과 종결 255
3. 구조와 주제 257
4. 결언 259

정광천의 〈술회(가)〉와 〈병중술회가〉 261
1. 서론 261
2. 이본의 비교 262
3. 〈술회(가)〉의 3종 텍스트 268
4. 〈병중술회가〉 282
5. 결론 285

제4부 구곡가 계통

이이의 〈고산구곡가〉 293
1. 서론 293
2. 결속과 종결 298
3. 배경시공간의 구조 307
4. 논리적 구조와 주제 315
5. 결론 344

권섭의 〈황강구곡가〉 352
1. 서론 352
2. 결속과 종결 353
3. 배경시공간의 구조 360
4. 논리적 구조와 주제 362
5. 결론 377

유박의 〈화암구곡〉 380
1. 서론 380
2. 결속과 종결 382
3. 배경시공간의 구조 391
4. 논리적 구조와 주제 401
5. 결론 410

나위소의 〈강호구가〉 413
1. 서론 413
2. 3수의 세 텍스트 416
3. 전후6수의 텍스트 425
4. 9수의 텍스트 433
5. 결론 438

제5부 기행가 계통

신교의 〈동유음〉과 〈북정음〉 445
1. 서언 445
2. 결속과 종결 445
3. 구조와 주제 449
4. 결언 450

박순우의 〈동유록〉 453
1. 서론 453
2. 결속과 종결 453
3. 배경시공간의 구조 456
4. 논리적 구조와 주제 458
5. 결론 461

유심영의 〈남강유희가〉 463
1. 서언 463
2. 결속과 종결 463
3. 구조와 주제 465
4. 결언 468

第6部 기타(1)

윤선도의 〈오우가〉 473
1. 서론 473
2. 결속과 종결 475
3. 처신의 수사 485
4. 배경시공간의 구조 496
5. 논리적 구조와 주제 501
6. 결론 516

권구의 〈병산육곡〉 521
1. 서론 521
2. 결속과 종결 523
3. 배경시공간의 구조 528
4. 논리적 구조와 주제 531
5. 결론 538

권익륭의 〈풍아별곡〉 542
1. 서론 542
2. 7종 텍스트의 구조 개관 544
3. 6곡 텍스트의 결속과 종결 551
4. 6곡 텍스트의 구조와 주제 555
5. 결론 566

위백규의 〈농가(구장)〉 570
1. 서론 570
2. 〈전6수〉의 텍스트 573
3. 〈후3수〉의 텍스트 590
4. 〈전6수+후3수〉의 텍스트 593
5. 결론 607

안민영의 〈매화사〉 611
1. 서론 611
2. 결속과 종결 616

3. 문학적 구조와 주제 625
4. 문학적 구조와 음악적 구조의 관계 655
5. 결론 661

제7부 기타(2)

강복중의 〈방진산군수가〉 671
1. 서언 671
2. 결속과 종결 671
3. 배경시공간의 구조 675
4. 논리적 구조와 주제 678
5. 결언 680

이미의 〈근답강복중영언〉 683
1. 서언 683
2. 결속과 종결 683
3. 구조와 주제 687
4. 결언 692

이정환의 〈비가(십수)〉 694
1. 서론 694
2. 결속과 종결 696
3. 구조와 주제 700
4. 형식의 사적 맥락 706
5. 결론 711

참고문헌 713

찾아보기 732

제1부

사시가 계통

맹사성의 〈강호사시가〉

1. 서론

이 글은 초기 연시조인 〈강호사시가〉의 결속, 종결, 구조, 주제 등을 정리하는 데 연구의 목적이 있다.

〈강호사시가〉에 대한 선행 연구는 상당히 많은데, 창작 시기, 단시조의 구조, 연시조의 구조, 내용과 주제, 장르적 성격, 시조사적 의미 등으로 정리할 수 있다.

맹사성(1360~1438)이 지은 〈강호사시가〉의 창작 시기는, 다르게 본 경우[1]도 있지만, 거의 모든 선행 연구들(조윤제 1937, 김흥규 1981;1984, 여기현 1988, 이종주 1990, 이형대 1997)에서 맹사성의 만년으로 보고 있다.

〈강호사기가〉에서 단시조의 구조에 대한 선행 연구들은, [강호(江湖)에 (봄, 여름, 가을, 겨울)이 드니 …… 이몸이 (○○)○○히 옴도 역군은(亦君恩)이샷다]의 틀을 중심으로 행해졌다. 김흥규가 초장의 '풍성하고 너그러운 강호 세계', 중장의 강호에서 이루어지는 '생활의 모습', 종장의 '포괄적 인식' 등으로 정리[2]한 이래, 정원표(1992), 신연우(1999), 양

---

1 드물지만, 맹사성의 젊은 시절인 좌절기[조선 건국(1392) 이후에서 재출사(1394) 이전]로 본 주장(김명준 2005)이 나오기도 했다.

2 "매수의 초장에서 우리는 풍성하고 너그러운 강호 세계의 모습을 본다. … 이 속에서

희찬(2004) 등에 의해 논의가 계속되어 왔다. 4수에 표현된 초장, 중장, 종장 등의 내용들을 각각 하나로 묶고 있는데, 그 논리적 설명이 부분적으로 명확하지 않다.

〈강호사시가〉에서 연시조의 구조에 대한 선행 연구들은, 배경시간의 구조와 논리적 구조의 측면에서 행해졌다. 배경시간의 구조에서는 춘하추동의 순차적 진행과 순환성이 송팔성(1991)과 김신중(1992)에 의해 정리되었다. 그리고 논리적 구조로는 "반복과 나열의 병렬적 구조"(김명준 2005:89)가 정리되었다. 부분적인 보완이 필요한 것 같다. 그리고 4수에서 반복되는 같은 문장의 틀에서 "형식의 안정감"(신연우 1999:158), "논리적이며 웅장한 성격"(조성래 2001b:101), "경직성"(김명준 2005:89) 등을 주장하였다.

〈강호사시가〉의 내용과 주제는 다소 복잡하게 논의되어 왔다. 내용은 강호의 한가한 생활(조윤제 1937:217, 김신중 1992:35)이나 강호한정(江湖閑情)이 언급되다가, "자연의 풍성함・너그러움과 그 안에 사는 이의 흡족한 긍정이 합일된 조화의 세계"(김흥규 1981;1984:393)[3], 또는 "강호에 유유자적하는 한거(閑居)의 평온함"(김흥규 1981;1984:399)으로 바뀌었다. 그리고 이 작품의 내용은 일상생활의 투영인가 이상적으로 인식한 이상향의 전형인가도 논의되었다. 조윤제(1937)와 김흥규(1981;1984)는 맹사성이 체험한 세계로 보았다. 이 주장들은 '자연의 계절과는 동떨어진 풍요로운 생활'[4]이란 주장을 거치면서, '이상향'(이형대 1997)[5] 또는

이루어지는 생활의 모습이 매수의 중장에 제시된다. … 종장의 전반부들은 이러한 전개과정을 집약하여 강호에서의 삶을 일련의 포괄적 인식으로 거두어 들인다."(김흥규 1981;1984).

3 이 주장은 황희와의 비교라는 점에서 재고되어야 한다는 주장(여기현 1988)도 있다.

4 "이같이 이 시조는 모두 자연의 계절과는 동떨어진 풍요로운 생활을 노래하고 있다."(정원표 1992:509).

5 "… 〈강호사시가〉를 포함하여 위에서 예를 든 풍성한 세계는 실제 현실에 不在한다.

'이상적으로 인식한 농민의 일상'(임주탁 2010)[6] 등으로 정리되고 있다. 이런 내용으로 정리되어온 이 작품의 주제는 연구 초기에는 강호한정으로 정리되다가, 현재는 군은(君恩)[7]의 찬양 또는 송축(頌祝)으로 보는 가운데, 송축의 목적을 다르게 본 경우[8]도 나왔다.

〈강호사시가〉의 장르적 성격도 정리되었다. 〈강호사시가〉와 〈감군은〉의 "둘 사이에 형식상의 유사함만이 아닌 내용의 친근성까지도 있다는 점"(김흥규 1981;1984)이 지적되었다. 이를 이어서, 이 작품은 "君恩에 대한 찬양으로 종결되는 조선초기 악장을 짓던 분위기 속에서 만들어진 것임을 시사"한다고 하여 발생기의 연시조군에서 아예 배제해 버리기도 했다(임주탁 1990:8-9). 이 주장들을 보완하기 위하여, 선초 예악정비 과정에서 맹사성이 보인 활동을 기록한 관변자료(실록)를 참조하고, 당대의 주류적인 시가장르들과의 관계망 속에서 〈강호사시가〉를 연구하여,

---

그렇기 때문에 그것은 유토피아, 즉 이상향인 것이다. …(중간 생략)… 맹사성의 〈강호사시가〉는 이와 같은 현실적 기반과 당초에 이념으로 삼았던 유교적 이상주의 국가를 향한 모색에서 유추된 것으로 보인다. 그것은 아직 실현되지 않은 당위적 세계의 모습이었지만, 50여년을 관료의 길에서 보낸 한 관학파 유자의 관념체계 내부에선, 이념의 측면에서나 정치적 실천의 측면에서 조금만 더 노력을 경주한다면 충분히 다다를 수 있고, 거기에서 안식할 수 있는 현실적 가능태로서의 세계 표상이었다."(이형대 1997:123, 126).

6 "결국 〈강호사시가〉는 향촌사회의 경험에 바탕을 둔 작가의 개인적인 생활의식을 드러낸 작품이 아니라 지배 혹은 관리계급으로서 사족층이 '일상적'으로 지녀야 할 생활 태도를 제시한 작품인 셈이다. …… 그렇다면 〈사시가〉 또한 작가의 일상생활의 투영이 아니라 작가가 이상적으로 인식한 농민의 일상을 전형적으로 제시한 노래로 볼 수 있다."(임주탁 2010:43-44).

7 "〈강호사시가〉 전체를 지배하는 조화·안정의 감각 - 더 자세히 말하면 강호에 유유자적하는 閑居의 평온함이 그 이전의 긍정할 만한 관료 생활과 함께 모두 君恩이며, 강호의 삶과 정치 현실 속에서의 삶은 서로를 배제하지 않는 연속·합일의 관계에 있다는 긍정 - 은 결국 조선초기 집권사대부층의 일원으로서 맹사성이 가졌던 도덕적·정치적 낙관주의의 소산이다."(김흥규 1981;1984:399).

8 이와는 다르게 "정계에 대한 미련과 재출사를 위한 '역군은(亦君恩)'의 노래"(김명준 2005:91)로 보기도 하였다.

악장에서 강호시조로의 이행기적 면모를 가진 작품으로 정리하였다(이형대 1997).[9]

시조사적 의미로는, 연시조의 효시와 강호시가의 효시가 연구 초기에 언급되었고, 〈강호사시가〉에 포함된 두 질서의식이 갖는 문학사적 의미가 논의되었다.[10]

이렇게 정리할 수 있는 선행 연구들은 〈강호사시가〉의 이해에 많은 도움을 주었다. 그러나 〈강호사시가〉는 초기의 연시조라는 점에서 보면, 연시조로서의 연구가 미진한 듯하다. 즉 연시조를 연시조이게 하는 것은 단시조들의 결합인데, 그 결속과 구조의 연구가 미진한 듯하다. 이에 이 결속, 종결, 구조, 주제 등을 선행 연구들을 참조하고 보완하는 차원에서, 검토 정리하고자 한다.

2. 결속과 종결

이 장에서는 결속과 종결을 정리하고자 한다. 먼저 작품을 보자.

> 江湖에 봄이 드니 미친 興이 절로 난다.
> 濁醪 溪邊에 錦鱗漁 안쥐로다.

---

9 "이와 같이 텍스트의 내・외부에서 볼 때 맹사성의 〈강호사시가〉는 시조의 외피를 두르고 있지만 아직 악장적 흔적이 강하게 남아있어 강호시조로의 이행기적 면모를 보이고 있다고 생각된다."(이형대 1997:121).

10 "맹사성과 황희가 보여준 자연과 현실 속의 구체적 생활을 구현하면서 이면에 질서의식을 내장하고 있는 수법은 이들의 후배시인들을 거치면서 더욱 공고해진다. 그런데 그 길은 두가지 다른 길로 흘러나갔다. 하나는 자연을 실체화해나가면서 그 자연의 질서의 측면을 극대화하는 것이다. 다른 하나는 생활을 실체화해나가면서 사람의 질서의 측면을 극대화하는 것이다. 전자의 길을 간 사람에 이현보, 이황, 이이가 있고, 후자의 시조를 보여준 사람은 주세붕과 정철로 대표된다."(신연우 1999:168).

이 몸이 閒暇히 옴도 亦君恩이샷다.

江湖에 녀름이 드니 草堂에 일이 업다.
有信ᄒᆞᆫ 江波ᄂᆞᆫ 보내ᄂᆞ니 ᄇᆞ람이로다.
이 몸이 서늘히 옴도 亦君恩이샷다.

江湖에 ᄀᆞ올이 드니 고기마다 ᄉᆞᆯ져 잇다.
小艇에 그믈 시러 흘리ᄠᅴ여 더뎌 두고
이 몸이 消日히 옴도 亦君恩이샷다.

江湖에 겨월이 드니 눈기픠 자히 남다.
삿갓 빗기 쁘고 누역으로 오슬 삼아
이 몸이 칩지 아니히 옴도 亦君恩이샷다.

이 작품은 4수에서 같은 문장의 틀을 반복한다. 즉 "강호(江湖)에 ○(○)이 드니 … 이 몸이 (○○)○○히 옴도 역군은(亦君恩)이샷다."의 틀을 반복한다. 이 반복표현은 이 작품의 4수를 하나의 작품으로 결속하는 기능을 한다. 이 반복표현에 의한 전체의 결속은 민요나 악장에서 흔히 발견된다.

이외에 반복표현에 의한 부분들의 결속도 보이는데, 이를 차례로 보자.

먼저 제1수의 중장인 "탁료(濁醪) 계변(溪邊)에 금린어(錦鱗漁) 안쥐로다."와 제2수의 중장인 "유신(有信)ᄒᆞᆫ 강파(江波)ᄂᆞᆫ 보내ᄂᆞ니 ᄇᆞ람이로다."에서는 '-로다'의 반복을 통하여 제1수와 제2수의 결속을 보여준다. 이에 비해 제3수의 중장인 "소정(小艇)에 그믈 시러 흘리ᄠᅴ여 더뎌 두고"와 제4수의 중장인 "삿갓 빗기 쁘고 누역으로 오슬 삼아"에서는 '-고'와

'-아'의 연결어미를 통하여 제3수와 제4수의 결속을 보여준다. 그리고 제1, 2수와 제3, 4수는 '탁료(濁醪) 계변(溪邊)에'(제1수)와 '소정(小艇)에'(제3수)의 처격어미를 통하여 제1, 2수와 제3, 4수의 결속을 보여준다. 이 세 결속들은, 앞에서 살핀 같은 문장의 반복에 의한 전체적인 틀과 더불어, 이 작품 4수의 전체적인 결속을 보여준다.

이번에는 이 작품의 종결표현을 보자. 이 작품은 앞에서 본 바와 같이 같은 틀의 문장을 반복한다. 이 같은 문장의 반복만을 보면, 이 작품은 종결된 작품이라고 보기 어렵다. 그런데 이 종결을 보여주는 것이 종장의 '(○○) ○○히 옴도'에 들어간 '한가(閑暇)히, 서늘히, 소일(消日)히, 칩지 아니히' 등이다. 이 중에서 제4수의 '칩지 아니히'는 부정의 부정을 통한 완서법의 어휘로 그 이전의 긍정적 어휘들의 반복을 일탈하고 있다. 이 일탈은 이 작품의 종결표현이 반복표현의 후미 전환형임을 말해준다(양희철 2010e).

3. 배경시공간의 구조

이 장에서는 배경시간의 구조와 배경공간의 구조를 정리하고자 한다.

3.1. 배경시간의 구조

배경시간의 구조는 "江湖에 ○(○)이 드니"의 괄호 안에 들어간 계절들에 의해, 춘하추동의 순차적 구조로 쉽게 이해할 수 있다.

江湖에 <u>봄</u>이 드니(제1수)

江湖에 <u>녀름</u>이 드니(제2수)

江湖에 ᄀᆞ올이 드니(제3수)

江湖에 겨월이 드니(제4수)

밑줄 친 부분의 '봄, 녀름, ᄀᆞ올, 겨월' 등이 춘하추동의 순차적 구조를 말해준다. 이 순차적 구조와 더불어 언급되는 것이 순환적 구조이다. 이 순환적 구조는 사계절을 구성한 춘하추동의 순차적 구조를 순환적 구조로 본 것이다. 그리고 이런 순환적 구조를 보이는 순환성을 가지고 있기에, 이 춘하추동은 일년의 춘하추동인 동시에, 그 춘하추동의 반복에 의해 영원한 순환성을 갖는다고 정리하였다.[11] 이 정리는 정확한 것 같다.

그런데 이 순환적 구조는 시어의 측면에서도 보완할 수 있다. "강호(江湖)에 ○(○)이 드니"의 '드니'는 (어떤 절기나 때가) 되거나 돌아오는 것을 의미한다. "강호(江湖)에 ○(○)이 드니"의 문맥에서는 돌아오는 것을 의미한다. 즉 [강호에 ○(○)이 되니]는 어색한 문장이 되지만, [강호에 ○(○)이 돌아오니]는 자연스러운 문장이 된다. 이 때 '돌아오니'가 사계절에 따라 지속될 때에, 이 작품의 문면에서 볼 수 있는 겨울 다음에도 다시 봄으로 시작하는 계절이 무한히 지속적으로 돌아오면서 순환의 영원성을 획득한다고 할 수 있다.

---

11 이 순환성을 송팔성과 김신중은 다음과 같이 설명하였다. "아울러 사시의 정연한 질서는 그 자체가 천도의 원리적 구현이기에 이에 따라 사시 순환의 주기가 사시의 순차적 질서에 맞추어 구성되는 것이다. 즉 주기적 순환의 사시 구성을 통해 〈강호사시가〉는 강호사시의 법칙성과 영원성의 원리적 의미를 보게 되는 것이다."(송팔성 1991:52). "… 그러나, 한 가지 지적할 수 있는 것은 四時歌 전반에 공통되는 특징이기는 하지만, 時相 展開上의 순환성이 두드러진다는 점이다. 春詞 → 夏詞 → 秋詞 → 冬詞로 이어지는 四時順에 따른 순차적 진행은 외형상으로는 冬詞에서 끝나고 있으나, 의미상으로는 冬詞가 다시 春詞로 연결되는 양상을 보이기 때문이다. 이는 물론 사시라는 時相이 일년이나, 한 달, 혹은 하루를 한 주기로 반복 순환한다는 점에 말미암은 것이다."(김신중 1992:51-52).

3.2. 배경공간의 구조

이 작품의 배경공간을 말해주는 부분은 각수 초장의 후반부와 중장이다.

… 미친 興이 절로 난다. 濁醪 溪邊에 錦鱗漁 안쥐로다.(제1수)
… 草堂에 일이 업다. 有信훈 江波는 보내누니 부람이로다.(제2수)
… 고기마다 술져 잇다. 小艇에 그믈 시러 흘리씌여 더뎌 두고(제3수)
… 눈기픠 자히 남다. 삿갓 빗기 쁘고 누역으로 오슬 삼아(제4수)

이 각수의 초장 후반부와 중장에서는, '계변(溪邊, 제1수), (강변의) 초당(草堂, 제2수), (江中의) 소정(小艇, 제3수), 강변(제4수)' 등의 공간을 정리할 수 있다. 제4수의 경우에는 명확하게 제시되어 있지 않지만, 추정이 가능하다. 즉 "… 눈기픠 자히 남다. 삿갓 빗기 쁘고 누역으로 오슬 삼아"는, 눈의 깊이가 자가 남은 상황에, 삿갓을 비껴쓰고 도롱이를 입은 것이다. 이는 겨울 낚시를 하는 상황으로, 그 공간을 물가, 즉 강변으로 추정할 수 있게 한다. 이상의 공간들을 보면, '계변→강변→강중'으로 확대적인 점층을 보이다가 후미에서 다시 '강변'으로 전환하는 구조이다. 즉 점층적 구조의 후미 전환형이다.

게다가 이 '계변→강변→강중→강변'의 강호의 공간은 '역군은(亦君恩)'이 암시하는 정치현실의 공간과 함께 연속 내지 조화를 이룬다. 이는 김흥규가 '역군은(亦君恩)'의 의미를 해석하면서 지적한 공간이다. 즉 치사(致仕) 이전의 정치 공간과 치사 이후의 강호 공간이 연속 내지 조화를 이룬다는 것이다. 이 정리는 이 작품의 이해에서 매우 중요한 것을 밝힌 것으로 이해되었다.

4. 논리적 구조와 주제

이 작품의 논리적 구조는, "강호(江湖)에 ○(○)이 드니 … 이 몸이 (○○)○○히 옴도 역군은(亦君恩)이샷다."의 틀에 의지하여, 병렬적 구조로 정리되고 있다. 이 정리는 매우 정확하다. 그러나 각수에 나타난 강호와 강호에서의 삶을 어느 하나로 쉽게 묶을 수 없는 미흡점을 포함하고 있다.[12] 이 문제를 초장, 중장, 종장 등으로 나누어 검토하면서 보완해 보자.

먼저 초장들을 보면 다음과 같다.

> 江湖에 봄이 드니 미친 興이 절로 난다.(제1수)
> 江湖에 녀름이 드니 草堂에 일이 업다.(제2수)
> 江湖에 ᄀ울이 드니 고기마다 술져 잇다.(제3수)
> 江湖에 겨월이 드니 눈기픠 자히 남다.(제4수)

이 초장들을 보면, 다른 점과 같은 점을 보인다. 먼저 제1, 2수와 제3, 4수가 보이는 다른 점을 보자. 제1, 2수에서는 여유가 있고 한가로운 시적 화자가 봄과 여름에 느낄 수 있는 정경(情景, 사람이 처하여 있는 모습이나 형편)을 노래하였다. 즉 봄의 미친 흥과 여름에 일이 없는 여유

---

12 대표적인 정리는 다음의 두 인용이다. "매수의 초장에서 우리는 풍성하고 너그러운 강호 세계의 모습을 본다. … 이 속에서 이루어지는 생활의 모습이 매수의 중장에 제시된다. … 종장의 전반부들은 이러한 전개과정을 집약하여 강호에서의 삶을 일련의 포괄적 인식으로 거두어 들인다."(김흥규 1981;1984) "이상의 분석 결과를 종합하면, 〈江湖四時歌〉는 '계절의 제시' → '계절에 대한 발홍' → '계절의 즐김 행위' → '(心的·身體的) 平安 → 感君恩'이라는 하나의 짜임을 그 방법으로 사용하여, 개인의 평안과 시대의 태평성대를 형상화한 작품이다."(양희찬 2004:160) 이 주장들과 4수의 해당부분들을 견주어 보면, 쉽게 이해가 되지 않는 부분들을 발견할 수 있다.

있고 한가한 정경을 노래하였다. 이에 비해 제3, 4수에서는 여유가 있고 한가한 시적 화자가 가을과 겨울에 보는 정황(情況, 일의 사정이나 상황)을 노래하였다. 이 제1, 2수에서 노래한 정경과 제3, 4수에서 노래한 정황은 다른 점이다. 그러나 이 각각이 중장들의 유유자적하는 정경으로 들어가기에 앞서, 여유가 있고 한가한 분위기(정경 또는 정황)를 노래하였다는 점은 같은 점이다.

중장들을 보면 다음과 같다.

> 濁醪 溪邊에 錦鱗漁 안쥐로다.(제1수)
> 有信ᄒᆞᆫ 江波ᄂᆞᆫ 보내ᄂᆞ니 ᄇᆞ람이로다.(제2수)
> 小艇에 그믈 시러 흘리ᄠᅴ여 더뎌 두고(제3수)
> 삿갓 빗기 ᄡᅳ고 누역으로 오슬 삼아(제4수)

이 중장들은 각각 시적 화자가 유유자적(悠悠自適, 餘裕가 있어 閑暇롭고 걱정이 없는 모양이라는 뜻으로, 俗世에 束縛됨이 없이 자기가 하고 싶은 대로 마음 편히 지냄을 이르는 말)하는 정경(情景)을 보여준다. 이런 사실은 구체적으로 설명할 것도 없이, 이 중장들을 유유자적의 의미로 보면 쉽게 이해가 간다. 즉 봄에 계곡의 물가에서 탁료와 금린어 안주를 즐기는 일, 여름에 강의 물결이 보내는 강바람을 초당에서 쏘이는 일, 가을에 소정을 가는 데로 두고 그물을 던져두는 일, 겨울에 삿갓을 쓰고 누역을 입고 낚시를 하는 일 등은 모두가 유유자적하는 정경들이다.

종장들을 보면 다음과 같다.

> 이 몸이 <u>閒暇히옴도</u> 亦君恩이샷다.(제1수)
> 이 몸이 <u>서늘히옴도</u> 亦君恩이샷다.(제2수)
> 이 몸이 <u>消日히옴도</u> 亦君恩이샷다.(제3수)

이 몸이 칩지 아니히 옴도 亦君恩이샷다.(제4수)

앞의 문장에서 밑줄 친 부분들을 어떻게 묶을 것인가를 보자. 이 부분의 정리는 아직까지 미흡해 보인다.[13]

이 부분들을 보면, '한가(閑暇)히 옴도'와 '소일(消日)히 옴도'는 각각 바로 앞의 중장들에서 유유자적할 수 있었던 여유의 측면에서 같은 성격을 보인다. 특히 이 '한가(閑暇)히 옴도'를 보여주는 제1수의 중장인 "탁료(濁醪) 계변(溪邊)에 금린어(錦鱗漁) 안쥐로다."와 '소일(消日)히 옴도'를 보여주는 제3수의 초장인 "강호(江湖)에 ᄀᆞ올이 드니 고기마다 슬져 잇다"는 각각 풍요를 보여주고 있어, 이 '한가(閑暇)히 옴도'와 '소일(消日)히 옴도'가 보이는 여유는, 풍요에 기반한 여유임을 가늠할 수 있다. 그리고, '서늘히(=시원히) 옴도'와 '칩지 아니히 옴도'는 각각 바로 앞의 중장들에서 유유자적할 수 있었던 살기에 괜찮은 기후의 측면에서 같은 성격을 보인다. 이 풍요에 기반한 여유(한가해 옴과 소일해 옴의 여유)의 측면(제1, 3수)과 살기에 괜찮은 기후의 측면(제2, 4수)은 사계절로 보면, 풍요에 기반한 여유(제1수, 봄), 살기에 괜찮은 기후(제2수, 여름), 풍요에 기반한 여유(제3수, 가을), 살기에 괜찮은 기후(제4수, 겨울) 등의 교체 순환을 보여준다. 왜 이렇게 유유자적할 수 있었던 풍요에 기반한 여유(한가해 옴과 소일해 옴의 여유)와 살기에 괜찮은 기후[서늘하여(=시원

13 이 부분을 다음과 같이 정리(송팔성 1991:46)하기도 했다. "춘사에서의 "이 몸이 한가ᄒᆞ옴도", 하사의 "이 몸이 셔늘ᄒᆞ옴도", 추사의 "이 몸이 소일ᄒᆞ옴도", 동사의 "이 몸이 칩지 아니ᄒᆞ옴도"는, 봄날의 분주함, 여름날의 더움, 가을날의 바쁨, 겨울날의 추움이라는 보편적 인간 존재의 말초감각을 통한 계절 감각과 달리, 마음을 통한 각 계절과의 감응에 따른 중화의 경지에서 발현되는 호연지기라는 점에서, 이는 심성수양의 사시가흥인 자득지락임을 추정할 수 있다. 즉 천도의 바른 운행에 감응하기 위한 호연지기를 기르는 심성수양의 자득지락인 것이다." 상당히 성리학적인 해석인데, 쉽게 이해되지 않는다.

하여) 오는, 춥지 아니하여 오는]를 교체 순환하면서 노래를 하였을까? 이는 춘하추동의 순환성을 좀더 명확하게 보여주는 동시에, 유유자적하는 삶의, 풍요에 기반한 여유와 살기에 괜찮은 기후를 좀더 구체적으로 들어내기 위한 것으로 정리할 수 있다.

이 유유자적하는 삶의, 풍요에 기반한 여유와 살기에 괜찮은 기후는, 이것으로 끝나지 않고, 역군은(亦君恩)과 관련되어 있다. 풍요에 기반한 여유와 살기에 괜찮은 기후는 당시의 사고로 보면, 임금의 선정에 의한 결과라는 점에서, 이 풍요에 기반한 여유와 살기에 괜찮은 기후는 임금의 은혜이다.[14] 이로 인해 이것들도 역군은(亦君恩)이라고 노래할 수 있는 것이다.

이상을 다시 정리하면, 이 작품은 초장에서 사시가 각각 돌아옴과 중장의 유유자적으로 들기에 앞선 사시의 정경(제1, 3수) 또는 정황(제2, 4수)의 분위기를 노래했고, 중장에서는 각각 여유롭고 한가한 유유자적의 정경을 노래했으며, 종장에서는 각각 유유자적할 수 있는, 풍요에 기반한 여유(제1수: 한가함, 제3수: 소일함) 또는 살기에 괜찮은 기후[제2수: 서늘함(시원함), 제4수: 춥지 아니함]와 역군은(亦君恩)을 노래하였다고 정리할 수 있다.

> 제1수: 강호에서 봄에 이 몸이 유유자적하며 한가해 옴도 역군은이샷다.
> 제2수: 강호에서 여름에 이 몸이 유유자적하며 시원해 옴도 역군은이샷다.
> 제3수: 강호에서 가을에 이 몸이 유유자적하며 소일해 옴도 역군은이샷다.

---

14 이 살기에 괜찮은 기후와 풍요는 '시화연풍(時和年豐)'으로까지 확대할 수 있다. 이 '시화연풍'을 "…조정에 잘못이 없고 백성에 원한이 없으면 자연 시화연풍(時和年豐)하여 재변이 저절로 사라질 것(朝廷無闕失 小民無冤抑 則自然時和歲豐 災自弭矣)"(『중종실록』 17년조)에서와 같이 본다는 점에서, 이 살기에 괜찮은 기후와 풍요를 '역군은'으로 이해할 수 있다.

제4수 : 강호에서 겨울에 이 몸이 유유자적하며 춥지 아니해 옴도 역군은이샷다.

이 각수의 주제를 계산하면, 이 작품의 논리적 구조는 단순한 병렬적 구조라고 정리하기보다는, 유유자적할 수 있는, 풍요에 기반한 여유(제1수 : 한가해 옴, 제3수 : 소일해 옴)와 살기에 괜찮은 기후[제2수 : 서늘해(시원해) 옴, 제4수 : 춥지 아니해 옴]의 교체 순환을 포함한 병렬적 구조라고 정리할 수 있다.

그리고 앞의 구조로 보아 이 작품의 주제는 [강호에서 사시에 이 몸이 유유자적하면서 누리는 풍요에 기반한 여유('한가해 옴'과 '소일해 옴'의 여유)도, 살기에 괜찮은 기후('서늘해 옴(=시원해 옴)'과 '춥지 아니해 옴'의 기후)도, 또한 임금의 은혜로다/은혜로구나]로 정리할 수 있다. 화제식으로 바꾸면 [강호에서 사시에 유유자적하면서 누리는 풍요에 기반한 여유와 살기에 괜찮은 기후도, 또한 임금의 은혜임을 찬양/칭송함]으로 정리할 수 있다.

5. 결론

지금까지 〈강호사시가〉가 초기의 연시조라는 점에서, 연시조를 연시조이게 하는 단시조들의 결합을 보여주는 결속, 종결, 구조, 주제 등의 문제를, 선행 연구들을 참조하고 보완하는 차원에서, 검토 정리하여 보았다. 그 결과를 요약하여 결론을 대신하고자 한다.

1) "강호(江湖)에 ○(○)이 드니 … 이 몸이 (○○)○○히 옴도 역군은(亦君恩)이샷다."의 반복표현은 틀을 형성하면서, 이 작품의 4

수를 하나의 작품으로 결속하는 기능을 한다. 이런 결속은 같은 표현의 틀들을 반복하는 민요나 악장에서 흔히 발견된다.

2) 제1수의 중장과 제2수의 중장에서는 '-로다'의 반복을 통하여 제1수와 제2수의 결속을 보여주고, 제3수의 중장과 제4수의 중장에서는 '-고'와 '-야'의 연결어미를 통하여 제3수와 제4수의 결속을 보여주며, 제1, 2수와 제3, 4수는 '탁료(濁醪) 계변(溪邊)에'(제1수)와 '소정(小艇)에'(제3수)의 처격어미를 통하여 제1, 2수와 제3, 4수의 결속을 보여준다. 이 세 결속들은, '1)'의 결속과 더불어, 이 작품 4수의 전체적인 결속을 보여준다.

3) 종장의 '(○○) ○○히 옴도'에 들어간 '한가(閑暇)히, 서늘히, 소일(消日)히, 칩지 아니히' 등에서 제4수의 '칩지 아니히'는 부정의 부정을 통한 완서법의 어휘로 그 이전의 긍정적 어휘들의 반복을 일탈하였는데, 이 일탈은 이 작품의 종결표현이 반복표현의 후미 전환형임을 말해준다.

4) 배경시간의 구조는 선행 연구들에서 정리해온 바와 같이, 춘하추동의 순차적 구조이며, 이 자체에는 순환적 구조도 포함되어 있고, 이 춘하추동의 순환이 계속 반복하는 영원한 순환성도 보여준다.

5) 배경시간의 영원한 순환성은 "강호(江湖)에 ○(○)이 드니"에 있는 '드니'가 '돌아오니'의 의미라는 점에서도 이해된다. 즉 '사시가 차례로 돌아오니'는 영원한 순환성을 보여준다.

6) 배경공간은 계변, 강변의 초당, 강중의 소정, 강변 등에서 '계변→강변→강중→강변'을 정리할 수 있는데, 이는 점층적 구조의 후미 전환형이다. 이 치사 이후의 강호 공간과 치사 이전의 정치공간은 김홍규의 정리에서와 같은 연속 내지 조화의 공간적 구조를 보여준다.

7) 제1, 2수의 초장에서는 여유가 있고 한가로운 시적 화자가 봄과 여름에 느낄 수 있는 정경(情景)을 노래하고, 제3, 4수의 초장에서는 여유가 있고 한가한 시적 화자가 가을과 겨울에 보는 정황(情況)을 노래하였는데, 이 각각은 중장들의 유유자적하는 정경으로 들어가기에 앞서, 여유가 있고 한가한 분위기(정경 또는 정황)를 노래한 것으로 통합된다.

8) 각수의 중장들에서는 봄에 계곡의 물가에서 탁료와 금린어 안주를 즐기는 일, 여름에 강의 물결이 보내는 강바람을 초당에서 쏘이는 일, 가을에 소정을 가는 데로 두고 그물을 던져두는 일, 겨울에 삿갓을 쓰고 누역을 입고 낚시를 하는 일 등을 노래하였는데, 이것들은 모두가 유유자적하는 정경들이다.

9) 종장들에서는 "이 몸이 (○○) ○○히 옴도 역군은(亦君恩)이샷다"의 틀을 통하여, 유유자적할 수 있는, 풍요에 기반한 여유(한가옴과 소일해 옴의 여유)(제1, 3수)와 살기에 괜찮은 기후[서늘해 옴(=시원해 옴)과 춥지 아니해 옴의](제2, 4수)와 역군은을 노래하였다.

10) 7)~9)로 보아, 〈강호사시가〉의 논리적 구조는 유유자적과 그것을 가능하게 하는 풍요에 기반한 여유와 살기에 괜찮은 기후의 교체 순환을 포함한 유유자적의 병렬적 구조로 정리할 수 있다.

11) 10)의 구조로 보아, 〈강호사시가〉의 주제는 [강호에서 사시에 이 몸이 유유자적하면서 누리는 풍요에 기반한 여유('한가해 옴'과 '소일해 옴'의 여유)도, 살기에 괜찮은 기후('서늘해 옴(=시원해 옴)'과 '춥지 아니해 옴'의 기후)도, 또한 임금의 은혜로다/은혜로구나]로 정리할 수 있다. 화제식으로 바꾸면 [강호에서 사시에 유유자적하면서 누리는 풍요에 기반한 여유와 살기에 괜찮은 기후도 또한 임금의 은혜임을 찬양/칭송함]이다.

이 작품에서는 대칭표현이나 대칭적 구조를 발견할 수 없는데도, 이 책의 앞에 놓았다. 이는 이어서 볼 〈사시가〉와의 비교를 위한 것이다.

황희의 〈사시가〉

1. 서론

이 글은 초기 연시조인 〈사시가〉(황희)의 결속, 종결, 구조, 주제 등을 정리하는 데 연구의 목적이 있다.

〈사시가〉에 대한 선행 연구는 그렇게 활발하지 않다. 이를 간단하게 보자.

이 작품은 황희가 치사한 후에 만년에 지은 작품으로 보는 것이 통설이다. 작가가 불확실하였던 제2, 4수가 황희의 작품이라는 사실은 최동원(1982)에 의해 정리되었다. 그리고 작품의 내용은 '태평한민(太平閑民)의 한정(閑情)'(조윤제 1937:217), '치사객(致仕客)의 한적(閑適)'(김신중 1992:35), "강호에서의 유유자적하는 생활"(여기현 1988:143) 등으로 언급되었다. 그런데 이 언급들은 구체적인 설명이 없이 제시한 단평들이어서, 구체적인 설명이 요구된다. 그리고 이 작품의 강호는 "생활의 현장"(여기현 1988:144)[1] 또는 "현실 자체"와 "다양함의 나열"(신연우 1999:161)[2] 등으로

---

1 "맹사성이 강호를 홍취의 대상으로 인식했다면 황희는 생활의 현장으로서 인식했다."(여기현 1988:144).

2 "현실은 현실 자체로 제시되고 현실의 특성은 다양함의 나열인 것이다."(신연우 1999:161).

정리되면서, 작가가 이상적으로 인식한 농민의 일상을 전형적으로 제시한 노래(임주탁 2010:44)[3]로 정리되기도 하였다.

구조는 사시의 순서와, 노동(제1, 2수)과 휴식(제3, 4수)의 순서/질서(신연우 1999:162-163)[4]가 겹친 것으로 보았다. 그리고 이 구조에 포함된 질서 의식(자연의 질서와 인간의 질서)의 문학사적 의미도 〈강호사시가〉와 함께 정리되었다(신연우 1999:167).

이렇게 정리할 수 있는 선행 연구들은 〈사시가〉의 이해에 많은 도움을 주었다. 그러나 〈사시가〉는 초기의 연시조라는 점에서 보면, 연시조로서의 연구가 미진한 듯하다. 즉 연시조를 연시조이게 하는 것은 단시조들의 결합인데, 그 결속과 구조의 연구가 미진한 듯하다. 이에 결속,

---

3 "결국 〈강호사시가〉는 향촌사회의 경험에 바탕을 둔 작가의 개인적인 생활의식을 드러낸 작품이 아니라 지배 혹은 관리계급으로서 사족층이 '일상적'으로 지녀야 할 생활 태도를 제시한 작품인 셈이다. …… 그렇다면 〈사시가〉 또한 작가의 일상생활의 투영이 아니라 작가가 이상적으로 인식한 농민의 일상을 전형적으로 제시한 노래로 볼 수 있다."(임주탁 2010:43-44).

4 "… 여기에 제시된 노동은 물론 자연에 대립하고 자연을 극복 내지는 정복한다는 개념이 아니라 자연과의 공감 속에서의 노동, 노동에 의해서 인간과 자연이 서로 의미를 얻어간다는 개념으로서의 노동이다.

이러한 노동의 제시가 끝난 후에야 휴식으로서의 가을과 겨울을 말할 수 있다. 가을 연은 생산된 결과물을 다양하게 제시하고 있다. 대추와 밤, 추수한 벼와 논에 내리는 참게, 익은 술 - 이 모든 것은 봄과 여름의 노동의 결과물이다. 화자는 이것들을 바라볼 수 있고 먹을 수도 있다. 다시 한 번 여유와 풍요로움을 느낄 수 있다. 겨울 연에서는 낚시하는 노인을 보여준다. …… 산에는 새가 그치고 들에는 지나는 사람이 없다는 것은 휴식이 완벽하게 이루어짐을 암시하고 있다. ……

결국 이 시조는 이렇게 정리해 볼 수 있을 것이다. 이 시조는 다양한 현실을 늘어놓기만 한 것이 표면에 부각되었었다. 그러나 그 현실은 사시의 순서 안에 배치되고 있다. 더구나 그 사시의 순서는 또한 노동과 휴식의 순서라는 배치를 겹으로 놓고 있다. 따라서 이 시조는 다양하게 전개되는 자연과 현실 속에서, 그 자연은 질서있게 움직여나가고, 사람은 그 질서에 맞게 생활하는 것이 자연스러운 것이라는 점을 말해주고 있는 것이다. 자연의 순서는 인위적인 것이 전혀 아니다. 그러나 노동과 휴식은 자연 속에서 배운 인간의 삶의 질서이다. 이런 주제를 관념적 언사를 전혀 배제하고 전달할 수 있었던 것은 초창기 사대부 시조의 큰 성과라 할 수 있다."(신연우 1999:162-163).

종결, 구조, 주제 등을 선행 연구들을 참조하고 보완하는 차원에서, 검토 정리하고자 한다.

2. 결속과 종결

이 장에서는 결속과 종결을 정리하고자 한다. 먼저 작품을 보자.

江湖에 봄이 드니 이 몸이 일이 하다.
나ᄂᆞᆫ 그믈 깃고 아ᄒᆡᄂᆞᆫ 밧츨 가니
뒤뫼헤 옴 기ᄂᆞᆫ 藥을 언제 킈려 ᄒᆞᄂᆞ니.(제1수)

삿갓에 도롱의 닙고 細雨中에 호믜 메고
山田을 흣ᄆᆡ다가 綠陰에 누어 시니
牧童이 牛羊을 모라다가 ᄌᆞᆷ든 날 ᄭᆡ와다.(제2수)

大棗 볼 불근 골에 밤은 어이 ᄯᅳ드리며
베 뷘 그르헤 게ᄂᆞᆫ 어이 ᄂᆞ리ᄂᆞᆫ고
슐 익ᄌᆞ 체장ᄉᆞ 도라가니 아니 먹고 어이리.(제3수)

뫼(혀〉)히ᄂᆞᆫ 새가 긋고 들히ᄂᆞᆫ 가리 업다.
외로운 ᄇᆡ에 삿갓 쓴 져 늘그니
낙ᄃᆡ예 마시 깁도다 눈 깁픈 쥴 아ᄂᆞᆫ가.(제4수)

이 작품은 〈강호사시가〉와는 다르게 같은 문장의 틀을 반복하지 않는다. 말을 바꾸면, 이 작품은 민요나 악장에서 흔히 쓰는, 반복표현에 의한 전체의 결속으로 단시조간의 결속을 보여주지 않고, 다른 결속의 방법을 보여준다.

먼저 반복표현에 의한 부분들의 결속을 보자. 제1수 초장의 첫시어 '강호(江湖)에'와 제2수 초장의 첫시어 '삿갓에'에서는, 처격어미 '-에'의 반복에 의한 결속을 볼 수 있다. 그리고 제2수 중장의 '산전(山田)을 흣미다가 녹음(綠陰)에', 제3수 중장의 '베 뷘 그르헤', 제4장 중장의 '외로운 비에' 등에서도 처격어미 '-에'의 반복에 의한 결속을 볼 수 있다.

이번에는 결속과 종결표현을 동시에 보여주는 것들로, 반복표현의 후미 전환과 대칭표현을 보자. 반복표현의 후미 전환은 반복표현의 후미 일탈에 의해 발생한다. 그 종류는 두 가지이다.

하나는 제4수 초장의 처격어미의 일탈이다. 제1, 2, 3장의 초장들을 보면, '처격어미'를 반복한다. 즉 '강호(江湖)에'(제1수), '삿갓에'(제2수), '대조(大棗) 불근 골에'(제3수) 등에서 '-에'를 반복한다. 그러나 제4수에서는 이를 '뫼(혀〉)히눈'으로 일탈하였다. 이 '뫼(혀〉)히눈'에도 처격어미 '-(혀〉)히'가 포함되어 있다는 점에서는 반복이다. 그러나 '-눈'을 붙여서 전환을 포함한 반복을 보이고 있다. 이는 이 작품이 반복표현의 후미 전환형으로 결속되고 종결되었음을 말해준다.

다른 하나는 제4수 중장과 종장이 보이는 행간걸침의 일탈이다. 제1, 2, 3수의 중장과 종장은 각각 독립된 문장을 반복하고 있다. 그런데 이 반복을 제4수의 중장과 종장에서는 행간걸침으로 일탈하고, 종장에서 두 문장의 종결어미를 보여준다. 이 일탈 역시 반복표현의 후미 전환이라는 결속과 종결을 보여준다.

대칭표현에 의한 결속과 종결은 제2수와 제3수의 중간을 대칭축으로 하는 네 대칭표현에 의해 이루어진다. 하나는 제1수 초장의 끝시어 '하다'와 제4수 초장의 끝시어 '업다'의 종결어미 '-다'에서 나타난 대칭표현이고, 다른 하나는 제1수 종장의 첫시어 '뒤뫼헤'와 제4수 종장의 첫시어

‘낙딕예’의 처격어미 ‘-혜/예’에서 나타난 대칭표현이며, 다른 하나는 제2수 중장의 ‘산전(山田)을 흣미다가 녹음(綠陰)에’와 제3수 중장의 ‘베 뷘 그르헤’의 처격어미 ‘-에/헤’에서 나타난 대칭표현이고, 나머지 하나는 제2수 종장의 첫시어 ‘목동(牧童)이’와 제3수 종장의 첫시어 ‘슐(이)’의 주어에서 나타난 대칭표현이다. 이 대칭표현들에서 첫 번째와 두 번째의 것들은 시종(始終)의 대칭에 의한 결속과 종결도 겸한다.

이 결속과 종결 중에서, 반복표현의 후미 전환형은 〈강호사시가〉에서도 발견할 수 있었던 것이다. 이에 비해 대칭표현에 의한 결속과 종결은 〈강호사시가〉에서 발견할 수 없는 것들이다. 이 대칭표현에 의한 결속과 종결은, 약간 변형되어, 〈오륜가〉(주세붕), 〈도산육곡1(언지), 2(언학)〉, 〈고산구곡가〉 등등의 대칭표현형 연시조들로 이어진다.

3. 배경시간의 구조

이 장에서는 배경시간의 구조를 정리하고자 한다. 이 작품의 배경시간은, ‘신주석야’는 의식하지 않고, 춘하추동만을 의식한, 춘하추동의 순차적 구조로 정리할 수 있다. 제1수의 ‘봄’을 제외하면, 사시를 직접 보여주는 시어는 없다. 다른 시어들을 통하여 사시를 추정하게 한다.

제2수에서 배경시간을 보여주는 시어와 문장은 “삿갓에 도롱의 닙고 세우중(細雨中)에 호믜 메고 / 산전(山田)을 흣미다가 녹음(綠陰)에 누어시니”이다. 이 문장에 포함된, 세우중에 호미를 메고, 산전을 되는 대로 매다가 녹음에 누어 있을 수 있는 계절은 여름이다.

제3수에서 배경시간을 보여주는 시어와 문장은 “대조(大棗) 볼 불근 골에 밤은 어이 쁘드리며 / 베 뷘 그르헤 게는 어이 누리는고”이다. 대추가 붉게 익고, 밤이 익어 떨어지며, 벼를 벤 계절은 가을이다.

제4수에서 배경시간을 보여주는 시어와 문장은 "눈 깁픈 쥴 아는가" 이다. 이 문장의 '눈'에서 배경계절을 겨울로 정리할 수 있다.

이상과 같은 점들로 보아, 이 작품의 배경시간은 춘하추동의 순차적 구조로 정리할 수 있다.

4. 논리적 구조와 주제

이 작품의 논리적 구조를 보기 위해, 각수를 차례로 보자.

> 江湖에 봄이 드니 이 몸이 일이 하다.
> 나는 그믈 깁고 아희는 밧츨 가니
> 뒤뫼헤 옴 기는 藥을 언제 킈려 ᄒᆞᄂᆞ니.(제1수)

인용의 제1수에서는 시적 화자가 강호에서 일이 많은 봄에 그물 깁는 정경(情景, 사람이 처하여 있는 모습이나 형편)을 노래하고 있다. 초장의 "강호(江湖)에 봄이 드니 이 몸이 일이 하다."에서는 강호(시골)에 봄이 드니, 시적 화자 자신에게 일이 많다고 노래하였다. 이는 시골에 봄이 드니, 시적 화자에게 일이 많은 정경을 노래한 것이다. 이 많은 일들은 중장과 종장에 나온 그물을 깁고, 밭을 갈며, 약초를 캐는 일들이다. 시적 화자는 그 중에서 그물 깁기를 하고 있다. 그런데 강호에서 일이 많은 봄에 그물을 깁는 정경은 여유가 있어 한가롭고 속세의 구속을 받지 않으면서 유유자적을 보여준다. 따라서 이 제1수는 [강호에 일이 많은 봄에 그물을 깁는 유유자적의 정경]을 노래했다고 정리할 수 있고, 이에 근거해 제1수의 주제는 봄의 유유자적으로 정리할 수 있다.

삿갓에 도롱의 닙고 細雨中에 호믜 메고
山田을 흣믜다가 綠陰에 누어 시니
牧童이 牛羊을 모라다가 좀든 날 ᄭᅵ와다.(제2수)

제2수에서는 시적 화자가 강호에서 바쁜 여름에 되는 대로 산전의 김을 매고 쉬는 정경을 노래하였다. 초장인 "삿갓에 도롱의 닙고 세우중(細雨中)에 호믜 메고"를 보면, 가랑비 속에도 삿갓을 쓰고 도롱이를 입고 밭에 나아갈 정도로 바쁘다. 그리고 그늘에서 쉬려해도 목동들이 우양을 몰고 와서 휴식을 방해한다. 이 역시 바쁜 여름의 정경을 말해준다. 이렇게 바쁜 정경 속에서도 시적 화자는, 산전을 되는 대로 매다가 그늘에 누워 쉬기를 도모한다. 이로 보면, 제2수에서 시적 화자는 강호에서 바쁜 여름에 되는 대로 산전의 김을 매고 쉬는 정경을 노래하였다. 그런데 '산전을 되는 대로 매다가 그늘에 누어 쉼'은 여유가 있어 한가롭고 속세의 구속을 받지 않으면서 유유자적을 보여준다. 따라서 이 제2수에서는 [강호의 바쁜 여름에 산전을 되는 대로 매다가 쉬는 유유자적의 정경]을 노래했다고 정리할 수 있고, 이에 근거해 제2수의 주제는 여름의 유유자적으로 정리할 수 있다.

大棗 볼 불근 골에 밤은 어이 쁘드리며
베 뷘 그르헤 게ᄂᆞᆫ 어이 ᄂᆞ리ᄂᆞᆫ고
슐 익ᄌᆞ 체장ᄉᆞ 도라가니 아니 먹고 어이리.(제3수)

인용의 제3수에서는 시적 화자가 강호에서 풍요로운 가을에 그 풍요를 즐기는 정경을 노래하고 있다. 초장인 "대조(大棗) 볼 불근 골에 밤은 어이 쁘드리며"와 중장인 "베 뷘 그르헤 게ᄂᆞᆫ 어이 ᄂᆞ리ᄂᆞᆫ고"는 풍요로운 가을의 정경을 보여준다. 그리고 종장인 "슐 익ᄌᆞ 체장ᄉᆞ 도라가니 아니 먹고 어이리"에서는 풍요로운 가을을 술로 즐기겠다는 내용을 보여준다. 이로 보면 제3수에서 시적 화자는 강호에서 풍요로운 가을에 그 풍요를 즐기는 정경을 노래한 것이다. 그런데 '술 마시고 즐기는' 행동은 여유가 있어 한가롭고 속세의 구속을 받지 않으면서 유유자적을 보여준다. 따라서 이 제3수에서는 [강호의 풍요로운 가을에 풍요를 즐기는 유유자적의 정경]을 노래했다고 정리할 수 있고, 이에 근거해 제3수의 주제는 가을의 유유자적으로 정리할 수 있다.

뫼(혀〉)히ᄂᆞᆫ 새가 긋고 들히ᄂᆞᆫ 가리 업다.
외로운 ᄇᆡ에 삿갓 쓴 져 늘근이
낙ᄃᆡ예 마시 깁도다 눈 깁픈 쥴 아는가.(제4수)

인용의 제4수에서 시적 화자는 강호에서 한적(閑寂)한 겨울에 낚시를 즐기는 정경을 노래하였다. 초장인 "뫼(혀〉)히ᄂᆞᆫ 새가 긋고 들히ᄂᆞᆫ 가리 업다"와 중장인 "외로운 ᄇᆡ에 삿갓 쓴 져 늘근이"는 강호의 겨울인 '한적한 환경 또는 풍경'을 잘 보여준다. 그리고 종장인 "낙ᄃᆡ예 마시 깁도다 눈 깁픈 쥴 아는가."는 시적 화자가 낚시에 몰입하여 낚시를 즐기는 정경을 잘 보여준다. 그런데 '낚시를 즐기는' 행동은 여유가 있어 한가롭고 속세의 구속을 받지 않으면서 유유자적을 보여준다. 따라서 이 제4수에서는 [강호의 한적한 겨울에 낚시를 즐기는 유유자적의 정경]을 노래했다고 정리[5]할 수 있고, 이에 근거해 제4수의 주제는 겨울의 유유자적으

5 이 유유자적하는 정경은 당나라 유종원의 시 〈江雪〉("千山鳥飛絶, 萬徑人蹤滅, 孤舟蓑笠翁, 獨釣寒江雪")과 비교하여도 잘 알 수 있다. 두 작품을 비교하면, 시조가 상당히 소박하고 간명한 느낌을 주는 동시에, 몰입하여 유유자적하는 정경을 잘 보여준다. 초장 전반부인 "뫼혀ᄂᆞᆫ 새가 긋고"와 기구인 "천산에 새의 낢이 그치고(千山鳥飛絶)"을 비교하면, '千, 飛' 등을 생략하여 소박하고 간명하게 표현을 하였다. 그리고 초장 후반부인 "들히ᄂᆞᆫ 가리 업다"와 승구인 "만경에 사람의 자취 없어졌다(萬徑人蹤滅)"를

로 정리할 수 있다.[6]

이상에서 정리한 각수의 주제를 다시 정리하면 다음과 같다.

제1수: 강호에서 일이 많은 봄에 그물을 깁는 유유자적의 정경

제2수: 강호에서 바쁜 여름에 산전을 되는 대로 매다가 쉬는 유유자적의 정경

제3수: 강호에서 풍요로운 가을에 풍요를 즐기는 유유자적의 정경

제4수: 강호에서 한적한 겨울에 낚시를 즐기는 유유자적의 정경

이로 보면, 이 작품의 논리적 구조는 유유자적의 정경의 차원에서, 병

비교하면, 전달하고자 하는 의미는 거의 비슷하나, 그 표현에서 상당히 다르다. 즉 '萬徑'을 '들희는'으로 '人蹤滅'을 '가리 업다'(갈 이 없다)로 바꾸었다. 이 바꾼 표현과 앞에서 바꾼 표현을 보면, 이규보의 『백운소설(白雲小說)』에 나온 글을 연상하게 한다. [시중 김부식과 학사 정지상은 문장으로 동시에 이름을 가지런히 하였기로 두 사람은 늘 사이가 좋지 못하였다. (……) 뒤에 정지상이 김부식에게 주살되어 음귀(陰鬼)가 되었다. 김부식이 어느 날 봄을 읊는 시를 지었다. "버들은 천 줄기로 푸르고(柳色千絲綠), 도화는 만 점으로 붉다(桃花萬點紅)." 그때 문득 공중에서 정지상의 귀신이 김부식의 뺨을 치면서 "천 줄기, 만 점을 누가 세어봤느냐? 왜 버들은 줄줄이 푸르고(柳色絲絲綠), 도화는 점점이 붉다(桃花點點紅)고 하지 않느냐?"라고 하였다. 이 일로 김부식은 마음속으로 사뭇 꺼림칙하게 여겼다.…]을 연상하게 한다. 이렇게 바꾸어 쓴 초장("뫼혀는 새가 긋고 들희는 가리 업다")과 중장("외로운 비에 삿갓 쓴 져 늘근이")은 강호의 겨울인 '閑寂한 환경 또는 풍경'을 잘 보여준다. 그리고 "홀로 낚시질 하네! 차가운 강에는 눈이 나리네!(獨釣寒江雪)"를 바꾼 종장("낙더에 마시 깁도다 눈 깁픈 쥴 아는가.")은 낚시에 몰입하여 유유자적하는 정경을 잘 보여준다. 이상으로 보아도, 제4수는 강호에서 한적한 겨울에 낚시에 몰입하여 유유자적하는 정경을 노래하였다고 정리할 수 있다.

6 이 제4수에서 시적 화자는 스스로를 낚시에 몰입한 늙은이로 대상화 하였다. 이런 대상화는 제1수의 '이 몸이'와 제2수의 '날'에서도 보인다. 그런데 시적 화자가 스스로를 낚시에 몰입한 늙은이로 대상화한 것은, 시적 화자가 낚시에 몰입하여 유유자적하는 정경을, 차분하게 가라앉은 겨울 풍경의 서경(敍景)으로 보여주기 위하여 택한 방법으로 판단된다. 물론 이 서경은 금방 사라지지 않으면서, 여운(餘韻)과 여미(餘味)를 남긴다.

렬적 구조라고 정리할 수 있으며, 주제는 [강호 사시의 유유자적]으로 정리할 수 있다. 그런데 유유자적의 정경을 좀더 자세히 보면, 병렬적 구조의 이면에는, 노동(제1, 2수)과 향유(제3, 4수)[7]의 인과적 구조를 포함하고 있다. 이 점을 계산하면, 이 작품의 논리적 구조는 노동과 향유의 인과적 구조를 포함한 병렬적 구조로 정리할 수 있다.

5. 결론

지금까지 〈사시가〉가 초기의 연시조라는 점에서, 연시조를 연시조이게 하는 단시조들의 결합을 보여주는 결속, 종결, 구조 등과 주제의 문제를, 선행 연구들을 참조하고 보완하는 차원에서, 검토 정리하여 보았다. 그 결과를 요약하여 결론을 대신하고자 한다.

1) 이 작품에서는 〈강호사시가〉에서와 같은, 문장의 틀을 반복하면서 보여주는, 반복표현에 의한 전체의 결속을 보여주지 않고, 이를 대신할 수 있는 순차적 반복, 반복표현의 후미 전환, 대칭표현 등에 의한 결속을 보여준다.
2) 제1, 2수의 초장들에서는 첫시어 '강호(江湖)에'와 '삿갓에'의 처격어미 '-에'의 반복에 의한 결속을 보여주고, 제2, 3, 4수의 중장들에서는 '산전(山田)을 흣미다가 녹음(綠陰)에'(제2수의 중장), '베뷘 그르헤'(제3수의 중장), '외로운 비에'(제4수의 중장) 등의 처격어미 '-에'의 반복에 의한 결속을 보여준다.

7 이 '노동'과 '향유'는, '노동'과 '휴식'(신연우)에서, 풍요를 즐기고 낚시를 즐기는 측면을 살리기 위하여 '휴식'을 '향유'로 바꾼 것이다.

3) 반복표현의 후미 전환은 두 가지의 반복표현의 후미 일탈에 의해 발생한다. 하나는 제4수 초장의 '뫼(혀〉)ᄒᆡᄂᆞᆫ'이 보이는 처격어미의 일탈이고, 다른 하나는 제4수 중장과 종장이 보이는 행간 걸침의 일탈이다.

4) 대칭표현에 의한 결속과 종결은 제2수와 제3수의 중간을 대칭축으로 하는 네 대칭표현에 의해 이루어진다. 하나는 제1수 초장의 끝시어 '하다'와 제4수 초장의 끝시어 '업다'의 종결어미 '-다'에서 나타난 대칭표현이고, 다른 하나는 제1수 종장의 첫시어 '뒤뫼헤'와 제4수 종장의 첫시어 'ᄂᆞᆨᄃᆡ예'의 처격어미 '-헤/예'에서 나타난 대칭표현이며, 다른 하나는 제2수 중장의 '산전(山田)을 ᄒᆞᆺᄆᆡ다가 녹음(綠陰)에'와 제3수 중장의 '베 뷘 그르헤'의 처격어미 '-에/헤'에서 나타난 대칭표현이고, 나머지 하나는 제2수 종장의 첫시어 '목동(牧童)이'와 제3수 종장의 첫시어 'ᄉᆞᆯ(이)'의 주어에서 나타난 대칭표현이다. 이 대칭표현들에서 첫 번째와 두 번째의 것들은 시종(始終)의 대칭에 의한 결속과 종결도 겸한다.

6) 〈사시가〉는 배경시간에서 춘하추동의 순차적 구조를 보여준다.

7) 〈사시가〉는 노동(제1, 2수)과 향유(제3, 4수)의 인과적 구조를 포함한 유유자적의 정경을 병렬시킨 병렬적 구조를 논리적 구조로 보여준다.

8) 7)의 구조로 보아, 이 작품의 주제는 [강호 사시의 유유자적]으로 정리하였다.

9) 5)의 대칭표현에 의한 결속과 종결은 약간 변형되어 〈오륜가〉(주세붕), 〈도산육곡1(언지), 2(언학)〉, 〈고산구곡가〉 등등의 대칭표현형 연시조들로 이어진다.

신계영의 〈전원사시가〉

1. 서론

이 글은 신계영(1577~1669)이 낙향하여 80대에 지은 〈전원사시가〉의 결속, 종결, 구조, 주제 등을 검토 정리하는 데 연구의 목적이 있다.

〈전원사시가〉의 연구는 작품 소개, 자료 정리, 주석 등[1]을 거치면서, 최근에는 본격적인 작품론에 접근하고 있다. 이 최근의 연구들에서 발견되는 구조와 주제를 배경시간의 구조, 배경공간의 구조, 논리적 구조와 주제(또는 의미) 등으로 나누어 정리하면 다음과 같다.

배경시간의 구조는 네 글에서 보인다. 김신중(1992:55-56)은 봄 - 아침, 여름 - 낮, 가을 - 저녁, 겨울 - 밤 등과 같이 두 사시가 어울림과, 제8수의 겨울과 아침에서의 순환성과 제9, 10수의 제석에서의 순환성을 정리하였다. 김상진(2006:187)은 이 작품의 배경시간에서 춘1 · 2, 하1 · 2, 추1 · 2, 동1 · 2 등의 춘하추동은 물론 계절별 '1'과 '2'도 순차적으로 되어 있음을 정리하였다. 그리고 김신중이 '아침'으로 본 동2의 사시를 '밤'

---

1 작품의 소개는 이상보(1961:231-234)와 박노춘(1962:102-107)에서 보이며, 최승범(2006:160-172)의 개괄적인 풍류성의 검토도 작품의 소개를 겸하고 있다. 누락 부분의 재구는 송종관(1999:284-288)에서 보이고, 종합적인 자료의 정리와 주석은 윤덕진(2002)에서 보인다.

으로 다르게 보았다. 남정희(2008:143-144, 146, 151)는 춘1, 하1, 추1, 동1 등의 초장에 있는 시어들에서 "잔설→잔화→이슬→서리→북풍→눈"의 순차성과 순환성을 정리하고, "'겨울'과 '제석'은 시적 자아의 주관적 시간을 토대로"하였다고 보았다. 오선주(2009:105-106)는, 김신중이 정리한 '아침'(춘1 · 2), '저녁'(추1 · 2), '밤'(동1), '밤'(제석1) 등을 비판하면서, 춘하추동 8수의 순차적 구조를 계절의 차원에서 다시 검토하였다. 이렇게 배경시간은 순차적 구조를 중심으로 비교적 많이 연구되었다. 그러나 이 연구들은, 춘1 · 2, 추1 · 2, 동1 · 2, 제석1 등의 배경시간의 해석에서 의견이 엇갈리는 문제, 순차적 구조 외에 다른 구조로도 볼 수 있는 문제, 제석1 · 2가 빠진 춘하추동의 순차적 구조만을 정리한 문제 등을, 미해결의 문제들로 남겨 놓았다.

배경공간의 구조는 두 글에서 보인다. 남정희(2008:152)는 양파(춘2), 원림(하2), 자해황계(추2), 구돌(동2) 등에 근거하여, 남쪽에서 북쪽을 가로지르는 배경공간의 구조와, 이 구조가 "외부에서 내부 공간으로 축소되면서 시적 자아 내면으로 다가서도록 설정"된 순차적 구조임을 주장하였다. 오선주(2009)는 추2의 배경공간을 '동리(東籬)'로 다르게 보면서, 순차적 구조를 좀더 명확하게 언급했다.[2] 이 논의들은 배경공간의 구조를 다르게도 볼 수 있는 문제와, 제석2를 포함한 배경공간의 구조를 검토하지 않은 문제를, 미해결의 문제들로 남겨 놓았다.

논리적 구조와 주제(또는 의미)는 다섯 글에서 보인다. 초기의 연구들은 부분적이거나 기술적이었고,[3] 이현자와 오선주는 이를 좀더 진전시

---

2 즉 추2의 배경공간을 '東籬'로 본, 陽坡(춘2), 園林(하2), 東籬(추2), 구돌(房, 동2) 등에 근거하여, "바깥 공간에서 집 내부 공간으로 점점 좁혀오고 있을 뿐만 아니라 그 순서 또한 매우 순차적으로 진행되고 있다."(오선주 2009:111)고 순차적 구조를 좀더 명확하게 언급했다.

3 이상원(1998:66)은 제석1 · 2의 주제를 탄로로 보았다. 권순회(2000:93)는 '아희야 ~ 하여라'를 "시상을 집약하여 전가생활의 흥취를 고조시키고 있다."고 보았다. 이 두

켰다. 이현자(2001:269)는 이 "시(詩)의 방향(方向)과 주제(主題)는, 생활터전으로서 강호자연에서 화자(話者)가 느끼는 홍취(興趣)와 여흥(餘興), 경구(驚句)라고 할 수 있다."고 하였다. 오선주(2009)는 〈사시〉의 초장과 중장에서 의미구조의 정리를 시도[4]하고, 단위별 의미의 정리를 시도[5]한 다음에, 이에 기초하여 작품의 의미를 '한흥(閑興)' 또는 '한흥적 삶'으로 보기도 했다. 이 논의들은 논리적 구조와 이에 기반한 주제(또는 의미)의 파악에 접근하였지만, 좀더 체계적으로 검토할 문제들을 남겨 놓았다.

이렇게 기왕의 연구들은 많은 것들을 정리하였지만, 아직도 구조와 주제의 측면에서 좀더 검토해야 할 것들을 남겨 놓았다. 특히 〈사시〉 텍스트와 〈제석〉 텍스트는 각각 구조와 주제의 측면에서 독립성을 가질 수 있으며, 동시에 〈사시+제석〉 텍스트로 통합성도 지닐 수 있다는 것을 검토하지 않았다.

이에 이 작품을, 〈사시〉 텍스트, 〈제석〉 텍스트, 〈사시+제석〉 텍스트 등으로 나누어, 그 구조와 주제를 검토 정리하고, 이에 기초하여 결론에서 〈사시〉 텍스트와 〈제석〉 텍스트의 독립성과, 〈사시+제석〉 텍스트의 통합성을 정리한 바(양희철 2013b)가 있다. 그런데 이 글에서는 결속과 종결을 정리하지 않았다. 이를 보완하면서 탈착형(脫着形) 연시조라는

글은 〈전원사시가〉만을 다룬 글이 아니기 때문에, 부분적인 연구에 머물 수밖에 없었다. 조성래(2000:65-106)는 이 작품에서 여러 문체를 검토하였으나 기술에 그쳤다.

4 초장의 표현의 틀로 〈계절이 어떠하니 그 계절이 어떠하다〉를 정리하고, 이를 중장과 연결한 유형에 따라 첫째 수는 '객관적 서경'을, 둘째 수는 '주관적 서정'을 보이는 것으로 보고, "전원이라는 넓은 영역 내에서 완상한 각 계절의 '객관적 서경'과 '주관적 서정'을 복합적으로 노래하여 전체 의미의 상승을 꾀하고 있는 것이 〈사시〉의 의미구조이다"(오선주 2009:106-107, 112-113)라고 보았다.

5 단위별 의미를 '여유로움'(제1・2수), '무더위 속에서 홍겨움을 즐기는 모습' 내지 '여름날의 한가로운 삶'(제3・4수), '가을의 풍성함과 만족스러움'(제5・6수), '신체적 한가함과 정신적 평온함' 또는 '한가로운 삶'(제7・8수), '여유롭고 한가로운 삶'(제9・10수) 등으로 보았다(오선주 2009:114-116, 119).

용어를 첨가하고, 앞의 글을 일부 수정하려 한다.

연구 방법은 문학과 글쓰기에서 검토하는 구조들과, 문학문체론 그 중에서도 일탈문체론[6]이다.

2. 〈사시〉 텍스트

이 장에서는 〈사시〉 텍스트의 결속, 종결, 구조, 주제 등을 두 절로 나누어 검토하려 한다.

2.1. 결속과 종결

〈사시〉 텍스트의 결속과 종결을 보기 위하여, 〈사시〉 텍스트를 인용하면 다음과 같다.

봄날이 점점 기니 殘雪이 다 녹거다
梅花는 불셔 디고 버둘가지 누르럿다
아희야 울 잘 고티고 菜田 갈게 ᄒᆞ야라[제1수(춘1)]
陽坡의 풀이 기니 봄빗치 느저 잇다
小園 桃花는 밤 비예 다 픠거다
아희야 쇼 됴히 머겨 논밧 갈게 ᄒᆞ야라[제2수(춘2)]

---

6 일탈문체론은 규범과 逸脫을 통하여 문체를 분석한다. 대표적인 학자로는 리파테르(M. Riffaterre), 레빈(S. R. Levin), 리이치(G. N. Leech) 등이 있다. 이들이 사용한 용어는 매우 다양하다. 그런데 이 글에서 사용하고 있는 일탈과 규범은 작품 안에서의 통계와 배열에 따른 것이다. 이는 레빈의 '내적 일탈'과 이를 변용한 리이치의 '삼차적 일탈'을 간단하게 '일탈'로 사용한 것으로 이해하면 충분하다.(양희철 2011c:286).

殘花 다 진 後의 綠陰이 기퍼 간다
白日 孤村에 낫돍의 소릭로다
아히야 계면됴 불러라 긴 조롬 씨오쟈[제3수(하1)]
園林 寂寞ᄒᆞᆫ듸 北窓을 빗겨 시니
("牧笛 三弄聲에 긴 조름 밀려온다")[7]
(아히야) 거문고 노라라 낫좀을 씨와괴야[제4수(하2)]

흰 이술 서리 되니 ᄀᆞ올히 느저 잇다
긴들 黃雲이 ᄒᆞᆫ 빗치 피거고야
아히야 비즌 술 걸러라 秋興 계워 ᄒᆞ노라[제5수(추1)]
東籬예 菊花 피니 重陽이 거에로다
自蔡로 비즌 술이 ᄒᆞ마 아니 니것ᄂᆞ냐
아히야 紫蟹 黃鷄로 안酒 장만 ᄒᆞ야라[제6수(추2)]

北風이 노피 부니 압 뫼히 눈이 딘다
茅簷 촌 빗치 夕陽이 거에로다
아히야 됴粥 니것ᄂᆞ냐 먹고 자랴 ᄒᆞ노라[제7수(동1)]
어제 쇼 친 구둘 오늘이야 채 덥거니
긴 좀 계우 씨니 아젹 날이 놉파 잇다
아히야 서리 녹앗느냐 닐고 자고 ᄒᆞ노라[제8수(동2)]

이 인용의 밑줄 친 부분들에서 두 가지 결속을 확인할 수 있다. 하나는 단락내 결속이다. 이 〈사시〉 텍스트는 계절별로 하나의 단락

7 송종관(1999:288)은 중장을 "牧笛 三弄聲이 閑興을 도와 낸다"와 "牧笛 三弄聲에 긴조름 밀려온다"로 재구를 하였는데, 종장과의 관계로 보아 후자로 본다.

을 이룬다. 즉 춘하추동의 사계절이 각각 하나의 단락이다. 그런데 이 단락내의 단시조 2수씩을 한 단락으로 결속하는 것이 밑줄친 부분의 반복표현이다. 이는 같은 구문의 반복에 의한 단락내 결속이다.

다른 하나는 단락간의 결속이다. 이 〈사시〉 텍스트는 사계절의 네 단락으로 이루어져 있는데, 이 네 단락을 하나의 텍스트로 묶는 단락간의 결속은 종장 첫구에서 보이는 '아희야'의 반복이다.

종결은 두 대칭표현에 의해 표현되었다. 제1단락의 첫수인 제1수의 초장에는 '잔설'의 '눈'이 나오고, 제4단락의 첫수인 제7수의 초장에는 '눈'이 나온다. 이 두 '눈'은 대칭표현이다. 그리고 제1단락인 제1수 초장과 제4단락인 제8수 종장에는 각각 '녹-'의 어휘가 나온다. 그리고 제1단락인 제2수 종장과 제4단락인 제7수 종장에는 각각 '먹-'의 어휘가 나온다. 이 '녹-'과 '먹-'은 대칭표현이다. 이 대칭표현들은 시종 단락 또는 시종 단시조에서 대칭되어 있다. 이는 시종의 대칭표현에 의한 종결표현이다.

2.2. 구조와 주제

이 절에서는 〈사시〉 텍스트의 구조와 주제를 정리하고자 한다.

2.2.1. 배경시간의 구조

서론에서 정리했듯이, 〈사시〉 텍스트에서 배경시간의 구조 파악에는 아직도 문제가 있다. 이 문제를 정리하기 위하여, 기왕의 연구들을 참고하면서 배경시간을 다시 정리해 보자.

제1수의 배경시간은 봄(1, 2월)과 아침이다. "봄날이 점점 기니 잔설(殘雪)이 다 녹거다"(초장)로 보면, 배경시간은 1월이다. 그리고 "매화(梅花)는 볼셔 디고 버들가지 누르럿다"(중장)와 "아희야 울 잘 고티고 채전

(菜田) 갈게 ᄒᆞ야라”(종장)에서는 2월과 아침의 배경시간을 추정할 수 있다. 이 ‘아침’의 추정에 문제가 제기되기도 했다. 그러나 김신중의 주장과 같이 “매화(梅花)ᄂᆞᆫ 볼셔 디고 버들가지 누르럿다”(중장)가 아침을 어느 정도 추정하게 하고, 춘1・2로 짝이 된 제2수의 “소원(小園) 도화(桃花)ᄂᆞᆫ 밤 비예 다 픠거다”(중장)가 바로 이어서 보게 될 아침을 거의 확정적으로 보여주며, 선행 작품인 〈고산구곡가〉의 배경시간(양희철 2015f:194-198)으로 보아도 큰 문제가 되지 않는 것 같다.

제2수의 배경시간은 봄(3월)과 아침이다. “양파(陽坡)의 풀이 기니 봄빗치 느저 잇다”의 ‘느저’로 보아, 배경시간은 늦봄인 3월이다. 그리고 “소원(小園) 도화(桃花)ᄂᆞᆫ 밤 비예 다 픠거다”(중장)와 “아희야 쇼 됴히 머겨 논밧 갈게 ᄒᆞ야라”(종장)에서는, 3월과 아침의 배경시간을 추정할 수 있다. 특히 “소원(小園) 도화(桃花)ᄂᆞᆫ 밤 비예 다 픠거다”(중장)는 배경시간을 아침으로 거의 확정하게 한다. 왜냐하면, 이 중장의 발언은, 낮이나 저녁에 하는 말이 아니라, 아침에 하는 말이기 때문이다.

제3수의 배경시간은 여름(4월)과 낮으로, 제4수의 배경시간은 여름(5, 6월)과 낮으로, 각각 보는 데 이의가 없어 그 설명을 생략한다.

제5수의 배경시간은 가을(8월)과 저녁이다. “흰 이슬 서리 되니 ᄀᆞ올히 느저 잇다”에서 ‘흰 이슬’은 ‘백로(白露)’이고, ‘서리 되니’는 서리가 내리는 ‘상강(霜降)’을 말해준다. 그런데 이 제5수의 ‘ᄀᆞ올히 느저 잇다’를 기왕의 일부 해석들에서는 ‘늦은 가을’로 읽기도 하였다. 그러나 이 ‘ᄀᆞ올’은 사전을 보면 ‘계절’과 “농작물을 거두어들이는 수확”을 의미하는 다의어이다. 후자의 의미를 계산하면, 제5수의 배경시간은 벼를 수확하는 8월의 중추(中秋)이다. 그리고 중장의 “긴들 황운(黃雲)이 ᄒᆞᆫ 빗치 피거고야”의 황금 들녘도 8월이다(이현자 2001:268). 이런 점들로 보아, 초장의 ‘ᄀᆞ올’은 “농작물을 거두어들이는 수확”의 의미이며, 제5수(추1)의 배경시간은 8월이라고 정리할 수 있다.

제5수의 "긴들 황운(黃雲)이 ᄒᆞᆫ 빗치 피거고야"(중장)와 "아ᄒᆡ야 비즌 술 걸러라 추흥(秋興) 계워 ᄒᆞ노라"(종장)는 배경시간을 저녁(夕, 暮, 해가 질 무렵부터 밤이 되기까지의 사이)으로 추정하게 한다. 이 제5수와 제6수의 배경시간을 저녁으로 추정한 기왕의 연구에 대해, "작품 자체보다는 시상 전개상의 순환성을 지나치게 의식한 성급한 일반화에 가깝다"는 문제가 제기되기도 했다. 그러나 배경시간을 저녁으로 보는 데는 큰 문제가 없을 것 같다. 그 이유는 다음과 같다. 먼저 제1 · 2수(봄 - 아침), 제3 · 4수(여름 - 낮), 제7 · 8수(겨울 - 저녁, 아침), 제9 · 10수(제석 - 밤, 아침) 등이 보이는 배경시간의 추이와, 선행 작품인 〈고산구곡가〉의 배경시간(양희철 2015f:194-198)으로 보아, 이 추정은 어느 정도 가능하다. 그리고 '황운(黃雲)'은 '누렇게 익은 벼'의 비유인 동시에 문자적으로는 '누런 구름'의 의미인데, 후자를 취하면, "긴들 황운(黃雲)이 ᄒᆞᆫ 빗치 피거고야"(중장) 역시 저녁의 시간을 암시한다. 왜냐하면 이 중장은 "긴들과 황운(黃雲)에 ᄒᆞᆫ 빗치(하나의 누런 빛이) 피거고야"를 의미하는데, 이 경우에 '황운(黃雲)'은 가을 황혼에 햇빛에 의해 만들어진 누런 구름이란 점에서, 배경시간을 황혼의 저녁으로 추정할 수도 있다. 물론 종장인 "아ᄒᆡ야 비즌 술 걸러라 추흥(秋興) 계워 ᄒᆞ노라"에서와 같이 '추흥(秋興) 겨운' 시간도 저녁을 가늠하게 한다.

제6수의 배경시간은 가을(9월)과 저녁이다. "동리(東籬)에 국화(菊花) 피니 중양(重陽)이 거에로다"(초장)가 중양절(9월 9일)에 가까운 시기를 말하고 있어, 9월의 가을이다. 그리고 "자채(自蔡)로 비즌 술이 ᄒᆞ마 아니 니것ᄂᆞ냐"(중장)와 "아ᄒᆡ야 자해황계(紫蟹黃鷄)로 안주(酒) 장만 ᄒᆞ야라"(종장)는 배경시간을 저녁으로 추정하게 한다. 특히 농번기에 자해황계의 안주를 장만하여 술을 마실 때가 언제인가를 생각하면, 저녁으로 해석한 것이 자연스럽다고 판단된다.

제7수의 배경시간은 겨울(10, 11월)과 저녁이다. "북풍(北風)이 노피 부니 압 뫼히 눈이 딘다"(초장)의 북풍과 눈으로만 보면, 10, 11, 12월의 겨울이다. 그러나 "아히야 두죽(豆粥) 니것느냐 먹고 자랴 ᄒᆞ노라"(종장)에서, '두죽(豆粥)'이 '콩죽'을 의미하기도 하지만, '팥죽'도 의미한다는 점을 계산하면, 동지가 있는 11월의 겨울이다. 이런 점에서 이 작품은 초장의 10, 11월과 종장의 11월을 보여준다.

제7수의 하루의 사시는 밤이다. 이 '밤'은 연구 초기에 나온 것으로 비판을 받기도 했다. 그러나 '석양(夕陽)이 거에로다'가 석양에 가깝다는 말도 되지만, 석양이 거의 끝났다는 말도 된다는 점에서, 밤으로 보는데 문제가 없다.[8]

제8수의 배경시간은 겨울(12월)과 아침이다. "긴 좀 계우 씨니 아젹 날이 놉파 잇다"(중장)의 '긴 좀'을 '긴 밤'과 관련시켜 보면, 기나긴 밤은 동짓달인 11월의 밤이나 동지섣달인 11, 12월의 밤으로 짐작된다. 그러나 종장의 "아히야 서리 녹앗느냐"로 보면, 12월이다. 왜냐하면 엄동 또는 심동이라고 하는 11월의 아침에는 서리가 녹지 않다가, 정월이 가까운 12월의 아침에는 서리가 양지 바른 쪽에서 녹기 시작하기 때문이다.

제8수의 배경시간은 아침이다. 제8수의 시어 '아젹'이 '아침'이란 점에서, '아침'으로 본 해석들(김신중 1992:55-56, 오선주 2009:111)이 맞으며, 이 '아젹'을 '(깊은)밤'으로 해석한 경우는 잘못 읽은 것 같다.

이상의 배경시간을 다시 정리하면 다음과 같다.

제1단락 제1수 : 춘1(1, 2월) - 아침
제2수 : 춘2(3월) - 아침
제2단락 제3수 : 하1(4월) - 낮

---

8 이런 해석은 "석양이 저무는 저녁 즈음에서부터 밤으로 접어드는 때"(김상진 2006:187)에서도 보인다.

제4수 : 하2(5, 6월) - 낮
제3단락 제5수 : 추1(8월) - 저녁
제6수 : 추2(9월) - 저녁
제4단락 제7수 : 동1(10, 11월) - 밤
제8수 : 동2(12월) - 아침

이 〈사시〉 텍스트의 배경시간에서는 두 구조를 정리할 수 있다.

하나는 각 단락의 순차적/점층적 구조이다. 일차로 기왕의 연구들(김상진, 오선주)이 보여준 것과 같이, 춘1 · 2, 하1 · 2, 추1 · 2, 동1 · 2 등에서 '1'과 '2'는 순차적 구조이다. 이 외에도 이 '1'과 '2'는 계절의 시간에서 '1'보다 '2'가 더 무르익는 시간이라는 점에서, 점층적 구조를 정리할 수 있다.

다른 하나는 〈사시〉 텍스트 8수에서 보인 순차적/점층적 구조의 후미 전환형이다. 계절의 사시와 하루의 사시를 결합한 시간은 춘1 · 2(아침), 하1 · 2(낮), 추1 · 2(저녁), 동1(밤), 동2(아침) 등이다. 이 중에서 춘1 · 2, 하1 · 2, 추1 · 2 등은 춘하추동과 신주석야의 결합에서 '춘 - 아침, 하 - 낮, 추 - 저녁' 등으로 일치하고, 동1은 '동 - 밤'으로 일치한다. 이에 비해 동2는 '동 - 밤'이 되어야, 바로 앞의 춘1 · 2, 하1 · 2, 추1 · 2, 동1 등이 보여준 '춘 - 아침, 하 - 낮, 추 - 저녁, 동 - 밤' 등과 일치하는데, 이를 벗어난 동2(아침)로 되어 있다. 이 일탈은 동2(밤)를 동2(아침)로 전환한 것이다. 이 전환은 종결의 문체적 표현으로 판단된다. 왜냐하면 이 일탈의 전환은 반복의 지속을 중지하였다는 점에서, 종결 형식의 한 표현이기 때문이다(양희철 2010e:144-149). 이런 점에서 이 배경시간의 구조는 '순차적/점층적 구조의 후미 전환형'이라고 정리할 수 있다.

2.2.2. 배경공간의 구조

서론에서 언급했듯이 오선주는, 양파(陽坡, 춘2), 원림(園林, 하2), 동리(東籬, 추2), 구둘(房, 동2) 등에 근거하여, 남정희와 함께 순차적 구조를 정리하였다.

이 순차적 구조의 해석에서 주목할 것은, 양파(陽坡, 춘2), 원림(園林, 하2), 동리(東籬, 추2) 등은 집밖의 공간이고, 구둘(房, 동2)은 집안의 공간이라는 차이점이다. 이는 집밖의 공간을 순차적/점층적으로 반복하다가 그 반복을 집안의 공간으로 전환하면서 중지한 것으로, 이 반복의 중지는 종결을 의미한다. 이 점을 감안하면 〈사시〉 텍스트에서 배경공간의 구조는 각 단락별 두 번째 시조의 초장 전반부에 한정된 것이지만, 순차적/점층적 구조의 후미 전환형이라고 정리할 수 있다.

2.2.3. 논리적 구조와 주제

〈사시〉 텍스트의 논리적 구조는 두 측면에서 검토하려 한다. 하나는 계절별 2수에서의 구조이고, 다른 하나는 춘하추동의 사시에서의 구조이다. 논리적 측면에서의 이 두 구조를 검토한 기왕의 연구는 없다.

봄날이 점점 기니 殘雪이 다 녹거다
梅花는 불셔 디고 버들가지 누르럿다
아희야 울 잘 고티고 菜田 갈게 ᄒᆞ야라[제1수(춘1)]
陽坡의 풀이 기니 봄빗치 느저 잇다
小園 桃花는 밤 비예 다 픠거다
아희야 쇼 됴히 머겨 논밧 갈게 ᄒᆞ야라[제2수(춘2)]

제1단락의 제1・2수는 밑줄 친 부분에서 동일 구문(構文)들을 반복한다. 이 반복들은 같은 구문을 반복하면서, 반복된 리듬에 의해, 제2수의 정감을 강화하고, 점층적 구조의 파악을 쉽게 한다. 두 초장의 밑줄 친 부분에서는, 같은 구문을 반복하면서, 봄의 계절이 점점 무르익음을 노래하였다. 즉 제1수의 "봄날이 점점 기니 잔설(殘雪)이 다 녹거다"와, 제2수의 "양파(陽坡)의 풀이 기니 봄빗치 느저 잇다"는 순차적이면서, 동시에 점층적이다. 게다가 두 종장에서도 "아희야 … 갈게 ᄒᆞ야라"에 들어가는 "울 잘 고티고 채전(菜田)"과 "쇼 됴히 머겨 논밧"은 확대적이고 점층적이다. 즉 '채전(菜田)'에서 '논밧'으로 확대 내지 점층을 보인다. 이런 점에서 제1・2수의 구조는 점층적 구조이다.

이 점층적 구조를 통하여, 제1단락(제1・2수)에서, 시적 화자는 봄의 파한(/破寂), 즉 경작 준비의 참견을 통하여 심심함을 잊고 시간을 보내려는 파한(/破寂, 이하에서는 '破閑'만을 쓴다.)을 노래하였다. 제1수의 "봄날이 점점 기니 잔설(殘雪)이 다 녹거다"와, 제2수의 "양파(陽坡)의 풀이 기니 봄빗치 느저 잇다"는 주변 소요(逍遙)를 통해 본 계절의 변화이다. 이 계절의 변화는, "너무 바빠서 세월/계절 가는 줄을 모르겠다"는 속담으로 보면, 시적 화자가 바쁘지 않은 상태에 있음을 의미한다. 이 바쁘지 않은 상태를 간단하게 치사한객의 한가한 상태로 정리해 버릴 수도 있다. 그러나 우리는 치사한객의 처리에서 반드시 유의할 것이 있다. 즉 치사한객은 한가한 생활을 할 수도 있지만, 심심하거나 무료한 생활을 할 수도 있다는 것이다. 이를 계산하면, 앞의 바쁘지 않은 상태는 한가한 상태일 수도 있고, 심심하거나 무료한 상태일 수도 있다. 이는 앞의 계절의 변화를 지각한 주변 소요가, 한가한 행동일 수도 있고, 심심해서 파적거리로 밖에 나간 행동일 수도 있음을 의미한다. 그러면 이 제1단락은 한가한 상태에서의 노래인가, 아니면 심심한 상태에서의 노래인가? 이 문제는 종장인, "아희야 … (菜田, 논밧) 갈게 ᄒᆞ야라"의 명령에서 결정할 수 있다. 이 명령은 아이들의 경작(耕作) 준비에 대한 참견일 수도 있고, 농사를 감독하는 자기 일의 수행일 수도 있다. 이 중에서 어느 것으로 보든, 제1단락은 한가한 상태의 노래는 아닌 것 같다. 왜냐하면, 한가(閑暇)라는 말 자체가 "할 일이 없어 몸과 틈이 있음"이나 "시간적 여유가 있음"을 의미하는데, 앞의 명령은 앞의 두 의미 중에서 어느 것으로 보든, 할 일이 있음을 의미하기 하기 때문이다. 다음으로 이 명령은 농사를 감독하는 자기 일의 수행은 아닌 것 같다. 왜냐하면 시적 화자는 80대의 치사한객이기 때문이다. 이렇게 보면, 앞의 명령은 농사 준비의 참견이라고 해석할 수 있다. 그것도 "할 일 없으면(/심심하면) 잠이나 자지, 왜 남의 일에 참견이야"나 "할 일 되게 없네, 남의 일에 참견이나 하고"에서 보이는 참견과 같은 것으로, 이 참견은 파한의 수단이다. 즉 이 참견은 할 일이 없어서(/심심해서) 심심함을 잊고 시간을 보내기 위하여 하는 파한이다. 이러한 점들을 계산하면, 제1단락(제1 · 2수)은 경작 준비의 참견을 통하여, 심심함을 잊으려는 파한(破閑)을 노래하였다고 정리할 수 있다.

殘花 다 진 後의 綠陰이 기퍼 간다
白日 孤村에 낫돍의 소리로다
아희야 계면됴 불러라 긴 조롬 씌오쟈[제3수(하1)]
園林 寂寞ᄒᆞᆫ듸 北窓을 빗겨 시니
("牧笛 三弄聲에 긴 조름 밀려온다")
(아희야) 거문고 노라라 낫좀을 씌와괴야[제4수(하2)]

제2단락(제3 · 4수) 역시 밑줄 친 부분들에서 같은 구문을 반복하면서, 반복된 리듬에 의해, 제4수의 정감을 강화하고, 점층적 구조의 파악을 쉽게 한다. 제3수의 초장은 "잔화(殘花) 다 진 후(後)의 녹음(綠陰)이 기퍼 간다"로 초여름이 무르익음을 보여주고, 이에 제4수의 초장은 "원림(園林) 적막(寂寞)ᄒᆞᆫ듸"로 여름의 무르익음을 점층적으로 보여준다. 그리고 종장에서는 "아희야 계면됴 불러라(/거문고 노라라) 긴 조롬(/낫즘을) 씨오-"에서와 같이, 깨오고자 하는 대상이 '긴 졸음'(제3수)에서 '낮잠'(제4수)으로 점층되어 있다. 이런 점에서 제3·4수의 구조는 점층적 구조라고 정리할 수 있다.

이 점층적 구조를 통하여, 시적 화자는 제2단락(제3·4수)에서 음악(계면조와 거문고)으로 무료함(긴 졸음과 낮잠)을 깨는 파한을 노래하였다. 제2단락(제3·4수)의 "아희야 계면됴 불러라(/거문고 노라라) 긴 조롬(/낫즘을) 씨오-"에서는 한낮의 무료함(無聊, 흥미 있는 일이 없어 심심하고 지루함)을 깨려 한다. 이 무료함은 '한가(閑暇)'("할 일이 없어 몸과 틈이 있음")한 때에 느끼는 감정의 하나라는 점에서, 앞의 무료함(졸음과 낮잠)을 깨기는, 치사한객이 여름에 음악(계면조, 거문고)을 통해 보인 파한(破閑)으로 정리할 수 있다.

이 제2단락(제3·4수)의 파한은 즐거움의 정도에서 제1단락(제1·2수)의 파한에 점층되어 있다. 제1·2수의 '경작 준비의 참견'에는 즐거움이 거의 없다. 이에 비해 긴 졸음과 낮잠을 깨우는 음악(계면조, 거문고)에는 그렇게 강한 것은 아니지만, 그래도 음악이 갖는 즐거움이 있다. 이런 점에서 제3·4수의 파한은 즐거움의 정도에서 제1단락(제1·2수)의 파한에 점층되어 있다고 정리할 수 있다.

> 흰 이슬 서리 되니 ᄀ올히 느저 잇다
> 긴들 黃雲이 ᄒᆞᆫ 빗치 피거고야
> 아희야 비즌 술 걸러라 秋興 계워 ᄒᆞ노라[제5수(추1)]
> 東籬에 菊花 피니 重陽이 거에로다
> 自蔡로 비즌 술이 ᄒᆞ마 아니 니것ᄂᆞ냐
> 아희야 紫蟹 黃鷄로 안酒 장만 ᄒᆞ야라[제6수(추2)]

제3단락(제5 · 6수) 역시 밑줄 친 부분들에서 같은 구문들을 반복하는데, 이 구문들의 반복은 제6수의 정감을 강화하면서, 점층적 구조의 파악을 쉽게 한다. 제5수의 초장("흰 이슬 서리 되니 ᄀᆞ올히 느저 잇다")과 중장["긴들 황운(黃雲)이 ᄒᆞᆫ 빗치 피거고야"]은 8월(중추)를 보여주고, 이에 제6수의 초장["동리(東籬)예 국화(菊花) 피니 중양(重陽)이 거에로다"]은 9월의 가을이 깊어 감을 점층적으로 보여준다. 그리고 제5수의 종장은 "아희야 비존 술 걸러라 秋興 계워 ᄒᆞ노라"로 추흥 겨워 술을 마시고자 준비를 시킨다. 이런 제5수에 안주의 준비까지 점층시킨 것이 제6수의 중장과 종장이다. 즉 "자채(自蔡)로 비존 술이 ᄒᆞ마 아니 니것ᄂᆞ냐 / 자해황계(紫蟹黃鷄)로 안주(酒) 장만 ᄒᆞ야라 (秋興 계워 ᄒᆞ노라)"를 통하여, 안주의 준비를 점층시킨다. 이런 점에서 제5 · 6수의 구조는 점층적 구조라고 정리할 수 있다.

이 점층적 구조를 통하여, 시적 화자는 제3단락(제5 · 6수)에서 가을의 정취로 추흥(가을에 재미나 즐거움을 일으키는 감정) 겹지만, 더 이상 할 일이 없어서(/심심해서) 술과 안주로 심심함을 달래려는 치사한객의 파한을 노래하였다. 제5수의 초장("흰 이슬 서리 되니 ᄀᆞ올히 느저 잇다")과 제6수의 초장["동리(東籬)예 국화(菊花) 피니 중양(重陽)이 거에로다"]은 시적 화자가 동리(東籬)의 울안에서 본 가을이다. 이 가을은 "너무 바빠서 세월/계절 가는 줄을 모르겠다"는 속담으로 보면, 시적 화자가 한거하는 가을일 수도 있고, 심심파적을 하는 가을일 수도 있다. 그런데 시적 화자는 제5수의 초장인 "흰 이슬 서리 되니 ᄀᆞ올히 느저 잇다"에서 수확이 늦은 것을 걱정하면서 어떤 일도 할 수가 없다. 그런 다음에 중장인 "긴들 황운(黃雲)이 ᄒᆞᆫ 빗치 피거고야"를 통하여 가을 저녁의 들을, 울안에서 추측/상상하면서, 추흥에 겨워서 술과 안주를 먹고자 한다. 이 음주는 추흥에 겹지만, 한 일이 없어서(/심심해서) 심심함을 달래려는 파한으로 판단된다. 이런 점에서 제3단락(제5 · 6수)에서는 추흥 겹지만, 울안에서 할 일이 없어서(/심심해서) 심심함을 술과 안주로 달래려는 치사한 객의 파한을 노래하였다고 정리할 수 있다.

이 제3단락(제5・6수)의 파한은 제2단락(제3・4수)의 파한에 점층되어 있다. 앞에서 보았듯이, 제2단락(제3・4수)의 파한은 졸음과 잠을 깨우기 위한 음악에 의한 파한인데, 이 음악에는 즐거움은 있지만, 그렇게까지 강한 것은 아니다. 이에 비해 제3단락(제5・6수)의 파한에는 추흥이 있고, 술과 안주에 따른 주흥(酒興)과 취흥(醉興)이 더해진다. 이런 점에서 제3단락(제5・6수)의 파한은 즐거움의 정도에서 제2단락(제3・4수)의 파한에 점층되어 있다고 정리할 수 있다.

> 北風이 노피 부니 압 뫼헤 눈이 딘다
> 茅簷 촌 빗치 夕陽이 거에로다
> 아희야 豆粥 니것느냐 먹고 자랴 ᄒᆞ노라[제7수(동1)]
> 어제 쇼 친 구돌 오늘이야 채 덥거니
> 긴 줌 계우 씌니 아젹 날이 놉파 잇다
> 아희야 서리 녹앗느냐 닐고 쟈고 ᄒᆞ노라[제8수(동2)]

제4단락(제7・8수) 역시 밑줄 친 부분들에서 같은 구문을 반복한다. 이 반복은 같은 구문을 반복하여 제8수의 정감을 강화하면서, 점층적 구조의 파악을 쉽게 한다. 제4단락(제7・8수)은 겨울이 점층적으로 깊어감을 노래한다. 즉 제7수 초장인 "북풍(北風)이 노피 부니 압 뫼헤 눈이 딘다"(10, 11월)와 제8수 종장인 "서리 녹앗느냐"(12월)를 보면, 겨울이 점점 점층적으로 깊어감을 알 수 있다. 그리고 제7수 종장의 "먹고 자랴 ᄒᆞ노라"와 제8수 종장의 "닐고 쟈고 ᄒᆞ노라"를 보아도, '먹고 자고, 일어나고 자고' 하는 순차 내지 점층을 알 수 있다. 이런 점에서 제4단위(제7・8수)의 구조는 점층적 구조라고 정리할 수 있다.

이런 점층적 구조를 통하여, 시적 화자는 제4단위(제7·8수)에서 치사한객이 겨울에 무료(無聊)함(흥미 있는 일이 없어 심심하고 지루함)을 달래는 파한을 보여준다. 즉 제7수의 종장("아희야 豆粥 니것ᄂᆞ냐 먹고 자랴 ᄒᆞ노라")과 제8수의 종장("아희야 서리 녹앗느냐 닐고 쟈고 ᄒᆞ노라")을 보면, '먹고 자고, (일어나고) 자고' 하는 것으로 겨울의 무료함을 달래려 한다. 특히 이 '먹고 자고, (일어나고) 자고'는, 저녁을 먹고 자고, 아침에 일어나고 밤에 자는, 매일 반복하는 일상의 행동이 아니라, 저녁때 할 일이 없어 두죽(豆粥)을 먹고 자고, 아침에 할 일이 없어서 늦게 일어나고 낮에 자는 일상성을 벗어난 것이다. 이로 인해, 이 '먹고 자고, (일어나고) 자고'에 포함된 '먹다'와 '자다'는 "심심하니 자꾸 먹는 것만 찾는다"와 "할 일이 없으면(/심심하면) 잠이나 자지 웬 참견이야"에서 보이는 '먹다, 자다' 등과 같은 것으로 파한의 수단이다. 이런 점에서, 제4단락(제7·8수)은 치사한객이 겨울에 일상성을 벗어난, 파한의 수단인 '먹고 자고, (일어나고) 자고'를 통해 무료함을 달래는 파한으로 정리할 수 있다.

이 제4단락(제7·8수)의 파한은 제3단락(제5·6수)의 파한에 점강되어 있다. 앞에서 보았듯이, 제3단락(제5·6수)의 파한에는 추흥(秋興)이 있고, 술과 안주에 따른 주흥(酒興)과 취흥(醉興)이 있다. 이에 비해 제4단락(제7·8수)의 파한에는 이런 즐거움과 흥이 없고, 이보다 약한 즐거움이 있다. 즉 노인들이 흔히 말하는 "맛있는 거 먹고, 자는 게 즐거움(낙)이다"에서 볼 수 있는 즐거움이 있을 뿐이다. 이런 제4단락(제7·8수)의 파한은 제3단락(제5·6수)의 파한에 점강되어 있다고 정리할 수 있다.

이렇게 점강된 제4단락(제7·8수)은 그 이전까지 반복되던 점층적 구조를 점강적으로 전환하였는데, 이는 종결을 의미한다. 즉 그 이전의 점층적 반복을 중지하였다는 점에서, 종결의 표현으로 볼 수 있다. 이런 사실은 종장의 소재에서도 알 수 있다.[9]

이상과 같이 볼 때에, 〈사시〉 텍스트에서는 두 가지 논리적 구조를 정리할 수 있다. 하나는 제1-4단락(춘1 · 2, 하1 · 2, 추1 · 2, 동1 · 2)에 나타난 각 단락의 '1'과 '2'의 논리적 구조는 순차적/점층적 구조라는 것이다. 다른 하나는 제1-4단락(춘1 · 2, 하1 · 2, 추1 · 2, 동1 · 2)의 논리적 구조는 순차적/점층적 구조의 후미 전환형이라는 것이다.

이번에는 이 구조에 근거하여, 〈사시〉 텍스트의 주제를 보자. 제1단락(춘1 · 2)에서는 봄에 경작 준비의 참견으로 심심함을 잊는 파한을 노래하였다. 제2단락(하1 · 2)에서는 여름에 음악으로 무료함(조름과 낮잠)을 달래는 파한을 노래하였다. 제3단락(추1 · 2)에서는 가을에 술과 안주로 심심함을 달래는 파한을 노래하였다. 제4단락(동1 · 2)은 겨울에 일상성을 벗어난 먹는 것과 자는 것으로 무료함을 달래는 파한을 노래하였다. 이렇게 각 단락들은 각각 춘하추동의 파한을 노래하고 있어, 이 〈사시〉 텍스트의 주제는 [치사한객(致仕閑客)의 사시(四時) 파한(破閑)]으로 정리할 수 있다.

이상의 세 절들을 통해서 보았듯이, 〈사시〉 텍스트는 독립된 구조와 주제를 보인다는 점에서, 독립성을 가지며, 독립되어 수용되기도 하였다고 정리할 수 있다.

---

9 종장의 소재들을 보면, 제4단락(제7 · 8수) 종장들의 전반부는 소재의 일탈을 보인다. 제1-3단락(제1-6수)에서 종장 전반부의 소재들은 단락별로 각각 같은 부류의 소재로 짝을 이룬다. 즉 '울 잘 고티고'(제1수)와 '쇼 됴히 머겨'(제2수)는 경작 준비의 소재로 짝을 이루고, '계면됴 불러라'(제3수)와 '거문고 노라라'(제4수)는 음악의 소재로 짝을 이루며, '비즌 술 걸러라'(제5수)와 '紫蟹 黃鷄로 안酒 쟝만ᄒᆞ야라'(제6수)는 술상 준비의 소재로 짝을 이룬다. 이에 비해 '豆粥 니것ᄂᆞ냐'(제7수)와 '서리 녹앗ᄂᆞ냐'(제8수)는 서로 짝을 이루는 소재들이 아니다. 이 짝을 이루지 않는 제4단락(제7 · 8수)의 소재는 그 이전까지 짝을 이룬 소재들(제1-3단락, 제1-6수)의 반복을 중지한 것으로 종결의 의미를 가진다.

3. 〈제석〉 텍스트

이 장에서는 〈제석〉 텍스트의 결속, 종결, 구조, 주제 등을 두 절로 나누어 검토하고자 한다.

3.1. 결속과 종결

〈제석〉 텍스트를 인용하면 다음과 같다.

> 이바 아희돌아 새히 온다 즐겨 마라
> 헌서훈 歲月이 少年 아사 가느니라
> 우리도 새히 즐겨 ᄒᆞ다가 이 白髮이 되얏노라(제석1)
> 이바 아희돌아 날 쉰다 깃거 마라
> 자고 새고 자고 새니 歲月이 몃츠 가리
> 百年이 하 草草ᄒᆞ니 나는 굿버 ᄒᆞ노라(제석2)

이 〈제석〉 텍스트에서도 밑줄 친 부분에서 반복표현을 보여준다. 이 반복표현은 〈사시〉 텍스트의 것들과 차별이 되면서, 동시에 제석1과 제석2의 결속을 보여준다. 종결은 특이한 형태를 보여주지 않는다.

3.2. 구조와 주제

이 절에서는 배경시간의 구조, 논리적 구조, 주제 등을 정리하고자 한다.

3.2.1. 배경시간의 구조

제석1의 배경시간은 제석(12월 그믐날)의 밤이다. 초장("이바 아희돌아

새히 온다 즐겨 마라")만을 보면, 연말의 어느 시간에 노래한 작품이다. 이 사실만을 보면, "작품 내부에 시간적 배경을 알 수 있는 구체적인 언급이 없기 때문에, '새히 온다'가 밤의 시간대를 지칭한다기보다는 말 그대로 새로운 해가 도래한다는 사실을 범칭한 것으로 풀이할 수 있다."는 주장이 설득력을 얻을 수 있다. 그러나 '선달 그믐날 밤'이라는 의미의 '제석'을 소제목으로 한 점을 고려하면, 세밑인 섣달 그믐날 밤을 배경시간으로 정리할 수 있다. 이런 점에서 제석1의 배경시간은 제석(12월 그믐날)의 밤으로 정리한다.

제석2의 배경시간은 정월 초하루의 아침이다. 초장("이바 아히돌아 날 쉰다 깃거 마라")의 '날 쉰다'는 날이 새는 새벽을 의미하는데, 이 날이 새는 새벽은 아침의 시작이란 점에서, 제석2의 배경시간은 아침으로 정리할 수 있다. 그리고 이 아침은 제석이라는 소제목으로 보아, 날이 새는 정월 초하루의 아침이다. 이런 점에서 제석2의 배경시간은 정월 초하루의 아침으로 정리할 수 있다.

이상의 제석1(12월 그믐날의 밤)과 제석2(1월 초하루의 아침)로 보면, 제석1・2의 배경시간은 순차적/점층적 구조로 되어 있다. 이 경우에 점층적 구조는 제석이 점점 깊어 간다는 점에서 파악할 수 있는 구조이다.

3.2.2. 배경공간의 구조

제석1의 배경공간은 방으로 추정된다. 제석1을 보면, 시적 화자와 아이들이 방에 있음을 추정할 수 있다. 즉 시적 화자가 그믐날 밤에 어떤 외부 공간도 보여주지 않으면서 방안에서 하는 말만을 보여준다는 점에서, 제석1의 배경공간은 방으로 추정된다.

제석2의 배경공간도 방으로 추정된다. 제석2를 보면, 시적 화자와 아이들이 방에 있음을 추정할 수 있다. 즉 시적 화자가 새벽에 어떤 외부 공간도 보여주지 않으면서, 하는 말만을 보여준다는 점에서, 제석2의 배경공간은 방으로 추정된다.

이렇게 제석1 · 2의 배경공간은 제석에 훈계하고 있는 시적 화자와 시적 청자가 있을 수 있는 방으로 추정될 뿐이다. 그리고 이 공간은 제석1과 제석2에서 차이가 없다는 점에서, 반복적 구조로 정리할 수 있다.

3.2.3. 논리적 구조와 주제

〈제석〉 텍스트의 논리적 구조를 검토한 연구는 없다. 그리고 〈제석〉 텍스트의 주제는 '탄로' 또는 '차분하고 여유롭게 행동하라는 권고' 정도로 정리되어 왔다.[10] 논리적 구조를 먼저 보자.

제석1은 [우리도 (어린 시절에) 새해를 즐겨 하다가, 떠들썩한 재미에 어린(/젊은) 시절을 빼앗기고, 백발(白髮)이 되었으니, 아이들아 우리와 같게 되지 않기 위하여, 어려서 새해 온다고 즐기지 말라]는 훈계를 보인다. 이를 차례로 보자. 초장("이바 아희돌아 새희 온다 즐겨 마라")은 아이들에게 새해 온다고 즐겨 하지 말라는 훈계를 보인다. 이 훈계의 의도 내지 이유는 중장과 종장이 말해준다. 중장의 '헌서훈'은 '헌스ᄒᆞ다'의 관형사형으로 '떠들썩한, 시끄럽게 떠드는' 등의 의미이고, '세월(歲月)'은 "지내는 형편이나 사정. 또는 그런 재미"의 의미에서 보이는 '재미'이며, '소년(少年)'은 '어린 때/시절'[11]의 의미이다. 이런 어휘의 의미를 중장에 넣어 보면, 중장은 "떠들썩한 재미가 어린 시절 빼앗아 가나니라"의 내용이 된다. 그리고 종장은 "우리도 (어린 시절에) 새해 즐겨 하다가 이 백발(白髮)이 되었노라"의 내용이 된다. 이런 내용으로 보면, 중장과 종

---

10 김신중(1992:79-80), 이상원(1998:66), 김상진(2006:182-183), 남정희(2008:149) 등은 거의 모두가 탄로의 범위 안에서 설명을 하였고, 오선주(2009:118)만이 "부산떨지 말고 매일 차분하고 여유롭게 행동하라는 권고"로 보았다. 이 권고는 '헌서훈 歲月'과 '새희 즐겨ᄒᆞ다=분주하게 보내다'에 근거를 두고 있다.

11 '어린 아이'의 의미가 아니라, '어린'의 의미인 '少'와, '때/시절'의 의미인 '年'이 결합된 '어린 때/시절'의 의미이다.

장은 "우리도 (어린 시절에) 새해를 즐겨 하다가, 떠들썩한 재미에 어린 시절을 빼앗기고, 백발(白髮)이 되었다"는 의미가 된다. 이 의미는 초장에서 새해 온다고 즐기지 말라는 이유가 된다. 이런 점에서 제석1은 [우리도 (어린 시절에) 새해를 즐겨 하다가, 떠들썩한 재미에 어린 시절을 빼앗기고, 백발(白髮)이 되었으니, 아이들아 우리와 같게 되지 않기 위하여, 어려서 새해 온다고 즐기지 말라]는 훈계로 정리된다.

제석2는 [어려서 날이 샌다고 기뻐하다가 내 인생이 하 보잘 것 없이 초라하여 허전하고 심란하니, 아이들아 나와 같게 되지 않기 위하여, 어려서 이룰 것을 이루고 날이 샌다고 기뻐하지 말라]는 훈계를 보여준다. 이를 차례로 보자. 초장("이바 아희돌아 날 싄다 깃거 마라")은 시적 화자가 아이들에게 날이 샌다고 기뻐하지 말라는 훈계를 보여준다. 이 훈계의 이유 내지 의도는 중장과 종장이 보여준다. 중장의 '세월(歲月)이 몃 춋'은 '인생이 몇 사이'[12]의 의미이다. 종장의 '초초(草草)하다'는 다양한 의미[13]를 갖지만, 문맥에 맞는 것은 "(행색이나 모습이) 보잘 것 없이 초라하다."로 본다. '궃브다'는 '허전하고 심란하다'[14]의 의미이다. 이 의미들을 중장과 종장에 넣어 보면, 중장은 "자고 새고 자고 새니 일생(살아가는 세상)이 몇 사이에 가리"가 되고, 종장은 "인생 백년(百年)이 하 보잘 것 없이 초라하니, 나는 허전하고 심란하노라"가 된다. 결국 중장과

---

12 '歲月'은 '시간'을 의미하지 않고, "살아가는 세상"의 의미로 '일생'을 의미하며, '몃춋(=몃츳)'에서 '몃'은 '몇'의 의미이고, '츳'은 '슷'과 같은 어휘로 '사이'의 의미이다.

13 '草草하다'는 "몹시 간략하다. 갖출 것을 다 갖추지 못하여 초라하다. 바쁘고 급하다." 등(http://krdic.naver.com/search.nhn?dicQuery)으로, 또는 "(행색이나 모습이) 보잘 것 없이 초라하다. (사람이나 그 행동이) 바쁘고 급하다. (무엇이) 매우 간략하다." 등(http://dic.daum.net/index.do?dic=kor)으로 정리되어 있다.

14 황문환, 「조선시대 인간과 국어생활」, 『새국어생활』 12-2, 국립국어연구원, 2002, 여름(김상진 2006:184 재인용). 이 어휘의 의미를 '마르다, 타다, 속타다'(박재연, 『고어사전』, 이회, 2001, '긏부다, 긏브다'항)의 의미로 보기도 하고, '싫어하다' '꺼려하다'(윤덕진 2002:94)의 의미로 보기도 했다.

종장은 "인생 백년(百年)이, 자고 새고 자고 새는 것을 몇 번 하는 사이에 가겠느냐, 인생 백년이 하 보잘 것 없이 초라하니, 나는 허전하고 심란하노라"가 된다. 이는 초장에서 아이들에게 날이 샌다고 기뻐하지 말라고 한 훈계의 이유가 된다. 이런 점에서, 이 제석2는 [어려서 날이 샌다고 기뻐하다가 내 인생이 하 보잘 것 없이 초라하여 허전하고 심란하니, 아이들아 너희들은 나와 같게 되지 않기 위하여, 어려서 이룰 것을 이루고 날이 샌다고 기뻐하지 말라]는 훈계로 정리할 수 있다.

이 제석2의 훈계는 앞에서 정리한 제석1보다 점층적이다. 앞에서 본 제석1은 [우리도 (어린 시절에) 새해를 즐겨 하다가, 떠들썩한 재미에 어린 시절을 빼앗기고, 백발(白髮)이 되었으니, 아이들아 우리와 같게 되지 않기 위하여, 새해 온다고 즐기지 말라]는 훈계였다. 이 제석1의 훈계에 비해, 제석2의 훈계는 시적 화자가 보인 자기 반성의 내용이 더 강하고, 이로 인해 시적 청자에게 훈계하는 내용이 더 강하다. 이런 점에서 제석1과 제석2의 구조는 점층적 구조라고 정리할 수 있다.

이렇게 〈제석〉 텍스트의 논리적 구조는 점층적 구조로 되어 있다. 그리고 이 점층적 구조를 통하여 〈제석〉 텍스트의 주제는, [허전하고 심란한 백발이 되지 않기 위하여, 새해 온다고 즐기지 말고, 새날이 온다고 기뻐하지 말라]는 훈계로 정리할 수 있다.

이상과 같이 〈제석〉 텍스트는 독자적인 구조와 주제를 갖는다는 점에서, 그 독립성을 인정할 수 있고, 이에 따라 〈제석〉 텍스트는 독립된 작품으로 수용될 수 있었다고 정리한다.

4. 〈사시+제석〉 텍스트

이 장에서는 〈사시+제석〉 텍스트의 결속, 종결, 구조, 주제 등을 검토하고자 한다. 이 장에서 다루려는 〈사시+제석〉 텍스트는, 앞에서 정리한 〈사시〉 텍스트와 〈제석〉 텍스트의 단순한 결합이 아니라, 새로운 결속, 종결, 구조, 주제 등을 갖는다는 점에서 그 검토가 반드시 요구된다.

4.1. 결속과 종결

이 〈사시+제석〉 텍스트의 결속과 종결은 대칭표현의 후미 전환형으로 나타난다. 그것도 대칭표현의 후미 전환형 하나가 아니라 넷으로 나타난다.

먼저 종장들의 구문에서 보이는 '대칭표현의 후미 전환형'(1)과 이에 포함된 일탈표현과 대칭표현을 보기 위하여, 종장들을 인용해 보자.

제1단락 : 아히야 울 잘 고티고 菜田 갈게 ᄒᆞ야라[춘1(제1수)]
아히야 쇼 됴히 머겨 논밧 갈게 ᄒᆞ야라[춘2(제2수)]
제2단락 : 아히야 계면됴 불러라 길 조롬 ᄡᅵ오쟈[하1(제3수)]
(아히야) 거문고 노라라 낫좀을 ᄡᅵ와괴야[하2(제4수)]
제3단락 : 아히야 비준 술 걸러라 秋興 계워 ᄒᆞ노라[추1(제5수)]
아히야 紫蟹 黃鷄로 안酒 장만 ᄒᆞ야라[추2(제6수)]
제4단락 : 아히야 豆粥 니것느냐 먹고 쟈랴 ᄒᆞ노라[동1(제7수)]
아히야 서리 녹앗느냐 닐고 쟈고 ᄒᆞ노라[동2(제8수)]
제5단락 : 우리도 새 히 즐겨 ᄒᆞ다가 이 白髮이 되얏노라[제석1(제9수)]
百年이 하 草草ᄒᆞ니 나는 굿버 ᄒᆞ노라[제석2(제10수)]

첫째로, 제3단락(추1 · 2, 제5 · 6수)의 일탈표현(1)이다. 제1, 2, 4, 5단락들을 보면, 각 단락별로 사계와 제석의 '1'과 '2'가 밑줄 친 부분에서 같은 구문을 반복하는 규범을 보여준다. 이에 비해 제3단락의 추1(제5

수)과 추2(제6수)는 그렇지 않다. 이는 추2(제6수)의 뒷부분에 "추흥(秋興) 계워 ᄒᆞ노라"의 구문이 생략[15]되었기 때문이다. 이렇게 같은 구문의 반복을 벗어난 제3단락은 일탈표현(1)이다. 이 일탈표현은 제3단락이 대칭축의 위치에 있으면서 이하에서 다룰 대칭표현들과 더불어 대칭축의 기능을 한다는 사실을 보여준다.

둘째로, [동일 구문의 반복(제2단락) - 대칭축(제3단락) - 동일 구문의 반복(제4단락)]의 대칭표현(1)이다. 위의 제2단락을 보면, "아ᄒᆡ야 … -아(/어)라 … ᄡᅵ오-" 의 구문을 반복한다. 그리고 제4단락을 보면, "아ᄒᆡ야 … -냐 -고 쟈- ᄒᆞ노라"의 구문을 반복한다. 특히 이 제2단락과 제4단락에서 반복하는 구문들은 구문의 중간에 명령형의 종결어미 '-아(/어)라'나, 의문형의 종결어미 '-냐'를 포함한, 두 문장들로 구성된 구문들이다. 이와 같은 구문의 반복들인 제2단락과 제4단락이 제3단락을 대칭축으로 대칭한다는 점에서, 대칭표현(1)을 정리할 수 있다.

셋째로, 제5단락의 일탈표현(2)이다. 제1단락의 표현들도 같은 구문을 반복한다. 이 구문의 반복과 대칭표현(1)로 볼 때에, 제5단락에서도 같은 구문의 반복을 기대할 수 있다. 이 기대와 같이, 제5단락도 같은 구문을 반복한다. 즉 제1단락에서 "아ᄒᆡ야 … -고(/-여) … 갈게 ᄒᆞ야라"의 같은 구문을 반복하듯이, 제5단락에서도, "… -다가(/-니) … -노라"의 같은 구문을 반복한다. 특히 이 제1단락과 제5단락에서 반복하는 구문들은 구문의 중간에 '-고(-여)'의 연결어미와 '-다가(/-니)'의 연결어미를 포함한 구문들이다. 이 점만을 보면, 이 제1단락과 제5단락 역시 대칭표현이라고 할 수 있다. 그러나 대칭표현을 전환하고 있다. 즉 제1-4단락 종장들의 맨 앞에 공통으로 온 '아ᄒᆡ야'를 '우리도'와 '百年이'[16]로 전환한

15 이 생략된 구문은 "시조의 형식적 총량을 맞추기 위해서 생략하고 있지만, 정조의 흐름을 고려한다면 종장의 마지막에는 '(나는) 추흥계워 ᄒᆞ노라'가 생략된 것으로 볼 수 있다."(남정희 2008:147-148)고 지적되기도 했다.

것이다. 이런 점에서 제5단락은 일탈표현(2)이라고 정리할 수 있다. 이 일탈표현의 전환은 지속의 중지라는 점에서 종결을 의미한다.

이런 일탈표현(1, 2), 대칭표현(1) 등은 이 작품이 종장들의 구문에서 '대칭표현의 후미 전환형'(1)임을 보여준다. 이 '대칭표현의 후미 전환형'(1)은 〈사시+제석〉 텍스트의 결속과 종결을 말해준다.

초장들의 구문에서도 '대칭표현의 후미 전환형'(2)을 발견할 수 있다. 이 후미 전환형(2)는 앞의 후미 전환형(1)과 비슷하기 때문에, 비슷한 설명의 반복을 피하기 위하여 각주[17]로 돌린다.

---

16 이 '우리도'와 '百年이'의 일탈은 "제1연에서 제8연(4연은 종장결)까지는 전반행 제1율절에서 "아희야"가 여지없이 반복한다. 그러나 제9연과 10연에서는 "우리도"와 "百年이"로 되어 있어 기대를 파괴하면서 삼차적 일탈을 보인다."(조성래 2000:96)에서 발견된다. 이와 거의 같은 설명은 "제석이 앞선 노래와 차별성을 지니는 것은 종장의 표현으로도 알 수 있다. 〈전원사시가〉의 1연에서 8연까지의 종장은 일관되게 '아희야'란 첫구로 시작된다. 그러던 것이 〈제석 - 1〉에서는 '우리도'라는 것으로, 또 〈제석 - 2〉에서는 '백년이'라고 함으로써 앞선 노래들과는 전혀 다른 모습을 보이고 있다."(김상진 2006:183)에서도 보인다. 그리고 이 '아희야'의 반복만은 "마지막 〈除夕〉 두 수를 제외하고 초장과 중장의 계절의 변화를 알리는 정경을 제시하고, 이를 종장에서 "아희야~하여라"의 형태로 시상을 집약하여 전가생활의 홍취를 고조시키고 있다."(권순회 2000:93)에서도 보인다.

17 이를 보기 위하여, 초장들을 정리하면 다음과 같다.

제1단락 : 봄날이 점점 기니 殘雪이 다 녹거다[춘1(제1수)]
陽坡의 풀이 기니 봄 빗치 느저 잇다[춘2(제2수)]
제2단락 : 殘花 다 진 後의 綠陰이 기퍼 간다[하1(제3수)]
園林 寂寞훈딕 北窓을 빗겨시니[하2(제4수)]
제3단락 : 흰 이술 서리 되니 ᄀ올히 느저 잇다[추1(제5수)]
東籬예 菊花 피니 重陽이 거에로다[추2(제6수)]
제4단락 : 北風이 노피 부니 압 뫼히 눈이 딘다[동1(제7수)]
어제 쇼 친 구돌 오놀이야 채 덥거니[동2(제8수)]
제5단락 : 이바 아희돌아 새 히 온다 즐겨 마라[제석1(제9수)]
이바 아희돌아 날 쉰다 깃거 마라[제석2(제10수)]

첫째로, ['-ㄴ다, -니'의 문장(제2단락) - 대칭축(제3단락) - '-ㄴ다, -니'의 문장(제4단락)]의 대칭표현(2)이다. 제2단락을 보면, "殘花 … 간다"(제3수)와 "園林 … 빗겨시

이번에는 제1-5단락의 첫 번째 단시조들의 중장 끝어미에서 보이는 '대칭표현의 후미 전환형'(3)과 이에 포함된 일탈표현과 대칭표현을 보자. 이를 보기 위하여, 해당 중장의 끝시어와 끝어미를 정리하면 다음과 같다.

제1단락 : '-럿다'[누르럿다, 춘1(제1수)의 중장]

제2단락 : '-로다'[소릐로다, 하1(제3수)의 중장]

제3단락 : '-거고야'[피거고야, 추1(제5수)의 중장]

제4단락 : '-로다'[거예로다, 동1(제7수)의 중장]

니"(제4수)에서와 같이 "(무엇)이 … -ㄴ다"와 "(무엇)이 … -니"의 문장을 보여준다. 그리고 제4단락을 보면, "北風이 … 딘다"(제7수)와 "어제 쇼 친 구돌 … 덥거니(제8수)"에서, 제2단락에서 정리한 것과 같은, "(무엇)이 … -ㄴ다"와 "(무엇)이 … -니"의 문장을 반복한다. 이런 점에서 일차로 ['-ㄴ다, -니'의 문장(제2단락) - 대칭축(제3단락) - '-ㄴ다, -니'의 문장(제4단락)]의 대칭표현(2)을 정리할 수 있다. 이 경우에 제3단락은 자체의 일탈표현을 보여주지는 않는 것 같다.

둘째로, 제5단락의 일탈표현(3)이다. 제1단락, 제3단락, 제5단락 등은 각각 같은 구문들을 반복한다. 즉 제1단락에서는 "(무엇)이 … 기니 (무엇)이 -다"의 구문을 반복하고, 제3단락에서는 "(무엇)이 … -니 (무엇)이 -(로)다"의 구문을 반복하며, 제5단락에서는 "이바 아희들아 (무엇)이 -ㄴ다 -어 마라"의 구문을 반복한다. 각 단락들이 각각 같은 구문을 반복한다는 점에서만 보면, 제1단락과 제5단락은 제3단락을 대칭축으로 대칭하는 대칭표현이라고 할 수 있다. 그러나 단순한 대칭표현이 아니라, 전환을 수반한 대칭표현이다. 이 제1단락과 제3단락은 물론 앞에서 정리한 제2단락과 제4단락의 제1-8수는 각각 초장의 맨 앞에 "(무엇)(이) …"의 주어로 시작하는 구문을 반복한다. 그런데 제5단락은 제1-4단위 초장들의 맨 앞에 온 '(무엇)(이)'의 앞에 '이바 아희돌아'가 첨가된 전환을 보인다. 이런 점에서 이 제5단락의 초장은 일탈표현(3)을 보인다고 정리할 수 있다.[조성래(2000:95)는 '이바 아희돌아'만을 제1-8수 초장의 주어들인, '봄날이', '플이', '殘花(이)', '園林(이)', '흰 이술(이)', '菊花(이)', '北風이', '구돌(이)' 등으로부터의 일탈로 파악하기도 했다. 이와 같이 단어 차원에서의 일탈이 아니라, 구문 차원에서의 일탈로 보아야 할 것 같다. 또한 이 '이바 아희돌아'를 제1-8수 종장의 '아희야'들을 묶은 것으로, "전체 작품이 마무리되는 징표로서의 역할을 담당하는 것"(오선주 2009:108)으로 보기도 했다.]

이런 대칭표현(2)과 일탈표현(3)으로 보아, 이 작품은 각 단락의 초장에서 '대칭표현의 후미 전환형'(2)을 보여준다고 정리할 수 있다.

제5단락 : '-ᄂ니라'[가ᄂ니라, 제석1(제9수)의 중장]

첫째로, 제3단락(추1, 제5수) 중장의 일탈표현(4)이다. 제1단락(춘1, 제1수), 제2단락(하1, 제3수), 제4단락(동1, 제7수), 제5단락(제석1, 제9수) 등의 중장들을 보면, 그 어미들은 모두가 '-다'와 '-라'의 서술형 종결어미이다. 이에 비해 제3단락(추1, 제5수)의 중장에 나타난 어미는 감탄형 종결어미로 앞의 서술형 종결어미를 일탈하고 있다. 이 일탈표현(4)은 작품의 가운데 단락인 제3단락으로 앞에서 살핀 일탈표현(1)과 더불어 제3단락이 대칭축임을 말해준다.

둘째로, ['-로다'(제2단락의 하1) - '-거고야'(제3단락의 추1) - '-로다'(제4단락의 동1)]의 대칭표현(3)이다. 제3단락(추1, 제5수)의 '-거고야'를 대칭축으로 제2단락(하1, 제3수)와 제4단락(동1, 제7수)의 '-로다'가 대칭한다.

셋째로, 제5단락(제석1, 제9수)의 일탈표현(5)이다. 일탈표현(4)과 대칭표현(3)에 따라 제1단락(춘1, 제1수)와 제5단락(제석1, 제9수)의 어미를 보면, 제5단락(제석1, 제9수)의 '-ᄂ니라'가 제1단락(춘1, 제1수)의 '-럿다'와 같이 되어야 대칭이 되는데, 이 대칭을 제5단락(제석1, 제9수)의 어미가 일탈한 일탈표현(5)을 보인다. 이는 대칭표현의 후미 전환을 말해준다.

이런 일탈표현(4, 5)과 대칭표현(3)으로 보면, 이 작품은 제1-5단락의 첫 번째 단시조들의 중장 끝어미에서 '대칭표현의 후미 전환형'(3)을 보여준다고 정리할 수 있다. 이 '대칭표현의 후미 전환형'(3) 역시 〈사시+제석〉 텍스트의 결속과 종결을 말해준다.

제1-5단락의 두 번째 단시조들의 초장 끝어미에서도 '대칭표현의 후미 전환형'(4)을 보여준다. 이 후미 전환형(4)은 앞의 후미 전환형(3)과 비슷하기 때문에, 비슷한 설명의 반복을 피하기 위하여 각주[18]로 돌린다.

지금까지 정리한 '대칭표현의 후미 전환형'은 네 종류이다. 이렇게 네 번 반복하여 보여준다는 것은 '대칭표현의 후미 전환형'에 문체들이 수렴되고 있음을 보여준다. 이 수렴은 이 문체 장치들이 해석자의 발명이 아니라, 작가가 구사한 문체 장치임을 명확하게 말해 준다. 그리고 이 이 '대칭표현의 후미 전환형'(1, 2, 3, 4)은 〈사시+제석〉 텍스트의 결속과 종결을 말해주면서, 동시에 이 〈사시+제석〉 텍스트가 '대칭적 구조의 후미 전환형'일 수 있음을 암시한다.

4.2. 대칭적 구조의 후미 전환형

4.1.에서 살핀 대칭표현의 후미 전환형들은 이 〈사시+제석〉 텍스트

---

18 이에 포함된 일탈표현과 대칭표현을 보기 위하여, 해당 끝시어와 끝어미를 정리하면 다음과 같다.

제1단락 : '-다'[잇다, 춘2(제2수)의 초장]
제2단락 : '-니'[빗겨시니, 하2(제4수)의 초장]
제3단락 : '-로다'[거에로다, 추2(제6수)의 초장]
제4단락 : '-니'[덥거니, 동2(제8수)의 초장]
제5단락 : '-라'[마라, 제석2(제10수)의 초장]

첫째로, 제3단락(추2, 제6수)의 일탈표현(6)이다. 위 정리에서 보면, 홀수 단락은 종결형이고, 짝수 단락은 연결형이다. 그런데 제3단락은 홀수 단락의 종결형 중에서 제1, 5단락의 서술형을 일탈한 감탄형의 표현이다. 이런 점에서 제3단락을 일탈표현(6)으로 정리할 수 있다. 이 일탈표현은 앞에서 살핀 일탈표현(1, 3) 및 다른 대칭표현들과 더불어 제3단락이 대칭축임을 말해준다.

둘째로, ['-니'(제2단락의 하2) - '-로다'(제3단락의 추2) - '-니'(제4단락의 동2)]의 대칭표현(3)이다. 제2단락과 제4단락은 '-니'를 보이는데, 이 두 표현은 제3단락을 대칭축으로 대칭한다. 이런 점에서 대칭표현(4)을 정리할 수 있다.

셋째로, 제5단락(제석2, 제10수)의 일탈표현(6)이다. 앞의 대칭표현에서 제1단락과 제5단락의 어미를 보면, 제5단락의 '-라'가 제1단락의 '-다'와 같이 되어야 대칭이 되는데, 이 대칭을 제5단락의 어미가 일탈하고 있다. 이 일탈표현(7)은 대칭표현의 후미 전환으로 종결을 말해준다.

이런 일탈표현(6, 7)과 대칭표현(4)은 이 작품이 제1-5단락의 두 번째 단시조들의 초장 끝어미를 통하여, '대칭표현의 후미 전환형'(4)을 보여준다고 정리할 수 있다.

의 구조가 대칭적 구조의 후미 전환형이란 사실을 암시한다. 이 구조와 주제를 보자.

4.2.1. 배경시간의 구조

〈사시〉 텍스트와 〈제석〉 텍스트에서 정리한 배경시간을 함께 보면 다음과 같다.

제1단락	제1수:	춘1(1, 2월)	- 아침
	제2수:	춘2(3월)	- 아침
제2단락	제3수:	하1(4월)	- 낮
	제4수:	하2(5, 6월)	- 낮
제3단락	제5수:	추1(8월)	- 저녁
	제6수:	추2(9월)	- 저녁
제4단락	제7수:	동1(10, 11월)	- 밤
	제8수:	동2(12월)	- 아침
제5단락	제9수:	제석1(12월)	- 밤
	제10수:	제석2(1월)	- 아침

이 정리에서 사시의 시간을 보면, '아침(제1, 2수) - 낮(제3, 4수) - 저녁(제5, 6수) - 밤(제7수) - 아침(제8수) - 밤(제9수) - 아침(제10수)'에서와 같이 순차적 구조, 또는 순환적 구조의 후미 반복형이다. 이 사시의 구조를 염두에 두고, 사철의 구조를 보면, 사철의 구조는 순차적 구조의 후미 반복형을 다시 전환한 형태임을 알 수 있다. 즉 '춘(제1단락) - 하(제2단락) - 추(제3단락) - 동(제4단락) - 제석(제5단락)'은 춘하추동의 순차적 구조에 제석이 붙은 순차적 구조의 후미 전환형이다. 이 구조는 '춘 - 하 - 추 - 동 - 동'의 후미 반복형에서, 그 후미에 있는 '동'을 '제석'으로 바꾼 전

환형이다. 이런 점에서 사시와 사철이 결합된 배경시간의 구조는 순차적 구조의 후미 반복형이 다시 전환된 전환형이라고 정리할 수 있다.

그런데 앞의 구조를 '제석'의 계절화와 풍요라는 관점에서 보면, 이 순차적 구조의 후미 반복 전환형은 대칭적 구조의 후미 반복 전환형이다. 이 텍스트에서 '제석'은 다른 사계절과 같이 제5단락에서 두 수로 노래되었다. 이는 '제석'을 앞의 사계절과 같이 처리한 것으로 계절화를 의미한다. 이렇게 되면, 제3단락의 '추'는 가운데 단락이 되고, 풍요의 정점이라는 점에서 대칭축이 된다. 그리고 제3단락의 풍요로 점점 나아가는 제1, 2단락의 점층적 구조와, 제3단락의 풍요로부터 점점 멀어지는 제4, 5단락의 점강적 구조는 제3단락을 대칭축으로 대칭한다. 그리고 제5단락은 그 이전의 사계절로부터 제석으로 전환되어 있다. 이런 점에서 〈사시+제석〉 텍스트의 배경시간은 순차적 구조의 후미 반복형이 다시 전환된 전환형이라고 정리할 수 있다.

4.2.2. 배경공간의 구조

제1-5단락의 작품 전체에서 그 배경공간의 구조를 다룬 기왕의 연구는 없다. '2'장에서 인용한 제1-4단락의 배경공간에서 그 구조를 다룬 연구가 있을 뿐이다. 앞의 '2'장과 '3'장에서 정리한 배경공간을 다시 보면, 양파(陽坡, 춘2), 원림(園林, 하2), 동리(東籬, 추2), 구둘(동2), ∅(제석2) 등이다. 이 중에서 양파(춘2), 원림(하2), 동리(추2), 구둘(동2) 등은 구둘(동2)을 구심점으로 먼 장소로부터 점층적으로 가까워지는 순차적/점층적 구조를 보인다. 이에 비해 ∅(제석2)는 더 이상 가까워지는 것이 아니라, 동2의 '구둘' 즉 '방'을 언급하지 않고 암묵적으로 보여주는 전환을 보여준다. 이는 순차적/점층적 구조에서 후미를 반복하고, 다시 이를 전환한 전환형으로 정리할 수 있다.

그런데 이 구조를 다른 각도에서 검토하면, '대칭적 구조의 후미 반복 전환형'을 발견할 수 있다. 즉 동리(東籬, 추2)는 내부와 외부를 가르는 경계이다. 이 경계를 대칭축으로 보면, 이 텍스트는 제3단락을 대칭축으로 제1, 2단락의 외부 공간과 제4, 5단락의 내부 공간이 대칭하는 대칭적 구조이다. 그리고 제5단락의 제석2는 내부 공간이지만, 그 장소를 암묵적으로 보여준다는 점에서 보면, 후미를 전환한 것이다. 이런 측면들에서 보면, 이 텍스트의 배경공간은 대칭적 구조의 후미 반복형을 다시 전환한 전환형으로 정리된다.

4.2.3. 논리적 구조와 주제

〈사시+제석〉 텍스트의 논리적 구조 중에서, 사시 각각과 제석의 '1 · 2'가 보이는 논리적 구조를 먼저 보자. '2 · 3'장에서 검토했듯이, 제1단락(춘1 · 2), 제2단락(하1 · 2), 제3단락(추1 · 2), 제4단락(동1 · 2), 제5단락(제석1 · 2) 등의 각 단락들에서 '1'과 '2'의 구조는 점층적이었다. 이는 〈사시+제석〉 텍스트에서도 변하지 않는다. 따라서 5단락들의 '1 · 2'는 각각 점층적 구조라고 정리할 수 있다.

이번에는 앞에서 살핀 〈사시〉 텍스트와 〈제석〉 텍스트에서 정리한 구조와 주제가 〈사시+제석〉 텍스트에서 어떻게 연결되는가를 보자.

먼저 〈제석〉 텍스트의 시적 화자는 백발의 노인이었다. 이 노인은 〈사시〉 텍스트의 시적 화자인 치사한객과 연결할 때에, 아무런 무리도 없이 치사한객으로 바뀔 수 있다. 그리고 시적 청자에서 〈제석〉 텍스트의 '아이들'도 그대로 〈사시〉의 텍스트와 연결시켜도 아무런 문제가 없다.

이번에는 주제를 보자. 〈제석〉 텍스트의 주제 내지 의미는 [인생 백년에 보잘 것 없이 초라하게 백발이 되어 허전하고 심란해 하지 않기 위하여, 새해를 즐기지 말고, 새날을 기뻐하지 말라]는 훈계였다. 이 주제 내지 의미는 〈사시〉 텍스트와 연결되면서 [제석에 치사한객이 새날 새해 온다고 즐기고 기뻐하는 일에 훈계의 참견을 통해 심심함을 잊으려는 파한]으로 바뀔 수 있다. 이를 가능하게 하는 것은, 백발노인이 아이들에게 하는 훈계는 아이들의 일에 참견하는 파한[19]이 될 수 있기 때문이다.

이렇게 바뀐 〈제석〉 텍스트의 구조 및 주제와, 앞에서 본 〈사시〉 텍스트의 구조 및 주제를 인용하여 정리하면 다음과 같다.

제1단락(춘1 · 2) : 봄의 파한(경작 준비의 참견(/지시)으로 심심함을 잊는 파한, 제1 · 2수)

제2단락(하1 · 2) : 여름의 파한(음악으로 무료함(졸음과 낮잠)을 달래는 파한, 제3 · 4수)

제3단락(추1 · 2) : 가을의 파한(술과 안주로 심심함을 달래는 파한, 제5 · 6수)

제4단락(동1 · 2) : 겨울의 파한(먹는 것과 자는 것으로 무료함을 달래는 파한, 제7 · 8수)

제5단락(제석1 · 2) : 제석의 파한(새날 새해 온다고 즐기고 기뻐함에 참견(/훈계)으로 심심함을 잊는 파한, 제9 · 10수)

이 정리에서, 〈사시+제석〉의 텍스트는 제3단락(추1 · 2)을 대칭축으로 하는 대칭적 구조의 후미 전환형으로 정리할 수 있다. 즉 제3단락(추1 · 2)의 술과 안주로 심심함을 달래는 파한을 대칭축으로, 그 전후의 제2단락(하1 · 2)과 제4단락(동1 · 2)이 무료함을 달래는 파한으로 대칭하고, 그 전후의 제1단락(춘1 · 2)과 제5단락(제석1 · 2)이 참견을 통해 보이는 파

19 이 참견도 "할 일 없으면(/심심하면) 잠이나 자지, 왜 남의 일에 참견이야"에서 보이는 것과 같은 것으로, 파한의 수단이다.

한으로 대칭한다. 이런 점에서 〈사시+제석〉 텍스트의 논리적 구조는 일단 대칭적 구조라고 정리할 수 있다. 그런데 제5단락(제석1 · 2)의 참견(/훈계)은 전원에서의 파한이되, 제1-4단락의 전원과 관련된 파한이 아니라, 제석과 관련된 파한이라는 점에서, 그리고 제1단락(제1 · 2수)의 지시의 참견을 훈계의 참견으로 바꾸었다는 점에서, 대칭적 구조의 후미 전환형이라고 할 수 있다. 대칭적 구조에서 제1단락, 제2단락, 제3단락 등은 물론 점층적 구조이고, 제3단락, 제4단락, 제5단락 등은 점강적 구조이다.

그리고 〈사시+제석〉 텍스트의 5단락들이 모두 파한을 주제로 한다는 점에서, 이 텍스트의 주제는 [치사한객이 사시와 제석에 보인 파한]으로 정리할 수 있다.

5. 결론

지금까지 〈전원사시가〉를 〈사시〉 텍스트, 〈제석〉 텍스트, 〈사시+제석〉 텍스트 등으로 나누어 결속, 종결, 구조, 주제 등을 검토하였다. 그 중요한 것들을 요약하는 것으로 결론을 대신하려 한다.

먼저 〈사시〉 텍스트에서 얻은 것들을 요약하면 다음과 같다.

1) 〈사시〉 텍스트는 춘하추동의 네 단락으로 구성되어 있는데, 단락 내의 단시조 2수씩을 한 단위로 결속하는 것은 반복표현이다. 춘하추동의 네 단락간의 결속은 제1-8수의 종장 첫구들에서 보이는 '아희야'의 반복에 의해 이루어진다.
2) 〈사시〉 텍스트의 종결은 세 대칭표현에 의해 표현되었다. 하나는 제1단락(제1수의 초장)과 제4단락(제7수의 초장)에서 보이는 '눈'의

시종의 대칭표현이다. 다른 하나는 제1단락(제1수 초장)과 제4단락(제8수 종장)에서 보이는 '녹-'의 시종의 대칭표현이다. 또다른 하나는 제1단락(제2수 종장)과 제4단락(제7수 종장)에서 보이는 '먹-'의 시종의 대칭표현이다.

3) 배경시간인 춘1 · 2, 하1 · 2, 추1 · 2, 동1 · 2 등의 계절별 '1'과 '2'는 순차적/점층적 구조이다.
4) 배경시간인 춘1 · 2(춘 - 아침), 하1 · 2(하 - 낮), 추1 · 2(추 - 저녁), 동1 · 2(동 - 밤, 동 - 아침) 등은 '순차적/점층적 구조의 후미 전환형'이다.
5) 배경공간인 양파(陽坡, 춘2), 원림(園林, 하2), 동리(東籬, 추2), 구들(房, 동2) 등은 순차적/점층적 구조의 후미 전환형이다.
6) 춘1 · 2, 하1 · 2, 추1 · 2, 동1 · 2 등의 사계절 각각에 포함된 '1'과 '2'는 논리적인 측면에서 순차적/점층적 구조이다.
7) 파한을 각각 노래한 춘하추동의 논리적 구조는 즐거움의 정도에서 점층적 구조의 후미 전환형이다.
8) 7)의 구조에 근거한 주제는 [치사한객의 사시 파한]이다.

이번에는 〈제석〉 텍스트에서 얻은 것들을 요약하면 다음과 같다.

1) 〈제석〉 텍스트는 제9수와 제10수의 반복표현을 통하여 결속을 보인다.
2) 배경시간은 순차적/점층적 구조이다.
3) 배경공간은 방으로 추정되는 공간의 반복적 구조이다.
4) 논리적 구조는 훈계의 정도에서 점층적 구조이다.
5) 주제는 [허전하고 심란한 백발이 되지 않기 위하여, 새해 온다고 즐기지 말고, 새날이 온다고 기뻐하지 말라]는 훈계이다.

끝으로 〈사시+제석〉 텍스트에서 얻은 것들을 요약하면 다음과 같다.

1) 〈사시+제석〉 텍스트에서는 대칭표현의 후미 전환형이 네 번 확인된다. 즉, 종장들의 구문에서 보이는 '대칭표현의 후미 전환형'(1), 초장들의 구문에서 보이는 '대칭표현의 후미 전환형'(2), 제1-5단락의 첫 번째 단시조들의 중장 끝어미에서 보이는 '대칭표현의 후미 전환형'(3), 제1-5단락의 두 번째 단시조들의 초장 끝어미에서 보이는 '대칭표현의 후미 전환형'(4) 등이다.
2) 1)의 대칭표현의 후미 전환형은 〈사시〉 텍스트와 〈제석〉 텍스트 사이의 텍스트간의 결속과 〈사시+제석〉 텍스트의 종결을 보여주며, 동시에 〈사시+제석〉 텍스트의 구조가 대칭적 구조의 후미 전환형일 수 있음을 암시한다.
3) 배경시간 중의 사시에서는 '아침(제1, 2수) - 낮(제3, 4수) - 저녁(제5, 6수) - 밤(제7수) - 아침(제8수) - 밤(제7수) - 아침(제8수)'와 같이, 후미의 '밤 - 아침'을 반복한 순차적 구조 또는 순환적 구조의 후미 반복이다. 이 사시의 구조를 참고하면, '춘 - 하 - 추 - 동 - 제석'은 '춘 - 하 - 추 - 동 - 동'의 후미 반복형에서 후미를 다시 전환한 구조이다.
4) 배경시간에서 '제석'의 계절화와 풍요라는 측면에서 보면, '춘 - 하 - 추 - 동 - 제석'은 '추'를 대칭축으로 하는 대칭적 구조의 후미 전환형이다.
5) 배경공간인 '양파(陽坡, 춘2), 원림(園林, 하2), 동리(東籬, 추2), 구들(동2), ∅(방, 제석2) 등은 동리(東籬)를 대칭축으로 하는 대칭적 구조의 후미 (반복) 전환형이다.
6) 논리적 구조는 그 즐거움의 정도에서 제3단락(추1 · 2)를 대칭축으로 하는 대칭적 구조의 후미 전환형이다.

7) 주제는 [치사한객이 사시와 제석에 보인 파한]이다.

이상과 같이 〈사시〉 텍스트와 〈제석〉 텍스트는 각각 독립적인 구조와 주제를 보이는 동시에, 〈사시+제석〉 텍스트에서는 통합되어 또 다른 구조와 주제를 보인다. 이는 이 작품이 〈사시〉 텍스트, 〈제석〉 텍스트, 〈사시+제석〉 텍스트 등으로 탈착되어 수용되는 탈착형(脫着形, 또는 着脫形)[20]의 연시조임을 말해준다.

---

20 탈착형(脫着形) 연시조는 한 작품의 연시조에서 그 일부를 떼어서 연시조로 수용할 수도 있고, 붙여서 하나의 연시조로 수용할 수 있는 연시조를 말한다. 이 탈착형(脫着形) 연시조는 착탈형(着脫形) 연시조로 부를 수도 있다. 이런 탈착형은 조선조의 문학인 『용비어천가』, 판소리, 연시조 등에서 발견된다(양희철 2016b).

이휘일의 〈전가팔곡〉

1. 서론

〈전가팔곡〉의 연구는 김사엽(1960:671-705)이 작품, 작가(이휘일 1619~1672), 창작년대(1664), 〈서전가팔곡후(書田家八曲後)〉 등을 소개하면서 시작되었다. 이렇게 시작된 선행 연구들은 작품에 나타난 배경시간의 구조와 작품의 성격에 대한 것들이 주를 이룬다. 그 내용을 간단하게 정리해 보자.

배경시간의 구조를, 김사엽(1960:679)은 서시(序詩)(제1수), 춘하추동의 사시(四時)(제2-5수), 신오석(晨午夕)의 삼시(三時)(제6-8수) 등으로 정리를 하였다. 이 정리는 김상진, 이상원, 김석회 등에 의해 수용되었다.[1] 조동일은 (움직이며 활동하기 전에 생각부터 가다듬는 유학자의 관습이 그렇게 표출된) 한 해 시간의 총괄(제1수), 계절 교체의 시간(춘하추동,

1 김상진(1996:43)은 "제 1연은 序章으로 시간이 나타나지 않으며 2연에서 5연에 걸쳐 春・夏・秋・冬을, 6연에서 8연까지는 晨・午・夕을 노래하였다. 즉, 일년의 시간과 하루의 시간이 함께 등장하고 있는 것이다."로 정리를 하였다. 이상원(1998:147-149)은 願豊을 서사로, 春夏秋冬을 農家의 四時로, 晨午夕을 農家의 하루로 정리를 하였다. 김석회(2003:388)는 "「전가팔곡」의 구성은 각수의 끝에 부기된 제목대로 원풍(願豊)을 표백한 서수(序首)에 춘, 하, 추, 동이 각각 1수씩 배치되고, 그 뒤에 새벽, 한낮, 저녁이 또 각각 1수씩 얹혀 있는 형국이다."로 정리를 하였다.

제2-5수), 직접 일하면서 노래 부르는 사람의 시간(새벽·낮·저녁, 제6-8수) 등으로 정리를 하였다(조동일 1990;1993:160-161). 이 정리의 일부는 권순회에 의해 수정되어 수용되었다.[2] 송팔성(1992:27)은 "한해의 생산을 계획하는 시간, 사시의 생산 시간, 그리고 하루의 생산 시간이라는 삼단계 구성"으로 정리를 하였다. 이 정리는 이현자에 의해 거의 그대로 수용되었다.[3]

이 작품의 성격은 김사엽(1960:679)이 '농민(農民)이 하여야할 가색(稼穡)의 신고(辛苦)'(제2-5수)와 '노역(勞役) 속의 즐거움'(제6-8수)을 언급한 이래, 세 측면에서 정리되어 왔다. 첫째는 전원시조 또는 전가시조의 장르적 성격으로, 조동일, 송팔성, 김흥규 등의 글[4]에서 보인다. 둘째는 작품의 내용이 16세기의 강호가도적 세계로부터 농경 또는 생활의 현장으로 옮겨 왔다는, 농경 또는 생활의 현장과 관련된 성격으로, 여기현, 김흥규, 김상진, 김석회 등의 글[5]에서 보인다. 셋째는 향촌 사회의 변화와 관련시켜서 본 이 작품의 사회적 성격으로, 이상원과 권순회의 글[6]에서

---

2 "먼저 총론격인 첫수 〈願豊〉에는 전체를 아우르는 시적 화자의 시각이 제시되어 있다. 이어 春, 夏, 秋, 冬 네 수를 통해 田家의 일년 농사를 이야기하고, 시야를 좁혀 晨, 午, 夕 세수를 통해 田家生活의 하루 일과를 노래하고 있다."(권순회 2000:76-77).

3 "크게 보아 한해의 生產을 計劃하는 시간, 四時의 生產 時間, 그리고 하루의 生產 시간이라는 三段階 構成을 취하고 있다."(이현자 2001:272).

4 전원시조 또는 전가시조의 용어로는 '전원시조'(조동일 1984:276), "농민시이면서 또한 전원시"(조동일 1990;1993:160), 전원사시가의 한 형태(송팔성 1992:9-30), '전가시조'(김흥규 1996:237-241) 등이 보인다.

5 농경현장 또는 생활현장과 관련된 글로는 "존재의 강호인식은 생활의 현장이며, 그 현실인식의 지향은 강호 그 자체이다."(여기현 1988:152), "이들의 작품에서 강호 - 세속의 이분법은 부분적으로만 미약하게 남아 있을 뿐, 강호시조의 16세기적 전형을 형성하던 특질은 거의 완전히 퇴화했다."(김흥규 1996:238), "江湖에서의 자연 완상은 거의 지양한 채 상당 부분을 現實을 노래하는 데 할애한다."(김상진 1996:49), "「전가팔곡」은 강호가도적(江湖歌道的) 세계에 대한 이러한 마니에리즘적 집착을 어느 정도 벗어난 단계에서 농경적 삶에 좀더 밀착되어 가는 양상을 드러낸 작품이라 할 수 있다."(김석회 2003:392) 등이 있다.

6 주장된 내용은, "출사의 길이 막힌 작가가 풍년을 기원하며 농민들과 함께 하는 데서

보인다.

이렇게 진행된 선행 연구들은 〈전가팔곡〉의 이해에 많은 도움을 주었다. 그러나 이 연구들은 모두가 이 작품 하나만을 대상으로 한 작품론이 아니라는 점에 기인하겠지만, 아직도 두 가지의 정리에서 미흡하다. 하나는 이 작품의 구조이다. 대다수의 연구들은 이 작품의 배경시간의 구조에서 세 단락의 분절을 정리하였지만, 세 단락의 단절의 문제를 해결하지 못했다. 이 단절의 문제를 인식하고 이 문제의 해결책을, 제1수의 '원풍(願豊)'과 '한해를 조망하는 계획(計劃)'에서 찾으려 한 시도가 있었지만, 논리성이 너무 약한 것 같다.[7] 게다가 배경공간의 구조와 논리적 구조는 검토하지 않았다. 그리고 다른 하나는 구조적 측면에서 본 이 작품의 주제이다. 선행 연구들은 앞의 연구사에서 정리한 세 측면의 성격만을 정리하였고, 이 작품의 주제를 정리한 적이 없다. 시각을 바꾸어 보면, 세 단락의 내용 정리가 상당히 미진[8]하고, 논리적 구조를 검토

자기 존재 가치를 확인하고 그 속에서 느끼는 자긍심을 표현한 작품"(이상원 1998:152)과 "〈田家八曲〉은 田家의 四時와 하루 일과를 통해 相扶相助를 통한 안정된 향촌 공동체의 모습을 그리고 있다."(권순회 2000:80)이다.

7 김상진은 "〈田家八曲〉은 일년의 시간과 하루의 시간이 서로 단절되어 나타남에도 불구하고 모두 농촌의 생활을 노래하였다는 내용의 공통점으로 말미암아 하나의 제목으로 묶일 수 있다. 이것을 한데 묶어주는 역할을 하는 것이 바로 제 1연이다. …(제1수 인용 생략)… 제목을 '願豊'이라고 한 제 1연은 이 작품의 나아갈 바를 제시한다. 풍년을 기원하는 마음에는 시간의 단위가 별다른 의미를 지니지 못한다. 풍년을 위해서는 모두가 소중한 날들이다. 때문에 일년의 시간이나 하루의 시간이나 '願豊'으로 한데 묶일 수 있는 것이다. <u>비록 이어지는 작품에서 願豊이 아닌 단순한 농촌의 생활을 묘사하는데 머무르고 있지만 이들 작품에서 주는 평안한 이미지를 통해 풍년을 예감할 수 있다.</u>"(밑줄 필자)(김상진 1996:45)에서와 같이, 밑줄친 부분에서 논리성이 미진함을 인정하면서 설명을 하였다. 이현자는 앞의 인용에서 밑줄친 부분의 앞에 있는 두 문장("제목을 '願豊'이라고 …… 묶일 수 있는 것이다.")의 내용과 "첫 수가 한해를 조망하는 計劃"(이현자 2001:275)이란 점으로 설명하기도 하였다. 그러나 제2-8수에서, 어떤 표현들이 제2-8수를 제1수의 원풍으로 묶을 수 있게 하는가와, 제1수가 '한해를 조망하는 計劃'인가는 좀더 검토를 요한다.

8 내용 정리에서 가장 미진한 점은 셋이다. 첫째는 제1수가 어느 시어들의 어떤 의미에

하지 않아서, 이 작품의 구조에 입각한 주제의 제시에는 이르지 못했다.

이렇게 배경시간의 구조와 작품의 성격 측면에서 주로 검토되어온 〈전가팔곡〉을, 세 구조(배경시간의 구조, 배경공간의 구조, 논리적 구조)와 주제의 차원에서 검토한 바(양희철 2013c)가 있다. 특히 이 작품의 부분들인 〈원풍〉 텍스트(제1수), 〈춘하추동〉 텍스트(제2-5수), 〈신오석〉 텍스트(제6-8수) 등이 각각 독립성을 갖는 동시에, 전체적으로는 〈원풍+춘하추동+신오석〉 텍스트로 통합성을 갖는다는 점에서, 이 네 텍스트들의 구조(〈원풍〉 텍스트는 1수이므로, 배경시간과 배경공간으로 대체됨)와 주제를 검토해 보았다. 그런데 이 연구에서는 결속과 종결을 다소 소홀하게 다루었다. 이에 이 결속과 종결을 보완하면서 앞의 글을 다시 쓰고자 한다.

2. 〈원풍〉 텍스트와 〈춘하추동〉 텍스트

이 장에서는 이 작품의 부분들인 〈원풍〉 텍스트와 〈춘하추동〉 텍스트의 구조(〈원풍〉 텍스트의 경우는 배경시간과, 배경공간)와 주제를 차례로 정리하려 한다.

서, "서시", "서장", "한 해 시간의 총괄", "한해의 생산을 계획하는 시간", "한해를 조망하는 計劃" 등으로 해석될 수 있는지를 구체적으로 논증하지 않아, 이해할 수 없다는 것이다. 둘째는 둘째 단락(제2-5수)의 결론이라 할 수 있는 "來年희 봄 온다 ᄒᆞ거든 결의 從事 ᄒᆞ리라"(제5수 종장)에 대한 해석과 정리가 거의 없거나 미진하다는 것이다. 셋째는 셋째 단락(제6-8수)에서 보이는 시적 화자의 선도성(先導性)에 대한 해석과 정리가 없다는 것이다.

2.1. 〈원풍〉 텍스트

〈원풍〉 텍스트는 다음과 같다.

> 世上의 ᄇᆞ린 몸이 畎畝의 늘거가니
> 밧겻 일 내 모ᄅᆞ고 ᄒᆞᄂᆞᆫ 일 무ᄉᆞ 일고
> 이 中의 憂國誠心은 年豊을 願ᄒᆞ노라(제1수, 願豊)

먼저 배경시간을 보자. 배경시간은 초장과 종장으로 보면, 세상이 시적 화자를 버려서 견무(畎畝)에서 농가의 일에 종사하지 않고 처사로 늙어가면서 (시화)연풍[(時和)年豊]을 원하는 때이다. 이 경우에 '견무'는 '밭도랑[畎]과 밭이랑[畝]'의 기본 의미(축자적 의미)와, 이 의미가 전의(轉意)된 '전간(田間), 전원(田園), 민간(民間)' 등의 의미를 갖는다.[9] 이 의미들 중에서 어느 의미를 따라도, 시골이나 농촌을 의미하지, 농인(農人 또는 農夫)이 농사를 직접 짓는 농가의 일을 하는 경작지(耕作地)를 의미하지는 않는다.[10] 이런 '견무'의 의미를 고려하여, 초장을 읽으면, 세상이 버린 시적 화자가 농촌에 들어서 농가의 일에 종사하지 않고 처사로 늙어감을 보여준다.

---

9 『中文大辭典』(中文大辭典編纂委員會 편 1973)의 '畎'조에서 '畎畝'를 보면, 다음의 글들이 나온다. "畎畝 : 畎畝本各成義 並擧以稱田間. 畎畝之中 : 田園之間 民間也. 畎畝之忠 : 民間所盡之忠誠也". 이 인용에서 보면, '畎畝'의 의미는 '畎과 畝', '田間', '田園', '民間' 등이다.

10 이런 사실은 이 용어들의 의미에서 알 수 있다. '밭도랑[畎]과 밭이랑[畝]'에서, 밭도랑은 밭두둑(밭과 밭의 사이에 있는 두둑)과 첫 번째 밭이랑 사이에 있는 도랑을 말한다. 이런 밭도랑과 밭이랑은 농부가 직접 농사를 짓는 경작지(밭이랑 및 밭고랑)와는 구분되는 장소이다. 다음으로 '전간(田間)'과 '전원(田園)'은 '밭의 사이'와 '밭과 동산'이란 뜻으로, 도시에서 떨어진 시골이나 교외(郊外)를 이르는 말이란 점에서, 이 용어들 역시 농부가 농사를 직접 짓는 경작지와는 구분되는 장소이다. '민간'은 설명할 필요도 없다.

이런 사실은 두 가지 사실에서도 확인된다. 하나는 중장과 종장의 의미이다. 중장에서는 "밧겻 일 내 모ᄅᆞ고 ᄒᆞᆫ 일 무ᄉᆞ 일고"라고 자문하고, 종장에서 "이 중(中)의 우국성심(憂國誠心)은 연풍(年豊)을 원(願)ᄒᆞ노라" 답하고 있다. 이 표현에서 "연풍(年豊)을 원(願)ᄒᆞ노라"의 주어가 '우국성심(憂國誠心)'이란 점에서, "연풍(年豊)을 원(願)ᄒᆞ노라"는 "(시화)연풍[(時和)年豊]을 원(願)ᄒᆞ노라"의 표현이다. 이 표현은 농사를 지으며 농촌에 사는 농인이 하는 표현이 아니라, 관리나 처사가 하는 표현이다. 다른 하나는 이휘일이 그의 나이 43세(1661년)부터 영해 저곡리(楮谷里)에 복거(卜居)하여 처사적인 삶을 살았다는 사실이다. 〈행장〉을 보면, 독서를 하면서, 옥천(玉川)의 계곡과 뇌택(雷澤)의 물가를 배회하는 처사적 삶을 보여준다.[11]

이상과 같은 점들로 보아, 제1수의 배경시간은 시적 화자가 견무(畎畝) 즉 농촌에서 농가의 일에 종사하지 않고 처사로 늙어가면서 (시화)연풍[(時和)年豊]을 원하는 때[12]로 정리할 수 있다.

이번에는 배경공간을 보자. 배경공간은 앞의 배경시간에서 언급한 내용에서와 같이, 시적 화자가 직접 농사를 짓는 농가의 일에 종사하는 공간(농촌)이 아니라, 처사적 삶을 사는 농촌 공간이라고 정리할 수 있다. 이런 사실은 시적 화자가 늙어가는 '견무'가, 농부가 직접 농가의 일에 종사하는 농촌이 아니라, 처사들이 소일하는 농촌이란 점에서 알 수 있다.

---

11 "歲辛丑 始卜居于府西楮谷里 以便兩地省問 因結廬巖間 廣栽竹木 號以冥樓 讀書其間 又於谷口下流 得一佳處 名其流曰玉川 名其澤曰雷澤 有時徜徉"(이휘일 1993:83).

12 이 시기는 이휘일이 저곡리에 복거하기 시작한 1661년과 그 다음 해인 1662년으로 추정된다. 왜냐하면 이 작품을 쓴 1664년과 전가의 농인 생활을 시험적 관찰자로 체험한 춘하추동의 1년(이 1년은 다음 절에서 검토할 춘하추동의 1년으로 1663년으로 추정된다. 이에 대한 구체적인 설명은 다음 절인 '2)' 참조.)을 염두에 두면, 이휘일이 '견무'에서 늙어가고 있던 시기는 1661~1662년으로 추정할 수 있기 때문이다.

이번에는 〈원풍〉 텍스트의 주제를 보자. 배경시간과 배경공간에서 언급한 내용에서 추론할 수 있듯이, 이 텍스트의 주제는 [농촌에서 살지만, 농가의 일에 종사하지 않고, (시화)연풍[(時和)年豊]을 원하는 처사적 삶]으로 정리할 수 있다.

이렇게 이 〈원풍〉의 텍스트는 독립된 배경시간, 배경공간, 주제 등을 보인다. 이런 점에서 이 텍스트는 독립적으로 수용될 수도 있었다고 본다.

2.2. 〈춘하추동〉 텍스트

이 절에서는 〈춘하추동〉 텍스트의 결속, 종결, 구조, 주제 등을 두 항으로 나누어 정리하고자 한다.

2.2.1. 결속과 종결

제2-5수로 구성된 〈춘하추동〉 텍스트를 보자.

農人이 와 이로듸 봄 왓닉 바틔 가새
압 집의 쇼보 잡고 뒷 집의 싸보 내닉
두어라 내 집 부듸 ᄒᆞ랴 놈 ᄒᆞ니 더욱 조타(제2수, 春)

여룸날 더운 적의 단 싸히 부리로다
밧고랑 믹쟈 ᄒᆞ니 쫌 흘너 싸희 듯네
어ᄉᆞ와 粒粒辛苦 어닉 분이 알ᄋᆞ실고(제3수, 夏)

ᄀᆞ을희 곡셕 보니 됴흠도 됴흘셰고
내 힘의 닐운 거시 머거도 마시로다
이 밧긔 千駟萬鍾을 부러 무슴 ᄒᆞ리오(제4수, 秋)

밤의란 ᄉᆞ츨 ᄭᅩ고 나죄란 ᄲᅱ를 부여
草家집 자바 ᄆᆡ고 農器졈 ᄎᆞ려스라
來年희 봄 온다 ᄒᆞ거든 결의 從事 ᄒᆞ리라(제5수, 冬)

이 〈춘하추동〉 텍스트내 결속은 사계절인 춘하추동을 제외하고는 별다른 표현을 보여주지 않는다.

이에 비해 이 텍스트의 종결은 시종의 대칭표현에 의해 보여준다. 이 시종의 대칭표현은 두 종류이다. 하나는 이 텍스트의 첫장(제2수 초장)과 끝장(제5수 종장)에서 '봄 오-'를 대칭시킨, 시종의 대칭표현에 의한 종결의 표현이다. 다른 하나는 이 텍스트의 두 번째 장(제2수 중장)과 이 텍스트 끝의 두 번째 장(제5수 종장)에서 '집'을 대칭시킨, 시종의 대칭표현에 의한 종결의 표현이다.

2.2.2. 구조와 주제

이 〈춘하추동〉 텍스트는 배경시간에서 순차적 구조를 보여준다. 이는 제2-5수의 내용과 소제목이 보여주는 춘하추동의 순차적 구조이다.

이 텍스트의 배경공간은 대칭적 구조를 보여준다. 제2수의 배경공간은 초장인 "농인(農人)이 와 이로ᄃᆡ 봄 왓ᄂᆡ 바틔 가새"로 보면 집이고, 중장("압 집의 쇼보 잡고 뒷 집의 ᄯᅡ보 내ᄂᆡ")으로 보면 마을이다. 그리고 종장인 "두어라 내 집 부ᄃᆡ ᄒᆞ랴 놈 ᄒᆞ니 더욱 조타"는 '마을'에서 한 말인지 '밭'에서 한 말인지 명확하지 않다. 이런 점에서 제2수의 배경공간은 집, 마을, (밭) 등으로 정리할 수 있다. 제3수의 배경공간은 김매기를 하는 밭의 공간이다. 제4수의 배경공간은 익은 곡식을 볼 수 있는 밭의 공간이다. 제5수의 배경공간은 초장("밤의란 ᄉᆞ츨 ᄭᅩ고 나죄란 ᄲᅱ를 부여")과 중장의 전반부인 "초가(草家)집 자바 ᄆᆡ고"로 보면 집이다. 그리고 중장의 후반부인 "농기(農器)졈 ᄎᆞ려스라"는 '집'과 '마을' 중에서 어느 하나로 정하는 것이 다소 애매하다. 이런 점에서 제5수의 배경공간은 집, (마을) 등으로 정리할 수 있다. 이런 제2-5수의 배경공간은 다음과 같이 다시 정리할 수 있다.

제2수: 집, 마을, (밭)

제3수: 밭

제4수: 밭

제5수: 집, (마을)

이 정리에서, 괄호를 친 제2수의 '밭'과, 제5수의 '마을'은 다소 유동적이다. 이 유동적인 부분을 제외하고, '집'과 '밭'만을 보면, 제2-5수는 그 전후가 완전히 대칭하는 대칭적 구조[13]이다. 이런 점에서, 제2-5수의 배경공간은 집(제2, 5수)과 밭(제3, 4수)의 전후가 대칭하는 대칭적 구조로 정리할 수 있다.

이번에는 〈춘하추동〉 텍스트의 논리적 구조를 보자.

제2수(춘)에서는 농인으로부터 농가의 일(봄의 밭갈기)에 동참할 것을 청유받고, 그 농가의 일(봄의 밭갈기)에 시험적 관찰자로 동참하여 상부상조에서 좋음, 즉 만족감을 느끼는 삶을 노래하였다. '가새'는 청유형 '갑시다'의 옛말이다. 이를 염두에 두고 보면, 초장인 "농인(農人)이 와 이로듸 봄 왓늬 바틔 가새"는, 농인이 시적 화자를 농가 일의 시작인 봄의 밭갈기에 동참할 것을 청유하는 내용이 된다. 그런데 이 청유는 문자

---

13 이 대칭적 구조의 기반이 된 제2수 중장의 '집'과 제5수 중장의 '집'은 제3수와 제4수의 가운데 공간을 대칭축으로 하는 〈도산육곡〉식 대칭표현이다.(양희철 2010c:91-97) 이 대칭표현은, 이 텍스트의 대칭적 구조를 암시하고, 암시한 대칭적 구조와 더불어, 이 텍스트의 독립성을 보여준다. 동시에 이 대칭표현과 대칭적 구조는 〈원풍+춘하추동+신오석〉 텍스트에서는 제2-5수의 단락성, 즉 단락의 구획성을 보여준다.

적으로만 보면, 농가 일의 시작인 봄의 밭갈기에 동참할 것을 청유하는 내용이다. 그러나 개별화의 제유법으로 보면, 이 청유는 농가의 일에 동참할 것을, 그 부분인 봄의 밭갈기에 동참할 것으로 바꾸어 표현한 것이다. 이에 따라 이 청유는 농가의 일에 동참할 것을 청유한 것으로도 이해된다. 그리고 이 청유에 따라 시적 화자가 보인 제2-5수의 동참은 시험적(試驗的)인 관찰자[14]의 입장에서 보인 동참(同參)으로 이해된다. 왜냐하면 시적 화자는 제5수의 종장인 "내년(來年)희 봄 온다 ᄒᆞ거든 결의종사(從事) ᄒᆞ리라"에서 보듯이, 사시의 농가의 일에 모두 시험적인 관찰자로 동참하여 만족한 다음에야, 농가의 일에 결의(決意) 종사(從事)할 것을 다짐하고 있기 때문이다.

초장에 이어서 시적 화자는 농가의 일을 준비하는 중장의 "압 집의 쇼보 잡고 뒷 집의 ᄯᅡ보 내니"의 상황을 보고, 종장에서 "두어라 내 집부ᄃᆡ ᄒᆞ랴 놈 ᄒᆞ니 더욱 조타"에서 상부상조에서 좋음, 즉 만족감을 느끼는 삶을 노래하였다.

제3수(하)에서는 시적 화자가 시험적인 관찰자로 동참한 농가의 일(여름의 김매기)에서 신고(辛苦)와 곡식 알알의 가치를 새삼 인식하는, 만족감을 느끼는 삶을 보여준다. 농가의 일(여름의 김매기)에서 느끼는 신고(辛苦)는 초장("여룸날 더운 적의 단 ᄯᅡ히 부리로다")과 중장("밧고랑 미쟈ᄒᆞ니 ᄯᆞᆷ 흘너 ᄯᅡ희 듯네")에서 알 수 있다. 그리고 곡식 알알의 가치를 새삼 인식하는 부분은 중장의 "어ᄉᆞ와 입입신고(粒粒辛苦) 어늬 분이 알ᄋᆞ실고"이다. 이 곡식 알알의 가치를 인식하는 내용도, 새로운 가치의 인식이라는 점에서는 만족감의 표현이다.

제4수(추)에서는 시적 화자가 시험적인 관찰자로 동참한 농가의 일(가

14 이 동참은 "右田家八曲者 楮谷病隱之所作也 病隱非力於農者 久伏畎畝 熟知稼穡之事因其所見 而發之於歌 …"(이휘일 1993:51)로 보아, 그리고 제2-5수의 표현으로 보아, 농인보다는 관찰자의 입장에서 보인 동참으로 판단된다.

을의 수확)에서 만족감을 느끼는 삶을 보여준다. 수확과 만족감은 중장("내 힘의 닐운 거시 머거도 마시로다")에서 일차로 보여준다. 그리고 만족감은 이차로 초장("ᄀ을희 곡셕 보니 됴흠도 됴흘셰고")과 종장["이 밧긔 천사만종(千駟萬鍾)을 부려 무슴 ᄒ리오"]에서 보여준다.

제5수(동)에서는 시적 화자가 시험적인 관찰자로 동참한 농가의 일(겨울의 초가지붕이기와 농기 수리)에서 만족감을 느끼고, 내년부터 농가의 일에 종사할 것을 다짐하는 삶을 노래하였다. 초가지붕이기는 초장("밤의란 ᄉ출 ᄭ고 나죄란 ᄲ를 부여")과 중장의 전반부["초가(草家)집 자바 믜고"]에서 알 수 있다. 농기 수리와 만족감은 "농기(農器)점 ᄎ려스라"에서 알 수 있다. 특히 만족감은 문면에 나와 있지 않는 것처럼 보이지만, 'ᄎ려스라'의 감탄이 이를 말해준다. 그리고 내년부터 농가의 일에 결의 종사할 것을 다짐하는 내용은 종장인 "내년(來年)희 봄 온다 ᄒ거든 결의 종사(從事) ᄒ리라"에서 알 수 있다. 이 다짐은 제2-5수에서 보여준 농가의 일에 동참한 것이 시험적(試驗的)인 관찰자로 동참(同參)한 것임을 말해주며, 제2수에서 농인이 와서 시적 화자에게 농가의 일에 동참할 것을 청유한 것에 대한 결론적인 결정이기도 하다.

지금까지 정리한 각 단시조별 주제를 다시 정리하면 다음과 같다.

제2수 : 농인으로부터 농가의 일에 동참할 것을 청유받고, 시험적인 관찰자로 동참한 농가의 일(봄의 밭갈기)에서 만족감을 느끼는 삶

제3수 : 시험적인 관찰자로 동참한 농가의 일(여름의 김매기)에서 만족감을 느끼는 삶

제4수 : 시험적인 관찰자로 동참한 농가의 일(가을의 수확)에서 만족감을 느끼는 삶

제5수 : 시험적인 관찰자로 동참한 농가의 일(겨울의 초가지붕이기와 농기 수리)에서 만족감을 느끼고, 내년부터 농가의 일에 결의 종사

할 것을 다짐하는 삶

이 정리에서 보듯이, 제2수와 제5수는 대칭적이다. 즉 제2수는 농인으로부터 농가의 일에 동참할 것을 청유받은 것이고, 제5수는 이 청유에 대한 결의 종사를 다짐하는 것이다. 그것도 제2-5수의 사시의 농가의 일에서 느끼는 만족감을 바탕으로, 청유를 받아들이는 결의 종사의 다짐이다. 이런 점으로 보면, 제2-5수는 그 전후가 대칭하는 대칭적 구조라고 정리할 수 있다.

그리고 이 대칭적 구조로 보아, 〈춘하추동〉 텍스트의 주제는 [향촌사족의 시적 화자가 농인으로부터 농가의 일에 동참할 것을 청유받고, 사시 동안 시험적인 관찰자로 동참하여 만족감을 느끼고, 마지막에 농가의 일에 결의 종사할 것을 다짐하는 삶]으로 정리할 수 있다.

이렇게 〈춘하추동〉 텍스트는 배경시간의 구조, 배경공간의 구조, 논리적 구조 등에서 독립성을 보이고, 동시에 독립적인 주제를 보인다. 이런 점에서 〈춘하추동〉 텍스트는 독립적으로 수용될 수 있었다고 정리한다.[15]

3. 〈신오석〉 텍스트

〈신오석〉 텍스트(제6-8수)를 밑줄 친 부분에 유의하면서 보자.

새배 빗 나쟈 나셔 百舌이 소릐 <u>훈다</u>

15 이 독립적 수용의 가능성은 "제 2곡부터 제 5곡까지는 춘 · 하 · 추 · 동의 사계절의 추이에 따른 강호의 생활을 노래하고 있다. 이 네 수의 노래만을 따로 떼어 놓으면 사시가라 이름지울 수 있을 것이다."(여기현 1988:151)로 언급되기도 했다.

일거라 아희들아 밧 보러 가쟈스라
밤 ᄉᆞ이 이슬 긔운에 언마나 기런ᄂᆞᆫ고 ᄒᆞ노라(제6수, 晨)

보리밥 지어 담고 도트랏 깅을 ᄒᆞ여
ᄇᆡ골ᄂᆞᆫ 農夫들을 趁時예 머겨스라
아ᄒᆡ야 ᄒᆞᆫ 그릇 올녀라 親히 맛바 보내리라(제7수, 午)

西山에 ᄒᆡ 지고 플 긋테 이슬 난다
호믜를 둘너 메고 ᄃᆞᆯ 듸여 가쟈ᄉᆞ라
이 中의 즐거운 ᄠᅳᆺ을 닐러 무슴 ᄒᆞ리오(제8수, 夕)(밑줄 필자)

이 〈신오석〉 텍스트는 대칭적 구조를 암시하는 대칭표현과 반복의 후미 전환을 보여준다. 이를 먼저 정리하기 위해, 대칭표현과 일탈표현을 보자.

첫째로, ['-ㄴ다'(제6수) - 대칭축(제7수) - '-ㄴ다'(제8수)]의 대칭표현이다. 제6수 초장 끝의 'ᄒᆞᆫ다'와 제8수 초장 끝의 '난다'는 제7수를 대칭축으로 '-ㄴ다'가 대칭하는 대칭표현을 보여준다.

둘째로, ['가쟈스라'(제6수) - 대칭축(제7수) - '가쟈ᄉᆞ라'(제8수)]의 대칭표현이다. 제6수 중장 끝의 '가쟈스라'와 제8수 초장 끝의 '가쟈ᄉᆞ라'는 제7수를 대칭축으로 '가쟈스(/ᄉᆞ)라'가 대칭하는 대칭표현을 보여준다.

셋째로, 제8수 종장 끝의 'ᄒᆞ리오'의 일탈표현이다. 제6수 종장 끝의 'ᄒᆞ노라'와 제7수 종장 끝의 '보내리라'에서는 종결어미 '-라'를 반복한다. 이 반복은 제8수 종장 끝에서도 '-라'의 반복을 기대하게 하는데, 제8수 종장 끝의 'ᄒᆞ리오'는 이 기대를 벗어난 일탈표현을 보인다. 이 일탈은 반복의 지속을 중지하였다는 점에서 종결을 의미한다.

이상의 두 대칭표현[16]과 하나의 일탈표현은 〈신오석〉 텍스트의 종결표현이 대칭표현에 기반한 대칭형과, 반복의 후미 전환에 기반한 반복의 후미 전환형(양희철 2010e:144-149)임을 보여준다. 그리고 이 대칭표현은, 〈신오석〉 텍스트의 구조가 대칭적 구조임을 암시하고, 암시한 대칭적 구조와 더불어, 이 텍스트에서는 〈신오석〉 텍스트의 독립성을 보여주고, 〈원풍+춘하추동+신오석〉 텍스트에서는 제6-8수의 단락성, 즉 단락의 구획성을 보여준다.

이제 배경시간의 구조를 보자. 〈신오석〉 텍스트의 배경시간은 순차적/대칭적 구조로 되어 있다. 신(제6수), 오(제7수), 석(제8수) 등은 시간상 일단 순차적이다. 동시에 이 신, 오, 석 등은 오(제7수)를 대칭축으로 신(제6수)과 석(제8수)이 대칭하는 대칭적 구조이다. 이런 점에서 〈신오석〉 텍스트의 배경시간은 신오석의 순차적/대칭적 구조로 정리할 수 있다.

이번에는 배경공간의 구조를 보자. 제6수의 배경공간은 집에서 밭으로 나아가는 공간이고, 제7수의 배경공간은 때맞춰 점심을 준비하게 시식하는 집의 공간이며, 제8수의 배경공간은 밭에서 집으로 돌아오는 공간이다. 이런 〈신오석〉 텍스트의 배경공간은 제7수의 때맞춰 점심을 준비하게 시식하는 집의 공간을 대칭축으로, 제6수의 집에서 밭으로 나아가는 공간과, 제8수의 밭에서 집으로 돌아오는 공간이 대칭한다. 이런 점에서 〈신오석〉 텍스트의 배경공간은 대칭적 구조로 정리할 수 있다.

〈신오석〉 텍스트의 논리적 구조는 대칭적 구조이다. 제6수에서는 작물이 밤이슬에 얼마나 컸는가를 보기 위해 밭에 함께 나아가자고 청유한다. 이는 즐거움을 수반한 청유를 통해, 농가의 일을 선도(先導)[17]하는 삶이다. 제7수는 종장의 "아히야 ᄒᆞᆫ 그릇 올녀라 친(親)히 맛바 보내리

16 이 대칭표현들과 같이, 가운데 있는 단시조를 대칭축으로 하는 대칭표현은 〈고산구곡가〉식 대칭표현이다(양희철 2010d:169-200).

17 이 先導의 위치는 "감농자(監農者) 내지 독농자(督農者)의 자리"(김석회 2003:389)로 볼 수도 있다.

라"에서와 같이, 시식을 통해 때맞춘 점심의 준비를 선도하고 있다. 이 역시 즐거움을 수반한 점심을 준비하게 하기를 통해, 농가의 일을 선도하는 삶이다. 제8수는 저녁에 집으로 함께 돌아가자는 청유를 하면서, 그 중의 즐거움을 노래하고 있다. 이 역시 즐거움을 수반한 청유를 통해, 농가의 일을 선도하는 삶이다. 이런 각수별 주제는 다음과 같이 다시 정리할 수 있다.

제6수 : 즐거움(밤새 큰 작물을 보기)을 수반한, 밭에 함께 나아가기의 청유를 통해, 농가의 일을 선도하는 삶

제7수 : 즐거움(시식)을 수반한, 때맞춰 점심을 준비하게 하기를 통해, 농가의 일을 선도하는 삶

제8수 : 즐거움(즐거운 뜻)을 수반한, 집에 함께 돌아가기의 청유를 통해, 농가의 일을 선도하는 삶

이 정리에서 볼 수 있듯이, 밭에 함께 나아가기의 청유, 때맞춘 점심을 준비하게 하기, 집으로 함께 돌아가기의 청유 등은 순차적이고, 동시에 대칭적이다. 이런 점에서 이 〈신오석〉 텍스트의 논리적 구조는 순차적/대칭적 구조라고 정리할 수 있다.

앞의 논리적 구조로 보아 이 텍스트의 주제는 [향촌사족의 시적 화자가 농번기의 신오석에 보이는, 농가의 일을 선도하는 삶]이라고 정리할 수 있다.

이렇게 〈신오석〉 텍스트는 그 배경시간의 구조, 배경공간의 구조, 논리적 구조 등에서 독립적인 구조를 가지며, 독립된 주제도 갖는다. 이런 점에서 이 텍스트는 독립된 텍스트로 수용될 수 있었다고 정리한다.

4. 〈원풍+춘하추동+신오석〉 텍스트

앞장에서 살폈듯이, 〈원풍〉 텍스트, 〈춘하추동〉 텍스트, 〈신오석〉 텍스트 등은 독립성이 매우 강하여, 독립적으로 수용될 수 있는 가능성을 구조와 주제의 차원에서 보여주었다. 그런데 이 세 텍스트들은 다른 측면에서는 하나로 통합된 〈원풍+춘하추동+신오석〉 텍스트로 수용될 수 있는 가능성도 보인다. 이 장에서는 이 통합된 〈원풍+춘하추동+신오석〉 텍스트의 가능성을 말해주는 결속과 종결을 먼저 정리하고, 이어서 구조와 주제를 검토하고자 한다.

4.1. 결속과 종결

이 텍스트의 결속과 종결은 대칭표현들을 통하여 나타나는데, 이를 보기 위하여 밑줄 친 부분들에 유의하면서 작품을 다시 보자.

世上의 ᄇᆞ린 몸이 畎畝의 늘거가니
밧겻 일 내 모ᄅᆞ고 ᄒᆞᄂᆞᆫ 일 무ᄉᆞ 일고
<u>이 中의</u> 憂國誠心은 年豊을 願ᄒᆞ노라(제1수, 願豊)(제1단락)

農人이 와 이로ᄃᆡ 봄 왓ᄂᆡ 바틔 가새
압 집의 쇼보 잡고 뒷 집의 ᄯᅡ보 내ᄂᆡ
두어라 내 집 부ᄃᆡ ᄒᆞ랴 놈 ᄒᆞ니 더욱 조타(제2수, 春)

여름날 더운 적의 단 ᄯᅡ히 부리로다
밧고랑 ᄆᆡ쟈 ᄒᆞ니 ᄯᆞᆷ 흘너 ᄯᅡ희 듯네
어ᄉᆞ와 粒粒辛苦 어ᄂᆡ 분이 알ᄋᆞ실고(제3수, 夏)

ᄀᆞ을희 곡셕 보니 됴흠도 됴흘세고
내 힘의 닐운 거시 머거도 마시로다
이 밧긔 千駟萬鍾을 부려 무슴 ᄒᆞ리오(제4수, 秋)

밤의란 ᄉᆞ츨 ᄭᅩ고 나죄란 쒸를 부여
草家집 자바 ᄆᆡ고 農器졈 ᄎᆞ려스라
來年희 봄 온다 ᄒᆞ거든 결의 從事 ᄒᆞ리라(제5수, 冬)(제2단락)

새배 빗 나쟈 나셔 百舌이 소릐 ᄒᆞᆫ다
일거라 아희들아 밧 보러 가쟈스라
밤 ᄉᆞ이 이슬 긔운에 언마나 기런ᄂᆞᆫ고 ᄒᆞ노라(제6수, 晨)

보리밥 지어 담고 도트랏 ᄀᆡᆼ을 ᄒᆞ여
ᄇᆡ골ᄂᆞᆫ 農夫들을 趁時예 머겨스라
아ᄒᆡ야 ᄒᆞᆫ 그릇 올녀라 親히 맛바 보내리라(제7수, 午)

西山에 ᄒᆡ 지고 플 ᄀᆞᆺ테 이슬 난다
호믜를 둘너 메고 ᄃᆞᆯ 듸여 가쟈ᄉᆞ라
이 中의 즐거운 ᄯᅳᆺ을 닐러 무슴 ᄒᆞ리오(제8수, 夕)(제3단락)(밑줄 필자)

우선 제6수를 대칭축으로 그 전후가 대칭하는 대칭표현들을 보자.

첫째로, ['-ㄹ -여'(제5수) - 대칭축(제6수) - '-ㄹ -여'(제7수)]의 대칭표현이다. 제5수의 초장 끝인 '쒸를 부여'와 제7수의 초장 끝인 'ᄀᆡᆼ을 ᄒᆞ여'는 제6수의 '소릐 ᄒᆞᆫ다'를 대칭축으로 '-ㄹ -여'의 대칭표현을 보여준다.

둘째로, ['-여스라'(제5수) - 대칭축(제6수) - '-여스라'(제7수)]의 대칭표현이다. 제5수의 중장 끝인 'ᄎᆞ려스라'와 제7수의 중장 끝인 '머겨스라'

는 제6수의 '가쟈스라'를 대칭축으로 '-여스라'의 대칭표현을 보여준다.

셋째로, ['-리라'(제5수) - 대칭축(제6수) - '-리라'(제7수)]의 대칭표현이다. 제5수의 종장 끝에 온 'ᄒᆞ리라'와 제7수의 종장 끝에 온 '보내리라'는 제6수의 종장 끝에 온 'ᄒᆞ노라'를 대칭축으로 '-리라'의 대칭표현을 보여준다.

넷째로, ['무슴 ᄒᆞ리오'(제4수) - 대칭축(제6수) - '무슴 ᄒᆞ리오'(제8수)]의 대칭표현이다. 제4, 8수의 종장 끝에는 '무슴 ᄒᆞ리오'가 오는데, 이 두 표현들은 제6수의 '기런ᄂᆞᆫ고 ᄒᆞ노라'를 대칭축으로 대칭표현을 보여준다(양희철 2010d:193-194).

이 네 대칭표현들은 제6수를 대칭축으로 제5수(제2단락)와 제7수(제3단락)가 대칭하고, 제4수(제2단락)와 제8수(제3단락)가 대칭하는 양상을 보여준다. 그런데 이 대칭표현들은 제2-5수(제2단락)와 제6-8수(제3단락)를 하나로 묶고 있다. 즉 대칭축인 제6수를 전후로, 제2단락과 제3단락을 대칭시켜서, 하나의 텍스트로 볼 수도 있게 하고 있다. 이 기능은 이 작품이 보이는 하나의 특성이기도 하다.

이번에는 제1단락과 제2, 3단락을 하나로 묶는 대칭표현을 보자.

다섯째로, ['이 중(中)의'(제1수) - 대칭축(중앙) - '이 중(中)의'(제8수)]의 대칭표현이다. 이 대칭표현은 첫수와 끝수의 '이 중(中)의'를 대칭시킨 표현으로 제8수가 종결임을 보여주는 기능을 한다. 그런데 이 대칭표현은 이 종결의 기능 외에, 대칭을 이용하여, 제1단락과 제2, 3단락을 하나로 묶는 기능도 한다.

이렇게 앞에서 정리한 다섯 대칭표현들은, 제1, 2, 3단락을 각각 〈원풍〉 텍스트, 〈춘하추동〉 텍스트, 〈신오석〉 텍스트로 보는 동시에, 하나의 텍스트, 즉 〈원풍+춘하추동+신오석〉 텍스트로 보게 묶는 결속의 기능을 한다. 이에 따라 이 작품은 별개의 세 작품들을 책으로 내면서 한 작품처럼 정리한 것이라고 주장할 수 없고, 세 개의 개별 텍스트와 〈원풍+춘하추동+신오석〉 텍스트를 동시에 보여주는 것으로 정리할 수 있게 된다.

이상과 같이 볼 때에, 이 텍스트의 단락간의 결속은 대칭표현에 의해 실현되며, 종결도 시종의 대칭표현에 의해 실현된다고 정리할 수 있다.

4.2. 구조와 주제

먼저 이 텍스트에서 배경시간의 구조를 검토해 보자. '2'장과 '3'장에서 정리한 〈원풍〉 텍스트, 〈춘하추동〉 텍스트, 〈신오석〉 텍스트 등의 배경시간들을 단락의 차원에서 함께 다시 정리하면 다음과 같다.

제1수 : 처사로 농가의 일에 종사하지 않고 (시화)연풍을 원하던 때(제1단락)

제2수 : 농인으로부터 농가의 일에 동참할 것을 청유받고, 시험적인 관찰자로 동참한 농가의 일(봄의 밭갈기)에서 만족감을 느끼던 때(춘)

제3수 : 시험적인 관찰자로 동참한 농가의 일(여름의 김매기)에서 만족감을 느끼던 때(하)

제4수 : 시험적인 관찰자로 동참한 농가의 일(가을의 수확)에서 만족감을 느끼던 때(추)

제5수 : 시험적인 관찰자로 동참한 농가의 일(겨울의 초가지붕이기와 농기 수리)에서 만족감을 느끼고, 내년부터 농가의 일에 결의 종사할 것을 다짐하던 때(동)(제2단락)

제6수 : 농가의 일(일하러 밭에 나아가기)을 선도하는 때(신)

제7수 : 농가의 일(때맞춰 점심을 준비하게 시식하기)을 선도하는 때(오)

제8수 : 농가의 일(일을 마치고 집으로 돌아가기)을 선도하는 때(석)(제3단락)

이 정리에서 보듯이, 배경시간은 3단락으로 정리된다. 즉 제1단락(제1수), 제2단락(제2-5수), 제3단락(제6-8수) 등이다. 이 단락으로 보면, 이 텍스트의 배경시간은 순차적/점층적 구조이다. 즉 제1단락은 처사로 농가의 일에 종사하지 않고 (시화)연풍[(時和)年豊]을 바라던 때이다. 제2단락은 농인으로부터 농가의 일에 동참할 것을 청유받고, 시험적인 관찰자로 동참하여 만족하고, 그 동참을 결의 종사 하겠다고 다짐하던 때이다. 제3단락은 농가의 일을 선도하는 때이다. 그리고, 제2단락은 그 내부에서는 순차적 구조를 보이고, 제3단락은 그 내부에서는 순차적/대칭적 구조를 보인다. 이런 점에서 이 텍스트의 배경시간은, 처사로 농가의 일에 종사하지 않고 (시화)연풍을 바라던 때(제1단락), 시험적인 관찰자로 농가의 일에 동참하여 만족하고 결의 종사를 결심하던 때(제2단락, 춘하추동의 순차적 구조), 농가의 일을 선도하는 때(제3단락, 신오석의 순차적/대칭적 구조) 등으로 구성된 순차적/점층적 구조라고 정리할 수 있다.(세 단락의 내부에 포함된 구조까지를 계산하면, 이 텍스트의 배경시간은 단일구조가 아니라 복합구조이다.)

이 배경시간의 구조는 다른 배경시간의 구조도 함축하고 있다. 신오석야(또는 신주석야)와 춘하추동은 사시(四時)의 두 의미이다. 이로 인해 우리는 흔히 신오석야를 춘하추동에 견준다. 이는 신오석야로 춘하추동을 상징하기도 한다는 말이다.[18] 이 견줌을 이 텍스트는 함축적으로 유

---

18 이런 사실은 〈고산구곡가〉의 표현에서 발견된다. 〈고산구곡가〉의 시어들에서는, "아침(제2수), 봄(제3수), 여름(제4수), 오후(제5수), 황혼(제7수), 가을(제8수), 밤(제9수), 겨울(제10수)" 등과 같이 두 사시가 혼용된 구조만을 정리할 수 있다. 그러나, 이 시간들에서 신오석야와 춘하추동의 두 사시가 각각 상대의 시간을 상징하는 것으로 읽으면, "봄(제2수), 봄(제3수), 여름(제4수), 여름(제5수), 가을(제7수), 가을(제8수), 겨울(제9수), 겨울(제10수)" 등과, "아침(제2수), 아침(제3수), 낮(제4수), 낮(제5수), 저녁(제7수), 저녁(제8수), 밤(제9수), 밤(제10수)" 등에서와 같이 정제된 시간의 구조를 정리할 수 있다. 이런 사실은 두 사시의 상호 상징을 의미한다(양희철 2011c:287-289, 2015f:194-198).

도하고 있다. 즉 제2단락(제2-5수, 춘하추동)은 제3단락(제6-8수, 신오석)을 춘하추동의 차원에서 '춘하추'로 바꾸어 보게 유도하고 있다. 이 유도를 따라, 제6-8수의 '신오석'을 '춘하추'로 바꾸어 보면, 이 배경시간의 구조가 함축한 배경시간의 구조는 '춘(제2수) - 하(제3수) - 추(제4수) - 동(제5수) - 춘(제6수) - 하(제7수) - 추(제8수)'의 구조가 된다. 이 함축된 배경시간의 구조는 질서와 균형이 잡힌 순차적/대칭적 구조[19]로, 질서와 균형이 잡히지 않은 '춘하추동신오석'의 순차적/점층적 구조를 보완한다.[20]

이번에는 이 텍스트의 배경공간이 보여주는 구조를 보자. 앞에서 살핀, 각 텍스트별 배경공간을 단락의 차원에서 다시 정리하면 다음과 같다.

---

19 이 함축된 배경시간의 구조가 순차적/대칭적 구조라는 사실을 간단하게 정리하기 위해, 다음의 세 배경시간을 비교해 보자.

순서	제2수	제3수	제4수	제5수	제6수	제7수	제8수
배경시간1	춘	하	추	동	신	오	석
배경시간2	춘	하	추	동	춘	하	추
배경시간3	춘하추			동	춘하추		

이 표의 배경시간1에서 '춘하추동'과 '신오석'은 각각 순차적이고 대칭적이다. 그러나 배경시간1의 전체인 '춘하추동신오석'은 '춘하추동'과 '신오석'이 시간의 층위가 달라, 질서화가 부분적이며 균형이 잡히지 않은 구조를 보여준다. 이에 비해 배경시간2에서 '춘하추동춘하추'는 순차적이어서, 전체적으로 질서가 잡힌 구조를 보여준다. 그리고 배경시간2에서 '춘하추'를 한 단락으로 묶은 배경시간3은 제5수의 '동'을 대칭축으로 그 전후의 '춘하추'가 대칭하여, 균형이 잡힌 구조를 보여준다. 이런 사실들로 볼 때에, 배경시간2는 질서와 균형이 잡힌 순차적/대칭적 구조라고 정리할 수 있다.

20 시적 화자가 이 텍스트의 제6-8수에서 신오석의 시간만을 노래한 것은 시적 화자가 농가의 일을 선도하는 삶이 1년도 되지 않은 짧은 것임을 암시한다. 그런데 이 농가의 일을 선도하는 삶을 지속적으로 반복할 때에, 시적 화자는 농가의 일을 선도하는 삶을 '신오석'의 짧은 시간에서 '춘하추'의 긴 시간으로 확대하게 된다. 이 확대는 결국 시적 화자가 농가의 일을 선도하는 삶을 완성하게 하는 기능을 한다.

제1수 : 농가의 일에 종사하지 않고 처사적 삶을 사는 공간(농촌)(제1단락)
제2수 : 시험적인 관찰자로 동참한 농가의 일(봄의 밭갈기)의 공간(집)
제3수 : 시험적인 관찰자로 동참한 농가의 일(여름의 김매기)의 공간(밭)
제4수 : 시험적인 관찰자로 동참한 농가의 일(가을의 수확)의 공간(밭)
제5수 : 시험적인 관찰자로 동참한 농가의 일(겨울의 초가지붕이기와 농기 수리)의 공간(집)(제2단락)
제6수 : 농가의 일을 선도하는 공간(집에서 밭으로 나아가는 공간)
제7수 : 농가의 일을 선도하는 공간(때맞춰 점심을 준비하게 시식하는 집의 공간)
제8수 : 농가의 일을 선도하는 공간(밭에서 집으로 돌아가는 공간)(제3단락)

이 정리에서 보면, 세 단락들은 농가의 일에 종사하지 않고 처사적 삶을 사는 공간(농촌)(제1단락), 시험적인 관찰자로 동참한 농가의 일의 공간(제2단락), 농가의 일을 선도하는 공간(제3단락) 등으로 순차적이고 점층적인 구조를 보인다.

이번에는 논리적인 구조를 보자. 앞에서 정리한 제1-8수의 단시조별 주제를 옮기면 다음과 같다.

제1수 : 농가의 일에 종사하지 않고, (시화)연풍을 원하는 처사적 삶(제1단락)
제2수 : 농인으로부터 농가의 일에 동참할 것을 청유받고, 시험적인 관찰자로 동참한 농가의 일(봄의 밭갈기)에서 만족감을 느끼는 삶
제3수 : 시험적인 관찰자로 동참한 농가의 일(여름의 김매기)에서 만족감을 느끼는 삶
제4수 : 시험적인 관찰자로 동참한 농가의 일(가을의 수확)에서 만족감을 느끼는 삶

제5수 : 시험적인 관찰자로 동참한 농가의 일(겨울의 초가지붕이기와 농기 수리)에서 만족감을 느끼고, 내년부터 농가의 일에 결의 종사할 것을 다짐하는 삶(제2단락)

제6수 : 즐거움(밤새 큰 작물)을 수반한, 밭에 함께 나아가기의 청유를 통해, 농가의 일을 선도하는 삶

제7수 : 즐거움(시식)을 수반한, 때맞춰 점심을 준비하게 하기를 통해, 농가의 일을 선도하는 삶

제8수 : 즐거움(즐거운 뜻)을 수반한, 집에 함께 돌아오기의 청유를 통해, 농가의 일을 선도하는 삶(제3단락)

이 정리에서, 이 텍스트의 논리적 구조 역시 3단락의 순차적/점층적 구조로 되어 있음을 알 수 있다. 제1단락(제1수)에서는 농촌에 살지만 농가의 일에 종사하지 않고 (시화)연풍[(時和)年豊]을 원하는 처사적 삶을 보여준다. 그 다음에 제2단락(제2-5수)에서는 농인으로부터 농가의 일에 동참할 것을 청유받고, 사계절 동안 시험적인 관찰자로 동참하여 만족감을 느끼고, 마지막에 결의 종사하겠다고 다짐하는 삶을 보여준다. 이 제2단락은 제1단락에 비해 시험적인 관찰자로나마 농가의 일에 동참했다는 점에서 순차적이고 점층적이다. 제3단락에서는 농가의 일을 선도하는 삶을 보여준다. 이 삶은 제2단락에서 시험적인 관찰자로 농가의 일에 동참한 것에 비해 그 정도가 점층되어 있고, 동참을 청유받은 입장에서 선도하는 입장으로 점층되어 있다. 이렇게 볼 때에, 이 텍스트의 논리적 구조는 제1단락, 제2단락, 제3단락 등의 단락의 차원에서 순차적/점층적 구조라고 정리할 수 있다.(제2단락과 제3단락의 내부에 포함된 순차적/대칭적 구조까지를 계산하면, 이 텍스트의 논리는 단일구조가 아니라 복합구조이다.)

이런 이 텍스트의 논리적 구조로 보면, 이 텍스트에서 시적 화자는

농가의 일을 선도하게 되는 3단계의 삶을 노래하였다고 정리할 수 있다. 이에 따라 이 텍스트의 주제는 [향촌사족의 시적 화자가 농가의 일을 선도하게 되는 3단계의 삶]이라고 정리할 수 있다.

이상과 같이 〈원풍+춘하추동+신오석〉 텍스트는 배경시간의 구조, 논리적 구조, 주제 등을 갖는다. 이는 이 텍스트가, 앞장에서 살핀 〈원풍〉 텍스트, 〈춘하추동〉 텍스트, 〈신오석〉 텍스트 등과 함께 대등하게 수용되었음을 의미한다. 이렇게 한 작품이 네 텍스트로 수용되는 것은, 하나의 텍스트로만 수용되는 상당수의 다른 작품들과 구별되는 이 작품의 특성이다.

5. 결론

지금까지 배경시간의 구조와 작품의 성격에서 주로 검토되어온 〈전가팔곡〉을, 〈원풍〉 텍스트, 〈춘하추동〉 텍스트, 〈신오석〉 텍스트, 〈원풍+춘하추동+신오석〉 텍스트 등으로 나누어, 각 텍스트들의 세 구조(배경시간의 구조, 배경공간의 구조, 논리적 구조, 〈원풍〉 텍스트의 경우는 배경시간, 배경공간)와 주제를 검토해 보았다. 그 중요한 것들을 요약하여 결론을 대신하면 다음과 같다.

〈원풍〉 텍스트의 배경시간, 배경공간, 주제 등은 다음과 같이 요약된다.

1) 배경시간은 처사로 농가의 일에 종사하지 않고, (시화)연풍[(時和)年豊]을 원하며 살던 때이다.(이 때는 이휘일이 저곡으로 이주한 1661년과 1662년으로 추정된다.)
2) 배경공간은 농가의 일에 종사하지 않고 처사적 삶을 사는 공간(농촌)이다.

3) 주제는 [농촌에 살지만, 농가의 일에 종사하지 않고, (시화)연풍을 원하는 처사적 삶]이다.

〈춘하추동〉 텍스트의 결속, 종결, 구조, 주제 등은 다음과 같이 요약된다.

1) 〈춘하추동〉 텍스트의 단락간의 결속은 사계절인 춘하추동을 제외하고는 별다른 표현을 보여주지 않는다.
2) 〈춘하추동〉 텍스트의 종결은, 첫장(제2수 초장)과 끝장(제5수 종장)에서 '봄 오-'를 대칭시킨, 시종의 대칭표현과, 두 번째 장(제2수 중장)과 이 텍스트 끝의 두 번째 장(제5수 종장)에서 '집'을 대칭시킨, 시종의 대칭표현에 의한 종결의 표현이다.
3) 2)의 대칭표현은 제2-5수의 대칭적 구조와 더불어, 제2-5수의 단락성(단락의 구획성)과 〈춘하추동〉 텍스트의 독립성을 보여준다.
4) 배경시간은 춘하추동의 순차적 구조이다.(이 1년은 1663년으로 추정된다.)
5) 배경공간은 집(제2, 5수)과 밭(제3, 4수)의 전후가 대칭하는 대칭적 구조이다.
6) 논리적 구조는 제2-5수에서 시험적인 관찰자로 동참한 농가의 일에서 만족감을 느끼는 삶을 공통으로 하면서, 농인으로부터 농가의 일에 동참할 것을 청유받은 것(제2수)과 농가의 일에 동참할 것을 결의 종사하겠다고 다짐한 것(제5수)이 대칭하는 대칭적 구조이다.
7) 주제는 [향촌사족의 시적 화자가 농인으로부터 농가의 일에 동참할 것을 청유받고, 사시의 농가의 일에 시험적인 관찰자로 동참하여 만족감을 느끼고, 농가의 일에 결의 종사할 것을 다짐하는

삶]이다.

〈신오석〉 텍스트의 결속, 종결, 구조 주제 등은 다음과 같이 요약된다.

1) 제6수와 제8수의 '-ㄴ다'와 '가쟈스(/ᄉᆞ)라' 각각의 대칭표현은, 〈신오석〉 텍스트의 결속과 종결을 보여주면서, 제6-8수의 대칭적 구조도 암시한다.
2) 배경시간은 신오석의 순차적/대칭적 구조이다.(이 때는 이 작품을 지은 1664년의 농번기로 추정된다.)
3) 배경공간은 집에서 밭으로 나아가는 공간, 때맞춰 점심을 준비하게 시식하는 집의 공간, 밭에서 집으로 돌아가는 공간 등으로 구성된 대칭적 구조이다.
4) 논리적 구조는 즐거움을 수반한, 밭에 함께 나아가기의 청유를 통해 농가의 일을 선도하는 삶(제6수, 신), 즐거움을 수반한 때맞춘 점심을 준비하게 하기를 통해 농가의 일을 선도하는 삶(제7수, 오), 즐거움을 수반한, 집으로 함께 돌아가기의 청유를 통해 농가의 일을 선도하는 삶(제8수, 석) 등이 보이는 순차적/대칭적 구조이다.
5) 주제는 [향촌사족의 시적 화자가 농번기의 신오석에 농가의 일을 선도하는 삶]이다.

〈원풍+춘하추동+신오석〉 텍스트의 구조와 주제는 다음과 같이 요약된다.

1) 춘하추동의 단락(제2-5수)과 신오석의 단락(제7-9수)을 하나로 묶는 결속은, 제5수와 제7수에 포함된 '-ㄹ -어', '-여스라', '-리라' 등

의 세 대칭표현과, 제4수와 제8수에 포함된 '무슴 ᄒᆞ리오'의 대칭표현에 의해 이루어진다.

2) 원풍의 단락과 춘하추동+신오석의 단락을 하나로 묶는 결속은, 제1수 종장과 제8수 종장에 포함된 '이 중(中)의'의 대칭표현에 의해 이루어진다. 그리고 이 결속은 시종의 대칭표현에 의한 종결도 보여주면서, 〈원풍+춘하추동+신오석〉 텍스트의 존재를 확인시켜 준다.

3) 배경시간은, 처사로 농가의 일에 종사하지 않고, (시화)연풍을 원하며 살던 때(제1단락), 농가의 일에 참여할 것을 청유받고, 시험적인 관찰자로 동참하여 만족감을 느끼고, 결의 종사를 결심하던 때(제2단락, 춘하추동의 순차적/대칭적 구조), 농가의 일을 선도하는 때(제3단락, 신오석의 순차적/대칭적 구조) 등으로 구성된 순차적/점층적 구조이다. 이 배경시간의 구조는, '신오석'이 '춘하추'를 상징한다는 점에서, 질서와 균형이 잡힌 순차적/대칭적 구조(춘하추동춘하추)를 함축한다.

4) 배경공간은 농가의 일에 종사하지 않고 처사적 삶을 사는 공간(농촌)(제1단락), 시험적인 관찰자로 동참한 농가의 일의 공간(제2단락), 농가의 일을 선도하는 공간(제3단락) 등의 순차적/점층적 구조이다.

5) 논리적 구조는, 농촌에 살지만, 농가의 일에 종사하지 않고, (시화)연풍을 원하던 처사적 삶(원풍의 단락: 제1수), 농인으로부터 농가의 일에 동참할 것을 청유받고, 사계절 동안 시험적인 관찰자로 동참하여 만족감을 느끼고, 마지막에 결의 종사하겠다고 다짐하던 삶(춘하추동의 단락: 제2-5수, 순차적/대칭적 구조), 농가의 일을 선도하는 삶(신오석의 단락: 제6-8수, 순차적/대칭적 구조) 등의 세 단락의 차원에서 순차적/점층적 구조이다.(이 〈원풍+춘하추

동+신오석〉 텍스트에서의 구조는 세 하위 단락의 내부에 포함된 구조들까지를 계산하면, 단일구조가 아니라 복합구조이다.)

6) 주제는 [향촌사족의 시적 화자가 농가의 일을 선도하게 되는 3단계의 삶]이다.

이렇게 〈전가팔곡〉에서 세 텍스트들은 각각 독립된 구조(〈원풍〉 텍스트의 경우는 배경시간과 배경공간)와 주제를 갖는 동시에, 함께 통합된 구조와 주제를 갖는다. 이는 이 작품이 〈원풍〉 텍스트, 〈춘하추동〉 텍스트, 〈신오석〉 텍스트, 〈원풍+춘하추동+신오석〉 텍스트 등으로 탈착되어 수용되는 탈착형의 연시조임을 말해준다.

제2부

오른가 계통

『악장가사』와 주세붕의 〈오륜가〉

1. 서론

이 글은 『악장가사』의 〈오륜가〉와 주세붕의 〈오륜가〉를 대상으로, 그 결속, 종결, 구조 등을 연구하는 데 목적이 있다.

작품별로 선행 연구들을 보자. 먼저 『악장가사』의 〈오륜가〉는 작가, 창작 연대, 형식, 장르사, 주제, 원천 연구와 해설 등의 측면에서 연구되어 왔다. 작가는 변계량으로 추정하는 경우(김사엽 1962:18-19, 조규익 2010b:150-153), 미상으로 보는 경우(이명구 1974:77), 국가 제정으로 보는 경우(이동영 1984:215) 등이 있다. 창작 연대는 1419년설(김사엽 1962:18-19), 1432년설(김명준 2004:22), 세종 이후 성종 이전설(조규익 2010b:136, 149-150) 등으로 갈리고 있다. 형식, 장르사, 주제 등은 경기체가 연구의 일환으로 검토(이명구 1974:20, 26, 76-78)되었고, 시어의 원천 연구와 심도 있는 해설(임기중 외 1997:134-141, 하윤섭 2009:77-79, 조규익 2010b:138-160)도 이루어졌다.

주세붕(1495~1554)의 〈오륜가〉는 너무 교훈적이라는 평(조윤제 1937)[1]

1 "要컨댄 周世鵬詩歌는 主旨를 오로지 聖賢古訓의 述에 두었기 때문에 나뻐 말하면 古熟語를 羅列한대 지나지 몯한 感이 있고, 또 意識的으로 詩歌를 社會教化에 두어서 너머 教訓的이라는 評도 할수 있으며, 全體로 내다 보아 形式 內容 다 같이 道學的이

으로 그 연구가 시작되었다. 그 후에 작가 약력, 창작 연대(1551년), 작품 6수의 구성, 창작 목적[2], 오륜가류의 효시 등이 거의 비슷하게 정리되었다(윤성근 1971:317-319, 327, 330, 이상보 1976:88-89). 이 내용은 그 이후의 연구들에서 거의 그대로 반복되면서 확대되었다. 그 이후의 연구로는 『악장가사』의 〈오륜가〉와 주세붕 〈오륜가〉의 공통점과 차이점, 시조 장르를 선택한 이유, 표현의 특성 등이 있다. 두 〈오륜가〉의 공통점은 '연장체의 시가'라는 점과 '6장(서사 1장과 오륜 5장)'의 구성이란 점이고, 차이점은 '군신유의'와 '붕우유신'을 '주인과 종'과 '늙은이와 젊은이'로, 경기체가를 시조로 바꾼 점이다(임주탁 1990:25-26). 이 정리 역시 그 이후의 연구들에서 거의 그대로 수용되거나 반복 주장되고 있다. 그리고 '군신유의'와 '붕우유신'을 '주노'와 '형제'로 바꾼 이유는 '당면한 현실과제'로 보는 경우(최재남 1997:228-229, 신연우 1998:41-43, 2000: 92-93)와 그 중요도로 보는 경우(고영화 2000:22)가 있다. 시조 장르를 선택한 이유는 경기체가는 '확인의 원리'를 가진 장르인 데 비해, 시조는 '전달의 원리'를 가진 장르라는 점(고영화 2000:14-24)에서 찾거나, 언술의 측면(하윤섭 2012)[3]에서 찾고 있다. 주세붕의 〈오륜가〉에 나타난 표현의 특성은 네 글에서 정리되었다. 첫째는 종장의 첫시어와 끝시어의 특성을 정리한 글(조태흠 1989)[4]이다. 둘째는 연시조 〈오륜가〉의 단시조 형

었다 하겠다."(조윤제 1937:267).

2 "按海西時 見民俗之貿貿 乃作此歌 布施一路 以明人之大倫者也"(『무릉속집』).

3 "… 요컨대 부정적 현실, 개선되어야만 하는 현실, 반드시 그렇게 되어야만 하는 당위적 현실 등은 경기체가의 자장 안으로 들어올 수 없으며, 이를 노래하기 위해서는 그러한 현실에 대한 '부정·금지·명령' 등의 언술들이 가능한 다른 장르를 활용해야만 하는 것이다. 주세붕이 〈오륜가〉를 창작하면서 경기체가가 아닌 시조 장르를 활용한 까닭은 바로 여기에 있었다고 짐작되는데, …"(하윤섭 2012:117).

4 "훈민시조의 종장 제1음보에는 이같은 '감탄적 어사'가 거의 나타나지 않는다."(조태흠 1989:66), "훈민시조에서는 종장의 제4음보는 감탄형이 극소수에 불과하고 명령형, 의문형, 의도형 등이 주가 된다."(조태흠 1989:69).

식의 생성, 표현, 구조 등을 검토하는 과정에서, 표현을 광범위하게 정리한 글(조성래 1996;1998)[5]이다. 셋째는 〈오륜가〉(주세붕)의 표현을 은유의 수사학으로 본 글(류해춘 2011b)[6]이다. 넷째는 〈오륜가〉(주세붕)의 표현 전략을 세 가지로 정리한 글(최홍원 2013a)[7]이다.

이렇게 정리될 수 있는 선행 연구들은 여러 측면에서 두 〈오륜가〉의 이해에 많은 도움을 주어 왔다. 그러나 아직도 궁금한 것으로 결속, 종결, 구조 등이 남아 있다. 이 중에서 종결의 표현은 주세붕의 〈오륜가〉에서만 언급된 바[8]가 있다. 그리고 이 두 〈오륜가〉의 구조는 규명된 적이 없으며, 단지 이 작품들이 보여주는 오륜의 덕목들을 열거하는 데 머물고 있다. 이는 두 〈오륜가〉의 구조를 오륜 덕목들을 열거한 병렬적 구조나 열거식 구조로 보는 것과 같다. 이렇게 볼 수도 있지만, 그 순서를 바꾸지 않는다는 점에서 보면, 단순하게 병렬적 구조나 열거식 구조로 정리하는 데는 문제가 있음을 알 수 있다.

이렇게 선행 연구들에서는 두 〈오륜가〉(『악장가사』, 주세붕)의 결속,

---

5 논의된 표현은 '표현의 간결화(격어미의 생략, 주어의 생략)', '전달내용의 명료화(무전의성, 조건법, 원인법, 당위와 당위 이유의 의미구조)', '전달내용의 강화(격어미의 교체, 직유법, 인유법)', '독자의 범백성화(독자 사용의 언어화, 독자 수용의 소재화, 인칭대명사의 극소화)', '녹자의 호응 유도(인유법과 공동법의 친근화, 독자의 판단 유도, 독자의 관심과 행동 유도)' 등이다(조성래 1996;1998:103-199).

6 "신재의 〈오륜가〉는 화자가 백성교화와 경세제민을 추구하면서 백성들에게 오륜의 중요성을 반복적으로 강조하는 은유의 수사학을 주로 사용하고 있다."(류해춘 2011b:59), "이러한 표현은 비슷한 서술어의 반복과 병렬을 통해서 시적 화자가 유교윤리를 강조하는 마음을 변하지 않고 지속하겠다는 의지를 나타내는 은유의 수사학이라 할 수 있다."(류해춘 2011b:60).

7 그 내용은 '인물의 제시와 활용 국면 : 보여주기를 통한 형상화와 구체화', '문장 구조의 국면 : 부정적 가정을 통한 주장의 당위성과 정당화', '어미 활용의 국면 : 다양한 어미 활용을 통한 거부감의 해소 및 목소리의 완곡화' 등이다(최홍원 2013a:275-285).

8 이는 제5수와 제6수의 종장에서 보이는 비'-ㆁ이다'(B)와 '-ㆁ이다'(A)가 그 이전까지 지속된 A와 B의 반복을 일탈한 도치된 형태로 보이는 종결의 설명이다(조성래 1996;1998:212, 양희철 2010e:153).

종결, 구조 등을 거의 연구하지 않았거나 미약하여, 이를 검토한 바(양희철 2014)가 있다. 이 글의 일부를 이 글에서 보완하면서, 글을 완성하려 한다.

2. 『악장가사』의 〈오륜가〉

『악장가사』에 수록된 〈오륜가〉는 경기체가인데, 그 오륜에서 이전에는 볼 수 없던 점강적 구조와 대칭적 체계를 보여준다. 그리고 이 점강적 구조와 대칭적 체계는 그 이후에 나온 연시조 〈오륜가〉들의 기본 구조와 체계가 된다. 이 두 가지 사실을 이 장에서 먼저 정리하고자 한다. 작품을 인용하면 다음과 같다.

判陰陽 位高下 天尊地卑
生萬物 厚黎民 代作聖賢
仁義禮智 三綱五常 秉彞之德
위 萬古流行ㅅ景 긔 엇더ᄒᆞ니잇고
伏羲神農 皇帝堯舜 伏羲神農 皇帝堯舜
위 立極ㅅ景 긔 엇더ᄒᆞ니잇고(제1장)

父爲天 母爲地 生我劬勞
養以乳 教以義 欲報鴻恩
泣竹筍生 扣氷魚躍 至誠感神
위 養老ㅅ景 긔 엇더ᄒᆞ니잇고
曾參閔子 兩先生의 曾參閔子 兩先生의
위 定省ㅅ景 긔 엇더ᄒᆞ니잇고(제2장)

納諫君 盡忠臣 居仁有義

尙文德 韜武功 民得其所

耕田鑿井 含飽鼓腹 太平聖代

위 復唐虞ㅅ景 긔 엇더ᄒᆞ니잇고

麒麟心至 鳳凰來儀 麒麟心至 鳳凰來儀

위 祥瑞ㅅ景 긔 엇더ᄒᆞ니잇고(제3장)

男有室 女有家 天定其配

納雙鴈 合二姓 文定厥祥

情熱好合 如鼓琴瑟 夫唱婦隨

위 和樂ㅅ景 긔 엇더ᄒᆞ니잇고

百年偕老 死則同穴 百年偕老 死則同穴

위 言約ㅅ景 긔 엇더ᄒᆞ니잇고(제4장)

兄及弟 式相好 無相猶矣

鬩于墻 外禦侮 死生相救

兄恭弟順 秩然有序 和樂且湛

위 讓義ㅅ景 긔 엇더ᄒᆞ니잇고

伯夷叔齊 兩聖人의 伯夷叔齊 兩聖人의

위 相讓ㅅ景 긔 엇더ᄒᆞ니잇고(제5장)

益友三 損友三 擇其善從

補其德 責其善 無忘故舊

有酒湑我 無酒沽我 蹲蹲舞我

위 表誠ㅅ景 긔 엇더ᄒᆞ니잇고

晏平仲의 善與人交 晏平仲의 善與人交

위 久而敬之ㅅ景 긔 엇더ᄒᆞ니잇고(제6장)

2.1. 결속과 종결

이 작품의 결속은 같은 표현의 반복에 의한 것이다. [3, 3, 4 / 4, 4, 4 / 위 -景 긔 엇더ᄒᆞ니잇고 / 4, 4, 4, 4 / 위 -景 긔 엇더ᄒᆞ니잇고]의 반복에 의한 것이다.

이 결속만을 보면, 이 작품이 6장으로 구성되었다는 것을 확인할 수 없다. 왜냐하면 이 작품의 결속을 보여주는 반복은, 제6장 다음에도 이 작품이 계속될 수도 있음을 의미한다. 이 문제를 해결해 주는 것이 이 작품의 종결표현이다.

이 작품의 종결표현은 반복표현의 후미 전환형이다. 각 장의 마지막 행들만을 다시 인용하면 다음과 같다.

위 立極ㅅ景 긔 엇더ᄒᆞ니잇고(제1장)
위 定省ㅅ景 긔 엇더ᄒᆞ니잇고(제2장)
위 祥瑞ㅅ景 긔 엇더ᄒᆞ니잇고(제3장)
위 言約ㅅ景 긔 엇더ᄒᆞ니잇고(제4장)
위 相讓ㅅ景 긔 엇더ᄒᆞ니잇고(제5장)
위 久而敬之ㅅ景 긔 엇더ᄒᆞ니잇고(제6장)

이 정리에서 보듯이, 제1-6장에서는 '위 …ㅅ경(景) 긔 엇더ᄒᆞ니잇고'의 표현을 반복한다. 이 형태만을 계속한다면 이는 반복에 따른 지속을 보여주게 된다. 그러나 제6장에서는 그 이전의 '○○ㅅ경(景)'의 표현을 '○○○○ㅅ경(景)'의 표현으로 전환하였다. 이는 반복표현의 후미 전환에 의한 종결이다. 이런 종결은 맹사성의 〈강호사시가〉에서도 나온 유형이다.

2.2. 구조와 체계

이 작품은 제목과 같이 오륜을 노래하면서, 서사(제1장)와 본사(제2-6장)로 구성되어 있다. 그런데 본사의 순서를 보면, 『중용』의 오달도(五達道)나, 『맹자』와 『소학』의 오륜, 그 어느 것과도 일치하지 않는다. 즉 『중용』의 오달도로 보면, '군신'과 '부자'의 순서를 바꾸었고, 『맹자』와 『소학』의 오륜으로 보면, 그 네 번째인 '장유유서'를 '형공제순'으로 바꾸었다. 이런 사실은 오달도와 두 오륜을 표로 정리하여 비교해 보면 명확하다.

『중용』의 오달도	군신 (君臣)	부자 (父子)	부부 (夫婦)	곤제 (昆弟)	붕우지교 (朋友之交)
『맹자』와 『소학』의 오륜	부자유친 (父子有親)	군신유의 (君臣有義)	부부유별 (夫婦有別)	장유유서 (長幼有序)	붕우유신 (朋友有信)
『악장가사』의 〈오륜가〉	부자유친 (父子有親)	군신유의 (君臣有義)	부부유별 (夫婦有別)	형공제순 (兄恭弟順)	붕우유신 (朋友有信)

이렇게 『악장가사』의 〈오륜가〉는 『중용』의 오달도에서 '군신'과 '부자'의 순서를 바꾼 형태이며, 동시에 『맹자』와 『소학』의 오륜에서 그 네 번째인 '장유유서'를 '형공제순'으로 바꾼 형태를 보인다. 그런데 이 바꾼 형태에서 주목되는 점은, 이 바꾼 형태가 그 이전에는 볼 수 없던 구조와 체계를 보여준다는 점이다. 이 구조와 체계를 보기 위해, 세 오륜의 순서를 차례로 보자.

『중용』의 오달도는 점강적 구조과 대칭적 체계를 보여준다. 오륜을 구성하는 군신, 부자, 부부, 곤제, 붕우 등을 열거하였다는 점에서는 병렬적 구조나 열거식 구조라고 할 수도 있다. 그런데 이 열거는 대등한 열거가 아니라, 그 중요도에서 점강적이다. 즉 그 중요도를 군신, 부자, 부부, 곤제, 붕우 등의 차례에서 군신이 가장 중요하고, 붕우를 가장 덜 중요한 것으로 본 것이다. 이런 측면에서, 이 작품의 구조는 점강적 구조라고 정리할 수 있다. 물론 이 점강적 구조는 강한 질서의식의 반영으로 판단한다.

그리고 『중용』의 오달도는 대칭적 체계도 보여준다. 대칭적 체계는 부부를 대칭축으로, 부자와 곤제가 가정 안에서 혈육의 관계라는 점에서 대칭하고, 군신과 붕우가 가정 밖에서 비혈육의 관계라는 점에서 대칭하며, 동시에 군신과 부자의 수직적 관계와 곤제와 붕우의 수평적 관계가 대칭하는 것이다. 이 체계는 혈육의 관계를 A로, 비혈육의 관계를 B로 부호화하고, 수직적 관계와 수평적 관계의 차이를 부호 ‘'’로 표시하면, [A - B - C - B' - A']의 대칭적 체계로 도식화를 할 수 있다. 이 대칭적 체계를 표로 다시 정리하면 다음과 같다.

<table>
<tr><td>군신</td><td>부자</td><td rowspan="4">부부
(대칭축)</td><td>곤제</td><td>붕우</td></tr>
<tr><td>가정 밖</td><td>가정 안</td><td>가정 안</td><td>가정 밖</td></tr>
<tr><td>비혈육</td><td>혈육</td><td>혈육</td><td>비혈육</td></tr>
<tr><td>수직적</td><td>수직적</td><td>수평적</td><td>수평적</td></tr>
<tr><td>A</td><td>B</td><td>C</td><td>B'</td><td>A'</td></tr>
</table>

이 표에서 보듯이, 『중용』의 오달도는 [A - B - C(대칭축) - B' - A']와 같이 대칭적 체계도 보여준다.

『맹자』와 『소학』의 오륜도 그 중요도에서 점강적 구조를 보여주지만, 대칭적 체계는 보여주지 않는다. 군신보다 부자가 앞에 온 것은 부자에 그 중요성을 더 부여한 것으로 판단된다. 군신과 부자 중에서 어느 것이 더 중요한가 하는 문제는 가치관의 차이로 보인다. 그리고 ‘곤제’ 또는 ‘형제’가 ‘장유유서’로 바뀌었다. 이로 인해, 『중용』의 오달도에서와 같은

[A - B - C(대칭축) - B' - A']의 대칭적 체계는 발견되지 않는다.

『악장가사』의 〈오륜가〉에 나온 오륜도 점강적 구조와 대칭적 체계이다. 이 점강적 구조는 부자유친이 가장 중요하고, 그 다음에 나오는 것들이 그 중요도에서 차차 다음으로 중요하다고 보았다는 점에 근거한다. 대칭적 체계는 부부유별을 대칭축으로 대칭하는 체계이다. 이 체계는 다음의 표로 보면 좀더 명확하다.

부자유친 (제2장)	군신유의 (제3장)	부부유별 (제4장) (대칭축)	형공제순 (제5장)	붕우유신 (제6장)
가정 안	가정 밖		가정 안	가정 밖
혈육	비혈육		혈육	비혈육
수직적	수직적		수평적	수평적
A	B	C	A'	B'

이 표에서, 부자유친의 부자와 형공제순의 형제는 가정 안의 혈육 관계이며, 군신유의의 군신과 붕우유신의 붕우는 가정 밖의 비혈육의 관계이다. 그리고 부자유친의 부자와 군신유의의 군신은 수직적 관계이고, 형공제순의 형제와 붕우유신의 붕우는 수평적 관계이다. 이 가정 안의 혈육 관계를 A로, 가정 밖의 비혈육 관계를 B로, 부부관계를 C로 바꾸고, 수직적 관계와 수평적 관계의 차이를 부호 ' ' '로 표시하면, [A - B - C - A' - B']의 대칭적 체계를 정리할 수 있다.

이렇게 『악장가사』본 〈오륜가〉의 오륜은 점강적 구조와 대칭적 체계를 보여준다. 이 점강적 구조와 [A - B - C - A' - B']의 대칭적 체계는 그 이전의 오륜에서 찾아 볼 수 없었던 것들이다.

2.3. 점강적 구조와 대칭적 체계의 선도성

앞절에서 검토했듯이, 『악장가사』본 〈오륜가〉의 오륜은 그 이전의 오륜에서 찾아 볼 수 없었던 점강적 구조와 대칭적 체계를 보여준다. 그런데 이 점강적 구조와 대칭적 체계는 이것으로 끝나지 않고, 조선조에서 그 이후에 나온 연시조 〈오륜가〉들에서도 거의 변하지 않는다는 점에서, 그 선도성을 보여준다. 이런 사실을 다음의 표에서 보자.

『악장가사』의 〈오륜가〉	父子有親	君臣有義	夫婦有別	兄恭弟順	朋友有信
주세붕의 〈오륜가〉	父子有親	**主奴無欺**	夫婦有別	兄弟有和	**長幼有序**
송순의 〈오륜가〉	부자	군신	부부	형제	붕우
박선장의 〈오륜가〉	부자	군신	부부	형제	붕우
김상용의 〈오륜가〉	父子之倫	君臣之倫	夫婦之倫	**長幼有序**	朋友之倫
박인로의 〈오륜가〉	부자유친	군신유의	부부유별	형제유애	붕우유신

이 정리에서 보면, 맑은 고딕체로 쓴 세 곳이 다르다. 두 곳은 주세붕 〈오륜가〉의 '주노무기(主奴無欺)'와 '장유유서(長幼有序)'이고, 다른 하나는 김상용 〈오륜가〉의 '장유유서'이다. 그러나 이 차이는 전체 구조와 체계에 거의 영향을 주지 않는다. 먼저 주세붕 〈오륜가〉의 '주노무기'는 '군신유의'와 같이 가정 밖의 비혈육의 관계이며, 수직적 관계이다. 그리고 '장유유서'는 '붕우유신'과 같이 가정 밖의 비혈육의 관계이다. 단지 수평적 관계를 수직적 관계로 일탈한 면만을 보인다. 김상용 〈오륜가〉의 '장유유서'는 실제 작품을 보면, "형제(兄弟) 두몸이나 일기(一氣)로 는화시니 / 인간(人間)의 귀(貴)ᄒᆞᆫ거시 이외예 또잇는가 / 갑주고 못어들 거순 이뿐인가 ᄒᆞ노라"에서와 같이, 형제를 노래하고 있어 문제가 되지 않는다. 단지 김상용의 〈오륜가〉 중에서 『훈계가』에 전하는 이본만은 『선원유고속고』에 전하는 이본과 다르게 '군신 - 부자 - 장유 - 부부 - 붕우' 등으로 되어 있다. 이렇게 볼 때에, 『악장가사』에 수록된 경기체가의 〈오륜가〉는 그 이전에 발견할 수 없었던 점강적 구조와, [A - B - C - A' - B']의 대칭적 체계를 보이며, 이 점강적 구조와 대칭적 체계는 조선

조에 나온 연시조 〈오륜가〉의 구조와 체계를 선도하였다고 정리할 수 있다.

3. 주세붕의 〈오륜가〉

주세붕(1495~1554)의 〈오륜가〉(1549년)는, 그 구조가 경기체가의 〈오륜가〉와 거의 같다. 그러나 그 결속과 종결에서는 경기체가의 〈오륜가〉에서 볼 수 없는 것들을 보여준다. 특히 그 중에는 상응성을 통하여 대칭적 체계를 암시하는 대칭표현도 포함되어 있다. 이런 것들을 검토하기 위하여, 밑줄 친 부분에 유의하면서 작품을 보자.

사ᄅᆞᆷ 사ᄅᆞᆷ마다 이 말ᄉᆞᆷ 드러ᄉᆞ라
이 말ᄉᆞᆷ 아니면 사ᄅᆞᆷ이오 사ᄅᆞᆷ 아니(니)
이 말ᄉᆞᆷ 닛디 말오 ᄇᆡ호고야 마로링이다(제1수)

아바님 ᄂᆞᆯ 나ᄒᆞ시고 어마님 ᄂᆞᆯ 기ᄅᆞ시니
父母옷 아니시면 내 몸이 업실낫다
이 德을 갑ᄒᆞ려 ᄒᆞ니 하ᄂᆞᆯ ᄀᆞ이 업스샷다(제2수)

둉과 항것과ᄅᆞᆯ 뉘라셔 삼기신고
벌과 가여미아 이 ᄧᅳᄃᆞᆯ 몬져 아니
ᄒᆞᆫ ᄆᆞᅀᆞ매 두 ᄧᅳᆮ 업시 소기디나 마옵생이다(제3수)

지아비 받 갈나 간 ᄃᆡ 밥고리 이고 가
반상을 들오ᄃᆡ 눈섭의 마초이다

친코도 고마오시니 손이시나 드르실가(제4수)

兄님(이) 자신 져줄 내 조쳐 머궁이다
어와 뎌 아ᄋᆞ야 어마님 너 ᄉᆞ랑이아
兄弟옷 不和ᄒᆞ면 개 도티라 ᄒᆞ리라(제5수)

늘그니ᄂᆞᆫ 父母 ᄀᆞᆮ고 얼운ᄂᆞᆫ 兄 ᄀᆞᄐᆞ니
ᄀᆞᄐᆞᆫ듸 不恭ᄒᆞ면 어듸가 다ᄅᆞᆯ고
랄료셔 ᄆᆞ디어시든 절ᄒᆞ고야 마로링이다(제6수)

3.1. 결속과 종결

이 결속과 종결은 일탈표현과 대칭표현을 통하여 보여준다. 이를 세 종류로 나누어 정리하려 한다. 하나는 단락내 결속을 보여주는 대칭표현이고, 다른 하나는 단락내 결속을 보여주면서 상응성을 통하여 대칭적 체계를 암시하는 대칭표현이며, 마지막 하나는 작품의 단락간의 결속과 종결을 보여주는 시종의 대칭표현이다. 이를 차례로 보자.

먼저 제2-6수에서 단락내의 결속을 보여주는 대칭표현들을 보자.

첫째, ['-를'(제3수) - 대칭축(제4수) - '-올'(제5수)]의 대칭표현이다. 제3수의 초장에서는 목적격 '-를'('항것과를')을 보여준다. 그리고 제5수의 초장에서도 목적격 '-올'('져줄')을 보여준다. 이 '-를'과 '올'은 제4수를 대칭축으로 대칭하는 대칭표현이다.

둘째, [강조사(제3수) - 대칭축(제4수) - 강조사(제5수)]의 대칭표현이다. 제3수의 중장에서는 강조사 '-아'('가여미아')를 보여준다. 그리고 제5수의 중장에서도 강조사 '-야'('아ᄋᆞ야')를 보여준다. 이 두 강조사('-아', '-야')는 제4수를 대칭축으로 대칭하는 대칭표현이다.

셋째, ['-고 … -니'(제2수) - 대칭축(제4수) - '-고 … -니'(제6수)]의 대칭표현이다. 제2수의 초장("아바님 랄 나흐시고 어마님 랄 기르시니")과 제6수의 초장("늘그니는 부모(父母) 곧고 얼우는 형(兄) フ트니")에서 발견되는, 밑줄 친 부분의 두 '-고 … -니'는 제4수를 대칭축으로 대칭하는 대칭표현이다.

넷째, ['-면'(제2수) - 대칭축(제4수) - '-면'(제6수)]의 대칭표현이다. 제2수 중장의 '아니시면'과 제6수 중장의 '불공(不恭)흐면'의 '-면'은 제4수를 대칭축으로 대칭하는 대칭표현이다.

이상의 네 대칭표현들은 제2-6수가 [A - B - C - B - A]의 대칭표현이란 사실을 말해준다. 제2수와 제6수에서 반복하는 '-고 … -니'와 '-면'을 'A'로, 제3수와 제5수에서 반복하는 '-룰/올'과 강조사를 'B'로, 대칭축을 'C'로 바꾸면, 앞의 대칭표현은 [A - B - C - B - A]의 대칭표현으로 정리할 수 있다. 이 대칭표현은 본사 단락(제2-6수)의 단락내 결속을 보여준다. 그리고 이 단락성은 나머지 제1수가 서사라는 단락성도 간접적으로 보여준다.

이번에는 단락내의 결속을 보여주면서, 상응성을 통하여 대칭적 체계를 암시하는 대칭표현들을 보자.

다섯째, [주어+목적어 '… -ㅇ이다'(제2수, 제3수) - 대칭축(제4수) - 주어+목적어 '… -ㅇ이다'(제5수, 제6수)]의 대칭표현이다. 제2수의 초장을 보면 주어와 목적어인 '아버님 랄'이 나오고, 제3수의 종장을 보면 '-ㅇ이다'('마옵생이다')가 나온다. 그리고 제5수의 초장을 보면 주어와 목적어인 '兄님이 자신 져줄'이 나오고, 제6수를 보면 '-ㅇ이다'('마로링이다')가 나온다. 이 반복된 주어와 목적어와 '-ㅇ이다'는 제4수를 대칭축으로 대칭하는 대칭표현이다. 이 대칭표현에서 '주어와 목적어'를 A로, '-ㅇ이다'를 B로, 대칭축을 C로 바꾸어 쓰면, 이 대칭표현은 [A - B - C - A - B]의 대칭표현이 된다. 이 [A - B - C - A - B]의 대칭표현은, 제2-6수의 단락내 결속을 보여주고, 동시에 이 작품의 구조가 서사와 본사이고, 본사가 [A - B - C - A' - B]의 대칭적 체계의 후미 전환형임을 상응성을 통하여 암시한다. 이 대칭적 체계는 다음 절에서 검토할 것이다.

이상에서 논의한 본사 단락(제2-6수)의 단락내 결속만을 보면, 서사 단락과 본사 단락은 단절된 것 같이 보인다. 그러나 서사 단락(제1수)과 본사 단락(제2-6수, 점강적 구조)이 단단하게 결속되어 있음을 보여주는 표현들도 있다. 즉 단락간의 결속을 보여주는 표현들도 있다. 이를 보자.

여섯째, 제5수와 제6수의 일탈표현이다. 각수의 종장 끝의 시어를 보면 다음과 같다.

제1수 : 마로링이다(A)
제2수 : 업스샷다(B)
제3수 : 마옵생이다(A)
제4수 : 드른실가(B)
제5수 : ᄒᆞ리라(B)
제6수 : 마로링이다(A)

이 제1-4수의 끝시어들을 보면, 홀수에서는 '-ㅇ 이다'(A)를 반복하고, 짝수에서는 '-ㅇ 이다'가 아닌 시어(B)를 반복한다. 이에 비해 제5수와 제6수에서는 앞의 '-ㅇ 이다'와 이것이 아닌 표현이 도치되어 종결의 기능을 한다(조성래 1996;1998:210-212). 이는 교차반복의 표현을 후미에서 도치시킨 후미 도치형(A - B - A - B - B - A형)으로 종결표현의 한 유형이다(양희철 2010e:153). 그런데 이 교차반복표현의 후미 도치형(A - B - A - B - B - A형)은, 종결뿐만 아니라, 서사 단락(제1수)과 본사 단락(제2-6수)의 결속도 보여준다. 즉 교차반복표현의 후미 도치라는 점에서, 서사 단락(제1수)과 본사 단락(제2-6수)이 결속되는 것이다. 이런 종결의 표현은 이 작품에서부터 나타난다.

일곱째, [-고야 마로넝이다(제1수) - 대칭축 - -고야 마로넝이다(제6수)]의 대칭표현이다. 첫수(제1수)의 종장 후반('비호고야 마로넝이다')과 끝수(제6수)의 종장 후반('절ᄒᆞ고야 마로넝이다')을 보면, '-고야 마로넝이다'가 시종(始終)에서 대칭하는 대칭표현을 발견할 수 있다. 이 시종의 대칭표현은 종결뿐만 아니라, 서사 단락(제1수)과 본사 단락(제2-6수)의 결속도 보여준다. 즉 시작과 종결의 대칭표현이란 점에서, 서사 단락(제1수)과 본사 단락(제2-6수)이 결속된다.

이렇게 두 종결표현들은 단락간의 결속을 통하여, 서사 단락(제1수)과 본사 단락(제2-6수)의 결속을 단단하게 보여준다. 게다가 이 두 종결표현들은 이 작품이 서사(제1수)를 가지고 있어, 혹시 제6수 다음에 결사가 올 수도 있다는 기대를 할 수도 있는데, 이를 방지하는 기능도 한다.

3.2. 구조와 체계

이번에는 구조와 체계를 보자. 앞절에서 언급했듯이, 이 제2-6수에 포함된 [A - B - C - A - B]의 대칭표현은, 제2-6수의 단락성과 결속을 보여주고, 동시에 이 작품의 구조가 서사와 본사이고, 본사가 점강적 구조와 [A - B - C - A' - B]의 대칭적 체계의 후미 전환형임을 상응성을 통하여 암시한다. 이 [A - B - C - A - B]의 대칭표현이 암시한, 이 작품의 본사의 체계가 [A - B - C - A' - B]의 대칭적 체계의 후미 전환형과 점강적 구조라는 사실을 이 절에서 보자.

제2-6수는 부자유친(제2수), 주노무기(제3수), 부부유별(제4수), 형제유화(제5수), 장유유서(제6수) 등으로 되어 있다. 이 순서는 이 작품의 본사가 그 중요도에서 점강적 구조로 되어 있음을 의미한다.

이번에는 이 작품의 본사가 대칭적 체계의 후미 전환형으로 되어 있음을 정리해보자. 부부유별(제4수)을 대칭축으로, 부자유친의 부자는 가정 안의 혈육적 관계이며, 수직적 관계이다. 주노무기의 주노는 가정 밖의 비혈육적 관계이고, 수직적 관계이다. 형제유화의 형제는 가정 안의 혈육적 관계이고, 수평적 관계이다. 장유유서의 장유는 가정 밖의 비혈육적 관계이고, 수직적 관계이다. 이 관계들을 앞에서 본 표로 다시 정리하면 다음과 같다.

부자유친 (제2수)	주노무기 (제3수)	부부유별 (제4수) (대칭축)	형제유화 (제5수)	장유유서 (제6수)
가정 안	가정 밖		가정 안	가정 밖
혈육	비혈육		혈육	비혈육
수직적	수직적		수평적	수직적
A	B	C	A'	B

이 표에서 보듯이, 부자유친(제2수)의 부자와 형제유화(제5수)의 형제는 가정 안의 혈육 관계이며, 주노무기(제3수)의 주노와 장유유서(제6수)의 장유는 가정 밖의 비혈육의 관계이다. 그리고 부자유친의 부자, 주노무기의 주노, 장유유서의 장유 등은 수직적 관계이고, 형제유화의 형제는 수평적 관계이다. 이 경우에 가정 안의 혈육 관계를 A로, 가정 밖의 비혈육 관계를 B로, 부부관계를 C로 바꾸면, 이 체계는 일단 [A - B - C - A - B]의 대칭적 체계로 정리할 수 있다. 그리고 다시 이에 수직적 관계와 수평적 관계의 차이를 부호 ' ' '로 표시하면, [A - B - C - A' - B]와 같이 대칭적 체계의 후미 전환형으로 정리할 수 있다. 이는 『악장가사』의 〈오륜가〉에서 발견된 [A - B - C - A' - B']의 대칭적 체계에서 후미를 전환한 전환형이다.

4. 결론

지금까지 『악장가사』와 주세붕의 〈오륜가〉를 대상으로, 그 결속, 종결, 구조 등을 검토해 보았다. 그 중요한 것들을 요약하는 것으로 결론을 대신하면 다음과 같다.

1) 『악장가사』의 〈오륜가〉는 경기체가가 보여주는 반복표현에 의해 단락간의 결속을 보여준다.
2) 『악장가사』의 〈오륜가〉는 반복표현의 후미 전환에 의해 종결을 보여준다.
3) 『악장가사』의 〈오륜가〉는 부자유친, 군신유의, 부부유별, 형공제순, 붕우유신 등을 노래하였는데, 이는 그 이전의 오륜에서 발견할 수 없었던 점강적 구조이다.
4) 『악장가사』의 〈오륜가〉는, 혈육 관계(A), 비혈육 관계(B), 부부관계(C), 수직적 관계(무표지), 수평적 관계(') 등의 부호로 정리하면, [A - B - C - A' - B']의 대칭적 체계도 보여준다.
5) 『악장가사』의 〈오륜가〉에서 정리된 점강적 구조와 대칭적 체계는 그 이후에 창작된 연시조 〈오륜가〉에서 거의 반복된다는 점에서 선도성을 보여준다.
6) 주세붕의 〈오륜가〉는 『악장가사』의 〈오륜가〉에서 발견할 수 없었던, 세 유형의 대칭표현과 일탈표현을 보여준다. 첫째는 [A - B - C - B - A](제2-6수)의 대칭표현으로, 단락(제2-6수)의 단락내 결속을 보여준다. 둘째는 [A - B - C - A - B](제2-6수)의 대칭표현으로, 단락(제2-6수)의 단락내 결속을 보여주면서, 이 작품의 구조가 서사와 본사이고, 본사가 [A - B - C - A' - B]의 대칭적 체계의 후미 전환형임을 상응성을 통하여 암시한다.

7) 주세붕의 〈오륜가〉에서 보여주는 대칭표현에 의한 결속들은, 『악장가사』의 〈오륜가〉에서 보여주던 경기체가의 반복표현에 의한 결속을 대체한 것으로 이해된다.

8) 셋째는 교차반복표현의 후미 도치형(A－B－A－B－B－A)을 보여주는 제5, 6수의 일탈표현으로, 이 작품의 시작과 종결을 보여주면서, 서사 단락(제1수)과 본사 단락(제2-6수)의 단락간의 결속도 보여준다.

9) 주세붕의 〈오륜가〉는 『악장가사』의 〈오륜가〉와 같이 서사와 본사의 구조이고, 본사는 점강적 구조와, 『악장가사』의 〈오륜가〉에서 발견된 대칭적 체계(A－B－C－A'－B')를 후미에서 전환한 대칭적 체계의 전환형(A－B－C－A'－B)이다.

10) 주세붕의 〈오륜가〉가 보여주는 서사(제1수)와 본사(제2-6수)의 구조는 〈오우가〉(윤선도)와 〈병산육곡〉(권구)으로 이어지고, 〈풍아별곡〉(권익륭), 〈농가(구장)〉(위백규), 〈매화사〉(안민영) 등의 일부로 이어진다.

주세붕의 〈오륜가〉에서 보이는 결속, 종결, 구조 등은 그 후에 창작된, 박선장, 김상용, 박인로 등의 〈오륜가〉에서 계승되고 변모되는데, 이는 글을 달리하여 검토 정리하고자 한다.

박선장과 김상용의 〈오륜가〉

1. 서론

이 글은 박선장의 〈오륜가〉와 김상용의 〈오륜가〉를 대상으로, 그 결속, 종결, 구조 등을 연구하는 데 목적이 있다.

작품별로 선행 연구들을 보자. 먼저 박선장(1555~1616)의 〈오륜가〉는 임선묵(1968:171-182)이 자료를 발굴하여, 창작 연대(1612년)를 포함한 작가 소개(생애와 위인), 『수서집』의 구성과 내용, 〈오륜가소서〉,[1] 창작 목적('警蒙士')[2]을 포함한 〈연보〉, 〈오륜가〉와 그 구성(오륜과 3장의 '난'), 수사적 진전 등을 제시하면서 시작되었다. 이 연구를 이상보(1976:75-98)는 좀더 심화시키고, 역대 〈오륜가〉들(『악장가사』의 경기체가, 주세붕, 송순, 박선장, 김상용, 박인로 등의 연시조 〈오륜가〉, 황립과 유영무의 가사)을 소개하면서 개관하였다. 작가와 창작 배경은 두 선학의 정리를 크게 벗어나지 않는 가운데, 청자를 〈연보〉의 서당의 몽사(蒙士)뿐

1 "某竊歎叔季人心日渝 中宵仰屋 以爲學古訓者 雖或爲物欲所蔽 喪其良心 而開古人書 卽湯然覺悟者有之 其不曉文義者 因物有遷 終於下流而止耳 此非可哀之甚者耶 因述鄙懷作五倫歌 又作三章之亂 以示勸懲之義 今玆講信之夕 猥進于左右 幸願諸君子 垂覽採之如何"(『수서집』 권지4, 〈五倫歌小序〉).

2 "神宗萬曆四十年壬子 先生五十八歲 八月 龜灣書堂成 作五倫歌 以警蒙士 以俚語作歌使洞中學者 歌以警策"(『수서집』 〈연보〉).

만 아니라 〈오륜가소서〉의 강신(講信)에 참석한 향촌민으로 보는 견해(하윤섭 2012:214)가 나왔다. 임선묵이 정리한 수사적 진전("具象을 지닌 言語의 構造로 詩化")은, 이상보(1976:87)의 은유법과 설의법, 임주탁(1990:79)의 "비유법, 과장법, 대비 등 다양한 수사법의 사용", 조성래(1996;1998:110, 142)의 제유법, 은유법, 직유법 등으로 확대되었다. 그리고 조태흠과 조성래가 주세붕의 〈오륜가〉에서 정리한 표현의 특성은 박선장의 〈오륜가〉에서도 같은 것으로 정리되었다.

김상용의 〈오륜가〉는 다른 〈오륜가〉들과 함께 언급되었고, 이 작품만을 다룬 독립된 글은 없는 것 같다. 〈오륜가〉 전체를 다룬 글들(이상보, 이동영, 조태흠, 조성래, 하윤섭 등등)에서 보이는데, 작품론에서 크게 두드러진 논의는 찾아보기 어렵다.

이렇게 정리될 수 있는 선행 연구들은 여러 측면에서 두 〈오륜가〉의 이해에 많은 도움을 주어 왔다. 그러나 아직도 궁금한 것으로 셋이 남아 있다. 바로 이 두 〈오륜가〉의 결속, 종결, 구조 등이다. 이것들에 대한 선행 연구가 없어, 박선장의 〈오륜가〉의 경우에는 앞서 검토한 바(양희철 2014)가 있다. 이에 이 글을 일부 보완하고, 김상용의 〈오륜가〉에서 결속, 종결, 구조 등을 검토 정리하고자 한다.

2. 박선장의 〈오륜가〉(1)

박선장(1555~1616)이 1612년에 지은 이 작품은 〈연보〉와 〈오륜가소서〉로 보아, 5수의 〈오륜가〉와 8수의 〈오륜가〉가 있었던 것으로 판단된다. 〈연보〉로 보면, 구만서당이 완성되었을 때는 〈오륜가〉(5수)를 지어 몽사를 타일렀다(龜灣書堂成 作五倫歌 以警蒙士). 그리고 〈오륜가소서〉로 보면, 강신(講信, 鄕約에서 조직체의 성원들이 한 자리에 모여서 술을 마시며 신의를 새롭게 다지던 일)의 저녁에는 〈오륜가〉(5수)를 짓고, 또 '난'(3장)을 지어, 군자들이 전하여 열람하고 선택하여 쓰길 원했다(作五倫歌 又作三章之亂 以示勸懲之義 今茲講信之夕 猥進于左右 幸願諸君子 垂覽採之 如何). 이런 사실은 구만서당이 완성된 때에 제시한 〈오륜가〉(5수)와 강신의 저녁에 제시한 〈오륜가〉(8수)가 그 '난'(3장)의 존재 여부에서 다르다는 것을 의미한다. 즉 5수로 구성된 〈오륜가〉와 8수(오륜 5장과 난 3장)로 구성된 〈오륜가〉가 있었다는 것이다. 이런 점에서, 이 작품을 5수의 〈오륜가〉와 8수의 〈오륜가〉로 나누어 그 결속, 종결, 구조 등을 정리하려 한다. 전자는 이 장에서, 후자는 '3'장에서 다루려 한다.

寸마도 못ᄒᆞᆫ 푸리 봄이슬 마ᄌᆞᆫ 後에
닙 넙고 줄기 기러 밤나ᄌᆞ로 부러낫다
이 恩惠 하 罔極ᄒᆞ니 가풀 줄을 몰ᄂᆡ라(父子, 제1수)

이 님이 머기시고 이 님이 임피시니
十生九死ᄒᆞᆫ ᄃᆞᆯ 님의 德을 니ᄌᆞᆯᄂᆞ냐
萬一에 大義을 모ᄅᆞ면 厮養이나 다ᄅᆞ랴(君臣, 제2수)

두 姓이 ᄒᆞᆫᄃᆡ 모다 함ᄭᅴ 늘거 죽쟈 ᄒᆞ니
百年 情好야 이예셔 더랴마는
그려도 恭敬ᄒᆞᆯ 줄 모ᄅᆞ면 雎鳩 아니인ᄂᆞ냐(夫婦, 제3수)

몬져 나니(난이) 後에 나니(난이) 次序야 다롤지라도
압뒤혜 ᄃᆞᆯ녀셔 한 져ᄌᆞ로 기러낫다
사ᄅᆞᆷ이 이뜻들 모ᄅᆞ면 禽獸마도 못ᄒᆞ리(兄弟, 제4수)

남으로 삼긴 거시 이디도록 親厚홀샤
술잡고 말홀 제 억게만 두드리랴
桑田이 바다물 되여도 信을 닛디 마로리라(朋友, 제5수)

2.1. 결속과 종결

이 절에서는 대칭표현과 일탈표현을 통하여, 〈오륜가〉(5수)의 결속과 종결을 정리하고자 한다.

첫째, [주부(제1수) - 대칭축(제3수) - 주부(제5수)]의 대칭표현이다. 제1수 초장의 전반부를 보면, 명사구와 주격어미가 결합한 주부 "촌(寸)마도 못혼 푸리"이다. 그리고 제5수 초장의 전반부를 보면, 역시 명사구와 주격어미가 결합한 주부 "남으로 삼긴 거시"이다. 이들 명사구와 주격어미가 결합한 주부는 제3수를 대칭축으로 대칭하는 대칭표현이다.

둘째, ['-을 모르면'(제2수) - 대칭축(제3수) - '-을 모르면'(제4수)]의 대칭표현이다. 제2수의 종장을 보면, '대의(大義)을 모르면'에서 '-을 모르면'을 보여준다. 그리고 제4수의 종장을 보면, '이뜻들 모르면'에서 '-을 모르면'을 보여준다. 이 두 '-을 모르면'은 제3수를 대칭축으로 대칭하는 대칭표현이다.

셋째, 제3수 종장의 일탈표현이다. 제2수와 제4수의 종장을 보면 '-을(목적격어미) 모르면'이 대칭한다. 이에 비해 제3수 종장의 '공경(恭敬)홀 줄 모르면'을 보면, 제2, 4수가 보여준 '-을(목적격어미) 모르면'을 일탈하면서 대칭축으로 기능하고 있다.

이상의 두 대칭표현과 하나의 일탈표현은 제1-5수가 [A - B - C - B - A]의 대칭표현임을 말해준다. 즉 반복된 주부를 'A'로, 반복된 '-을 모르면'을 'B'로, 대칭축인 제3수의 일탈표현을 'C'로 바꾸면, 제1-5수는 [A - B - C - B - A]의 대칭표현으로 정리된다. 이 [A - B - C - B - A]의 대칭표현은 이 작품의 시종에 의한 종결과 결속성을 보여주는데, 주세붕의 〈오륜가〉에서도 발견된 대칭표현이다.

이번에는 작품의 시종과 결속성을 보여주면서, 상응성을 통하여 대칭적 체계도 암시하는 대칭표현을 보자.

넷째, ['-로 -러낫다 … -야'(제1, 2수) - 대칭축(제3수) - '-로 -러낫다 … -야'(제4, 5수)]의 대칭표현이다. '밤나ᄌᆞ로 부러낫다 … 니즐ᄂᆞ냐'(제1수 중장, 제2수 중장)와 '한 져ᄌᆞ로 기러낫다 … 두드리랴'(제4수 중장, 제5수 중장)에서는 '-로 -러낫다 … -야'를 반복하는데, 이 반복은 제3수를 대칭축으로 대칭하는 대칭표현이다. 이 대칭표현에서, 반복된 '-로 -러낫다'를 'A'로, '… -야'를 'B'로, 대칭축을 'C'로 바꾸면, 앞의 대칭표현은 [A - B - C - A - B]의 대칭표현으로 정리된다. 이 대칭표현은 이 작품의 시종에 의한 종결과 결속성을 보여준다. 그리고 동시에 이 [A - B - C - A - B]의 대칭표현은 상응성을 통하여 이어서 볼 [A - B - C - A' - B']의 대칭적 체계를 암시하기도 한다.

2.2. 구조와 체계

이 절에서는 이 작품의 구조와 체계를 정리하고자 한다.

이 작품 역시 '부자, 군신, 부부, 형제, 붕우' 등을 차례로 노래하였다. 그 중요도에서, 특히 조선조의 사람들이 본 그 중요도에서 중요한 것부터 정리한 것이다. 이런 점에서 이 작품의 구조는 점강적 구조라고 정리할 수 있다. 이 점강적 구조는 『악장가사』의 〈오륜가〉에서도 발견된 구조이다. 그러나 이 작품은 『악장가사』와 주세붕의 〈오륜가〉와는 다르게 서사를 가지고 있지 않다는 점이 차이이다.

이번에는 앞에서 정리한 [A - B - C - A - B]의 대칭표현이 상응성을 통하여 암시한 [A - B - C - A' - B']의 대칭적 체계를 검토하려 한다. 이 체계를 앞에서 사용한 표로 정리하면 다음과 같다.

<table>
<tr><td>부자
(제1수)</td><td>군신
(제2수)</td><td rowspan="4">부부
(제3수)
(대칭축)</td><td>형제
(제4수)</td><td>붕우
(제5수)</td></tr>
<tr><td>가정 안</td><td>가정 밖</td><td>가정 안</td><td>가정 밖</td></tr>
<tr><td>혈육</td><td>비혈육</td><td>혈육</td><td>비혈육</td></tr>
<tr><td>수직적</td><td>수직적</td><td>수평적</td><td>수평적</td></tr>
<tr><td>A</td><td>B</td><td>C</td><td>A'</td><td>B'</td></tr>
</table>

이 표에서, 부자(제1수)와 형제(제4수)는 가정 안의 혈육 관계이며, 군신(제2수)과 붕우(제5수)는 가정 밖의 비혈육의 관계이다. 그리고 부자(제1수)와 군신(제2수)은 각각 수직적 관계이고, 형제(제4수)와 붕우(제5수)는 각각 수평적 관계이다. 이 경우에 가정 안의 혈육 관계를 A로, 가정 밖의 비혈육 관계를 B로, 부부관계를 C로 각각 바꾸고, 이에 수직적 관계와 수평적 관계의 차이를 부호 '''로 표시하면, [A - B - C - A' - B']의 대칭적 체계를 정리할 수 있다. 이 [A - B - C - A' - B']의 대칭적 체계는, 앞에서 정리했듯이, 『악장가사』의 〈오륜가〉에서도 발견된 체계이다.

3. 박선장의 〈오륜가〉(2)

박선장이 1612년에 지은 〈오륜가〉에서 제6-8수를 밑줄 친 부분에 유의하면서 보자.

唐虞 머러디고 漢唐宋이 니어시니
天地 오라거니 世道 아니 變ᄒᆞᆯ너냐
그려도 닐곱구모 가자시니 五倫이야 모ᄅᆞ랴(亂1, 제6수)

옷밥이 不足ᄒᆞ니 禮義ᄎᆞ리 겨ᄅᆞᆯ 업서
家塾黨序ᄋᆞᆯ 不關이 너기ᄂᆞ냐
그려도 보고들으면 ᄇᆡ호리 이시리(亂2, 제7수)

이우즐 미이디 마라 이웃 미오면 갈듸업서
一鄕이 ᄇᆞ리고 一國이 다 ᄇᆞ리리
百年도 못살 人生이 그러그러 엇뎨리(亂3, 제8수)

3.1. 결속과 종결

이 절에서는 결속과 종결을, 대칭표현과 일탈표현을 통하여 정리하고자 한다.

앞 절에서 정리한 제1-5수의 결속과 종결은 이 텍스트에서는 본사 단락(제1-5수)의 결속과 종결이 된다. 제6-8수에서 발견되는 종결과 결속은 다음과 같다.

첫째, 제8수 중장 종결어미의 일탈표현이다. 제6-8수의 중장 끝시어들을 보면, '변(變)ᄒᆞᆯ너냐'(제6수), '너기ᄂᆞ냐'(제7수), 'ᄇᆞ리리'(제8수) 등으로, 재6, 7수에서는 '-냐'의 반복을 보인다. 그러나, 제8수에서는 이를 벗어난 일탈표현을 보여준다. 이 일탈표현은 반복표현의 후미 전환형으로 종결의 한 표현인데, 반복표현의 후미 전환형을 통하여, 결사 단락(제6-8수)의 단락성(시종)과 결속성도 보여준다.

둘째, 제8수 종장 첫시어의 일탈표현이다. 제6-8수 종장의 첫시어들을 보면 '그려도'(제6수), '그려도'(제7수), '백년(百年)도'(제8수) 등으로, 제6, 7수에서는 '그려도'의 반복을 보인다. 그러나 제8수에서는 이를 벗어난 일탈표현을 보여준다. 이 일탈표현 역시 반복표현의 후미 전환형을 통하여, 단락(제6-8수)의 단락성(시종)과 결속성도 보여준다.

이 첫째와 둘째의 일탈표현들에서 발견되는 종결표현 [A - A - B](반복표현의 후미 전환형)는 이 결사 단락(제6-8수)의 단락성(시종)과 결속성을 보여주면서 상응성을 통하여 [A - A - B]의 구조까지 암시한다. 이 구조는 항을 바꾸어 정리하려 한다.

끝으로 이 텍스트 전체의 시종과 결속성을 보이는 결속과 종결들을 보자. 지금까지 정리한 결속과 종결들과 구조들만을 보면, 이 텍스트는 본사 단락(제1-5수)과 결사 단락(제6-8수)이 양분되는 양상만을 보이는 것 같다. 그러나 두 단락(제1-5수, 제6-8수)을 하나의 텍스트로 묶는 결속표현들도 발견할 수 있다. 즉 제1-3수와 제6-8수가 대칭하는 대칭표현이다. 이를 보자.

셋째, ['-니 … 몰-'(제1수) - '-ᄂᆞ냐, -면'(제2수) - '-도 -ᄅ'(제3수) - 대칭축 - '-니 … 몰-'(제6수) - '-ᄂᆞ냐, -면'(제7수) - '-도 -ᄅ'(제8수)]의 대칭표현이다. 제1수의 종장["이 은혜(恩惠) 하 망극(罔極)ᄒᆞ니 가폴 줄을 몰너라"]과 제6수의 종장["그려도 닐곱구모 가자시니 오륜(五倫)이야 모ᄅᆞ랴"]을 보면, 밑줄 친 부분에서 '-니 … 몰-'을 반복한다. 그리고 제2수의 중·종장["십생구사(十生九死)ᄒᆞᆫ들 님의 덕(德)을 니줄ᄂᆞ냐 / 만일(萬一)에 대의(大義)을 모ᄅᆞ면 시양(厮養)이나 다ᄅᆞ랴"]과 제7수의 중·종장["가숙당서(家塾黨序)올 불관(不關)이 너기ᄂᆞ냐 / 그려도 보고들으면 빅호리 이시리"]을 보면, 밑줄 친 부분에서 '-ᄂᆞ냐, -면'을 반복한다. 또한 제3수의 종장["그려도 공경(恭敬)ᄒᆞᆯ 줄 모ᄅᆞ면 저구(雎鳩) 아니인ᄂᆞ냐"]과 제8수의 종장["백년(百年)도 못살 인생(人生)이 그러그러 엇데리"]을 보면, 밑줄 친 부분에서 '-도 -ᄅ'을 반복한다. 이 반복된 표현들은 제4수와 제5수의 가운데를 대칭축으로 제1-3수의 표현과 제6-8수의 표현이 대칭하는 대칭표현이다. 이 대칭표현에서, '-니 … 몰-'을 'A'로, '-ᄂᆞ냐, -면'을 'B'로, '-도 -ᄅ'를 'C'로, 대칭축을 'D'로 각각 바꾸면, 앞의 대칭표현을 [A(제1수) - B(제2수) - C(제3수) - D(대칭축) - A(제6수) - B(제7수) - C(제8수)]의 대칭표현으로 정리할 수 있다. 이 대칭표현은 이 작품의 시종과 두 단락(제1-5수, 제6-8수)의 결속성을 보여준다. 그리고 이에 포함된 시종의 기능은 결사 단락에 대응하는 '서사 단락'이 이 작품에서는 처음부터 구상되지 않았음도 보여준다.

이렇게 볼 때에, 이 텍스트는 본사 단락(제1-5수, 점강적 구조)과 결사 단락(제6-8수, 병렬적 구조의 후미 전환형)이 대칭표현에 의해 단단하게 결속된 것으로 정리할 수 있다.

3.2. 구조와 체계

앞 절에서 정리한 바와 같이, 본사는 점강적 구조이며, 동시에 본사의 [A - B - C - A - B](제1-5수)의 대칭표현은 상응성을 통하여 [A - B - C - A' - B']의 대칭적 체계를 암시하였다. 그리고 제6-8수에서 [A - A - B]의 표현이 상응성을 통하여 암시한 구조는 [A - A - B]인 병렬적(반복적) 구조의 후미 전환형인데, 이를 보기 위해 제6-8수의 주제들을 보자.

제6수는 제1-5수의 본사(점강적 구조)에 붙은 결사의 '난'으로, 아무리 세상이 변해도 사람이면 오륜을 알아야 한다는 것을 주제로 한다. 이는 제1-5수의 오륜을 다시 권하는 것으로 결사에 해당한다. 즉 제6수는 제1-5수의 본사에 이어진 결사이다. 이 제6수는 서당에 다니는 몽사로 강신의 저녁에 참여한 자들을 대상으로 하는 텍스트로 판단된다.

제7수는 제6수의 '난'에 이어서 나온 결사의 두 번째 '난'으로, 아무리 어려워서 서당에는 관계하지 못해도, 오륜을 보고 들으면 배울 것이 있으니, 보고 배우라는 것을 주제로 한다. 이 역시 제1-5수의 오륜을 다시 권하는 것으로 결사에 해당한다. 즉 제1-5수의 본사에 이어진 제7수의 결사이다. 이 제7수는 서당에는 관계하지 못해도, 강신의 저녁에 참석하여, 이 〈오륜가〉를 보고 배울 수 있는 향촌민을 대상으로 하는 텍스트로 판단된다.

제8수는 제7수의 '난'에 이어서 나온 결사의 세 번째 '난'으로, 이웃을 미워하지 말라[隣人不惡]는 것을 주제로 한다. 이 주제는 제6, 7수의 '난'과는 다른 의미이다. 즉 제6수와 제7수는, 그 이전에 나온 긴요한 것(또는 중요한 것)을 끌어온다[總撮其要也. 撮其大要 以爲亂辭也]는 '난'의 의미 안에 있다. 그러나 제8수의 주제는 전통적인 '난'의 의미 안에 있는 것이 아니다. 이는 그 이전에 노래한 오륜만으로는 향촌사회를 안정시킬 수 없다고 보고, 향촌사회의 안정을 위한 또 다른 것으로 '이웃을 미워하지 말라[不惡]'를 첨부한 것으로 보인다.

이렇게 볼 때에, '난'(3장)의 제6-8수는 시적 청자를 달리하는 오륜 권유의 반복(제6, 7수)과 이를 전환한 이웃을 미워하지 말라로, 병렬적(또는 반복적) 구조를 보인 다음에 마지막 후미에서 이를 전환한 구조라고 할 수 있다. 따라서 제6-8수는 병렬적(또는 반복적) 구조의 후미 전환형이라고 정리할 수 있다. 이 구조는 앞에서 정리한 반복표현의 후미 전환형의 종결표현과 상응하는 구조이다. 그리고 이 작품이 보인 오륜과 이에 첨부된 이웃을 미워하지 말라는, 강신의 저녁에 참석한 향촌민 전체를 대상으로 한 상황에서, 오륜을 중심으로 이웃을 미워하지 말라를 첨부한 훈민가 정도로 보면 큰 문제가 없을 것 같다.

지금까지 검토한 이 텍스트의 구조와 체계를 다시 정리하면 다음과 같다.

본사 단락(제1-5수) : 점강적 구조, [A - B - C - A' - B']의 대칭적 체계

결사 단락(제6-8수) : [A - A - B]의 병렬적(또는 반복적) 구조의 후미 전환형

4. 김상용의 〈오륜가〉

김상용(金尙容 1561~1637)이 지은 〈오륜가〉는 이본에 따라 그 순서가 다르다. 『훈계가』본은 그 순서가 『선원유고속고』본과 다르다. 즉 '군

신 - 부자 - 장유 - 부부 - 붕우'등으로 되어 있다. 아래 인용한 작품은 『선원유고속고』에 수록된 이본이다.

어버이 子息 ᄉᆞ이 하늘 삼긴 至親이라
부모곳 아니면 이 몸이 이실소냐
烏鳥도 反哺ᄅᆞᆯ ᄒᆞ니 父母孝道 ᄒᆞ여라(父子之倫, 제1수)

님군을 셤기오ᄃᆡ 正ᄒᆞᆫ 길노 引導ᄒᆞ야
菊窮 盡悴ᄒᆞ야 죽은 後의 마라ᄉᆞ라
가다가 不合곳 하면 믈너간들 엇더리(君臣之倫, 제2수)

夫婦라 히온 거시 ᄂᆞᆷ으로 되어 이셔
如鼓瑟琴ᄒᆞ면 긔 아니 즐거오냐
그러코 공경곳 아니면 卽同禽獸 ᄒᆞ리라(夫婦之倫, 제3수)

兄弟 두 몸이나 一氣로 ᄂᆞᆫ화시니
人間의 貴ᄒᆞᆫ 거시 이 外예 ᄯᅩ 잇ᄂᆞᆫ가
갑 주고 못 어들 거ᄉᆞᆫ 이ᄲᅮᆫ인가 ᄒᆞ노라(長幼之倫〉兄弟之倫, 제4수)

벗을 사괴오ᄃᆡ 처음의 삼가ᄒᆞ야
날도곤 나으니로 ᄀᆞᆯ히여 사괴여라
終始히 信義ᄅᆞᆯ ᄃᆞᆨ희여 久而敬之 ᄒᆞ여라(朋友之倫, 제5수)

4.1. 결속과 종결

이 작품의 결속은 다른 〈오륜가〉들과 약간 다른 면을 보인다. 같은 어형의 반복에 의한 결속도 보여주지만, 의미의 반복에 의한 결속도 보여주는 특성을 보인다. 이를 차례로 보자.

첫째로, [A(제1수) - B(제2수) - C(제3수, 대칭축) - A(제4수) - B(제5수)]형의 대칭표현이다. 이 대칭표현에서, A는 제1수와 제4수의 초장말에 나온 원인의 연결어미와 중장말에 나온 설의법을 부호화한 것이고, B는 제2수와 제5수의 초장말에 나온 행동전제법의 연결어미와 중장말에 나온 명령법을 부호화한 것이다. 이 대칭표현을 발견하는 것은 쉽지 않은데, 제2수와 제5수에서 반복된 B를 먼저 보면, 이 반복을 다소 쉽게 발견할 수 있다. 이를 보기 위하여, 먼저 제2수와 제5수의 초장과 중장만을 다시 인용하면 다음과 같다.

> 님군을 셤기오ᄃᆡ 正ᄒᆞᆫ 길노 引導ᄒᆞ야
> 菊窮 盡悴ᄒᆞ야 죽은 後의 마라ᄉᆞ라(君臣之倫, 제2수의 초장과 중장)

> 벗을 사괴오ᄃᆡ 처음의 삼가ᄒᆞ야
> 날도곤 나으니로 ᄀᆞᆯᄒᆡ여 사괴여라(朋友之倫, 제5수의 초장과 중장)

이 인용의 밑줄 친 부분에서 보면, 두 수의 초장에서는 " … -되 … ᄒᆞ야"의 행동전제법의 연결어미를 포함한 같은 구문을 반복하고, 두 수의 중장에서는 " … -야/여 … -라"의 명령법을 포함한 같은 구문을 반복한다. 이 반복을 부호화한 제2수와 제5수의 B는 외형상 나타나기 때문에 그 발견이 비교적 수월하다.

이에 비해 제1수와 제4수에서 발견되는 반복을 부호화한 A는 그 발견이 쉽지 않다. 이를 보기 위하여 제1수와 제4수의 초장과 중장만을 다시 인용하면 다음과 같다.

어버이 子息 ᄉᆞ이 하늘 삼긴 至親이라
부모곳 아니면 이 몸이 이실소냐(父子之倫, 제1수의 초장과 중장)

兄弟 두 몸이나 一氣로 눈화시니
人間의 貴ᄒᆞᆫ 거시 이 外예 ᄯᅩ 잇는가(長幼之倫) 兄弟之倫, 제4수의 초장과 중장)

이 인용에서 밑줄 친 부분은 외형상 반복표현이라고 생각할 수 없다. 그러나 의미로 보면 반복표현임을 알 수 있다. 즉, 제1수 초장말에 나온 '지친(至親)이라'의 '-이라'는 '-이므로'의 원인을 나타내는 연결어미이며, 제4수 초장말에 나온 '눈화시니'의 '-니'도 원인을 나타내는 연결어미이다. 그리고 제1수의 중장말에 나온 '이실소냐'와 제4수의 중장말에 나온 '잇는가'는 모두가 설의법이다. 이런 의미와 기능으로 보면, 제1, 4수의 초장과 중장에서 원인의 연결어미와 설의법을 부호화한 A가 반복함을 이해할 수 있다.

이상을 종합하면, [A(원인의 연결어미, 설의법, 제1수) - B(행동전제법의 연결어미, 명령법, 제2수) - C(원인의 연결어미, 서술법, 제3수, 대칭축) - A(원인의 연결어미, 설의법, 제4수) - B(행동전제법의 연결어미, 명령법, 제5수)]의 대칭표현을 정리할 수 있다. 이 대칭표현은 작품 전체의 결속을 보여주면서, 전후, 즉 시종의 대칭에 의해 종결도 보여준다.

그리고 이 김상용의 〈오륜가〉에서는, 주세붕의 〈오륜가〉에서 보였던, [A(제1수) - B(제2수) - C(제3수, 대칭축) - B(제4수) - A(제5수)]의 대칭표현에 의한 결속은 보이지 않는다.

둘째는, [ᄒᆞ여라(제1수 종장) - ᄒᆞ리라(제3수 종장, 대칭축) - ᄒᆞ여라(제5수 종장)]의 대칭표현이다. 제1수 종장에는 '부모효도(父母孝道) ᄒᆞ여라'가 나오고, 제5수 종장에는 '구이경지(久而敬之) ᄒᆞ여라'가 나온다. 이 반복된 'ᄒᆞ여라'는 시종의 대칭표현으로, 제5수가 종결임을 말해준다.

4.2. 구조와 체계

이 절에서는 김상용의 〈오륜가〉가 보여준 구조와 체계를 정리하고자 한다.

이 작품 역시 '부자지윤, 군신지윤, 부부지윤, 형제지윤, 붕우지윤' 등을 차례로 노래하였다. 그 중요도에서, 특히 조선조의 사람들이 본 그 중요도에서 중요한 것부터 정리한 것이다. 이런 점에서 이 작품의 구조는 점강적 구조라고 정리할 수 있다. 이 점강적 구조는 『악장가사』의 〈오륜가〉에서도 발견된 구조이다. 그러나 이 작품은 『악장가사』와 주세붕의 〈오륜가〉와는 다르게 서사를 가지고 있지 않다는 점이 차이이다.

이번에는 앞에서 정리한 [A - B - C - A - B]의 대칭표현이 상응성을 통하여 암시한 [A - B - C - A' - B']의 대칭적 체계를 검토하려 한다. 이 체계를 앞에서 사용한 표로 정리하면 다음과 같다.

<table>
<tr><td>부자지윤
(제1수)</td><td>군신지윤
(제2수)</td><td rowspan="4">부부지윤
(제3수)
(대칭축)</td><td>형제지윤
(제4수)</td><td>붕우지윤
(제5수)</td></tr>
<tr><td>가정 안</td><td>가정 밖</td><td>가정 안</td><td>가정 밖</td></tr>
<tr><td>혈육</td><td>비혈육</td><td>혈육</td><td>비혈육</td></tr>
<tr><td>수직적</td><td>수직적</td><td>수평적</td><td>수평적</td></tr>
<tr><td>A</td><td>B</td><td>C</td><td>A'</td><td>B'</td></tr>
</table>

이 표는 박선장의 〈오륜가〉 중에서 5수로 된 경우와 같다. 구체적인 설명은 박성장의 〈오륜가〉로 돌리고, 결론만 확인하면, [A - B - C - A' - B']의 대칭적 체계를 정리할 수 있다. 이 [A - B - C - A' - B']의 대칭적 체계는, 앞에서 정리했듯이, 『악장가사』와 박선장의 〈오륜가〉에서도 발견된 체계이다.

5. 결론

지금까지 박선장과 김상용의 〈오륜가〉를 대상으로, 그 결속, 종결, 구조 등을 검토해 보았다. 그 중요한 것들을 요약하는 것으로 결론을 대신하면 다음과 같다.

먼저 박선장이 지은 〈오륜가〉(5수)에서 정리한 것들을 보자.

1) 박선장의 〈오륜가〉(5수)는 [A - B - C - B - A]의 대칭표현에 의해 종결과 결속을 보인다.
2) 박선장의 〈오륜가〉(5수)는 [A - B - C - B - A]의 대칭표현에 의해 종결과 결속도 보이면서, 그 상응성에 의해 [A - B - C - A' - B']의 대칭적 체계를 암시하기도 한다.
3) 박선장의 〈오륜가〉(5수)는 점강적 구조를 보이는데, 이 점강적 구조는 『악장가사』의 〈오륜가〉에서도 발견된 구조이다. 그러나 이 작품은 『악장가사』와 주세붕의 〈오륜가〉와는 다르게 서사를 가지고 있지 않다.
4) 박선장의 〈오륜가〉(5수)는 [A - B - C - A' - B']의 대칭적 체계도 보여주는데, 이 체계 역시 『악장가사』의 〈오륜가〉에서도 발견된 체계이다.

이번에는 박선장이 지은 〈오륜가〉(8수)에서 정리한 것들을 보자.

1) 박선장이 지은〈오륜가〉(8수)의 제1-5수에 나타난 종결, 결속, 구조 등은 〈오륜가〉(5수)의 것들이다.
2) 박선장이 지은〈오륜가〉(8수)의 제6-8수의 종결표현 [A - A - B](반복표현의 후미 전환형)는 이 결사 단락(제6-8수)의 단락성(시종)과

결속을 보여주면서, 상응성을 통하여 [A - A - B]의 체계까지 암시한다.

3) 박선장이 지은 〈오륜가〉(8수)의 [A(제1수) - B(제2수) - C(제3수) - D(대칭축) - A(제6수) - B(제7수) - C(제8수)]의 대칭표현은 두 단락(제1-5수, 제6-8수)의 결속과 종결을 보여준다.
4) 박선장이 지은 〈오륜가〉(8수)의 구조는 본사와 결사의 구조이고, 본사는 점강적 구조와, [A - B - C - A' - B']의 대칭적 체계이며, 결사는 [A - A - B]의 병렬적(또는 반복적) 구조의 후미 전환형이다.
5) 박선장의 〈오륜가〉는 5수의 텍스트와 8수의 텍스트로 탈착되는 탈착형의 연시조이다.

김상용의 〈오륜가〉(5수)에서 정리한 것들은 다음과 같다.

1) 김상용의 〈오륜가〉는 [A(제1수) - B(제2수) - C(제3수, 대칭축) - A(제4수) - B(제5수)]형의 대칭표현을 통하여, 결속과 종결을 보여준다.
2) 1)에 포함된 대칭표현은 다른 〈오륜가〉에서 발견할 수 없는, 어휘의 의미와 기능에 의지한 대칭표현도 보여준다.
3) 김상용의 〈오륜가〉는 [ᄒᆞ여라(제1수 종장) - ᄒᆞ리라(제3수 종장, 대칭축) - ᄒᆞ여라(제5수 종장)]의 대칭표현을 통하여 종결을 보여준다.
4) 김상용의 〈오륜가〉는 점강적 구조와, [A - B - C - A' - B']의 대칭적 체계를 보여주는데, 이는 『악장가사』와 박선장의 〈오륜가〉에서도 발견된 구조와 체계이다.

박인로의 〈오륜가〉

1. 서론

이 글은 노계 박인로(1561~1642)가 지은 연시조 〈오륜가〉의 결속, 종결, 구조, 주제 등을 검토 정리하는 데 연구의 목적이 있다.

노계의 〈오륜가〉에 대한 그 간의 연구로는 작가, 작가의 신분과 의식, 창작 연대, 청자, 작품의 주해와 통석, 표현의 특성, 작품의 변별성, 미적 범주 등이 있다. 이를 간단하게 보자.

〈오륜가〉의 작가 박인로에 대한 전반적인 연구는 이상보(1962:11-45, 1978:7-50)와 정재호(1977:261-277)가 행하였다. 이 연구들에서는 노계의 계보, 연보, 사우관계, 사상 등을 두루 정리하였다. 〈오륜가〉의 작가인 박인로의 신분과 의식은 통합적 검토를 하였는데, '재지사족(在地士族)' 또는 '한미한 재지사족(鄕班)'이 보인 오륜의 확인과, 이를 통한 재지사족 집단의 결속 강화나 지배권 강화를 중심으로 다소 다르게 정리를 하였다.[1]

---

1 다소 다르게 정리한 내용들은 다음과 같다. 김용철은 노계를 재지사족으로 보고, 그의 〈오륜가〉를 '기존 윤리의 확인'으로 보았다(김용철 1990:60-61). 한창훈은 노계를 '한미한 在地士族(鄕班)'으로 보고, 그의 〈오륜가〉를 지방의 한미한 鄕班의 윤리적 관심의 토로 또는 확인으로 보았다(한창훈 1997:228, 234-237, 244). 이상원은 "성리학

〈오륜가〉의 청자는 연구 초기에는 후생의 초학자로 정리를 하다가, 그 후의 연구들에서는 후생의 초학자는 물론 재지사족으로 정리를 하였다.[2] 〈오륜가〉의 창작 연대는 "두 아운(〈아은) 어디 가셔 도라올 줄 모르는고"(형제유애 제4수)에 근거를 두고, 노계의 아우 인수(仁叟)가 작고한 인조 12년(1634년) 이후로 보고 있다(박성의 1966;1978:378).

〈오륜가〉의 주해와 통석은 이상보, 박성의, 김기평, 김문기 등이 행하였다.[3] 〈오륜가〉의 표현상의 특성으로는 종장의 첫시어와 끝시어의 특성[4]과, 문체론적 특성[5]을 정리하였다. 〈오륜가〉의 변별성 논의는 작자 신변에 관한 개인적인 노래(군신유의 부분)와, 주관적인 노래(형제유애 부분)에서 주로 보여주었다. 이 현상을 처음에는 작품의 전체적인 가치를

적 삶을 실천하는 과정에서 자신이 몸소 깨달은 오륜의 내용을 그때그때의 감회 형태로 적은 것"으로 보았다(이상원 1998:139). 하윤섭도 이와 비슷하게, "성리학적 삶을 경유하면서 획득하게 된 보편적 진리를 불특정 다수의 '世上 사람'들과 공유하고자 했던 개인적 동기의 결과물…"로 보았다(하윤섭 2012:233).

위의 주장들과 다르게, 최현재는 노계를 중소 지주의 재지사족으로 보고, 그의 〈오륜가〉를 "그 당시 재지사족의 향촌 지배권 강화와 관련하여 이해할 성질의 것이라"고 보았다(최현재 2003:77-78, 96).

최홍원은 노계의 〈오륜가〉를 "사회 교화와 인격 수양의 두 기능을"을 가진 것으로 보면서, 사회 교화에는 "재지사족의 신분적 정체성을 유지하고 흔들리는 사족 집단을 결속하려는 현실적 의도와 요구가 자리하고 있다."고 보았다(최홍원 2013b:339-340).

2 김기평은 "全体 內容도 그렇지만, 특히 總論篇을 통하여, 그것이 〈童蒙先習〉과 〈小學〉처럼 後生 初學者들을 위하여 지어진 것"으로 보았다(김기평 1974:75). 그 이후의 연구들에서는 후생의 초학자에 재지사족을 더하였다.

3 이상보(1962:237-249, 1978:271-283), 박성의(1966;1978:296-310). 김기평(1974:53-73), 김문기(1999:181-185).

4 "훈민시조의 종장 제1음보에는 이같은 '감탄적 어사'가 거의 나타나지 않는다.", "훈민시조에서는 종장의 제4음보는 감탄형이 극소수에 불과하고 명령형, 의문형, 의도형 등이 주가 된다."(조태흠 1989:66, 69).

5 논의된 표현은 '표현의 간결화(격어미의 생략, 주어의 생략)', '전달내용의 명료화(무전의성, 조건법, 원인법, 당위와 당위 이유의 의미구조)', '전달내용의 강화(격어미의 교체, 직유법, 인유법)', '독자의 범백성화(독자 사용의 언어화, 독자 수용의 소재화, 인칭대명사의 극소화)', '독자의 호응 유도(인유법과 공동법의 친근화, 독자의 판단 유도, 독자의 관심과 행동 유도)' 등이다(조성래 1998:103-199).

떨어뜨린다고 부정적인 평가(김기평 1974:69, 75)를 하였다. 이 부정적인 평가는 그 후에 노계의 두 입장을 계산한 설명[6]에 의해 해소되었다. 〈오륜가〉의 미적 범주는 비극미로 정리를 하였다(허왕욱 1996:88-92).

이렇게 행하여온 그 간의 연구들은 노계의 연시조 〈오륜가〉의 이해에 많은 기여를 하였다. 그러나 아직도 궁금한 것들이 남아 있다. 바로 부자유친(5수), 군신유의(5수), 부부유별(5수), 형제유애(5수), 총론(3수) 등의 각 텍스트별 결속, 종결, 구조, 주제 등은 무엇인가 하는 점이다. 이것들을 검토한 연구는 없다. 단지 구조와 관련시킬 수 있는 연구로는, 같은 표현의 형식에 기초한 부분적인 통일성 및 체계[7]와 헐거운 틀[8]이 전부인 것 같다.

이상과 같이, 노계의 연시조 〈오륜가〉의 결속, 종결, 구조, 주제 등은 지금까지 검토한 바가 거의 없다. 그리고 노계의 〈오륜가〉는 다른 〈오륜가〉들(주세붕, 박선장, 김상용)과 다르게 부자유친, 군신유의, 부부유별,

---

6 "그의 생애에 있어서도 노계 자신의 특징적 〈오륜가〉를 남길 수 있는, 두 가지의 상황이 보인다. 즉 성리학의 탐구에 몰입했던 모습과 상승지향적 현실상황이 그것이다. … 이 같이 학문적 탐구의 自修에 심취한 상황에서 治人의 목적을 위해 오륜가를 지었으나 당위적 의도보다 심취한 자신의 입장이 더 크게 작용하여, 수용하는 백성의 입장에서 쉬운 작품을 쓰지 못한 것이다.", "노계 〈오륜가〉의 서정적 자아는 일반적 훈민시조의 경우와 같은 입장을 일부 작품에서 견지함과 동시에 다른 일부 작품에서는 서정적 자아가 개인적, 정서적, 사적 입장으로 일탈함으로써 단순히 백성을 대상으로 가르치는 데에 그치지 않고 개인의 정서를 스스로 토로하거나 자기를 이해해 줄 수 있는 임금 혹은, 불특정 개인에게 자기 개별 입장을 하소연하고 있다."(전재강 1989:134, 143).

7 김기평은 부자유친과 부부유별이, 제1장에서 각각 부자와 부부의 인륜이 중한 것을 노래하였고, 종장의 종지형도, '-ᄒᆞ노라'와 '-ᄒᆞ로라'로 같은 형식이며, 제2장도 '보려로다'와 'ᄒᆞ렷로다'로 같은 형식이고, 제3장도 'ᄒᆞ오리라'로 같은 형식이며, 제4장도 다 같이 명령형으로 되어 있으나, 제5장만은 종지형이 다르게 되어 있다는 점 등으로 보아, "이렇게 夫子篇과 夫婦篇은, 統一性이 있고 體系 있게 공들여서 지었다고 할 수 있다."고 정리를 하였다(김기평 1974:66).

8 한창훈은 이 작품의 틀과 유기성을, "작품 전체가 '五倫'이라는 다분히 헐거운 틀만이 존재할 뿐 유기적으로 통합되지는 못하였다."고 정리를 하였다(한창훈 1997:244).

형제유애, 붕우유신, 총론 등이 각각 연시조로 구성된 특성을 보인다. 이런 점에서, 노계의 연시조 〈오륜가〉의 결속, 종결, 구조, 주제 등은 반드시 검토해 보아야 할 과제로 생각하여, 이 중의 구조만을 앞의 글(양희철 2015c)에서 다루고, 나머지는 원고 분량상 다루지 못했다. 이에 이 글에서는 앞의 구조에, 『노계집』[9]에 수록된 부자유친(5수), 군신유의(5수), 부부유별(5수), 형제유애(5수), 총론(3수) 등의 각 텍스트별 결속, 종결, 주제 등의 검토를 더하여, 글을 완성하고자 한다.

2. 부자유친과 군신유의

이 장에서는 부자유친과 군신유의를 두 절로 나누어 정리하고자 한다.

2.1. 부자유친

부자유친 5수의 결속, 종결, 구조, 주제 등을 보기 위하여, 먼저 작품을 보자.

아비는 나ᄋᆞ시고 어미는 치옵시니
昊天罔極이라 갑흘길이 어려우니
大舜의 終身誠孝도 못다한가 ᄒᆞ노라(제1수)

人生 百歲中에 疾病이 다 이시니

9 『노계집』은 3권 2책의 목판본으로 3차(1800년, 1904년, 1959년)에 걸쳐 간행되었다. 〈오륜가〉는 제3권에 수록되어 있으며, 판본에 따른 차이는 없다. 붕우유신은 5수 중 2수만 전하여, 그 구조를 다루는 것이 어렵기 때문에, 이 글에서는 논외로 하였다.

父母를 섬기다 몃히를 섬길넌고
아마도 못다홀 誠孝를 일즉 벼펴 보렷로라(제2수)

父母 섬기기를 至誠으로 셤기리라
鷄鳴에 盥漱ᄒᆞ고 燠寒을 뭇ᄌᆞ오며
날마다 侍側奉養을 沒身不衰 ᄒᆞ오리라(제3수)

世上 사ᄅᆞᆷ들아 父母恩德 아ᄂᆞ산다
父母곳 아니면 이몸이 이실소냐
生死葬祭 禮로ᄡᅧ 終始 갓게 섬겨서라(제4수)

三千罪惡 中에 不孝애 더니 업다
夫子의 이 말솜 萬古애 大法 삼아
아모려 下愚不移도 미처 알게 ᄒᆞ렷로라(제5수)

2.1.1. 결속과 종결

결속과 종결은 일탈표현과 대칭표현으로 나타난다. 이를 차례로 보자.

첫째로, [의문형 종결어미(제2수 중장) - 대칭축(제3수) - 의문형 종결어미(제4수 중장)]의 대칭표현이다. 제1, 5수와 다르게, 제2-4수의 중장의 끝시어를 보면, '섬길넌고'(제2수), '뭇ᄌᆞ오며'(제3수), '이실소냐'(제4수) 등이다. 이 중에서 제2수와 제4수는 의문형 종결어미로 제3수를 대칭축으로 대칭하는 대칭표현이다.

이 대칭표현은 제2-4수의 결속과 단락을 보여준다. 즉 제3수를 대칭축으로 제2, 4수가 대칭하면서, 한 단위로서의 결속을 보여준다. 그리고 내용과 함께 보면, 제2-4수가 본론의 단락을 이루는 단락을 보여준다. 물론 이 단락은 제1수와 제5수를 분리시키면서, 이 텍스트가 3단 구조로 해석할 수 있는 가능성도 보여준다.

이 단락만을 계산하면, 이 텍스트는 제1수, 제2-4수, 제5수가 3단락으로 분리만 되는 것 같이 보인다. 그러나, 다른 측면에서 결속과 종결을 보여주는 대칭표현들이 있다. 이를 차례로 보자

둘째로, [연결어미(제1수 중장) - 대칭축(제3수) - 연결어미(제5수 중장)]의 대칭표현이다. 홀수에 해당하는 단시조들의 중장 끝시어를 보면 연결어미들이 반복한다. 즉 '어려우니'(제1수), '뭇ᄌᆞ오며'(제3수), '삼아'(제5수) 등에서와 같이 연결어미 '-니, -며, -아' 등을 보여준다. 이 연결어미는 반복표현인 동시에 제3수를 대칭축으로 보면 대칭표현이다.

셋째로, ['ᄒᆞ-오라'(제1수 종장) - 대칭축(제3수) - 'ᄒᆞ-오라'(제5수 종장)]의 대칭표현이다. 제1, 3, 5수의 종장에서 끝시어들을 보면, 'ᄒᆞ노라'(제1수), 'ᄒᆞ오리라'(제3수), 'ᄒᆞ렷로라'(제5수) 등이다. 이 중에서 제1수와 제5수의 'ᄒᆞ-오라'는 제3수를 대칭축으로 대칭하는 대칭표현이다.

이 둘째와 셋째의 대칭표현들은 첫수와 끝수의 대칭표현이다. 이렇게 시종이 대칭하는 표현은 시종의 대칭에 의해 종결을 보여준다. 이 종결은 1수 1단위에 의한 종결인데, 다음의 대칭표현은 2수 1단위에 의한 종결이다.

넷째로, ['-니'(제1수 초장) - '-니'(제2수 초장) - '-라'(제3수 초장) - '-다'(제4수 초장) - '-다'(제5수 초장)]의 대칭표현이다. 각수별 초장의 끝시어들은, '치옵시니(제1수), 이시니(제2수), 셤기리라(제3수), 아ᄂᆞ산다(제4수), 업다(제5수)' 등이다. 이 시어들의 끝음절을 보면, ['-니'(제1수 초장) - '-니'(제2수 초장) - '-라'(제3수 초장) - '-다'(제4수 초장) - '-다'(제5수 초장)]의 대칭표현들을 보여준다. 이 대칭표현은 2수 1단위로 대칭표현을 보여주면서, 이 텍스트의 전체 결속, 즉 단락간의 결속은 물론 종결을 보여준다.

다섯째로, 제4수 종장 끝시어의 종결어미의 일탈표현이다. 각수의 종

장에서 끝시어들은 'ᄒᆞ노라'(제1수), '보렷로라'(제2수), 'ᄒᆞ오리라'(제3수), '섬겨서라'(제4수), 'ᄒᆞ렷로라'(제5수) 등이다. 이 중에서 제3수를 대칭축으로 보면, 제4수만이 어미 '-오라'를 일탈하고 있다. 이 일탈표현은 종결표현에서 대칭형의 후미를 전환하고 도치시킨 형태를 말해준다.

이렇게 본다면, 이 텍스트는 제2-4수의 대칭표현을 통하여, 제2-4수의 단락내 결속과 단락성(본론)을 보여준다. 이 단락은 제1수, 제2-4수(본론), 제5수로 구성된 이 텍스트의 구성을 암시한다. 또한 이 텍스트는 1수 1단위와 2수 1단위의 시종의 대칭표현과 대칭표현의 후미를 전환하고 도치한 표현을 통하여, 단락간의 결속과 종결을 보여준다.

2.1.2. 구조와 주제

부자유친 5수의 논리적 구조는 서론(제1수), 본론(제2-4수), 결론(제5수) 등의 3단 구조로 정리할 수 있다.

> 아비는 나ᄋᆞ시고 어미는 치옵시니
> 昊天罔極이라 갑흘 길이 어려우니
> 大舜의 終身誠孝도 못다 한가 ᄒᆞ노라(제1수)

제1수는 부모의 매우 큰 은혜는 갚기가 어려움을 노래한 서론이다. 이 제1수를 보면, 부모의 은혜는 매우 커서 갚기가 어려움을 노래한 다음에, 이를 순임금의 종신 성효(誠孝)도 못다 하였다는 전고인용으로 예증을 하였다. 즉 부모의 은혜를 "아비는 나ᄋᆞ시고 어미는 치옵시니"의 초장으로 보여주고, 그 은혜가 매우 커서 갚기가 어려움을 "호천망극(昊天罔極)이라 갑흘 길이 어려우니"의 중장으로 노래하였다. 그리고 그 예증을 "대순(大舜)의 종신성효(終身誠孝)도 못다 한가 ᄒᆞ노라"의 종장으로 하였다. 이 제1수는 제2-4수에서 부모의 매우 큰 은혜를 갚을 수 있는 방법을 구체적으로 노래하기에 앞서, 그 앞으로 갚으려는 대상인, 부모의 매우 큰 은혜는 갚기가 어렵다는 것을 시작 부분에서 제시하였다는 점에서, 서론으로 정리할 수 있다.

제2-4수는 부모의 매우 큰 은혜를 갚을 수 있는 방법들을 제시하고 있다는 점에서, 본론에 해당한다. 그것도 그 정도를 점층시키고 있다는 점에서, 점층적 구조를 가진 본론으로 정리할 수 있다. 이를 차례로 보자.

> 人生 百歲中에 疾病이 다 이시니
> 父母를 섬기다 몃히를 섬길넌고
> 아마도 못다 ᄒᆞᆯ 誠孝를 일즉 벼퍼 보렷로라(제2수)

제2수는 부모 섬기기를 몇 해밖에 할 수 없으니, 다 할 수 없는 성효(誠孝)를 일찍 베풀(차리어 벌일) 것을 노래하고 있다. "인생(人生) 백세중(百歲中)에 질병(疾病)이 다 이시니"(초장)와 "부모(父母)를 섬기다 몃히를 섬길넌고"(중장)는 부모 섬기기를 몇 해밖에 할 수 없다는 사실을 노래하고 있다. 이 내용은 종장인 "아마도 못다 ᄒᆞᆯ 성효(誠孝)를 일즉 벼퍼 보렷로라"[10]의 이유에 해당한다. 즉 부모 섬기기를 몇 해밖에 할 수 없기 때문에, 다 할 수 없는 성효를 일찍 베풀어 보려 한다는 것이다.

> 父母 섬기기를 至誠으로 셤기리라
> 鷄鳴에 盥漱ᄒᆞ고 燠寒을 뭇ᄌᆞ오며
> 날마다 侍側奉養을 沒身不衰 ᄒᆞ오리라(제3수)

10 '보렷로라'는 '보려 ᄒᆞ로라'의 축약형인 '보렿로라'(〉보렷로라)의 이표기로 보인다.

제3수는 부모 섬기기를 새벽부터 밤까지, 그리고 날마다 지성으로 할 것을 노래하고 있다. 초장인 "부모(父母) 섬기기를 지성(至誠)으로 셤기리라"는 부모 섬기기를 지성으로 할 것을 보여준다. 그리고 중장인 "계명(鷄鳴)에 관수(盥漱)ᄒᆞ고 욱한(燠寒)을 믓ᄌᆞ오며"에서는, 그 지성을 닭이 우는 새벽의 양칫물로부터 밤의 밝고 어두움과 잠자리의 따듯하고 추움을 묻는 것으로 구체화를 하여 보여주었다. 그리고 "날마다 시측봉양(侍側奉養)을 몰신불쇠(沒身不衰) ᄒᆞ오리라"의 종장에서는 앞의 지성을 다시 날마다 모시고 곁에서 봉양하는 것을 몸을 다하고 약해지지 않게 할 것으로 확대하였다. 결국 제3수는 부모 섬기기를 새벽부터 밤까지, 그리고 날마다 지성으로 할 것을 노래한 것이 된다. 이 제3수의 내용은, 다 할 수 없는 성효를 일찍 베푸는 제2수에 이어서, 그 지속의 시간이 '새벽부터 밤까지' 그것도 '날마다'로 길게 확장되어 있다는 점에서, 제2수에 확장적으로 점층되어 있다고 정리할 수 있다.

世上 사룸들아 父母恩德 아ᄂᆞᆫ산다
父母곳 아니면 이 몸이 이실소냐
生死葬祭예 禮로ᄡᅧ 終始 갓게 섬겨서라(제4수)

제4수의 주제는 부모 섬기기를 생사장제(生死葬祭)에 예(禮)로써 시종 같게 하라는 것으로 정리할 수 있다. 이 주제는 종장에서 보이는데, 이는 그 이유를 노래한 초장과 중장에 이어서 제시한 것이다. 즉 "세상(世上) 사룸들아 부모은덕(父母恩德) 아ᄂᆞᆫ산다"(초장)와 "부모(父母)곳 아니면 이 몸이 이실소냐"(중장)에 이어서 나온 것이다. 이 중장의 경우는 설의법을 통한 강조이다. 이 설의법에 이어서 나온 "생사장제(生死葬祭)예 예(禮)로ᄡᅧ 시종(終始) 갓게 섬겨서라"(종장)는 이 제4수의 주제인데, 이 제4수의 주제는 제3수의 부모 섬기기를 새벽부터 밤까지, 그리고 날마다 지성으로 할 것보다 확장된 점층을 보여준다. 특히 그 시간이 새벽부터 밤까지, 그리고 날마다의 살아 생전에서, 살아 생전은 물론 죽어서 장례 지내고 제사 지낼 때까지로 확장된 점층을 보여준다. 이런 사실과 앞에서 검토한 바를 종합하면, 제2-4수는 효를 수행하는 시간의 확장이란 측면에서 점층적 구조로 짜여진 본론이라고 정리할 수 있다.

三千罪惡 中에 不孝애 더니 업다
夫子의 이 말숨 萬古애 大法 삼아
아모려 下愚不移도 밋처 알게 ᄒᆞ렷로라(제5수)

제5수는 불효가 삼천죄악 중에서 가장 크다는 공자의 말씀을 대법(大法, 가장 중요한 법)으로 삼아, 아무리 하우(下愚)하여(아주 어리석고 못나) 옮기지 못할 이도 모두가 알게 하여, 효를 이행하게 하겠다는 것을 노래한 결론이다. 초장인 "삼천죄악(三千罪惡) 중(中)에 불효(不孝)애 더니 업다"는 "삼천죄악 중에 불효보다 더한 것이 없다"의 의미이다. 이 초장을 '이 말씀'으로 받은 중장의 "부자(夫子)의 이 말숨 만고(萬古)애 대법(大法) 삼아"는 종장을 주장할 수 있는 논거이다. 즉 종장인 "아무리 아주 어리석고 못나 옮기지 못할 이도 채 알게 하려 하로라"는 그 당위성의 근거를 불효가 삼천죄악 중에서 가장 크다는 공자의 말씀에 두고 있는 것이다. 이렇게 공자의 말씀에 근거하여 효를 행하게 하려는 제5수는, 제2-4수에서 보인 효를 행하는 구체적인 방법들을 왜 행해야 하는가로 마무리하는 것이다. 이런 점에서 이 제5수는 결론으로 해석할 수 있다.

이렇게 볼 때에, 부자유친 5수는 제2-4수에서 앞으로 구체적으로 갚으려는 부모의 은혜가 매우 커서 갚기 어려운 것임을 서두에서 제시한 서론(제1수), 부모의 매우 큰 은혜를 갚을 수 있는 방법들을 점층적으로 노래한 본론(제2-4수), 왜 부모의 매우 큰 은혜를 갚아야 하는가를 알고,

효를 이행하게 하겠다는 의지를 노래한 결론(제5수) 등으로 이루어진 3단 구조로 정리할 수 있다. 본론은 부모의 매우 큰 은혜를 갚을 수 있는 방법을 노래하였는데, 이른 시기부터 행함(제2수), 생전에 날마다 행함(제3수), 생사장제의 생전은 물론 사후까지 행함(제4수) 등에서와 같이, 효를 행하는 그 시간에서 확장적인 점층적 구조[11]로 정리할 수 있다.

그리고, 이런 구조를 종합하면, 이 부자유친 5수의 주제는 [부모의 매우 큰 은혜는 매우 커서 갚을 일이 없으니, 살아계셔서는 물론 돌아가신 후에도 효도해야 함을 모든 백성들이 알고 행하게 하려는 의지]로 정리할 수 있다.

2.2. 군신유의

군신유의의 5수를 인용하면 다음과 같다.

聖恩이 罔極ᄒᆞᆫ 줄 사ᄅᆞᆷ들아 아ᄂᆞᆫ순다
聖恩곳 아니면 萬民이 살로소냐
이몸은 罔極ᄒᆞᆫ 聖恩을 갑고말려 ᄒᆞ노라(제1수)

稷契도 안닌 몸에 聖恩도 罔極ᄒᆞᆯ샤
百번을 죽어도 갑흘닐이 업것마ᄂᆞᆫ
窮達이 길이 달라 못 뫼압고 설웻로라(제2수)

사ᄅᆞᆷ 삼기실제 君父갓게 삼겨시니

11 이 '점층적 구조'의 '점층적'은 그 사전적 의미인 "그 정도를 점점 강하게 하거나, 크게 하거나, 높게 하는. 또는 그런 것."에서 '그 정도를 점점 크게 하는 것'에 해당한다.

君父ㅣ 一致라 輕重을 두로소냐
이몸은 忠孝 두 사이에 늘글 주를 모르로라(제3수)

深山의 밤이 드니 北風이 더옥 차다
玉樓高處에도 이 ᄇᆞ롬 부는 게오
긴밤의 치우신가 北斗 비겨 바러로라(제4수)

이몸이 죽은 後에 忠誠이 넉시되야
놉히놉히 ᄂᆞ라올라 閶闔을 불너열고
上帝끠 우리 聖主를 壽萬歲케 비로리다(제5수)

2.2.1. 결속과 종결

결속과 종결을 보여주는 일탈표현과 대칭표현을 보자.

첫째로, [복합 용언(제2수) - 대칭축(제3수) - 복합 용언(제4수)]의 대칭표현이다. 제2, 4수의 종장을 보면, 복합 용언의 형태인 '뫼압고 설웟로라'(제2수)와 '비겨 바러로라'(제4수)를 보여준다. 이 두 복합 용언의 반복은 제3수의 '줄을 모르로라'를 대칭축으로 하는 대칭표현이다. 이 대칭표현은 제2-4수의 결속과 단락을 보여준다. 특히 내용과 함께 보면, 본론인 제2-4수의 결속과 단락을 보여주면서, 이 텍스트가 제1수, 제2-4수, 제5수의 3단락으로 구성되어 있음을 암시한다.

이 3단락을 하나로 묶어 주는 결속은 다음의 종결표현에서 확인된다.

둘째로, 제5수 종장 첫시어의 일탈표현이다. 홀수에 해당하는 제1, 3수의 종장 첫시어를 보면, '이몸은'이 반복한다. 이 반복의 연장선상에서 보면, 제5수의 종장 첫시어도 '이몸은'이 되어야 한다. 그러나 이를 벗어난 일탈을 보인다. 이런 점에서 제5수 종장 첫시어는 일탈표현이라고 정리할 수 있다. 이 일탈표현은 반복표현의 일탈표현으로 볼 수도 있고,

대칭표현의 일탈표현으로 볼 수도 있다.

셋째로, 제5수 종장 끝시어의 일탈표현이다. 각수의 종장 끝시어를 보면, 제1-4수는 '-오라'를 반복한다. 그러나 제5수에서는 이를 일탈하고 있다. 이 일탈표현 역시 반복표현의 일탈표현으로 볼 수도 있고, 대칭표현의 일탈표현으로 볼 수도 있다.

이상의 둘째와 셋째의 일탈표현들은 두 가지 기능을 한다. 하나는 제1수, 제2-4수, 제5수 등의 3단락을 결속하는 기능이다. 다른 하나는 종결의 기능이다. 이 텍스트는 종결표현을 보여주는데, 두 가지의 해석이 가능하다. 하나는 대칭표현의 후미 전환형이라고 정리할 수 있다. 이는 둘째와 셋째의 일탈표현을 대칭표현에서 제5수가 일탈한 것으로 읽을 때에 추정할 수 있는 종결이다. 다른 하나는 둘째와 셋째의 일탈표현을 반복표현에서 제5수가 일탈한 것으로 읽을 때에 추정할 수 있는 종결이다.

이런 점들로 보아, 제2-4수는 대칭표현을 통하여 2-4수의 단락내 결속과 단락성(본론)을 보여주고, 제1-5수는 대칭표현 또는 반복표현의 후미전환을 통하여 제1-5수(제1단락 : 제1수, 제2단락 : 제2-4수, 제3단락 : 제5수)의 단락간의 결속과 종결을 보여준다고 정리할 수 있다.

2.2.2. 구조와 주제

군신유의 5수는 서론(제1수), 본론(제2-4수), 결론(제5수) 등의 3단 구조로 정리할 수 있다.

> 聖恩이 罔極훈 줄 사룸들아 아누순다
> 聖恩곳 안니면 萬民이 살로소냐
> 이 몸은 罔極훈 聖恩을 갑고 말려 훅노라(제1수)

제1수는 제2-4수에서 구체적으로 갚으려는 망극한 성은을 갚고 말겠다는 의지를 서두에서 보여준 서론이다. 초장의 "성은(聖恩)이 망극(罔極)ᄒᆞᆫ 줄 사ᄅᆞᆷ들아 아ᄂᆞᄉᆞᆫ다"에서는 사람들에게 성은이 망극한 것을 아는가를 묻고 있다. 이어서 왜 성은이 망극한가를 중장인 "성은(聖恩)곳 안니면 만민(萬民)이 살로소냐"[12]에서, 만민이 살올 것이 곧 성은이라는 사실로 설명을 하였다. 그리고 이 때문에 나는 망극한 성은을 갚고 말려 한다는 내용을 종장["이몸은 망극(罔極)ᄒᆞᆫ 성은(聖恩)을 갑고 말려 ᄒᆞ노라"]에서 노래하였다. 결국 제2수 이하에서 망극한 성은을 어떻게 갚으려 하는지를 구체적으로 노래하기에 앞서, 서두에서 보인 의지의 표명이란 점에서 서론이라고 정리할 수 있다.

제2-4수는 망극한 성은을 갚기 위한 노력을, 특히 임금에게 가까이 가지 못하는 재지사족(在地士族)의 시적 화자가 생전에 스스로 어떻게 성은을 갚으려 하는가를 점층적으로 보여주는 본론이다. 이를 차례로 보자.

> 稷契도 안닌 몸에 聖恩도 罔極ᄒᆞ샤
> 百번을 죽어도 갑흘닐이 업것마는
> 窮達이 길이 달나 못 뫼압고 설웟로라(제2수)

제2수에서는 망극한 성은을 갚을 수 있는 뫼시기를 하지 못하고 서러워하고 있다. 제2수의 이 주제는 종장인 "궁달(窮達)이 길이 달라 못 뫼압고 설웟로라"[13]에서 나타나는데, 이 종장은 "출세하지 못하여 임금을 뫼시지 못하고 서러워하노라"의 의미이다. 이에 포함된 출세는 물론 출

---

12 '살로소냐'는 '살롤소냐'에서 'ㄹ'을 생략한 것으로 해석하였다.

13 이 종장의 '窮達'은 貧窮(가난하고 궁색함)과 榮達(지위가 높고 귀하게 됨. '출세')의 의미이고, '뫼압고'는 '뫼시옵고'의 의미이며, '설웟로라'는 '설워 ᄒᆞ로라'가 결합된 '설웗로라'의 이표기('설웟로라')이다.

세 지향의 성격 때문이 아니라, 망극한 성은을 갚기 위한 것임을 초장["직설(稷契)도 안닌 몸에 성은(聖恩)도 망극(罔極)홀샤"]과 중장["백(百)번을 죽어도 갑흘닐이 업것마는"]을 통하여 보여주고 있다. 이런 의미들을 고려할 때에, 제2수에서는 망극한 성은에 보답할 일은 백번을 죽어도 할 수 없는데, 갚을 일은 고사하고, 출세하지 못하여 옆에서 뫼시지도 못하고 서러워하는 것을 통하여, 망극한 성은을 갚으려 하는 사실을 노래하였다고 정리할 수 있다.

> 사롬 삼기실제 君父 갓게 삼겨시니
> 君父ㅣ 一致라 輕重을 두로소냐
> 이 몸은 忠孝 두 사이에 늘글 주를 모ᄅ로(〈보〉라(제3수)

제3수에서는 부은(父恩)을 직접 갚는 효를 통하여, 군은을 간접적으로 갚는 충을 노래하였다. 제3수는 언뜻 보면, '부(父)'가 '군부(君父)'에서 '군(君)'과 함께 나오고, '효(孝)'가 '충효(忠孝)'에서 '충(忠)'과 함께 나온다는 점에서, 이 제3수는 군신유의의 틀을 파괴한 것 같이 보인다. 그러나 제3수를 자세히 보면, 이 '부(父)'와 '효(孝)'는 군신유의의 틀을 깬 것이 아니라, 군은(君恩)을 직접 갚을 수 없어 간접적으로 군은을 갚는 방법에 이용된 것으로 군신유의의 틀을 깨지 않는다. 이를 좀더 자세히 보자.

제3수의 문자적 의미를 보면, 사람을 지어낼 때에, 군부를 같게 지어냈으니, 군부는 일치(/일체)이므로, 군과 부 어느 것에 경중을 두지 않고, 충과 효를 행하겠다는 의미이다. 이렇게 제3수의 충과 효의 의미를 문자 그대로 보면, 왜 군신유의에서 충(忠)만을 노래하지 않고 효까지 노래하는가 하는 의문을 가지게 되면서, 군신유의의 틀을 깬 것이 아닌가 하는 의문을 가지게 된다. 그러나 이 의문은 '군부를 같게 지어냈으니, 군부는 일치(/일체)이므로'라는 표현을 왜 끌고 들어왔는가를 생각하면

풀리게 된다. 이 경우에 '군부를 같게 지어냈으니, 군부는 일치(/일체)이므로'에서, '군과 부는 같은 것'이기 때문에, '부'로 '군'을 대신할 수 있고, '효'로 '충'을 대신할 수 있다는 의미이다. 이렇게 '효'로 대신할 수 있는 '충'을 계산하면, 종장은 "이 몸은 충(忠, '孝'로 대신하는 '忠')과 효(孝)의 두 사이에서 늙을 줄을 모르노라"의 의미가 된다. 이 경우에 부은을 갚는 효를 작품에서 빼어 버리면, 이미 군은을 갚기 위하여 충을 대신한 효가 없어져서, 충을 할 수가 없게 된다. 이런 점에서 '부은'과 '효'는 '군은'과 '충'을 간접적으로 대신하기 위하여 사용된 것들이며, 이 '부은'과 '효'는 군신유의의 틀을 깨지 않는다고 이해할 수 있다.

이렇게 부은(父恩)을 직접 갚는 효를 통하여, 군은을 간접적으로 갚는 충을 노래한 제3수는, 제2수에서 임금의 성은을 갚을 수 있는 출세를 못하여 뫼시지 못하고 서러워하는 제2수보다, 그 군은을 갚는 차원에서, 간접적이지만 점층된 것이라고 할 수 있다. 즉 모시지 못하고 서러워만 하는 제2수보다, 효를 통해 간접적으로나마 군은을 갚고 있는 제3수는 점층된 것으로 정리할 수 있다.

深山의 밤이 드니 北風이 더옥 차다
玉樓高處에도 이 ᄇᆞ롬 부는 게오
긴 밤의 치우신가 北斗 비겨 바라로라(제4수)

제4수에서는 옥루고처(玉樓高處, 궁궐)의 추위를 걱정하는 것으로 망극한 성은을 갚으려 노력하고 있다. 이는 멀리 떨어져 있지만, 옥루고처의 추위를 걱정하는 것을 통하여 성은을 갚고 있는 것이다. 제4수에서도 시적 화자는 임금으로부터 멀리 떨어져 있다. 그리고 계절과 시간은 북풍이 찬 겨울의 밤이다. 이로 인해 초장에서는 "심산(深山)의 밤이 드니 북풍(北風)이 더옥 차다"고 노래하였다. 그리고 이내 임금을 생각하는 마음은 중장에서 "옥루고처(玉樓高處)에도 이 ᄇᆞ롬 부ᄂᆞᆫ 게오"라고 설의하고, 이어서 임금을 생각하는 마음은 임금이 계신 곳을 북두에 비겨 바라보면서 "긴 밤의 치우신가 북두(北斗) 비겨 바러로라"[14]라고 그곳의 추위를 걱정하고 있다. 이 추위의 걱정은 망극한 성은을 미약하나마 직접 갚으려는 노력이다. 이는 제3수에서 보인, 성은을 부은으로 대신하여 간접적으로 갚는 것보다, 미약하나마 임금의 추운 날씨를 직접 걱정한다는 점에서 점층적이다.

이렇게 제2-4수에서 시적 화자는 임금으로부터 멀리 지방에 떨어져 있는 재지사족이다. 그러나 임금의 성은을 갚으려는 노력은, 성은을 갚으려 하나 가까이 가지도 못하고 서러워함(제2수), 성은을 부은으로 바꾸어 간접적으로나마 갚음(제3수), 옥루고처의 추운 날씨를 걱정하는 것으로 미약하나마 직접 갚음(제4수) 등과 같이 점층되어 있다. 이런 점에서 제2-4수는 점층적 구조로 구성된 본론이라고 정리할 수 있다.

> 이 몸이 죽은 後에 忠誠이 넉시되야
> 놉히놉히 ᄂᆞ라올라 閶闔을 불너열고
> 上帝ᄭᅴ 우리 聖主를 壽萬歲케 비로리라(제5수)

제5수에서는 죽은 후에는 임금의 만수를 상제께 빌겠다는 다짐으로 결론을 맺고 있다. 이는 제2-4수에서와 같이 살아서의 충성을 더 이상 노래하지 않고, 죽어서의 충성을 노래한 것이다. 즉 이 몸이 죽은 후에 충성이 넋이 되어(초장), 높이높이 날아올라 창합(閶闔, 하늘 문)을 불러 열고(중장), 상제께 우리 성주를 만세를 사시게 빌겠다고 다짐하고 있다.

---

14 '바러로라'는 '바라본다'나 '바라노라'로 주석되고 있으나, 그 어원이나 예가 명확하지 않다. 문맥상 '바라본다'의 주석을 따랐다.

이는 살아 생전에 지상에서 임금의 성은을 갚을 방법이 미약하여, 죽어서라도 갚을 수 있는 방법을 다짐하면서 군신유의를 마무리하는 것이다.

이상과 같이 본다면, 이 군신유의 5수는 서론(제1수), 본론(제2-4수), 결론(제5수) 등의 구조로 정리할 수 있고, 본론(제2-4수)은 성은을 갚으려 하나 가까이 가지도 못하고 서러워함(제2수), 성은을 부은으로 바꾸어 간접적으로나마 갚음(제3수), 옥루고처의 추운 날씨를 걱정하는 것으로 미약하나마 직접 갚음(제4수) 등으로 구성된 점층적 구조로 정리할 수 있다.

그리고 이 구조로 볼 때에, 이 군신유의의 주제는 [망극한 성은을 현실적으로 갚을 길이 없으니 사후에라도 임금의 만수를 상제께 비는 것으로 갚겠다는 의지]로 정리할 수 있다.

이런 충성은 재지사족들이 임금을 뫼실 수 있는 영달, 곧 출세가 불가능한 지방에서 충성을 노래할 수 있는 방법의 하나로 생각된다. 그리고 이 내용은 이 작품의 질을 떨어뜨리는 것이 아니라, 재지사족들이 처한 상황에서 처신하는 방법으로 이와 같은 처지에 있는 작가들이 쓴 작품들의 특성이라고 할 수 있다.

3. 부부유별과 형제유애

이 장에서는 부부유별과 형제유애를 두 절로 나누어 정리하고자 한다.

3.1. 부부유별

부부유별의 5수를 인용하면 다음과 같다.

夫婦ㅣ 이신 後에 父母兄弟 삼겨시니
夫婦곳 아니면 五倫이 가즐소냐
이 中에 生民이 비롯ᄒᆞ니 夫婦 크다 ᄒᆞ로라(제1수)

사람 내실 적의 夫婦ᄀᆞᆺ게 삼겨시니
天定配匹이라 夫婦ᄀᆞᆺ치 重ᄒᆞᆯ소냐
百年을 아적 삼아 如鼓瑟琴 ᄒᆞ렷로라(제2수)

夫婦을 重타 ᄒᆞᆫᄃᆞᆯ 情만 重케 가질 것가
禮別업시 居處ᄒᆞ며 恭敬업시 조ᄒᆞᆯ소냐
一生애 敬待如賓을 冀缺갓치 ᄒᆞ오리라(제3수)

夫婦 삼길 적의 하 重케 삼겨시니
夫唱婦隨 ᄒᆞ야 一家天地 和ᄒᆞ리라
날마다 擧案齊眉을 孟光ᄀᆞᆺ게 ᄒᆞ여라(제4수)

남으로 삼긴 거시 夫婦 ᄀᆞᆺ치 重ᄒᆞᆯ넌가
사ᄅᆞᆷ의 百福이 夫婦에 가잣거든
이리 重ᄒᆞᆫ 사이에 아니 和코 엇지ᄒᆞ리(제5수)

3.1.1. 결속과 종결

결속과 종결을 드러내는 일탈표현과 대칭표현은 다음과 같다.

첫째로, ['-ㄹ 적의 -게 삼겨시니'(제2수) - 대칭축(제3수) - '-ㄹ 적의 -게 삼겨시니'(제4수)]의 대칭표현이다. 제2수의 초장인 "사람 내실 적의 부부(夫婦)ᄀᆞᆺ게 삼겨시니"와 제4수의 초장인 "부부(夫婦) 삼길 적의 하 중(重)케 삼겨시니"에서는 '-ㄹ 적의 -게 삼겨시니'가 반복하는데, 이 반복은 제3수를 대칭축으로 대칭하는 대칭표현이다.

둘째로, ['여(如)/ᄀᆞᆺ게 ᄒᆞ-라'(제2수) - 대칭축(제3수) - '여(如)/ᄀᆞᆺ게 ᄒᆞ-라'(제4수)]의 대칭표현이다. 제2수의 초장인 "백년(百年)을 아적삼아 여고슬금(如鼓瑟琴) ᄒᆞ렷로라", 제3수의 초장인 "일생(一生)애 경대여빈(敬待如賓)을 기결(冀缺)ᄀᆞᆺ치 ᄒᆞ오리라", 제4수의 초장인 "날마다 거안제미(擧案齊眉)을 맹광(孟光)ᄀᆞᆺ게 ᄒᆞ여라" 등을 보면, '여(如)/ᄀᆞᆺ치/ᄀᆞᆺ게 ᄒᆞ-라'가 반복한다. 이는 제2, 3, 4수의 결속을 말해준다. 동시에 제3수를 대칭축으로 보면, 제2수와 제4수의 '여(如)/ᄀᆞᆺ게 ᄒᆞ-라'가 대칭하는 대칭표현을 보여준다.

이 첫째와 둘째의 대칭표현은 제2-4수의 단락내 결속을 보여주면서, 동시에 본론의 단락을 보여준다.

셋째로, 제5수 종장 끝시어의 일탈표현이다. 5수의 종장 끝시어들을 보면, 'ᄒᆞ로라'(제1수), 'ᄒᆞ렷로라'(제2수), 'ᄒᆞ오리라'(제3수), 'ᄒᆞ여라'(제4수), '(엇지)ᄒᆞ리'(제5수) 등에서와 같이, 제1-4수에서는 '-라'의 반복을 보여주다가 제5수에서는 이 '-라'를 벗어난 일탈표현을 보여준다. 이 반복표현의 후미 전환을 통한 일탈표현은 제3수를 대칭축으로 한 대칭표현의 후미 전환으로도 설명할 수 있다. 이는 반복표현의 후미 전환에 의한 종결표현이다.

넷째로, 제5수 초장 끝시어의 일탈표현이다. 5수의 초장 끝시어들을 보면, '삼겨시니'(제1수), '삼겨시니'(제2수), '가질 것가'(제3수), '삼겨시니'(제4수), '중(重)ᄒᆞᆯ넌가'(제5수) 등에서와 같이 제3수를 대칭축으로 제2수와 제4수가 대칭표현을 보여준다. 이 대칭표현에 따르면, 제5수도 '삼겨시니'가 되어 제1수와 대칭이 되어야 한다. 그러나 이 기대를 벗어나 '중(重)ᄒᆞᆯ넌가'로 일탈표현을 보여준다. 이는 대칭표현의 후미 전환에 의한 종결표현이다.

이런 점들로 보아, 부부유별의 텍스트에서 제2-4수는 대칭표현을 통하여 제2-4수의 단락내 결속과 단락성(본론)을 보여주고, 제1-5수는 반복표현과 대칭표현의 후미 전환에 의해 제1-5수(제1단락 : 제1수, 제2단락 : 제2-4수, 제3단락 : 제5수)의 단락간의 결속과 종결을 보여준다고 정리할 수 있다.

3.1.2. 구조와 주제

부부유별의 5수는 서론(제1수), 본론(제2-4수), 결론(제5수) 등의 3단 구조로 정리할 수 있다.

> 夫婦ㅣ 이신 後에 父子兄弟 삼겨시니
> 夫婦곳 아니면 五倫이 가즐소냐
> 이 中에 生民이 비롯ᄒᆞ니 夫婦 크다 ᄒᆞ로라(제1수)

제1수는 제2-4수에서 부부가 어떤 화합을 하여야 하는가를 노래하기에 앞서, 부부가 어떤 것인가를, 즉 부부가 있은 후에 부자형제의 생민이 비롯하니 부부가 크다는 논지를 서두에서 제시한 서론이다. 초장인 "부부(夫婦)ㅣ 이신 후(後)에 부자형제(父子兄弟) 삼겨시니"에서는 부자형제가 모두 부부가 있은 후에 생겼음을 원인으로 노래하여 중장의 근거를 제공하였다. 즉 부자형제가 모두 부부가 있은 후에 생겨났으니, 부부가 아니면 오륜이 갖출 수 없음을 "부부(夫婦)곳 아니면 오륜(五倫)이 가즐소냐"로 노래하였다. 그리고 종장인 "이 중(中)에 생민(生民)이 비롯ᄒᆞ니 부부(夫婦) 크다 ᄒᆞ로라"에서는, 이 중에 생민(生民)이 비롯하니 부부가 크다는 것이다. 이 논지는 제2수 이하에서 부부가 어떤 화합을 하여야 하는가를 노래하기 위하여, 먼저 서두에서 제시한 것으로, 서론에 해당한다.

제2-4수는 부부가 어떤 화합을 하여야 하는가를 점층적으로 보여준다. 이를 차례로 보자.

사람 내실 적의 夫婦 ㄱ·ㅌ게 삼겨시니
天定配匹이라 夫婦 ㄱ·ㅌ치 重홀소냐
百年을 아적 삼아 如鼓瑟琴 ᄒᆞ렷로라(제2수)

초장과 중장에서는 부부가 중한 이유를 보여주고 있다. 즉 하늘이 사람을 내실 적에 부부를 같게 만드시고, 부부는 하늘이 정해준 배필이기 때문이다. 이런 부부이기에, 부부는 어떻게 살아야 하는가를 종장인 "백년(百年)을 아적 삼아 여고슬금(如鼓瑟琴) ᄒᆞ렷로라"를 통하여 보여주었다. 이 경우에 '여고슬금(如鼓瑟琴)'[15]은 두 가지 의미로 해석할 수 있다. 하나는 '슬금'을 합주하듯이 일상에서 화합해야 한다는 의미이고, 다른 하나는 '슬금'을 합주하듯이 성적(性的)으로 즉 정적(情的)으로 화합하여야 한다는 의미이다. 그런데 제3수의 초장인 "부부(夫婦)을 중(重)타 ᄒᆞᆫ둘 정(情)만 중(重)케 가질 것가"의 '정(情)만 중(重)케 가질 것가'로 보아, 후자의 의미로 정리한다. 이 의미를 따르면, 종장은 평생을 아침(처음)과 같이 정적으로 화합하려 하여야 한다는 것이다. 즉 변함없는 부부의 정적인 화합을 노래한 것이다.

夫婦를(〈을) 重타 ᄒᆞᆫ둘 情만 重케 가질 것가
禮別업시 居處ᄒᆞ며 恭敬업시 조홀소냐
一生애 敬待如賓을 冀缺 갓치 ᄒᆞ오리라(제3수)

15 이 '如鼓瑟琴'은 『시경』 小雅 常棣篇의 제7장인 "妻子好合 / 如鼓瑟琴 / 兄弟歸翕 / 和樂且湛"에 나오는 시구이다. 『중용』 15장의 '君子之道'에도 인용되어 있다.

제3수는 정적인 부부의 화합 차원(제2수)을 넘어서 '경대(敬待)'를 수반한 부부의 화합을 노래하고 있다. 초장인 "부부(夫婦)를 중(重)타 흔들 정(情)만 중(重)케 가질 것가"는 제2수의 정적인 부부의 화합을 바탕으로, 이것으로 끝날 것인가를 노래하였다. 그 다음에 중장에서는 정적인 부부의 화합 차원에 머물 수 없고, 예별(禮別)과 공경(恭敬)이 있어야 함을 중장인 "예별(禮別)업시 거처(居處)ᄒᆞ며 공경(恭敬)업시 조흘소냐"의 설의법으로 노래하였다. 그 다음에 종장인 "일생(一生)애 경대여빈(敬待如賓)을 기결(冀缺) 갓치 ᄒᆞ오리라"에서는 진(晉)나라 기결(冀缺)의 고사를 인용하여 부부간에 상대를 손님같이 경대(敬待)할 것을 노래하였다. 이 경대(敬待)를 수반한 부부의 화합은 제2수의 정적인 부부의 화합보다 한 단계 점층된 것이다. 이로 보면 제2수와 제3수는 점층적 구조이다.

> 夫婦 삼길 적의 하 重케 삼겨시니
> 夫唱婦隨 ᄒᆞ야 一家天地 和ᄒᆞ리라
> 날마다 擧案齊眉를(〈을) 孟光 ᄀᆞᆺ게 ᄒᆞ여라(제4수)

제4수는 일가천지가 화합할 수 있는 부부의 화합을 노래하고 있다. 이는 중장인 "부창부수(夫唱婦隨) ᄒᆞ야 일가천지(一家天地) 화(和)ᄒᆞ리라"에서 잘 보여준다. 그 다음에 부창부수하기 위하여, 종장인 "날마다 거안제미(擧案齊眉)를 맹광(孟光) ᄀᆞᆺ게 ᄒᆞ여라"에서와 같이, 남편을 공경할 것을 노래하였다. 이 경우에 나오는 일가천지의 화합을 위하여 처자가 맹광과 같이 거안제미하는 부부의 화합은, 제2-4수가 보여준 부부가 가져야 하는 화합의 선상에서 점층적 구조의 정점에 있다. 즉 정적(情的)인 부부의 화합(제2수), 경대(敬待)를 수반한 부부의 화합(제3수), 일가천지의 화합을 위해 맹광과 같이 거안제미하는 부부의 화합(제4수) 등의 점층적 구조에서 정점에 있다.

이렇게 제2-4수는 부부의 화합을 점층적으로 노래한 점층적 구조의 본론으로 정리할 수 있다.

> 남으로 삼긴 거시 夫婦 깃치 重홀넌가
> 사룸의 百福이 夫婦에 가잣거든
> 이리 重흔 ᄉ이에 아니 和코 엇지ᄒ리(제5수)

제5수에서는 제2-4수에서와 같이 어떤 화합을 하여야 하는가를 더 이상 노래하지 않고, 백복이 부부에 가졌으므로 화합하지 않을 수 없는 당위를 노래하면서 결론을 맺었다. 이는 중장인 "사룸의 백복(百福)이 부부(夫婦)에 가잣거든"과 종장인 "이리 중(重)흔 ᄉ이에 아니 화(和)코 엇지ᄒ리"가 잘 보여준다. 이 제5수는 부부가 화합하여야 하는 당위성을 노래하면서 마무리를 한 것이다. 이런 점에서, 이 제5수는 결론으로 정리할 수 있다.

이상과 같이 본다면, 부부유별의 5수는 서론(제1수), 본론(제2-4수), 결론(제5수) 등으로 노래한 3단 구조이며, 본론은 부부가 가져야 하는 화합을, 정적(情的)인 부부의 화합(제2수), 경대(敬待)를 수반한 부부의 화합(제3수), 일가천지의 화합을 위해 맹광과 같이 거안제미하는 부부의 화합(제4수) 등으로 노래한 점층적 구조이다.

그리고 이 구조로 본다면, 이 부부유별의 5수는 [생민(生民)과 백가지 복이 모두 부부에 근원하니 부부는 화합하여야 한다는 당위]를 주제로 하였다고 정리할 수 있다.

3.2. 형제유애

형제유애의 5수를 인용하면 다음과 같다.

兄弟 내실 적의 同氣로 삼겨시니
骨肉之親이 兄弟ᄀᆞᆺ치 重ᄒᆞᆯ넌가
一生애 友愛之情을 한 몸 ᄀᆞᆺ치 ᄒᆞ리라(제1수)

爭財예 失性ᄒᆞ야 同氣不睦 마라ᄉᆞ라
田地와 奴婢ᄂᆞᆫ 갑슬주면 살련이와
아무리 黃金인들 兄弟살ᄃᆡ 잇ᄂᆞ냐(제2수)

友愛를 尤篤ᄒᆞ야 百年을 ᄒᆞᆫᄃᆡ 살며
ᄒᆞᆫ옷 ᄒᆞᆫ밥을 논하닙고 논하먹고
白髮애 아뮈줄 모르도록 ᄒᆞᆷ긔늘쟈 ᄒᆞ노라(제3수)

同氣로 셋 몸 되야 ᄒᆞᆫ 몸 가치 지ᄂᆡ다가
두 아운 어ᄃᆡ가서 도라올 줄 모ᄅᆞᄂᆞᆫ고
날마다 夕陽 門外예 한숨계워 ᄒᆞ노라(제4수)

友愛 깁흔 쓰지 表裏업시 ᄒᆞᆫ 뜻 되야
이中에 和兄弟를 우린가 너겨쩌니
엇지타 白首隻雁이 혼자 울 줄 알리오(제5수)

3.2.1. 결속과 종결

결속과 종결을 드러내는 일탈표현과 대칭표현은 다음과 같다.

첫째로, ['-야'(제2수) - 대칭축(제3수) - '-야'(제4수)]의 대칭표현이다. 제2, 3, 4수의 초장들을 보면, '실성(失性)ᄒᆞ야'(제2수), '우독(尤篤)ᄒᆞ야'(제3수), '셋 몸 되야'(제4수) 등과 같이 '-야'를 보여준다. 이 '-야'들은 반복표현이면서 동시에, 제3수를 대칭축으로 하는 대칭표현이다.

이 제2-4수에서 발견되는 반복표현 내지 대칭표현은 제2-4수의 단락 내 결속을 보여주면서, 본론의 단락을 말해준다.

제2-4수가 단락을 구성한다는 이야기는 그 전후에 있는 제1수와 제5수도 각각 하나의 단락이 됨을 의미한다. 이렇게 보면, 제1수, 제2-4수, 제5수 등이 3단락으로 분리됨을 의미하는데, 이 분리를 다시 하나로 묶는 결속을 다음의 표현들이 보여준다.

둘째로, [의문형(제1수 중장) - 의문형(제2수 종장) - 대칭축(제3수) - 의문형(제4수 중장) - 의문형(제5수 종장)]의 대칭표현이다. 제1수 중장과 제4수 중장의 끝시어와, 제2수 종장과 제5수 종장의 끝시어를 보면, '중(重)홀넌가'(제1수 중장), '잇ᄂᆞ냐'(제2수 종장), '모ᄅᆞᄂᆞᆫ고'(제4수 중장), '알리오'(제5수 종장) 등이다. 이 시어들은 제3수를 대칭축으로 대칭한다. 이를 이해하기 쉽게 정리하면 다음과 같다.

의문형(제1수 중장, 重홀넌가)	대칭축 (제3수)	의문형(제4수 중장, 모ᄅᆞᄂᆞᆫ고)
의문형(제2수 종장, 잇ᄂᆞ냐)		의문형(제5수 종장, 알리오)

이 표에서 보듯이, 대칭축의 좌우가 각각, 첫 번째 단시조의 경우는 중장에서 의문형을 취하고, 두 번째 단시조의 경우는 종장에서 의문형을 취하면서, 대칭이 된다.

셋째로, ['-라'(제1수) - 설의법(제2수) - 대칭축(제3수) - '-라'(제4수) - 설의법(제5수)]의 대칭표현이다. 각수의 종장 끝시어들을 보면, 'ᄒᆞ리라'(제1수), '잇ᄂᆞ냐'(제2수), 'ᄒᆞ노라'(제3수), 'ᄒᆞ노라'(제4수), '알리오'(제5수) 등이다. 이 시어들은 제3수를 대칭축으로 그 전후가 '-라 - 설의법'의 대칭을 보인다. 이를 이해하기 쉽게 정리하면 다음과 같다.

-라(제1수 종장, ᄒᆞ리라)	대칭축 (제3수)	-라(제4수 종장, ᄒᆞ노라)
설의법(제2수 종장, 잇ᄂᆞ냐)		설의법(제5수 종장, 알리오)

이 표에서 보듯이, 대칭축의 좌우가 각각, 첫 번째 단시조의 경우는 '-라'의 종결어미를 취하고, 두 번째 단시조의 경우는 설의법을 취하면서, 대칭을 보여준다.

이 둘째와 셋째의 대칭표현들은 2수 1단위의 측면에서 대칭하는 대칭표현으로 제1수, 제2-4수, 제5수 등의 3단락을 하나로 묶는 결속을 보여주는 동시에, 이 텍스트의 종결을 말해준다.

넷째로, 종장 끝시어의 측면에서 제4수와 제5수가 도치된 일탈표현이다. 각수의 종장 끝시어들을 보면, 'ᄒᆞ리라'(제1수), '잇ᄂᆞ냐'(제2수), 'ᄒᆞ노라'(제3수), 'ᄒᆞ노라'(제4수), '알리오'(제5수) 등이다. 이 시어들은 질서가 없는 것 같이 보이지만, 'ᄒᆞ리라'(제1수), '잇ᄂᆞ냐'(제2수), 'ᄒᆞ노라'(제3수), '알리오'(제5수), 'ᄒᆞ노라'(제4수) 등의 대칭표현에서 그 후미를 도치시킨 형태이다. 즉 ['ᄒᆞ-라'('ᄒᆞ리라', 제1수) - 의문형('잇ᄂᆞ냐', 제2수) - 대칭축(제3수) - 의문형('알리오', 제5수) - 'ᄒᆞ-라'('ᄒᆞ노라', 제4수)]와 같이 제3수의 전후가 대칭하는 대칭표현에서 후미를 도치시킨 것이다.

이 대칭표현의 후미 도치 역시 이 텍스트의 결속을 보여주면서, 동시에, 종결을 말해준다.

이런 사실들로 보아, 이 텍스트에서 제2-4수는 대칭표현 내지 반복표현을 통하여 제2-4수의 단락내 결속과 단락성(본론)을 보여주고, 제1-5수는 대칭표현과 대칭표현의 후미 도치를 통하여 제1-5수(제1단락 : 제1수, 제2단락 : 제2-4수, 제3단락 : 제5수)의 단락간의 결속과 종결을 보여준다고 정리할 수 있다.

3.2.2. 구조와 주제

형제유애의 5수는 서론(제1수), 본론(제2-4수), 결론(제5수) 등의 3단 구조로 정리할 수 있다. 이를 차례로 보자.

> 兄弟 내실 적의 同氣로 삼겨시니
> 骨肉之親이 兄弟ᄀᆞ치 重ᄒᆞᆯ넌가
> 一生애 友愛之情을 ᄒᆞᆫ 몸 ᄀᆞ치 ᄒᆞ리라(제1수)

제1수는 중한 동기로 태어났으니, 형제는 우애의 정을 한 몸 같이 할 것이라는 논지를 서두에서 제시한 서론이다. 초장인 "형제(兄弟) 내실 적의 동기(同氣)로 삼겨시니"와 중장인 "골육지친(骨肉之親)이 형제(兄弟)ᄀᆞ치 중(重)ᄒᆞᆯ넌가"는 형제가 동기로 태어났으니 중함을 보여준다. 이는 이 제1수의 주제인 종장의 "일생(一生)애 우애지정(友愛之情)을 ᄒᆞᆫ 몸 ᄀᆞ치 ᄒᆞ리라"를 노래하기 위해, 그 근거를 제시한 것이다. 이 형제는 일생에 우애지정을 한 몸 같이 할 것이라[16]는 주제는, 제2-4수에서 구체적으로 유애할 수 있는 방법을 노래하기에 앞서, 그 추상적인 논지를 서두에서 간단하게 제시한 서론이라고 할 수 있다.

제2-4수는 형제가 유애할 수 있는 방법과 그 실천을 점층적으로 보여준 본론에 해당한다. 이를 차례로 보자.

> 爭財예 失性ᄒᆞ야 同氣不睦 마라ᄉᆞ라
> 田地와 奴婢ᄂᆞᆫ 갑슬 주면 살련이와
> 아모려 萬金인들 兄弟살 ᄃᆡ 잇ᄂᆞ냐(제2수)

---

16 '할 것이라'는 'ᄒᆞ리라'를 'ᄒᆞᆯ(동명사형)+이라'로 분석한 것이다.

제2수에서는 형제가 유애하는 방법으로 재물 다툼에 실성하여 형제가 불목하지 말 것을 노래하였다. 이 주제는 초장인 "쟁재(爭財)예 실성(失性)ᄒᆞ야 동기불목(同氣不睦) 마라ᄉᆞ라"[17]에서 노래한 것인데, 그 이유는 중장인 "전지(田地)와 노비(奴婢)ᄂᆞᆫ 갑슬주면 살련이와"와 종장인 "아모려 만금(萬金)인들 형제(兄弟)살ᄃᆡ 잇ᄂᆞ냐"에서 보인다. 이 제2수의 주제인 "재산 다툼에 실성하여 동기불목 마라"는 형제가 유애할 수 있는 최소의 방법을 보여준 것이다.

> 友愛를 尤篤ᄒᆞ야 百年을 ᄒᆞᆫᄃᆡ 살며
> ᄒᆞᆫ옷 ᄒᆞᆫ밥을 논하닙고 논하먹고
> 白髮애 아뮈줄 모ᄅᆞ도록 ᄒᆞᆷ끠늘쟈 ᄒᆞ노라(제3수)

제3수는 형제유애의 방법에서 제2수보다 점층되어 있다. 제2수의 재산 다툼은 중장("ᄒᆞᆫ옷 ᄒᆞᆫ밥을 논하닙고 논하먹고")을 통하여 극복한다. 이것만 보아도 제3수는 제2수보다 점층되었다. 그런데 이에 그치지 않고, 초장인 "우애(友愛)를 우독(尤篤)ᄒᆞ야 백년(百年)을 ᄒᆞᆫᄃᆡ 살며"에서는 백년을 한 데 살고, 종장인 "백발(白髮)애 아뮈줄 모ᄅᆞ도록 ᄒᆞᆷ끠늘쟈 ᄒᆞ노라"에서는 백발에 아무인 줄 모르도록 함께 늙을 것을 선언하였다. 이러한 사실을 보면, 제3수는 형제가 백년을 한 곳에 살면서 옷과 밥을 나누어 입고 먹으면서, 아무인 줄 모르도록 함께 늙으려는 형제유애를 노래하였는데, 이는 재산 다툼을 하지 않아서 형제유애하는 것보다 점층된 것이다.

> 同氣로 셋 몸 되야 ᄒᆞᆫ 몸 가치 지ᄂᆡ다가

17 '마라ᄉᆞ라'는 '마라'의 옛형태 또는 '마라라'의 의미이다.

두 아운(〈은) 어딕 가셔 도라올 줄 모르는고
날마다 夕陽 門外예 한숨계워 ᄒᆞ노라(제4수)

제4수는 형제유애의 정도에서 제3수보다 점층되어 있다. 초장인 “동기(同氣)로 셋 몸 되야 ᄒᆞᆫ 몸 가치 지닉다가”를 보면, 세 몸이 한 몸 같이 지냈다. 이는 삼형제가 의식주를 같이 하면서, 의식주에서 형제간의 경계가 없이 함께 살았음을 의미한다. 말을 바꾸면, 세 형제가 재산을 나눈 다음에 서로 나누어 입고 먹으면서 사는 것이 아니라, 아예 세 형제가 구분 없이 재산을 나누지 않고 한 몸 같이 사는 것이다. 이 세 형제가 한 몸 같이 사는 형제유애는 백년을 한 곳에 살면서 옷과 밥을 나누어 입고 먹는 형제유애(제3수)에 점층된 것이다. 그런데 시적 화자는 이 삶이 깨어진 것을 중장(“두 아운 어딕가셔 도라올 줄 모르는고”)을 통하여 보여주면서, 이 삶을 완결하고자 하는 노력을 종장인 “날마다 석양(夕陽) 문외(門外)예 한숨계워 ᄒᆞ노라”를 통하여 보여주었다. 즉 날마다 석양에 문밖에서 한숨겨워 하는 것은 두 아우가 돌아와 다시 함께 하길 바라는 마음의 표현이다.

이렇게 볼 때에, 제2-4수는 형제유애의 방법과 그 실천의 정도에서 점층적 구조이다. 즉 재산 다툼을 하지 않는 형제유애(제2수), 세 형제가 한 곳에 살면서 옷과 밥을 나누어 입고 먹는 형제유애(제3수), 세 형제가 한 몸 같이 사는 형제유애(제4수) 등의 점층적 구조이다.

友愛 깁흔 뜨지 表裏업시 ᄒᆞᆫ 뜻 되야
이中에 和兄弟를 우린가 너겨쩌니
엇지타 白首隻雁이 혼자 울 줄 알리오(제5수)

제5수는 시적 화자가 처한 정경을 통하여 시적 청자들로 하여금 형제유애할 것을 권유한 결론이다. 초장인 "우애(友愛) 깊흔 뜨지 표리(表裏) 업시 ᄒᆞᆫ 뜻 되야"와 중장인 "이 중(中)에 화형제(和兄弟)를 우린가 너겨 쩌니"에서는 형제가 유애하게 살아온 사실을 보여준다. 그러나 종장인 "엇지타 백수척안(白首隻雁)이 혼자 울 줄 알리오"를 통하여 현재는 백발에 외로운 기러기 같이 혼자 우는 사실을 보여준다. 그것도 "어찌하여 백수척안이 혼자 울 줄 (누가) 알리오"의 설의법을 통하여, 형제유애를 잘 실천하던 내가 어찌하여 백수척안으로 혼자 우는 지를 (누구도) 모르니, 너희 시적 청자들은 항상 형제유애를 하라는 것이다.

이상과 같이 볼 때에, 이 형제유애는 서론(제1수), 본론(제2-4수), 결론(제5수) 등의 3단 구조이며, 본론(제2-4수)은 재산 다툼을 하지 않는 형제유애(제2수), 세 형제가 한 곳에 살면서 옷과 밥을 나누어 입고 먹는 형제유애(제3수), 세 형제가 한 몸 같이 사는 형제유애(제4수) 등의 점층적 구조로 정리할 수 있다.

그리고 이 구조로 보아, 형제유애의 주제는 [형제는 평생 동안 다투지 말고 늙어서 아무인 줄 모르도록 함께 우애 있게 살라는 권유]로 정리할 수 있다.

4. 총론

총론 3수를 인용하면 다음과 같다.

天地間 萬物中에 사ᄅᆞᆷ이 最貴ᄒᆞ니
最貴ᄒᆞᆫ 바ᄂᆞᆫ 五倫이 아니온가
사ᄅᆞᆷ이 五倫을 모ᄅᆞ면 不遠禽獸 ᄒᆞ리라(총론 제1수)

幸玆 秉彛心이 古今업시 다 이실싀
爰輯 舊聞ᄒᆞ야 二三篇 지어시니
嗟哉 後生들아 살펴보고 힘서 ᄒᆞ라(총론 제2수)

仔細히 살펴보면 뉘 아니 感激ᄒᆞ리
文字ᄂᆞᆫ 拙ᄒᆞ되 誠敬을 삭여시니
진실로 熟讀詳味 ᄒᆞ면 不無一助 ᄒᆞ리라(총론 제3수)

4.1. 결속과 종결

결속과 종결을 보여주는 일탈표현과 대칭표현은 다음과 같다.

첫째로, ['-ᄂᆞᆫ'(제1수 중장) - 대칭축(제2수) - '-ᄂᆞᆫ'(제3수 중장)]의 대칭표현이다. 제1수의 중장을 보면 '최귀(最貴)ᄒᆞᆫ 바ᄂᆞᆫ'을 통하여 주제격어미 '-ᄂᆞᆫ'을 보여준다. 그리고 제3수 중장을 보면 '문자(文字)ᄂᆞᆫ'을 통하여 주제격어미 '-ᄂᆞᆫ'을 보여준다. 이 두 '-ᄂᆞᆫ'들은 총결의 시종에 나타난 대칭표현으로, 이 총결의 첫수와 끝수를 말해준다. 특히 총론 제3수를 보면, 의미의 맥락으로 보아, 초장과 중장이 도치되어 있다. 즉 이유(중장)가 뒤에 오고, 결과(초장)가 앞에 온 도치이다. 이 도치는 앞의 첫째 대칭표현을 가능하게 하기 위한 것으로 판단한다.

둘째로, ['-면 불(不)- ᄒᆞ리라'(제1수) - 대칭축(제2수) - '-면 불(不)- ᄒᆞ리라'(제3수)]의 대칭표현이다. 제1수의 종장인 "사ᄅᆞᆷ이 오륜(五倫)을 모ᄅᆞ면 불원금수(不遠禽獸) ᄒᆞ리라"에서는 '-면 불(不)- ᄒᆞ리라'를 보여준다. 그리고 제3수의 종장인 "진실로 숙독상미(熟讀詳味) ᄒᆞ면 불무일조(不無一助) ᄒᆞ리라"에서도 '-면 불(不)- ᄒᆞ리라'를 보여준다. 이렇게 반복된 '-면 불(不)- ᄒᆞ리라'의 반복은 제2수를 대칭축으로 대칭하는 대칭표현이다.

두 대칭표현은 총론 3수에서 보이는 시종의 대칭표현이다. 이 시종의 대칭표현은 총론 제1-3수의 결속과 종결을 보여준다. 그리고 이 대칭표현은 이어서 볼 대칭적 구조를 암시한다.

4.2. 구조와 주제

총론 3수는 대칭적 구조로 정리할 수 있다. 이를 차례로 보자.

天地間 萬物中에 사룸이 最貴ᄒᆞ니
最貴ᄒᆞᆫ 바는 五倫이 아니온가
사룸이 五倫을 모ᄅᆞ면 不遠禽獸 ᄒᆞ리라(제1수)

이 제1수의 문자적 의미 또는 언표적 의미는 [만물 중에 사람이 최귀(最貴)한 것은 최귀한 오륜 때문이므로, 오륜을 모르면 금수(禽獸)에서 멀지 않을 것이라]로 정리할 수 있다. 그러면 이런 문자적 의미 또는 언표적 의미를 가진 발화를 왜 하였을까? 이는 [만물 중에서 최귀한 존재가 되기 위하여, 오륜을 알라]는 언표내적 의미를 전달하기 위한 것으로 정리할 수 있다. 이 언표내적 의미는 제1수의 주제이다.

幸玆 秉彝心이 古今업시 다 이실ᄉᆡ
爰輯舊聞ᄒᆞ야 二三篇 지어시니
嗟哉 後生들아 살펴보고 힘서 ᄒᆞ라(제2수)

제2수는 언표적 의미 차원에서 주제를 보여준다. 즉 [시적 청자인 후생(後生)들에게 시적 화자가 지은 오륜가를 살펴보고(살펴알고) 힘써 행하라]는 것이다. 이런 사실은 종장인 "차재(嗟哉) 후생(後生)들아 살펴보고 힘서 ᄒᆞ라"에 생략된 '오륜가'를 넣어보면 알 수 있다. 이 경우에 제1수의 '오륜을 알라'는 것과 제2수의 '오륜을 살펴보고 힘써 행하라'를 차례로 보면, '알고 행하라'(제2수)는 '알라'(제1수)에 점층된 것이다.

仔細히 살펴보면 뉘 아니 感激ᄒᆞ리
文字ᄂᆞᆫ 拙ᄒᆞ되 誠敬을 삭여시니
진실로 熟讀詳味 ᄒᆞ면 不無一助 ᄒᆞ리라(제3수)

제3수의 언표적 의미는 [오륜가를 숙독상미(熟讀詳味, 상세하게 생각하며 읽어 그 의미를 자세히 알다)하면 일조(一助)가 없지 않을 것이고 감격할 것이라]이다. 이런 언표적 의미를 가진 이 언행을 한 이유는 언표내적 의미를 전달하기 위한 것으로 보인다. 즉 [일조가 없지 않을 것이고 감격할 것이니, 오륜가를 숙독상미하라, 즉 읽어 알라]는 것이다. 이 언표내적 의미는 제3수의 주제이다. 이 주제는 제2수의 '알고 행하라'에 점강된 것이다.

지금까지 정리한 총론 3수의 주제를 다시 보면, 만물 중에서 최귀한 존재가 되기 위하여, 오륜을 알라(제1수), 시적 청자인 후생들에게 시적 화자가 지은 오륜가를 살펴보고(살펴알고) 힘써 행하라(제2수), 일조가 없지 않을 것이고 감격할 것이니, 오륜가를 숙독상미하라, 즉 읽어 알라(제3수) 등이다. 이에 포함된 '알라'(제1수), '알고 행하라'(제2수), '(읽어) 알라(제3수) 등은 점층적 구조와 점강적 구조가 대칭한 대칭적 구조로 정리할 수 있다.

그리고 이 구조로 보아, 이 총론 3수의 주제는 [자신이 지은 오륜가를 알고 행하라는 권청]으로 정리할 수 있다.

5. 결론

지금까지 노계의 연시조 〈오륜가〉를 부자유친(5수), 군신유의(5수), 부부유별(5수), 형제유애(5수), 총론(3수) 등으로 나누어, 각 텍스트별 결속, 종결, 구조, 주제 등을 검토해 보았다. 그 중요한 것들을 요약하여 결론을 대신하면 다음과 같다.

1) 부자유친(5수)의 텍스트에서, 제2-4수는 대칭표현을 통하여, 제2-4수의 단락내 결속과 단락성(본론)을 보여주며, 제1-5수는 시종의 대칭표현과 대칭표현의 후미를 전환하고 도치한 표현을 통하여 제1-5수(제1단락 : 제1수, 제2단락 : 제2-4수, 제3단락 : 제5수)의 단락간의 결속과 종결을 보여준다.
2) 부자유친(5수)은, 제2-4수에서 앞으로 구체적으로 갚으려는, 부모의 은혜가 매우 커서 갚기 어려운 것임을 서두에서 제시한 서론(제1수), 부모의 매우 큰 은혜를 갚을 수 있는 방법들을 점층적으로 노래한 본론(제2-4수), 왜 부모의 매우 큰 은혜를 갚아야 하는가를 알고, 효를 이행하게 하겠다는 의지를 노래한 결론(제5수) 등의 3단 구조로 정리를 하였다. 이 구조에 포함된 본론은 부모의 매우 큰 은혜를 갚을 수 있는 방법을 노래하였는데, 이른 시기부터 행함(제2수), 생전에 날마다 행함(제3수), 생사장제의 생전은 물론 사후까지 행함(제4수) 등에서와 같이, 효를 행하는 그 시간에서 확장되는 점층적 구조이다.
3) 2)의 구조로 보아, 부자유친(5수)의 주제는 [부모의 은혜는 매우 커서 갚을 일이 없으니, 살아서는 물론 죽어서도 효도해야 함을 모든 백성들이 알고 행하게 하려는 의지]로 정리된다.
4) 군신유의(5수)의 텍스트에서 제2-4수는 대칭표현을 통하여 2-4수

의 단락내 결속과 단락성(본론)을 보여주고, 제1-5수는 대칭표현 또는 반복표현의 후미 전환을 통하여 제1-5수(제1단락: 제1수, 제2단락: 제2-4수, 제3단락: 제5수)의 단락간의 결속과 종결을 보여준다.

5) 군신유의(5수)는, 제2-4수에서 구체적으로 갚으려는, 망극한 성은을 갚고 말겠다는 의지를 서두에서 보여준 서론(제1수), 생전에 망극한 성은을 갚으려고 노력하는 내용을 점층적으로 보여준 본론(제2-4수), 죽은 후에는 임금의 만수를 상제께 빌겠다고 다짐하는 결론(제5수) 등의 3단 구조로 정리를 하였다. 이 구조에 포함된 본론은 임금으로부터 멀리 지방에 떨어져 있는 재지사족의 입장에서 임금의 성은을 갚으려는 노력을, 성은을 갚으려 하나 가까이 가지도 못하고 서러워함(제2수), 성은을 부은으로 바꾸어 간접적으로나마 갚음(제3수), 옥루고처의 추운 날씨를 걱정하는 것으로 미약하나마 직접 갚음(제4수) 등으로 보여준 점층적 구조이다.

6) 5)의 구조로 보아, 군신유의(5수)의 주제는 [현실적으로 망극한 성은을 갚을 길이 없으니 사후에 상제께 임금의 만수를 비는 것으로라도 갚겠다는 의지]로 정리할 수 있다.

7) 부부유별(5수)의 텍스트에서, 제2-4수는 대칭표현을 통하여 제2-4수의 단락내 결속과 단락성(본론)을 보여주고, 제1-5수는 반복표현과 대칭표현의 후미 전환에 의해 제1-5수(제1단락: 제1수, 제2단락: 제2-4수, 제3단락: 제5수)의 단락간의 결속과 종결을 보여준다.

8) 부부유별(5수)은 제2-4수에서 구체적으로 노래할 화합하여야 할 부부가 매우 큰 것임을 서두에서 제시한 서론(제1수), 부부가 가져야 할 화합들을 점층적으로 노래한 본론(제2-4수), 부부가 화합하여야 하는 당위성을 노래한 결론(제5수) 등의 3단 구조로 정리를 하였다. 이 구조에 포함된 본론은 부부가 가져야 하는 화합들

을, 정적(情的)인 부부의 화합(제2수), 경대(敬待)를 수반한 부부의 화합(제3수), 일가천지의 화합을 위해 맹광과 같이 거안제미하는 부부의 화합(제4수) 등으로 노래한 점층적 구조이다.

9) 8)의 구조로 보아, 부부유별(5수)의 주제는 [생민(生民)과 백가지 복이 모두 부부에 근원하니 부부는 화합하여야 한다는 당위]로 정리할 수 있다.

10) 형제유애(5수)의 텍스트에서, 제2-4수는 대칭표현 내지 반복표현을 통하여 제2-4수의 단락내 결속과 단락성(본론)을 보여주고, 제1-5수는 대칭표현과 대칭표현의 후미 도치를 통하여 제1-5수(제1단락 : 제1수, 제2단락 : 제2-4수, 제3단락 : 제5수)의 단락간의 결속과 종결을 보여준다.

11) 형제유애(5수)는 제2-4수에서 구체적으로 유애할 수 있는 방법을 노래하기에 앞서 형제는 우애의 정을 한 몸 같이 해야 함을 간단하게 서두에서 제시한 서론(제1수), 형제가 유애하게 살 수 있는 방법과 그 실천을 점층적으로 노래한 본론(제2-4수), 시적 화자가 처한 정경을 통하여 시적 청자들로 하여금 형제유애할 것을 권유한 결론(제5수) 등의 3단 구조로 정리를 하였다. 이 구조에 포함된 본론은 재산 다툼을 하지 않는 형제유애(제2수), 세 형제가 한 곳에 살면서 옷과 밥을 나누어 입고 먹는 형제유애(제3수), 세 형제가 한 몸 같이 사는 형제유애(제4수) 등과 같이, 형제가 유애하게 사는 방법과 그 실천을 점층적으로 노래한 점층적 구조이다.

12) 11)의 구조로 보아, 형제유애(5수)의 주제는 [형제는 평생 동안 재물로 다투어 불목하지 말고, 의식주를 함께 하며 늙어서 아무인 줄 모르도록 함께 우애 있게 살라는 권유]로 정리할 수 있다.

13) 총론(3수)의 텍스트에서, 제1-3수는 시종의 대칭표현을 통하여, 제1-3수의 결속과 종결을 보여준다.

14) 총론(3수)은 '알라'(제1수), '알고 행하라'(제2수), '(읽어) 알라'(제3수) 등에서 보이는 점층적 구조와 점강적 구조가 대칭하는 대칭적 구조로 정리를 하였다.

15) 14)의 구조로 보아, 총론(3수)의 주제는 [자신이 지은 오륜가를 알고 행하라는 권청]으로 정리하였다.

이상과 같이 요약할 수 있는 부자유친(5수), 군신유의(5수), 부부유별(5수), 형제유애(5수), 총론(3수) 등은 텍스트별로 결속, 종결, 구조, 주제 등을 보여주며, 전체 텍스트도 구조와 주제를 갖는다. 이런 사실은 이 작품이 오륜의 개별 텍스트와 전체 텍스트로 탈착되어 수용된 탈착형의 연시조임을 말해준다.

제3부

육가 계통

이황의 〈도산십이곡〉

1. 서론

이 글은 〈도산십이곡〉을 〈도산육곡1〉(언지)의 텍스트, 〈도산육곡2〉(언학)의 텍스트, 〈도산십이곡〉의 텍스트 등으로 나누어, 결속, 종결, 구조, 주제 등을 검토하고 정리하는 데에 연구의 목적이 있다.

〈도산십이곡〉을 연구한 글들은 대단히 많다. 그러나 〈도산십이곡〉의 결속, 종결, 구조, 주제(또는 의미) 등을 다룬 글들은 그렇게 많은 편이 아니다. 이를 간단하게 정리해 보자.

〈도산십이곡〉의 결속에 대한 연구는 없으며, 이 정리에 필요한 일부의 일탈표현과 대칭표현을 정리한 글(양희철 2010c)만이 있다. 〈도산십이곡〉의 종결에 대한 정리도 한 편의 글(양희철 2010e)에서 보일 정도이다.

〈도산십이곡〉의 구조와 주제(또는 의미) 역시 많이 연구된 것 같지만, 그렇게 많지는 않다. 그 중에서 대표적인 연구로 넷을 들 수 있다. 하나는 정재호(1999)의 연구이다.[1] 이 연구에서는 12수를 하나의 체계 안에

---

1 정재호(1999:110)가 정리한 구조는 다음과 같다.

		〈言志〉	〈言學〉
其一	삶의 자세	천석고황	왕래풍류
其二	소망	허물이나 없고자	녹고같이 말자

서 구조적으로 보고 있다. 이 연구는 당시까지 있어온 구조론 중에서 가장 체계적이라고 할 수 있다. 그러나 개별적으로 보면, 각수의 주제나 의미를 명확하게 보여준 경우도 있고, 소재의 나열에 그친 경우도 있다. 연시조를 포함한 작품의 구조는 각수의 주제나 의미, 소재, 시간, 공간, 논리 등에 의해서 결정되는데, 이 글에서는 주제나 의미와 소재를 혼효한 문제를 보인다.

다른 하나는 성기옥(2002)의 연구이다.[2] 이 연구에서는 두 구조를 보여준다. 첫 번째 구조는 공간의 확대라는 점에서 점층적 구조로 본 것 같으면서도, 괄호 안에서는 주제나 의미와 공간을 함께 보여준다. 그리고 두 번째 구조에서는 당위성과 영속성으로 전후를 나누고, 괄호 안에서는 '나 - 개인, 우리 - 학생, 나 - 모든사람' 등의 관계를 보여주면서, 전후의 반복 구조를 보여준다.

其三	도의 본질	순풍, 성선	고인이 가던 길
其四	연군 꾸준한 노력	연군	꾸준한 노력
其五	연군 꾸준한 노력	연군	꾸준한 노력
其六	최고의 경지	연비어약	終老까지의 노력

2 성기옥(2002:208, 217)이 정리한 구조는 다음과 같다.

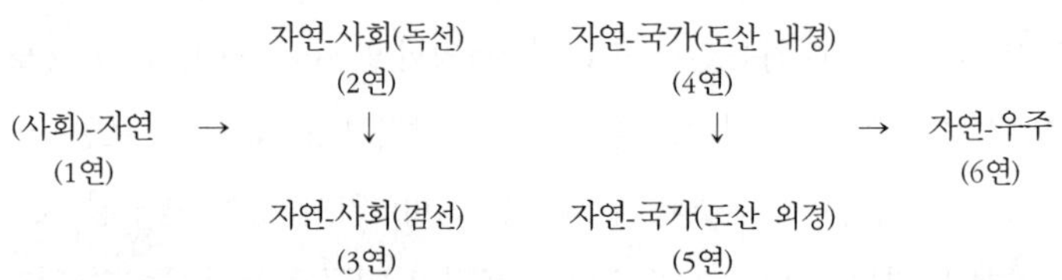

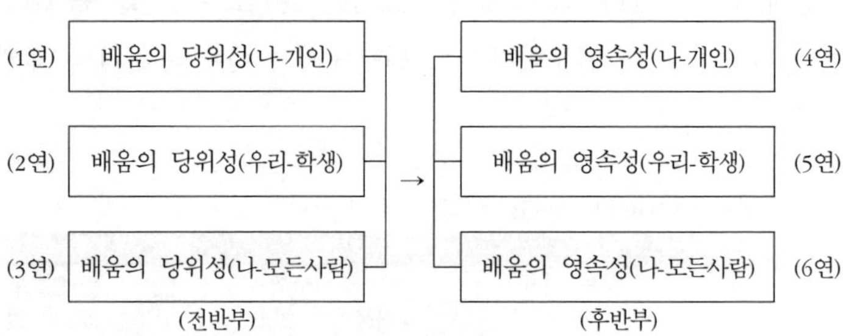

또 다른 하나는 양희철(2008c)의 연구이다. 이 연구는 〈도산십이곡〉에서 네 종류의 구조와 의미를 정리하였는데, 이 글에서 보완할 것이다. 마지막 하나는 서명희(2013)의 연구이다.[3]

이렇게 〈도산십이곡〉의 결속, 종결, 구조, 주제(또는 의미) 등을 연구한 글들이 미흡하거나 소략하며, 틈틈이 이를 보완할 수 있는 몇 편의 글들(양희철 2008b, 2008c, 2010c, 2010e)을 쓴 바가 있다. 이 글들은 따로따로 쓴 것들이어서 체계가 통일되지 않고, 부분적으로 수정할 것들도 있다. 이에 하나의 틀에 맞추어, 〈도산십이곡〉의 결속, 종결, 구조, 주제 등을 다시 정리하고자 한다. 특히 이 작품은 〈도산육곡1〉(언지)의 텍스트, 〈도산육곡2〉(언학)의 텍스트, 〈도산십이곡〉의 텍스트 등으로 탈착되어 수용되는 탈착형 연시조[4]라는 점에서 다시 정리하고자 한다.

〈도산십이곡〉은 그 발문으로 보아, 창자를 퇴계 자신과 아이들로 하면서, 퇴계의 텍스트와 아이들의 텍스트를 포함하고 있다.[5] 이에 구조의 정

---

3 〈언지〉의 구조를, 지향의 표명(제1수), 지향의 구체화(제2수), 지향의 근거(제3수), 지향의 표명(2, 제4수), 지향의 구체화(2, 제5수), 지향의 완결(제6수) 등으로 정리하고, 〈언학〉의 구조를, 학문하는 삶에 대한 의지(:공간적 제시, 제1수), 학문의 목표(제2수), 학문의 방법(제3수), 학문하는 삶에 대한 의지(:시간적 제시, 제4수), 학문의 목표(제5수), 학문하는 완결적 태도(제6수) 등으로 정리하였다(서명희 2013:72, 75).

4 탈착형(脫着形) 연시조는 한 작품의 연시조에서 그 일부를 떼어서 연시조로 수용할 수도 있고, 붙여서 하나의 연시조로 수용할 수 있는 연시조를 말한다. 이 탈착형(脫着形) 연시조는 착탈형(着脫形) 연시조로 부를 수도 있다. 이런 탈착형은 조선조의 문학인 『용비어천가』, 판소리, 연시조 등에서 발견된다(양희철 2016b).

5 〈도산십이곡〉의 발문에서 두 창자를 통하여 두 텍스트를 암시하는 부분은 다음의 밑줄 친 부분이다.

> … 그러나 오늘날의 시는 옛날의 시와 달라서 읊을 수는 있으나 노래할 수는 없다. 만약 노래하고 싶으면 반드시 俚俗의 말로 지어야 하니, 대개 나라 풍속의 음절이 그렇지 않을 수 없기 때문이다. 그런 까닭에 일찍이 이별의 「육가」를 대략 모방하여 도산육곡 두 편을 지으니, 그 하나는 言志요, 또 하나는 言學이다. 아이들로 하여금 아침 저녁으로 익혀 노래하게 하여, 안석에 기대어 그것을 듣고자 한다. 또 아이들로 하여금 스스로 노래하며 스스로 뛰고 춤추게 하면, 더럽고

리에서는 이 두 텍스트(양희철 2008b)를 수정 보완하면서 검토하고자 한다.

2. 〈도산육곡1〉(언지)의 텍스트

이 장에서는 〈도산육곡1〉(언지)의 텍스트에서 결속, 종결, 구조, 주제 등을 두 절로 나누어 정리하려 한다.

2.1. 결속과 종결

결속은 순차적 결속과 대칭적 결속으로 나눌 수 있다.

2.1.1. 순차적 결속

순차적 결속에는 2수의 순차적 결속과 4단락의 순차적 결속으로 정리

인색함을 거의 씻어 깨끗이 하고, 느끼어 움직임이 거침없이 통할 것이니, 노래하는 자와 듣는 자는 서로 유익함이 없지 않으리라. … 가정 44년 을축년(명종 20년, 1565) 모춘(3월) 16일 산노인 쓰다.(… 然今之詩 異於古之詩 可詠而不可歌也 如欲歌之 必綴以俚俗之語 蓋國俗音節 所不得不然也. 故嘗略倣李歌而作 爲陶山六曲二焉 其一言志 其二言學 欲使兒輩 朝夕習而歌之 憑几而聽之, 亦令兒輩 自歌而自舞蹈之 庶幾可以 蕩滌鄙吝 感發融通 而歌者與聽者 不能無交有益焉 … 嘉靖四十四年歲乙丑暮春旣望 山老書)

이 인용의 밑줄 친 부분을 보면, 아이들로 하여금 연습하여 노래하게 하였고, 노래하는 자와 듣는 자는 서로 유익함이 없지 않으리라는 부분이 있다. 이 부분을 읽으면서 하나의 의문점이 생긴다. 바로 〈도산십이곡〉을 퇴계와 아이들이 노래하거나 들으면서 그들은 어떻게 유익했을까 하는 문제이다. 혹시 퇴계가 자신의 체험만을 노래한 것이 아니라, 아이들도 자신의 체험을 살릴 수 있게 표현한 것이 아닐까 하는 의문이다. 이 의문에 대한 대답은 여럿일 수 있다. 그 중의 하나는 퇴계는 물론 아이들이 각각 다른 자기체험을 노래할 수 있게 작품을 표현하였다는 것이다. 말을 바꾸면, 퇴계는 적어도 자신과 아이들을 자기체험의 두 창자로 설정하고 작품을 지었다는 것이다.

한다.

2.1.1.1. **2수의 순차적 결속**

2수의 순차적 결속은 제2단락(제2, 3수)와 제3단락(제4, 5수)에서 보인다. 이를 보여주는 표현은 제2수와 제4수의 종장들에서 종결어나 종결어미를 갖추지 않은 일탈표현이다. 이런 사실을 보기 위해 각수의 종장들을 보자.

제1수: ᄒᆞ믈며 泉石膏肓을 고텨 므슴ᄒᆞ료

제2수: 이 듕에 ᄇᆞ라ᄂᆞᆫ 이른 허므리나 업고쟈 (함이라/함인가 하노라…)

제3수: 天下애 許多英才를 소겨 말솜홀가

제4수: 이 듕에 彼美一人을(←를) 더옥 닛디 못ᄒᆞ애(라)

제5수: 엇다다 皎皎白駒ᄂᆞᆫ 머리 ᄆᆞᅀᆞᆷ ᄒᆞᄂᆞᆫ고

제6수: ᄒᆞ믈며 魚躍鳶飛 雲影天光이ᅀᅡ 어늬 그지 이슬고

이 〈언지〉의 종장들을 보면, 제1, 3, 5, 6수의 종장 끝시어에서는, 종결어미나 종결어를 갖춘 의문종결형(므슴ᄒᆞ료, 말솜홀가, ᄒᆞᄂᆞᆫ고, 이슬고)으로 규범을 형성하고, 각각 해당 단락의 종결을 보여준다. 이에 비해 제2, 4수에서는 '업고쟈 (함이라/함인가 하노라…)'와 '못ᄒᆞ애(라)'와 같이 괄호 안의 종결어나 종결어미를 생략한 안갖춘 종결형을 쓰면서 앞의 규범을 일탈한다. 이 일탈은 괄호 안에 제시한 종결어나 종결어미를 모두 표현하여, 종결을 완전하게 처리하지 않고, 미완으로 처리하였다. 이 미완의 일탈은 제2수와 제4수가 단시조로는 종결이지만, 단락적 의

미에서는 종결이 아님을 보여준다. 이는 제2, 3수의 결속과 제4, 5수의 결속을 보여주는 것이다. 이 결속은 [제1단락(제1수) - 제2단락(제2, 3수) - 제3단락(제4, 5수) - 제4단락(제6수)]의 구조에서 제2단락의 단락내 결속과 제3단락의 단락내 결속을 보여준 것이다.

이렇게 종결어나 종결어미를 갖추지 않은 종장 시어를 이용하여 2수의 결속을 보여주는 문체적 장치는 바로 이어서 볼 〈도산육곡2〉(언학)에서도 발견된다. 그리고 종결어나 종결어미를 갖추지 않은 종결의 일탈표현을 통하여, 단락내의 결속을 보여준 것은 이 텍스트가 처음이다.

2.1.1.2. 4단락의 순차적 결속

4단락의 순차적 결속은 주로 대구 형식의 반복이라는 차원에서 이루어져 있다.

제1단락과 제2단락의 순차적 결속을 보자.

<u>이런들 엇다ᄒᆞ며 뎌런들 엇다ᄒᆞ료</u>
草野 愚生이 이러타 엇다ᄒᆞ료
ᄒᆞ믈며 泉石膏肓을 고텨 므슴ᄒᆞ료(제1수)

<u>煙霞로 지블 삼고 風月로 버들 사마</u>
太平聖代예 病으로 늘거가뇌
이 듕에 ᄇᆞ라는 이른 허므리나 업고쟈(제2수)
淳風이 죽다 ᄒᆞ니 眞實로 거즈 마리
人性이 어디다 ᄒᆞ니 眞實로 올ᄒᆞᆫ 마리
天下애 許多英才를 소겨 말ᄉᆞᆷᄒᆞᆯ가(제3수)

제1단락인 제1수의 초장은 “이런들 엇다ᄒᆞ며 뎌런들 엇다ᄒᆞ료”의 대구이다. 그리고 제2단락의 첫수인 제2수의 초장도 "연하(煙霞)로 지블 삼고 풍월(風月)로 버들 사마"의 대구이다. 이 제1단락과 제2단락의 초장들은 대구 형식을 반복하면서 제1, 2단락의 순차적 결속을 보여준다.

제2단락과 제3단락의 순차적 결속을 보자.

> 煙霞로 지블 삼고 風月로 버들 사마
> 太平聖代예 病오로 늘거가뇌
> 이 듕에 ᄇᆞ라ᄂᆞᆫ 이른 허므리나 업고쟈(제2수)
> <u>淳風이 죽다 ᄒᆞ니 眞實로 거즈 마리</u>
> <u>人性이 어디다 ᄒᆞ니 眞實로 올ᄒᆞᆫ 마리</u>
> 天下애 許多英才를 소겨 말ᄉᆞᆷᄒᆞᆯ가(제3수)
>
> <u>幽蘭이 在谷ᄒᆞ니 自然이 듣디 됴해</u>
> <u>白雲이 在山ᄒᆞ니 自然이 보디 됴해</u>
> 이 듕에 彼美一人을(←를) 더옥 닛디 못ᄒᆞ애(제4수)
> 山前에 有臺ᄒᆞ고 臺下애 有水ㅣ로다
> 뻬 만ᄒᆞᆫ ᄀᆞᆯ며기ᄂᆞᆫ 오명가명 ᄒᆞ거든
> 엇다다 皎皎白駒ᄂᆞᆫ 머리 ᄆᆞ 숨 ᄒᆞᄂᆞᆫ고(제5수)

제2단락의 둘째수인 제3수는 초장과 중장에서 대구를 보인다. 즉 "순풍(淳風)이 죽다 ᄒᆞ니 진실(眞實)로 거즈 마리"와 "인성(人性)이 어디다 ᄒᆞ니 진실(眞實)로 올ᄒᆞᆫ 마리"가 대구를 이룬다. 그리고 제3단락의 첫째수인 제4수의 초장과 중장에서도 대구를 보인다. 즉 "유란(幽蘭)이 재곡(在谷)ᄒᆞ니 자연(自然)이 듣디 됴해"와 "백운(白雲)이 재산(在山)ᄒᆞ니 자연(自然)이 보디 됴해"가 대구를 이룬다. 이렇게 제3수(제2단락의 둘째수)의 초장과 중장의 대구와 제4수(제3단의 첫째수)의 초장과 중장의 대구는, 대구 형식을 반복하면서 제2, 3단락의 순차적 결속을 보여준다.

제3단락과 제4단락의 순차적 결속을 보자.

幽蘭이 在谷ᄒᆞ니 自然이 듣디 됴해
白雲이 在山ᄒᆞ니 自然이 보디 됴해
이 듕에 彼美一人을(←를) 더옥 닛디 못ᄒᆞ애(제4수)
<u>山前에 有臺ᄒᆞ고 臺下애 有水ㅣ로다</u>
ᄢᅦ 만ᄒᆞᆫ ᄀᆞᆯ며기ᄂᆞᆫ 오명가명 ᄒᆞ거든
엇다다 皎皎白駒ᄂᆞᆫ 머리 ᄆᆞᄉᆞᆷ ᄒᆞᄂᆞᆫ고(제5수)

<u>春風에 花滿山ᄒᆞ고 秋夜애 月滿臺라</u>
四時 佳興이(←ㅣ) 사ᄅᆞᆷ과 ᄒᆞᆫ 가지라
ᄒᆞ믈며 魚躍鳶飛 雲影天光이ᅀᅡ 어늬 그지 이슬고(제6수)

제3단락의 둘째수인 제5수의 초장은 "산전(山前)에 유대(有臺)ᄒᆞ고 대하(臺下)애 유수(有水)ㅣ로다"의 대구이다. 그리고 제4단락인 제6수의 초장도 이와 같은 "춘풍(春風)에 화만산(花滿山)ᄒᆞ고 추야(秋夜)애 월만대(月滿臺)라"의 대구이다. 이 두 대구들 역시 대구 형식을 반복하면서, 제3단락과 제4단락의 순차적 결속을 보여준다.

이상의 순차적 결속을 보면, 제1, 2단락, 제2, 3단락, 제3, 4단락 등이 차례로 각각 단락간의 결속을 보여주면서, 이 〈언지〉 전체의 순차적 결속을 보여준다.

2.1.2. 대칭적 결속

대칭적 결속에는 4단락의 대칭적 결속과 6수의 대칭적 결속으로 정리한다.

2.1.2.1. **4단락의 대칭적 결속**

4단락의 대칭적 결속은 다음의 두 대칭표현을 통하여 구사하였다. 이를 보기 위해 밑줄 친 부분들을 보자.

이런들 엇다ᄒᆞ며 뎌런들 엇다ᄒᆞ료
草野 愚生이 이러타 엇다ᄒᆞ료
ᄒᆞ물며 泉石膏肓을 고텨 므슴ᄒᆞ료(제1수)

煙霞로 지블 삼고 風月로 버들 사마
太平聖代예 病오로 늘거가뇌
이 듕에 ᄇᆞ라는 이른 허므리나 업고쟈(제2수)
淳風이 죽다 ᄒᆞ니 眞實로 거즈 마리
人性이 어디다 ᄒᆞ니 眞實로 올ᄒᆞᆫ 마리
天下애 許多英才를 소겨 말솜ᄒᆞᆯ가(제3수)

幽蘭이 在谷ᄒᆞ니 自然이 듣디 됴해
白雲이 在山ᄒᆞ니 自然이 보디 됴해
이 듕에 彼美一人을(←를) 더옥 닛디 못ᄒᆞ애(제4수)
山前에 有臺ᄒᆞ고 臺下애 有水ㅣ로다
뻬 만ᄒᆞᆫ ᄀᆞᆯ며기는 오명가명 ᄒᆞ거든
엇다다 皎皎白駒는 머리 ᄆᆞ솜 ᄒᆞ는고(제5수)

春風에 花滿山ᄒᆞ고 秋夜애 月滿臺라
四時 佳興이(←ㅣ) 사롬과 ᄒᆞᆫ 가지라
ᄒᆞ물며 魚躍鳶飛 雲影天光이ᅀᅡ 어늬 그지 이슬고(제6수)

첫째로, ['이 듕에'(제2단락의 첫수 종장) - 대칭축 - '이 듕에'(제3단락의 첫수 종장)]의 대칭표현이다. 제2-5수를 1수 1단락으로 보면, '이 듕에'는 대칭표현이 아니다. 그러나 2수 1단락으로 보면, '이 듕에'는 대칭표현이다. 즉 제2-5수를 2수 1단락으로 보면, '이 듕에'는 제2단락(제2, 3수)과 제3단락(제4, 5수)의 첫수들(제2, 4수)의 종장에서 대칭표현이 된다.

둘째로, ['ᄒᆞ믈며'(제1단락 종장) - 대칭축 - 'ᄒᆞ믈며'(제4단락 종장)]의 대칭표현이다. 제1단락(제1수)과 제4단락(제6수)의 종장 첫시어를 보면, 'ᄒᆞ믈며'가 대칭되어 있다.

이 두 대칭표현들은 이 텍스트를 4단락으로 보았을 때에, 대칭표현[6]을 보여준다. 즉 '이 듕에'를 A로, 'ᄒᆞ믈며'를 B로 바꾸면, [A(제1단락) - B(제2단락) - C(대칭축) - B(제3단락) - A(제4단락)]의 대칭표현이 된다. 이 대칭표현은 제1-4단락의 결속을 보여주면서, 동시에 시종(始終)의 대칭표현에 의해 종결도 보여준다.

2.1.2.2. 6수의 대칭적 결속

'2.1.1.2. 4단락의 순차적 결속'에서 살펴본 대구들을 다시 정리하면 다음과 같다.

---

6 이상의 대칭표현들은 모두가 작품의 한 가운데인 제2단락과 제3단락의 가운데 있는 빈 공간을 대칭축으로 한 대칭표현들을 보여준다. 특히 이 대칭축과 대칭표현은 하나의 일탈표현이나 대칭표현에 의한 것이 아니라, 여러 일탈표현들과 대칭표현들이 하나의 대칭축과 대칭표현을 드러내는 데에 수렴(convergence)된 문체 장치들이다. 이 수렴된 문체 장치들은 이 표현들이 독자에 의해 우연히 발견[이 '우연히 발견된'의 '발견'은 움베르토 에코의 선제성(先制性)의 해석으로 보면, 발신자가 의도하지 않은 것을 수신자가 발명한 것이 된다.]된 것들이 아니라, 작가가 이 대칭표현들을 치밀하게 계산하여 두 번 이상 보여준 것들이 모인 것을 말해준다. 이로 인해 이 수렴된 문체 장치들은 작가의 의도로 이해하게 된다.(M. Riffaterre, "Criteria for Style Analysis", Word XV, New York : the Linguistic Circle of New York, 1959, pp.172-174.)

제1수 초장의 대구: 이런들 엇다ᄒᆞ며 뎌런들 엇다ᄒᆞ료
제2수 초장의 대구: 煙霞로 지블 삼고 風月로 버들 사마
제3수 초·중장의 대구: 淳風이 죽다 ᄒᆞ니 眞實로 거즈 마리 /
人性이 어디다 ᄒᆞ니 眞實로 올ᄒᆞᆫ 마리
제4수 초·중장의 대구: 幽蘭이 在谷ᄒᆞ니 自然이 듣디 됴해 /
白雲이 在山ᄒᆞ니 自然이 보디 됴해
제5수 초장의 대구: 山前에 有臺ᄒᆞ고 臺下애 有水ㅣ로다
제6수 초장의 대구: 春風에 花滿山ᄒᆞ고 秋夜애 月滿臺라

이 대구들은 순차적으로 보면, 4단락의 순차적 결속을 보여주지만, 대칭적으로 보면, 대칭적 결속도 보여준다. 즉 이 〈언지〉에 나타난 대구들은 제3수와 제4수의 중간을 대칭축으로 제1수와 제6수의 대구 형식이 대칭하고, 제2수와 제5수의 대구 형식이 대칭하며, 제3수와 제4수의 대구 형식이 대칭한다. 이로 보면, 〈언지〉 6수가 대칭함을 알 수 있다. 제1수와 제6수의 대칭을 A로, 제2수와 제5수의 대칭을 B로, 제3, 4수의 대칭을 C로 바꾸어 쓰면, 이 텍스트는 [A(제1수) - B(제2수) - C(제3수) - D(대칭축) - C(제4수) - B(제5수) - A(제6수)]의 대칭표현을 보인다. 이 대구의 대칭표현들은 이 〈언지〉의 대칭적 결속을 보여준다. 그리고 이 대칭적 결속은 시종의 대칭을 통하여 〈언지〉 6수의 종결까지도 보여준다.

2.1.3. 종결

이 〈언지〉는 세 종류의 종결을 보여준다. 두 종류는 앞의 대칭적 결속들('2.1.2.1.'의 4단락의 대칭적 결속과 '2.1.2.2.'의 6수의 대칭적 결속)에서 정리한 종결들이다. 이 종결들은 이 〈언지〉가 전후 또는 상하의 대칭표현을 통하여 대칭적 결속을 보여주고, 이 대칭적 결속이 시작 부분에 대칭하는 끝부분을 보여주면서 보여주는 종결이다.

마지막 하나는 반복 형식의 일탈에 의한, 반복의 후미 전환에 의한 종결이다. 이를 검토하기 위하여 종장의 자수들을 보자.

제1수(14음절) : ᄒᆞ믈며 泉石膏肓을 고텨 므슴ᄒᆞ료

제2수(15음절) : 이 듕에 ᄇᆞ라는 이른 허므리나 업고쟈

제3수(14음절) : 天下애 許多英才를 소겨 말솜ᄒᆞᆯ가

제4수(15음절) : 이 듕에 彼美一人을 더옥 닛디 못ᄒᆞ애

제5수(15음절) : 엇다다 皎皎白駒는 머리 ᄆᆞ숨 ᄒᆞ는고

제6수(20음절) : ᄒᆞ믈며 魚躍鳶飛 雲影天光이ᅀᅡ 어늬 그지 이슬고

제1-5수의 종장들은 14-15음절의 일반형[7]을 보이면서 이 작품의 규범을 형성한다. 즉 제1, 3수의 종장들은 각각 14음절이고, 제2, 4, 5수의 종장들은 각각 15음절이다. 이에 비해 제6수(제4단락)의 종장은 "ᄒᆞ믈며 어약연비(魚躍鳶飛) 운영천광(雲影天光)이ᅀᅡ 어늬 그지 이슬고"에서와 같이 20음절의 장형이다. 이는 앞의 규범을 일탈한 것이다. 이 일탈은 제5수까지의 규범의 지속을 중지한다는 점과, 많은 음절을 노래함에 따라 정서 내지 정감의 정점을 보인다는 점에서, 종결의 문체적 표현이라고 정리할 수 있다. 이는 반복의 후미 전환에 의한 종결의 표현이다. 이와 같이 종장의 자수 또는 음보수의 일탈에 의한 종결의 표현은 이 언지에서 처음으로 나타난다.

이렇게 볼 때에, 이 텍스트는 단락내(제2, 3수의 제2단락, 제4, 5수의 제3단락)의 결속을 종결어나 종결어미를 갖추지 않은 종결법에 의해 보여주고, 단시조들의 결속과 단락들의 결속을 대칭표현으로 보여주며, 종

7 시조 종장의 일반형을 잡는 것은 매우 어렵다. 그러나 이 글에서 언급하려는 종장의 장형을 무리 없게 설명하기 위하여, 임시로 종장의 일반형을 ⟨3, 5, 4, 3⟩의 15음절에서 ±2음절을 한 13-17음절로 잡았다.

결을 대칭표현과 반복표현의 후미 전환에 의해 보여준다고 정리할 수 있다.

2.2. 구조와 주제

이 절에서는 〈언지〉 6수의 단시조별 주제와 구조를 먼저 정리하고, 이에 기초하여 〈언지〉 6수의 주제를 정리하려 한다.

2.2.1. 단시조별 주제와 구조

이 항에서는 〈언지〉 6수의 단시조별 주제와 구조를 정리하여, 다음 항의 논의에 필요한 자료를 정리하고자 한다.

2.2.1.1. 〈언지〉의 제1수

〈언지〉의 제1수는 다음과 같다.

> 이런ᄃᆞᆯ 엇다ᄒᆞ며 뎌런ᄃᆞᆯ 엇다ᄒᆞ료
> 草野愚生이 이러타(고) 엇다ᄒᆞ료
> ᄒᆞᄆᆞᆯ며 (草野 愚生이) 泉石膏肓을 고텨 므슴ᄒᆞ료

이 제1수에서 퇴계와 아이들로 하여금 각각 자기체험적인 창자가 될 수 있게 하는 시어들을 설명하고, 두 텍스트를 설정해 보자.

'이런ᄃᆞᆯ'과 '뎌런ᄃᆞᆯ'은 우언법으로 퇴계의 입장에서는 '출처(出處)'의 '처(處)'(집에 거함)와 '출(出)'(벼슬에 나아감)로 정리된다. 그러나 이 출처는 아이들에게 적용할 수 없다. 대신에 아이들에게는 '학문에 전념한들'과 '과거(科擧)에 전념한들'이 적용된다. 왜냐 하면, 아이들은 벼슬에 나아갈 나이가 아니기 때문이다.

'우생(愚生)'은 문자적 의미로는 '어리석은 저(生=나의 겸칭)'이며, 우언법으로는 '나'의 겸칭이다. 전자는 아이들이, 후자는 퇴계가 취하는 의미이다.

'천석고황(泉石膏肓)'은 전고인용으로, 그 의미는 산수 경치를 좋아하는 고치기 어려운 병이다. 이 의미만을 보면, 퇴계와 아이들은 모두가 이 시어를 자기체험적으로 노래할 수 있다. 그러나 은일자가 이 시어를 노래할 때는 불사(不仕)의 뜻을 스스로 서술한 것이다([書言故事 隱逸類 泉石膏肓] 自敍不仕之意 曰病在膏肓). 이 불사의 뜻은 퇴계가 자기체험적인 창자로 노래할 때의 텍스트에서는 당연한 것이다. 그러나 이 불사의 뜻은 아이들이 자기체험적인 창자로 노래할 때의 텍스트에서는 적용될 수 없다. 이 문제를 보면, 자기체험적인 텍스트에서, 퇴계는 '천석고황(泉石膏肓)'을 '불사지의(不仕之意)'의 의미로, 아이들은 '천석고황(泉石膏肓)'을 '기호산수(嗜好山水)'의 의미로 각각 다르게 노래한다고 정리할 수 있다. 이 '불사지의'와 '천석고황'의 관계는 환유이다. 즉 전자는 원인이고, 후자는 결과이다.

이상을 괄호 안에 넣어서 두 텍스트를 정리하면, 다음과 같다.

〈아이들의 텍스트〉

이런돌[:학문에 전념한들] 엇다ᄒᆞ며 뎌런돌[:과거에 전념한들] 엇다ᄒᆞ료

草野 愚生이[:어석은 제가] 이러타(고) 엇다ᄒᆞ료

ᄒᆞ믈며 (草野 愚生이) 泉石膏肓[:嗜好山水]을 고텨 므삼ᄒᆞ료

〈퇴계의 텍스트〉

이런돌[:집에 거한들] 엇다ᄒᆞ며 뎌런돌[:출사를 한들] 엇다ᄒᆞ료

草野 愚生[:'나'의 겸칭]이 이러타(고) 엇다ᄒᆞ료

ᄒᆞ믈며 (草野 愚生이) 泉石膏肓[:不仕之意]을 고텨 므삼ᄒᆞ료

아이들의 텍스트에서는, 아이들이 처한 현재의 위치에서 현재 누리고 있는 산수를 즐기고 좋아하는 천석고황을 지속하겠다는 의지를 보인다. 이에 비해 퇴계의 텍스트에서는, 퇴계가 처한 현재의 위치에서 현재 누리고 있는 '불사지의'의 천석고황을 지속하겠다는 의지를 보인다. 이렇게 아이들과 퇴계가 수용한 텍스트들은 의미를 달리 한다. 그리고 아이들은 아이들이 나이가 든 다음에는 언젠가 퇴계의 텍스트를 취할 수도 있다. 이런 점에서 두 텍스트는 점층의 중층적 구조를 갖는다고 정리할 수 있다.

그리고 이 천석고황 지속의 의지는 시상을 열었다는 점에서, 기승전결의 '기'로 정리할 수 있다.

2.2.1.2. 〈언지〉의 제2수

〈언지〉의 제2수에 생략된 시어들을 넣어보면 다음과 같다.

(스승이/내) 煙霞로 지블 삼고 風月로 버들 사마
太平聖代에 病오로 늘거가뇌(∅/라/이다) [(라고) 하시오이다/하시옵니다]
(내/우리) 이 듕에 ㅂ라는 이른 허므리나 업고쟈 (함입니다/함이오이다/함이라/함이네)

이 생략된 시어들 외에 두 창자가 각각 다르게 자기체험적으로 수용하는 시어는 '허물'이다. 이 '허물'의 의미는 '그릇 저지른 실수[過失], 누명(陋名), 흠(欠 : 사람의 언행이나 성격에 흠이 될 만한 점)' 등의 셋이다. 이 다의어 '허물'은 퇴계의 텍스트에서는 세 의미를 모두 포함한다. 그러나 아이들의 텍스트에서는 '누명'의 의미를 포함하지 않는다. 왜냐하면 아이들은 퇴계와 달리 출사한 경험이 없어 누명을 쓸 이유가 없기 때문이다. 이를 괄호 안에 넣어 두 텍스트를 정리하면 다음과 같다.

〈아이들의 텍스트〉

(스승이) 煙霞로 지블 삼고 風月로 버들 사마

太平聖代에 病오로 늘거가뇌{이다, [(라고) 하시오이다/하시옵니다]}

(내/우리) 이 듕에 ㅂ라는 이른 허므리나[:過失, 欠] 업고쟈 (함입니다/함이오이다)

〈퇴계의 텍스트〉

(내) 煙霞로 지블 삼고 風月로 버들 사마

太平聖代에 病오로 늘거가뇌{∅/라}

(내) 이 듕에 ㅂ라는 이른 허므리나[:過失, 欠, 陋名] 업고쟈 (함이네/함이라)

아이들의 텍스트에서는, 스승이 자연을 집과 벗으로 삼아(천석고황의 삶을 살면서) 태평성대에 늙어 가시니, 이러한 형편에, 아이들인 나와 우리는 허물이나 없고자 하는 소망을 보인다. 이는 천석고황의 삶을 사시는 스승 아래에서 취한 독선의 소망이다. 그리고 퇴계의 텍스트에서는, 퇴계 스스로가 자연을 집과 벗으로 삼아(천석고황의 삶을 살면서) 태평성대에 늙어감을 노래하고, 그 가운데 허물이나 없고자 하는 소망(정재호 1999:110)을 보인다. 이는 천석고황의 삶을 살면서 취한 독선의 소망이다. 그런데 이 독선이 보이는 '허물'은 표면상으로는 같지만, 그 내면에서는 '누명'의 포함 여부에서 다르다. 즉 아이들의 허물에서는 누명을 포함하지 않고, 퇴계의 텍스트에서는 '누명'을 포함한다. 이런 점들에서 두 텍스트는 점층의 중층적 구조를 보인다.

그리고 이 〈언지〉의 제2수는 〈언지〉의 제1수와의 관계에서, 천석고황의 지속을, 어떤 이유로 하려 하는가를 보여준다. 〈언지〉의 제2수는 초장과 중장에서 천석고황의 삶을 노래하고, 이어서 종장에서 독선의 소망을 노래하고 있다. 이는 초장과 중장의 천석고황이 종장의 독선 때문에 하는 것임을 말한다. 이런 점에서 〈언지〉의 제2수는 천석고황 지속의 이유를 노래하였다고 할 수 있다. 이는 〈언지〉의 제1수에 〈언지〉의 제2수를 논리적인 구조로 연결하고 있음을 말해 준다. 이 논리적 구조는 '기'과 '승'의 구조이다. 이 '승'의 이유를 〈언지〉의 제3수의 이유와 구별하기 위하여 이유1(승1)로 정리한다.

2.2.1.3. 〈언지〉의 제3수

〈언지〉의 제3수에 생략된 시어들을 보충하면 다음과 같다.

(사람들이) 淳風이 죽다 ᄒᆞ니 (이 말은) 眞實로 거즈 마리(라)
(古人이/스승이/내) 人性이 어디다 ᄒᆞ니 (이 말은) 眞實로 올ᄒᆞᆫ 마리(라)
(古人이/스승이/내) 天下애 許多英才를 소겨 (인성이 어질고 순풍이 살아 있다고) 말솜할가

이 생략들 외에 퇴계와 아이들이 자기체험적인 창자로 각각 다르게 수용하는 시어들은 없다. 앞의 제3수를 아이들의 텍스트와 퇴계의 텍스트로 분리하여 정리하면 다음과 같다.

〈아이들의 텍스트〉
(사람들이) 淳風이 죽다 ᄒᆞ니 (이 말은) 眞實로 거즈 마리(라)
(古人이/스승이) 人性이 어디다 ᄒᆞ니 (이 말은) 眞實로 올ᄒᆞᆫ 마리(라)
(古人이/스승이) 天下애 許多英才를 소겨 (인성이 어질고 순풍이 살아 있다고) 말솜할가

〈퇴계의 텍스트〉
(사람들이) 淳風이 죽다 ᄒᆞ니 (이 말은) 眞實로 거즈 마리(라)

(古人이/내) 人性이 어디다 ᄒᆞ니 (이 말은) 眞實로 올ᄒᆞᆫ 마리(라)

(古人이/내) 天下애 許多英才를 소겨 (인성이 어질고 순풍이 살아 있다고) 말솜할가

〈언지〉의 제3수는 교육을 통한 겸선(성기옥 2002:208)을 노래하고 있다. 그런데 아이들의 텍스트에서는, 순풍이 죽었다는 사람들의 말이 거짓이고, 인성이 어질다는 고인과 스승의 말이 진실이라는 사실을 노래하고, 이어서 고인과 스승이 천하의 많은 영재를 속여 말씀하지 않는다는 판단을 설의법으로 보여준다. 이는 고인과 스승이 수행한 겸선을 노래한 것이다.

이에 비해 퇴계의 텍스트에서는 고인과 자신이 한 말이 진실이고, 고인과 자신이 천하의 많은 영재를 속여서 말하지 않는다는 사실을 노래한다. 이는 고인과 자신이 수행한 겸선을 노래한 것이다.

이렇게 아이들의 텍스트와 퇴계의 텍스트는 그 정도에서 점층적이고 중층적이다. 이는 이 〈언지〉의 제3수의 두 텍스트가 점층의 중층적 구조로 되어 있음을 말해 준다.

그리고 이 〈언지〉의 제3수는 〈언지〉의 제2수와의 관계에서는 점층적 구조를 보인다. 즉 제2수의 독선에 점층된 겸선의 수행을 노래한 것이다. 이는 〈언지〉 제2수의 천석고황 지속의 이유1(승1)에 점층된 천석고황 지속의 이유2(승2)라 할 수 있다.

2.2.1.4. **〈언지〉의 제4수**

〈언지〉의 제4수에 생략된 시어들을 보충하면 다음과 같다.

幽蘭이 在谷ᄒᆞ니 (내/우리) 自然이 듣디 됴해(라)

白雲이 在山ᄒᆞ니 (내/우리) 自然이 보디 됴해(라)

(내/우리) 이 듕에 彼美一人을 더옥 닛디 못하얘(라)

이 생략들 외에 자기체험적인 두 창자들(퇴계와 아이들)이 다르게 수용하는 시어는 '피미일인(彼美一人)'이다. '피미일인'의 '미인'은 다의어이다. 아름다운 사람을 의미하기도 하고, 군주(君主)를 의미하기도 하며, 석인/현인(碩人/賢人)을 의미하기도 한다. 군주는 "망미인혜천일방(望美人兮天一方)"(蘇軾)에 나온 '미인(美人)'의 상징적 의미이며, 석인/현인은 "피미인혜(彼美人兮), 서방지인혜(西方之人兮)"([詩, 邶風, 簡兮])에 나온 '미인(美人)'의 상징적 의미이다. 이 상징적 의미는 [정전(鄭箋)]의 "저 미인은 석인을 이른다[彼美人謂碩人也]"에서 알 수 있다.

이상의 의미를 괄호 안에 넣어 두 텍스트를 정리하면 다음과 같다.

〈아이들의 텍스트〉

幽蘭이 在谷ᄒᆞ니 (내/우리) 自然이 듣디 됴해(라)
白雲이 在山ᄒᆞ니 (내/우리) 自然이 보디 됴해(라)
(내/우리) 이 듕에 彼美一人[:석인/현인]을 더옥 닛디 못하얘(라)

〈퇴계의 텍스트〉

幽蘭이 在谷ᄒᆞ니 (내) 自然이 듣디 됴해(라)
白雲이 在山ᄒᆞ니 (내) 自然이 보디 됴해(라)
(내) 이 듕에 彼美一人[:석인/현인, 군주]을 더옥 닛디 못하얘(라)

이 〈언지〉 제4수에서는 천석고황의 좋음을 노래하는 가운데 미인을 더욱 잊지 못하는 것을 노래하고 있다. 구체적으로 아이들의 텍스트에서는, 천석고황의 자연에서 석인/현인을 더욱 잊지 못하는 사실을 노래하고 있다. 이에 비해 퇴계의 텍스트에서는, 천석고황의 자연에서 석인/

현인과 군주를 더욱 잊지 못하는 사실을 노래하고 있다. 이런 차이는 '미인(美人)'의 의미를 다르게 수용함에 따른 것이다. 이렇게 본다면, 이 〈언지〉 제4수의 두 텍스트에서도 점층의 중층적 구조를 보인다고 할 수 있다.

그런데 이 석인/현인과 군주의 의미를 말한 이유는 무엇일까? 이는 이 〈언지〉 제4수가 〈언지〉 6수의 구조에서 가지는 기능이 무엇일까 하는 문제이다. 이는 초장과 중장에서 천석고황의 삶이 좋음을 노래한 다음에 나온 것으로, 천석고황의 좋은 생활 속에서도 잊지 말아야 할 것을 노래한 것이다. 즉 천석고황의 좋음 속에서도 항상 (군주와) 석인/현인을 잊지 말아야 한다는 경계라고 할 수 있다. 이 경계는 기승전결의 '전'이며, 도교(道教)와 선교(仙教)에서 보이는 자연에서의 삶만을 보이는 것과 크게 구분되는 점이다.

이 '전'의 경계는 기왕의 연구에서 정리되었듯이, 도산 내경을 배경(성기옥 2002:208)으로 한다. 이 내경은 외부와 단절된 폐쇄 공간으로, 이 공간에서 보인 경계를 〈언지〉 제5수에서 보이는 경계와 구분하기 위하여 경계1(전1)로 구별한다.

2.2.1.5. 〈언지〉의 제5수

〈언지〉의 제5수는 다음과 같다.

> 山前에 有臺ᄒᆞ고 臺下애 有水ㅣ로다
> 떼 만흔 ᄀᆞᆯ며기는 오명가명 ᄒᆞ거든
> (그것이) 엇다다(고) 皎皎白駒ᄂᆞᆫ 머리 ᄆᆞᅀᆞᆷᄒᆞᄂᆞᆫ고

이 〈언지〉 제5수에서 자기체험적인 퇴계와 아이들을 창자로 설정할 때에, 각각 다른 의미로 수용되는 시어는 '머리'이다. 이를 보자.

'머리'는 동음이의어로 '멀리'와 '머리'(우두머리, 군주)의 의미를 보이며, '멀리'는 우언법으로 '궁궐/북궐', '떼(억지 의견의 고집) 많은 은일자들이 오가는 곳과 매우 떨어진 곳' 등의 의미를 함축한다. 경험과 연치로 보아, 이 중에서 '머리'(우두머리, 군주), '궁궐/북궐', '떼(/억지 의견의 고집) 많은 은일자들이 오가는 곳과 매우 떨어진 곳' 등은 퇴계가 취한 의미들이고, 이 중에서 '떼(억지 의견의 고집) 많은 은일자들이 오가는 곳과 매우 떨어진 곳'은 아이들도 취한 의미이다.

이 의미를 아이들의 텍스트와 퇴계의 텍스트로 분리하여 정리하면 다음과 같다.

〈아이들의 텍스트〉

山前에 有臺ᄒᆞ고 臺下애 有水ㅣ로다

떼 만흔 골며기는 오명가명 ᄒᆞ거든

(그것이) 엇다다(고) 皎皎白駒는 머리[:떼(억지 의견의 고집) 많은 은일자들이 오가는 곳과 매우 떨어진 곳에] ᄆᆞᄋᆞᆷᄒᆞ는고

〈퇴계의 텍스트〉

山前에 有臺ᄒᆞ고 臺下애 有水ㅣ로다

떼 만흔 골며기는 오명가명 ᄒᆞ거든

(그것이) 엇다다(고) 皎皎白駒는 머리[:우두머리/군주/궁궐/북궐, 떼(억지 의견의 고집) 많은 은일자들이 오가는 곳과 매우 떨어진 곳에] ᄆᆞᄋᆞᆷᄒᆞ는고

이 〈언지〉 제5수에서 아이들의 텍스트를 자연 속의 동물세계로 볼 수도 있다. 즉 산전에 있는 대하에 물이 있고, 그 물 위에 떼 많은 갈매기들이 오락가락 하므로, 희고 흰 백마가 그곳에서 멀리 떨어진 곳에 왜 마음을 두는가 하는, 자연 속의 동물세계로 볼 수도 있다. 그러나

이 〈언지〉 6수의 맥락에서 볼 때에, 천석고황과 관련시켜 다음과 같이 보려 한다. 즉 한적한 곳에 억지 의견의 고집이 많은 은일자들이 오고가므로, 은(일)자가 타는 말이 그들의 오감과 먼 곳에 마음을 둔다는 노래로 본다. 이 경우에 억지 의견의 고집이 많은 은일자들의 오감과 먼 곳에 마음을 두는 것은 억지 의견의 고집이 많은 은일자들과는 거리를 두어야 한다는 경계이다.

이에 비해 퇴계의 텍스트에서는, 한적한 곳에 억지 의견의 고집이 많은 은일자들이 오고가므로, 은(일)자가 타는 말이 억지 의견의 고집이 많은 은일자들과는 거리를 두어야 한다는 경계와, 군주를 잊지 말아야 한다는 경계를 노래한다. 이 퇴계의 텍스트에서 보이는 경계는 아이들의 텍스트에 군주를 잊지 말아야 한다는 경계가 첨가된 점층의 중층적 구조이다.

이 〈언지〉 제5수는 기왕의 연구가 보여주듯이, 도산 외경을 배경(성기옥 2002:208)으로 한다. 이 외경은 외부에 개방된 개방 공간이다. 그리고 (군주를 잊지 말아야 한다는 경계와) 억지 의견의 고집이 많은 은일자들과는 거리를 두어야 한다는 경계는 〈언지〉 제4수에 점층된 내용이다. 이런 점에서 이 〈언지〉 제5수는 천석고황의 지속에서 유의하여야 할 경계2(전2)라고 정리할 수 있다.

2.2.1.6. 〈언지〉의 제6수

〈언지〉의 제6수는 다음과 같다.

> 春風에 花滿山ᄒᆞ고 秋夜애 月滿臺라
> 四時 佳興이 사ᄅᆞᆷ과 ᄒᆞᆫ 가지라
> ᄒᆞ물며 魚躍鳶飛 雲影天光이야 어늬 그지 이슬고

이 제6수에서, 퇴계와 아이들이 자기체험적인 창자로 달리 취하는 의미를 보자.

"춘풍(春風)에 화만산(花滿山)ᄒᆞ고 추야(秋夜)애 월만대(月滿臺)라"는 아름다운 자연의 현상인 동시에, 자연이 보여주는 자득기도(自得其道)와 자득기락(自得其樂)이기도 하다. 후자의 의미는 언지 기6의 초장("춘풍에 화만산ᄒᆞ고 추야애 월만대라")과 "만물정관개자득(萬物靜觀皆自得) 사시가흥여인동(四時佳興與人同)"(程顥, 〈秋日偶成詩〉)의 첫구를 비교하면 알 수 있다. 이 의미를 보기 위해 자득(自得)의 의미를 먼저 보고, 이어서 "춘풍에 화만산ᄒᆞ고 추야애 월만대라"와 자득기도와 자득기락의 관계를 보자.

『중문대사전』을 보면, '자득(自得)'은 '자득기도(自得其道), 자각득의(自覺得意), 자득기락(自得其樂)' 등의 의미[8]를 가지고 있다. 그런데 이 제6수의 초장에 맞는 '자득'은 '자득기도'와 '자득기락'이라고 생각한다. 왜냐하면 "춘풍에 화만산ᄒᆞ고 추야애 월만대라"는 '자득기도'와 '자득기락'의 한 예들이기 때문이다.

이번에는 "춘풍에 화만산ᄒᆞ고 추야애 월만대라"와 자득기도와 자득기락의 관계를 보자. 이 관계는 제유, 그 중에서도 개별화의 제유이다. 즉 "춘풍에 화만산ᄒᆞ고 추야애 월만대라"는 부분으로 자득기도와 자득기락의 전체를 대신한 표현이다. 이 중에서 자연의 현상(보조관념)으로 파악한 것은 아이들이고, 원관념의 자득기도와 자득기락으로 파악한 것은 퇴계이다. 그리고 원관념의 것들을 아이들은 체득할 수도 있고, 그렇지

8 ㊀ 自得其樂. [漢書, 賈誼傳] 誼既以適去, 意不自得. [孔子家語, 七十二弟子解] 衎然有自得之志. [文選, 何晏, 景福殿賦] 莫不優游以自得. ㊁ 自覺得意, 亦曰自得. [史記, 晏嬰傳] 意氣揚揚, 甚自得也. ㊂ 自得其道. [禮記, 中庸] 君子無入 而不自得焉. [注] 自得, 所鄕不失其道. [孟子, 滕文公上] 輔之翼之, 使自得之. [孟子, 離婁下] 君子深造之以道, 欲其自得之也. [注] 欲使己得其原本, 如性自有之也. [莊子, 大宗師] 當而不自得也. [荀子, 勸學] 積善成德 而神明自得. [呂氏春秋, 謹聽] 使夫自得之(『中文大辭典』'自得'조)

못할 수도 있다. 이는 『중용』의 〈비은장〉에 나온 우부도 도를 알며 행하고에 근거한다.

"사시(四時) 가흥(佳興)이 사롬과 훈 가지라"는 "만물정관개자득(萬物靜觀皆自得) 사시가흥여인동(四時佳興與人同)"(정호, 〈추일우성시〉)의 후구를 전고인용한 용사이다. 이 용사에 포함된 '사롬'은 일반칭의 사람이면서, 동시에 '나/우리'의 일반화의 제유법이기도 하다. 전자는 아이들이, 후자는 퇴계가 각각 취한 의미이다.

'어약연비(魚躍鳶飛)'와 '운영천광(雲影天光)' 역시 자연의 현상으로 볼 수도 있고, 자득기도와 자득기락을 상징한 전고인용의 용사로 볼 수도 있다. 후자로 볼 경우에, '어약연비(魚躍鳶飛)'는 "연비누천 어약우연 개제군자 하불작인(鳶飛淚天 魚躍于淵 豈弟君子 遐不作人, 솔개는 하늘에서 날고, 물고기는 연못에서 뛰노는데, 豈弟한 君子여 어찌 사람을 일으키지 않으리오)"(『시경』〈大雅〉의 旱麓篇)에서 인용한 것으로, 자연의 솔개와 물고기가 자득기도하고 자득기락함을 의미한다. 그런데 이 경우에 자득기도와 자득기락을 보여주는 '어약연비(魚躍鳶飛)'는 『중용』의 〈비은장〉에서 군자지도(君子之道)를 설명하면서 도가 우주에 편재함을 보여준 예이다. 그리고 '운영천광(雲影天光)'은 "천광운영공배회(天光雲影共徘徊)"(朱熹)에서 용사한 말로, '천광(天光)'의 문자적 의미는 '하늘빛'이고, '운영(雲影)'의 문자적 의미는 '구름의 자태' 또는 '구름의 빛'(影=景)이며, 그 이차적 의미는 역시 '어약연비(魚躍鳶飛)'의 의미와 같이 자득기도와 자득기락을 의미하면서, 도가 우주에 편재함을 보여준 예가 된다. 이 중에서 자연의 현상으로 해석한 것은 아이들이고, 자득기도와 자득기락으로 해석한 것은 퇴계이다. 그리고 『중용』의 〈비은장〉으로 보아, 아이들은 후자를 체득할 수도 있고, 그렇지 못할 수도 있다.

'어늬'는 동음이의어이다. 하나의 의미는 관형사인 '(공간적/시간적으로) 어느, 어떤, 무슨'이고, 다른 하나의 의미는 관형사 '어느'와 명사 '이'

의 결합인 '어느 것'이다. 이 중에서 전자는 퇴계가, 후자는 아이들이 취한 의미이다.

이상의 것들을 두 텍스트로 나누어 정리하면 다음과 같다.

〈아이들의 텍스트〉

春風에 花滿山ᄒᆞ고 秋夜애 月滿臺라{:자연의 현상, [自得其道, 自得其樂]}

四時 佳興이 사ᄅᆞᆷ과 ᄒᆞᆫ 가지라

ᄒᆞ믈며 魚躍鳶飛 雲影天光{:자연의 현상, [自得其道, 自得其樂]}이야 어늬[:어느 것] 그지 이슬고

〈퇴계의 텍스트〉

春風에 花滿山ᄒᆞ고 秋夜애 月滿臺라(:自得其道, 自得其樂)

四時 佳興이 사ᄅᆞᆷ과 ᄒᆞᆫ 가지라

ᄒᆞ믈며 魚躍鳶飛 雲影天光(:自得其道, 自得其樂)이야 어늬[:어느] 그지 이슬고

이 〈언지〉 제6수는 즐겁고 좋은 정서를 일으키는 아름다운 자연을 노래하고, 즐겁고 좋은 정서인 흥이 사람과 한 가지로, 어약연비와 운영천광이 끝이 없다고 노래한다. 이 내용은 두 텍스트에서 그 의미를 달리한다. 아이들의 텍스트에서는, 아름다운 자연과 사람의 흥이 한 가지라는 고인의 시를 노래하고, 하물며(더군다나) 어약연비와 운영천광은 어느 것도 끝이 없다고 노래한다. 이는 아름다운 자연에서 느끼는 흥과 사람의 흥이 한 가지라는 것을 노래하고, 이 흥을 품은 자연의 어느 것도 끝이 없음을 노래한 것이다. 중괄호에 넣은 내용은 아이들이 체득한 것일 수도 있고, 그렇지 못한 것일 수도 있어 설명을 생략한다.

이에 비해 퇴계의 텍스트에서는, 자연이 보이는 자득기도 및 자득기

락과 나의/우리의 흥이 한 가지라는 고인의 시와 자신(들)의 체험을 노래하고, 이를 잘 보여주는 어약연비와 운영천광은 어느 끝도 없다고 노래한다. 이 퇴계의 텍스트에서는, 자득기도 및 자득기락과 나의/우리의 자득의 흥이 한 가지라는 노래를 통하여, 자연이 자득기도를 통하여 보여주는 자득기락과 이 낙을 즐기는 시적 화자의 낙의 합일을 보여준다. 이런 점들에서 이 제6수 역시 두 텍스트를 통하여 점층의 중층적 구조를 보여준다고 할 수 있다.

그리고 이 〈언지〉 제6수는 자연과 나의 흥이 하나로 끝이 없음(아이들의 텍스트)과, 자연의 자득기도 및 자득기락과 이 낙을 즐기는 시적 화자의 낙이 합일하여 끝이 없음(퇴계의 텍스트)을 노래한다. 그런데 이 경우에 자득기도와 자득기락을 보여주는 어약연비와 운영천광은, 『중용』의 〈비은장〉과 주자에서 군자지도(君子之道)를 보여준 예들이다. 이로 인해 이 〈언지〉 제6수는 천석고황 지속의 목표/경지인 '군자지도와 그 즐거움'을 노래했다고 정리할 수 있다. 이는 천석고황 지속의 목표/경지(군자지도와 그 즐거움)로 기승전결의 '결'이라고 정리할 수 있다.

2.2.2. 〈언지〉 6수의 세 구조와 주제

먼저 〈도산육곡1〉(언지) 6수의 주제와 텍스트별 주제를 다시 정리하면 다음과 같다.

1) 〈언지〉 제1수 : 천석고황 지속의 의지(기)
   (1) 아이들의 텍스트 : 기호산수하는 천석고황 지속의 의지
   (2) 퇴계의 텍스트 : 불사지의를 품은 천석고황 지속의 의지
2) 〈언지〉 제2수 : 천석고황 지속의 이유1(:독선, 승1)
   (1) 아이들의 텍스트 : 과실과 결점이 없는 독선의 소망
   (2) 퇴계의 텍스트 : 과실, 결점, 누명 등이 없는 독선의 소망

3) 〈언지〉 제3수: 천석고황 지속의 이유2(:겸선, 승2)

(1) 아이들의 텍스트: 고인과 스승이 수행한 교육의 겸선

(2) 퇴계의 텍스트: 고인과 자신이 수행한 교육의 겸선

4) 〈언지〉 제4수: 천석고황 지속에서의 경계1[:폐쇄 공간에서의 천석고황 지속중에도 (군주와) 석인/현인을 잊지 말아야 한다는 경계](전1)

(1) 아이들의 텍스트: 폐쇄 공간에서의 천석고황 지속중에도 석인/현인을 잊지 말아야 한다는 경계

(2) 퇴계의 텍스트: 폐쇄 공간에서의 천석고황 지속중에도 석인/현인과 군주를 잊지 말아야 한다는 경계

5) 〈언지〉 제5수: 천석고황 지속에서의 경계2[:개방 공간에서의 천석고황 지속중에도 (군주를 잊지 말고) 떼 많은 은일자들과 거리를 두어야 한다는 경계](전2)

(1) 아이들의 텍스트: 개방 공간에서의 천석고황 지속중에도 떼 많은 은일자들과 거리를 두어야 한다는 경계

(2) 퇴계의 텍스트: 개방 공간에서의 천석고황 지속중에도 떼 많은 은일자들과 거리를 두어야 하고, 군주를 잊지 말아야 한다는 경계

6) 〈언지〉 제6수: 천석고황 지속의 목표/경지(자연의 즐거움, 결)

(1) 아이들의 텍스트: 자연 현상의 즐거움

(2) 퇴계의 텍스트: 자연의 자득기도 및 자득기락의 즐거움(군자지도와 그 즐거움)

이 정리에서 세 구조를 정리할 수 있다. 첫째는 (1)의 아이들의 텍스트와 (2)의 퇴계의 텍스트가 보이는 점층의 중층적 구조이다. 둘째는 〈언지〉 제2·3수와 〈언지〉 제4·5수가 각각 보이는 점층적 구조이다. 셋째는 천석고황 지속의 의지(제1수, 기) - 천석고황 지속의 이유(제2·3수, 승) - 천석고황 지속에서의 경계(제4·5수, 전) - 천석고황 지속의 목표

/경지(제6수, 결) 등의 기승전결의 논리적 구조이다.

셋째 구조인 논리적 구조를 통하여, 이 〈언지〉 6수의 주제를 [군자지도와 그 즐거움으로 나아가기]로 정리할 수 있다. '천석고황 지속의 의지'(제1수, 기), '천석고황 지속의 이유'(제2·3수, 승), '천석고황 지속에서의 경계'(제4·5수, 전) 등은 천석고황을 지속하는 목표/경지인 '군자지도와 그 즐거움으로 나아가기'를 보여준다. 그리고 '지속의 목표/경지'(제6수, 결)에서는 '군자지도와 그 즐거움'을 보여준다. 이런 점에서 〈언지〉 6수의 주제를, [군자지도와 그 즐거움으로 나아가기]로 정리할 수 있다. 이 주제를 제목인 '언지(言志)'의 '지(志)'로 하면서 '언(言)'을 사용한 것은 '언(言)'의 중의[9]를 이용하려 한 것으로 추정된다.

3. 〈도산육곡2〉(언학)의 텍스트

이 장에서는 〈도산육곡2〉(언학)의 결속, 종결, 구조, 주제 등을 두 절로 나누어 정리하고자 한다.

3.1. 결속과 종결

〈언학〉 6수의 구성은 2수 1단락의 연시조로 볼 수도 있고, 1수 1단락과 2수 1단락이 혼합된 연시조로 볼 수도 있다. 그런데 전자로 보면 두

---

9 '言志'와 '言學'의 '言'은 일차적으로 '말하기'를 의미한다. 그런데 〈도산육곡1, 2〉의 내용으로 보아, '歌志, 吟志, 詠志, 歌學, 吟學, 詠學' 등으로 쓸 수도 있다. 굳이 '言志'와 '言學'의 '言'을 쓴 이유는, 그 당시에 퇴계에게 보이는 비방에 대응하여, '言'의 의미가 포함한 '알리다'와 '맹세하는 글'의 의미를 중의적으로 보여주기 위한 것으로 판단한다.

문제[10]가 발생한다는 점에서, 2수 1단락의 연시조로 보지 않고, 1수 1단락과 2수 1단락이 혼합된 연시조로 보면서, 결속과 종결을 정리하려 한다.

3.1.1. 순차적 결속

순차적 결속은 2수의 순차적 결속과 4단락의 순차적 결속으로 정리된다.

3.1.1.1. 2수의 순차적 결속

2수의 순차적 결속은 제2단락(제2, 3수)과 제3단락(제4, 5수)에서 종결어미를 갖추지 않은 종결을 쓴 일탈표현에 의해 구사되었다. 이를 보기 위해 각수의 종장들을 보자.

제1수: 이 듕에 往來風流ᄅᆞᆯ 닐어 므슴 ᄒᆞᆯ고

제2수: 우리ᄂᆞᆫ 耳目聰明 男子로 聾瞽 ᄀᆞᆮ디 마로리(라)
제3수: 녀던 길 알ᄑᆡ 잇거든 아니 녀고 엇뎔고

제4수: 이제ᅀᅡ 도라ᄋᆞ나니 년 듸 ᄆᆞᅀᆞᆷ 마ᄅᆞ리(라)
제5수: 우리도 그치디 마라 萬古常靑 호리라

제6수: 쉽거나 어렵거낫 듕에 늙ᄂᆞᆫ 주를 몰래라

---

10 전자로 볼 수 있는 가능성은 제1수 종장의 끝에 온 종결어미 '-ㄹ고'와 제2수 종장의 끝에 온 시어 '마로리'가, 제3수의 끝과 제4수의 끝에서도 각각 반복하기 때문이다. 그러나 이에 근거해 2수 1단락인 제1단락(제1, 2수), 제2단락(제3, 4수), 제3단락(제5, 6수) 등으로 묶으면, 의미상 같이 묶을 수 없는 것들을 한 단락으로 묶는 문제가 발생한다. 그리고 앞에서 살핀 〈도산육곡1(언지)〉의 대칭과도 일치하지 않는다.

이 종장들을 보면, 제1, 3, 5, 6수의 종장 끝시어들은 '홀고, 엇덜고, 호리라, 몰래라' 등과 같이 서로 다른 용언들이 종결어미를 갖춘 종결형들이다. 이 종결어미를 갖춘 종결형들은 해당 단락들의 종결의 형식에서 규범을 형성한다. 이에 비해 제2, 4수의 '마로리(라)'는 같은 용언으로 짝을 이루면서 괄호 안에 쓴 종결어미를 생략한, 종결어미를 갖추지 않은 종결형으로 앞의 규범을 일탈한다. 이 일탈표현은 괄호 안에 제시한 종결어미를 표현하여 종결을 완전하게 처리하지 않고 미완으로 처리한 것이다. 이 미완의 일탈은 단락의 종결을 보여준 종결어나 종결어미를 갖춘 종결표현의 일탈로, 해당 단시조의 종결을 보여주지만, 해당 단락의 종결은 보여주지 않으면서, 제2, 3수의 결속과 제4, 5수의 결속을 보여주는 표현이다. 이 결속은 [제1단락(제1수) - 제2단락(제2, 3수) - 제3단락(제4, 5수) - 제4단락(제6수)]의 구조에서 제2단락의 단락내 결속과 제3단락의 단락내 결속을 보여준 것이다.

이렇게 종결어나 종결어미를 갖추지 않은 종장 시어를 이용하여 단락내의 결속을 보여주는 문체적 장치는 앞에서 본 〈도산육곡1〉(언지)에서도 발견된 형태이다. 그리고 이 구성은 작품의 구조와도 같다. 즉 주제상 제2단락(제2, 3수)은 학문 지속의 이유(제2수: 귀머거리나 봉사와 같지 않기 위하여, 제3수: 고인과 같이 살기 위하여)로, 제3단락(제4, 5수)은 학문 지속에서의 경계(제4수: 자신의 과거 중지에 비춘 학문 지속에서의 경계, 제5수: 청산의 늘 푸름과 유수의 그치지 않음에 비춘 학문 지속에서의 경계)로 각각 묶인다.

3.1.1.2. 4단락의 순차적 결속

이 순차적 결속은 같은 표현을 순차적으로 반복하면서 보여준다. 제1단락과 제2단락의 결속을 보자.

天雲臺 도라드러 玩樂齋 蕭洒ᄒᆞᆫ듸
萬卷 生涯로 樂事ㅣ 無窮 ᄒᆞ애라
이 듕에 往來風流롤 닐어 므슴 <u>홀고</u>(제1수)(제1단락)

雷霆이 破山ᄒᆞ야도 聾者ᄂᆞᆫ 몯 듣ᄂᆞ니
白日이 中天ᄒᆞ야도 瞽者ᄂᆞᆫ 몯 보ᄂᆞ니
우리ᄂᆞᆫ 耳目聰明 男子로 聾瞽 ᄀᆞᆮ디 마로리(제2수)
古人도 날 몯 보고 나도 古人 몯 뵈
古人을(←를) 못 봐도 녀던 길 알퓌 잇ᄂᆡ
녀던 길 알퓌 잇거든 아니 녀고 엇<u>뎔고</u>(제3수)(제2단락)

이 순차적 결속은 제1, 2단락 끝에 온 어미 '-ㄹ고'의 반복표현에 의해 이루어진다. 제1단락의 종장은 "이 듕에 왕래풍류(往來風流)롤 닐어 므슴 홀고"이고, 제2단락의 끝에 온 종장은 "녀던 길 알퓌 잇거든 아니 녀고 엇뎔고"이다. 이 두 종장의 끝시어에서는 '-ㄹ고'의 어미를 반복하면서, 제1단락과 제2단락의 결속을 보여준다.

제2단락과 제3단락의 결속을 보자.

雷霆이 破山ᄒᆞ야도 聾者ᄂᆞᆫ 몯 듣ᄂᆞ니
白日이 中天ᄒᆞ야도 瞽者ᄂᆞᆫ 몯 보ᄂᆞ니
우리ᄂᆞᆫ 耳目聰明 男子로 聾瞽 ᄀᆞᆮ디 마로리(제2수)
古人도 날 몯 보고 나도 古人 몯 뵈
古人을(←를) 못 봐도 <u>녀던 길 알퓌 잇ᄂᆡ</u>
<u>녀던 길 알퓌 잇거든</u> 아니 녀고 엇뎔고(제3수)

當時예 녀든 길흘 몃 ᄒᆡ를 ᄇᆞ려 두고

어듸 가 둔니다가 이제ᅀᅡ 도라온고
이제ᅀᅡ 도라오나니 년 듸 ᄆᆞᄉᆞᆷ 마로리(제4수)
青山는 엇뎨ᄒᆞ야 萬古애 프르르며
流水는 엇뎨ᄒᆞ야 晝夜애 긋디 아니는고
우리도 그치디 마라 萬古常青 호리라(제5수)

제2단락의 끝에 온 제3수의 중장과 종장에서는 연쇄법을 보여준다. 즉 중장인 "고인(古人)을(←를) 못 봐도 녀던 길 알ᄑᆡ 잇ᄂᆡ"의 밑줄 친 부분인 "녀던 길 알ᄑᆡ 잇-"을, 종장인 "녀던 길 알ᄑᆡ 잇거든 아니 녀고 엇뎔고"의 밑줄 친 부분에서 반복하는 연쇄법을 보여준다. 그리고 제3단락의 앞부분에 온 제4수의 중장과 종장에서도 연쇄법을 보여준다. 즉 중장인 "어듸 가 둔니다가 이제ᅀᅡ 도라온고"의 밑줄 친 부분인 "이제ᅀᅡ 도라오-"을, 종장인 "이제ᅀᅡ 도라오나니 년 듸 ᄆᆞᄉᆞᆷ 마로리"의 밑줄 친 부분에서 반복하는 연쇄법을 보여준다. 이렇게 정리된 제3수의 연쇄법과 제4수의 연쇄법은, 제2단락과 제3단락의 순차적 결속을 보여준다.

제3단락과 제4단락의 결속을 보자.

當時예 녀든 길흘 몃 ᄒᆡ를 ᄇᆞ려 두고
어듸 가 둔니다가 이제ᅀᅡ 도라온고
이제ᅀᅡ 도라오나니 년 듸 ᄆᆞᄉᆞᆷ 마로리(제4수)
青山는 엇뎨ᄒᆞ야 萬古애 프르르며
流水는 엇뎨ᄒᆞ야 晝夜애 긋디 아니는고
우리도 그치디 마라 萬古常青 호리라(제5수)(제3단락)

愚夫도 알며 ᄒᆞ거니 긔 아니 쉬운가
聖人도 몯다 ᄒᆞ시니 긔 아니 어려운가

쉽거나 어렵거낫 듕에 늙는 주를 몰래라(제6수)(제4단락)

제3단락의 두 번째 시조인 제5수의 초장과 중장은 "청산(青山)는 엇뎨ᄒᆞ야 만고(萬古)애 프르르며"와 "유수(流水)는 엇뎨ᄒᆞ야 주야(晝夜)애 긋디 아니는고"이다. 이 초장과 중장은 대구이다. 그리고 제4단락인 제6수의 초장과 중장은 "우부(愚夫)도 알며 ᄒᆞ거니 긔 아니 쉬운가"와 "성인(聖人)도 몯다 ᄒᆞ시니 긔 아니 어려운가"로 대구이다. 이 제3단락의 대구와 제4단락의 대구는 대구의 반복이라는 점에서 제3, 4단락의 순차적 결속을 보여준다.

제3단락과 제4단락에는 또 다른 결속도 있다. 제3단락의 두 번째 시조인 제5수의 종장을 보면, '-라'를 보여준다. 그리고 제4단락인 제6수의 종장을 보아도, '-라'를 보여준다. 이는 같은 어미의 반복에 의한 제3, 4단락의 결속이다.

이상의 제1, 2단락, 제2, 3단락, 제3, 4단락 등에서 보여주는 순차적 결속들은 이 텍스트 전체로도 순차적 결속을 보여준다.

3.1.2. 대칭적 결속

대칭적 결속은 4단락의 대칭적 결속과 6수의 대칭적 결속으로 정리된다.

3.1.2.1. 4단락의 대칭적 결속

이 4단락의 대칭적 결속은 다음의 두 대칭표현에 의해 구사되었다.

天雲臺 도라드러 玩樂齋 蕭洒ᄒᆞᆫ듸
萬卷 生涯로 樂事ㅣ 無窮ᄒᆞ얘라
이 듕에 往來風流를 닐어 므슴 ᄒᆞᆯ고(제1수)(제1단락)

雷霆이 破山ᄒᆞ야도 聾者ᄂᆞᆫ 몯 듣ᄂᆞ니
白日이 中天ᄒᆞ야도 瞽者ᄂᆞᆫ 몯 보ᄂᆞ니
우리ᄂᆞᆫ 耳目聰明 男子로 聾瞽 ᄀᆞᆮ디 마로리(제2수)
古人도 날 몯 보고 나도 古人 몯 뵈
古人을(←를) 못 봐도 녀던 길 알픠 잇ᄂᆡ
녀던 길 알픠 잇거든 아니 녀고 엇뎔고(제3수)(제2단락)

當時예 녀든 길흘 몃 ᄒᆡ를 ᄇᆞ려 두고
어듸 가 ᄃᆞᆫ니다가 이제ᅀᅡ 도라온고
이제ᅀᅡ 도라오나니 년 듸 ᄆᆞᅀᆞᆷ 마로리(제4수)
靑山ᄂᆞᆫ 엇뎨ᄒᆞ야 萬古애 프르르며
流水ᄂᆞᆫ 엇뎨ᄒᆞ야 晝夜애 긋디 아니ᄂᆞᆫ고
우리도 그치디 마라 萬古常靑 호리라(제5수)(제3단락)

愚夫도 알며 ᄒᆞ거니 긔 아니 쉬운가
聖人도 몯다 ᄒᆞ시니 긔 아니 어려운가
쉽거나 어렵거낫 듕에 늙ᄂᆞᆫ 주를 몰래라(제6수)(제4단락)

첫째로, ['듕에 -를'(제1단락) - 대칭축 - '듕에 -를'(제4단락)]의 대칭표현이다. 제1단락인 제1수의 종장("이 듕에 왕래풍류(往來風流)를 닐어 므슴 홀고")과 제4단락인 제6수의 종장("쉽거나 어렵거낫 듕에 늙ᄂᆞᆫ 주를 몰래라")을 보면, 밑줄 친 부분에서와 같이, '듕에 -를'이 대칭표현으로 구사되어 있다.

둘째로, [마로리(제2단락 첫수) - 대칭축 - 마로리(제3단락의 첫수)]의 대칭표현이다. 제2단락의 첫수(제2수)의 종장 끝시어 '마로리'와 제3단락의 첫수(제4수)의 종장 끝시어 '마로리'는 제2단락과 제3단락 중간을 대칭축으로 대칭한다.

이 두 대칭표현들은 이 텍스트의 단락 차원에서도 대칭표현을 보여준다. 즉 ‘듕에 -ᄅᆞᆯ’을 A로, ‘마로리’를 B로 바꾸면, 이 텍스트는 [A(제1단락) - B(제2단락) - C(대칭축) - B(제3단락) - A(제4단락)]의 대칭표현을 보여준다. 이 대칭표현은 〈도산육곡1〉(언지)의 텍스트에서도 발견되었던 것으로, 역시 단락 차원에서 텍스트 전체의 결속을 보이며, 동시에 시종의 대칭이란 차원에서 종결도 보여준다.

3.1.2.2. 6수의 대칭적 결속

이 대칭적 결속은 다음의 네 대칭표현에 의해 구사되었다. 이를 보기 위해 밑줄 친 부분을 보자.

天雲臺 도라드러 玩樂齋 蕭洒ᄒᆞᆫ듸
萬卷 生涯로 樂事ㅣ 無窮 ᄒᆞ애라
이 듕에 往來風流ᄅᆞᆯ 닐어 ᄆᆞᄉᆞᆷ ᄒᆞᆯ고(제1수)

雷霆이 破山ᄒᆞ야도 聾者ᄂᆞᆫ 몯 듣ᄂᆞ니
白日이 中天ᄒᆞ야ᄃᆞ 瞽者ᄂᆞᆫ 몯 보ᄂᆞ니
우리ᄂᆞᆫ 耳目聰明 男子로 聾瞽 ᄀᆞᆮ디 마로리(제2수)

古人도 날 몯 보고 나도 古人 몯 뵈
古人을(←를) 못 봐도 녀던 길 알ᄑᆡ 잇ᄂᆡ
녀던 길 알ᄑᆡ 잇거든 아니 녀고 엇뎔고(제3수)

當時예 녀든 길흘 몃 ᄒᆡ를 ᄇᆞ려 두고
어듸 가 ᄃᆞᆫ니다가 이제ᅀᅡ 도라온고

이제ᅀᅡ 도라오나니 년 듸 ᄆᆞ슴 마로리(제4수)

靑山는 엇뎨ᄒᆞ야 萬古애 프르르며
流水는 엇뎨ᄒᆞ야 晝夜애 긋디 아니는고
우리도 그치디 마라 萬古常靑 호리라(제5수)

愚夫도 알며 ᄒᆞ거니 긔 아니 쉬운가
聖人도 몯다 ᄒᆞ시니 긔 아니 어려운가
쉽거나 어렵거낫 듕에 늙는 주를 몰래라(제6수)

첫째로, ['듕에 -를'(제1수) - 대칭축 - '듕에 -를'(제6수)]의 대칭표현이다. 제1수의 종장("이 듕에 왕래풍류(往來風流)롤 닐어 므슴 홀고")과 제6수의 종장("쉽거나 어렵거낫 듕에 늙는 주를 몰래라")을 보면, 밑줄 친 부분에서와 같이, '듕에 -를'이 대칭표현으로 구사되어 있다.

둘째로, [우리(제2수) - 대칭축 - 우리(제5수)]의 대칭표현이다. 제2수의 종장 첫시어 '우리'와 제5수의 종장 첫시어 '우리'는 제3수와 제4수의 중간을 대칭축으로 대칭표현을 보여준다.

셋째로, [대구(제2수의 초·중장) - 대칭축 - 대구(제5수의 초·중장)]의 대칭표현이다. 제2수의 초장과 중장을 보면, "뇌정(雷霆)이 파산(破山)ᄒᆞ야도 농자(聾者)는 몯 듣ᄂᆞ니 / 백일(白日)이 중천(中天)ᄒᆞ야도 고자(瞽者)는 몯 보ᄂᆞ니"로 대구이다. 그리고 제5수의 초장과 중장을 보면, "청산(靑山)는 엇뎨ᄒᆞ야 만고(萬古)애 프르르며 / 유수(流水)는 엇뎨ᄒᆞ야 주야(晝夜)애 긋디 아니는고"로 역시 대구이다. 이 제2수의 대구와 제5수의 대구는 제3수와 제4수의 중간을 대칭축으로 대칭표현을 보인다.

넷째로, [연쇄법(제3수의 중·종장) - 대칭축 - 연쇄법(제4수의 중·종장)]의 대칭표현이다. 제3수의 중장과 종장에서 연쇄법을 보여준다. 즉 중장인 "고인(古人)을(←를) 못 봐도 녀던 길 알퓌 잇너"의 밑줄 친 부분인 "녀던 길 알퓌 잇-"을, 종장인 "녀던 길 알퓌 잇거든 아니 녀고 엇뎔고"의 밑줄 친 부분에서 반복하는 연쇄법을 보여준다. 그리고 제4수의 중장과 종장에서도 연쇄법을 보여준다. 즉 중장인 "어듸 가 둔니다가 이제사 도라온고"의 밑줄 친 부분인 "이제사 도라오-"을, 종장인 "이제사 도라오나니 년 듸 무숨 마로리"의 밑줄 친 부분에서 반복하는 연쇄법을 보여준다. 이렇게 정리된 제3수의 연쇄법과 제4수의 연쇄법은 대칭표현이 된다.

이 네 종류의 대칭표현들을 종합하면, 이 텍스트 전체는 1수 1단락의 차원에서 대칭표현을 보여준다. 즉 '듕에 -를'을 A로, '우리'와 대구를 B로, 연쇄법을 C로 바꾸어 쓰면, 이 텍스트는 [A(제1수) - B(제2수) - C(제3수) - D(대칭축) - C(제4수) - B(제5수) - A(제6수)]의 대칭표현을 보여준다. 이 대칭표현은 〈도산육곡1〉(언지)의 텍스트에서도 발견되었던 것으로, 역시 이 텍스트 전체의 결속을 보이며, 동시에 시종의 대칭표현에 의한 종결도 보여준다.

이렇게 볼 때에, 이 텍스트는 단락내(제2, 3수의 제2단락, 제4, 5수의 제3단락)의 순차적 결속을 종결어미를 갖추지 않은 종결법에 의해 보여주고, 4단락의 순차적 결속을 반복표현에 의해 보여주며, 4단락의 대칭적 결속과 6수의 대칭적 결속을 대칭표현에 의해 보여준다고 정리할 수 있다.

3.1.3. 종결

이 텍스트에서의 종결은 앞에서 정리한 두 대칭적 결속에 의해 수행된다. 즉 이 대칭적 결속은 시종의 대칭을 통하여 종결을 보여준다.

3.2. 구조와 주제

이 절에서는 〈언학〉 6수의 주제와 세 구조들을 단시조별로 정리하고 이어서 6수의 세 구조(점층의 중층적 구조, 점층적 구조, 기승전결의 구조)와 주제를 정리하고자 한다.

3.2.1. 단시조별 주제와 구조

이 항에서는 〈언학〉 6수의 단시조별 주제와 구조를 정리하여, 다음 항의 논의에 필요한 자료를 정리하고자 한다.

3.2.1.1. 〈언학〉의 제1수

〈언학〉 제1수에 생략된 시어를 보충하면 다음과 같다.

(내) 天雲臺(를) 도라 (玩樂齋에) 드러 玩樂齋(가) 蕭洒훈디
(내) 萬卷 生涯로 (독서완락의) 樂事ㅣ 無窮ᄒᆞ애라
(내) 이 듕에 (독서완락의) 往來風流ᄅᆞᆯ 닐어 므슴 홀고

이 보충에서 보이는 '독서완락의'는 아이들과 퇴계에 따라 두 종류로 나눌 수 있다. 즉 그 정도에서, '초중급의'와 '고급의'로 나눌 수 있다. 이 두 의미를 계산하여, 아이들의 텍스트와 퇴계의 텍스트로 정리하면 다음과 같다.

〈아이들의 텍스트〉

(내) 天雲臺(를) 도라 (玩樂齋에) 드러 玩樂齋(가) 蕭洒훈디
(내) 萬卷 生涯로[:미래의 만권생애] (초중급의 독서완락의) 樂事ㅣ 無窮ᄒᆞ애라
(내) 이 듕에 (초중급의 독서완락의) 往來風流ᄅᆞᆯ 닐어 므슴 홀고

〈퇴계의 텍스트〉

(내) 天雲臺(를) 도라 (玩樂齋에) 드러 玩樂齋(가) 蕭洒훈듸

(내) 萬卷 生涯로[:현재의 만권생애] (고급의 독서완락의) 樂事ㅣ 無窮ᄒᆞ애라

(내) 이 듕에 (고급의 독서완락의) 往來風流를 닐어 므슴 홀고

이 〈언학〉 제1수에서는 만권 생애에, 학문의 즐거운 일이 무궁한데, 그 중에서도 학문하는 왕래의 풍류는 말할 것도 없이 좋다고 노래하고 있다. 그런데 아이들의 텍스트와 퇴계의 텍스트는 그 차원을 달리 한다. 즉 아이들이 보이는 독서완락의 학문과 퇴계가 보이는 독서완락의 학문은 차이를 가지고 있다. 우선 독서 내용에서 아이들이 하는 초중급과 퇴계가 하는 고급의 차이를 추측할 수 있다. 그리고 완락에서도 익히는 내용에서 아이들이 하는 초중급과 고급의 차이를 추측할 수 있다. 이 점들을 계산하면, 아이들의 텍스트와 퇴계의 텍스트는 그 내용에서 점층의 중층적 구조임을 알 수 있다.

그리고 이 〈언학〉 제1수의 주제는 학문의 즐거운 일이 무궁한데, 그 중에서 학문하는 왕래풍류를 지속하겠다는 의지라고 할 수 있다. 이런 사실은 앞에서 정리한 내용으로 알 수 있다. 만권 생애로, 학문하는 즐거운 일이 무궁함과 그 중에서도 학문하는 왕래풍류는 말할 것도 없이 좋다는 내용의 이면을 보자. 만권 생애는 이미 일생을 전제로 한다. 이로 인해 학문하는 즐거운 일이 무궁함과 그 중에서도 학문하는 왕래풍류는 현재로 끝내는 것이 아니라, 일생의 것임을 알 수 있다. 그리고 감탄을 한다는 이야기는 그것을 지속하겠다는 의지의 소극적 표현이다. 이런 점에서, 이 작품의 주제는 학문하는 왕래풍류 지속의 의지로 정리할 수 있다. 이는 기승전결의 '기'에 해당한다.

3.2.1.2. 〈언학〉의 제2수

〈언학〉의 제2수에 생략된 시어들을 보충하면 다음과 같다.

雷霆이 破山ᄒᆞ야도 聾者ᄂᆞᆫ (雷霆을) 몯 듣ᄂᆞ니(라)

白日이 中天ᄒᆞ야도 瞽者ᄂᆞᆫ (白日을) 몯 보ᄂᆞ니(라)

우리ᄂᆞᆫ 耳目聰明 男子로 (밝고 분명하게 듣고 보도록 배워/배우며/배웠으니) 聾瞽 ᄀᆞᆮ디 (몯 듣고 몯 보지를) 마로리(라)

보충된 '밝고 분명하게 듣고 보도록 배워/배우며/배웠으니'는 설명을 요한다. 이 작품은 언뜻 보면, 귀머거리나 소경과 같이 못 듣고 못 보지 않겠다는 주제로 볼 수 있다. 그러나 이 주제를 말하려 했다면, 이 글은 무의미하다. 왜냐하면, 우리는 이목이 총명한 남자로 이미 듣고 보기 때문이다. 이보다는 어리석은 자(聾者)와 분별이 없는 자(瞽者)와 같이 어리석거나 분별이 없지 않겠다는 주제로 보인다. 이 경우에 어리석지 않고, 분별이 없지 않기 위해서는 배워야 한다. 이런 점에서 '밝고 분명하게 듣고 보도록 배워/배우며/배웠으니'가 종장에 생략되어 있다고 정리할 수 있다. 이 경우에 배우는 목적은 어리석은 자나 분별이 없는 자가 되지 않기 위해서이다.

혹시 이 생략을 '배움에서 밝고 분명하게 듣고 보아'가 아닌가로 생각할 수도 있다. 이 경우에, 밝고 분명하게 듣고 보는 목적은 배움을 명확하게 하는 것이지, 어리석은 자나 분별이 없는 자가 되지 않기 위해서가 아니다. 이 점에서도 '밝고 분명하게 듣고 보도록 배워/배우며/배웠으니'의 생략으로 본다.

이 제2수에서는 앞의 생략을 제외하고는 퇴계와 아이들이 다르게 수용하는 시어들은 없다. 제2수의 아이들의 텍스트와 퇴계의 텍스트로 분리하여 정리하면 다음과 같다.

〈아이들의 텍스트〉

雷霆이 破山ᄒᆞ야도 聾者ᄂᆞᆫ (雷霆을) 몯 듣ᄂᆞ니(라)

白日이 中天ᄒᆞ야도 瞽者ᄂᆞᆫ (白日을) 몯 보ᄂᆞ니(라)

우리ᄂᆞᆫ 耳目聰明 男子로 (밝고 분명하게 듣고 보도록 배워/배우며) 聾瞽 ᄀᆞᆮ디 (몯 듣고 몯 보지를) 마로리(라)

〈퇴계의 텍스트〉

雷霆이 破山ᄒᆞ야도 聾者ᄂᆞᆫ (雷霆을) 몯 듣ᄂᆞ니(라)

白日이 中天ᄒᆞ야도 瞽者ᄂᆞᆫ (白日을) 몯 보ᄂᆞ니(라)

우리ᄂᆞᆫ 耳目聰明 男子로 (밝고 분명하게 듣고 보도록 배웠으니) 聾瞽 ᄀᆞᆮ디 (몯 듣고 몯 보지를) 마로리(라)

이 〈언학〉 제2수는 이목이 총명한 남자로 귀머거리나 봉사와 같이 하지 않겠다는 주제를 보인다. 그런데 두 텍스트는 그 이유에서 차이를 보인다. 즉 아이들의 텍스트에서는 그 이유가 [밝고 분명하게 듣고 보도록 배워/배우며]이다. 이에 비해 퇴계의 텍스트에서는 그 이유가 [밝고 분명하게 듣고 보도록 배웠으니]이다. 이 차이는 배움의 시간이 미래/현재와 완료라는 점에 있다. 이런 점에서 두 텍스트는 점층의 중층적 구조를 보인다고 정리할 수 있다.

그리고 이 〈언학〉 제2수는 〈언학〉 제1수의 이유, 즉 학문하는 왕래의 풍류를 지속하는 이유를 노래한 것이다. 귀머거리나 봉사와 같이 하지 않기 위해서 학문하는 왕래의 풍류를 지속하겠다는 것이다. 이 이유는 제1수의 '기'를 이은 '승'이다. 이 이유(승)를 〈언학〉 제3수의 이유(승)와 구별하기 위하여 이유1(승1)이라 하겠다.

3.2.1.3. 〈언학〉의 제3수

〈언학〉 제3수에 생략된 시어들을 보충하면 다음과 같다.

古人도 날 몬 보고 나도 古人(을) 몬 뵈(∅/나/지만)
古人을 (내) 몬 뵈와도 (古人이) 녀던 길(이) (내) 알퓌 잇닉
(古人이) 녀던 길(이) (내) 알퓌 잇거든 (내) (그 길을) 아니 녀고 엇뎔고

이 생략들 외에 퇴계와 아이들이 각각 자기체험적인 창자가 되어 다르게 수용하는 시어는 '녀던'이다. 이 '녀던'은 우언법으로 그 주체는 고인이다. 이 고인은 고성현(古聖賢)으로, 그들이 '녀던(=가던) 길'은 '자득기도하던, 자득기락하던'을 포함한 '학문하던'의 의미로 보인다. 이 중에서 '자득기도하던, 자득기락하던'은 아이들이 취할 수도 있고, 취하지 않을 수도 있다.

이 의미를 계산하여 퇴계의 텍스트와 아이들의 텍스트로 나누어 정리하면 다음과 같다.

〈아이들의 텍스트〉

古人도 날 몬 보고 나도 古人(을) 몬 뵈(∅/나/지만)

古人을 (내) 몬 뵈와도 (古人이) 녀던{:학문하던, [자득기도(행도)/자득기락하던]} 길(이) (내) 알퓌 잇닉

(古人이) 녀던{:학문하던, [자득기도(행도)/자득기락하던]} 길(이) (내) 알퓌 잇거든 (내) (그 길을) 아니 녀고 엇뎔고

〈퇴계의 텍스트〉

古人도 날 몬 보고 나도 古人(을) 몬 뵈(∅/나/지만)

古人을 (내) 몬 뵈와도 (古人이) 녀던[:학문하던, 자득기도(행도)/자득기

락하던] 길(이) (내) 알픽 잇닉

(古人이) 녀던[:학문하던, 자득기도(행도)/자득기락하던] 길(이) (내) 알픽 잇거든 (내) (그 길을) 아니 녀고 엇뎔고

이 〈언학〉 제3수는 고인이 가던 길이 앞에 있으니 따를 수밖에 없다는 내용을 노래하고 있다. 그런데 두 텍스트는 고인이 가던 길의 내용에서 정도의 차이를 보인다. 그 가장 큰 차이는 아이들의 텍스트에서는 '[ ]'로 묶은 자득기도(행도)/자득기락'의 실천 여부이다. 퇴계의 텍스트에서 나타난 실천은 아이들의 것들에 점층된 것이다. 이런 점에서, 두 텍스트는 점층의 중층적 구조를 형성한다.

그리고 이 〈언학〉 제3수는 고인이 가던 길을 따를 수밖에 없음을 노래하는데, 이는 학문하는 왕래의 풍류를 지속하겠다는 〈언학〉 제1수(기)로 보면, 그 지속을 하여야 하는 이유(승)에 해당한다. 이 이유(승)는 〈언학〉 제2수의 이유1(승1)과 구별되는 이유2(승2)이다. 이 이유2(고성현이 가던 길, 승2)는 이유1(벙어리나 봉사와 같지 않은 길, 승1)에 점층된 것이라는 점에서, 이유1(승1)과 이유2(승2)는 점층적 구조를 보인다고 정리할 수 있다.

3.2.1.4. 〈언학〉의 제4수

〈언학〉 제4수에 생략된 시어들을 보충하면 다음과 같다.

(내/우리) 當時예 녀던 길흘 몃 히를 ᄇ려 두고
어듸 가 ᄃ니다가 이제ᅀ 도라온고
(내/우리) 이제ᅀ 도라오나니 년 듸 ᄆ숨(을 두지) 마로리(라)

이 생략들 외에 퇴계와 아이들이 자기체험적인 창자가 되었을 때에

다르게 수용하는 시어들은 '녀던, 어듸, 녈 듸' 등이다.

'녀던'은 〈언학〉 제3수로 그 설명을 돌린다. 단지 괄호 안에 넣은 것은 판단할 수 없는 것들이다.

'어듸'는 퇴계로 보면 관직이고, 아이들로 보면 밝힐 필요가 없는 곳이다.

'녈 듸'의 '녈'은 두 의미를 갖는다. 즉 관형사 '간'의 의미와 '다른'의 의미이다. 이를 '녈 듸'에 적용하면, '간 곳'과 '다른 곳'이다. 이 중에서 전자는 퇴계로 보면, 관직이다. 후자는 아이들로 보면 관직을 포함하지 않는 '다른 곳'이다.

이상을 고려하여 퇴계의 텍스트와 아이들의 텍스트를 정리하면 다음과 같다.

〈아이들의 텍스트〉

(내/우리) 當時예 녀던 길흘 몃 힛를 ᄇᆞ려 두고
어듸[:밝힐 필요가 없는 곳에] 가 ᄃᆞᆫ니다가 이제사 도라온고
(내/우리) 이제사 도라오나니 녈 듸[:다른 곳에] ᄆᆞᄉᆞᆷ(을 두지) 마로리(라)

〈퇴계의 텍스트〉

(내) 當時예 녀던 길흘 몃 힛를 ᄇᆞ려 두고
어듸[:관직에] 가 ᄃᆞᆫ니다가 이제사 도라온고
(내) 이제사 도라오나니 녈 듸[:간 데(관직)에] ᄆᆞᄉᆞᆷ(을 두지) 마로리(라)

이 〈언학〉 제4수는 학문 도중에 이탈하였다가 돌아와서, 학문을 지속하겠다는 내용을 보인다. 이는 자신들의 과거를 되돌아보면서, 학문하는 왕래풍류 지속에서 경계하여야 할 것을 노래한 것이다. 그런데 두 텍스트는 과거에 하던 학문의 정도와, 과거에 학문을 벗어나 갔던 곳의 의미에서 차이를 보인다. 학문의 정도에서는 아이들이 하던 학문과, 퇴

계가 관직에 나아가기 직전의 학문의 차이이다. 그리고 학문을 이탈하고 간 곳은, 아이들의 경우는 다른 곳이고, 퇴계의 경우는 관직으로, 차이를 보인다. 이 관직은 아이들이 앞으로 얼마든지 할 수 있는 것이다. 이런 점에서 두 텍스트는 점층의 중층적 구조를 형성한다.

그리고 이 〈언학〉 제4수는 학문하는 왕래풍류 지속에서의 경계를 보이는데, 중단하지 말아야 한다는 것이다. 이는 〈언학〉 제1수에서 보인 학문하는 왕래의 풍류를 지속하는 데에 있어서, 어떤 점을 경계하여야 하느냐 하는 것에 대한 대답이다. 이 과거에 비춘 학문하는 왕래풍류의 지속에서의 경계를 〈언학〉 제5수의 것과 구별하기 위하여 경계1로 정리한다. 이 경계1은 기승전결의 전1에 해당한다.

3.2.1.5. 〈언학〉의 제5수

〈언학〉 제5수에 생략된 시어들을 보충하면 다음과 같다.

> 靑山은 엇뎨ᄒᆞ야 만고애 프르르며
>
> 流水는 엇뎨ᄒᆞ야 晝夜애 긋디 아니ᄂᆞᆫ고
>
> 우리도 {주야로/주야에 학문을, [주야로/주야에 自得其道(행도)/自得其樂을]} 그치디 마라 萬古常靑(을) ᄒᆞ리라

보충한 내용은 〈언학〉 제3수에서와 같은 관점에서 거의 이해가 된다. 단지 다른 것은 같은 내용에 '-에'와 '-을'을 적용한 점이다. 이는 '그치-'가 자동사이며, 동시에 타동사이기 때문이다.

그리고 "청산(靑山)은 엇뎨ᄒᆞ야 만고애 프르르며"와 "유수(流水)ᄂᆞᆫ 엇뎨ᄒᆞ야 주야(晝夜)애 긋디 아니ᄂᆞᆫ고"는 아이들의 해석과 퇴계의 해석이 다를 수 있다. 즉 이 자연 현상은 아이들이 보면 자연현상이거나, '자득기도(自得其道)'와 '자득기락(自得其樂)'이다. 이 중에서 후자의 해석은

퇴계가 취한 해석이다. 이 후자는 정호의 시에 나온 "개자득(皆自得)"의 입장에서 본 것으로, 아이들은 취할 수도 있고, 취하지 않을 수도 있다.

이상을 퇴계의 텍스트와 아이들의 텍스트로 분리하여 정리하면 다음과 같다.

〈아이들의 텍스트〉

靑山은 엇뎨ᄒᆞ야 만고애 프르르며{:자연의 현상, [자득기도, 자득기락]}

流水는 엇뎨ᄒᆞ야 晝夜애 긋디 아니ᄂᆞᆫ고{:자연의 현상, [자득기도, 자득기락]}

우리도 {주야로/주야에 학문을, [주야로/주야에 自得其道/自得其樂을]} 그치디 마라 萬古常靑(을) ᄒᆞ리라

〈퇴계의 텍스트〉

靑山은 엇뎨ᄒᆞ야 만고애 프르르며{:자득기도, 자득기락}

流水ᄂᆞᆫ 엇뎨ᄒᆞ야 晝夜애 긋디 아니ᄂᆞᆫ고{:자득기도, 자득기락}

우리도 [주야로/주야에 학문을, 주야로/주야에 自得其道/自得其樂을] 그치디 마라 萬古常靑(을) ᄒᆞ리라

이 〈언학〉 제5수에서는 학문하는 왕래풍류의 지속에서 만고상청을 하겠다는 의지를 보인다. 그런데 두 텍스트는 비교의 내용과 학문의 정도에서 차이를 보인다. 즉 아이들의 텍스트에서는 그치지 않는 유수와 늘 푸른 청산을 비교의 대상으로 하고, 퇴계의 텍스트에서는 유수와 청산이 보인 자득기도와 자득기락을 비교의 대상으로 한다. 그리고 학문의 정도에서는 가장 큰 차이로 자득기도와 자득기락의 유무를 보인다. 그런데 이 차이는 정도의 차이에 따른 것으로, 두 텍스트는 점층의 중층적 구조를 보인다고 정리할 수 있다.

그리고 이 〈언학〉 제5수는 학문하는 왕래풍류 지속에서의 경계를 보

여주는데, 그것도 자연 내지 자연의 자득(自得)으로 본, 학문하는 왕래 풍류 지속에서의 경계이다. 이 지속에서의 경계는 〈언학〉 제4수의 지속에서의 경계1(전1)에 비해 확대 점층된 지속에서의 경계2(전2)이다. 이 지속에서의 경계2(전2)는 지속에서의 경계1(전1)에 점층된 것이란 점에서, 지속에서의 경계1(전1)과 지속에서의 경계2(전2)는 점층적 구조라 할 수 있다.

3.2.1.6. 〈언학〉의 제6수

〈언학〉 제6수는『중용』〈비은장〉의 내용을 배경으로 하고 있다. 이를 고려하여 〈언학〉 제6수에 생략된 시어들을 보충하면 다음과 같다.

> 愚夫도 (쉬운 군자지도를) 알며 ᄒᆞ거니 긔 아니 쉬운가
> 聖人도 (어려운 군자지도를) 몰다 ᄒᆞ시니 긔 아니 어려운가
> 쉽거나 어렵거낫 듕에 (내/우리) (군자지도를 알고 행하며) 늙는 주를 몰래라(:모르는구나)

'늙는'은 퇴계만이 쓸 수 있는 시어로 볼 수도 있다. 왜냐하면 '늙다'의 사전적 의미는 "나이가 한창때를 지나 기력이 차차 약해지다"이기 때문이다. 그러나 '늙은 처녀, 늙은 총각, 늙은 학생' 등에서 보듯이, '늙다'는 혼기나 수업기와 같이 주어진 때의 적령보다 나이를 많이 먹다의 의미로도 쓰인다. 이런 점에서, '늙는'은 '나이 먹는'이나 '세월 가는'의 의미로, 아이들과 퇴계가 모두 수용할 수 있는 시어로 판단된다.

이상의 것들을 아이들의 텍스트와 퇴계의 텍스트로 분리하여 정리하면 다음과 같다.

〈아이들의 텍스트〉

愚夫도 (쉬운 군자지도를) 알며 ᄒᆞ거니 긔 아니 쉬운가

聖人도 (어려운 군자지도를) 몯다 ᄒᆞ시니 긔 아니 어려운가

쉽거나 어렵거낫 듕에 (내/우리) (쉬운 군자지도를 알고 행하며) 늙는 주를 몰래라

〈퇴계의 텍스트〉

愚夫도 (쉬운 군자지도를) 알며 ᄒᆞ거니 긔 아니 쉬운가

聖人도 (어려운 군자지도를) 몯다 ᄒᆞ시니 긔 아니 어려운가

쉽거나 어렵거낫 듕에 (내/우리) (어려운 군자지도를 알고 행하며) 늙는 주를 몰래라

이 텍스트들은 학문의 목표/경지를 보여준다. 그런데 두 텍스트는 목표/경지의 내용에서 그 정도의 차이를 보인다. 가장 큰 차이는 쉬운 군자지도와 어려운 군자지도이다. 이 점에서, 이 작품 역시 아이들의 텍스트와 퇴계의 텍스트에서 점층의 중층적 구조를 보인다.

그리고 이 제6수의 주제는 학문의 목표/경지인, 군자지도의 지행과 그 몰입으로 정리되며, 이는 기승전결의 '결'이다.

3.2.2. 〈언학〉 6수의 세 구조와 주제

〈언학〉 6수의 주제와 텍스트별 주제를 다시 정리하면 다음과 같다.

1) 〈언학〉 제1수 : 학문하는 왕래풍류 지속의 의지(기)
   (1) 아이들의 텍스트 : 초중급의 학문을 하는 왕래풍류 지속의 의지
   (2) 퇴계의 텍스트 : 자득을 포함한 고급의 학문을 하는 왕래풍류 지속의 의지

2) 〈언학〉 제2수: 학문하는 왕래풍류 지속의 이유1(:聾瞽처럼 하지 않기 위하여, 승1)

(1) 아이들의 텍스트: 밝고 분명하게 듣고 보도록 배워/배우며 聾瞽처럼 하지 않기 위하여

(2) 퇴계의 텍스트: 밝고 분명하게 듣고 보도록 배웠으니 聾瞽처럼 하지 않기 위하여

3) 〈언학〉 제3수: 학문하는 왕래풍류 지속의 이유2(:古聖賢을 따르기 위하여, 승2)

(1) 아이들의 텍스트: 自得을 포함하지 않은 古聖賢을 따르기 위하여

(2) 퇴계의 텍스트: 自得을 포함한 古聖賢을 따르기 위하여

4) 〈언학〉 제4수: 학문하는 왕래풍류 지속에서의 경계1(:자신의 과거에 비춘 중단의 경계, 전1)

(1) 아이들의 텍스트: 밝힐 필요가 없는 곳에 다닌 것에 비춘 중단의 경계

(2) 퇴계의 텍스트: 관직에 다닌 것에 비춘 중단의 경계

5) 〈언학〉 제5수: 학문하는 왕래풍류 지속에서의 경계2(:자연에 비춘 중단의 경계, 전2)

(1) 아이들의 텍스트: 그치지 않는 유수와 늘 푸른 청산에 비춘 중단의 경계

(2) 퇴계의 텍스트: 유수와 청산이 보인 自得에 비춘 중단의 경계

6) 〈언학〉 제6수: 학문하는 왕래풍류 지속의 목표/경지(군자지도의 지행과 그 몰입)(결)

(1) 아이들의 텍스트: 쉬운 군자지도의 지행과 그 몰입

(2) 퇴계의 텍스트: 어려운 군자지도의 지행과 그 몰입

이 정리에서도 세 구조를 정리할 수 있다. 첫째는 (1)의 아이들의 텍

스트와 (2)의 퇴계의 텍스트가 보이는 점층의 중층적 구조이다. 둘째는 〈언학〉 제2 · 3과 〈언학〉 제4 · 5가 각각 보이는 점층적 구조이다. 셋째는 학문하는 왕래풍류 지속의 의지(제1수, 기) - 지속의 이유(제2 · 3수 승) - 지속에서의 경계(제4 · 5수, 전) - 지속의 목표/경지(제6수, 결) 등의 기승전결의 논리적 구조이다.

셋째 구조인 논리적 구조를 통하여, 이 〈언학〉 6수의 주제를 [군자지도(君子之道)의 지행(知行)과 그 몰입으로 나아가기]로 정리할 수 있다. '학문하는 왕래풍류 지속의 의지'(제1수, 기), '지속의 이유'(제2 · 3수, 승), '지속에서의 경계'(제4 · 5수, 전) 등은 학문을 지속하는 목표/경지인 '군자지도의 지행과 그 몰입으로 나아가기'를 보여준다. 그리고 '지속의 목표/경지'(제6수, 결)에서는 '군자지도의 지행과 그 몰입'을 보여준다. 이런 점에서 〈언학〉 6수의 주제를 [군자지도(君子之道)의 지행(知行)과 그 몰입으로 나아가기]로 정리할 수 있다.

4. 〈도산십이곡〉의 텍스트

이 장에서는 '2'장과 '3'장에서 정리한 결속, 종결, 구조, 주제 등에 기초하여, 〈도산십이곡〉의 결속, 종결, 구조, 주제 등을 정리하고자 한다.

4.1. 결속과 종결

〈도산육곡1〉(언지)의 텍스트와 〈도산육곡2〉(〈언학〉)의 텍스트는 각각 앞의 두 장에서 검토하였듯이, 순차적 결속과 대칭적 결속을 각각 보여주었다. 이 두 텍스트의 순차적 결속을 보여주는 표현도 발견된다. 즉 〈도산육곡1〉(언지)의 제6수와 〈도산육곡2〉(〈언학〉)의 제1수이다. 두 단시조를 보자.

春風에 花滿山ᄒᆞ고 秋夜애 月滿臺라
四時 佳興이(←ㅣ) 사ᄅᆞᆷ과 ᄒᆞᆫ 가지라
ᄒᆞ믈며 魚躍鳶飛 雲影天光이ᅀᆞ 어늬 그지 이슬고(언지, 제6수)

天雲臺 도라드러 玩樂齋 蕭洒ᄒᆞᆫ듸
萬卷 生涯로 樂事ㅣ 無窮 ᄒᆞ애라
이 듕에 往來風流ᄅᆞᆯ 닐어 므슴 ᄒᆞᆯ고(〈언학〉, 제1수)

이 인용의 밑줄 친 부분에서 보는 바와 같이 종결어미 '-ㄹ고'를 반복하고 있다. 즉 '이슬고'와 'ᄒᆞᆯ고'를 통하여 '-ㄹ고'를 반복하면서, 〈언지〉 제6수와 〈언학〉 제1수의 순차적 결속을 보여준다.

〈도산육곡1〉(언지)의 텍스트와 〈도산육곡2〉(언학)의 텍스트는, 앞의 두 장에서 정리했듯이, 시종(始終)의 대칭표현에 의해 각각 종결들을 보여주었다. 이 종결들 외의 또 다른 종결은 〈도산십이곡〉에서 발견되지 않는다.

4.2. 구조와 주제

이 절에서는 〈도산십이곡〉 텍스트의 구조와 주제를 정리하고자 한다.

먼저 앞의 두 장에서 정리한 〈언지〉 6수와 〈언학〉 6수의 둘째 구조와 셋째 구조를 다시 정리하면 다음과 같다.

1) 언지/언학 제1수 : (천석고황)(학문하는 왕래풍류) 지속의 의지(기)
2) 언지/언학 제2수 : (천석고황)(학문하는 왕래풍류) 지속의 이유1(승1)

3) 언지/언학 제3수: (천석고황)(학문하는 왕래풍류) 지속의 이유2(승2)

4) 언지/언학 제4수: (천석고황)(학문하는 왕래풍류) 지속에서의 경계1 (전1)

5) 언지/언학 제5수: (천석고황)(학문하는 왕래풍류) 지속에서의 경계2 (전2)

6) 언지/언학 제6수: (천석고황)(학문하는 왕래풍류) 지속의 목표/경지 (결)

이 정리에서 보듯이, 〈언지〉 6수와 〈언학〉 6수가 동형의 반복 구조임을 알 수 있다. 이런 사실은 〈언지〉 6수와 〈언학〉 6수를 도형으로 그려도 다음과 같이 마찬가지이다.

이 둘째 구조인 〈언지〉 제2·3의 점층 구조 및 〈언지〉 제4·5수의 점층 구조와, 셋째 구조인 〈언지〉 6수의 논리적 구조를 도형으로 그리면 다음과 같다.

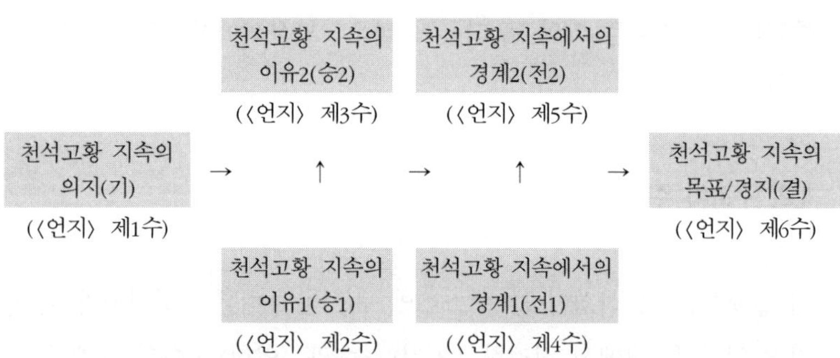

이런 현상은 〈언학〉 6수에서도 같다. 즉 둘째 구조인 〈언학〉 제2·3수의 점층 구조 및 〈언학〉 제4·5수의 점층 구조와, 셋째 구조인 〈언학〉 6수의 논리적 구조를 도형으로 그리면 다음과 같다.

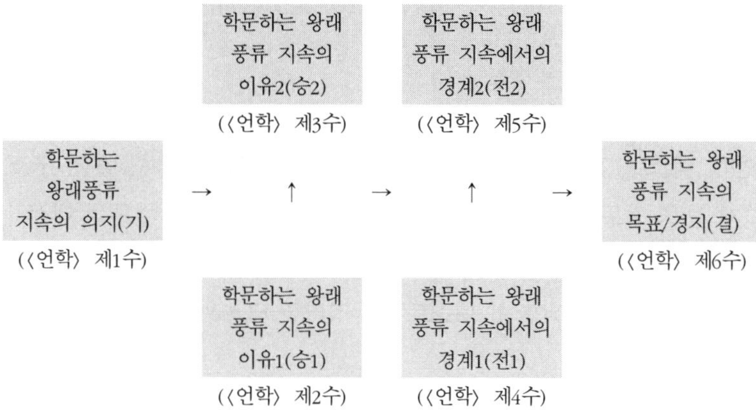

이 두 도형들로 보아도, 〈언지〉 6수와 〈언학〉 6수는 동형의 반복 구조임을 알 수 있다. 그리고 이 동형의 반복적 구조를 기반으로 하거나, 앞에서 살핀 〈언지〉 6수와 〈언학〉 6수의 주제를 기반으로 할 때에, 〈도산십이곡〉의 전체 주제를 정리할 수 있다. 즉 〈도산십이곡〉의 주제는 천석고황의 지속과 학문하는 왕래풍류의 지속을 각각 그 의지, 이유, 경계, 목표/경지 등으로 이어지는, [천석고황 지속의 목표/경지(君子之道와 그 줄거움)로 나아가기와 학문하는 왕래풍류 지속의 목표/경지(君子之道의 知行과 그 沒入)로 나아가기]라고 정리할 수 있다. 이 의지, 이유, 경계, 목표/경지 등은, 어떤 일을 성공시키기 위해 처음에 점검하는 문제의식, 목표의식, 실천의지, 유의사항 등의 논리적 순서를, 일의 진행과정에서 점검하는 논리적 순서에 맞게, '의지(←실천의지), 이유(←문제의식), 경계(←유의사항), 목표/경지(←목표의식)' 등으로 수정하여 재배열한 기승전결의 구조이다.

5. 결론

지금까지 〈도산십이곡〉을, 〈도산육곡1〉(언지) 텍스트, 〈도산육곡2〉(언학) 텍스트, 〈도산십이곡〉 텍스트 등으로 나누어 그 결속, 종결, 구조, 주제 등을 검토하였다. 중요한 것들을 요약하는 것으로 결론을 대신하려 한다.

먼저 〈도산육곡1〉(언지) 텍스트에서 정리한 내용은 다음과 같이 요약할 수 있다.

1) 〈언지〉에서 2수의 순차적 결속은 제2, 3수로 이루어진 제2단락과 제4, 5수로 이루어진 제3단락에서 보여주는데, 제2수 종장의 '업고쟈 (함이라/함인가 하노라 …)'에서 보이는 종결어의 생략과, 제4수 종장의 '못ᄒᆞ애(라)'에서 보이는 종결어미의 생략을 통하여 보여준다.
2) 〈언지〉에서 4단락의 순차적 결속은 대구 형식의 반복에 의해, 제1, 2단락, 제2, 3단락, 제3, 4단락 등에서 순차적으로 나타난다.
3) 〈언지〉의 대칭적 결속은 6수의 대칭적 결속과 4단락의 대칭적 결속으로 정리된다. 6수의 대칭적 결속은 대구 형식의 대칭적 결속으로 [A(제1수) - B(제2수) - C(제3수) - D(대칭축) - C(제4수) - B(제5수) - A(제6수)의] 대칭표현을 통하여 보여준다. 4단락의 대칭적 결속은 ['이 듕에'(제2단락의 첫수 종장) - 대칭축 - '이 듕에'(제3단락의 첫수 종장)]의 대칭표현과, ['ᄒᆞ믈며'(제1단락 종장) - 대칭축 - 'ᄒᆞ믈며'(제4단락 종장)]의 대칭표현에 의해, [A(제1단락) - B(제2단락) - C(대칭축) - B(제3단락) - A(제4단락)]의 대칭표현을 통하여 보여준다.
4) 〈언지〉에서는 세 가지 종결을 보여준다. 두 종류는 두 대칭적 결

속에서 시종의 대칭을 통하여 보여주는 종결이다. 다른 하나는 평시조(제1-5수) 종장의 일반형(15음절 ±2음절인 13-17음절)을 일탈한 제6수의 종장(20음절)이 보여주는 반복의 후미 전환에 의한 종결이다.

5) 〈언지〉에서는 아이들의 텍스트와 퇴계의 텍스트를 통하여 점층의 중층적 구조를 보여준다.
6) 〈언지〉의 제2·3수(승1·2)와 제4·5수(전1·2)는 각각 점층적 구조를 보여준다.
7) 〈언지〉는 기(천석고황 지속의 의지, 제1수), 승(천석고황 지속의 이유, 제2·3수), 전(천석고황 지속에서의 경계, 제4·5수), 결(천석고황 지속의 목표/경지, 제6수)의 논리적 구조를 보여준다.
8) 〈언지〉의 주제는, [군자지도(君子之道)와 그 즐거움으로 나아가기]이다.

〈도산육곡2〉(언학) 텍스트에서 정리한 내용은 다음과 같이 요약할 수 있다.

1) 〈언학〉에서 2수의 순차적 결속은 제2, 3수로 이루어진 제2단락과 제4, 5수로 이루어진 제3단락에서, 종결어미를 생략한 일탈, 즉 제2수와 제4수 종장의 '마로리(라)를 통하여 보여준다.
2) 〈언학〉에서 4단락의 순차적 결속은, 제1, 2단락 끝에 온 어미 '-ㄹ고'의 반복표현, 제2단락과 제3단락에 연쇄법의 반복, 제3단락의 대구와 제4단락의 대구는 대구의 반복 등에 의해, 제1, 2단락, 제2, 3단락, 제3, 4단락 등을 통하여 보여준다.
3) 〈언학〉의 대칭적 결속도 6수의 대칭적 결속과 4단락의 대칭적 결속으로 정리된다. 6수의 대칭적 결속은, ['듕에 -를'(제1수) - 대

칭축 - '듦에 -를'(제6수)]의 대칭표현, ['우리'(제2수) - 대칭축 - '우리'(제5수)]의 대칭표현, [대구(제2수의 초 · 중장) - 대칭축 - 대구(제5수)]의 대칭표현, [연쇄법(제3수의 중 · 종장) - 대칭축 - 연쇄법(제4수의 중 · 종장)]의 대칭표현, 등에 의한, [A(제1수) - B(제2수) - C(제3수) - D(대칭축) - C(제4수) - B(제5수) - A(제6수)]의 대칭표현을 통하여 보여준다. 4단락의 대칭적 결속은 ['듦에 -를'(제1단락) - 대칭축 - '듦에 -를'(제4단락)]의 대칭표현, ['마로리'(제2단락 첫수) - 대칭축 - '마로리'(제3단락의 첫수)]의 대칭표현 등에 의한 [A(제1단락) - B(제2단락) - C(대칭축) - B(제3단락) - A(제4단락)]의 대칭표현을 통하여 보여준다.

4) 〈언학〉에서는 두 종류의 대칭적 결속에서 시종의 대칭을 통하여 종결을 보여준다.
5) 〈언학〉에서는 아이들의 텍스트와 퇴계의 텍스트를 통하여 점층의 중층적 구조를 보여준다.
6) 〈언학〉의 제2 · 3수(승1 · 2)와 제4 · 5수(전1 · 2)는 각각 점층적 구조를 보여준다.
7) 〈언학〉은 기(학문하는 왕래풍류 지속의 의지, 제1수), 승(학문하는 왕래풍류 지속의 이유, 제2 · 3수), 전(학문하는 왕래풍류 지속에서의 경계, 제4 · 5수), 결(학문하는 왕래풍류 지속의 목표/경지, 제6수)의 논리적 구조를 보여준다.
8) 〈언학〉의 주제는 [군자지도(君子之道)의 지행(知行)과 그 몰입으로 나아가기]이다.

〈도산십이곡〉 텍스트에서 정리한 내용은 다음과 같이 요약할 수 있다.

1) 〈도산육곡1〉(언지) 텍스트와 〈도산육곡2〉(언학) 텍스트의 순차적

결속과 대칭적 결속을 그대로 유지한 〈도산십이곡〉 텍스트는, 〈언지〉 제6수 종장의 '이슬고'와 〈언지〉 제1수 종장의 '홀고'에서 반복하는 '-ㄹ고'에 의해, 〈도산육곡1〉(언지) 텍스트와 〈도산육곡2〉(언학) 텍스트의 순차적 결속을 보여준다.

2) 〈도산육곡1〉(언지) 텍스트와 〈도산육곡2〉(언학) 텍스트의 종결을 그대로 유지한 〈도산십이곡〉 텍스트는 그밖의 종결은 보여주지 않는다.

3) 〈도산육곡1〉(언지) 텍스트와 〈도산육곡2〉(언학) 텍스트가 각각 보여준, 점층의 중층적 구조, 점층적 구조, 기승전결의 구조 등을 그대로 유지한 〈도산십이곡〉 텍스트는, 동형의 반복적 구조도 보여준다. 이는 〈언지〉와 〈언학〉이 '천석고황의 지속'과 '학문하는 왕래풍류의 지속'을 각각 '의지, 이유, 경계, 목표/경지' 등의 기승전결을 반복적으로 사용한 것에서 정리되는 구조이다

4) 이 네 구조들 중에서 기승전결의 논리적 구조는 조선조 시가에서 흔히 나타나는 구조이지만, 기승전결을 의지, 이유, 경계, 목표/경지 등으로 구성한 것은 조선조 시가에서 거의 발견되지 않은 것이다.

5) 4)의 의지, 이유, 경계, 목표/경지 등은, 어떤 일을 성공시키기 위해 처음에 점검하는 문제의식, 목표의식, 실천의지, 유의사항 등의 논리적 순서를, 일의 진행과정에서 점검하는 논리적 순서에 맞게, '의지(←실천의지), 이유(←문제의식), 경계(←유의사항), 목표/경지(←목표의식)' 등으로 수정하여 재배열한 기승전결의 구조이다.

6) 〈도산십이곡〉 텍스트의 주제는 [군자지도(君子之道)와 그 즐거움으로 나아가기와 군자지도의 지행(知行)과 그 몰입으로 나아가기]이다.

이상과 같이 〈도산육곡1〉(언지) 텍스트, 〈도산육곡2〉(언학) 텍스트, 〈도산십이곡〉(언지+언학) 텍스트 등은 각각 결속, 종결, 구조, 주제 등을 가지고 있다는 점에서, 〈도산십이곡〉은 세 텍스트로 탈착되어 수용되는 탈착형의 연시조라고 정리할 수 있다.

〈도산십이곡〉은 유교의 시교인 '온유돈후(溫柔敦厚)'를 실천한 작품이다. 이에 대한 논의는 다른 세편의 글들(양희철, 2007e, 2007f, 2008b)로 돌린다.

이정의 〈풍계육가〉

1. 서론

이 글에서는 〈장륙당육가〉를 지은 이별의 조카인 이정(李淨, 1520~1594)이 지은 〈풍계육가〉의 결속, 종결, 구조, 주제 등을 검토 정리하려 한다.

이 〈풍계육가〉에 대한 연구는 거의 없다. 임형택이 작품을 발굴하여 소개하면서 보여준 다음의 정리가 다인 것 같다.

> 「풍계육가」는 전편이 고결한 삶의 자세를 노래한 내용이다. 「장육당육가」와 친연성을 다분히 지니고 있다. 그러면서도 이황이 「장육당육가」를 겨냥해서 비판했던 '완세불공'의 뜻은 상당히 소거된 것 같다.
>
> 「풍계육가」는 정확한 창작연대를 확인할 길이 없다. 「도산십이곡」과 비슷한 시기에 지어졌을 터이지만 양자의 선후관계나 영향관계는 불분명하다. 「도산십이곡」은 대략 1561년 무렵 창작된 것이다. 「풍계육가」는 「도산십이곡」보다 연대적으로 뒤에 나왔을 가능성도 있지만 영향의 흔적은 전혀 나타나지 않으니 상호 무관한 것으로 간주해야 할 것이다. 역시 「장육당육가」와 내용상으로 더 가까이 닿아 있는 것으로 여겨진다(임형택 1994:10).

이 인용의 핵심은 둘이다. 하나는 〈장육당육가〉의 '완세불공'이 소거되었다는 것이다. 다른 하나는 창작 연대가 〈도산십이곡〉와 비슷한 시기에 지어졌으며, 〈도산십이곡〉과는 영향 수수 관계가 없을 것이라는 것이다. 이 인용은 그 후에 나온 한 두 논문에서 암인되기도 하였다.

이렇게 〈풍계육가〉의 연구는 거의 되어 있지 않다. 이에 임형택이 발굴 소개한 〈풍계육가〉을 대상으로, 그 결속, 종결, 구조, 주제 등을 검토 정리해 보고자 한다.

2. 결속과 종결

결속과 종결을 정리하기 위하여, 〈풍계육가〉를 인용하면 다음과 같다.

<u>淸風을 죠히 역여 窓을 ᄋᆞ니 ᄃᆞ닷노ᄅᆞ</u>
<u>明月를 죠히 역여 잠을 ᄋᆞ니 드런노ᄅᆞ</u>
옛ᄉᆞᄅᆞᆷ 이 두 ᄀᆞ지 두고 어ᄃᆡ 혼ᄌᆞ 갓노(제1수)

ᄂᆡᄅᆞ셔 뉘로ᄅᆞ ᄒᆞ여 爵祿을 ᄆᆞ암에 둘고
죠고만 ᄠᅴ집을 시ᄂᆡ 우에 이룬 바
어제밤 숀쇼 다든 문을 늣도록 닷치엿쇼(제2수)

<u>床 우희 冊을 노코 床 아ᄅᆡ 신을 ᄂᆡ여라</u>
이ᄇᆡ ᄋᆞ히야 날 보리 그 뉘고
알과ᄅᆞ 어제 맛춘 므지술 맛보러 왓ᄂᆞ부ᄃᆞ(제3수)

두고 ᄯᅩ 두고 져 慾心 긔지 읍다
ᄂᆞᆫ ᄂᆡ 집에 ᄂᆡ 셰ᄀᆞᆫ을 ᄉᆞᆯ펴보니

우셥다 낙씨더 혼ᄂᆞ 외예 것칠 거시 젼혀 읍세ᄅᆞ(제4수)

山ᄋᆞ 너는 어이 한갈 갓치 노ᄑᆞ 시며
물ᄋᆞ 너는 읏지 날날리 흐르ᄂᆞ냐
此間에 仁智한 君子ᄂᆞᆫ 못닉 즐겨 ᄒᆞ노니ᄅᆞ(제5수)

五斗米 위ᄒᆞ여 紅塵의 ᄂᆞ지 ᄆᆞᄅᆞ
ᄇᆞ롬 비 어쥬러워 칼 토비 ᄆᆞ셔워ᄅᆞ
나죵에 슬코 뉘읏친ᄃᆞ 崎嶇ᄒᆞᄃᆞ 岐路多端ᄒᆞ여ᄅᆞ(제6수)

먼저 결속을 단락내 결속과 단락간 결속으로 나누어서 보자. 단락내 결속은 반복표현에 의해 조성된다.

첫째로, '… -여 -을 …'의 구문 반복에 의한 제1단락(제1, 2수)내 결속이다. 제1수 초장("淸風을 죠히 역여 窓을 ᄋᆞ니 ᄃᆞ닷노ᄅᆞ")과 제2수 초장("니ᄅᆞ셔 뉘로ᄅᆞ ᄒᆞ여 爵祿을 ᄆᆞ암에 둘고")을 보면, '… -여 -을 …'의 구문을 순차적으로 반복한다. 이 반복 역시 제1단락의 단락내 결속을 보여준다.

둘째로, '… -고 …'의 구문 반복에 의한 제2단락(제3, 4수)내 결속이다. 제3수 초장("床 우희 冊을 노코 床 아릐 신을 니여라")과 제4수 초장("두고 또 두고 져 慾心 긔지 읍다")을 보면, '… -고 …'의 구문을 순차적으로 반복한다. 이 반복은 제2단락의 단락내 결속을 보여준다.

셋째로, 제3, 4수의 종장 첫시어로 감탄사를 반복하면서 보여주는 제2단락내 결속이다. 제3수의 종장과 제4수의 종장에서는 감탄사 '알과ᄅᆞ'와 '우셥다'을 순차적으로 반복한다. 이 반복은 제2단락의 단락내 결속을 보여준다.

넷째로, 제5, 6수 종장 첫시어로 부사를 반복하면서 보여주는 제3단락내 결속이다. 제3단락인 제5, 6수의 종장 첫시어를 보면, '차간(此間)에'(제5수 종장)와 '나죵에'(제6수 종장)의 부사를 반복한다. 이 부사의 반복 역시 제3단락의 단락내 결속을 보여준다.

이번에는 단락간의 결속과 종결을 보자.

다섯째로, [초장과 중장의 대구(제1수, 제1단락의 제1수) - 초장의 대구(대칭축, 제3수, 제2단락의 제1수) - 초장과 중장의 대구(제5수, 제3단락의 제1수)]의 대칭표현에 의한 단락간의 결속과 종결이다. 제1수의 초장과 중장은 "청풍(淸風)을 죠히 역여 창(窓)을 ᄋᆢ니 ᄃᆞ닷노ᄅᆞ / 명월(明月)을 죠히 역여 잠을 ᄋᆢ니 드런노ᄅᆞ"로 대구를 이룬다. 제3수의 초장도 "상(床) 우희 책(冊)을 노코 상(床) 아릐 신을 녀여라"로 대구를 이룬다. 그리고 제5수의 초장과 중장도 "山ᄋᆞ 너ᄂᆞᆫ 어이 한갈 갓치 노ᄑᆞ시며 / 물ᄋᆞ 너ᄂᆞᆫ 읏지 날날리 흐르ᄂᆞ냐"로 대구를 이룬다. 이렇게 제1, 3, 5수는 각각 대구를 이루면서, 이 작품의 세 단락을 암시하는데, 내용과 함께 보면, 이 작품이 제1단락(제1, 2수), 제2단락(제3, 4수), 제3단락(제5, 6수) 등으로 구성되어 있음을 알 수 있다. 그 다음에, 이 세 단락은 각각 대구를 반복한다는 점에서, 반복에 의한 세 단락의 결속을 정리할 수 있다. 동시에 이 대구들은 앞에서 정리한 대칭표현을 보이는데, 이 대칭표현은 시종의 대칭표현을 통하여 제3단락이 종결임을 보여준다. 이런 점에서 이 대칭표현은 단락간 결속과 종결을 보여준다고 정리할 수 있다.

여섯째로, ['-ᄅᆞ, -ᄅᆞ'(제1수) - 대칭축(제3, 4수의 중간) - '-ᄅᆞ, -ᄅᆞ'(제6수)]의 시종의 대칭표현에 의한 종결의 표현이다. 제1수의 초장과 중장의 끝시어를 보면, 'ᄃᆞ닷노ᄅᆞ'와 '드런노ᄅᆞ'에서 '-ᄅᆞ, -ᄅᆞ'를 보여준다. 그리고 제6수의 초장과 중장의 끝시어를 보면, 'ᄂᆞ지 ᄆᆞᄅᆞ'와 '므셔워ᄅᆞ'에서 '-ᄅᆞ, -ᄅᆞ'를 보여준다. 이 제1수 초장과 중장의 '-ᄅᆞ, -ᄅᆞ'와 제6수 초장과 중장의 '-ᄅᆞ, -ᄅᆞ'는 제3수와 제4수의 중간을 대칭축으로 대칭한다. 이 대칭표현은 시종의 대칭표현으로 시작에 대칭된 제6수가 종결임을 말해준다.

3. 배경시공간의 구조

〈풍계육가〉의 배경시간의 구조와 배경공간의 구조를 간단하게 차례로 보자.

제1수의 배경시간은 중장인 "명월(明月)을 죠히 역여 잠을 ᄋᆞ니 드런 노ᄅᆡ"로 보아 '밤'이다. 그리고 제2수의 배경시간은 종장인 "어졔밤 숀쇼 다든 문을 늣도록 닷치엿쇼"로 보아 제1수의 다음날의 낮이다.

제3수의 배경시간은 종장인 "알과ᄅᆞ 어졔 맛츈 ᄆᆞ지숄 맛보러 왓ᄂᆞ부ᄃᆞ"로 보아 낮이다. 그런데 이 제3수의 '낮'이 제2수의 '낮'인지 아닌지는 명확하지 않다. 제4수의 배경시간은 초장인 "두고 ᄯᅩ 두고 져 욕심(慾心) 긔지 읍다"로 보아, 제3수의 '낮'에 이어진 '낮'으로 볼 수 있다.

제5수의 배경시간은 제5수인 "산(山)ᄋᆞ 너는 어이 한갈 갓치 노ᄑᆞ 시며 / 물ᄋᆞ 너는 읏지 날날리 흐르ᄂᆞ냐 / 차간(此間)에 인지(仁智)한 군자(君子)는 못니 즐겨 ᄒᆞ노니ᄅᆞ"로 보아, 노래하는 현재이다. 그런데 이 현재는 제4수의 노래하는 현재인 '낮'으로 보아, 이 제4수의 낮에 이어진 낮으로 정리할 수 있다. 제6수의 배경시간은 제6수인 "오두미(五斗米) 위ᄒᆞ여 홍진(紅塵)의 ᄂᆞ지 ᄆᆞᄅᆞ / ᄇᆞ롬 비 어쥬러워 칼 토비 ᄆᆞ셔워ᄅᆞ / 나죵에 슬코 뉘읏친ᄃᆞ 기구(崎嶇)ᄒᆞᄃᆞ 기로다단(岐路多端)ᄒᆞ여ᄅᆞ"로 보아, 노래하는 현재와 미래를 보여주는데, 내용으로 보아, 제5수에 이어진 현재의 낮으로 정리할 수 있다.

이상의 배경시간을 다시 정리하면 다음과 같다.

제1수: 어제의 밤

제2수: 오늘의 낮1

제3수: 오늘의 낮2

제4수: 오늘의 낮3

제5수: 오늘의 낮4

제6수: 오늘의 낮5와 미래

이 정리에서 보면, 이 작품의 배경시간은 대체로 순차적 구조를 보인다고 정리할 수 있다. 제2수의 '낮1'과 제3수의 '낮2'가 순차적 구조라는 것을 증명할 만한 논거는 없다. 그렇다고 순차적 구조가 아니라는 논거도 없다. 이럴 경우에, 문학 연구에서 유기체설을 인정한다는 점에서, 이 구조도 다른 부분과 같이 순차적 구조로 정리한다.

이번에는 배경공간을 보자.

제1수의 배경공간은 초장인 "청풍(淸風)을 죠히 역여 창(窓)을 ᄋᆞ니 ᄃᆞ닷노ᄅᆞ"로 보아, 띠집의 방안이다. 제2수의 배경공간은 물위에 이룬 띠집이다. 제3수의 배경공간은 초장과 중장인 "상(床) 우희 책(冊)을 노코 상(床) 아릐 신을 녀여라 / 이ᄇᆡ ᄋᆞ히야 날 보리 그 뉘고"로 보아 띠집의 방안이다. 제4수의 배경공간도 중장인 "ᄂᆞᆫ 니 집에 니 셰ᄀᆞᆫ을 술펴보니"로 보아 띠집으로 추정된다. 제5수의 배경공간은 작품 전체인 "山ᄋᆞᆫ 너ᄂᆞᆫ 어이 한갈 갓치 노ᄑᆞ 시며 / 물ᄋᆞᆫ 너ᄂᆞᆫ 읏지 날날리 흐르ᄂᆞ냐 / 차간(此間)에 인지(仁智)한 군자(君子)ᄂᆞᆫ 못ᄂᆡ 즐겨 ᄒᆞ노니ᄅᆞ"로 보아, 산수간이다. 제6수의 배경공간은 홍진(紅塵)이다.

이상을 다시 정리하면 다음과 같다.

제1수: 방안

제2수: 띠집

제3수: 방안

제4수 : 띠집

제5수 : 산수간

제6수 : 홍진(紅塵)

이 배경공간으로 보면, '방안 - 띠집'의 반복과 그 전환의 구조이다.

4. 논리적 구조와 주제

이 작품의 논리적 구조는 1수 1단위로 보면, 구조를 발견하기가 매우 어렵다. 이는 이 작품에서 평면적 구조를 구사하지 않고, 계층적 구조를 구사하였기 때문이다. 이 계층적 구조를 발견하는 데 도움을 주는 것은 '2'장과 '3'장에서 정리한 대칭표현과 시공간의 구조들이다. 이 대칭표현과 시공간의 구조를 참고하면서 이 작품의 논리적 구조를 검토하면, 제1, 2수, 제3, 4수, 제5, 6수 등으로 3분된 본사1, 본사2, 결사 등의 구조이다.

이 구조를 보기 위하여, 제1수부터 차례로 보자.

清風을 죠히 역여 窓을 ᄋᆞ니 ᄃᆞ닷노ᄅᆞ
明月를 죠히 역여 잠을 ᄋᆞ니 드런노ᄅᆞ
옛ᄉᆞ롬 이 두 ᄀᆞ지 두고 어ᄃᆡ 혼ᄌᆞ 갓노(제1수)

초장과 중장에서는 청풍과 명월을 좋아하는 삶을 보여주고 있다. 그리고 이 삶이 옛사람들이 좋아 하던 것임을 종장에서 보여준다. 이를 계산하면 제1수의 주제는 [옛사람과 같이 청풍과 명월을 좋아하며 산다.]로 정리할 수 있다.

그런데 이 청풍명월은 단순하게 그 자체만이 좋아서 좋아 하는 것이 아니라, 세상이 맑지 않고, 밝지 않은 측면 때문에 좋아 하는 대상임을 기억해야 할 것 같다. '청풍명월(淸風明月)'은 '청풍명월불용일전매(淸風明月不用一錢買)'(李白, 「襄陽歌」)에 기원을 두고 있다. 그리고 이 '청풍명월'은 세 가지 의미를 갖는다. 하나는 맑은 바람과 밝은 달의 의미이고, 다른 하나는 결백하고 온건한 성격을 평하여 이르는 의미이며, 마지막 하나는 풍자와 해학으로 세상사를 논함을 비유하여 이르는 의미이다. 이런 의미들로 보면, 이 제1수의 청풍명월은 세상사의 맑지 않고 밝지 않은 부정적 측면 때문에 택한 것으로 보인다. 이런 의미는 제2수의 초장에서 드러난다.

제2수를 보자

> 너ᄅᆞ셔 뉘로ᄅᆞ ᄒᆞ여 爵祿을 ᄆᆞ암에 둘고
> 죠고만 띄집을 시너 우에 이룬 바
> 어졔밤 손쇼 다든 문을 늣도록 닷치엿쇼(제2수)

초장을 보면, 내가 누구라고 작록을 마음에 두겠느냐, 작록을 마음에 두지 않고 있는 마음을 잘 보여준다. 특히 이 초장은 시적 화자인 이정(李淨, 1520~1594) 자신이 무오사화(1498)와 갑자사화(1504)로 인해 죽은 이원(李黿)의 조카이며, 이원의 죽음으로 인해 가산을 몰수당하고 연좌된 이별(李鼈)의 조카라는 사실을 암시적으로 보여준다. 그 다음에 중장과 종장에서는 조그만 띠집을 시내 위에 이루고, 살면서 어젯밤에 스스로 닫은 문이 늦도록 닫히었음을 노래하고 있다. 이는 청풍과 명월을 즐기다가 늦게 문을 닫고 늦게 일어난 사실을 잘 보여준다. 이런 제2수는 제1수의 내용을 이어서, 청풍과 명월을 좋아하는 이유를 포함시키면서, 청풍과 명월을 좋아 하는 사실을, 좀더 포괄적으로, 그리고 점층적으로 노래한 것이다.

이런 점들로 보아, 제1단락의 주제는 [내 집안의 과거로 보아 작록을 마음에 두지 않고, 옛사람과 같이 청풍과 명월을 좋아하며 띠집에서 살고 있다.]로 정리할 수 있다. 이 주제는 띠집을 중심으로 보면, 띠집에서의 외적 생활상이라고 정리할 수 있다.

제2단락은 제3, 4수로 구성되는데, 제3수를 먼저 보자.

> 床 우ᄒᆡ 冊을 노코 床 아ᄅᆡ 신을 ᄂᆡ여라
> 이ᄇᆞ ᄋᆞ히야 날 보리 그 뉘고
> 알과ᄅᆞ 어졔 맛츈 므지슐 맛보러 왓ᄂᆞ부ᄃᆞ(제3수)

제3수에서는 손님을 맞이하고 있다. 그런데 시적 화자는 자신을 보러 올 사람이 없을 것이라는 것을 아이에게 물은 다음에, 스스로 자문을 하고 있다. 다른 일이 아니라 술이나 한잔 맛보러 오는 손님으로 대답하고 있다. 이는 한가하고 편안하게 살고 있음을 보여준다. 그리고 이 제3수에서 유의할 점은 시적 청자가 아이라는 사실이다. 이 시적 청자는 제6수의 시적 청자가 누구인가와 관련이 있다.

제4수를 보자.

> 두고 ᄯᅩ 두고 져 慾心 긔지 읍다
> ᄂᆞᆫ ᄂᆡ 집에 ᄂᆡ 셰ᄀᆞᆫ을 ᄉᆞᆯ펴보니
> 우셥다 낙씨ᄃᆡ ᄒᆞᆫᄂᆞ 외예 것칠 거시 젼혀 읍세ᄅᆞ(제4수)

이 제4수에서는 손님의 끝이 없는 욕심을 초장에서 먼저 보여준다. 그 다음에 시적 화자는 자신의 세간을 살펴보니, 거칠 것이라고는 낚싯대 하나임을 보여준다. 이는 안빈(安貧)하게 살아온 시적 화자의 삶을 보여준다. 그리고 이는 제3수의 한가하고 편안한 삶을 좀더 구체적으로 점층적으로 보여준 것이다. 특히 제3수에서는 대비가 없으나, 제4수에서는 대비를 통하여 욕심 없는 삶을 점층적으로 보여주고 있다.

이렇게 읽을 수 있는 제2단락을 종합하면, [욕심 많은 손님과 달리, 거칠 것이 없이 빈안하게 살고 있다.]로 정리할 수 있다. 이 주제는 띠집을 중심으로 보면, 띠집에서의 내적 생활상이라고 정리할 수 있다. 그리고 이 띠집에서의 내적 생활상을 노래한 제2단락은 띠집에서의 외적 생활상을 노래한 제1단락과 함께 대등하게 병렬된 것이어서, 본사1인 제1단락과 본사2인 제2단락은 병렬적 구조로 정리할 수 있다.

제5수를 보자.

> 山ᄋᆞ 너ᄂᆞᆫ 어이 한갈 갓치 노ᄑᆞ시며
> 물ᄋᆞ 너ᄂᆞᆫ 웃지 날날리 흐르ᄂᆞ냐
> 此間에 仁智한 君子ᄂᆞᆫ 못ᄂᆡ 즐겨 ᄒᆞ노니ᄅᆞ(제5수)

이 제5수의 초장과 중장에서는 산과 물에게 돈호법과 의문법을 써서 한결같이 높고, 나날이 흐르는 이유를 묻고 있다. 이 돈호법은 강한 친밀성을 보여준다. 그리고 의문법은 자연이 보이는 자연의 즐김을 유도한다. 즉 산이 높은 것과 물이 날마다 흐르는 것은 하늘이 산과 물에 부여한 본성을 따르는 것이며, 본성을 따르는 것이 도(道)라는 점에서, 본성을 따르는 것은 도(道)를 얻는 즐김이다. 이런 산수간에서 인지(仁智)한 군자는 (산수의 즐김을) 못내 즐긴다는 사실을 노래하고 있다. 이 경우에 해석에서 조심할 것은 '군자'이다. 이 군자는 시적 화자로 해석할 수도 있고, 시적 화자가 따르고자 하는 대상으로 해석할 수도 있는데, 후자로 판단한다. 그리고 이 군자가 즐기는 산수는 '지자요수(知者樂水) 인자요산(仁者樂山)'(『논어』, 翁也篇)의 산수이며, 더 나아가 산수가 즐기는 산수의 즐김을 즐기는 것이다. 이는 율곡식으로 표현하면, 자연이 즐기는 자연의 낙(樂, 즐김)을 시적 화자가 즐기는 진락(眞樂)이다.

제6수를 보자.

> 五斗米 위ᄒᆞ여 紅塵의 ᄂᆞ지 ᄆᆞᄅᆞ
> ᄇᆞᄅᆞᆷ 비 어쥬러워 칼 토비 므셔워ᄅᆞ
> 나죵에 슬코 뉘읏친ᄃᆞ 崎嶇ᄒᆞᄃᆞ 岐路多端ᄒᆞ여ᄅᆞ(제6수)

제6수의 초장에서는 박봉(薄俸)의 오두미를 받기 위하여 홍진(紅塵), 즉 세상에 나가지 말라고 노래하고 있다. 특히 오두미라는 말은 도연명이 관직을 버리면서 한 말이어서 귀거래의 의미가 강하다. 그 다음에 중장과 종장에서는 왜 세상에 나가지 말라고 하는지를 구체적으로 말하고 있다. 즉 세상 바람과 비가 어지러워, 형벌의 도구로 쓰는 칼과 톱이 무섭다. 그리고 험난하고 기로가 다단하여 나중에 슬퍼하고 뉘우치게 되므로 세상에 나가지 말라는 것이다.

이 홍진, 즉 세상에 나아가지 말라고 당부하는 시적 청자는 누구일까? 이 시적 청자는 제3수에 등장했던 '아이'이면서, 동시에 시적 화자 자신의 아들로 추정된다.

이렇게 제5, 6수로 구성된 제3단락은 대조를 통하여, [오두미를 위해 어지러운 세상에 나아가서 화를 당하지 말고, 군자로 산수 사이에서 낙도하며 살라.]는 주제를 보여준다. 이 주제에 포함된 [오두미를 위해 어지러운 세상에 나아가서 화를 당하지 말고]는 [안빈하게 살라]는 이면적 의미를 가지고 있다. 이를 계산하여 제3단락의 주제를 다시 쓰면, [군자로 산수 사이에서 안빈낙도하며 살라.]로 정리할 수 있다.

그리고 이 제3단락의 주제는 본사1의 주제와 본사2의 주제를 그 정도에서 높이고 통합한 것으로 결사에 해당한다. 즉, 자연의 풍취를 좋아하는 것을 산수의 즐김을 즐기는 것으로 점층시키고, 녹봉을 위하여 출사하지 말 것으로 안빈낙도를 강하게 표현하였다는 점에서, 점층적이다. 만약 제1, 2단락의 시적 화자가 사는 삶과 같이, 제3단락에서도 그 정도를 높인 내용이 시적 화자가 사는 삶이라면, 제1, 2단락과 제3단락은 점층적 구조라고 정리할 수 있다. 그러나 제3단락의 내용은 시적 화자가 사는 삶이 아니라, 시적 청자인 아이나 자제가 이렇게 살기를 바라는 내용이라는 점에서, 결사로 정리할 수 있다.

지금까지 정리한 세 단락의 주제를 다시 정리하면 다음과 같다.

제1단락 : [내 집안의 과거로 보아 작록을 마음에 두지 않고, 옛사람과 같이 청풍과 명월을 좋아하며 띠집에서 살고 있다.]
제2단락 : [욕심 많은 손님과 달리 거칠 것이 없이 안빈하게 살고 있다.]
제3단락 : [오두미를 위해 어지러운 세상에 나아가서 화를 당하지 말고, 군자로 산수 사이에서 낙도하며 살라.]

그리고 이에 기초한 구조는 다음과 같이 정리할 수 있다.

<table>
<tr><th>순서</th><th colspan="2">단락</th><th colspan="3">논리적 구조</th></tr>
<tr><td>제1수</td><td rowspan="2">점층적 구조</td><td rowspan="2">제1단락</td><td rowspan="2">본사1</td><td rowspan="4">병렬적 구조</td><td rowspan="4">본사</td></tr>
<tr><td>제2수</td></tr>
<tr><td>제3수</td><td rowspan="2">점층적 구조</td><td rowspan="2">제2단락</td><td rowspan="2">본사2</td></tr>
<tr><td>제4수</td></tr>
<tr><td>제5수</td><td rowspan="2">대조적 구조</td><td rowspan="2">제3단락</td><td rowspan="2" colspan="3">결사</td></tr>
<tr><td>제6수</td></tr>
</table>

앞에서 정리한 단락별 주제와 논리적 구조로 볼 때에, 이 작품의 주제는 결사의 주제인 [오두미를 위하여 어지러운 세상에 나아가서 화를 당하지 말고, 산수간에서 군자로 산수의 즐김을 즐기며 살라.]로 대신해도

좋을 것 같다. 그리고 이 주제는 가장 보편적인 용어로 바꾸면, [산수간에서 군자로 안빈낙도하라.]가 될 것 같다. 왜냐하면, [박봉을 위하여 어지러운 세상에 나아가서 화를 당하지 말고]는 [산수간에서 군자로 안빈하게 살라.]에 해당하고, [산수간에서 군자로 산수의 즐김을 즐기며 살라]는 [산수간에서 군자로 낙도하라.]에 해당하기 때문이다.

5. 결론

지금까지 이정이 지은 〈풍계육가〉의 결속, 종결, 구조, 주제 등을 검토 정리해 보았다. 그 중요한 것들을 요약 정리하는 것으로 결론을 대신하면 다음과 같다.

1) 제1단락(제1, 2수)의 단락내 결속은 제1, 2수의 초장에서 반복하는 '… -여 -을 …'의 구문을 통하여 보여준다.
2) 제2단락(제3, 4수)의 단락내 결속은 제3, 4수의 초장에서 반복하는 "… -고 …'의 구문과, 종장 첫시어에서 반복하는 감탄사를 통하여 보여준다.
3) 제3단락(제5, 6수)의 단락내 결속은 제5, 6수의 초장에서 반복하는 부사를 통하여 보여준다.
4) [초장과 중장의 대구(제1수, 제1단락의 제1수) - 초장의 대구(대칭축, 제3수, 제2단락의 제1수) - 초장과 중장의 대구(제5수, 제3단락의 제1수)]의 대칭표현을 통하여, 단락간의 결속과 종결을 보여준다.
5) ['-랴, -랴'(제1수) - 대칭축(제3, 4수의 중간) - '-랴, -랴'(제6수)]의 시종의 대칭표현에 의해 종결을 보여준다.
6) 배경시간은 어제의 밤(제1수), 오늘의 낮1(제2수), 오늘의 낮2(제3

수), 오늘의 낮3(제4수), 오늘의 낮4(제5수), 오늘의 낮5와 미래(제6수) 등의 순차적 구조로 되어 있다.

7) 배경공간은 방안(제1수), 띠집(제2수), 방안(제3수), 띠집(제4수), 산수간(제5수), 홍진(紅塵, 제6수) 등에서와 같이, '방안 - 띠집'의 반복과 그 전환의 구조로 되어 있다.

8) 논리적 구조는 본사(제1-4수)와 결사(제5, 6수)로 되어 있는데, 본사(제1-4수)는 본사1(제1, 2수)과 본사2(제3, 4수)가 병렬적 구조로 되어 있고, 본사1(제1, 2수)과 본사2(제3, 4수)는 각각 점층적 구조로 되어 있으며, 결사(제5, 6수)는 대조적 구조로 되어 있다.

9) 제1단락(제1, 2수)인 본사1의 주제는 [내 집안의 과거로 보아 작록을 마음에 두지 않고, 옛사람과 같이 청풍과 명월을 좋아하며 띠집에서 살고 있다.]이고, 제2단락(제3, 4수)인 본사2의 주제는 [욕심 많은 손님과 달리 거칠 것이 없이 안빈하게 살고 있다.]이며, 제3단락(제5, 6수)의 주제는 [오두미를 위해 어지러운 세상에 나아가서 화를 당하지 말고, 군자로 산수 사이에서 낙도하며 살라.]이다.

10) 이 작품의 주제는 결사의 주제인 [오두미를 위하여 어지러운 세상에 나아가서 화를 당하지 말고, 산수간에서 군자로 산수의 즐김을 즐기며 살라.]와 같다. 이 주제는 가장 보편적인 용어로 바꾸면, [산수간에서 군자로 안빈낙도하라.]가 된다.

이 작품에서 발견되는 2수 1단락은 초기의 육가계통에서 발견되는 공통점이다. 이에 대한 연구는 다음으로 미룬다.

정철의 〈주문답〉

1. 서언

이 글은 정철(鄭澈 1536~1593)의 〈주문답〉을 대상으로 그 결속, 종결, 구조, 주제 등을 연구하는 데 연구의 목적이 있다.

〈주문답〉은 최근에 주목받기 시작한 정철의 연시조이다.[1] 이 작품에 대한 연구는 거의 없는 듯하다. 단지 한 편의 글(양희철 2011b)이 있는 것 같다. 이 글에서는 대칭표현, 일탈표현, 구조, 주제, 유형성 등을 다루었는데, 부분적으로 수정할 것도 있다. 이에 부분적으로 수정을 하면서, 이 책의 체계에 맞게, 결속, 종결, 구조, 주제 등으로 다시 쓰려 한다.

2. 결속과 종결

결속과 종결을 정리하기 위하여, 밑줄 친 부분에 유의하면서 〈주문답〉을 보자.

---

1 이 작품은 연시조로 언급되지 않고 있다가 최근에 연시조로 정리되었다(황충기 2009:91-92).

므스 일 일우리라 십년지이 너를 조차
내 혼 일 업시 셔 외다 마다 ᄒᆞᄂᆞ니
이제야 절교편 지어 젼송호ᄃᆡ 엇더리(제1수)

일이나 일우려 ᄒᆞ면 처엄의 사괴실가
보면 반기실식 나도 조차 ᄃᆞᆫ니더니
진실로 외다옷 ᄒᆞ시면 마ᄅᆞ신ᄃᆞᆯ 아니랴(제2수)

내 말 고텨 드러 너 업ᄉᆞ면 못 살려니
머흔 일 구즌 일 널로 ᄒᆞ야 다 닛거든
이제야 ᄂᆞᆷ 괴려ᄒᆞ여 녯 벗 말고 엇디리(제3수)

이 작품의 결속과 종결은 대칭표현과 일탈표현에 의해 드러나는데, 앞의 밑줄 친 부분에서와 같이 대칭표현 둘과 일탈표현 둘을 정리할 수 있다.

첫째로, ['이제야'(제1수) - '진실로'(제2수, 대칭축) - '이제야'(제3수)]의 대칭표현(1)이다. 제1, 3수의 종장 첫시어를 보면, 제2수의 '진실로'를 대칭축으로 하여 '이제야'가 대칭되어 있다. 이런 점에서 앞의 대칭표현(1)을 정리할 수 있다.

둘째로, ['엇(더)리'(제1수) - '아니랴'(제2수, 대칭축) - '엇(디)리'(제3수)]의 대칭표현(2)이다. 제1, 3수의 종장 끝시어를 보면, 제2수의 '아니랴'를 대칭축으로 하여 '엇(더/디)리'가 대칭으로 표현되어 있다. 이런 점에서 앞의 대칭표현(2)을 정리할 수 있다.[2]

---

2 제2수 종장의 끝시어 '아니랴'는 『송강가사』(성주본)에서는 '엇더리'로 되어 있어, 이 이본에서만은 이 대칭이 성립하지 않는다. 그러나 다른 이본들에서는 이 대칭이 성립한다.

이 두 대칭표현은 시종의 대칭표현으로 제1수의 시작에 대칭된 제3수가 종결임을 보여준다.

셋째로, 제3수 초장 끝운의 일탈표현(1)이다. 제1·2수 초장의 끝운은 '조차'와 '사괴실가'의 'ㅏ'이다. 이 'ㅏ'의 반복은 이 작품의 표현에서 규범의 하나인데, 이 규범을 제3수의 초장 끝운은 '살려니'의 'ㅣ'로 일탈하고 있다. 이런 점에서 일탈표현(1)을 정리할 수 있다.

넷째로, 제3수 중장 끝음절의 일탈표현(2)이다. 제1·2수 중장의 끝음절은 'ᄒᆞᄂᆞ니'와 '둔니더니'의 '니'이다. 이 '니'의 반복 역시 이 작품의 표현에서 규범의 하나인데, 이 규범을 제3수의 중장 끝음절은 '닛거든'의 '든'으로 일탈하고 있다. 이런 점에서 일탈표현(2)을 정리할 수 있다.

이 두 일탈표현들은 반복표현의 후미 전환형을 통하여, 제1-3수의 결속과 종결을 보여준다. 일탈표현(1)의 경우에 제1·2수의 초장 끝운에서는 'ㅏ'를 반복하고, 이 반복을 제3수 초장 끝운에서 'ㅣ'로 전환한다. 그리고 일탈표현(2)의 경우에 제1·2수 중장 끝음절에서는 '니'를 반복하고, 이 반복을 제3수 중장 끝음절에서 '든'으로 전환한다. 이 두 경우에 반복은 지속을 의미하며, 전환은 반복을 전환한다는 점에서 중지의 종결을 의미한다.

3. 구조와 주제

이 작품은 순차적 구조와, '본결'의 구조를 보인다. 이를 구체적으로 보자.

순차적 구조는 문답체라는 측면에서 정리할 수 있는 구조이다. 제1수에서는 시적 화자(나)가 시적 청자(술)에게 질문한다. 제2수에서는 시적 화자(술)가 시적 청자(나)에게 답을 하는 동시에 질문을 한다. 그리고 제

3수에서는 시적 화자(나)가 시적 청자(술)인 술에게 답을 한다. 이 '나'와 '술'의 문답은 작품명과 더불어 이 작품이 문답의 순차적 구조로 되어 있음을 보여준다.

이제부터는 서본결의 파격인 '본결'의 구조를 보자.

제1수의 초장("므스 일 일우리라 십년지이 너를 조차")과 중장("내 훈 일 업시 셔 외다 마다 호느니")을 보면, 무슨 일을 이루리라 십년 가까이 너(술)를 따라 내 한 일이 없이 있어, '외다 마다'(그르다 싫다) 하고, 종장("이제야 절교편 지어 전송호딕 엇더리")에서는 이제야 절교를 술에게 묻고 있다. 이는 술의 역기능만을 인식하고 절교를 생각하여 묻는 것으로, 어떤 서두(序頭)도 없이 곧바로 본사를 제시한 것이다. 제2수의 본사와 구분하기 위하여 본사1로 정리한다.

이에 제2수의 초장("일이나 일우려 호면 처엄의 사괴실가")과 중장("보면 반기실싀 나도 조차 든니더니")에서는, 일이나 이루려 사귄 것이 아니지 않느냐? 보면 반기기에 나도 따른 것이지 않느냐고 노래했다. 그리고 종장("진실로 외다옷 호시면 마루신둘 아니랴")에서는 그래도 일을 이루지 못한 역기능만을 가지고 그르고 싫다고 생각한다면 절교하면 되지 않느냐고, 술이 시적 화자에게 제1수에 대한 대답의 질문을 던지고 있다. 이는 제1수의 본사1에 대한 대답과 질문으로 본사2에 해당한다. 즉 술의 역기능만을 인식하고 절교를 생각하여 묻는 본사1에 대해, 본래 술을 좋아 하는 것은 어떤 일을 이루기 위한 것이 아니라, 술의 순기능 때문이지 않느냐. 그래도 절교를 하려면 절교를 하자는 것이다. 이는 주제를 바꾼 본사2이다.

이 본사1과 본사2는 상반된 주제로 대조적 구조로 묶인 본사이다. 이는 서본결을 기승전결로 확대할 때에, 본사의 주제를 대조적인 본사1(승)과 본사2(전)로 확대할 때에 나오는 구조이다.

제2수의 질문에 대한 시적 화자의 대답인 제3수에서는 결론적으로 술의 순기능을 다시 인식하고 절교를 취소한다. 즉, 초장("내 말 고텨 드러 너 업ᄉᆞ면 못 살려니")과 중장("머흔 일 구즌 일 널로 ᄒᆞ야 다 닛거든")에서는, 내 말을 고쳐 들어라, 너 없으면 못 살 것이니, 험하고 사나운 일과 궂은 일을 너로 다 잊는다고 노래하고, 종장("이제야 놈 괴려ᄒᆞ여 녯 벗 말고 엇디리")에서는 이제야 남을 사랑하려 옛 벗을 말고 어찌하랴고 노래하였다. 이는 술의 순기능을 인식하고 절교를 취소하는 결사이다.

이렇게 볼 때에, 이 작품의 구조는 본사(본사1 : 제1수, 본사2 : 제2수, 대조적 구조, 순차적 구조)와 결사의 구조로 정리할 수 있다.

4. 결언

지금까지 〈주문답〉의 결속, 종결, 구조, 주제 들을 간단하게 검토해 보았다. 중요한 내용을 간단하게 요약하여 결론으로 대신하려 한다.

1) 종결은 ['이제야'(제1수) - '진실로'(제2수, 대칭축) - '이제야'(제3수)]의 시종의 대칭표현과, ['엇(더)리'(제1수) - '아니랴'(제2수, 대칭축) - '엇(디)리'(제3수)]의 시종의 대칭표현에서 보이는 시작(제1수)의 대칭에 의해 이루어졌다.
2) 결속과 종결은 반복표현의 후미 전환형에 의해 이루어지는데, 이 반복표현의 후미 전환형은 'ㅏ'의 반복과 이를 일탈한 'ㅣ', '니'의 반복과 이를 일탈한 '든'에 의해 이루어졌다.
3) 이 작품의 논리적 구조는 문답체의 순차적 구조와, 본사(본사1, 본사2, 대조적 구조)와 결사의 결합인 본결의 구조이다.
4) 이 작품의 주제는 [술의 순기능의 재인식]이다.

이 작품은 전통적인 육가는 아니다. 그러나 이 작품이 보여주는 구조가 〈도산육곡〉과 〈술회(가)〉의 탈착형 연시조에서 보여주는 구조이기 때문에, 육가들과 함께 다루었다.

정광천의 〈술회(가)〉와 〈병중술회가〉

1. 서론

이 글은 정광천(鄭光天, 1553~1594)이 1592년에 지은 〈술회(가)〉와 〈병중술회가〉의 결속, 종결, 구조, 주제 등을 정리하는 데 연구의 목적이 있다.

〈술회(가)〉와 〈병중술회가〉에 대한 선행 연구는 네 분들(서재극, 이상보, 윤영옥, 임형택)이 작품을 소개하면서 작가와 창작 배경을 약술한 것이 전부인 것 같다. 서재극(1978)은 『모산심재완박사회갑기념 시조논총』에 실은 「낙애실기의 단가」에서 판각본의 〈술회〉와 〈병중술회가〉를 소개하고, 작가의 약력과 창작 배경을 약술하였다. 이상보(1981)는 『한국문학』 89(9-3)에 실은 「정광천의 술회가 소고」에서 남애 안춘근이 소장하고 있던 『임하선생문집』(필사본)에 수록된 〈술회가〉와 〈병중술회가〉(남애본)를 소개하고, 작가와 창작 배경을 약술하였다. 윤영옥(1986)은 『시조의 이해』에 실은 「낙애 정광천의 술회가」에서 『낙애선생일기』에 수록된 〈술회가〉와 〈병중술회가〉를 소개하면서, 서재극(1978)과 이상보(1981)의 글에 대한 서지도 제시하였다. 임형택(2002)은 『한국문학사의 논리와 체계』에 실은 「육가속고」에서, 필사본 『낙애집』에 수록된 〈술회가〉와 〈병중술회가〉를 소개하고, 작가와 창작 배경을 약술하면서, 〈술회가〉를 육가계통의 시조로 정리하였다.

이렇게 〈술회(가)〉와 〈병중술회가〉의 선행 연구는 작품의 소개, 작가, 창작 배경 등을 정리하였다. 이에 네 분들이 인용한 이본들을 비교한 다음에, 〈술회(가)〉와 〈병중술회가〉의 결속, 종결, 구조, 주제 등을 검토 정리하고자 한다.

2. 이본의 비교

이 장에서는 네 분(서재극, 이상보, 윤영옥, 임형택)이 인용한 이본들을 비교하려 한다. 윤영옥이 제시한 『낙애선생일기』본이 가장 선본에 가까워서, 이 이본을 제시하고, 이본별 차이점을 간단하게 보려 한다. 이 장을 설정한 이유는 이본에 따른 차이점을 고려하여도, 이 글에서 다루려는 결속, 종결, 구조, 주제 등에 문제가 발생하지 않는다는 점을 확인하기 위한 것이다.

2.1. 〈술회(가)〉의 이본

먼저 〈술회(가)〉 제1수의 이본들을 비교하기 위하여, 『낙애선생일기』본의 제1수를 먼저 보자.

아화 셜운지고 太平은 언졔러니
님굼은 엇지ᄒᆞ며 老親을 엇지ᄒᆞ리
차라리(→ᄎᆞ라리) 쟈ᄂᆞᆫ닷시 죽어셔 아무란쥴 모로리라

이 이본과 다른 이본들의 다른 점들을 보자. '차라리'는 나머지 세 이

본에서 ‘ᄎᆞ라리’로 되어 있어, ‘ᄎᆞ라리’로 수정하려 한다. ‘엇지ᄒᆞ며’는 ‘어더고’(남애본, 『낙애집』본)로 되어 있다. 나머지 어휘에서는 ‘님굼’을 나머지 세 이본에서는 ‘님곰’으로, ‘쟈ᄂᆞᆫ닷시’를 ‘자ᄂᆞᆫ더시’(남애본, 『낙애집』본)로, ‘죽어셔’를 ‘주거셔’(남애본, 『낙애집』본)로, ‘아무란줄’을 ‘아모란쥴’(남애본)과 ‘아므란쥴’(『낙애집』본)로, ‘모로리라’를 ‘몰오리라’(『낙애집』본)로 각각 다르게 표기한 것들이 발견된다. 이것들은 모음표기의 차이와, 연철과 분철의 차이로, 결속, 종결, 구조, 주제 등의 파악에는 영향을 주지 않는다.

제2수의 이본들을 비교하기 위하여, 『낙애선생일기』본의 제2수를 먼저 보자.

> 셜울ᄉᆞ 셜울시고 悶罔홈이 그지없다
> 兵塵이 漠漠ᄒᆞ니 갈 길이 ᄋᆞ둑ᄒᆞ다
> 어ᄂᆡ졔 收復故國ᄒᆞ야 君父편케 ᄒᆞ려뇨

이 이본과 다른 이본들의 다른 점을 정리해 보자. 가장 두드러진 차이는 ‘어ᄂᆡ졔’를 ‘언저긔’(남애본, 『낙애집』본)로 표기한 점이다. 그리고 “셜울ᄉᆞ 셜울시고 悶罔홈이”를 “셔운사 셔울지고 믄망흠이”(남애본)와 “셔울샤 셔울시고 민망홈이”(『낙애집』본)로, ‘兵塵이’를 ‘兵塵’(『낙애집』본)으로, ‘ᄒᆞ니’를 ‘ᄒᆞᆫ이’(남애본)와 ‘ᄒᆞᆫ니’(『낙애집』본)로, ‘길이’를 ‘기리’(남애본, 『낙애집』본)로, ‘ᄋᆞ둑ᄒᆞ다’를 ‘아둑ᄒᆞ다’(남애본, 『낙애집』본)로 각각 다르게 표기하였다. 이것들은 ‘ㄹ’과 ‘-이’의 탈락여부의 차이, 연철과 분철의 차이, ‘ㆍ’와 ‘ㅏ’의 차이 등을 보여준다. 그러나 이 차이들은 결속, 종결, 구조, 주제 등의 파악에는 거의 영향을 미치지 않을 것으로 판단한다.

제3수의 이본들을 비교하기 위하여, 『낙애선생일기』본의 제3수를 먼저 보자.

셜울ᄉᆞ 悶罔홀ᄉᆞ 時變이 가이업다(→ᄀᆞ이업다)
君父를 엇지ᄒᆞ며 妻子를 엇지ᄒᆞ리
우에 ᄒᆞ날이(→ᄒᆞᄂᆞᆯ이) 계시니 待天命만 ᄒᆞ오리라

이 이본과 다른 이본들의 다른 점을 정리해 보자. 어휘의 차이는 보이지 않고, 표기상의 차이만 보인다. "셜울ᄉᆞ 悶罔홀ᄉᆞ"를 "셜울샤 민망홀샤"(남애본, 『낙애집』본)로, '가이업다'를 'ᄀᆞ이업다'(『낙애실기』본, 남애본, 『낙애집』본)로, 'ᄒᆞ날이'를 'ᄒᆞᄂᆞᆯ이'(『낙애실기』본) '한ᄂᆞ리'(남애본), '하ᄂᆞ리'(『낙애집』본) 등으로, 'ᄒᆞ오리라'를 '호리라'(남애본, 『낙애집』본) 각각 다르게 표기하였다. 결속, 종결, 구조, 주제 등의 논의에 영향을 줄 만한 차이는 발견되지 않는다. 당대 표기에 가깝게, '가이업다'를 'ᄀᆞ이업다'로, 'ᄒᆞ날이'를 'ᄒᆞᄂᆞᆯ이'로 수정하려 한다.

제4수의 이본들을 비교하기 위하여, 『낙애선생일기』본의 제4수를 먼저 보자.

셜울ᄉᆞ 또 셜울ᄉᆞ 근심이 ᄀᆞ이업다
國破家亡ᄒᆞ니 어ᄃᆡ로 가리요
ᄎᆞ라리 深山을 들어가 採薇餓死 ᄒᆞ오리라

이 이본과 다른 이본들의 다른 점을 정리해 보자. "셜울ᄉᆞ 또 셜울ᄉᆞ"를 "셔울샤 또 셔울샤"(남애본, 『낙애집』본)로, "어ᄃᆡ로 가리요"를 "어드러 가려니고"(남애본, 『낙애집』본)로, '深山을'을 '深山으로'(남애본, 『낙애집』본)로, 'ᄒᆞ오리라'를 '홀리라'(남애본)와 '호리라'(『낙애집』본)로 각각 다르게 표기하였다. 이것들은 'ㄹ' 탈락여부의 차이, 격어미의 차이, 축약과 중복표기의 차이 등에 기인한 것으로, 결속, 종결, 구조, 주제 등의 정리에는 영향을 주지 않는 것들이다. 그리고 '採薇餓死'의 '採薇'가 남애

본에서는 누락되어 있다.

제5수의 이본들을 비교하기 위하여, 『낙애선생일기』본의 제5수를 먼저 보자.

> 採薇ᄒᆞ고 餓死ᄒᆞᆫ들 老親을 어이ᄒᆞ리
> 高山의 遯跡ᄒᆞ여 樂以忘憂 ᄒᆞ려노니
> 小子들아(→小子ᄃᆞᆯ아) 山田이나 매야셔 養老ᄒᆞᆯ 일 ᄒᆞ여스라

이 이본과 다른 이본들의 다른 점을 정리해 보자. '遯跡ᄒᆞ여'를 '迸跡ᄒᆞ여'(남애본, 『낙애집』본)로, 'ᄒᆞ려노니'를 '호렷노라'(남애본, 『낙애집』본)로, '小子들아'를 '小子ᄃᆞᆯ아'(『낙애집』본)로, '매야셔'를 'ᄆᆡ야셔'(남애본, 『낙애집』본)로, 'ᄒᆞ여스라'를 '호렷노라'(남애본, 『낙애집』본)로 각각 다르게 표기하였다. '遯跡ᄒᆞ여'와 '迸跡ᄒᆞ여'에서는 어휘의 차이를 보이나 큰 의미에서는 거의 같은 의미이다. 그리고 연결어미와 종결어미의 차이와 'ㆍ'와 'ㅏ'의 차이를 보이나, 결속, 종결, 구조, 주제 등의 정리에는 영향을 주지 않는 것들이다. '小子들아'는 이어서 볼 제6수의 '小子달아'와 『낙애집』본의 '小子ᄃᆞᆯ아'로 보아, '小子ᄃᆞᆯ아'로 수정하려 한다.

제6수의 이본들을 비교하기 위하여, 『낙애선생일기』본의 제6수를 먼저 보자.

> 小子달아(→小子ᄃᆞᆯ아) 小子달아(→小子ᄃᆞᆯ아) 養老ᄒᆞᆯ 일 힘셔ᄒᆞ라
> 老親이나 保全ᄒᆞ여 恢復을 보렷노라
> 너죵에 君親保全ᄒᆞ면 므슨근심 ᄒᆞ리요

이 이본과 다른 이본들의 다른 점을 정리해 보자. '小子달아'를 '小子ᄃᆞᆯ아'(남애본)로, '힘셔ᄒᆞ라'를 '힘서ᄒᆞ라'(남애본)로, '保全'을 '보젼'(남애본)

으로, '닉죵에'를 '닉에'(『낙애실기』본)와 '나죵에'(남애본, 『낙애집』본)로, '君親保全ᄒᆞ면'을 '君保全ᄒᆞ면'(『낙애실기』본)과 "君親을 保全ᄒᆞ면"(남애본)으로, 'ᄆᆞᄉᆞᆫ'을 '무슴'(남애본)과 'ᄆᆞ슴'(『낙애집』본)으로 각각 표기하였다. 『낙애실기』의 종장인 "'닉(죵)에 君(親)保全ᄒᆞ면'에는 괄호 안에 보충한 글자들이 탈락된 것으로 보인다. 나머지에서는 모음의 차이를 보인다. 이런 차이는 결속, 종결, 구조, 주제 등의 파악에 영향을 주지 않는다. '小子달아'는 '小子들아, 小子돌아' 등과 함께 나타나는 것으로 보아, '小子돌아'의 표기로 수정하려 한다.

2.2. 〈병중술회가〉의 이본

〈병중술회가〉의 제1수의 이본들을 비교하기 위하여, 『낙애선생일기』본의 제1수를 먼저 보자.

> 내뜻지 迂拙ᄒᆞ야 아무딕도 맛지 아니ᄒᆞ니
> 功名에도 迂闊ᄒᆞ고 營産에도 迂闊ᄒᆞ여
> 다만 혼자 死生窮賤間 奉親終老호려 ᄒᆞ노라

이 이본과 다른 이본들의 다른 점을 정리해 보자. '迂闊'을 '迂活'(『낙애실기』본, 남애본)로, '다만 혼자'를 '다믄 혼지'(남애본)와 '다믄 혼디'(『낙애집』본)로, '奉親終老호려'를 "奉親終老옷 호려"(남애본, 『낙애집』본)로 각각 표기하였다. '迂活'은 '迂闊'의 표기로 보인다. 그리고 나머지는 모음과 강조사의 차이인데, 이런 차이는 결속, 종결, 구조, 주제 등의 논의에는 영향을 미치지 않는 것들로 판단한다.

제2수의 이본들을 비교하기 위하여, 『낙애선생일기』본의 제2수를 먼저 보자.

養親을 ᄒᆞ렷더이(→ᄒᆞ렷더니) 時變이 이려ᄒᆞ다
慮外病患은 엇지 볼치 나이다.
다만 혼자 밋줍는 뜻슨 彼蒼者天을 밋나이다

이 이본과 다른 이본들의 다른 점을 정리해 보자. 'ᄒᆞ렷더이'를 'ᄒᆞ렷더니'(남애본, 『낙애집』본)로, '엇지'를 '엇디'(『낙애집』본)로, '볼치 나이다'를 '보치ᄂᆞ니'(남애본, 『낙애집』본)로, '다만 혼자'를 '다믄 혼지'(남애본)와 '다믄 혼디'(『낙애집』본)로, '뜻슨'을 '뜻은'(남애본, 『낙애집』본)으로, '밋나이다'를 '밋ᄂᆡ이다'(『낙애집』본)로 각각 표기하였다. 결속, 종결, 구조, 주제 등의 논의에 영향을 줄 만한 차이는 없다. 'ᄒᆞ렷더이'는 'ᄒᆞ렷더니'의 오자 또는 'ㄴ'탈락으로 보인다.

제3수의 이본들을 비교하기 위하여, 『낙애선생일기』본의 제3수를 먼저 보자.

하날님아(→ᄒᆞ놀님아) 하날님아(→ᄒᆞ놀님아) 비는뜻 아옵쇼셔
惟一老人 救濟救濟 ᄒᆞ옵쇼셔
언제쩨 老親을 뫼시고 樂天終老 ᄒᆞ오릿고

이 이본과 다른 이본들의 다른 점을 정리해 보자. '하날님아'를 'ᄒᆞᄂᆞ님아'(남애본, 『낙애집』본)로, '惟一老人'을 '惟一老人을'(남애본, 『낙애집』본)로, '언제쩨'를 '언저긔'(남애본, 『낙애집』본)로, '老親을'을 '老人을'(『낙애집』본)로, 'ᄒᆞ오릿고'를 'ᄒᆞ오려니고'(남애본)와 'ᄒᆞ오려닛고'(『낙애집』본)로 표기하였다. 결속, 종결, 구조, 주제 등의 정리에 영향을 줄 만한 것은 없다. '하날님아'는 〈술회(가)〉 제3수의 'ᄒᆞ놀이'에 따라 'ᄒᆞ놀님아'로 수정하려 한다.

이상과 같이 이본에 따라 표기의 차이를 보인다. 그러나 결속, 종결,

구조, 주제 등의 파악에 영향을 줄 만한 차이는 발견할 수 없다. 그리고, 『낙애선생일기』본과 『낙애실기』본은 같은 계열의 이본들이며, 남애본과 『낙애집』본은 같은 계열의 이본들이라는 사실을 정리할 수 있다.

3. 〈술회(가)〉의 3종 텍스트

이 장에서는 〈술회(가)〉를 전3수(제1-3수)의 텍스트, 후3수(제4-6수)의 텍스트, 6수(제1-6수)의 텍스트 등으로 나누어 검토하고자 한다.

3.1. 전3수의 텍스트

이 절에서는 전3수 텍스트의 결속과 종결을 먼저 검토하고, 이어서 구조와 주제를 정리하려 한다.

3.1.1. 결속과 종결

먼저 밑줄 친 부분에 유의하면서, 전3수의 텍스트(제1-3수)를 보자.

아화 셜운지고 太平은 언제러니
님굼은 <u>엇지ᄒᆞ며</u> 老親을 <u>엇지ᄒᆞ리</u>
ᄎᆞ라리 자는 닷시 죽어셔 아무란쥴 <u>모로리라</u>(제1수)

셜울ᄉᆞ 셜울시고 閼罔홈이 그지없다
兵塵이 漢漢ᄒᆞ니 갈 길이 ᄋᆞ득ᄒᆞ다
어늬제 收復故國ᄒᆞ야 君父편케 ᄒᆞ려뇨(제2수)

셜울ᄉᆞ 悶罔홀ᄉᆞ 時變이 ᄀᆞ이업다
君父를 엇지ᄒᆞ며 妻子를 엇지ᄒᆞ리
우에 ᄒᆞᄂᆞᆯ이 계시니 待天命만 ᄒᆞ오리라(제3수)

이 텍스트에서는 반복표현을 통한 제1-3수의 순차적 결속과, 두 종류의 대칭표현을 통한 제1-3수의 결속과 종결을 보여준다. 순차적 결속을 먼저 보자.

먼저 제1수와 제2수의 순차적 결속이다. 제1수의 초장은 "아화 셜운지고 태평(太平)은 언제러니"이다. 그리고 제2수의 초장은 "셜울ᄉᆞ 셜울시고 민망(悶罔)홈이 그지없다"이다. 이 두 초장에 포함된 '셜운지고'와 '셜울시고'는 셜 - 고'의 반복을 보이면서, 제1수와 제2수가 같은 표현을 반복하면서 순차적으로 결속되어 있음을 보여준다.

제2수와 제3수의 순차적 결속을 보자. 제2수의 초장은 "셜울ᄉᆞ 셜울시고 민망(悶罔)홈이 그지없다"이다. 그리고 제3수의 초장은 "셜울ᄉᆞ 민망(悶罔)홀ᄉᆞ 시변(時變)이 ᄀᆞ이업다"이다. 이 두 초장에서는 "셜울ᄉᆞ … (무엇)이 (그지/ᄀᆞ이)업다"를 반복하면서, 제2수와 제3수의 순차적 결속을 보여준다.

이 두 순차적 결속은 제1, 2수의 결속과 제2, 3수의 결속을 통하여, 제1-3수의 순차적 결속을 보여준다.

이번에는 두 종류의 대칭표현을 통한 제1-3수의 결속과 종결을 보자.

첫째로, ['엇지ᄒᆞ며 … 엇지ᄒᆞ리'(제1수 중장) - 대칭축(제2수) - '엇지ᄒᆞ며 … 엇지ᄒᆞ리'(제3수 중장)]의 대칭표현이다. 제1수의 중장은 "님굼은 엇지ᄒᆞ며 노친(老親)을 엇디ᄒᆞ리"이고, 제3수의 중장은 "군부(君父)을 엇디ᄒᆞ며 처자(妻子)을 엇디ᄒᆞ리"이다. 이 두 중장은 각각 대구를 이루면서 대칭표현을 보여준다. 특히 밑줄 친 부분은 정확한 대칭표현을 보여준다.

둘째로, [모로리라(제1수 중장) - 대칭축(제2수) - ᄒᆞ오리라(제3수 중장)]의 대칭표현이다. 제1수 종장의 끝시어는 '모로리라'이고, 제3수 종장의 끝시어는 'ᄒᆞ오리라'이다. 이 두 시어들은 '-오리라'를 반복하면서, 제2수를 대칭축으로 대칭한다.

이 두 대칭표현은 제1-3수가 하나의 텍스트를 이루고 있음을 말해준다. 왜냐하면 앞의 두 대칭표현은 전3수 텍스트의 결속과 종결을 보여주기 때문이다.

3.1.2. 구조와 주제

전3수(제1-3수)의 텍스트에서는 서사(제1수)와 본사(본사1 : 제2수, 본사2 : 제3수, 점층적 구조)의 구조를 정리할 수 있다. 먼저 제1수를 보자.

> 아화 셜운지고 太平은 언제러니
> 님굼은 엇지ᄒᆞ며 老親을 엇지ᄒᆞ리
> ᄎᆞ라리 자는 닷시 죽어셔 아무란쥴 모로리라(제1수)

제1수는 어려운 상황(戰局)의 실마리를 보여주는 서사이다. 어려운 상황은 전국(戰局, 전쟁이 진행되고 있는 판국)이지만, 이 전국을 직접 구체적으로 보여주지 않고, 개괄적으로 보여주고 있다. 초장("아화 셜운지고 태평(太平)은 언제러니")에서는, '태평이 언제러니'를 통하여 전쟁이 언제 끝나 태평할까를 보여주고 있다. 중장("님굼은 엇지ᄒᆞ며 노친(老親)을 엇지ᄒᆞ리")에서도, 몽진한 임금과 피난길에 나선 노친을 어찌할 수 없음을 보여주되, 구체적으로 보여주지 않고, "임금은 어찌하며 노친은 어찌하리"와 같이 개괄적으로 보여주고 있다. 그리고 종장("ᄎᆞ라리 자는 닷시 죽어셔 아무란쥴 모로리라")에서는, 죽어서 아무런 줄을 모르고 싶은 절박한 심정을 보여주되, 왜 이렇게 절박한가를 구체적으로 보여주지 않고,

실마리만을 제공하고 있다. 이렇게 어려운 상황(戰局)의 실마리만을 보여주고 있다는 점에서, 제1수는 서사로 정리할 수 있다.

셜울ᄉᆞ 셜울시고 悶罔홈이 그지없다
兵塵이 漠漠ᄒᆞ니 갈 길이 ᄋᆞ득ᄒᆞ다
어ᄂᆡ졔 收復故國ᄒᆞ야 君父편케 ᄒᆞ려뇨(제2수)

제2수는 어려운 상황(戰局)을 직접 구체적으로 보여주는 본사1이다. 초장["셜울ᄉᆞ 셜울시고 민망(悶罔)홈이 그지없다"]에서는 서럽고 서러우며 민망함(悶罔함, 답답하고 근심스러움)이 끝이 없음을 보여준다. 이어서 중장["병진(兵塵)이 막막(漠漠)ᄒᆞ니 갈 길이 ᄋᆞ득ᄒᆞ다"]에서는, 병진(兵塵, 싸움터에서 일어나는 티끌이라는 뜻으로, 전쟁으로 인하여 어수선하고 어지러운 분위기 또는 그런 전쟁 통을 이르는 말)이 막막(漠漠, 소리가 들릴 듯 말 듯 멂)하니 갈 길이 아득하다고 노래하고 있다. 이는 전쟁이 벌어지고 있는 가까운 곳에서 피난을 가고 있는 절박한 상황을 구체적으로 보여준다. 그것도 피난만을 떠났지, 피난처가 어느 곳인지는 정해져 있는 것이 아니다. 종장["어ᄂᆡ졔 수복고국(收復故國)ᄒᆞ야 군부(君父)편케 ᄒᆞ려뇨"]에서는 어느 때에 나라를 수복하여 임금과 아비를 편하게 할 것인가를 자문하여, 막막한 전국을 구체적으로 보여주고 있다. 이렇게 제2수에서는 시적 화자가 처한 어려운 상황(戰局)을 직접 구체적으로 보여주고 있다는 점에서, 본사1로 정리할 수 있다.

셜울ᄉᆞ 悶罔홀ᄉᆞ 時變이 ᄀᆞ이업다
君父를 엇지ᄒᆞ며 妻子를 엇지ᄒᆞ리
우에 ᄒᆞ놀이 계시니 待天命만 ᄒᆞ오리라(제3수)

제3수는 어려운 상황(戰局)을 직접 구체적으로 보여주는 본사2이다. 어려운 전국의 상황은 초장과 중장에서 보여준다. 초장["셜울스 민망(悶罔)홀스 시변(時變)이 ㄱ이업다"]의 전국은 제2수의 초중장["셜울스 셜울시고 민망(悶罔)홈이 그지없다 / 병진(兵塵)이 막막(漠漠)ᄒᆞ니"]의 내용을 반복한 것이고, 중장["군부(君父)를 엇지ᄒᆞ며 처자(妻子)를 엇지ᄒᆞ리"]은 제2수의 종장["어늬졔 수복고국(收復故國)ᄒᆞ야 군부(君父)편케 ᄒᆞ려뇨"]과 같은 전국의 상황을 보여준다. 이런 사실은 초장과 중장에서 제2수에서 보여준 어려운 전국의 상황을 보여준 것으로 정리할 수 있다. 이렇게 어려운 전국의 상황을 소재를 바꾸어 보여준 것이 종장("우에 ᄒᆞ놀이 계시니 待天命만 ᄒᆞ오리라")이다. 이 대천명은 소재만을 바꾸어, 답답하고 절박한 전국의 상황을 보여준 것이다. 그런데 이 제3수는 제2수의 주제를 반복만 한 것은 아니다. 제2수의 종장("어늬졔 수복고국ᄒᆞ야 군부편케 ᄒᆞ려뇨")에서는 '군부(君父)'만을 걱정하지만, 제3수의 중장("군부를 엇지ᄒᆞ며 처자를 엇지ᄒᆞ리")에서는 '군부'에 '처자'까지를 더하는 점층을 보인다. 이런 점에서 제2수(본사1)와 제3수(본사2)는 점층적 구조로 정리할 수 있다.

이상과 같이 보면, 전3수의 텍스트는 서사(제1수) - 본사(본사1 : 제2수, 본사2 : 제3수, 점층적 구조)의 구조로 볼 수 있고, 주제는 [피난처를 확정하지 못한 피난길에, 시적 화자가 처한 절박한 상황(戰局)]으로 정리할 수 있다.

3.2. 후3수의 텍스트

이 절에서 후3수 텍스트의 결속과 종결을 먼저 검토하고, 이어서 구조와 주제를 정리하려 한다.

3.2.1. 결속과 종결

후3수(제4-6수)의 텍스트도 전3수(제1-3수)의 텍스트와 같이 대칭표현을 보여주면서, 전3수와 구분되는 결속을 보여준다. 바로 제1-3수에서 쓴 반복표현을 연쇄법으로 바꾼 것이다. 먼저 대칭표현을 보고, 이어서 연쇄법을 보려 한다. 이를 보기 위해 밑줄 친 부분에 유의하면서 제4-6수를 보자.

셜울스 쏘 셜울스 근심이 ᄀᆞ이업다
國破家亡ᄒᆞ니 어듸로 가리요
ᄎᆞ라리 深山을 들어가 採薇餓死 ᄒᆞ오리라(제4수)

採薇ᄒᆞ고 餓死ᄒᆞᆫ들 老親을 어이ᄒᆞ리
高山의 遯跡ᄒᆞ여 樂以忘憂 ᄒᆞ려노니
小子들아 山田이나 매야셔 養老ᄒᆞᆯ 일 ᄒᆞ여스라(제5수)

小子들아 小子들아 養老ᄒᆞᆯ 일 힘셔ᄒᆞ라
老親이나 保全ᄒᆞ여 恢復을 보렷노라
닉죵에 君親保全ᄒᆞ면 므슨 근심 ᄒᆞ리요(제6수)

이 후3수의 텍스트에서는, 연쇄법을 통한 순차적 결속과, 대조적 대칭표현을 통한 결속과 종결을 보여준다. 먼저 연쇄법을 통한 순차적 결속을 보자.

첫째는, 제4수와 제5수의 연쇄법에 의한 순차적 결속이다. 제4수의 종장은 "ᄎᆞ라리 심산(深山)을 들어가 채미아사(採薇餓死) ᄒᆞ오리라"이다. 이 중의 밑줄 친 부분을, 제5수의 초장인 "채미(採薇)ᄒᆞ고 아사(餓死)ᄒᆞᆫ들 노친(老親)을 어이ᄒᆞ리"의 밑줄 친 부분에서 반복하고 있다. 이 연쇄법은 제4수와 제5수가 연쇄법에 의해 순차적으로 결속되었음을 보여준다.

둘째는, 제5수와 제6수의 연쇄법에 의한 순차적 결속이다. 제5수의 종장은 "소자(小子)들아 산전(山田)이나 매야셔 양로(養老)홀 일 ᄒᆞ여스라"이고, 제6수의 초장은 "소자(小子)들아 소자(小子)들아 양로(養老)홀 일 힘셔ᄒᆞ라"이다. 이 종장과 초장을 보면, '소자(小子)들아 양로(養老)홀 일'을 반복하면서, 연쇄법을 보여준다. 이 연쇄법 역시 제5수와 제6수의 순차적 결속을 보여준다.

이 두 연쇄법은 제4, 5수의 결속과 제5, 6수의 결속을 통하여, 후3수(제4-6수)를 하나로 묶는 결속의 기능을 한다.

이번에는 대조적 대칭표현을 통한 후3수 텍스트의 결속과 종결을 보자.

첫째로, [근심이 ᄀᆞ이 업다(제4수 초장) - 대칭축(제5수) - 므슨 근심 ᄒᆞ리요(제6수 종장)]의 대조적 대칭표현이다. 이 대칭은 근심이 많음과 근심이 없음의 대조적 대칭을 보여준다.

둘째는 [국파가망(國破家亡, 제4수 중장) - 대칭축(제5수) - (국가)회복((國家)恢復, 제6수 중장)]의 대조적 대칭표현이다. 이 대칭표현은 나라와 가정의 파망(破亡)과 그 회복(恢復)이라는 대조적인 내용의 대칭을 보여준다.

이 두 대칭표현은 후3수(제4-6수)가 6수 텍스트의 일부는 물론, 독립된 후3수의 텍스트로 지어졌음을 보여준다. 왜냐하면, 이 두 대칭표현은 후3수에서 대칭표현을 통하여 후3수의 결속과 종결을 보여주고, 동시에 제1-6수의 텍스트에서는 제4-6수를 이루는 세 단락(제4단락 : 제4수, 제5단락 : 제5수, 제6단락 : 제6수)의 단락간 결속과 종결도 보여주기 때문이다.

3.2.2. 구조와 주제

이 항에서는 후3수(제4-6수) 텍스트의 구조와 주제를 검토하려 한다. 후3수는 본사(본사1 : 제4수, 본사2 : 제5수, 대조적 구조)와 결사(제6수)의 구조로 정리할 수 있다. 먼저 제4수를 보자.

> 셜울ᄉᆞ ᄯᅩ 셜울ᄉᆞ 근심이 ᄀᆞ이업다
> 國破家亡ᄒᆞ니 어듸로 가리요
> ᄎᆞ라리 深山을 들어가 採薇餓死 ᄒᆞ오리라(제4수)

제4수는 [어려운 상황(戰局)에 심산(深山)으로 피난을 가서 채미아사(採薇餓死)를 하려는 피난살이]의 주제를 보여주는 본사1이다. 어려운 상황(戰局)은 초장("설어울사 또 설어울사 근심이 끝이 없다")과 중장("나라가 무너지고 집이 망하니 어디로 가리오")에서 보여준다. 그리고 심산(深山)으로 피난을 가서 채미아사(採薇餓死)를 하겠다는 내용은 종장["차라리 심산(深山)을 들어가 채미아사(採薇餓死) 하오리라"]에서 알 수 있다.

> 採薇ᄒᆞ고 餓死ᄒᆞᆫᄃᆞᆯ 老親을 어이ᄒᆞ리
> 高山의 遯跡ᄒᆞ여 樂以忘憂 ᄒᆞ려노니
> 小子ᄃᆞᆯ아 山田이나 매야셔 養老ᄒᆞᆯ 일 ᄒᆞ여스라(제5수)

제5수는 [어려운 상황(戰局)에 심산(深山)으로 피난을 가서 산전을 매서 양로를 하자는 피난살이]의 주제를 보여주는 본사2이다. 이 제5수에서는 채미아사(採薇餓死)를 노친(老親) 때문에 할 수 없으니, 고산에 피난을 가서 즐겁게 근심을 잊으려 하니 소자들아(제자들아) 산전을 매서 양로를 하자는 내용을 보여주고 있다. 제4수의 채미아사(採薇餓死)를 하겠다는 내용을 산전(山田) 경작(耕作)으로 양로를 하자로 바꾸고 있다.

이 논리의 대조적인 전환으로 보아, 제4, 5수는 대조적 구조의 본사로 정리할 수 있다.

小子들아 小子들아 養老홀 일 힘셔ᄒᆞ라
老親이나 保全ᄒᆞ여 恢復을 보렷노라
ᄂᆡ죵에 君親保全ᄒᆞ면 므슨근심 ᄒᆞ리요(제6수)

제6수에서는 [양로를 힘써 하여 노친(老親)이나 보전하여 나라의 회복을 보려 하는데, 나중에 군신을 모두 보전하면 무슨 근심을 하리오.] 라고 글을 마무리하고 있다. 이는 깊은 산속에 피난하여 그곳에서 할 수 있는 것을 하면서, 군친이 보전되는 후일을 기대하는 결사로 볼 수 있다.

이렇게 볼 때에, 후3수는 본사(본사1 : 제4수, 본사2 : 제5수, 대조적 구조)와 결사(제6수)의 구조로 되어 있으며, 그 주제는 [고산에 피난하여 산전이나 매서 노친을 보존하면서 나라의 회복과 군친의 보전을 가다리기]로 정리할 수 있다.

3.3. 6수의 텍스트

이 장에서는 6수(제1-6수) 텍스트의 결속과 종결을 먼저 검토하고, 이어서 구조와 주제를 정리하고자 한다.

3.3.1. 결속과 종결

'3.1.1.'과 '3.2.1.'에서 정리한 결속과 종결만을 보면, 이 작품은 전3수(제1-3수)와 후3수(제4-6수)가 분리만 되는 것 같이 보인다. 그러나 이 작품은 제1-3수와 제4-6수의 분리를 보여주는 동시에, 그 결속과 종결에 의해 6수(제1-6수)의 텍스트도 보여준다. 이를 차례로 보자.

첫째로, 제3수와 제4수의 반복표현에 의한 순차적 결속이다. 이를 보기 위하여, 밑줄 친 부분에 유의하면서, 제3수와 제4수를 보자.

셜울스 悶罔홀스 時變이 ᄀ이업다
君父를 엇지ᄒ며 妻子를 엇지ᄒ리
우에 ᄒ놀이 계시니 待天命만 ᄒ오리라(제3수)

셜울스 또 셜울스 근심이 ᄀ이업다
國破家亡ᄒ니 어듸로 가리요
ᄎ라리 深山을 들어가 採薇餓死 ᄒ오리라(제4수)

제3수의 초장은 "셜울스 민망(悶罔)홀스 시변(時變)이 ᄀ이업다"이고, 제4장의 초장은 "셜울스 또 셜울스 근심이 ᄀ이업다"이다. 이 두 초장들은 밑줄 친 부분에서 반복을 보인다. 이 반복을 통하여 제3수와 제4수가 순차적으로 결속되었음을 보여준다. 또한 제3수와 제4수의 종장끝에서는 'ᄒ오리라'를 반복하면서 역시 순차적 결속을 보인다.

이 두 반복표현에 의한 제3수와 제4수의 결속은, 좁게 보면 제3수와 제4수의 결속이고, 넓게 보면 제3수가 속한 전3수 텍스트와 제4수가 속한 후3수 텍스트의 결속이다.

둘째로, 제2수와 제4수의 반복표현과 유사표현에 의한 결속이다. 이를 보기 위하여, 제2수와 제4수를 보자.

셜울스 셜울시고 悶罔홈이 그지없다
兵塵이 漠漠ᄒ니 갈 길이 ᄋ득ᄒ다(제2수 초중장)

셜울슨 또 셜울슨 근심이 ᄀᆞ이업다
國破家亡ᄒᆞ니 어듸로 가리요(제4수 초중장)

이 인용을 보면, 제2수 초중장과 제4수 초중장이 거의 비슷한 내용을 보여주는 표현임을 알 수 있다. 즉, '셜울슨'와 '셜울-'의 반복, '민망(悶罔)홈이 그지없다'(근심함이 끝이 없다)와 '근심이 ᄀᆞ이업다'의 유사표현의 반복, '병진(兵塵)이 막막(漠漠)ᄒᆞ니'와 '국파가망(國破家亡)ᄒᆞ니'의 '-ᄒᆞ니'의 반복표현과 유사표현의 반복, '갈 길이 ᄋᆞ득ᄒᆞ다'와 '어듸로 가리요'의 유사표현의 반복 등은, 제2수 초중장과 제4수 초중장에서 같은 표현들을 반복하고 있음을 보여준다. 이 반복은 전3수 텍스트의 본사와 후3수 텍스트의 본사의 결속을 보여준다.

셋째로, 'ᄎᆞ라리'(제1, 4수)의 반복에 의한 결속이다. 전3수(제1-3수)의 텍스트와 후3수(제4-6수)의 텍스트에서 보았듯이, 전3수와 후3수는 각각 텍스트를 이룰 수 있는 측면을 보여준다. 이는 3수 1단위를 의미하는데, 그 첫수에 해당하는 제1수와 제4수의 종장에서 'ᄎᆞ라리'를 반복한다. 이 반복은 전3수 텍스트와 후3수 텍스트의 결속을 보여준다.

넷째로, 반복표현의 후미 도치형에 의한 종결의 표현이다. 종장의 끝 시어들과 끝음을 정리하면 다음과 같다.

제1수 : 모로리라 -아(A)
제2수 : ᄒᆞ려뇨 -요(B)
제3수 : ᄒᆞ오리라 -아(A)
제4수 : ᄒᆞ오리라 -아(A)
제5수 : ᄒᆞ여스라 -아(A)
제6수 : ᄒᆞ리요 -요(B)

이 끝시어들의 끝음은 '-아(A), -요(B), -아(A), -아(A), -아(A), -요(B)' 등이다. 이는 '-아(A), -요(B), -아(A)'의 반복에서, 후반부의 '-아(A), -요(B), -아(A)'를 '-아(A), -아(A), -요(B)'로 도치시킨 형태이다. 이는 반복의 후미 도치형으로 종결표현의 한 유형이다. 이 종결은 반복표현에 의한 전3수 텍스트와 후3수 텍스트의 결속도 보여준다.

이상과 같은 점들로 보면, 이 작품은 전3수(제1-3수)의 텍스트와 후3수(제4-6수)의 텍스트로 양분되는 동시에, 6수의 텍스트로 결속되어 있음을 알 수 있다.

3.3.2. 구조와 주제

6수(제1-6수)의 텍스트는 전3수(제1-3수)의 텍스트와 후3수(제4-6수)의 텍스트가 결합된 것이다. 즉 서사(제1수)와 본사(본사1 : 제2수, 본사2 : 제3수, 점층적 구조)의 전3수와, 본사(본사1 : 제4수, 본사2 : 제5수, 대조적 구조)와 결사(제6수)의 후3수가 결합된, 기(제1수) - 승(제2, 3수) - 전(제4, 5수) - 결(제6수)의 구조이다. 이 구조를 표로 제시한 다음에 차례로 보자.

<table>
<tr><th>순서</th><th colspan="3">3수 텍스트의 2종</th><th>6수의 텍스트</th></tr>
<tr><td>제1수</td><td rowspan="3">전3수의 텍스트</td><td colspan="2">서사</td><td>서사→기</td></tr>
<tr><td>제2수</td><td>본사1</td><td rowspan="2">점층적 구조</td><td rowspan="2">본사→승</td></tr>
<tr><td>제3수</td><td>본사2</td></tr>
<tr><td>제4수</td><td rowspan="3">후3수의 텍스트</td><td>본사1</td><td rowspan="2">대조적 구조</td><td rowspan="2">본사→전</td></tr>
<tr><td>제5수</td><td>본사2</td></tr>
<tr><td>제6수</td><td colspan="2">결사</td><td>결사→결</td></tr>
</table>

이 정리에서 보듯이, 전3수의 텍스트와 후3수의 텍스트를 합치면, 6수(제1-6수)의 텍스트가 된다. 그것도 서사 - 본사 - 본사 - 결사가 기승전결이 되는 구조이다. 이 구조를 간단하게 보자.

제1수는 전3수의 텍스트에서 서사였는데, 이 서사는 구체적으로 설명할 것도 없이 쉽게 '기'로 이해할 수 있다. 즉 죽어서 아무런 줄을 모르고 싶은 절박한 심정을 보여주되, 왜 이렇게 절박한가를 구체적으로 보여주지 않고, 실마리만을 제공하고 있다는 점에서, 제1수는 전3수의 텍스트에서 '서사'로 정리를 하였다. 이 제1수는 6수(제1-6수)의 텍스트에서는 '기'로 정리할 수 있다.

제2, 3수는 '승'에 해당한다. 이런 사실은 제2, 3수가 피난처를 정하지 못한 피난이란 점에서 묶기고, 제4, 5수가 피난처를 심산 또는 고산으로 정한 피난이라는 점에서 묶이기 때문이다. 이런 사실을 보기 위해 제2, 3수를 다시 보자.

> 셜울스 셜울시고 悶罔홈이 그지없다
> 兵塵이 漠漠ᄒᆞ니 갈 길이 ᄋᆞ독ᄒᆞ다
> 어늬제 收復故國ᄒᆞ야 君父편케 ᄒᆞ려뇨(제2수)
>
> 셜울스 悶罔홀스 時變이 ᄀᆞ이업다
> 君父를 엇지ᄒᆞ며 妻子를 엇지ᄒᆞ리
> 우에 ᄒᆞ놀이 계시니 待天命만 ᄒᆞ오리라(제3수)

이 제2, 3수에서 보면, 피난처를 정하지 못한 피난임을 알 수 있다. 그리고 이 제2, 3수의 제2수는 전3수의 텍스트에서 정리하였듯이 제1수의 내용을 구체화하고 있다. 이 구체화는 제1수의 내용을 잇고 있다는 점에서, '승'으로 정리할 수 있다. 또한 제3수의 초장과 중장은 제2수의 내용을 반복한다는 점에서, 제2, 3수는 한 단위로 묶을 수 있다. 그리고 제3수는 제2수의 군부(君父)의 문제에 처자(妻子)의 문제까지를 더한 점층을 보이고 있다. 이런 점에서 점층적 구조를 보이는 제2, 3수는 제1수의 '기'를 이은 '승'으로 정리할 수 있다.

제4, 5수는 기승전결의 전에 해당한다. 이를 보기 위하여 제4, 5수를 보자.

셜울ᄉᆞ 쏘 셜울ᄉᆞ 근심이 ᄀᆞ이업다
國破家亡ᄒᆞ니 어듸로 가리요
ᄎᆞ라리 深山을 들어가 採薇餓死 ᄒᆞ오리라(제4수)

採薇ᄒᆞ고 餓死ᄒᆞᆫ들 老親을 어이ᄒᆞ리
高山의 遯跡ᄒᆞ여 樂以忘憂 ᄒᆞ려노니
小子들아 山田이나 매야셔 養老ᄒᆞᆯ 일 ᄒᆞ여스라(제5수)

제4수의 중장["국파가망(國破家亡)하니 어디로 가리오?"] 및 종장["차라리 심산(深山)에 들어가 채미아사(採薇餓死)를 하겠다"]과, 제5수의 초장["채미(採薇)하고 아사(餓死)한들 노친(老親)을 어이하리"] 및 중장["고산(高山)에 둔적(遯跡)하여 낙이망우(樂以忘憂) 하려 하니"]을 보면, 피난의 어려움 속에서 피난처를 심산(또는 고산)으로 정하고 있다. 그리고 그 다음에 제5수의 중장["고산(高山)에 둔적(遯跡)하여 낙이망우(樂以忘憂) 하려 하니"]과 종장["소자(小子)들아 산전(山田)이나 매어서 양로(養老)할 일 하자구나"]에서는 피난의 어려움 속에서 소망을 점층적으로 보여주고 있다. 이런 사실들로 보면, 제4, 5수에서는 '피난처를 정하지 못한 피난'(승, 제2, 3수)과는 달리, '피난처를 심산(또는 고산)으로 정한 피난'을 소재로 하면서, 그 주제에서는 제2, 3수와 함께 [피난에서의 어려움과 소망]을 보여주고 있다. 이런 점에서, 점층적 구조로 된 제4, 5수는 제2, 3수와 다른 소재로, 소재의 전환을 도모한 '전'(轉)으로 정리할 수 있다.

제6수는 후3수의 텍스트에서 정리하였듯이, 후3수의 결사이면서, 동시에 제1-6수의 '결'이다. 이런 사실은 후3수의 결사인 제6수가 바로 앞의 제4, 5수의 전개 선상에 있는 동시에, 제1수와 대응을 보여준다는 점에 있다. 제6수의 종장["나중에 군친보전(君親保全)하면 무슨 근심 하리오"]은 중장["노친(老親)이나 보전(保全)하여 회복(恢復)을 보려 하노라"]의 확장이다. 동시에 제6수의 종장["나중에 군친보전(君親保全)하면 무슨 근심 하리오"]은 제1수의 중장["임금은 어찌하며 老親을 어찌하리"]의 대응이다. 그 중에서도 '군부(君父)'(임금과 老親)의 대응을 보여주는 '결'이다.

이렇게 6수(제1-6수)의 텍스트를 보면, 이 텍스트는 기(제1수), 승(제2, 3수), 전(제4, 5수), 결(제6수) 등으로 구성된 기승전결의 구조로 정리할 수 있다. 그리고 이 구조를 따르면, 이 작품의 주제는 [어려운 피난(피난길과 피난살이)과 군부보전(君父保全)의 소망]으로 정리할 수 있다.

4. 〈병중술회가〉

이 장에서는 〈병중술회가〉의 결속과 종결을 먼저 검토하고, 이어서 구조와 주제를 검토하고자 한다.

4.1. 결속과 종결

밑줄 친 부분에 유의하면서 〈병중술회가〉를 보자.

내뜻지 迂拙ᄒᆞ야 아무ᄃᆡ도 맛지 아니ᄒᆞ니
功名에도 迂闊ᄒᆞ고 營産에도 迂闊ᄒᆞ여
다만 혼자 死生窮賤間 奉親終老호려 ᄒᆞ노라(제1수)

養親을 ᄒᆞ렷더이(→ᄒᆞ렷더니) 時變이 이려ᄒᆞ다

慮外病患은 엇지 봇치 나이다.

다만 혼자 밋즙는 뜻은 彼蒼者天을 밋나이다(제2수)

하날님아(→ᄒᆞ늘님아) 하날님아(→ᄒᆞ늘님아) 비는뜻 아옵쇼셔

惟一老人 救濟救濟 ᄒᆞ옵쇼셔

언제쎄 老親을 뫼시고 樂天終老 ᄒᆞ오릿고(제3수)

인용의 작품을 보면, 연쇄적인 표현을 통한 결속, 반복표현의 후미 전환을 통한 종결, 대칭표현을 통한 결속과 종결 등을 보인다. 이를 차례로 보자.

첫째로 연쇄적인 표현을 통한 결속이다. 제1수 종장의 후반에는 "봉친종로(奉親終老)호려 ᄒᆞ노라"가 나온다. 이에 포함된 '봉친(奉親)'을 제2수의 초장에서는 '양친(養親)을 ᄒᆞ렷더니'로 받는 연쇄를 보인다. 그리고 제2수의 종장 후반에는 "피창자천(彼蒼者天)을 밋나이다"가 나온다. 이에 포함된 '천(天)'을 제3수의 초장에서는 'ᄒᆞ늘님아'로 받는 연쇄를 보인다. 이 두 연쇄적인 표현들은 이 작품의 결속을 보여준다.

둘째는 반복표현('다만 혼자')의 후미 전환을 통한 종결이다. 제1, 2수의 종장 첫시어를 보면 '다만 혼자'를 반복한다. 그러나 제3수이 종장 첫시어에서는 이 반복을 일탈하여 '언제쎄'를 쓰고 있다. 이는 반복표현의 후미 전환형의 종결이다.

셋째로 대칭표현을 통한 결속과 종결이다. 제1수 종장의 '봉친종로(奉親終老)'와 제3수의 '(노)친[(老)親]'을 뫼시고 '(낙천)종로[(樂天)終老]'는 대칭표현이다. 이 대칭표현은 제1-3수의 결속과 종결을 보여준다.

이상과 같이 볼 때에, 이 작품은 연쇄적 표현[제1수의 '봉친(奉親)'과 제2수의 '양칭(養親)을 ᄒᆞ렷더니', 제2수의 '(피창자)천[(彼蒼者)天]'과 제3수의 'ᄒᆞ늘님아']을 통한 결속과, '다만 혼자'(제1, 2수의 종장)와 '언제쎄'

(제3수의 종장)에서 보이는 반복표현의 후미 전환에 의한 종결을 보여준다. 그리고 '봉친양로(奉親終老)'(제1수 종장)와 '(노)친[(老)親]'을 뫼시고 '(낙천)종로[(樂天)終老]'(제3수 종장)의 대칭표현에 의해 결속과 종결도 보여준다.

4.2. 구조와 주제

이 절에서는 〈병중술회가〉의 구조와 주제를 정리하고자 한다. 먼저 제1수를 보자.

> 내뜻지 迂拙ᄒᆞ야 아무ᄃᆡ도 맛지 아니ᄒᆞ니
> 功名에도 迂闊ᄒᆞ고 營産에도 迂闊ᄒᆞ여
> 다만 혼자 死生窮賤間 奉親終老호려 ᄒᆞ노라(제1수)

이 제1수에서는 봉친종로(奉親終老)의 의지를 보여준다. 초장과 중장에서는, 뜻이 물정에 어둡고 쓸모가 없어, 아무데도 맞지 아니 하므로, 공명(功名)과 영산(營産)에도 어둡고 거칠은 상태를 보여준다. 그리고 종장에서는 다만 혼자 생사(生死)나 궁천(窮賤)에 상관없이 봉친종로(부모를 모시고 끝까지 늙으려 한다)를 하려는 의지를 보여주고 있다. 봉친종로의 의지는, 그 의지를 실천하려는 모습을 보여주는 제2, 3수의 실마리라는 점에서 서사로 정리할 수 있다.

> 養親을 ᄒᆞ렷더이 時變이 이려ᄒᆞ다
> 慮外病患은 엇지 봇치나이다.
> 다만 혼자 밋즙는 뜻슨 彼蒼者天을 밋나이다(제2수)

이 제2수에서는 양친(養親)을 하려 하였더니, 시변(時變)이 일어났다. 그리고 그 시변의 근심 외에 병환은 어째 보채는지. 다만 혼자 믿고 잡는 뜻은 저 창천(蒼天)을 믿는 것이다. 이 믿음은 대단히 함축적이다. 즉 병환으로 시달리고 있지만, 양친(養親)을 할 수 있게 창천이 도와 줄 것이라는 믿음이다. 이는 본사1로 정리할 수 있다.

하날님아(→ᄒᆞ놀님아) 하날님아(→ᄒᆞ놀님아) 비는뜻 아옵쇼셔
惟一老人 救濟救濟 ᄒᆞ옵쇼셔
언제쎄 老親을 뫼시고 樂天終老 ᄒᆞ오릿고(제3수)

이 제3수에서는 제2수에서 보였던 믿음에 기초하여 구제를 기원하고 있다. 그것도 노친을 뫼시고 종로(終老)할 수 있게 구제해 줄 것을 기원하고 있다. 이 기원은 제2수의 믿음에 이어서 나온 본사이다. 제2수의 믿음이 본사1이라면, 제3수의 기원은 본사2라고 정리할 수 있다. 물론 믿음과 기원은 점층적이다.

이상과 같이 본다면, 〈병중술회가〉는 서사(제1수) - 본사(본사1 : 제2수, 본사2 : 제3수, 점층적 구조)의 구조로 정리할 수 있다. 이는 〈술회(가)〉의 전3수 텍스트와 같은 구조이다. 그리고 이 구조에 기초할 때에, 이 작품의 주제는 [봉친종로(奉親終老)할 수 있게 전란중에 앓는 병에서 구제해 줄 것을 하늘에 기원하기]로 정리할 수 있다.

5. 결론

지금까지 정광천이 지은 〈술회(가)〉와 〈병중술회가〉의 이본들을 검토하고, 결속, 종결, 구조, 주제 등을 검토해 보았다. 그 결과를 요약하

는 것으로 결론을 대신하면 다음과 같다.

먼저 이본들을 검토해 본 결과를 두 가지로 정리하였다.

1) 표기의 차이로 보아, 『낙애실기』본과 『낙애선생일기』본은 같은 계열의 이본들이며, 남애본과 『낙애집』본은 같은 계열의 이본들이다.
2) 이본에 따라 부분적인 차이가 보이나, 작품의 전체 의미나, 결속, 종결, 구조, 주제 등에 영향을 줄 만한 차이는 발견되지 않았다.

〈술회(가)〉의 전3수 텍스트에서 정리한 결속, 종결, 구조, 주제 등은 다음과 같다.

1) 제1수와 제2수의 두 초장에서 반복하는 '셜 - 고'의 표현은 제1단락(제1수)과 제2단락(제2수)의 단락간 결속을 보여주고, 제2수와 제3수의 초장에서 반복하는 "셜울ᄉᆞ … (무엇)이 (그지/ᄀᆞ이)업다"의 표현은 제2단락(제2수)와 3단락(제3수)의 단락간 결속을 보여주며, 전체적으로는 반복표현에 의해 전3수의 순차적 결속을 보여준다.
2) ['엇지ᄒᆞ며 … 엇지ᄒᆞ리'(제1수 중장) - 대칭축(제2수) - '엇지ᄒᆞ며 … 엇지ᄒᆞ리'(제3수 중장)]의 대칭표현과, [모로리라(제1수 중장) - 대칭축(제2수) - ᄒᆞ오리라(제3수 중장)]의 대칭표현은, 전3수의 텍스트에서, 독립된 텍스트의 결속과 종결을 보여준다.
3) 전3수의 텍스트는 서사(제1수)와 본사(본사1 : 제2수, 본사2 : 제3수, 점층적 구조)의 구조로 되어 있으며, 주제는 [피난처를 확정하지 못한 피난길에, 시적 화자가 처한 절박한 상황(戰局)]으로 정리된다.

〈술회(가)〉의 후3수 텍스트에서 정리한 결속, 종결, 구조, 주제 등은 다음과 같다.

1) 제4수 종장의 표현인 “채미아사(採薇餓死)”을 제5수 초장의 표현인 “채미(採薇)ᄒᆞ고 아사(餓死)ᄒᆞᆫ들”에서 다시 사용하는 연쇄법을 통하여 제4, 5수의 결속을 보여주고, 제5수 종장의 표현인 “소자(小子)들아”을 제6수 초장의 표현 “소자(小子)들아”에서 다시 사용하는 연쇄법을 통하여 제5, 6수의 결속을 보여주며, 전체적으로는 연쇄법에 의한 후3수의 순차적 결속을 보여준다.
2) [‘근심이 ᄀᆞ이 업다’(제4수 초장) - 대칭축(제5수) - ‘므슨 근심 ᄒᆞ리요’(제6수 종장)]의 대조적 대칭표현과, [국파가망(國破家亡, 제4수 중장) - 대칭축(제5수) - (국가)회복((國家)恢復, 제6수 중장)]의 대조적 대칭표현은, 후3수의 텍스트에서, 독립된 텍스트의 결속과 종결을 보여준다.
3) 후3수의 텍스트는 본사(본사1 : 제4수, 본사2 : 제5수, 대조적 구조)와 결사(제6수)의 구조로 되어 있으며, 주제는 [고산에 피난하여 산전이나 매서 노친을 보존하면서 나라의 회복과 군친의 보전을 가다리기]로 정리된다.

〈술회(가)〉의 6수 텍스트에서 결속, 종결, 구조, 주제 등을 정리하면 다음과 같다.

1) 6수(제1-6수)의 텍스트에서, [‘엇지ᄒᆞ며 … 엇지ᄒᆞ리’(제1수 중장) - 대칭축(제2수) - ‘엇지ᄒᆞ며 … 엇지ᄒᆞ리’(제3수 중장)]의 대칭표현과, [모로리라(제1수 중장) - 대칭축(제2수) - ᄒᆞ오리라(제3수 중장)]의 대칭표현은, 두 단락(제1단락 : 제1수, 제2단락 : 제2, 3수)으로

구성된 제1-3수의 단락간 결속을 보여준다.

2) 6수(제1-6수)의 텍스트에서, ['근심이 ᄀᆞ이 업다'(제4수 초장) - 대칭축(제5수) - 'ᄆᆞᄉᆞᆫ 근심 ᄒᆞ리요'(제6수 종장)]의 대조적 대칭표현과, [국파가망(國破家亡, 제4수 중장) - 대칭축(제5수) - (국가)회복((國家)恢復, 제6수 중장)]의 대조적 대칭표현은, 두 단락(제3단락 : 제4, 5수, 제4단락 : 제6수)으로 구성된 제4-6수의 단락간 결속을 보여준다.

3) 제3수의 초장("셜울ᄉᆞ 민망(悶罔)홀ᄉᆞ 시변(時變)이 ᄀᆞ이업다")과 제4수의 초장("셜울ᄉᆞ ᄯᅩ 셜울ᄉᆞ 근심이 ᄀᆞ이업다")에서 반복되는 표현과, 제4, 5수 종장에서 반복되는 'ᄒᆞ오리라'의 표현은 제3수와 제4수는 물론, 전3수 텍스트와 후3수 텍스트의 순차적 결속을 보여준다. 그리고 제1, 4수 종장에서 반복되는 'ᄎᆞ라리'의 표현도 전3수 텍스트와 후3수 텍스트의 순차적 결속을 보여준다.

4) 6수 종장의 끝모음은 '-아(A), -요(B), -아(A), -아(A), -아(A), -요(B)' 등인데, 이는 '-아(A), -요(B), -아(A)' 등의 반복에서 후반부의 '-아(A), -요(B), -아(A)'를 '-아(A), -아(A), -요(B)'로 도치시킨 형태로, 이 6수 텍스트의 종결이 반복의 후미 도치형임을 말해준다.

5) 제2수의 초중장[셜울ᄉᆞ 셜울시고 민망(悶罔)홈이 그지없다 / 병진(兵塵)이 막막(漠漠)ᄒᆞ니 갈 길이 ᄋᆞ득ᄒᆞ다]과 제4수의 초중장[셜울ᄉᆞ ᄯᅩ 셜울ᄉᆞ 근심이 ᄀᆞ이업다 / 국파가망(國破家亡)ᄒᆞ니 어듸로 가리요]은 유사 시어의 반복표현을 통하여, 제2, 3수와 제4, 5수가 각각 한 단락임을 암시하고, 이 암시는 전3수와 후3수의 단위들을 각각 두 단락으로 나누면서, 이 작품이 제1수, 제2, 3수, 제4, 5수, 제6수 등으로 나뉘는 4단락으로 구성되어 있음을 어느 정도 계산할 수 있게 한다.

6) 6수의 텍스트는 기(제1수) - 승(제2, 3수, 점층적 구조) - 전(제4, 5수,

대조적 구조) - 결(제6수)의 구조이며, 주제는 [어려운 피난(피난길과 피난살이)과 군부보전(君父保全)의 소망]으로 정리된다.

이상과 같이 보면, 〈술회(가)〉는 전3수의 텍스트, 후3수의 텍스트, 6수의 텍스트 등으로 탈착되어 수용되는 탈착형의 연시조이다.

이번에는 〈병중술회가〉에서 정리한 결속, 종결, 구조, 주제 등을 요약하면 다음과 같다.

1) 이 작품은 연쇄적 표현[제1수의 '봉친(奉親)'과 제2수의 '양친(養親)을 ᄒᆞ렷더니', 제2수의 '(피창자)천[(彼蒼者)天]'과 제3수의 'ᄒᆞᄂᆞᆯ님아']을 통한 결속을 보여준다.
2) 이 작품은 '다만 혼자'(제1, 2수의 종장)와 '언제쎄'(제3수의 종장)에서 보이는 반복표현의 후미 전환에 의한 종결을 보여준다.
3) 이 작품은 '봉친종로(奉親終老)'(제1수 종장)와 '(노)친[(老)親]을 뫼시고 (낙천)종로[(樂天)終老]'(제3수 종장)의 대칭표현에 의해 결속과 종결도 보여준다.
4) 이 작품의 구조는 서사(제1수) - 본사(본사1 : 제2수, 본사2 : 제3수, 점층적 구조)이다. 이는 〈술회(가)〉의 전3수와 같은 구조이다.
5) 4)의 구조에 기초할 때에, 이 작품의 주제는 [봉친양로(奉親終老)할 수 있게 전란중에 앓고 있는 병에서 구제해 줄 것을 하늘에 기원하기]이다.

이 글에서는 〈술회(가)〉와 〈병중술회가〉의 결속, 종결, 구조, 주제 등을 처음으로 정리하였다. 이 내용들은 육가계 시조의 시조사와 16세기 시조사와 관련되는데, 이에 대한 논의는 뒤로 미룬다.

제4부

구곡가
계통

이이의 〈고산구곡가〉

1. 서론

이 글은 율곡(이이, 1536~1584)이 42세에 지은 〈고산구곡가〉의 결속, 종결, 구조, 주제 등을 검토 정리하는 데 연구의 목적이 있다.

〈고산구곡가〉의 현대적 연구는 조윤제(1937:273)의 글에서 처음으로 보인다. 그 내용은 〈고산구곡가〉와 〈도산십이곡〉의 간단한 비교, 〈무이도가〉의 모방성 지적, 〈고산구곡가〉가 김수증(1624~1701)과 정선(1676~1770)의 고산구곡도 및 〈고산구곡가〉의 한역시들과 함께 전한다는 사실의 정리 등이다. 이 연구는 짧지만 종합적이다. 이를 황진성[1]은 좀더 구체적으로 부연하면서 〈고산구곡가〉의 연구를 확장시켰다. 그 이후의 연구들은 세분되는데, 세 영역으로 나누어 정리할 수 있다. 하나는 〈고산구곡가〉 및 작가(이이)를 인접 시가들(〈도산십이곡〉, 〈무이도가〉, 〈어부사시가〉) 및 인접 작가들과 비교한 영역이다.[2] 다른 하나는 〈고산

1 황진성(1965:195-226). 이 논문은 자료를 중심으로, 작가론, 〈무이도가〉의 고찰, 〈고산구곡가〉의 내용, 송시열과 그 문하 및 권상로의 번역시, 〈고산구곡가〉와 〈도산십이곡〉의 비교 등을 보여주었다.

2 이 글에서 중점적으로 다루려는 구조와 관련되지 않은 영역의 연구 논저들은 그 분량이 너무 많아, 그 구체적인 서지사항은 참고문헌으로 돌리고, 간단하게 필자와 논저의 발표 연도만을 제시한다. 서원섭(1973), 조창환(1978;1998), 이민홍(1978,

구곡가〉와 관련된 고산구곡도, 〈고산구곡가〉의 한역시들, 〈고산구곡가〉계통의 시가 등을 연구한 수용사적 영역이다.[3] 마지막 하나는 〈고산구곡가〉의 작가론[4]과 작품론의 영역이다. 작품론은 다시 예비적 검토인 원전 비평,[5] 개별 단시조의 감상,[6] 품격의 연구,[7] 구조 연구, 주제 연구 등으로 나눌 수 있다.

이 글에서 다루려는 결속, 종결, 구조, 주제 등의 연구를 좀더 자세히 보자.

〈고산구곡가〉의 결속과 종결을 체계적으로 다룬 글은 없으며, 이를 정리할 수 있는 일탈표현과 대칭표현이 검토된 바(양희철 2010d, 2011c)가 있다.

〈고산구곡가〉의 구조에 관한 선행 연구들은 단시조의 구조 연구와 연시조의 구조 연구로 나뉜다. 〈고산구곡가〉를 구성한 단시조의 구조는 조태흠에 의해 검토되었고, 이 검토는 김혜숙에 의해 수정되었다.[8] 〈고산구곡가〉를 구성한 연시조의 구조는 배경시간과 논리의 차원에서 연구되었다. 배경시간의 구조는 조창환에 의해 [아침 - 봄 - 여름 - 저녁 -

---

1981, 1982, 1984), 김혜숙(1992), 조동일(1994, 2005), 신영명(1996), 권정은(2004), 고정희(2005).

3 김문기(1991), 강전섭(1993), 이기현(1994), 이상원(2003), 양희철(2010d).

4 강전섭(1988a), 김대행(1986), 노인숙(2002).

5 심재완(1972), 강전섭(1988b), 김병국(1990).

6 이민홍(1973, 1984), 신영명(1990), 김태환(1998), 신연우(2000), 전재강(2006).

7 이민홍(1973, 1984), 최진원(1987, 1988), 김병국(1990, 1991, 2000), 손오규(1992) 등이 주를 이루며, 최근에는 양희철(2015f)의 연구가 나왔다.

8 조태흠의 요지는 서사를 뺀 9수가 "제1행 현상적 자연, 제2행 경험적 자연, 제3행 화자의 삶의 태도"로 짜여져 있다고 보았다(조태흠 1987:51, 57). 이를 김혜숙은 "제2행은 두가지 유형으로 대별할 수 있는데, 제2, 제4, 제5, 제6, 제8, 제10수의 경우는 제1행에서 제기된 장소의 보다 구체적인 경물의 양태를 보인 것이고, 제3, 제7, 제9수의 경우는 1행에서 제기된 장소에서의 시적자아의 행위 서술이다. 제3행은 1행, 2행의 경관 혹은 그 경관에서의 행위를 통하여 홍기된 시적자아의 정감, 홍취, 결의 등 심적 상황을 표출한 것이라 할 수 있다."(김혜숙 1992:526)고 수정하였다.

(제6수) - 황혼 - 가을 - 밤 - 겨울]로 정리되었다(조창환 1978;1998:114-133). 이 정리는 그 이후 거의 그대로 인용 또는 언급되는 가운데, 부분적으로 해석이 보완되었다.[9] 이 정리들은 사시와 사철을 혼효하였는데 시간의 층위에서 잘 어울리지 않는다. 이 문제는 이 작품의 배경시간을 사시와 사철이 결합된 차원에서 다시 한번 검토하게 한다. 왜냐하면 문면에 나타난 사시와 사철은 이 두 양자가 결합된 시간들에서 어느 하나만을 각각 드러낸 것일 수도 있기 때문이다. 이 사시와 사철을 결합한 시간은 김상진(1990), 노인숙(2002), 양희철(2011c, 2015f) 등의 논의에서 시도되었다.

논리적 구조의 연구는 김대행의 '구성의 유기성'에서 시작되었다. 이 '구성의 유기성'에서는 서곡(제1수)을 1-4곡에 나타난 적극적이고 희망차고 동적(動的)인 태도의 집약으로, 5곡(제6수)을 6-9곡에 나타난 소극적이고 정적(靜的)인 태도의 집약으로 보았다.[10] 이 태도의 구성은 김상진[11]에 의해 약간 변형된 구조로 주장되었다. 그런데 이 두 주장은 태도의 구성으로 엄밀한 의미의 논리적 구조는 아니다. 김혜숙(1992:524)은 "〈고산구곡가〉의 서정적 흥은 첫수에서 마지막수로 간단없이 흐르는 동시에 첫수에서 제6수로 직결되며 제6수를 기점으로 다시 전후 양방향으로 평형적 대립구조를 이루면서 확장된다."고 이중 구조로 보았다. 이 구조는 이기현(1993:251-257)에 의해 부연 설명되었다.[12] 김혜숙의 구조는 김

---

9 이 시간 중에서 '낮'은 '저녁'으로 수정되었다(김대행 1986:319-320). 그리고 이 시간은 제6수를 대칭축으로 한 대칭표현형 연시조에서 종결의 표현을 위해 '밤'(제9수)과 '겨울'(제10수)을 도치시킨 것으로 정리되었다(양희철 2010d:175).

10 이 태도는 각각 1-4곡의 배경시간(아침, 봄, 여름, 낮) 및 6-9곡의 배경시간(황혼, 가을, 밤, 겨울)의 이미지와도 일치하는 것으로도 정리되었다(김대행 1986:319-320).

11 제1, 6연(제1, 6수)은 각각 제2-5, 7-10연(제2-5, 7-10수)에 대한 序詞로 정리를 하고, 제1-5수는 상승적 이미지의 구조로, 제6-10수는 하강적 이미지의 구조로 정리를 하였다(김상진 1990:63-74).

12 이기현(1993:251-257).

대행과 김상진의 구조와 거의 같은 구조를 포함한 이상원의 이중 구조[13]에 위해 부정되었다. 그러나 이 부정에도 문제가 있는 것 같다. 이 외에 다른 구조가 주장되기도 했으나 좀더 검토해 볼 문제를 보인다.[14] 이렇게 논리적 구조의 논의는 비교적 많은 편이다. 그러나 서사(/서시, 제1수) - 본사(/본시, 제2-5) - 서사(/서시, 제6수) - 본사(/본시, 제7-10수)의 구조로 보았든, 작품의 핵인 제6수의 '영월음풍'이 제2-10수로 확산되는 구조로 보았든, 이 논의들은 정작 제2-5, 7-10수(전자의 경우) 또는 제2-10수(후자의 경우)가 어떤 논리적 구조인지를 밝히지 않은 공통의 문제도 보인다. 게다가 이 작품은 배경공간과 논리의 차원에서 (순차적/)대칭적 구조를 보여주는데, 이를 검토한 적이 없다. 이 문제들을 해결하려는 시도(양희철 2011c, 2015e, 2015f, 서명희 2013, 2015)가 최근에 있었다.[15]

이번에는 〈고산구곡가〉의 주제(글의 핵심적인 사상 또는 내용)[16]를 검토한 글들을 보려 한다. 〈고산구곡가〉의 주제를 검토한 글은 많은 것 같으나, 자세히 보면, 단지 이 작품의 장르적 성격과 내용의 일부를 다룬 글들이 주제를 대신하고 있다. 이 선행 연구들을 세 경우로 나누어 간단하게 정리해 보자. 첫째는 도학 또는 학주자와 관련시킨 경우들이

---

13 "겉으로는 제1수가 나머지 9수를 총괄하는 단순 구조로 되어 있지만, 그 내면적 구조는 1수부터 5수까지는 '강학'을, 6수부터 10수까지는 '영월음풍'을 노래하고 있으며, 제1수와 제6수가 나머지 4수를 통어하는 서시 기능을 하는 것으로 볼 수 있다."(이상원 2000:283).

14 "자연과 완전히 동화된 경지에 이르는 과정과 그 속에서 추구하려 했던 眞樂을 매연마다 반복하면서 노래하고 있는" 구조(조태흠 1987:56)가 주장되기도 했는데, 매연마다 같은 구조의 반복인가는 다시 검토해 볼 문제이다.

15 양희철의 구조는 이 글에서 다시 정리할 것이므로, 그 요약을 생략한다. 서명희의 구조를 정리하면 다음과 같다. 주자의 삶을 배우고자 함(제1수), 강학의 즐거움(제2, 3, 4수), 강학의 이상(=학문의 완성, 제5수), 강학의 지향(=학문 지향, 제6수), 학문의 즐거움(제7, 8, 9수), 학문의 귀결(→강학의 열정, 제10수) 등이다(서명희 2015:83).

16 문학에서 쓰는 용어 '주제 subject'는 다의어이다. 이로 인해 의사소통에서 오해가 발생할 수도 있다. 이에 이 글에서 쓰려는 '주제'는 작문 수업은 물론 작품의 해석에서 기본적으로 쓰이는 '글의 핵심적인 사상 또는 내용'의 의미임을 밝혀둔다.

다. 이에 속한 글들은 〈고산구곡가〉를 '지도가(指道歌), 득도가(得道歌), 수도가(修道歌), 도학가(道學歌)'[17], '생활시'(김혜숙 1992:522-523), '오도송(悟道頌, 강전섭 1993:41) 등으로 보았다. 이 주장들은 거개가 단평에 그쳤다. '생활시'로 본 경우에는 거의 모든 설명을 제1수에만 의존하였다. 둘째는 서정시[18], 순수시[19], 자연시(김병국 1991:118) 등으로 본 경우들이다. 이 둘째와 앞의 첫째 경우에 속한 주장들은 본사 또는 본시로 본 부분들(제2-10수 또는 제2-5, 7-10수)의 논리적 구조를 검토하지 않은 한계를 보인다(양희철 2011c:285). 그리고 이 주장들은 〈무이도가〉의 해석에서 문제가 된 입도차제(入道次第)와는 〈고산구곡가〉가 무관하다고 주장하기 위하여, '학주자'를 '〈무이도가〉의 품격'이나, '주자학을 연구하여 얻어진 성정의 경지'를 배우는 것으로 축소하여 해석을 하였다. 그러나 이렇게 설명하려면, 제6수의 '강학(講學)'을 설명할 수 없는 문제도 보인다. 셋째는 양자를 겸한 것으로 본 경우이다.[20] 이 경우에는 율곡이 모든 사물에는 도체(道體)가 있다고 한 것과, 작품의 각수마다에서 도체를 모두 노래한 것인가는 별개의 문제이다. 이 문제들을 해결하려는 시도(양희철 2015e) 역시 최근에 있었다.

이상과 같이 〈고산구곡가〉의 결속, 종결, 구조, 주제 등을 다룬 글들

---

17 "修道에 있어 學德을 아울러 勸奬한 '道學歌'"(황진성 1965:195, 225).

18 "高山九曲歌를 주자학적 성정의 음영이라고 본다면, 이는 주자학을 연구하여 얻어진 높은 性情의 경지를 노래한 작품이지, 그곳으로 나아가게 하기 위한 次第를 읊은 것은 아니라고 생각된다."고 주장하였다(이민홍 1984:144). 최진원(1988:56, 62). 이외에 내용상의 성격을 "유가적 지향과 賞自然의 眞樂"과 "眞樂을 함께 누리자는 與民同樂思想"으로 본 글(이기현 1993:281)이 있으나, 이민홍의 주장에 가깝다.

19 "목적론적 · 교화론적 태도보다는 景에서 유발되는 정서 그 자체의 순수시라는 점도 살폈다."(김대행 1986:325).

20 "순수한 자연을 묘사하는 시이면서 道學歌的 성격을 드러내는" 시로 보았다. 황진성의 경우는 설명이 매우 모호하고, 조태흠의 경우는 김혜숙에 의해 수정된 단시조들의 구조에서 보여준 문제를 피할 수 없다(조태흠 1987:56).

은 거의가 미미하거나 다시 검토할 문제를 포함하고 있었다. 이에 〈고산구곡가〉의 결속, 종결, 구조, 주제 등을 검토 정리한 바가 있다. 이 글들(양희철 2010d, 2011c, 2015e, 2015f)을 다음의 세 측면에서 종합적으로 다시 정리하고자 한다. 첫째는 탈착형 연시조(양희철 2016b)의 측면이다. 둘째는 표면적 텍스트와 이면적 텍스트의 측면이다. 셋째는 논리적 구조를 통한 주제의 설명이다. 그리고 결속, 종결, 구조 등의 검토에서는 일탈문체론[21]에서 보이는 일탈표현 및 대칭표현과 시가의 구조론을 참고하려 한다.

2. 결속과 종결

〈고산구곡가〉의 결속과 종결은 일탈표현과 대칭표현에 의해 드러난다. 이 결속과 종결을 제2-5수의 텍스트, 제7-10수의 텍스트, 제2-10수의 텍스트, 제1-10수의 텍스트 등으로 나누어 정리하고자 한다.

2.1. 제2-5수 텍스트의 결속과 종결

제2-5수의 초장들을 보면, 같은 문형을 반복하면서 제2-5수 텍스트의 결속을 보여준다. 그리고, 제2수와 제5수에서 대칭표현을 보여주면서, 이 대칭표현을 통하여 제2-5수 텍스트의 결속과 종결도 보여준다. 이를

---

21 이 일탈문체론은 앞의 논문에서 다음과 같이 정리한 방법론이다. "일탈문체론은 규범과 일탈(逸脫)을 통하여 문체를 분석한다. 대표적인 학자로는 리파테르(M. Riffaterre), 레빈(S. R. Levin), 리이치(G. N. Leech) 등이 있다. 이들이 사용한 용어는 매우 다양하다. 그런데 이 글에서 사용하고 있는 일탈과 규범은 작품 안에서의 통계에 따른 것이다. 이는 레빈의 '내적 일탈'과 이를 변용한 리이치의 '삼차적 일탈'을 간단하게 '일탈'로 사용한 것으로 이해하면 충분하다."(양희철 2010d:171).

보기 위하여 제2-5수의 초장들을 보자.

一曲은 어드미오 冠巖에 희 비췬다(제2수 초장)
二曲은 어드미오 花巖에 春 晩커다(제3수 초장)
三曲은 어드미오 翠屛에 닙 퍼졋다(제4수 초장)
四曲은 어드미오 松崖에 희 넘거다(제5수 초장)

이 인용에서 보듯이, 이 초장들은 "○곡(曲)은 어드미오 ○○에 ○(가/이) ○○다"의 문형을 반복하면서, 같은 문형의 반복에 의해 제2-5수 텍스트의 결속을 보여준다. 그리고 다음의 대칭표현에 의해 제2-5수 텍스트의 결속과 종결을 보여준다. 즉 ['○○에 희'(제2수) - 대칭축(제3 · 4수의 중간) - '○○에 희'(제5수)]의 대칭표현이다. 이 대칭표현은 제2-5수 텍스트를 한 단위로 묶으면서 결속을 보여주고, 시종의 대칭을 통하여 종결도 보여준다.

2.2. 제7-10수 텍스트의 결속과 종결

제7-10수의 초장들을 보면, 같은 문형을 반복하면서 제7-10수 텍스트의 결속을 보여준다. 그리고 제7-10수의 종장들을 보면, 같은 어미를 반복하다가 마지막에 전환하는 반복의 후미 전환으로 제7-10수 텍스트의 결속과 종결을 보여준다. 이를 보기 위하여 초장들을 먼저 보자.

六曲은 어드미오 釣峽에 물이 넙다(제7수 초장)
七曲은 어드미오 楓巖에 秋色 됴타(제8수 초장)
八曲은 어드미오 琴灘에 돌이 붉다(제9수 초장)
九曲은 어드미오 文山에 歲 暮커다(제10수 초장)

이 인용에서 보듯이, 이 초장들은 "○곡(曲)은 어드믜오 ○○에 ○이(/○○/○) ○다(/○○다)"의 문형을 반복하면서, 같은 문형의 반복에 의해 제7-10수 텍스트의 결속을 보여준다.

이번에는 제7-10수의 종장들을 보자.

黃昏에 낙디를 메고 帶月歸를 ᄒᆞ노라(제7수 종장)

寒巖에 혼자 안자셔 집을 잇고 잇노라(제8수 종장)

古調를 알이 업스니 혼자 즐겨 ᄒᆞ노라(제9수 종장)

遊人은 오지 아니ᄒᆞ고 볼 것 업다 ᄒᆞ더라(제10수 종장)

인용의 종장들을 보면, 두 가지 일탈을 보인다. 하나는 제10수 종장의 종결어미 '-더라'의 일탈표현이다. 제7-10수 종장의 종결들을 보면, '(ᄒᆞ)노라, (잇)노라, (ᄒᆞ)노라, (ᄒᆞ)더라' 등인데, 이 중의 '-더라'(제10수)는 나머지들의 공통인 '-노라'를 일탈하고 있다. 이는 그 이전까지 반복하던 '-노라'를 중지하고 전환한 것으로, 이 제7-10수 텍스트에서 제10수가 종결임을 보여준다. 이 종결은 반복의 후미 전환의 종결이다. 다른 하나는 제10수 종장 화제의 일탈이다. 앞에서 인용한 종장들을 보면, 제7-9수의 화제는 시적 화자 자신의 이야기이다. 이에 비해 제10의 화제는 유인의 이야기로 시적 화자의 이야기를 일탈하고 있다. 이 역시 반복의 후미 전환으로 결속과 종결을 보여준다.

2.3. 제2-10수 텍스트의 결속과 종결

이 절에서는 제2-10수 텍스트의 결속과 종결을 정리하고자 한다. 제2-10수의 결속은 동일 문형의 반복적 결속과 대칭적 결속으로 나누어 정리할 수 있다.

2.3.1. 반복적 결속과 순차적 결속

제2-10수 초장들의 전반부만을 보면, 같은 문형의 반복표현을 보여준다. 즉 "○곡(曲)은 어드믜오"를 반복한다. 이 반복표현은 반복을 통하여 제2-10수의 결속을 보여준다. 이 반복적 결속은 '1곡, 2곡, 3곡, … 9곡' 등을 계산하면, 순차적 결속이 된다.

2.3.2. 대칭적 결속과 종결

대칭적 결속과 종결은 다섯 종류로 정리할 수 있다. 첫째는 동일한 문형들을 대칭시킨 것이고, 둘째는 대칭표현의 후미 도치에 의한 것이며, 셋째는 공간적 시어의 대칭에 의한 것이고, 넷째는 논리적 시어의 대칭에 의한 것이며, 다섯째는 심상과 시어의 대칭에 의한 것이다.

2.3.2.1. **동일한 문형들을 대칭시킨 대칭적 결속과 종결**

동일한 문형들을 대칭시켜서 대칭적 결속과 종결을 보여주는 대칭표현은 제2-10수의 초장 후반에서 보인다.

冠巖에 ᄒᆡ 비최다(제2수)
花巖에 春 晩커다(제3수)
翠屛에 닙 퍼젓다(제4수)
松崖에 ᄒᆡ 넘거다(제5수)
<u>隱屛이 보기 죠희</u>(제6수)
釣峽에 물이 넙다(제7수)
楓巖에 秋色 됴타(제8수)
琴灘에 ᄃᆞᆯ이 ᄇᆞᆰ다(제9수)
文山에 歲 暮커다(제10수)

이 각수의 초장 후반부에서는 [‘○○에 ○이/∅ ○(○)다’(제2-5수, 동일한 문형의 반복) - ‘은병(隱屛)이 보기 죠히’(제6수) - ‘○○에 ○이/∅ ○(○)다’(제7-10수, 동일한 문형의 반복)]의 대칭표현을 정리할 수 있다. 제2-10수의 초장 후반부를 보면, 제6수를 제외한 나머지 8수는 ‘어디에 무엇이 어떻다”의 의미인 “○○에 ○이/∅ ○(○)다”의 문형을 반복하는 규범을 보여준다. 이 규범을 제6수의 초장[“은병(隱屛)이 보기 죠히”]은 일탈하고 있다(양희철 2010d:172-173). 이 제6수는 제2-10수에서 대칭축이고 제2-5수와 제7-10수의 초장들은 “○○에 ○이/∅ ○(○)다”의 문형을 반복하면서 대칭표현이 된다. 이 대칭표현은 제2-10수를 하나의 단락으로 결속시키면서 시종의 대칭에 의해 이 텍스트의 종결도 보여준다.

2.3.2.2. **대칭표현의 후미 도치에 의한 결속과 종결**

배경시간에서는 대칭표현의 후미 도치에 의한 결속과 종결이 발견된다. 제2-10수에서 발견되는 사시와 사철은 다음과 같다.

순서	시어	사시 사철	
		사시	사철
제2수	ᄒᆡ 비췬다	아침 a	
제3수	春 晩커다		봄 A
제4수	녀름		여름 B
제5수	ᄒᆡ 넘거다	낮 b	
제6수	무시간	대칭축	
제7수	黃昏	황혼 c	
제8수	秋色, 淸霜		가을 C
제9수	ᄃᆞᆯ이 ᄇᆞᆰ다	밤 d	
제10수	歲暮, 눈		겨울 D

이 도표에서 사시의 아침, 낮, 저녁, 밤 등을 a, b, c, d 등으로 표시하고, 사철의 봄, 여름, 가을, 겨울 등을 A, B, C, D 등으로 표시하였다. 이로 정리하면, [a(제2수) - A(제3수) - B(제4수) - b(제5수) - E(제6수, 대칭축) - c(제7수) - C(제8수) - d(제9수) - D(제10수)]가 된다. 이는 [a(제2수) - A(제3수) - B(제4수) - b(제5수) - E(제6수, 대칭축) - c(제7수) - C(제8수) - D(제9수) - d(제10수)]의 후미인 [D(제9수) - d(제10수)]를 [d(제9수) - D(제10수)]로 도치시킨 형태이다. 이런 형태를 대칭표현의 후미 도치의 종결이라고 하는데, 이 종결을 통해 제2-10수의 결속도 보여준다.

2.3.2.3. **공간적 시어를 대칭시킨 대칭적 결속과 종결**

배경공간에서 대칭표현을 아주 명확하게 보여주는 것이 '산'과 '암'이다. 즉 ['(관冠)암巖, (원遠)산山'(제2수) - 대칭축(제6수) - '(문文)산山, (기奇)암巖'(제10수)]의 대칭표현이다. 제2수의 초장과 중장인 "일곡(一曲)은 어드민오 관암(冠巖)에 히 비췬다 / 평무(平蕪)에 너 거드니 원산(遠山)이 그림이로다"에는 '관암(冠巖)'과 '원산(遠山)'이 나온다. 그리고 제10수의 초장과 중장인 "구곡(九曲)은 어드민오 문산(文山)에 세(歲) 모(暮)커다 / 기암(奇巖) 괴석(怪石)이 눈 속에 무쳐셰라"에는 '문산(文山)'과 '기암(奇巖)'이 나온다. 이 '원산(遠山)'과 '문산(文山)'의 '산(山)'과, '관암(冠巖)'과 '기암(奇巖)'의 '암(巖)'은 제6수를 대칭축으로 한 대칭표현이다. 이 대칭표현을 A로 바꾸면, [A(제2수)-… - E(대칭축, 제6수) - …-A(제10수)]이 된다. 이 대칭표현은 대칭표현에 의해 제2-10수의 결속을 보여주며, 동시에 시종의 대칭에 의해 종결도 보여준다.

2.3.2.4. **논리적 시어를 대칭시킨 대칭적 결속과 종결**

논리적 차원에서 보면 두 종류의 대칭표현이 발견된다.

하나는 ['오-, 보-'(제2수) - 대칭축(제6수) - '오-, 보-'(제10수)]의 대칭표현이다. 제2수의 종장인 "송간(松間)에 녹준(綠樽)을 노코 벗 오는 양 보노라"에는 '오-'(←'오는')와 '보-'(←'보노라')가 나온다. 그리고 제10수의 종장인 "유인(遊人)은 오지 아니ᄒᆞ고 볼 것 업다 ᄒᆞ더라"에도 '오-'(←'오지')와 '보-'(←'볼')가 나온다. 이 두 '오-'와 '보-'는 제6수를 대칭축으로 대칭한다.

다른 하나는 ['알-'(제3수) - 대칭축(제6수) - '알-'(제9수)]의 대칭표현이다. 제3수의 종장인 "사람이 승지(勝地)를 모르니 알게 ᄒᆞᆫ들 엇더리"에는 '알-'(←'알게')이 나온다. 그리고 제9수의 종장인 "고조(古調)를 알이 업스니 혼자 즐겨 ᄒᆞ노라"에도 '알-'(←'알이')이 나온다. 이 두 '알-'은 제6수를 대칭축으로 대칭한다.

이 두 대칭표현에서 '오-, 보-'를 A로, '알-'을 B로 바꾸면, [A(제2수) - B(제3수)… - E(대칭축, 제6수) - …B(제9수) - A(제10수)]의 대칭표현이 된다. 이 대칭표현 역시 대칭표현에 의해 제2-10수의 결속을 보여주며, 동시에 시종의 대칭에 의해 종결도 보여준다.

2.3.2.5. 심상과 시어를 대칭시킨 대칭적 결속과 종결

제2-10수의 중장 끝시어들은 다음의 표와 같다.

그림이로다(제2수)	보내노라(제3수)	(ᄒᆞᄂᆞᆫ) 적에(제4수)	좀겨셰라(제5수)
(ᄀᆞ이) 업다(제6수)			
즐기ᄂᆞᆫ고(제7수)	錦繡ㅣ로다(제8수)	(노는) 말이(제9수)	무쳐셰라(제10수)

이 중에서 '(ᄀᆞ이) 업다'(제6수)는 '(주어+)형용사'의 형태로 다른 끝시어들로부터 일탈된 표현이다. 이 표현은 앞의 표에서와 같이 대칭축이 된다. 그리고 '좀겨셰라'(제5수)와 '무쳐셰라'(제10수)는 각각 제2-5수와 제7-10수의 네 번째 단시조(제5수, 제10수)로, 제6수 전후의 4수를 단위

로 한, ['(좁겨)셰라'(제5수) - (ᄀ이) 업다(제6수) - '(무쳐)셰라'(제10수)]의 대칭표현이 된다. 그리고 '(ᄒᆞᄂᆞᆫ) 적에'(제4수)와 '(노는) 말이'(제9수)는 문장의 지속을 보이면서, 행간걸침(또는 계속행)을 보여준다. 이 행간걸침은 나머지 '제2, 3, 5, 7, 8, 10수의 종결형의 규범을 일탈한 표현이다. 이 역시 ['(ᄒᆞᄂᆞᆫ) 적에'(행간걸침, 제4수) - (ᄀ이) 업다(제6수) - '(노는) 말이'(행간걸침, 제9수)]의 대칭표현을 보여준다. 그런데 이 행간걸침의 일탈표현을 B로, 나머지를 A로, 대칭축을 C로 표시하면, [A - A - B - A - C(대칭축) - A - A - B - A]의 대칭표현을 정리할 수 있다.

이런 대칭표현은 다음의 심상과 시어에서도 확인할 수 있다. 이 작품에서 시각적 소재 및 시어와 청각적 소재 및 시어를 정리하면 다음과 같다.

平蕪와 遠山 (제2수)	碧波의 꽃 (제3수)	山鳥의 下上其音 (제4수)	潭心의 巖影 (제5수)
소쇄한 수변 정사(제6수)			
즐기는 나와 고기 (제7수)	錦繡의 絶壁 (제8수)	琴灘의 數三曲 (제9수)	눈덮힌 奇巖 怪石 (제10수)

이 정리에서 보듯이, 제4수와 제9수는 청각적 소재 및 시어를 보이고, 나머지는 시각적 소재 및 시어를 보인다. 그런데 이 제4수와 제9수는 각각 제2-5수와 제7-10수의 세 번째 단시조로, 4수를 단위로 할 때에, 제6수를 대칭축으로 한 대칭표현이다. 즉 [시각적 소재 및 시어(제2, 3수) - 청각적 소재 및 시어(제4수) - 시각적 소재 및 시어(제5수) - 대칭축(제6수) - 시각적 소재 및 시어(제7, 8수) - 청각적 소재 및 시어(제9수) - 시각적 소재 및 시어(제10수)]의 대칭표현이다. 이 대칭표현에서, 청각적 소재 및 시어를 B로, 시각적 소재 및 시어를 A로, 대칭축을 C로 표시하면, [A - A - B - A - C(대칭축) - A - A - B - A]의 대칭표현이 된다. 이

대칭표현 역시 대칭을 통하여 결속과 종결을 보여준다.

2.4. 제1-10수 텍스트의 결속과 종결

이 절에서는 제1-10수 텍스트의 결속과 종결을 정리하고자 한다. '2.3.'까지의 정리로 보면, 〈고산구곡가〉는 제1수와 제2-10수로 나뉘어져 있음을 알 수 있다. 특히 제1수 초장 전반부는 일탈표현이다. 제1수를 제외한 나머지 9수의 초장 전반부는 "○곡(曲)은 어드미오"의 문형을 반복하는 규범을 보여준다. 이 규범으로 보면, 제1수의 초장 전반부는 일탈표현이다(양희철 2010d:172). 이 일탈표현은 제1수의 내용과 더불어 제1수를 서사로 해석하게 한다. 그러면 제1수와 제2-10수의 두 부분은 어떻게 결속되어 있는가를 보자. 이 결속은 세 종류로 행해지고 있다.

첫째는 제1수와 제2수의 제유적 결속이다. 제1수의 초장과 중장은 "고산(高山) 구곡담(九曲潭)을 사름이 모로더니 / 주모(誅茅) 복거(卜居)ᄒᆞ니 벗님ᄂᆡ 다 오신다"이다. 그리고 제2수의 초장과 중장은 "일곡(一曲)은 어드미오 관암(冠巖)에 ᄒᆡ 비췬다"와 "공간(松間)에 녹준(綠樽)을 노코 벗 오ᄂᆞᆫ 양 보노라"이다. 이 중에서 '구곡(九曲), 벗님ᄂᆡ'(제1수) 등과 '일곡(一曲), 벗'(제2수) 등은 전체와 부분의 제유적 관계에 있다. 이 제유적 관계는 제1수와 제2수를 제유적 결속으로 묶었음을 의미한다. 말을 바꾸면, 전체를 노래한 총론적 서사와 부분을 노래한 각론적 본사의 첫 번째를 결속한 것이다.

둘째는 제1수와 제6수의 결속이다. 제1수의 종장은 "어즈버 무이(武夷)를 상상(想像)ᄒᆞ고 학주자(學朱子)를 ᄒᆞ리라"이다. 그리고 제6수의 종장은 "이 중(中)에 강학(講學)도 ᄒᆞ려니와 영월음풍(咏月吟風) ᄒᆞ리라"이다. 이 두 종장들에서는 'ᄒᆞ리라'의 반복을 보여준다. 이 반복은 제6수가 제2-10수의 대칭축이라는 점에서 제1수와 제2-10수의 결속을 보여준다.

셋째는 제1수와 제10수의 대칭적 결속이다. 제1수의 초장은 "고산(高山) 구곡담(九曲潭)을 사룸이 모로더니"이다. 그리고 제10수의 초장과 종장은 "구곡(九曲)은 어드미오 문산(文山)에 세(歲) 모(暮)커다"와 "유인(遊人)은 오지 아니ᄒᆞ고 볼 것 업다 ᄒᆞ더라"이다. 이에 포함된 '구곡(담)[九曲(潭)]'과 '구곡(九曲)(은)'은 ['구곡(九曲)'(제1수) - 대칭축(제5수와 제6수의 중간) - '구곡(九曲)'(제10수)]의 시종의 대칭표현이다. '사룸(이)'과 '유인(遊人)'의 '人(사람)' 역시 ['인(人)'(遊人, 제1수) - 대칭축(제5수와 제6수의 중간) - '사룸'(제10수)]의 시종의 대칭표현이다. 그리고 '모로더니'와 'ᄒᆞ더라'에 포함된 '-더-'들은 이 작품에서 단 두 번 쓴 표현으로 역시 ['-더-'(모로더니, 제1수) - 대칭축(제5수와 제6수의 중간) - '-더-'(ᄒᆞ더라, 제10수)]의 시종의 대칭표현이다. 이 세 시종의 대칭표현은 제1-10수 텍스트의 결속을 보여주는 동시에, 시종의 대칭을 통하여 종결까지 보여준다.

3. 배경시공간의 구조

이 장에서는 배경시간의 구조와 배경공간의 구조를 절을 나누어 정리하고자 한다.

3.1. 배경시간의 구조

〈고산구곡가〉의 배경시간은 연구 초기에는 사시(아침, 낮, 저녁, 밤)와 사철(봄, 여름, 가을, 겨울)이 혼용된 형태로 정리되었다. 이를 대표하는 것이 [아침(제2수), 봄(제3수), 여름(제4수), 낮(또는 저녁, 제5수), 저녁(제7수), 가을(제8수), 밤(제9수), 겨울(제10수)]의 정리들이다(조창환 1978;1998, 김대행 1986). 이 정리들은 〈고산구곡가〉의 배경시간을 이해하는 데 많은 도움을 주어 왔다.

그런데 우리는 이 정리에서 하나의 질문을 해 보아야 한다. 바로 사시를 보여준 제2, 5, 7, 9수의 사철은 무엇이며, 사철을 보여준 제3, 4, 8, 10수의 사시는 무엇인가 하는 질문이다. 이 질문의 답에 접근하는 연구로 세 검토[22]가 있지만, 다소 미흡하다. 게다가 연구 초기에 정리된 사시와 사철은 다소 모호하고, 구체성이 부분적으로 떨어진다. 이에 먼저 제2-5수와 제7-10수의 문면에 나타난 사시와 사철을 간략하게 다시 한번 검토 정리하면 다음과 같다.

제2수의 사시는 '관암(冠巖)에 힛 비취다'로 보아, '아침'이라는 데 이의가 없다. 그리고 사철은 '봄' 또는 '이른 봄'으로 정리하고 있는데, '평무(平蕪)'가 "잡초가 무성한 편평한 들"이란 의미에서 '이른 봄'보다는 '봄'으로 판단한다.

제3수의 사철은 '화암(花巖)에 춘(春) 만(晩)커다'로 보아, '늦은 봄'이다. 그러나 사시가 언제인가는 "벽파(碧波)에 곳츨 띄워 야외(野外)로 보내노라"의 문면으로만 보면, '아침'과 '낮' 중에서 어느 것으로 확정할 수 없다.

제4수의 사시는 "삼곡(三曲)은 어드미오 취병(翠屛)에 닙 퍼졋다 / 녹수(綠樹)에 산조(山鳥)는 하상기음(下上其音) ᄒᆞ는 적에 / 반송(盤松)이 바롬을 바드니 녀름 경(景)이 업세라"로 보아, '낮'으로 정리하는 데 이의

22 김상진(1990:67, 73)의 글에서는 사계절의 순환구조라는 논리하에, 사시를 사철로 바꾸어, [봄 → 늦봄 → 여름 → 늦여름]과 [초가을 → 가을→ 초겨울→ 겨울]의 시간을 정리하였다. 노인숙(1999;2002:228)의 글은 작가론에 포함된 짧은 언급이어서 거의 관심을 받지 못했다. 그러나 배경시간의 논의에서 가치 있는 연구로 다음과 같다. "더 구체적으로 보면, 봄날 아침(1곡)으로부터 늦봄의 낮(2곡), 여름 낮(3곡), 늦여름 저녁(4곡), 초가을 저녁(황혼 · 달밤 6곡), 늦가을(7곡), 초겨울 밤(달밤 8곡), 겨울(9곡)의 순서로 전개하고 있다." 양희철(2011)의 글은 이 글에서 수정되므로 인용을 생략한다.

가 없다. 그리고 사철 역시 "반송(盤松)이 바룸을 바드니 녀름 경(景)이 업세라"로 보아 '여름'으로 정리한다.

제5수의 사시와 사철은 상당히 모호하다. '히 넘거다'로 보면 저녁같이 보인다. 그러나 산의 계곡에서 해가 넘는 것은 저녁인 동시에 오후의 낮일 수 있다. 이런 점에서 '낮'인지 '저녁'인지가 모호하다. 그리고 사철 역시 시어만으로는 명확하지 않다.

제7수의 사시는 '황혼(黃昏)에 낙디를 메고'로 보아 '저녁'이 확실하다. 그러나 사철은 "조협(釣峽)에 물이 넙다"와 "황혼(黃昏)에 낙디를 메고 대월귀(帶月歸)를 ᄒᆞ노라"로 보아, 가을로 어느 정도 추정할 수 있지만, 구체적으로 확정할 수는 없다.

제8수의 사시와 사철은 비교적 명확하다. 사철은 "칠곡(七曲)은 어드믜오 풍암(楓巖)에 추색(秋色) 됴타 / 청상(淸霜)이 엷게 치니 절벽(絶壁)이 금수(錦繡) ㅣ 로다"로 보아, '늦은 가을'이 확실하고, 사시는 "한암(寒巖)에 혼자 안자셔"로 보아 바위가 차가워지는 '저녁'이 거의 명확하다.

제9수의 사시는 "팔곡(八曲)은 어드믜오 금탄(琴灘)에 둘이 볽다"로 보아 '밤'이 확실하다. 그러나 사철은 시어만으로는 추정이 어렵다.

제10수의 사철은 '세(歲) 모(暮)커다'가 '한 해가 저물었다'의 의미라는 점에서 '늦은 겨울'로 확정할 수 있다. 그리고 사시는 "기암(奇巖) 괴석(怪石)이 눈 속에 무쳐셰라 / 유인(遊人)은 오지 아니 ᄒᆞ고 볼 것 업다 ᄒᆞ더라"로 보아 '낮'으로 판단할 수 있다.

이상을 다시 간단하게 표로 정리하면, 다음의 [사시사철(보완 이전)]과 같다.

순서	사시 사철(보완 이전)		사시 사철(보완 이후)	
	사시	사철	사시	사철
제2수	아침	봄	아침	봄
제3수	① (아침이나 낮)	늦은 봄	아침	늦은 봄

제4수	낮	여름	낮	여름
제5수	②(낮이나 저녁)	③(불명확)	낮	늦은 여름
제6수	대칭축		대칭축	
제7수	저녁	④(불명확)	저녁	가을
제8수	저녁	늦은 가을	저녁	늦은 가을
제9수	밤	⑤(불명확)	밤	겨울
제10수	낮	늦은 겨울	낮	늦은 겨울

위의 [사시사철(보완 이전)]을 보면, 명확하지 않은 부분들(①-⑤)이 있다. 그런데 이 명확하지 않은 부분들은, 시(詩)의 근원 중의 하나가 수수께끼나 퍼즐이라는 점에서, 수수께끼나 퍼즐을 풀듯이, 다음의 세 가지 측면에서 다시 해석하면, [사시사철(보완 이후)]에서와 같이 ①-⑤를 좀더 구체적으로 정리할 수 있다.

첫째는 [사시사철(보완 이전)]에서 보이는 자체의 규칙성[23]이다. 이 자체의 규칙성은 두 가지이다. 하나는 제7, 8수의 사시(저녁)와 같이 사시를 두 번씩 사용하는 규칙성이다. 제9, 10수의 사시인 '저녁, 낮'도 셋째에서 보겠지만 '저녁, 저녁'을 전환한 것이다. 다른 하나는 사철을 두 번씩 사용하되, 한번은 사철 앞에 관형어가 없는 사철(제2, 4수의 봄, 여름)로 사용하고, 한번은 사철 앞에 관형어 '늦은'이 붙은 사철(제3, 8, 10수의 늦은 여름, 늦은 가을, 늦은 겨울)로 사용하는 규칙성이다.

둘째는 사시(四時)의 중의(重義)인 사시(아침, 낮, 저녁, 밤)와 사철(봄, 여름, 가을, 겨울)로 읽으면, [아침-봄, 낮-여름, 저녁-가을, 밤-겨울]의 사시사철이 되고, 각 사시를 두 번씩 사용하는 것을 기저로 하였을 때에, 앞의 표와 같은 사시사철이 나온다는 것이다. 이 경우에 제10수의 '겨울-낮'이 문제가 될 수 있는데, 이는 다음의 셋째 측면에서 해결

23 이 '자체의 규칙성'은 "스스로 定하여 스스로 지키는 준칙"의 의미인 '格率'로 바꾸어 쓸 수도 있다.

된다.

셋째는 제10수의 사시인 '낮'을 반복표현의 후미 전환형이라는 종결[24]의 측면에서 보면, 이 '낮'은 '밤'을 전환한 것이다.

이 세 가지 사실들로, [사시사철(보완 이전)]의 ① - ⑤를 다시 검토하면 다음과 같다.

①은 '아침'과 '낮' 중에서 '아침'으로 보인다. 왜냐하면 사시를 두 번씩 짝으로 사용하는 규칙성으로 보아, 제2수의 짝이 된 제3수의 ①은 '아침'으로 정리할 수 있다.

②는 '낮'과 '저녁' 중에서 '낮'으로 보인다. 왜냐하면 사시를 두 번씩 짝으로 사용하는 규칙성으로 보아, 제4수의 짝이 된 제5수의 ②는 '낮'으로 정리할 수 있다.

③의 사철은 '늦은 여름'으로 보인다. 왜냐하면 사철(봄, 여름, 가을, 겨울)을 각각 두 번씩 사용하고, 두 번째 계절은 '늦은 계절'(제3, 8, 10수)로 사용하는 규칙성으로 보아, 제4수('여름')의 짝이 된 제5수의 ③은 '늦은 여름'으로 정리할 수 있다.

④의 사철은 '가을'로, ⑤의 사철은 '겨울'로 추정된다. 왜냐하면 사철(봄, 여름, 가을, 겨울)을 각각 두 번씩 사용하고, 첫 번째 계절은 앞에 '늦은'이란 관형어를 수반하지 않는 계절(제2, 4수)로 사용하는 규칙성으로 보아, 제8수('늦은 가을')의 짝이 된 제7수의 ④는 '가을'로, 제10수('늦은 겨울')의 짝이 된 제9수의 ⑤는 '겨울'로, 각각 정리할 수 있다.

이상을 정리하면, 위의 표에서 보이는 '사시사철(보완 이후)'이 된다.

---

24 [사시사철('탐미견은'의 이전)]에서 명확한 것들만을 보면, '봄 - 아침, 여름 - 낮, 가을 - 저녁' 등에서와 같이 사시사철은 사시의 중의가 결합된 형태로 반복되고 있다. 이 반복을 따르면, 제10수는 '겨울 - 밤'이 되어야 하는데, 이를 '겨울 - 낮'으로 전환하였다. 이런 형태의 종결을 반복표현의 후미 전환형(양희철 2010a:144-152)이라고 하는데, 신계영의 〈전원사시가〉에서는 제8수의 '겨울 - 밤'을 '겨울 - 아침'으로 전환하였다.

이 정리에서 우리는 배경시간의 두 구조를 정리할 수 있다. 첫째로 제2-5, 7-10수의 시간이 순차적이란 점에서, 순차적 구조를 정리할 수 있다. 다른 하나는 제2-5수가 자연의 흐름상 점층적 구조를 보이고, 제7-10수가 자연의 흐름상 점강적 구조로, 제2-10수가 대칭을 보인다는 점에서 대칭적 구조를 정리할 수 있다. 물론 후미를 전환하였다는 점까지를 계산하면, 대칭적 구조의 후미 전환형이다.

3.2. 배경공간의 구조

이 절에서는 배경공간의 두 구조를 정리하려 한다. 하나는 순차적 구조이고, 다른 하나는 대칭적 구조이다.

3.2.1. 순차적 구조

배경공간의 구조 중에서 하나는 순차적 구조이다. 제2-10수가 각각 차례로 '일곡(一曲), 이곡(二曲), 삼곡(三曲), … 구곡(九曲)' 등을 노래하고 있어, 굳이 설명할 필요도 없다. 그러나 확인할 것이 하나 있다. 제1수가 서사에 해당하고, 제2-10수가 본사에 해당한다는 점이다. 이는 제1수에 포함된 '무이의 상상, 학주자'는 제2-10수의 내용이 된다는 것을 의미한다. 이렇게 당연한 것을 확인하는 이유는 이 작품의 구조를 서사(/서시, 제1수) - 본사(/본시, 제2-5) - 서사(/서시, 제6수) - 본사(/본시, 7-10수)의 구조로 볼 수 없다는 사실을 확인하기 위한 것이다.

만약 이 작품의 구조를 서사(/서시, 제1수) - 본사(/본시, 제2-5) - 서사(/서시, 제6수) - 본사(/본시, 7-10수)의 구조로 본다면, 서사(/서시)인 제1수의 '무이의 상상, 학주자'는 그 본사(/본시)인 제2-5수의 내용이 되고, 제7-10수의 내용은 될 수 없으며, 서사(/서시)인 제6수의 '영월음풍(咏月吟風)'은 그 본사(/본시)인 제7-10수의 내용이 되고, 제2-5수의 내용은 될 수 없다고 주장하는 것이 된다. 그러나 이렇게 주장할 사람은 아무도 없다. 왜냐하면 제1수의 '무이의 상상, 학주자'는 제2-10수의 내용이기 때문이다. 이런 점에서 이 작품의 구조를 서사(/서시, 제1수) - 본사(/본시, 제2-5) - 서사(/서시, 제6수) - 본사(/본시, 7-10수)의 구조로 볼 수 없고, 서사(제1수) - 본사(제2-10수, 순차적 구조)의 구조로 보게 된다.

3.2.2. 대칭적 구조

이 정리에 도움을 주는 것은 앞에서 정리한 A['관암(冠巖), 원산(遠山)', 제2수] - … - E(대칭축, 제6수) - … - A['문산(文山), 기암(奇巖)', 제10수]의 대칭적 결속이다. 이 대칭적 결속은 대칭적 구조를 암시하는데, 이 구조를 보자.

첫째로, 제2수와 제10수에서 보이는 정적(靜的)인 '산(山)'과 '암(巖)'의 대칭적 공간이다. 이는 앞의 대칭표현에서 설명한 바와 같다. 이 제2수와 제10수의 두 산['원산(遠山)', '문산(文山)']과 두 암(巖)['관암(冠巖)', '기암(奇巖)']은 정적이다. 이런 점에서 제2수와 제10수는 정적인 산과 암의 대칭적 공간이다.

둘째로, 제3수와 제9수에서 보이는 '동적(動的)인 물'의 대칭적 공간이다. 제3수의 중장인 "벽파(碧波)에 곳츨 씌워 야외(野外)로 보내노라"를 통하여, 흐르는 동적인 물을 볼 수 있다. 그리고 제9수의 중장인 "팔곡(八曲)은 어드믜오 금탄(琴灘)에 돌이 붉다"를 통하여, 흐르는 동적인 물을 볼 수 있다. 이 두 흐르는 동적인 물은 제6수를 대칭축으로 대칭한다. 이런 점에서 제3수와 제9수는 '동적(動的)인 물'의 대칭적 공간이다.

셋째로, 제4수와 제8수에서 보이는 '정중(靜中)의 동적(動的)인 산'의 대칭적 공간이다. 제4수 초장의 "취병(翠屛)에 닙 퍼졋다"와 중장의 '녹수(綠樹)'는 푸름이 무성한 나뭇잎의 공간을 보여주고, 제8수의 초장과 중장의 "칠곡(七曲)은 어드믜오 풍암(楓巖)에 추색(秋色) 됴타 / 청상(淸

霜)이 엷게 치니 절벽(絶壁)이 금수(錦繡) ㅣ 로다"는 무성한 단풍잎의 공간을 보여준다. 이 두 '무성한 나뭇잎'의 공간은 정적(靜的)인 산이 움직이는 즉 정중(靜中)의 동적(動的)인 공간으로, 제6수를 대칭축으로 대칭한다. 이런 점에서 이 제4수와 제8수는 '정중(靜中)의 동적(動的)인 산'의 대칭적 공간이다.

넷째로, 제5수와 제7수에서 보이는 '동중(動中)의 정적(靜的)인 물'의 대칭적 공간이다. 제5수의 중장인 "담심(潭心) 암영(巖影)은 온갖 빗치 좀겨세라"의 '담심(潭心)'은 멎은 듯한 물의 공간이고, 제7수의 초장인 "육곡(六曲)은 어드믜오 조협(釣峽)에 물이 넙다"의 '조협(釣峽)에 물이 넙다'도 멎은 듯한 물의 공간이다. 이 두 멎은 듯한 물의 공간은 제6수를 대칭축으로 하는 동중의 정적인 대칭적 공간이다. 이런 점에서 이 제5수와 제7수는 '동중(動中)의 정적(靜的)인 물'의 대칭적 공간이다.

이렇게 이 작품은 배경공간에서 대칭적 구조를 보인다. 이를 표로 정리하면 다음과 같다.

곡	시 어	구체적인 대칭적 공간	추상적인 대칭적 공간	대칭적 구조
1곡	관암(冠巖), 遠山(원산)	산, 바위	정적인 산과 바위	
2곡	벽파(碧波)	흐르는 물	동적인 물	
3곡	닙 퍼젓다, 산조(山鳥0	무성한 나뭇잎의 산	정중의 동적인 산	
4곡	담심(潭心)	멎은 듯한 물	동중의 정적인 물	
5곡	은병(隱屛), 수변(水邊), 정사(精舍)	물가의 정사(精舍)	대칭축	
6곡	조협(釣峽)에 물이 넙다	멎은 듯한 물	동중의 정적인 물	
7곡	절벽(絶壁)이 금수(錦繡)	무성한 단풍잎의 산	정중의 동적인 산	
8곡	금탄(琴灘)	흐르는 물	동적인 물	
9곡	문산(文山), 기암(奇巖)	산, 바위	정적인 산과 바위	

이 표에서 보듯이 〈고산구곡가〉의 배경공간은 순차적/대칭적 구조로 짜여져 있다. 이 대칭적 구조는 대칭축인 은병정사(제6수)와의 거리 공간을 계산하면, 점층적 구조(제2-5수)와 점강적 구조(제7-10수)가 대칭된

대칭적 구조이다.

이 순차적/대칭적 구조는 배경시간에서 본 순차적/대칭적 구조와 일치한다. 그리고 이 구조는 다음 장에서 볼 논리의 대칭적 구조와, 이에 내재된 순차적 구조와도 일치하면서, 이 작품의 중요한 구조가 순차적/대칭적 구조임을 보여 준다.

4. 논리적 구조와 주제

이 장에서는 텍스트별 논리적 구조와 주제를 정리하고, 이어서 유관(遊觀)의 순서와 주제를 정리하려 한다.

4.1. 텍스트별 논리적 구조와 주제

이 절에서는 논리적 구조와 주제를 제2-5수의 텍스트, 제7-10수의 텍스트, 제2-10수의 텍스트, 제1-10수의 텍스트 등에서 정리하고자 한다.

4.1.1. 제2-5수 텍스트의 논리적 구조와 주제

제2-5수 텍스트의 논리적 구조는 점층적 구조와 기승전결의 구조로 정리할 수 있다. 이 논리적 구조는 전에 쓴 글에서 검토한 바가 있지만, 수정하고 보완해야 할 부분들을 포함하고 있다.[25] 이에 전에 쓴 글을 수

25 선행 연구들 중에서 제2-10수의 논리적 구조를 검토한 글은 한 편(양희철 2011c: 283-310)뿐이다. 이 글에서 보여준 논리적 구조는 세 가지이다. 이 중에서 이 글에서 주제를 정리하기 위하여 참고하고자 하는 논리적 구조는, 제2-5수의 점층적 구조와 제7-10수의 점강적 구조가 제6수를 대칭축으로 대칭하는 대칭적 구조이다. 그런데 이 구조에는 세부적인 설명에서 수정하고 보완할 것들이 적지 않게 포함되어 있다. 바로 자연의 풍취(風趣)를 좋아하거나 즐김과, 자연이 본성(=자성, 천성, 천리, 천지자연

정하고 보완하면서, 제2-5수 텍스트의 논리적 구조를 검토하고 정리하려 한다. 그리고 주제는 표면적 주제와 이면적 주제로 정리할 수 있다. 이 두 주제는 제4, 5수에서만 보이기 때문에, 이 곳에서만 구체적으로 검토하고 정리하려 한다.

> 一曲은 어드믹오 冠巖에 히 비췬다
> 平蕪에 닉 거드니 遠山이 그림이로다
> 松間에 綠樽을 노코 벗 오는 양 보노라(제2수)

인용의 제2수에서는 관암(冠巖)과 원산(遠山)의 승경(勝景)이 보여주는 풍취(風趣)에 감탄하면서 좋아함을 보여주고, 벗을 기다리고 있다. 초장의 "관암(冠巖)에 히 비췬다"에서는 관암에 아침 햇살이 비취는 풍취를 보여준다. 그리고 중장의 "평무(平蕪)에 닉 거드니 원산(遠山)이 그림이로다"에서는 평무(잡초가 무성한 평평한 들)에 아침의 내, 곧 안개가 걷히면서 보이는 원산의 풍취를, '그림이로다'의 감탄을 통하여 좋아하고 있다. 이는 봄의 아침에 관암과 원산에서 느끼는 산수의 승경에서 그 풍취를 감탄하면서 좋아하는 것이다. 그리고 종장인 "송간(松間)에 녹준(綠樽)을 노코 벗 오는 양 보노라"에서는 시적 화자가 관심을 벗으로 돌리고 있다. 즉 오지 않는 '벗이 오는 양' 보고 있다. 이는 벗이 와서 관암과 평무의 승경에서 풍취를 함께 보고 좋아하기를 바라는 마음을 표현한다. 이런 점에서, 제2수에서는 [관암과 원산의 풍취를 좋아하면서 시적 화자는 벗이 와서 이 풍취를 함께 좋아하길 바라고 있다.]는 주제를 노래하였다고 정리할 수 있다.

의 이치)을 따르면서, 본성(=자성, 천성, 천리, 천지자연의 이치)을 따르는 것인 道에 참여하여, 저절로 도를 얻는 즐김을 좋아하거나 즐김을 명확하게 설명하지 않은 점이다.

二曲은 어드미오 花巖에 春 晩커다
碧波에 곳츨 띄워 野外로 보내노라
사람이 勝地를 모로니 알게 흔들 엇더리(제3수)

인용의 제3수에서는 화암(花巖)의 승경이 보여주는 풍취를 즐기면서, 사람들이 이 승지를 알게 하고 싶어 한다. 화암이 승경이란 사실은 초장의 후반인 "화암(花巖)에 춘(春) 만(晩)커다"의 감탄만으로는 그 파악이 쉽지 않다. "화암에 춘 만커다"는 화암에 봄이 저물었다는 사실의 감탄이다. 이 감탄에는 꽃이 만개한 늦은 봄에서 볼 수 있는 승경의 풍취가 내포되어 있다. 이 내포만을 가지고, 화암이 승경이라고 해석하기에는 부족함이 있다. 이를 보완해 주는 표현이 종장의 '승지(勝地)'이다. 이런 승경의 풍취를 시적 화자가 즐기고 있다는 사실은 중장인 "벽파(碧波)에 곳츨 띄워 야외(野外)로 보내노라"에서 알 수 있다. 그리고 시적 화자는 산수의 풍취를 즐기는 것에 만족하지 않고, 종장인 "사람이 승지(勝地)를 모로니 알게 흔들 엇더리"에서는 관심을 사람들에게로 돌리고 있다. 이 종장은 사람들이 승지의 풍취를 함께 알고 즐기기를 바라는 마음을 표현한 것이다. 이런 점에서, 제3수에서는 [화암의 풍취를 즐기면서 시적 화자는 사람들이 와서 이 풍취를 함께 즐기기를 바라고 있다.]는 주제를 노래하였다고 정리할 수 있다.

이 제3수의 주제를 제2수의 주제와 비교하면, 자연의 승경이 보여주는 풍취(風趣)는 공통이고, 감탄을 통한 좋아하기를 즐기기로 점층[26]시킨 차이만 있다. 이는 좋아하는 행위(제2수)를 즐기는 행위(제3수)로 점

---

26 이렇게 좋아하고, 그 다음에 즐기는 점층은 공자의 말씀을 인용한 율곡의 〈與李景魯〉에서도 보인다. 많이 인용된 글이라 원문만 인용한다. "夫子曰 知之者 不如好之者 好之者 不如樂之者. 知而不好者 知之未至也. 好而不至於樂 則好之未至也. 苟得知之 則循理爲樂 不循理爲不樂. 何苦而不循理 以害吾樂也"(『栗谷全書』, 〈與李景魯〉).

층시킨 것이다. 이런 사실은 제2, 3수가 점층적 구조임을 말해준다.

> 三曲은 어드믜오 翠屛에 닙 퍼졋다
> 綠樹에 山鳥는 下上其音 ᄒᆞ는 적에
> 盤松이 ᄇᆞ롬을 바드니 녀름 景이 업세라(제4수)

인용의 제4수는 표면적 주제와 이면적 주제를 갖는다. 이 두 주제를 나누어서 보자.

표면적 주제는 제4수를 순수한 자연으로 볼 때에 파악할 수 있는 주제이다. 제4수는 단순하게 서경시, 서정시, 순수시 등으로 볼 수 있다. 그리고 〈팔현회기〉(율곡)의 초목지락(草木之樂)과 금조지락(禽鳥之樂)을 논거로, 제4수를 설명한 이민홍의 글로 보면, 이 제4수는 '초목지락'과 '금조지락'을 노래한 서정시로 볼 수 있다. 즉 초장인 "취병(翠屛)에 닙 퍼졋다"에서는 '초목지락'을, 중장인 "녹수(綠樹)에 산조(山鳥)는 하상기음(下上其音) ᄒᆞ는 적에"에서는 '금조지락'을, 종장인 "반송(盤松)이 ᄇᆞ롬을 바드니 녀름 경(景)이 업세라"에서는 '초목지락'을, 각각 파악할 수 있다. 이렇게 파악되는 자연지락(自然之樂)을 시적 화자는 감탄을 통하여 좋아하고 있다. 이런 사실은 '퍼졋다'와 '업세라'의 감탄을 통하여 알 수 있다. 어떤 대상의 아름다운 풍광에 감탄할 때에, 시적 화자는 그 대상을 좋아하는 감정을 표현하기 때문이다. 이렇게 본다면, 제4수의 표면적 주제는 [초목과 금조의 즐김을 시적 화자가 좋아하고 있다.]로 정리할 수 있다.

이번에는 제4수를 재도시(載道詩)로 읽을 때에 파악할 수 있는 이면적 주제를 보자. 이 이면적 주제를 파악하기 위하여, 이 시점에 우리는 하나의 질문에 반드시 답해야 한다. 그렇지 않으면, 이 제4수는 물론, 앞으로 검토할 제5, 7, 8수의 이면적 주제들을 충실하게 이해할 수 없다. 즉 율곡이 〈팔현회기〉에서 보여준 초목지락, 금조지락, 유인지락, 오배지락 등에 포함된 '낙(樂)'의 근거가 무엇이냐 하는 것이다. 앞의 해석에서는 이런 것들이 초목지락, 금조지락, 유인지락, 오배지락 등이라는 율곡의 글에 의지하여 제4, 7수만을 해석하였지, 왜 이런 것들이 '낙(樂)'인지를 이해한 후에 내린 해석이 아니다. 만약 앞의 해석에만 머문다면, 제4, 7수는 율곡이 정리한 글로 볼 때에, 초목지락, 금조지락, 오배지락 등을 노래한 작품으로 볼 수 있다는 것이지, 율곡이 설명한 '낙(樂)'의 진정한 의미를 우리가 이해한 것은 아니다.

이 문제의 해결에는, 성리학과 도(道)의 이해가 도움을 준다. "하늘이 명한 것을 성(性)이라 하고, 성을 따르는 것을 일러 도(道)라 한다"(天命之謂性 率性之謂道, 『중용(中庸)』 제1장). 이는 하늘이 만물에 부여한 것을 본성(本性, 해석에 따라 '自性' 또는 '天性'이라고도 한다.)이라 하고, 이 본성(=자성, 천성)을 따르는 것을 도(道)라 한다는 의미로 해석할 수 있다. 이 경우에 '성(性)이 곧 이(理)'(性卽理)라는 성리학의 입장도 취하면, '본성'(=자성, 천성)이 곧 '천리(天理)'(=천지자연의 이치)인데, 이 '본성'(=자성, 천성, 천리, 천지자연의 이치)[27]을 따르는 것이 '도(道)'이다.

이를 수용자들의 입장에서 보자. '본성'을 따르는 것은 인욕(人欲)의 인심(人心)에 의해 가려졌던 '본성'을 따르는 행동이다. 이 인욕의 인심을 제거하는 행동은 정호(程顥)의 시구 "만물정관개자득(萬物靜觀皆自得)"에서 보이는 '정관(靜觀)'이며, 율곡의 〈송애기〉에서 보이는 '신독(愼獨)'[28]이다. 이로 보면, 정관하거나 신독하면, '본성'을 따르게 되고, 이

27 이하에서는 진술을 간편하게 하기 위하여, ['본성'(=자성, 천성, 천리, 천지자연의 이치)]을 '본성'으로 줄여서 기술한다.

28 "오호라, 外物을 즐기는 것은 모두 眞樂이 아니다. 군자가 즐기는 바는 內에 있지 外에 있지 않다. 그것의 우뚝 솟음과 흐름은 나에게 無與한데 옛날 성현이 이를 즐긴 까닭이 무엇이냐. 內와 外를 둘로 나눈다면 이는 眞樂을 모르는 것이니, 반드시 內外를 하나로 하고 彼를 없앤다면 그것이 바로 眞樂을 아는 것이다. 天理는 본래 內外가

따름이 곧 '도'라는 점에서, '본성'을 따르는 자는 '본성'을 따르는 것인 도(道)에 참여하는 참여자가 되고, 이 참여자는 '도'에 참여하는 과정에서 저절로 '도'를 얻는 자가 된다. 이렇게 '도'에 참여하는 과정에서 '도'를 저절로 얻는 것을 정호는 "만물정관개자득(萬物靜觀皆自得)"에서 '자득(自得)'으로 표현을 하였고, 율곡은 〈송애기〉에서 '호연자득(浩然自得)'으로 표현을 하였다.

이렇게 '본성'을 따르는 것이 '도(道)'라는 점에서 보면, '본성'을 따르는 자는, '본성'을 따르면서, '본성'을 따르는 것인 도(道)에 참여하는 참여자가 되고, 참여하는 과정에서 저절로 '도'를 얻는(/얻으며 즐기는) 것이다. 이 경우에 '도'를 저절로 얻거나(/얻으며 즐기거나), '도'를 저절로 얻는(/얻으며 즐기는) 것을 보는(/보며 즐기는) 것은 즐거울 수밖에 없다. 왜냐하면, '도'를 저절로 얻는 것은 도학자들이 추구하는 지고(至高)의 목표이기 때문이다. 결국 초목지락, 금조지락, 오배지락 등의 '낙(樂)'은 '본성'을 따르면서, '본성'을 따르는 것인 도(道)에 참여, 저절로 얻은 득도(得道)에 기초한 것이기에 낙(樂)이 되는 것이다.

특히 "하늘이 명한 것을 성(性)이라 하고, 성을 따르는 것을 일러 도(道)라 한다"(天命之謂性 率性之謂道)를 설명한 다음에, 예증의 자료로 쓴 '솔개는 하늘에 날고, 물고기는 못에서 뛰어 오르는구나'(鳶飛戾天 魚躍

없는데, 그것이 內外가 있는 것은 반드시 人欲이 이를 나누었기 때문이다. 진실로 人欲의 나뉨이 없다면 浩然自得하게 되니 어찌 즐겁지 않겠는가. …… 그러나 天理의 妙는 學者가 가볍게 할 말이 아니다. 天理의 妙를 보려면 마땅히 '愼獨'을 해야 하고, '愼獨'을 하면 우리들의 心이 無間하게 되고, 心이 無間하면 天理가 流行한다. 만일 愼獨을 못하면, 心이 有間하게 되고, 心이 有間하게 되면, 天理가 막히게 되니, 吾輩之士는 이를 힘써야 한다.(嗚呼 外物之可樂者 皆非眞樂也 君子之所樂 在內而不在外 則彼之峙且流者 無與於我 而古之聖賢尙有樂之者 其故何耶 蓋分內外而二之者 非知眞樂者也 必也一內外 無彼此者 其知眞樂乎 天理本無內外之間 彼有內有外 必有人欲間之也 苟無人欲之間 則浩然自得 焉往而不樂哉 …… 雖然 天理之妙 非學者所可易言也 欲見天理之妙 當自愼獨 如愼乎獨 則吾心無間 天理流行也 不愼乎獨 則吾心有間 天理阻閡矣 吾黨之士 其勉乎)"(『율곡전서』 권13, 〈松崖記〉)(이민홍 1984:177, 330).

於淵)는 앞의 해석을 좀더 명확하게 한다. '연비어약'(鳶飛魚躍)이 본성을 따르는 것이 도(道)라는 것을 보여준다는 것은 『중용』의 설명이면 충분하다. 그런데, 이 '연비어약'을 율곡의 '낙(樂)'의 입장에서 보면, 득도에 기초한 솔개의 낙과 물고기의 낙을 쉽게 이해할 수 있다. 왜냐하면, '연비어약'에서는 『중용』의 설명에서 보인 도의 발현에서 보인 득도를 기초로 한 즐김도 보여주기 때문이다. 이렇게 보면, 율곡의 초목지락과 금조지락에서 보이는 '낙(樂)'은 『중용』의 도(道)를 기초로 발전시킨 낙론(樂論)이라고 할 수 있다.

이런 성리학의 도의 관점에서 보면, 〈팔현회기〉의 초목지락과 금조지락을 이해할 수 있다. 즉 "춘광(春光)이 크게 흩어져 만경(萬境)이 가득 차서 새로운 가지는 부드러움을 제 마음대로 다루고 옛 가지가 꽃향기를 토함"[29]은 초목이 그 본성을 따르면서, 본성을 따르는 것인 도(道)에 참여하여, 저절로 도를 얻는 즐김이기에, 초목은 즐거운 것이다. 그리고 "늦은 해가 볕을 실음에 두견새가 소리를 재촉하여 그 소리를 내리고 올리는 것"[30]은 금조(禽鳥)가 그 본성을 따르면서, 본성을 따르는 것인 도(道)에 참여하여, 저절로 도를 얻는 즐김이기에, 금조는 즐거운 것이다. 이렇게 본다면, 이 자연들은 그 본성을 따르면서, 본성을 따르는 것인 도(道)에 참여하여, 저절로 도를 얻기에 그 행동이 '낙(樂)'일 수밖에 없다.

이렇게 초목지락과 금조지락의 '낙(樂)'을 이해하고 나면, 제4수의 주제는, 단순하게 표면적 텍스트의 주제인, [초목과 금조의 즐김을 시적 화자가 좋아하고 있다.]이기도 하지만, 이면적 텍스트의 주제인, '본성'을 따르면서, 본성을 따르는 것인 도(道)에 참여하여, 저절로 '도'를 얻는 즐김을 포함한 것인 이면적 주제를 파악할 수 있다. 즉 초장인 "취병(翠

29 "春光浩蕩 萬境盎然 新條弄柔 舊查吐芳 草木之樂也"(『栗谷全書』, 〈八賢會記〉).

30 "遲日載陽 淑氣催聲 下上其音者 禽鳥之樂也"(『栗谷全書』, 〈八賢會記〉).

屛)에 닙 퍼졋다"에서는 초목이 여름에 그 잎을 짙고 푸르게 펴는 본성을, 중장인 "녹수(綠樹)에 산조(山鳥)ᄂᆞᆫ 하상기음(下上其音) ᄒᆞᄂᆞᆫ 적에"에서는 산새가 그 소리를 내리고 올리는 본성을, 종장인 "반송(盤松)이 바ᄅᆞᆷ을 바드니 녀름 경(景)이 업세라"에서는 반송이 여름에 바람을 받아 더위를 모르는 본성(=자성, 천성, 천리, 천지자연의 이치)을, 자연물들(초목, 산조, 반송)이 따르면서, 본성을 따르는 것인 도(道)에 참여하여, 저절로 도를 얻는 즐김을 보여주고 있다. 이런 점에서 제4수의 이면적 주제는 [초목, 산조, 반송 등이 본성을 따르면서, 본성을 따르는 것인 도(道)에 참여하여, 저절로 도를 얻는 즐김을 시적 화자가 좋아하고 있다.]로 정리하게 된다.

이 제4수의 표면적 주제와 이면적 주제는 각각 제3수의 주제에 점층되어 있다. 표면적 주제의 경우는 자연의 풍취를 좋아하고 즐기는 것을, 자연(초목과 금조)의 즐김을 시적 화자가 좋아하는 것으로 점층시켰다. 그리고 이면적 주제의 경우는, 자연의 풍취를 좋아하고 즐기는 것을, 자연이 본성을 따르면서, 본성을 따르는 것인 도(道)에 참여하여, 저절로 도를 얻는 즐김을 좋아하는 것으로 점층[31]시켰다. 이런 점들로 보아 제3수와 제4수는 표면적 주제와 이면적 주제 모두에서 점층적 구조로 되어 있다고 정리할 수 있다.

四曲은 어드ᄆᆡ오 松崖에 ᄒᆡ 넘거다
潭心 巖影은 온갓 빗ᄎᆡ(〈빗치) 좀겨셰라
林泉이 깁도록 됴ᄒᆞ니 興을 계워 ᄒᆞ노라(제5수)

31 율곡은 〈洪耻齋仁祐遊楓嶽錄跋〉(1576년)에서, 산수를 '눈으로 볼 뿐'[目見而已]인 단계, '산수의 풍취를 (깊게) 아는'[(深)知山水之趣] 단계, '도체를 아는'[知道體] 단계 등을 잘 보여주었다(이민홍 1984:178). 이 중에서 둘째와 셋째 단계는 제2, 3수와 제4수의 점층과 같다.

인용의 제5수 역시 표면적 주제와 이면적 주제를 갖는다. 표면적 주제는 제5수를 서경시, 서정시, 순수시 등으로 읽을 때에 파악할 수 있는, [담심 암영의 즐김을 시적 화자가 즐기고 있다.]의 주제이다. 담심 암영의 즐김은 중장에서 알 수 있고, 시적 화자가 즐김은 종장에서 알 수 있다.

이면적 주제는 제5수를 재도시(載道詩)로 읽을 때에 파악할 수 있는 주제이다. 이면적 주제를 보여주는 이면적 텍스트에서는 진락(眞樂)을 노래하고 있다. 초장인 "송애(松崖)에 힉 넘거다"에서는 저녁 노을을 연상할 수 있다. 그리고 중장인 "담심(潭心) 암영(巖影)은 온갖 빗치 좀겨세라"[32]에서는 담심의 암영이 그 본성을 따르면서, 본성을 따르는 것인 도(道)에 참여하여, 저절로 도를 얻는 즐김을 보여준다. 이 경우에 문제가 되는 것은 담심 암영의 본성이다. 이 본성은 담심에 드리운 암영이, 담심에 드리운 온갖 빛과 어울려 하나가 되는 것이다. 즉 암영으로 보면, 담심에 드리운 다른 온갖 빛들과 물아일체(物我一體)가 되는 것이다. 이렇게 암영의 본성을 정리하고 나면, 중장인 "담심(潭心) 암영(巖影)은 온갖 빗치 좀겨세라"에서는 암영이 그 본성을 따르면서, 본성을 따르는 것인 도(道)에 참여하여, 저절로 도를 얻는 즐김을 노래하였다고 정리할 수 있다.

그리고 시적 화자가 암영지락(巖影之樂)을 즐기고 있다는 사실은 종장인 "임천(林泉)이 깁도록 됴흐니 흥(興)을 계워 ᄒ노라"에서 파악할 수 있다. 이 문면을 글자 그대로만 보면, 시적 화자는 흥겨울 뿐이지, 암영지락을 즐기지는 않는다. 그러나 '흥겹다'의 사전적 의미인 "매우 흥이 나서 즐겁다"에 포함된 즐거움과, 이 즐거움이 임천이 좋음, 즉 암영지락이 좋기 때문이라는 사실을 계산하면, 시적 화자가 암영지락을 즐기

32 중장인 "담심암영(潭心巖影)은 온갓 빗치 좀겨세라"는 문맥에 잘 통하지 않아, '빗치'를 '빗취'로 수정하였다.

고 있다는 사실을 알 수 있다.

이 암영지락을 즐기는 것은 〈팔현회기〉에서 율곡이 보인 '오배지락(吾輩之樂)'[33]에 해당한다. 이 낙을 성리학자들은 진락(眞樂)이라고 하는데, 율곡은 제5수의 배경인 송애(松崖, 4곡)를 설명한 〈송애기〉에서 진락과 이를 체험할 수 있게 하는 천리(天理)의 묘를 볼 수 있는 방법으로 신독(愼獨)을 보여주었다(이민홍 1984:177, 330).

이런 사실들로 볼 때에, 제5수에서는 [암영이 본성을 따르면서, 본성을 따르는 것인 도(道)에 참여하여, 저절로 도를 얻는 즐김을 시적 화자가 즐기고 있다.]는 이면적 주제를 노래하였다고 정리할 수 있다.

이 제5수의 표면적 주제와 이면적 주제는 각각 제4수의 주제에 점층되어 있다. 표면적 주제의 경우에, 자연이 즐김을 노래한 것은 제4수와 제5수가 공통이지만, 이 자연의 즐김을 시적 화자가 좋아하는 것(제4수)과 이 자연의 즐김을 시적 화자가 즐기는 것(제5수)은 차이이며, 이 차이는 점층적 구조를 말해 준다. 이면적 주제의 경우에, 자연(초목과 금조)이 본성을 따르면서, 본성을 따르는 것인 도(道)에 참여하여, 저절로 도를 얻는 즐김을 노래한 것은 제4수와 제5수가 공통이지만, 이 즐김을 시적 화자가 좋아하는 것(제4수)과 이 자연의 즐김을 시적 화자가 즐기는 것(제5수)은 차이이며, 이 차이는 점층적 구조를 말해 준다.

지금까지 정리한 표면적 텍스트의 주제들과 점층적 구조를 정리하면 다음과 같다.

제2수 : 관암과 원산의 풍취를 좋아하면서 시적 화자는 벗이 와서 이 풍취

33 "吾輩는 우러러 宇宙를 바라보며 아래로 品彙을 굽어 살펴 萬物의 樂을 즐기고 萬物의 근심을 근심하여 혹은 나무를 의지하여 高歡하며, 또는 自酌至醉하여 吾生之休를 감격하며 無荒之戒를 복하는 것이다.(若吾輩 則仰觀宇宙 俯察品彙 樂以萬物之樂 憂以萬物之憂 或倚樹高歡 或自酌至醉 感吾生之休 服無荒之戒)"(『栗谷全書』, 〈八賢會記〉).

를 함께 좋아하길 바라고 있다.

제3수 : 화암의 풍취를 즐기면서 시적 화자는 사람들이 와서 이 풍취를 함께 즐기기를 바라고 있다.

제4수 : 초목과 금조의 즐김을 시적 화자가 좋아하고 있다.

제5수 : 담심 암영의 즐김을 시적 화자가 즐기고 있다.

이 표면적 주제들이 점층적 구조로 되어 있음을 앞에서 살핀 바와 같다. 그런데 이 주제들은 점층적 구조의 이면에서 기승전결의 구조도 보여준다. 제2수와 제3수는 자연의 풍취를 시적 화자가 좋아하는 것(제2수)과 즐기는 것(제3수)의 차이만을 보인다. 이 차이는 점층적이면서, 동시에 '기'(제2수)와 '승'(제3수)의 측면도 보인다. 그리고 제4수와 제5수는 자연의 즐김을 시적 화자가 좋아 하는 것(제4수)과 즐기는 것(제5수)의 차이를 보인다. 이 제4, 5수의 자연의 즐김은 제2, 3수의 자연의 풍취에 점층된 것이고, 동시에 소재의 전환이다. 이런 점에서 제4수는 제3수에 점층된 것이고, 제3수로부터 전환한 것이다. 그리고 제5수는 점층적 구조에서의 정점인 동시에, 기승전결의 '결'이다. 이런 사실로 보아, 제2-5수의 표면적 텍스트의 구조는 점층적 구조인 동시에 기승전결의 구조라고 할 수 있다.

그리고 이 두 구조로 볼 때에, 제2-5수 텍스트의 표면적 주제는 [자연이 즐김을 시적 화자가 즐기기에 점차로 들다.]로 정리할 수 있다.

앞에서 정리한 이면적 텍스트의 주제들과 점층적 구조를 정리하면 다음과 같다.

제2수 : 관암과 원산의 풍취를 좋아하면서 시적 화자는 벗이 와서 이 풍취를 함께 좋아하길 바라고 있다.

제3수 : 화암의 풍취를 즐기면서 시적 화자는 사람들이 와서 이 풍취를 함께 즐기기를 바라고 있다.

제4수 : 초목, 산조, 반송 등이 본성을 따르면서, 본성을 따르는 것인 도(道)에 참여하여, 저절로 도를 얻는 즐김을 시적 화자가 좋아하고 있다

제5수 : 암영이 본성을 따르면서, 본성을 따르는 것인 도(道)에 참여하여, 저절로 도를 얻는 즐김을 시적 화자가 즐기고 있다.

이 이면적 주제들이 점층적 구조로 되어 있음을 앞에서 살핀 바와 같다. 그런데 이 이면적 주제들은 점층적 구조의 이면에서 기승전결의 구조도 보여준다. 제2수와 제3수가 점층적이면서, '기'(제2수)와 '승'(제3수)에 해당한다는 사실은 앞의 표면적 주제에서와 같다. 그리고 제4수와 제5수는 자연이 도를 얻는 즐김을 공통으로 하면서, 그 즐김을 시적 화자가 좋아 하는 것(제4수)과 즐기는 것(제5수)의 차이를 보인다. 이 제4, 5수의 자연이 도를 얻는 즐김은 제2, 3수의 자연의 풍취에 점층된 것이고, 동시에 소재의 전환이다. 이런 점에서 제4수는 제3수에 점층된 것이고, 동시에 제3수로부터 전환한 것이다. 그리고 제5수는 점층적 구조에서의 정점인 동시에, 기승전결의 결이다. 이런 사실로 보아, 제2-5수의 이면적 주제들 역시 점층적 구조인 동시에 기승전결의 구조를 보여준다고 정리할 수 있다.

그리고 이런 두 구조로 보아, 제2-5수의 이면적 주제는 득도(得道)에 기초한 진락(眞樂)을 노래한 제5수로의 점층을 보여준다. 이런 사실로 볼 때에, 제2-5수의 이면적 주제는 [득도에 기초한 진락에 점차로 들다.]로 정리할 수 있다.

4.1.2. 제7-10수 텍스트의 논리적 구조와 주제

제7-10수 텍스트의 논리적 구조는 점강적 구조와 기승전결의 구조로

정리할 수 있다. 그리고 주제는 표면적 주제와 이면적 주제로 정리할 수 있다. 이 두 주제는 제7, 8수에서만 보이기 때문에, 이 곳에서만 구체적으로 검토하고 정리하려 한다.

> 六曲은 어드믜오 釣峽에 물이 넙다
> 나와 고기와 뉘야 더욱 즐기는고
> 黃昏에 낙뒤를 메고 帶月歸를 ᄒᆞ노라(제7수)

이 제7수는 표면적 주제와 이면적 주제를 가지고 있다.

먼저 서경시, 서정시, 순수시 등으로 읽을 때에 볼 수 있는 표면적 주제를 보자. 이 제7수를 서경시, 서정시, 순수시 등으로 보면, 중장에서는 물고기의 즐김을 시적 화자가 즐기고 있다. 그리고 종장에서는 달의 즐김을 시적 화자가 즐기고 있다. 이를 종합하여 제7수의 표면적 주제를 정리하면, [물고기와 달의 즐김을 시적 화자가 즐기고 있다.]가 된다.

이면적 주제는 제7수를 재도시(載道詩)로 읽었을 때의 주제이다. 이 이면적 텍스트에서는 물고기가 본성을 따르면서, 본성을 따르는 것인 도(道)에 참여하여, 저절로 도를 얻는 즐김을 시적 화자가 즐기고 있다. 초장인 "육곡(六曲)은 어드믜오 조협(釣峽)에 물이 넙다"는 중장에서 노래할 물고기가 그 본성을 따라 자유롭게 놀며, 저절로 도를 얻을 수 있는 물이 넓음을 의미한다. 중장("나와 고기와 뉘야 더욱 즐기는고")에서는, 이미 잘 알려져 있듯이, "즐김을 묘사한 데에 머물지 않고 한 걸음 나아가 이들의 즐김을 보고 그것을 즐기는 '오배지락(吾輩之樂)'에 대하여 시인은 노래하고 있다."(이민홍 1984:177, 330). 즉 "나와 고기와 뉘야 더욱 즐기는고"에서 보듯이, 나와 물고기가 즐기고 있는데, 물고기는 본성을 따라 자유롭게 놀면서, 본성을 따르는 것인 도(道)에 참여하여, 저절로 도를 얻으며 즐기고 있다. 이 물고기의 즐김, 즉 '어(지)락[魚(之)樂]'은

『시경』과 〈언지6〉(〈도산십이곡〉)에서 보이는 '어약연비(魚躍鳶飛)'의 '어(지)약[魚(之)躍]'에 수반된 '어(지)락[魚(之)樂]'과 같은 것이다. 이 물고기의 즐김을 시적 화자는 보고 즐기고 있다. 이런 논리는 종장에도 적용할 수 있다. 즉 "황혼(黃昏)에 낙디를 메고 대월귀(帶月歸)를 ᄒᆞ노라"에서, 황혼에 뜬 달이 본성을 따라 세계를 환하게 비추면서, 본성을 따르는 것인 도(道)에 참여하여, 저절로 도를 얻으며 즐기는 것이고, 시적 화자는 이 달의 즐김을 두르고 낚대를 메고 돌아오면서 즐기는 것이다. 이런 점에서 제7수에서는 [물고기와 달이 본성을 따르면서, 본성을 따르는 것인 도(道)에 참여하여, 저절로 도를 얻는 즐김을 시적 화자가 즐기고 있다.]는 주제를 노래하였다고 정리할 수 있다. 이 시적 화자가 즐기는 즐김은 도학자들의 진락(眞樂)이다.

七曲은 어드믜오 楓巖에 秋色 됴타
淸霜이 엷게 치니 絶壁이 錦繡 ㅣ 로다
寒巖에 혼자 안자셔 집을 잇고 잇노라(제8수)

이 제8수 역시 표면적 주제와 이면적 주제를 보여준다.

먼저 제8수를 서경시, 서정시, 순수시 등으로 읽을 때에 파악할 수 있는 표면적 텍스트의 주제를 보자. 초장과 중장에서는 풍암(楓巖)이 즐김을 보여주고 있다. 즉 풍암에 추색이 좋음과 절벽이 금수임은, 단풍나무와 바위가 어우러져서 즐김을 말해준다. 이는 제4수의 초장인 "취병(翠屛)에 닙 퍼졋다"에서 '초목지락'을, 중장인 "녹수(綠樹)에 산조(山鳥)는 하상기음(下上其音) ᄒᆞᄂᆞᆫ 적에"에서 '금조지락'을 노래한 것과 같다. 그리고 종장은 이 풍암의 즐김을 시적 화자가 좋아하여 빠져 있음을 보여준다. 이런 점에서 제8수의 표면적 주제는 [풍암의 즐김을 시적 화자가 좋아하고 있다.]로 정리할 수 있다.

제8수의 이면적 텍스트에서는 풍암(楓巖)이 본성을 따르면서, 본성을 따르는 것인 도(道)에 참여하여, 저절로 도를 얻는 즐김을 시적 화자가 좋아하고 있다. 풍암의 본성이 무엇이냐는 '풍암'의 의미를 생각하면 쉽게 풀린다. '풍암(楓巖)'의 의미는 '단풍나무[楓] 바위[巖]'로 단풍나무와 바위가 어우러진 장소인 것 같다. 이런 장소, 특히 이 장소의 단풍나무가 그 본성을 따른다는 것은 단풍이 드는 것이다. 이렇게 본성을 따라 단풍이 든 상태를 초장인 "풍암(楓巖)에 추색(秋色) 됴타"가 보여준다. 그리고 이 단풍이 드는 도(道)에 참여하여, 저절로 도를 얻는 즐김은 중장인 "청상(淸霜)이 엷게 치니 절벽(絶壁)이 금수(錦繡) ㅣ 로다"가 보여준다. 그리고 이 풍암지락(楓巖之樂)을 좋아하여 시적 화자는 이에 빠져 있다. 이런 사실은 종장인 "한암(寒巖)에 혼자 안자셔 집을 잇고 잇노라"에서 알 수 있다. 즉 시적 화자는 바위의 차가움도 잊고 한암에 혼자 앉아서 집으로 돌아 갈 것도 잊고 있다. 이 경우에 차가움과 집으로 돌아감을 잊은 것은 시적 화자가 풍암지락을 좋아하여 빠져 있음을 의미한다. 이런 점에서 제8수의 이면적 주제는 [풍암이 본성을 따르면서, 본성을 따르는 것인 도(道)에 참여하여, 저절로 도를 얻는 즐김을 시적 화자가 좋아하고 있다.]로 정리할 수 있다.

이 표면적 주제와 이면적 주제를 제7수의 것들과 비교하면, 점강적이다. 표면적 주제의 경우에, 자연의 즐김을 노래한 것은 제7수와 제8수가 공통이다. 그러나 이 자연의 즐김을 즐기는 것(제7수)과 좋아하는 것(제8수)의 차이를 보이면서, 제7수와 제8수가 점강적임을 보여준다. 이면적 주제의 경우에는, 자연이 도를 얻는 즐김을 노래한 것은 제7수와 제8수가 공통이다. 그러나 이 자연이 도를 얻는 즐김을 즐기는 것(제7수)과 좋아하는 것(제8수)의 차이를 보이면서, 제7수와 제8수가 점강적임을 보여준다.

八曲은 어드믜오 琴灘에 ᄃᆞᆯ이 ᄇᆰ다

玉軫 金徽로 數三曲을 노는 말이

古調를 알이 업스니 혼자 즐겨 ᄒᆞ노라(제9수)

제9수에서는 금탄(琴灘)의 승경이 보여주는 풍취(風趣)를 즐기면서, 사람들이 이 풍취를 함께 알고 즐기길 바라고 있다. 초장인 "팔곡(八曲)은 어드믜오 금탄(琴灘)에 ᄃᆞᆯ이 ᄇᆰ다"에서는 금탄에 달이 밝은 승경을 보여준다. 이 초장은 금탄의 즐김으로 오해할 수도 있어, 해석에서 주의를 요한다. 특히 중장의 '옥진(玉軫) 금휘(金徽)'가 거문고를 뜻한다는 점에서, '금탄'을 자연의 거문고인 금탄이 즐기는 것으로 오해하기 쉽다. 그러나 초장에는 이런 표현이 없다. 초장의 '금탄(琴灘)'은 자연의 한 여울목으로, 이 여울목을 흐르는 물소리가 거문고를 타는 소리와 같아 붙인 지명으로 보인다. 그런데 여기에서 유의할 것은, 이 제9수에서는 이 여울목이 거문고 소리를 내면서 흐르는 모습, 즉 금탄이 즐기는 모습을 보여주지 않고, 이 금탄에 달이 밝은 모습만을 보여준다는 것이다. 이런 사실은 이 초장에서는 금탄의 즐김을 보여주는 것이 아니라, 금탄의 승경이 보여주는 풍취(風趣)만을 보여준다는 것을 말해준다. 그리고 중장인 "옥진(玉軫) 금휘(金徽)로 수삼곡(數三曲)을 노는 말이"와 종장인 "고조(古調)를 알이 업스니 혼자 즐겨 ᄒᆞ노라"에서는 고조(古調)를 아는 사람이 없어, 혼자 거문고로 금탄의 풍취를 즐기고 있다. 이는 금탄의 승경이 주는 풍취를 즐기면서, 사람들도 이 풍취를 알고 함께 즐기기를 바라는 마음의 표현으로 보인다. 이런 점에서, 이 제9수에서는 [금탄의 풍취를 즐기면서 시적 화자는 사람들이 와서 이 풍취를 함께 즐기기를 바라고 있다.]는 주제를 노래하였다고 정리할 수 있다.

이 제9수의 주제를 제8수의 주제와 비교해 보면, 점강적이다. 이 점강적 구조는, 자연의 즐김을 좋아하는 것(제8수의 표면적 주제)과 자연이 도를 얻는 즐김을 좋아하는 것(제8수의 이면적 주제)을, 자연의 풍취를 즐김으로 점강시킨 사실에서 파악할 수 있다.

> 九曲은 어드믜오 文山에 歲 暮커다
> 奇巖 怪石이 눈 속에 무쳐셰라
> 遊人은 오지 아니ᄒᆞ고 볼 것 업다 ᄒᆞ더라(제10수)

제10수에서는 해가 저물고 기암괴석이 눈 속에 묻힌 문산의 승경이 보여주는 풍취를 좋아하면서, 유인이 와서 함께 좋아하길 시적 화자가 바라고 있다. 초장인 "문산(文山)에 세(歲) 모(暮)커다"와 중장인 "기암(奇巖) 괴석(怪石)이 눈 속에 무쳐셰라"에서 시적 화자는 문산에 해가 저물고 기암괴석이 눈 속에 묻힌 승경의 풍취를 감탄하고 있다. 이 감탄은 이 승경의 풍취를 좋아함을 말해준다. 그리고 종장인 "유인(遊人)은 오지 아니ᄒᆞ고 볼 것 업다 ᄒᆞ더라"에서 시적 화자는 유인이 여기에 와서 이 승경을 보지 않음을 아쉬워한다. 이는 '유인(遊人)'(놀러 다니는 사람)이 여기에 와서 이 승경의 풍취를 함께 보고 좋아하기를 바라는 시적 화자의 마음을 표현한 것이다. 이런 점에서, 제10수에서는 [문산의 풍취를 좋아하면서 시적 화자는 유인이 와서 이 풍취를 함께 좋아하길 바라고 있다.]는 주제를 노래했다고 정리할 수 있다. 이 주제는 자연의 풍취를 즐기는 것(제9수)에서 좋아하는 것(제10수)으로 점강시킨 것이다.

지금까지 정리한 표면적 텍스트의 주제들과 점강적 구조를 정리하면 다음과 같다.

> 제7수: 물고기와 달의 즐김을 시적 화자가 즐기고 있다.
> 제8수: 풍암의 즐김을 시적 화자가 좋아하고 있다.
> 제9수: 금탄의 풍취를 즐기면서 시적 화자는 사람들이 와서 이 풍취를

함께 즐기기를 바라고 있다.

제10수 : 문산의 풍취를 좋아하면서 시적 화자는 유인이 와서 이 풍취를 함께 좋아하길 바라고 있다.

이 표면적 주제들이 점강적 구조로 되어 있음을 앞에서 살핀 바와 같다. 그런데 이 주제들은 점강적 구조의 이면에서 기승전결의 구조도 보여준다. 제7수와 제8수는 자연의 즐김을 시적 화자가 즐기는 것(제2수)과 좋아하는 것(제3수)의 차이만을 보인다. 이 차이는 점강적이면서, 동시에 '기'(제7수)와 '승'(제8수)의 측면도 보인다. 그리고 제9수와 제10수는 자연의 풍취를 시적 화자가 즐기는 것(제9수)과 좋아하는 것(제10수)의 차이를 보인다. 이 제9, 10수의 자연의 풍취는 제7, 8수의 자연의 즐김에 점강된 것이고, 동시에 소재의 전환이다. 이런 점에서 제9수는 제8수에 점강된 것이고, 동시에 제8수로부터 전환한 것이다. 그리고 제10수는 점강적 구조에서의 끝인 동시에, 기승전결의 결이다. 이런 사실로 보아, 제7-10수의 표면적 텍스트의 구조는 점강적 구조인 동시에 기승전결의 구조라고 정리할 수 있다.

이상과 같이 제7-10수의 표면적 텍스트는 점강적 구조와 기승전결의 구조로 되어 있다. 특히 자연(물고기와 달)의 즐김을 즐기는 것에 시적 화자가 드는 순서를 역으로 한 점강적 구조를 보여준다. 그리고 이 점강적 구조의 마지막에 있는 제9, 10수에서는 사람들이 자연의 즐김을 즐기는 것에 점차로 들 수 있는 그 첫째 단계와 둘째 단계인, 자연의 풍취를 좋아하고(제10수) 즐기기에(제9수) 동참하기를 청유하고 있다. 이는 동참을 청유하는 것이다. 이런 사실로 볼 때에, 제7-10수의 표면적 주제는 [자연이 즐김을 즐기기에 점차로 들기를 사람들에게 청유한다.]로 정리할 수 있다.

앞에서 정리한 이면적 텍스트의 주제들과 점강적 구조를 정리하면 다음과 같다.

제7수: 물고기와 달이 본성을 따르면서, 본성을 따르는 것인 도(道)에 참여하여, 저절로 도를 얻는 즐김을 시적 화자가 즐기고 있다.

제8수: 풍암이 본성을 따르면서, 본성을 따르는 것인 도(道)에 참여하여, 저절로 도를 얻는 즐김을 시적 화자가 좋아하고 있다.

제9수: 금탄의 풍취를 즐기면서 시적 화자는 사람들이 와서 이 풍취를 함께 즐기기를 바라고 있다.

제10수: 문산의 풍취를 좋아하면서 시적 화자는 유인이 와서 이 풍취를 함께 좋아하길 바라고 있다.

이 이면적 주제들이 점강적 구조로 되어 있음은 앞에서 살핀 바와 같다. 그런데 이 이면적 주제들은 점강적 구조의 이면에서 기승전결의 구조도 보여준다. 제7수와 제8수가 점강적이면서, '기'(제7수)와 '승'(제8수)에 해당한다는 사실은 앞의 표면적 주제에서와 같다. 그리고 제9수와 제10수는 자연의 풍취를 공통으로 하면서, 시적 화자가 즐기는 것(제4수)과 좋아하는 것(제5수)의 차이를 보인다. 이 제9, 10수의 자연의 즐김을 즐기고 좋아하는 것은 제7, 8수의 자연이 도를 얻는 즐김을 즐기고 좋아하는 것에 점강된 것이고, 동시에 소재의 전환이다. 이런 점에서 제9수는 제8수에 점강된 것이고, 동시에 제8수로부터 전환한 것이다. 그리고 제10수는 점강적 구조에서의 끝인 동시에, 기승전결의 결이다. 이런 사실로 보아, 제7-10수의 이면적 주제들 역시 점강적 구조인 동시에 기승전결의 구조라고 정리할 수 있다.

이상과 같이 제7-10수는 점강적 구조와 기승전결의 구조로 되어 있다. 특히 득도에 기초한 진락(眞樂)에 드는 순서를 역으로 한 점강적 구조를 보여준다. 그리고 이 점강적 구조의 마지막에 있는 제9, 10수에서는 사람들이 득도에 기초한 진락에 점차로 들 수 있는 그 첫째 단계와 둘째 단계인, 자연의 풍취를 좋아하고(제10수) 즐기기에(제9수) 동참하기를 청유하고 있다. 이는 동참을 청유하는 것이다. 이런 사실로 볼 때에, 제7-10수의 이면적 주제는 [득도에 기초한 진락에 점차로 들기를 사람들에게 청유한다.]로 정리할 수 있다.

4.1.3. 제2-10수 텍스트의 논리적 구조와 주제

제2-10수에서 제2-5수와 제7-10수의 논리적 구조와 주제는 앞에서 정리했으므로, 제6수의 주제를 정리한 다음에, 제2-10수 텍스트의 논리적 구조와 주제를 정리하려 한다.

4.1.3.1. 제6수의 주제

9곡의 한 가운데 있는 제5곡(은병, 제6수)을 노래한 제6수는 다음과 같다.

> 五曲은 어드메오 隱屛이 보기 죠희
> 水邊 精舍는 瀟灑홈도 ᄀ이 업다
> 이 中에 講學도 ᄒ려니와 咏月吟風 ᄒ리라(제6수)

초장과 중장에서는 소쇄한 은병정사를 노래하였다. 그리고 종장에서는 '강학'과 '영월음풍'을 하겠다는 의지를 보여준다. 이로 보아, 제6수의 주제는 [소쇄한 은병정사에서 강학과 영월음풍도 하겠다.]는 것으로 정리할 수 있다.

4.1.3.2. 제2-10수의 논리적 구조와 주제

제2-10수의 텍스트의 논리적 구조는 표면적 텍스트와 이면적 텍스트로 나누어 정리하려 한다. 대칭적 결속에서 정리한 [A('오-, 보-', 제2수) - B('알-', 제3수)… - E(대칭축, 제6수) - …B('알-', 제9수) - A('오-, 보-', 제10수)]의 대칭표현은, 점층적 구조와 점강적 구조를 대칭시킨 대칭적 구조와 주제를 암시한다. 그리고 선행 연구 중에는, 시각을 바꾸어 보면, 이어서 볼 대칭적 구조를 암시할 수도 있는 두 연구[34]도 있다. 또한 '2'장의 심상과 시어의 차원에서 정리한 [A(제2수) - A(제3수) - B(제4수) - A(제5

---

34 하나는 김대행(1986:320-321)의 다음의 글과 도표이다.

> 서곡과 5곡을 경계로 해서 앞뒤가 다음의 도표와 같이 대응하고 있다. 즉, 전반부의 기다림(1곡)이 체념으로 바뀌고(9곡), 함께 나누고자 했던 의지(2곡)가 홀로 즐기는 단념(8곡)으로 바뀌며, 서로 함께 즐거움을 나누는 이미지(3곡)가 망연히 홀로 잊고 있는(7곡) 태도로 바뀌고, 홍겨운 태도(4곡)가 寥寂의 靜謐(6곡)로 바뀌고 있는 것이다. 이같이 앞뒤가 서로 대응해서 묶어지는 도식은 잘 아는 바와 같이 구조주의적 방법론에서 흔히 설명의 틀로 사용하는 방식이다.
>
> 그러나, 여기서 이같은 대응을 굳이 보이려는 것은 구조주의적 방법론을 시도하고자 하는 의도가 아니다. 그 어떤 방법론적 구상 이전에 고산구곡가는 이처럼 완벽한 구조적 질서를 지니고 있음을 보이고자 한 것이다.
>
> 序曲 : 어즈버 武夷를 想像ᄒᆞ고 學朱子를 ᄒᆞ리라
> 一曲 : (아침) 松間에 綠樽을 노코 벗 오ᄂᆞᆫ양 보노라
> 二曲 : (봄) 사람이 勝地를 모로니 알게 ᄒᆞᆫ들 엇더리
> 三曲 : (여름) 盤松이 愛情風ᄒᆞ니 녀름 景이 업ᄉᆡ라
> 四曲 : (저녁) 林泉이 깁도록 됴흐니 興을 계워 ᄒᆞ노라
> 五曲 : 이 中에 講學도 ᄒᆞ려니와 咏月吟風 ᄒᆞ리라
> 六曲 : (황혼) 黃昏에 낙ᄃᆡ를 메고 帶月歸를 ᄒᆞ노라
> 七曲 : (가을) 寒巖에 혼ᄌᆞ 안자셔 집을 잇고 잇노라
> 八曲 : (밤) 古調를 알 이 업스니 혼자 즐겨 ᄒᆞ노라
> 九曲 : (겨울) 遊人은 오지 아니ᄒᆞ고 볼 것 업다 ᄒᆞ더라

이 설명과 도표에서 서곡과 5곡을 연결로 보면, 대칭적 구조를 암시받을 수 있다. 그러나 "서곡과 5곡을 경계로 해서 앞뒤가 다음의 도표와 같이 대응하고 있다."에서 알 수 있듯이, 이 대응의 구성은, 제1수와 제6수를 각각 그 이하에 있는 4수씩(제2-5수, 제7-10수)의 서사로 보면서, 대칭적 구조로 볼 수 있는 여지를 제외시켰다.

다른 하나는 김혜숙(1992)의 글이다. 이 글에서는 제6수를 핵으로 양방향으로 확장되는 평형적 대립구조를 주장하면서, 대칭적 구조의 가능을 제외시켰다.

수) - E(대칭축, 제6수) - A(제7수) - A(제8수) - B(제9수) - A(제10수)]의 대칭표현은, 두 기승전결의 대칭적 구조를 암시한다. 이에 점층적 구조와 점강적 구조가 대칭하는 대칭적 구조, 두 기승전결의 대칭적 구조, 주제 등을 보기 위하여, 앞에서 정리한 표면적 텍스트의 단시조별 주제를 옮겨 쓰면 다음과 같다.

제 2수: 관암과 원산의 풍취를 좋아하면서 시적 화자는 벗이 와서 이 풍취를 함께 좋아하길 바라고 있다.

제 3수: 화암의 풍취를 즐기면서 시적 화자는 사람들이 와서 이 풍취를 함께 즐기기를 바라고 있다.

제 4수: 초목과 금조의 즐김을 시적 화자가 좋아하고 있다.

제 5수: 담심 암영의 즐김을 시적 화자가 즐기고 있다.

제 6수: 소쇄한 은병정사에서 강학과 영월음풍도 하겠다.

제 7수: 물고기와 달의 즐김을 시적 화자가 즐기고 있다.

제 8수: 풍암의 즐김을 시적 화자가 좋아하고 있다.

제 9수: 금탄의 풍취를 즐기면서 시적 화자는 사람들이 와서 이 풍취를 함께 즐기기를 바라고 있다.

제10수: 문산의 풍취를 좋아하면서 시적 화자는 유인이 와서 이 풍취를 함께 좋아하길 바라고 있다.

이 제2-10의 표면적 텍스트의 논리적 구조와 주제 중에서 제2-5수와 제7-10수의 것들은 앞에서 정리하였다. 즉 제2-5수의 논리적 구조는 점층적 구조와 기승전결의 구조이고, 주제는 [자연이 즐김을 시적 화자가 즐기기에 점차로 들다.]이다. 그리고 제7-10수의 논리적 구조는 점강적 구조와 기승전결의 구조이고, 주제는 [자연이 즐김을 즐기기에 점차로 들기를 청유한다.]이다. 그리고 제6수의 주제는 [소쇄한 은병정사에서 강학과 영월음풍도 하겠다.]이다. 이를 종합하면, 제2-10수 텍스트의 논리적 구조는 두 종류의 대칭적 구조이다. 하나는 제2-5수의 점층적 구조와 제7-10수의 점강적 구조가 제6수를 대칭축으로 대칭하는 대칭적 구조이다. 다른 하나는 제2-5수의 기승전결과 제7-10수의 기승전결이 제6수를 대칭축으로 대칭하는 대칭적 구조이다. 그리고 이 두 구조의 어느 것으로 보든, 제2-10수 텍스트의 표면적 주제는 [자연이 즐김을 즐기기에 점차로 들고, 이를 사람들에게 청유하며, 소쇄한 은병정사에서 강학과 영월음풍도 하겠다.]로 정리할 수 있다.

이번에는 제2-10수의 이면적 텍스트에서 단시조들이 보여주는 주제를 옮겨 쓰면 다음과 같다.

제 2수: 관암과 원산의 풍취를 좋아하면서 시적 화자는 벗이 와서 이 풍취를 함께 좋아하길 바라고 있다.

제 3수: 화암의 풍취를 즐기면서 시적 화자는 사람들이 와서 이 풍취를 함께 즐기기를 바라고 있다.

제 4수: 초목, 산조, 반송 등이 본성을 따르면서, 본성을 따르는 것인 도(道)에 참여하여, 저절로 도를 얻는 즐김을 시적 화자가 좋아하고 있다

제 5수: 암영이 본성을 따르면서, 본성을 따르는 것인 도(道)에 참여하여, 저절로 도를 얻는 즐김을 시적 화자가 즐기고 있다.

제 6수: 소쇄한 은병정사에서 강학과 영월음풍도 하겠다.

제 7수: 물고기와 달이 본성을 따르면서, 본성을 따르는 것인 도(道)에 참여하여, 저절로 도를 얻는 즐김을 시적 화자가 즐기고 있다.

제 8수: 풍암이 본성을 따르면서, 본성을 따르는 것인 도(道)에 참여하여, 저절로 도를 얻는 즐김을 시적 화자가 좋아하고 있다.

제 9수: 금탄의 풍취를 즐기면서 시적 화자는 사람들이 와서 이 풍취를

함께 즐기기를 바라고 있다.

제10수 : 문산의 풍취를 좋아하면서 시적 화자는 유인이 와서 이 풍취를 함께 좋아하길 바라고 있다.

이 제2-10의 이면적 텍스트의 논리적 구조와 주제 중에서 제2-5수와 제7-10수의 것들은 앞에서 정리하였다. 즉 제2-5수의 논리적 구조는 점층적 구조와 기승전결의 구조이고, 주제는 [득도에 기초한 진락에 점차로 들다.]이다. 그리고 제7-10수의 논리적 구조는 점강적 구조와 기승전결의 구조이고, 주제는 [득도에 기초한 진락에 점차로 들기를 청유한다.]이다. 그리고 제6수의 주제는 [소쇄한 은병정사에서 강학과 영월음풍도 하겠다.]이다. 이를 종합하면, 제2-10수의 이면적 텍스트의 논리적 구조는 두 종류의 대칭적 구조이다. 하나는 제2-5수의 점층적 구조와 제7-10수의 점강적 구조가 제6수를 대칭축으로 대칭하는 대칭적 구조이다. 다른 하나는 제2-5수의 기승전결과 제7-10수의 기승전결이 제6수를 대칭축으로 대칭하는 대칭적 구조이다. 그리고 이 두 구조의 어느 것으로 보든, 제2-10수 텍스트의 이면적 주제는 [득도에 기초한 진락에 점차로 들고, 이를 사람들에게 청유하며, 소쇄한 은병정사에서 강학과 영월음풍도 하겠다.]로 정리할 수 있다.

4.1.4. 제1-10수 텍스트의 논리적 구조와 주제

제2-10수의 논리적 구조와 주제는 바로 앞에서 정리하였다. 제1수가 서사라는 점을 보고, 이어서 제1-10수 텍스트의 논리적 구조와 주제를 보자.

4.1.4.1. 제1수의 주제

서사인 제1수의 주제는 그 파악이 비교적 쉽고, 그 내용이 간단하다.

그런데도 항을 설정하여 논의하는 이유는, 이 서사의 주제는 본사의 주제를 이해하고 확인하는 데 매우 중요하기 때문이다. 제1수는 다음과 같다.

> 高山 九曲潭을 사롬이 모로더니
> 誅茅 卜居ᄒᆞ니 벗님네 다 오신다
> 어즈버 武夷를 想像ᄒᆞ고 學朱子를 ᄒᆞ리라(제1수)

제1수의 주제는 종장에서 보인다. 종장인 "어즈버 무이(武夷)를 상상(想像)ᄒᆞ고 학주자(學朱子)를 ᄒᆞ리라"에서는 무이를 상상하고 주자를 배우겠다는 의지를 보여준다. 이는 이 작품의 가주제(假主題)이다. 시적 화자가 '무이'를 어떻게 상상하고, 주자의 무엇을 어떻게 배우겠다는 것인지를 보여주지 않고 있다. 이는 제1수가 서사(緖詞)라는 점에서, 제2-10수의 본사에서 노래할 진주제(眞主題)의 가주제만을 노래한 것이다.

그런데 우리는 '상상(想像)ᄒᆞ고'에 주목하고, '학주자(學朱子)'의 의미를 정확하게 해석하여야 할 것 같다. '상상ᄒᆞ고'의 '상상'은 "실제로 경험하지 않은 현상이나 사물에 대하여 마음속으로 그려 봄"의 사전적 의미를 갖는다. 이는 시적 화자가 앞으로 노래할 '무이'와 관련된 내용들이 어느 정도 마음속에 그려 본 것으로, 정확하게 기록에 의한 것이 아님을 말해준다.

이번에는 '학주자(學朱子)'의 해석을 보자. 우리는 이 '학주자(學朱子)'의 '학(學)'을 '배울 학'으로만 이해하고, 구체적으로 검토해 본 바가 없다. '배우다(學)'는 다의어이다. 그런데, '학주자(學朱子)'의 '배우다(學)'는 우리가 흔히 쓰는 의미가 아니다. 즉 "새로운 지식이나 교양을 얻다."나 "새로운 지식을 익히다."의 의미가 아니라, "남의 행동이나 태도를 본받아 따르다."의 의미이다. 왜냐하면, 이 작품에서 시적 화자는, 주자가 무이의 9곡과 정사(精舍)에서 보인 삶을 본받아 따르기 위하여, 은병정사를 포함한 9곡을 고산에 설정하고, 이 9곡에서의 삶을 노래하고 있기 때문이다.

이상과 같이 볼 때에, 서사인 제1수의 주제는 [무이를 상상하고 주자의 삶을 본받아 따르겠다.]로 정리할 수 있다.

4.1.4.2. **제1-10수의 논리적 구조와 주제**

제1수는 서사이고, 나머지 제2-10수는 대칭적 구조를 가진 본사이다. 이 제1-10수의 텍스트 역시 표면적 텍스트와 이면적 텍스트로 나누어 정리해 보자.

표면적 텍스트는 서사와 본사가 결합된 서본의 구조이다. 물론 이 본사는 점층적 구조와 점강적 구조가 제6수를 대칭축으로 대칭하는 대칭적 구조이며, 동시에 기승전결과 기승전결이 제6수를 대칭축으로 대칭하는 대칭적 구조이다. 그리고 서사의 주제는 [무이를 상상하고 주자의 삶을 본받아 따르겠다.]이고, 본사의 주제는 [고산의 구곡을 유관(遊觀)하면서, 자연이 즐김을 즐기기에 점차로 들고, 이를 사람들에게 청유하며, 소쇄한 은병정사에서 강학과 영월음풍도 하겠다.]이다. 이런 서사의 주제와 본사의 주제로 보아, 이 텍스트의 주제는 본사의 주제로 보아도 문제가 없다.

이면적 텍스트 역시 서사와 본사가 결합된 서본의 구조이다. 물론 이 본사는 앞의 이면적 텍스트에서와 같이 두 종류의 대칭적 구조를 보인다. 그리고 서사의 주제는 [무이를 상상하고 주자의 삶을 본받아 따르겠다.]이고, 본사의 주제는 [고산의 구곡을 유관(遊觀)하면서, 득도에 기초한 진락에 점차로 들고, 이를 사람들에게 청유하며, 소쇄한 은병정사에서 강학과 영월음풍도 하겠다.]이다. 이런 서사의 주제와 본사의 주제로 보아, 이 텍스트의 주제는 본사의 주제로 보아도 문제가 없다.

4.2. 유관의 순서와 주제

제2-10수의 텍스트와 제1-10수 텍스트에서 파악할 수 있는 표면적 주제와 이면적 주제를, 왜 제6수를 대칭축으로 점층적 구조(제2-5수)와 점강적 구조(제7-10수)를 대칭시킨, 동시에 기승전결의 구조(제2-5수)와 기승전결의 구조(제7-10수)를 대칭시킨, 대칭적 구조를 통하여 보여주었을까? 이 질문을 우리는 자문해 보아야 한다. 그리고 〈고산구곡가〉는 반드시 제1곡에서 유관을 시작할 때만 향유할 수 있는 작품인가? 말을 바꾸면 제9곡에서 제5곡인 은병정사로 들거나, 은병정사에서 강학과 영월음풍을 하다가 9곡을 유관할 때도, 제1수 다음에 제2수부터 향유하여야 하는가 하는 문제에 답할 필요가 있다. 그 답은 9곡을 유관하는 순서를 바꾸고, 그 순서에 따라 해당 곡의 시조들을 노래할 경우에도, 모두 앞의 표면적 주제와 이면적 주제를 향유할 수 있게 구상한 것으로, 주제 형상에서 용의정심(用意精深, 뜻을 씀이 精하고 깊음)과 현묘함(玄妙, 이치나 기예의 경지가 헤아릴 수 없이 미묘함)을 보여준다는 것이다.

9곡 또는 5곡을 율곡은 물론 그를 따른 관동(冠童)과 다른 수용자들이 유관할 때에, 취할 수 있는 순서는 여섯 경우이다. 이 여섯 경우에 공히 앞의 표면적 주제와 이면적 주제를 향유할 수 있는 이유를 차례로 보자.

첫째는 제1곡에서 출발하여 제9곡까지를 차례로 유관하는 경우이다. 이 유관은 '2'장과 '3'장에서 제2-10수의 텍스트와 제1-10수의 텍스트를 설명한 제1→9곡의 경우로, 앞에서 정리한 표면적 주제와 이면적 주제를 보여준다. 더 이상의 설명이 필요 없다.

둘째는 제1곡에서 출발하여 제5곡(은병)까지를 유관하고, 그 다음에 제6-9곡을 유관하지 않고, 제5곡부터 제1곡까지를 다시 역순으로 유관하는 경우(제1→5→1곡)이다. 이 경우에 제2수(제1곡)부터 제6수(제5곡)까지에서 향유하는 표면적 주제와 이면적 주제는 앞에서 정리한 주제에서 이미 설명한 것과 같다. 다른 것은 제5곡부터 제1곡까지를 다시 역순으로 유관할 경우에, 앞의 표면적 주제와 이면적 주제의 일부인 [이를 사람들에게 청유하며]가 어떻게 가능한가? 이 문제만을 설명하면 된다. 그런데 제1-4곡을 노래한 제2-5수는 점층적 구조와 기승전결의 구조이다. 이 순서를 역으로 하여, 제5, 4, 3, 2수의 역순으로 보면, 이 부분은 점층적 구조가 아니라 점강적 구조가 되고, 같은 기승전결의 구조가 아니라, 기승전결이 역순으로 된 기승전결이 된다. 그것도 제7-10수가 보여주는 점강적 구조 및 기승전결의 구조와 같은 구조로, 자연이 즐김을 즐기기에 점차로 들기를 사람들에게 청유하는 내용과, 득도에 기초한 진락에 점차로 들기를 사람들에게 청유하는 내용을 보여준다. 그리고 이렇게 역으로 읽을 때에, 제2, 3수에서도 제9, 10수에서와 같이 자연의 풍취를 노래하면서 사람들이 와서 함께 즐기고 좋아하기를 바란 이유도 이해할 수 있게 된다.

셋째는 제9곡에서 출발하여 제5곡(은병)까지를 유관하고, 그 다음에 제1-4곡을 유관하지 않고, 제5곡부터 제9곡까지를 다시 역순으로 유관하는 경우(제9→5→9곡)이다. 이 경우에 설명을 필요로 하는 부분은 표면적 주제의 [자연이 즐김을 즐기기에 점차로 들고]와, 이면적 주제의 [득도에 기초한 진락에 점차로 들고]이다. 제6-9곡을 노래한 제7-10수를 순차적으로 보면, '3'장에서 설명했듯이, 점강적 구조와 기승전결의 구조이다. 그런데 이 부분을 제10수(제9곡)에서부터 역순으로 읽으면 점층적 구조와, 앞의 기승전결이 역순으로 된 기승전결의 구조가 된다. 그것도 제7수(제6곡)의 자연이 즐김을 즐기기에 점차로 들고, 득도에 기초한 진락에 점차로 드는, 점층적 구조와 기승전결의 구조이다. 이를 계산하면, 이 경우에도 앞에서 정리한 표면적 주제와 이면적 주제를 향유하게 된다.

넷째는 제9곡에서 출발하여 제1곡까지를 역순으로 유관하는 경우(제9

→1곡)이다. 제10-7수(제9-6곡)가 점층적 구조와 기승전결의 구조로 [자연이 즐김을 즐기기에 점차로 들고]와 [득도에 기초한 진락에 점차로 들고]를 보여준다는 사실은, 셋째 경우에서 이미 설명하였다. 그리고 제5-2수(제4-1곡)가 점강적 구조와 기승전결의 구조로, 자연이 즐김을 즐기기에 점차로 들고, 득도에 기초한 진락에 점차로 들기를 사람들에게 청유하는 내용을 보여준다는 사실도 둘째 경우에서 이미 설명하였다. 이런 점에서, 이 경우에도 앞에서 정리한 표면적 주제와 이면적 주제를 향유하게 된다.

다섯째는 제5곡에서 출발하여 제1곡까지를 유관하고 다시 제5곡으로 돌아오는 경우(제5→1→5곡)이다. 이 경우에 제5-2수(제4-1곡)가 점강적 구조와 기승전결의 구조로, 자연이 즐김을 즐기기에 점차로 들고, 득도에 기초한 진락에 점차로 들기를 사람들에게 청유하는 내용을 보여준다는 사실은 둘째 경우에서 설명한 바와 같다. 나머지 제2-5수(제1-4곡)의 점층적 구조와 기승전결의 구조는 제3장에서 이미 설명하였다. 이런 사실들로 보아, 이 경우에서도 앞에서 정리한 표면적 주제와 이면적 주제를 향유하게 된다.

여섯째는 제5곡에서 출발하여 제9곡까지를 유관하고 다시 제5곡으로 돌아오는 경우(제5→9→5곡)이다. 제7-10수(제6-9곡)가 보여주는 점강적 구조 및 기승전결의 구조와 그 표면적 주제와 이면적 주제는 제3장에서 설명한 바와 같다. 그리고 제10-7수(제9-6곡)가 보여주는 점층적 구조 및 기승전결의 구조와 그 표면적 주제와 이면적 주제는 앞의 셋째 경우에서 설명한 바와 같다. 이런 점에서 이 경우에도 앞에서 정리한 주제를 향유하게 된다.

이렇게 9곡 또는 5곡을 유관하는 순서는 여섯 경우로 정리되며, 이 여섯 경우 모두에서 시적 화자와 그를 따른 관동들과 이 작품의 수용자들이 앞에서 정리한 이 작품의 표면적 주제와 이면적 주제를 공히 향유할 수 있다. 이렇게 같은 표면적 주제와 이면적 주제를 공히 향유할 수 있는 이유는, 제6수를 대칭축으로 점층적 구조(제2-5수)와 점강적 구조(제7-10수)를 대칭시키고, 동시에 기승전결의 구조(제2-5수)와 기승전결의 구조(제7-10수)를 대칭시킨, 대칭적 구조에 있다. 왜냐하면, 제2-5수와 제7-10수 각각을 차례로 유관하는 순서를 역순으로 바꿀 때에, 앞의 점층적 구조와 기승전결의 구조(제2-5수)를 점강적 구조와 기승전결의 구조(5-2수)로 향유하고, 점강적 구조와 기승전결의 구조(제7-10수)를 점층적 구조와 기승전결의 구조(제10-7수)로 향유할 수 있기 때문이다. 이는 이 작품이 보여준 용의정심(用意精深, 뜻을 씀이 精하고 깊음)과 현묘함(玄妙, 이치나 기예의 경지가 헤아릴 수 없이 미묘함)이라고 할 수 있다.

5. 결론

지금까지 〈고산구곡가〉의 결속, 종결, 구조, 주제 등을 검토 정리해 보았다. 그 중요한 것들을 간단하게 요약하여 결론을 대신하려 한다.

'2'장에 정리한 〈고산구곡가〉의 결속과 종결을, 텍스트별로 정리하면 다음과 같다.

1) 제2-5수의 초장들과 제7-10수의 초장들은 "○곡(曲)은 어드믜오 ○○에 ○(가/이) ○○다"의 문형을 반복하면서, 같은 문형의 반복에 의해, 각각 제2-5수 텍스트의 결속과 제7-10수 텍스트의 결속을 보여준다.
2) 제2-5수 텍스트에서, ['○○에 히'(제2수) - 대칭축(제3 · 4수의 중간) - '○○에 히'(제5수)]의 대칭표현은 시종의 대칭표현으로 텍스트의 결속과 종결을 보여준다.

3) 제7-10수 텍스트의 종장들에 나온 끝시어들에서, '(ᄒᆞ)더라'(제10수)는 그 이전의 '-노라'(제7-9수)의 반복표현을 후미에서 전환한 형태로, 제7-10수 텍스트의 결속과 종결을 보여준다. 그리고 제7-10수 텍스트의 종장들에 나온 화제들에서, 유인의 이야기(제10수) 역시 그 이전에 반복하던 시적 화자의 이야기(제7-9수)를 후미에서 전환한 형태로, 제7-10수 텍스트의 결속과 종결을 보여준다.
4) 제2-10수(제2-5수, 제6수, 제7-10수) 텍스트의 초장 전반부들에서는 "○곡(曲)은 어드ᄆᆡ오"의 반복을 통하여 제2-10수의 반복적 결속을 보여주고, '1곡, 2곡, 3곡, … 9곡' 등을 통하여 순차적 결속을 보여준다.
5) 제2-10수(제2-5수, 제6수, 제7-10수) 텍스트에서는 다섯 종류의 대칭적 결속과 종결을 보여준다. 첫째는 초장 후반부의 ['○○에 ○이/∅ ○(○)다'(제2-5수, 문형의 반복표현) - '은병(隱屛)이 보기 죠희'(제6수) - '○○에 ○이/∅ ○(○)다'(제7-10수, 문형의 반복표현)]에서 문형의 반복표현을 대칭시킨 대칭표현에 의한 대칭적 결속과 종결이다. 둘째는 배경시간의 차원에서 [a(아침, 제2수) - A(봄, 제3수) - B(여름, 제4수) - b(낮, 제5수) - E(제6수, 대칭축) - c(저녁, 제7수) - C(가을, 제8수) - d(밤, 제9수) - D(겨울, 제10수)]의 대칭표현의 후미 도치형에 의한 제2-10수의 결속과 종결이다. 셋째는 배경공간의 차원에서 [A('(관冠)암巖, (원遠)산山', 제2수) - … - E(대칭축, 제6수) - … - A('(문文)산山, (기奇)암巖', 제10수)]의 대칭표현에 의한 제2-10수의 결속과 종결이다. 넷째는 논리적 차원에서 [A('오-, 보-', 제2수) - B('알-', 제3수)… - E(대칭축, 제6수) - …B('알-', 제9수) - A('오-, 보-', 제10수)]의 대칭표현에 의한 제2-10수의 결속과 종결이다. 다섯째는 심상과 시어의 차원에서 ['(즘겨)셰라'(제5수) - (ᄀᆞ이) 업다(제6수) - '(무쳐)셰라'(제10수)]의 대칭표현,

['(ᄒᆞᆫ) 적에'(행간걸침, 제4수) - (ᄀᆞ이) 업다(제6수) - '(노는) 말이'(행간걸침, 제9수)]의 대칭표현, [시각적 소재 및 시어(제2, 3수) - 청각적 소재 및 시어(제4수) - 시각적 소재 및 시어(제5수) - 대칭축(제6수) - 시각적 소재 및 시어(제7, 8수) - 청각적 소재 및 시어(제9수) - 시각적 소재 및 시어(제10수)]의 대칭표현 등이 보여주는 [A(제2수) - A(제3수) - B(제4수) - A(제5수) - C(제6수, 대칭축) - A(제7수) - A(제8수) - B(제9수) - A(제10수)]의 대칭표현에 의한 결속과 종결이다.

6) 제1-10수(제1수와 제2-10수)의 텍스트에서는 제1수(서사)의 '구곡(九曲), 벗님내' 등과 제2수(본사)의 '일곡(一曲), 벗'(제2수) 등이 전체와 부분의 제유적 관계를 통하여 결속을 보여주고, 제1수의 'ᄒᆞ리라'와 제2-10수의 대칭축인 제6수의 'ᄒᆞ리라'의 반복을 통하여 결속을 보여준다. 그리고 '구곡(담)[九曲(潭)]'(제1수)과 '구곡(은)[九曲(은)]'(제10수)의 대칭표현, '사ᄅᆞᆷ(이)'(제1수)과 '유인(遊人)'의 '인(人, 사람)'(제10수)의 대칭표현, '모로더니'(제1수)와 'ᄒᆞ더라'(제10수)의 '-더-'의 대칭표현 등을 통하여, 제1-10수 텍스트의 결속을 보여주는 동시에, 시종의 대칭을 통하여 종결까지 보여준다.

'3'장에서 검토한 배경시간과 배경공간의 구조는 다음과 같이 요약된다.

1) 제2-10수에서 배경시간의 구조를 검토하는 데는 [a(아침, 제2수) - A(봄, 제3수) - B(여름, 제4수) - b(낮, 제5수) - E(제6수, 대칭축) - c(저녁, 제7수) - C(가을, 제8수) - d(밤, 제9수) - D(겨울, 제10수)]의 대칭표현의 후미 도치형이 도움을 준다.

2) 1)에서 드러나지 않은 사시와 사철을 정리하면, 제2-10수에서 배경시간의 구조는 [봄의 아침(제2수) - 늦은 봄의 아침(제3수) - 여름의 낮(제4수) - 늦은 여름의 낮(제5수)]과 [가을의 저녁(제7수) - 늦은 가을의 저녁(제8수) - 겨울의 밤(제9수) - 늦은 겨울의 낮(제10수)]이 보여주는 순차적 구조와, [봄의 아침(제2수) - 늦은 봄의 아침(제3수) - 여름의 낮(제4수) - 늦은 여름의 낮(제5수) - 대칭축(제6수) - 가을의 저녁(제7수) - 늦은 가을의 저녁(제8수) - 겨울의 밤(제9수) - 늦은 겨울의 낮(제10수)]의 대칭적 구조의 후미 전환형이다.

3) 제2-10수에서 배경공간의 구조를 검토하는 데는, '일곡(一曲), 이곡(二曲), 삼곡(三曲), … 구곡(九曲)' 등의 순차적 결속과, [A('관암冠巖, 원산遠山', 제2수) - … - E(대칭축, 제6수) - … - A('문산文山, 기암奇巖', 제10수)]의 대칭적 결속이 도움을 준다.

4) 3)의 순차적 결속으로 보면, 제2-10수에서 배경공간의 구조는 '일곡(一曲), 이곡(二曲), 삼곡(三曲), … 구곡(九曲)' 등의 순차적 구조이다.

5) 3)의 대칭적 결속에 드러나지 않은 공간을 정리하면, 제2-10수에서 배경공간의 구조는 [정적(靜的)인 산과 암(제2수) - 동적(動的)인 물(제3수) - 정중(靜中)의 동적(動的)인 산(제4수) - 동중(動中)의 정적(靜的)인 물(제5수) - 은병정사(대칭축, 제6수) - 동중(動中)의 정적(靜的)인 물(제7수) - 정중(靜中)의 동적(動的)인 산(제8수) - 동적(動的)인 물(제9수) - 정적(靜的)인 산과 암(제10수)]의 대칭적 구조이며, 대칭축인 은병정사(제6수)와의 거리 공간을 계산하면, 점층적 구조와 점강적 구조가 대칭된 대칭적 구조이다.

'4'장에서 정리한 논리적 구조와 주제는 다음과 같다.

1) 제2-5수 텍스트의 각수별 표면적 주제는 [관암과 원산의 풍취를 좋아하면서 시적 화자는 벗이 와서 이 풍취를 함께 좋아하길 바라고 있다.](제2수), [화암의 풍취를 즐기면서 시적 화자는 사람들이 와서 이 풍취를 함께 즐기기를 바라고 있다.](제3수), [초목과 금조의 즐김을 시적 화자가 좋아하고 있다.](제4수), [담심 암영의 즐김을 시적 화자가 즐기고 있다.](제5수) 등이다.
2) 1)의 각수별 표면적 주제들로 보아, 제2-5수 텍스트의 논리적 구조는 점층적 구조와 기승전결의 구조이며, 제2-5수 텍스트의 표면적 주제는 [자연이 즐김을 시적 화자가 즐기기에 점차로 들다.]이다.
3) 제2-5수 텍스트의 각수별 이면적 주제는 [관암과 원산의 풍취를 좋아하면서 시적 화자는 벗이 와서 이 풍취를 함께 좋아하길 바라고 있다.](제2수), [화암의 풍취를 즐기면서 시적 화자는 사람들이 와서 이 풍취를 함께 즐기기를 바라고 있다.](제3수), [초목, 산조, 반송 등이 본성을 따르면서, 본성을 따르는 것인 도(道)에 참여하여, 저절로 도를 얻는 즐김을 시적 화자가 좋아하고 있다.](제4수), [암영이 본성을 따르면서, 본성을 따르는 것인 도(道)에 참여하여, 저절로 도를 얻는 즐김을 시적 화자가 즐기고 있다.](제5수) 등이다.
4) 3)의 각수별 이면적 주제들로 보아, 제2-5수 텍스트의 논리적 구조는 점층적 구조와 기승전결의 구조이며, 제2-5수 텍스트의 이면적 주제는 [득도(得道)에 기초한 진락(眞樂)에 점차로 들다.]이다.
5) 제7-10수 텍스트의 각수별 표면적 주제는 [물고기와 달의 즐김을 시적 화자가 즐기고 있다.](제7수), [풍암의 즐김을 시적 화자가 좋아하고 있다.](제8수), [금탄의 풍취를 즐기면서 시적 화자는

사람들이 와서 이 풍취를 함께 즐기기를 바라고 있다.](제9수), [문산의 풍취를 좋아하면서 시적 화자는 유인이 와서 이 풍취를 함께 좋아하길 바라고 있다.](제10수) 등이다.

6) 5)의 각수별 표면적 주제들로 보아, 제7-10수의 논리적 구조는 점강적 구조와 기승전결의 구조이며, 제7-10수의 표면적 주제는 [자연이 즐김을 즐기기에 점차로 들기를 사람들에게 청유한다.] 이다.

7) 제7-10수 텍스트의 각수별 이면적 주제는 [물고기와 달이 본성을 따르면서, 본성을 따르는 것인 도(道)에 참여하여, 저절로 도를 얻는 즐김을 시적 화자가 즐기고 있다.](제7수), [풍암이 본성을 따르면서, 본성을 따르는 것인 도(道)에 참여하여, 저절로 도를 얻는 즐김을 시적 화자가 좋아하고 있다.](제8수), [금탄의 풍취를 즐기면서 시적 화자는 사람들이 와서 이 풍취를 함께 즐기기를 바라고 있다.](제9수), [문산의 풍취를 좋아하면서 시적 화자는 유인이 와서 이 풍취를 함께 좋아하길 바라고 있다.](제10수) 등이다.

8) 7)의 각수별 이면적 주제들로 보아, 제7-10수의 논리적 구조는 점강적 구조와 기승전결의 구조이며, 제7-10수의 이면적 주제는 [득도에 기초한 진락에 점차로 들기를 사람들에게 청유한다.]이다.

9) 제6수의 주제는 [소쇄한 은병정사에서 강학과 영월음풍도 하겠다.]이다.

10) 제2-10수 텍스트의 논리적 구조는 점층적 구조(제2-5수)와 점강적 구조(제7-10수)가 제6수를 대칭축으로 대칭된 대칭적 구조와, 기승전결(제2-5수)과 기승전결(제7-10수)이 제6수를 대칭축으로 대칭된 대칭적 구조이다.

11) 제2-10수 텍스트의 표면적 주제는 [고산의 구곡을 유관(遊觀)하면서, 자연이 즐김을 즐기기에 점차로 들고, 이를 사람들에게 청유하며, 소쇄한 은병정사에서 강학과 영월음풍도 하겠다.]이고, 제2-10수 텍스트의 이면적 주제는 [고산의 구곡을 유관(遊觀)하면서, 득도(得道)에 기초한 진락(眞樂)에 점차로 들고, 이를 사람들에게 청유(請誘)하며, 강학(講學)과 영월음풍(咏月吟風)도 하겠다.]이다.

12) 제1수의 주제는 [무이를 상상하고 주자의 삶을 본받아 따르겠다.]이다.

13) 제1-10수의 텍스트에서 제1수는 서사이고, 제2-10수는 본사이다. 서사의 주제는 가주제이고, 이를 구체화한 것이 제2-10수의 표면적 주제와 이면적 주제라는 점에서, 제2-10수의 텍스트가 보인 표면적 주제와 이면적 주제는 제1-10수 텍스트의 표면적 주제와 이면적 주제가 된다.

14) 9곡을 유관하는 순서로 제1→9곡, 제1→5→1곡, 제9→5→9곡, 제9→1곡, 제5→1→5곡, 제5→9→5곡 등의 여섯 경우로 생각할 수 있다.

15) 14)의 여섯 경우에 해당 지역(곡)들의 시조들을 노래하여도, 어느 경우에도 11)의 표면적 주제와 이면적 주제를 향유하게, 주제를 형상한 용의정심과 현묘함을 정리하였다.

16) 16)의 용의정심과 현묘함은 제6수를 대칭축으로 제2-5수의 점층적 구조와 제7-10수의 점강적 구조를 대칭시키고, 동시에 제2-5수의 기승전결과 제7-10수의 기승전결을 대칭시킨 대칭적 구조에 기초한 것으로 보았다. 유관의 순서를 바꾸듯이, 작품의 순서를 바꾸면, 제2-5수의 점층적 구조 및 기승전결의 구조는 제5-2수의 점강적 구조 및 기승전결의 구조가 되고, 제7-10수의 점강적

구조 및 기승전결의 구조는 제10-7수의 점층적 구조 및 기승전결의 구조가 된다.

이상의 정리에서 보듯이, 제2-5수, 제7-10수, 제2-10수, 제1-10수 등은 각각 독립된 텍스트들이 보여주는 결속, 종결, 구조, 주제 등을 보여주면서 독립된 텍스트들을 구성한다. 이런 사실들로 보아, 이 작품은 제2-5수의 텍스트, 제7-10수의 텍스트, 제2-10수의 텍스트, 제1-10수의 텍스트 등으로 탈착하여 수용하는 탈착형의 연시조라고 정리할 수 있다.

〈고산구곡가〉의 품격인 용의정심과 현묘에 대한 구체적인 논의는 다른 글(양희철 2015f)로 돌린다. 그리고 이 글에서는 〈고산구곡가〉의 창작성의 문제는 원고 분량상 다루지 못했다. 원고를 달리하고자 한다.

권섭의 〈황강구곡가〉

1. 서론

이 글은 권섭(1671~1759)이 황강리로 이주한 54세(1727년) 이후에 지은 〈황강구곡가〉의 결속, 종결, 구조, 주제 등을 검토 정리하는 데 연구의 목적이 있다.

〈황강구곡가〉의 연구는 박요순(1977)의 작품 소개, 작품이 게재된 『옥소장계(玉所藏䂬)』의 요약 정리, 작자와 형성배경의 정리 등에 의해 시작되었다. 그 후에 박요순(1987)은 앞의 연구를 다시 정리하였다. 정명기(1985) 역시 거의 비슷한 내용을 정리하였다. 이창식(2001)은 〈황강구곡가〉의 지역성, 시학적 기반과 서정성, 정신사적 성격 등을 검토하였다. 박이정(2002)은 18세기 예술사 및 사상사의 입장에서 〈황강구곡가〉가 진경시(眞景詩)를 지향하고, 인물성동부동(人物性同不同)과 관련된 호락논쟁(湖洛論爭)과 무관하지 않음을 검토하였다. 이상원(2003a, b)은 〈황강구곡가〉 창작의 정치적 배경을 정리하였다. 장정수(2004)는 〈황강구곡가〉의 창작 배경 및 구성 방식을 정리하였다. 이 구성방식에서는 "1곡, 2곡, 6곡, 7곡, 9곡은 주로 경치를 묘사하였으며, 3곡, 4곡, 5곡, 8곡은 권상하와 관련된 내용들을 담고 있다."(장정수 2004:251)고 보았다. 양희철(2010d)은 〈황강구곡가〉의 일탈표현과 대칭표현을 정리하였다.

이 선행 연구들은 〈황강구곡가〉의 이해에 많은 도움을 주어왔다. 그런데 아직도 결속, 종결, 구조, 주제 등의 정리가 미흡하다. 이에 선행 연구들을 기반으로, 탈착형 연시조의 차원에서, 세 텍스트(제2-5수의 텍스트, 제7-10수의 텍스트, 제1-10수의 텍스트)의 결속, 종결, 구조, 주제 등을 좀더 검토 정리해 보고자 한다.

2. 결속과 종결

이 장에서는 〈황강구곡가〉의 결속과 종결을 세 텍스트(제2-5수의 텍스트, 제7-10수의 텍스트, 제1-10수의 텍스트)별로 정리하려 한다.

2.1. 제2-5수 텍스트의 결속과 종결

제2-5수 텍스트의 결속과 종결을 정리하기 위하여, 제2-5수의 초장들을 인용하면 다음과 같다.

> 一曲은 어드메오 花巖이 奇異훌샤(제2수, 對巖)
> 二曲은 어드메오 花巖도 됴흘시고(제3수, 花巖)
> 三曲은 어드메오 黃江이 여긔로다(제4수, 黃江)
> 四曲은 어드메오 일홈도 홀란훌샤(제5수, 惶恐灘)

이 인용의 '화암(花巖)이, 화암(花巖)도, 황강(黃江)이, 일홈도' 등을 보면, '-이, -도'를 반복하면서 제2-5수 텍스트의 결속을 보여준다. 그리고 '기이(奇異)훌샤'(제2수)와 '홀란훌샤'(제5수)는 '-ㄹ샤'의 대칭표현을 통하여 제2-5수 텍스트의 결속과 종결도 보여준다.

2.2. 제7-10수 텍스트의 결속과 종결

제7-10수 텍스트의 결속과 종결을 정리하기 위하여, 제7-10수의 초장들을 인용하면 다음과 같다.

六曲은 어드메오 屛山이 錦繡로다(제7수, 錦屛)

七曲은 어드메오 芙蓉壁이 奇絶ᄒᆞ샤(제8수, 芙蓉壁)

八曲은 어드메오 凌江洞이 ᄆᆞᆰ고 깁희(제9수, 凌江)

九曲은 어드메오 一閣이 그 뉘러니(제10수, 龜潭)

이 인용의 '병산(屛山)이, 부용벽(芙蓉壁)이, 능강동(凌江洞)이, 일각(一閣)이' 등은 '-이'를 반복하면서 제7-10수 텍스트의 결속을 보여준다. 그리고 이 표현들은 음수에서 3, 4, 4, 3 등의 대칭표현을 통하여 제7-10수 텍스트의 결속과 종결도 보여준다.

2.3. 제1-10수 텍스트의 결속과 종결

제1-10수 텍스트의 결속과 종결을 정리하기 위하여, 밑줄 친 부분에 유의하면서 이 텍스트를 보자.

하ᄂᆞᆯ이 뫼흘 여러 地界도 ᄇᆞᆰ을시고

千秋 水月이 分 밧긔 ᄆᆞᆰ아셰라

아마도 石潭 巴谷을 다시 볼 둣ᄒᆞ여라(제1수, 摠歌)

一曲은 어드메오 花巖이 奇異ᄒᆞ샤

仙源의 깊은 물이 十里의 長湖로다

엇더타 一陣 帆風이 갈 ᄃᆡ 아라 가ᄂᆞ니(제2수, 對巖)

二曲은 어드메오 花巖도 됴흘시고
千峰이 合沓ᄒᆞᆫᄃᆡ 恨 업ᄉᆞᆫ 煙火로다
어ᄃᆡ셔 犬吠 鷄鳴이 골골이 들니ᄂᆞ다(제3수, 花巖)

三曲은 어드메오 黃江이 여긔로다
洋洋 絃誦이 舊齋를 니어시니
至今의 秋月 亭江이 어제론 ᄃᆞᆺᄒᆞ여라(제4수, 黃江)

四曲은 어드메오 일홈도 ᄒᆞᆯ란ᄒᆞᆯ샤
灘聲과 岳危이 一壑을 흔드ᄂᆞᆫᄃᆡ
그 아래 깁히 자ᄂᆞᆫ 龍이 櫂歌聲의 ᄭᆡ거다(제5수, 惶恐灘)

五曲은 어드메오 이 어인 權쇠런고
일홈이 偶然ᄒᆞᆫ가 化翁이 기ᄃᆞ린가
이 中의 左右村落의 살아 볼가 ᄒᆞ노라(제6수, 權湖)

六曲은 어드메오 屛山이 錦繡로다
白雲 明月이 玉京이 여긔로다
뎌 우희 太守 神仙이 네 뉘신 줄 몰내라(제7수, 錦屛)

七曲은 어드메오 芙蓉壁이 奇絶ᄒᆞᆯ샤
百尺 天梯의 鶴唳를 ᄃᆞᆺᄌᆞ올 ᄃᆞᆺ
夕陽의 泛泛孤舟로 오락가락 ᄒᆞᄂᆞ다(제8수, 芙蓉壁)

八曲은 어드메오 凌江洞이 묽고 깁희
琴書 四十年의 네 어인 손이러니
아마도 一室 雙亭의 못내 즐겨 ᄒᆞ노라(제9수, 凌江)

九曲은 어드메오 一閣이 그 뉘러니
釣臺 丹葉이 古今의 風致로다
져기 져 別有洞天이 千萬世ㄴ가 ᄒᆞ노라(제10수, 龜潭)

이 〈황강구곡가〉는 표현들을 언뜻 보아도, 〈고산구곡가〉와 유사한 면을 발견할 수 있다. 이는 이 작품이 〈고산구곡가〉를 이으려는 의도에서 지어졌음을 의미한다. 이런 점을 감안하여 〈황강구곡가〉의 결속과 종결을 검토하면, 그 검토가 상당히 쉬워진다.

먼저 단락의 분리와 단락내 결속을 정리해 보자. 네 단락의 분리는 세 일탈표현에 의해 드러난다. 이 장에서 검토하는 일탈표현과 대칭표현은 앞의 글(양희철 2010d)을 수정하고 보완한 것이다.

첫째는 제1수 초장의 일탈이다. 제2-10수는 "○곡(曲)은 어드메오"를 반복하는 규범을 보이는데, 이 규범을 제1수는 일탈하고 있다. 이 일탈은 서사의 단락을 본사의 단락으로부터 차별화한 것이다.

둘째는 제6수 초장의 일탈이다. 제2-10수의 9수 중에서 제6수를 제외한 나머지 8수는 초장에서 "○○(○)이/도 …"의 문형을 반복하는 규범을 보인다. 이 규범을 제6수는 '이 어인'으로 일탈하고 있다. 이 일탈은 제2-10수를, 제2-5수, 제6수, 제7-10수 등의 세 단락으로 분리시켜준다.

셋째는 제6수 중장의 일탈이다. 첫째 일탈을 보인 제1수를 빼고, 제2-10수 중장들을 보면, 제6수의 중장인 "일홈이 우연(偶然)혼가 화옹(化翁)이 기ᄃᆞ린가"는 대구로 일탈하고 있다. 이 일탈도 제2-10수를, 제2-5수, 제6수, 제7-10수 등의 세 3단락으로 분리시켜준다.

넷째는 제2-5수의 반복표현과 대칭표현이다. 이 반복표현과 대칭표현은 앞의 제2-5수 텍스트에서 정리한 텍스트의 결속과 종결의 기능을 단락내의 결속과 종결의 기능으로 바꾸어서 기능한다.

다섯째는 제7-10수의 반복표현과 대칭표현이다. 이 반복표현과 대칭표현은 앞의 제7-10수 텍스트에서 정리한 텍스트의 결속과 종결의 기능을 단락내의 결속과 종결의 기능으로 바꾸어서 기능한다.

이렇게 나뉜 네 단락 중에서 일차로 제2, 3, 4단락의 단락간 결속을 보여준다. 이 결속은 두 종류의 대칭표현과 한 종류의 대칭표현의 후미전환형이다.

첫째로, 제6수의 초장을 대칭축으로 한 제2-5수 초장들과 제7-10수 초장들의 대칭표현이다. 제2-10수의 초장들을 인용하면 다음과 같다.

一曲은 어드메오 花巖이 奇異홀샤(제2수, 對巖)
二曲은 어드메오 花巖도 됴흘시고(제3수, 花巖)
三曲은 어드메오 黃江이 여긔로다(제4수, 黃江)
四曲은 어드메오 일홈도 홀란홀샤(제5수, 惶恐灘)
五曲은 어드메오 이 어인 權쇠런고(제6수, 權湖)
六曲은 어드메오 屛山이 錦繡로다(제7수, 錦屛)
七曲은 어드메오 芙蓉壁이 奇絶홀샤(제8수, 芙蓉壁)
八曲은 어드메오 凌江洞이 묽고 깁희(제9수, 凌江)
九曲은 어드메오 一閣이 그 뉘러니(제10수, 龜潭)

제6수의 일탈은 전4수(제2-5수, 이/도)와 후4수(제7-10수, 이)가 대칭표현이고, 제6수가 대칭축이 됨을 의미한다. 이 대칭표현은 제6수를 대칭축으로, 제2-5수(제2단락), 제6수(제3단락), 제7-10수(제4단락) 등을 단락간의 결속을 통하여 상위의 단락인 본사로 묶고 있다.

둘째로, 제6수의 중장을 대칭축으로 한, 제2-5수 중장들과 제7-10수 중장들의 대칭표현이다. 제2-10수 중장들의 종결어미들을 언뜻 보면, 어떤 질서도 없는 듯하다. 그러나 제6수를 대칭축으로 전4수와 후4수를 나란히 놓으면, 다음과 같은 질서를 발견할 수 있다.

> 長湖로다(제2수), 煙火로다(제3수), 니어시니(제4수), 흔드ᄂᆞᆫ뎌(제5수)
> 여긔로다(제7수), 듯ᄃᆞ올 듯(제8수), 손이러니(제9수), 風致로다(제10수)

이 정리에서 보면 첫 번째와 세 번째 어미를 '-로다'와 '-니'로 짝을 맞춘 일탈을 정리할 수 있다. 이는 제6수의 전4수와 후4수가 각각 한 단위가 되어 대칭하고 있음을 보여준다. 이 대칭표현 역시 제6수를 대칭축으로, 제2-5수(제2단락), 제6수(제3단락), 제7-10수(제4단락) 등을 단락간의 결속을 통하여 상위의 단락인 본사로 묶고 있다.

셋째로, 제2-10수 초장 끝어미에서의 대칭표현의 후미 전환형이다.

먼저 이 전환형에 포함된 반복이 보여준 단락간의 결속을 보자. 제2-8수 초장의 끝음절들을 보면, '-샤(제2수), -고(제3수), -다(제4수), -샤(제5수), -고(제6수), -다(제7수), -샤(제8수)' 등과 같이, '-샤(제2, 5, 8수), -고(제3, 6수), -다(제4, 7수)'의 세 표현을 차례로 반복하는 규범을 보인다. 이 규범 중의 제5, 6, 7수에서 반복된 '-샤, -고, -다'의 반복표현은 제2-5수(제2단락), 제6수(제3단락), 제7-10수(제4단락) 등의 세 단락을 상위의 단락인 본사로 묶고 있다. 이는 단락간의 결속이다.

이 반복표현은 제9, 10수와 함께 보면, 대칭표현의 후미 전환형이란 사실도 보여준다. 제2-8수에서 반복하는 '-샤, -고, -다'로 보면, 제9수 초장 끝의 음절은 '-고'가 되어야 하는데, 이 규범을 제9수는 '-희'로 일탈하고 있다. 그런데 이 일탈은 도치에 의한 것이다. 즉 제9수의 '-희'를 보여주는 '묽고 깁희'는 '깁희 묽고'의 도치로, '-샤, -고, -다'의 반복에서 보이는 '-고'를 문장내 어순의 도치로 일탈시킨 것이다. 이 제9수의 일탈은 도치를 이용해 고양된 정감 내지 정서의 정점을 문체적으로 표현한 것이라고 할 수 있다. 이에 비해 제10수 초장 끝의 일탈이다. 앞의 일탈을 환원하면 제2-9수 초장의 끝음절들은 '-샤(제2, 5, 8수), -고(제3, 6, 9수), -다(제4, 7수)'의 세 표현을 차례로 반복하는 규범을 보인다. 이 규범으로 보면, 제10수 초장 끝의 음절은 '-다'가 되어야 하는데, 이 규범을 제10수는 '-니'로 일탈하고 있다. 이 제10수의 일탈은 '-샤, -고, -다' 반복의 중지라는 측면에서 작품의 종결을 문체적으로 표현한 것이라고 할 수 있다. 이는 제2-10수에서 '-샤, -고, -다' 반복의 일탈이며, 동시에 제5-7수를 대칭축으로 한 제2-4수와 제8-10수의 대칭표현에서 후미를 전환한 전환형이다. 이는 종결의 한 표현이다.

이렇게 결속된 제2, 3, 4단락은 제10수 종장 끝시어의 일탈에 의해 제1, 2, 3, 4단락의 결속과 종결도 보여준다. 제1-9수 종장의 끝시어들을 차례로 보면, '듯ᄒᆞ여라, 가ᄂᆞ니, 들니ᄂᆞ다, 듯ᄒᆞ여라, ᄲᅵ거다, ᄒᆞ노라, 몰내라, ᄒᆞ노라, ᄒᆞ노라' 등과 같이, 바로 앞의 단시조가 보여준 시어를 반복하지 않는 것을 규범으로 한다. 그런데 제10수 종장의 끝시어는 'ᄒᆞ노라'로, 바로 앞에 있는 제9수 종장의 'ᄒᆞ노라'를 반복하여, 앞의 규범을 일탈하고 있다. 이는 앞의 규범이 보인 지속을 중지한 것으로 결속과 종결의 문체적 표현이라고 할 수 있다. 특히 이 일탈은 제11수(결사)의 기대를 없애 버린다. 제6수를 대칭축으로 보면, 제1수(서사)에 대칭인 제11수(결사)를 기대할 수 있다. 그러나 앞에서 살핀 일탈들은 제10수가 제1-10수 텍스트의 종결임을 보여주면서 제6수의 대칭축에 기반한 제11수의 기대를 없애 버린다. 이는 이 텍스트의 형식에서 결여된 결사(結詞)를 일탈의 문체로 보완한 것이다.

3. 배경시공간의 구조

이 장에서는 배경시간과 배경공간의 구조를 정리하고자 한다. 배경시간과 배경공간의 구조는 텍스트별로 특별히 설명할 것이 없어, 작품 전체에 해당하는 제1-10수의 텍스트 차원에서만 정리하려 한다.

3.1. 배경시간의 구조

이 작품의 배경시간은 제1수의 중장인 "천추(千秋) 수월(水月)이 분(分) 밧긔 몱아셰라"로 보면, 가을의 달밤이다. 그런데 본사의 각수들을 보면, 가을의 달밤을 주축으로 하되, 낮의 시간도 간간이 보여준다. 이를 간단하게 보자.

제2수에서는 배경시간을 직접 보여주지 않는다. 단지 제1수와 제3수로 보아, 그 배경시간을 달밤으로 추정할 수 있다.

제3수의 중장에서는 "천봉(千峰)이 합답(合沓)혼딕 한(恨) 업슨 연화(煙火)로다"를 노래하고, 종장에서는 "어딕셔 견폐(犬吠) 계명(鷄鳴)이 골골이 들니ᄂᆞ다"를 노래하고 있다. 이는 배경시간이 달밤임을 말해준다.

제4수의 종장에서는 "지금(至今)의 추월(秋月) 정강(亭江)이 어제론 듯ᄒᆞ여라"를 노래하고 있다. 이는 배경시간이 가을의 달밤임을 말해준다.

제5수와 제6수의 배경시간은 시어만으로는 추정이 어렵다.

제7수의 배경시간은 낮과 달밤이다. 초장인 "육곡(六曲)은 어드메오 병산(屛山)이 금수(錦繡)로다"에서는, 배경시간을 낮으로 정리할 수 있다. 그리고 중장인 "백운(白雲) 명월(明月)이 옥경(玉京)이 여긔로다"에서는 배경시간을 달밤으로 정리할 수 있다.

제8수의 배경시간은 낮으로 정리할 수 있다. 즉, "칠곡(七曲)은 어드메오 부용벽(芙蓉壁)이 기절(奇絶)홀샤 / 백척(百尺) 천제(天梯)의 학려

(鶴唳)를 듯ᄌᆞ올 듯 / 석양(夕陽)의 범범고주(泛泛孤舟)로 오락가락 ᄒᆞᄂᆞ다"에서 볼 수 있듯이, 낮으로 추정할 수 있다.

제9수의 배경시간은 밤낮을 단정하기 어렵다. 즉 "팔곡(八曲)은 어드메오 능강동(凌江洞)이 묽고 깁희 / 금서(琴書) 사십년(四十年)의 네 어인 손이러니 / 아마도 일실(一室) 쌍정(雙亭)의 못내 즐겨 ᄒᆞ노라"에서 볼 수 있듯이, 거문고, 특히 자연의 거문고는 밤낮을 나누기가 어렵다. 어찌 보면 밤낮 모두인 것 같다.

제10수의 배경시간은 중장인 "조대(釣臺) 단엽(丹葉)이 고금(古今)의 풍치(風致)로다"로 보아, 낮으로 추정된다.

이렇게 〈황강구곡가〉의 배경시간은 가을을 배경계절로 하면서, 사시는 전반부에서는 달밤의 지속을 보여주고, 후반부에서는 낮이 우세한 형태를 보여준다.

이 배경시간은 봄의 낮을 주요 배경시간으로 한 〈무이도가〉의 배경시간[1]과도 다르며, 사시와 사철을 체계적으로 결합한 〈고산구곡가〉의 배경시간과도 다르다.

3.2. 배경공간의 구조

배경공간의 구조는 잘 알려져 있듯이, 본사가 제2수(제1곡)부터 제10수(제9곡)까지 순차적인 구조로 되어 있다. 이 배경공간의 구조는 〈무이도가〉(주자)와 〈고산구곡가〉(율곡)의 구곡 구조를 따른 것이다. 이 큰 구조는 같지만, 세부의 지명이나, 산수의 배치는 부분적으로만 일치한다. 이를 간단하게 정리하면 다음과 같다.

---

1 제4곡시의 배경시간은 "금계 울어 새벽을 알려도 보이는 이 없고, 공산엔 달빛 가득, 와룡담엔 물결만 넘실넘실"(金鷄叫罷無人見 月滿空山水滿潭)로 보아, 새벽과 달밤으로 추정된다.

제1수 종장인 "아마도 석담(石潭) 파곡(巴谷)을 다시 볼 듯ᄒᆞ여라"의 '석담(石潭) 파곡(巴谷)'은 율곡의 석담구곡과 우암의 화암구곡을 의미하면서, 이 작품의 배경공간인 구곡이 석담구곡 및 화양구곡을 모방한 공간임을 말해준다. 제2수와 제3수에 나온 '화암'의 명칭은 〈고산구곡가〉의 제3수에 나온 '화암'과 일치한다. 제4수의 음악과 관련된 '현송(絃誦)'과 제5수의 '탄성(灘聲)'은 〈고산구곡가〉의 제9수의 '금탄(琴灘)'과 연결되어 있다. 제7수의 절벽과 단풍의 금수(錦繡)는 〈고산구곡가〉 제8수의 "절벽(絶壁)이 금수(錦繡)ㅣ로다"와 연결되어 있다. 제8수의 부용벽에 포함된 학소암은 〈화양구곡〉의 제8곡인 학소대(鶴巢臺)에 해당한다. 제9수의 '금서(琴書)'의 '금(琴)'은 〈고산구곡가〉의 제9수의 '금탄(琴灘)'과 연결되어 있다. 제10수의 '조대단엽(釣臺丹葉)'은 〈고산구곡가〉의 제7수 초장인 "육곡(六曲)은 어드믜오 조협(釣峽)에 물이 넙다"과 제8수 초중장인 "칠곡(七曲)은 어드믜오 풍암(楓巖)에 추색(秋色) 됴타 / 청상(淸霜)이 엷게 치니 절벽(絶壁)이 금수(錦繡)ㅣ로다"와 연결되어 있다. 제10수의 '별유동천(別有洞天)'은 〈무이도가〉(주자)의 제10수에 나온 "이곳 말고 인간 세상에 별천지가 있으랴"(除是人間別有天)와 연결되어 있다.

이렇게 〈황강구곡가〉의 배경공간은 〈무이도가〉, 〈고산구곡가〉, 〈화양구곡〉 등의 배경공간과 연결되어 있다. 그 의미는 논리적 구조로 돌린다.

4. 논리적 구조와 주제

이 장에서는 〈황강구곡가〉의 논리적 구조와 주제를 텍스트별(제2-5수의 텍스트, 제7-10수의 텍스트, 제1-10수의 텍스트)로 정리하려 한다.

4.1. 제2-5수 텍스트의 논리적 구조와 주제

제2-5수 텍스트의 논리적 구조와 주제를 보기 위해, 먼저 제2수를 보자.

> 一曲은 어드메오 花巖이 奇異ᄒᆞ샤
> 仙源의 깁은 물이 十里의 長湖로다
> 엇더타 一陣帆風이 갈 ᄃᆡ 아라 가ᄂᆞ니(제2수, 對巖)

제2수의 소제목은 대암(對巖)이다. 이 대암은 황강구곡의 초입구(제1곡, 대암)[2]이다. 그런데 초장을 보면 '화암(花巖)'을 노래하고 있다. 이 두 사실만을 보면, 초장의 '화암'이 혹시 잘못된 것이 아닌가 하는 의심이 간다. 그러나 이는 제1곡인 '대암'에서 멀리 본 제2곡의 '화암'을 노래한 것으로 보아야 할 것 같다. 그러면 왜 대암에서 멀리 보이는 '화암'을 노래하였을까? 이 질문에 대한 대답은 종장에서 보인다.

시적 화자는 화암인 제2곡으로 향한 십리 장호를 중장인 "선원(仙源)의 깊은 물이 십리(十里)의 장호(長湖)로다"에서 노래하고 있다. 이 중장은 황강구곡의 초입구에 들면서 눈앞에 전개된 넓고 시원한 광경을 말해준다. 이는 〈고산구곡가〉의 제2수가 보여주는 중장과 같은 수법이다. 즉 "평무(平蕪)에 닉 거드니 원산(遠山)이 그림이로다"에서와 같이 눈앞에 전개된 넓고 시원한 광경을 보여준다. 결국 시적 화자는 대암에 있지만, 눈은 제2곡인 화암과 그 곳으로 전개된 십리 장호를 초장과 중장에서 노래하고 있는 것이다. 이는 빨리 구곡에 들어가고 싶은 마음의 표현

---

2 초입구라는 사실은 〈황강구곡도기〉에서 잘 보여준다. "대암은 하나의 큰 석대로 10리에 뻗은 긴 강의 입구에 있어 함께 배의 노를 저으면 서로 부딪히는데 이곳부터 들이 협곡의 초입이 된다. 때문에 1곡이라 하였다."(對巖 一大石臺 當十里長湖之口 與舟楫而相撞 是自野爲峽之初 故曰一曲).

으로 보인다.

이렇게 빨리 구곡에 들어가고 싶은 마음은 종장인 "엇더타 일진범풍(一陣帆風)이 갈 ᄃᆡ 아라 가ᄂᆞ니"에서도 확인된다. 즉 빨리 날아가듯이, 일진의(:한바탕 몰아치는) 돛단배와 바람이 갈 데를 알아 간다. 거칠 것 없는 십리 장호를 시원하게 가고 있는 것이다.

이렇게 보면, 제2수에서는 [대암에서 본 화암을 향하여 일진의(:한바탕 몰아치는) 돛단배와 바람이 십리 장호를 간다.]를 노래했다고 정리할 수 있다. 이 제1곡은 선원으로 드는 부분이라는 점에서 기승전결의 '기'라 할 수 있다.

이번에는 제3수를 보자.

> 二曲은 어드메오 花巖도 됴흘시고
> 千峰이 合沓ᄒᆞᆫᄃᆡ 恨 업슨 煙火로다
> 어ᄃᆡ셔 犬吠 鷄鳴이 골골이 들니ᄂᆞ다(제3수, 花巖)

제3수에서는 제2곡인 '화암(花巖)'에서 노래를 하고 있다. 그런데 〈황강구곡도기〉의 '화암'[3]을 보면, 이 '화암'이란 그곳의 아름다운 바위에 기반한 명칭이 아닌 것 같다. 그리고 중장을 보아도 '화암'이란 명칭은 그곳의 특성과 잘 어울리지 않는다. 특히 "천봉(千峰)이 합답(合沓)ᄒᆞᆫᄃᆡ 한(恨) 업슨 연화(煙火)로다"는 멀리서 보는 후경인데, 이는 제3곡인 황강의 배경을 멀리서 노래한 것 같다. 즉 "그 위쪽에 들판이 점차 넓어지고 산이 점차 높아지는데 뾰족한 천 개의 봉우리 사이에 큰 마을을 마주하

---

3 "수 10리를 거슬러 올라가면 충주와 청풍의 경계에 월천(月川)이 한 길로 남동에서 북쪽으로 강에 흘러든다. 그 너머 들판이 평평하게 펼쳐져 있고 마을과 숲이 이러지니 2곡이다."(溯來數十里 爲忠州淸風之界 而月川一道 自東南而北 流入于江 其外野色平蕪村林歷落者爲二曲).

는 개울이 3곡인 황강이다."(其上野漸遠而山漸高 簇簇之間 大村臨流 是三曲之黃江)에서 알 수 있다. 이런 점들로 보아, 초장의 '화암'은 다분히 〈고산구곡가〉 제3수의 초장인 "이곡(二曲)은 어드ᄆᆡ오 화암(花巖)에 춘(春) 만(晩)커다"에 나온 '화암'을 의식하면서, 율곡의 도맥을 계승한 장소명으로 볼 수 있다.

나머지 중장과 종장은 〈도화원기〉의 무릉도원을 연상시키는 선경의 분위기이다(장정수 2004:253). 특히 이 선경의 분위기는 제2수에서 보인 '선원(仙源)'의 구체적인 설명이라는 점에서, 이 제3수는 [화암에서 본 황강의 아름다운 원경 아래 견폐(犬吠) 계명(鷄鳴)이 골골이 들린다.]를 노래했다고 정리할 수 있다. 이 제3수는 제2수의 선경을 이어서 노래했다는 점에서 기승전결의 '승'이며, 선경으로 좀더 들어왔다는 점에서는 제2수에 점층된 구조이다.

이번에는 제4수를 보자.

> 三曲은 어드메오 黃江이 여긔로다
> 洋洋 絃誦이 舊齋를 니어시니
> 至今의 秋月亭江이 어제론 ᄃᆞᆺᄒᆞ여라(제4수, 黃江)

초장에서는 3곡이 황강임을 노래하였다. 이어서 중장에서는 "양양(洋洋) 현송(絃誦)이 구재(舊齋)를 니어시니"를 노래하였다. 이 중장의 '양양 현송'은 해석을 요한다. 생략된 시어와 해석된 의미를 괄호 안에 넣어서 중장을 다시 쓰면서 해석하면 다음과 같다. (황강서원의) 양양(洋洋, 사람의 앞날이 한없이 넓어 발전의 여지가 많음.)한 현송(絃誦, 부지런히 학문을 닦고 교양을 쌓음을 비유적으로 이르는 말.)이 구재[舊齋, 옛날의 집, 遂菴 權尙夏(1641~1721)가 훈도하던 때의 한수재[4]]를 이었음을 '-니'형으로 노래하였다. 이는 황강서원의 전도가 양양한 후학들이 수암의 학문을 잘 잇고 이을 것임을 '-니'형으로 보여준 것이다. 그리고 종장에서는 지금의 추월정강이 어제인 듯하다고, 수암 시절이 지금도 계속되고 있음을 보여준다.

이 제4수는 [황강서원의 전도가 양양한 후학들이 수암의 학문을 잘 잇고 있으며 잘 이을 것이다.]를 노래했다고 정리할 수 있다. 이 제4수는 제2, 3수의 선경으로 드는 자연의 노래에 이어서 수암의 학문을 이은 황강서원의 후학들을 노래했다는 점에서 전환이다. 그리고 선경으로 좀 더 들어왔다는 점에서는 점층적이다. 이 후학에 시적 화자인 옥소 자신도 포함된다. 왜냐하면 시적 화자는 제5곡에서 좌우촌락에 살겠다는 의지를 보이고, 〈황강구곡도기〉에서 제자를 뜻하는 '소자(小子)'를 쓰고 있기 때문이다.

이번에는 제5수를 보자.

四曲은 어드메오 일홈도 홀란홀샤
灘聲과 岳危이 一壑을 흔드는듸
그 아래 깁히 자는 龍이 櫂歌聲의 씨거다(제5수, 惶恐灘)

---

4 〈황강구곡도기〉를 보면, 이를 짐작할 수 있다. "그 위쪽에 들판이 점차 넓어지고 산이 점차 높아지는데 뾰족한 천 개의 봉우리 사이에 큰 마을을 마주하는 개울이 3곡인 황강이다. 이곳에 선생의 옛집이 있는데 '한수재'라는 편액 세 글자가 찬란하다. 그 안에는 선생의 영정이 걸려 있다. 그 너머에 소자 권섭과 권신응 등 일가붙이들이 빙 둘러 산다. 그 곁에 봉황대(鳳凰臺)가 있고, 그 위에 열락재가 있다. 당시 글을 배우는 이들이 공부하던 방이다. 언덕을 마주한 외로운 산 아래 작은 집이 오뚝한데 소자와 문인 이선보(李宣輔)가 조술(祖述)하여 지은 방학정(放鶴亭)이다. 북쪽으로 몇 리를 오르면 푸른 산이 올려다보이는 곳이 3대의 선산이다. 뒤쪽 언덕에 오래된 사당이 엄숙한 모습으로 서 있다. 도포를 입은 쟁쟁한 수천 수백의 선비들이 우러러 절을 하는 곳이다."(其上野漸遠而山漸高 簇簇之間 大村臨流 是三曲之黃江 先生之舊齋?然 而寒水之扁三字煥然 中掛先生遺像 其外小子燮與震應諸族環居 其傍之鳳凰臺上 有說樂齋者 當時學者輩 隷習之室也 對岸孤山之下 有一小閣童童者 小子與門人李宣輔 所體述之放鶴亭也 北登數里 而蒼翠在仰者 三代之先山也 舊齋之後原 廟貌崇崇 衿袍濟濟者 百千多士 瞻依矜式之所也).

초장에서는 사곡이 어느 곳인가를 묻고, 일흠도 혼란하다고 감탄하고 있다. 이어서 중장에서는 여울소리와 월악산의 위엄이 흔드는 골을 노래하였다. 그 다음에 종장인 "그 아래 깁히 자는 용(龍)이 도가성(櫂歌聲)의 끼거다(깨었다)"에서는 황공탄 아래 깊이 자는 용이 도가성(櫂歌聲)에 깨었음을 노래하고 있다. 이 종장에서 '용'과 '도가성'은 해석을 요한다. 이 도가성은 주자의 〈무이도가(武夷櫂歌)〉, 율곡의 〈고산구곡가〉, 우암의 〈화양구곡〉 등으로 이어지는 도가의 소리로, 시적 화자인 권섭은 물론, 황강서원의 후학들이 부른 도가성을 의미한다. 그리고 종장의 용은 두 가지 의미를 갖는다. 하나는 황공탄 아래 있는 소의 용을 뜻하는 의미이고, 다른 하나는 왕(영조)을 의미한다. 이 도가성과 용의 의미를 종합하면, 황강서원의 후학들이 하는 도가성, 즉 학문하면서 부르는 도가성이 황공탄 아래 잠든 용을 깨울 만큼 대단하다는 것을 보여주고, 황강서원의 후학들이 하는 도가성 즉 학문하면서 부르는 도가성이 왕(영조)를 깨웠다는 것이다. 후자의 의미는 영조가 1727년에 황강서원(黃江書院)의 사액을 내린 것을 의미한다. 이 도가를 부른 후학들을 제4수에서는 양양(洋洋, 사람의 앞날이 한없이 넓어 발전의 여지가 많음.)하고 현송(絃誦, 부지런히 학문을 닦고 교양을 쌓음을 비유적으로 이르는 말.)하다고 하였다. 이런 의미들을 종합하면, 제5수에서는 [전도가 양양한 황강서원의 후학들이 부른, 도맥(주자, 율곡, 우암 등의 도맥)을 이은 도가성이 깊이 잠든 용(소의 용, 영조)을 깨웠다.]를 노래했다고 정리할 수 있다. 이는 제4수에서 노래한 황강서원의 수암의 후학들이 주자, 율곡, 우암, 수암 등으로 이어오는 도맥을 잘 잇고 있다는 점을 다시 점층적으로 노래하였다는 점에서, 기승전결의 '결'이며, 제4수에 점층되어 있다고 정리할 수 있다.

결국 제2-5수 텍스트의 주제는 [전도가 양양한 황강서원의 수암의 후학들이 주자, 율곡, 우암, 수암 등으로 이어진 도맥을 잘 잇고 있으며 잘 이을 것이다.]로 정리할 수 있다. 그리고 제2-5수 텍스트의 구조는 기승전결의 구조와 점층적 구조라고 정리할 수 있다.

4.2. 제7-10수 텍스트의 논리적 구조와 주제

제7수를 먼저 보자.

> 六曲은 어드메오 屛山이 錦繡로다
> 白雲 明月이 玉京이 여긔로다
> 뎌 우희 太守 神仙이 네 뉘신 줄 몰내라(제7수, 錦屛)

제7수는 작품만으로는 그 이해가 쉽지 않다. 적어도 〈황강구곡도기〉를 참고[5]할 때에, 그 이해가 비교적 쉬워진다. 즉 단애와 암벽이 있는 가운데, 관아가 즐비하고 누각이 늘어서 있으며, 심신이 시원하여 골짜기가 으슥하다는 것도 문득 잊은 채 그림 속으로 걸어 다니는 듯하다는 것이다. 이런 내용에 금병산의 가을 단풍과, 백운과 명월을 계산하면, 그 곳이 백옥경처럼 보이고, 그 곳의 태수가 신선같이 보일 것이다.

이 제7수의 절벽과 단풍의 금수(錦繡)는 〈고산구곡가〉 제8수의 "절벽(絶壁)이 금수(錦繡) ㅣ 로다"와 매우 비슷하다. 이는 권상하의 구곡이 이이의 구곡을 잇고 있음을 보여준다.

제7수에서는 [금병산의 가을 단풍은 금수(錦繡)와 같고, 백운과 명월이 비취인 관아와 태수는 선경(仙境)과 같다.]를 노래하였다. 이는 제6

---

5 〈황강구곡도기〉의 금병 전반부는 다음과 같다. "6곡 금병산은 단애가 천척이고, 높이로 깎아지른 암벽이 창연한데, 관아가 즐비하고 누각이 늘어서 있다. 심신이 시원하여 골짜기가 으슥하다는 것도 문득 잊은 채 그림 속으로 걸어 다니는 듯하다."(六曲錦屛山 斷崖千尺 巖壁蒼然 府治櫛比 樓閣排列 心神爽然 頓忘峽山之奧邃 行乎畵圖).

수와 구분된 단락의 시작으로 기승전결의 '기'에 해당한다.

이번에는 제8수를 보자.

> 七曲은 어드메오 芙蓉壁이 奇絶ㅎ샤
> 百尺 天梯의 鶴唳를 듯ᄌᆞ올 듯
> 夕陽의 泛泛孤舟로 오락가락 ᄒᆞᄂᆞ다(제8수, 芙蓉壁)

제8수에서는 부용벽, 학서암, 강의 배 등을 노래하고 있다. 〈황강구곡도기〉에 나온 순서[6]를 보면, 학소암을 지나 부용벽이 있다. 그런데 제8수를 보면, 학이 우는 학소암이 마치 부용벽에 있는 것 같은 느낌을 준다. 이 제8수의 부용벽에 포함된 학소암은 우암의 〈화양구곡〉의 제8곡인 학소대(鶴巢臺)에 해당한다. 이는 우암의 학맥을 수암이 계승하였음을 말해준다.

이 제8수의 배경은 석양으로 되어 있다. 제7수의 낮, 밤으로 보아, 어느 하루의 노래가 아니라, 적어도 2일의 노래라고 볼 수 있다.

이런 내용으로 보아, 제8수의 주제는 [부용벽이 기이하고, 백척 절벽에서 학이 우는 듯하며, 한 척의 배가 저녁에 강을 오락가락한다.]의 선경으로 정리할 수 있다.

이 제8수는 제7수에 이어서 선경을 노래하였다는 점에서는 '승'에 속하고, 선경에 좀더 깊게 들어왔다는 점에서는 제7수에 점층되어 있다.

이번에는 제9수를 보자.

---

6 〈황강구곡도기〉의 금병은 다음과 같다. "그림 같은 곳을 가면서 중간에 학서암(鶴棲巖)을 지나는데 홀연 부용벽인 나타났다. 한 기운이 곧바로 구름 속에 솟구쳤고, 작은 것이 강에 가니, 곡의 7이다."(行乎畵圖 中間經盡鶴棲巖 忽然芙蓉壁 一氣直上聳雲 宵於江干者 爲曲之第七).

八曲은 어드메오 凌江洞이 맑고 깁희
琴書 四十年의 네 어인 손이러니
아마도 一室雙亭의 못내 즐겨 ᄒᆞ노라(제9수, 凌江)

제9수 역시 시적 화자가 경영한 능강동의 내용을 모르면 이해하기 어렵다. 〈황강구곡도기〉의 내용[7]을 참고하면서 제9수를 보자.

능강동은 맑고 깊은 곳이다. 그리고 중장인 "금서(琴書) 사십년(四十年)의 네 어인 손이러니"에서는 거문고 서적 40년에, 즉 다양한 거문고 음악 40년에, 누구인가 거문고를 즐기는 사람이 찾아 온 것이다. 그러면 이 거문고를 즐기는 사람은 누구일까? 이는 의인화된 자연을 포함하여, 좀더 검토해 보아야 할 대상이다. 이를 간접적으로 보여주는 것이 종장이다. 종장에서는 아마도 일실쌍정(一室雙亭, 한 집 두 정자)에서 못내(끝까지 내내) 즐기려 한다고 노래하고 있다. 이 종장에서 주목해야 할 것은, 일실쌍정은 물론, 이 능강동의 거의 모든 것들이 수암이 지었던 것을 새로 짓거나, 명령한 것을 행한 것이라는 점이다. 이는 시적 화자가 수암의 능강동의 삶을 따르고 있음을 의미한다. 게다가 이 제9수의 거문고는 〈고산구곡가〉 제9수 거문고와 무관하지 않다. 즉 "팔곡(八曲)은 어드믜오 금탄(琴灘)에 돌이 붉다 / 옥진(玉軫) 금휘(金徽)로 수삼곡(數三曲)을 노는 말이 / 고조(古調)를 알이 업스니 혼자 즐겨 ᄒᆞ노라"의 거문고와 무관하지 않다. 이 제9수에 나온 거문고는 자연의 거문고이다. 이 거문고와 일실쌍정 즉 〈황강구곡기〉의 '만풍각(晩風閣)'의 의미는 상당

---

7 "수석이 매우 맑고 깨끗한데, 소자의 거연재(居然齋, 평안하고 조용한 집)는 깨끗하기가 정자에 비견될 만하여 차제에 다시 지었다. 대, 벽, 천, 담 등이 있는데 모두 선생이 이름 붙인 것이다. 점점 깊이 들어가면 만풍각(晩風閣)이 있는데, 소자가 선생이 명령한 바를 행한 것으로 8곡이다."(水石淸絶明朗 小子之居然齋 淸如許亭 次第新明 其臺壁泉潭 皆先生所命 入去深深 有晩風閣者 小子之用先生之所命 爲曲之第八).

히 유관한 것 같다. '만풍'은 '늦바람'의 의미도 있지만, '만년의 음악'이란 의미를 가지고 있다. 이 의미와 수암 및 옥소가 능강동에 들어와서 만년을 홀로 보낸 사실[8]을 연결하면, 이 음악은 자연의 음악이고, 찾아온 손님은 자연의 음악으로 짐작된다. 이 자연의 음악은 수암이 만년에 터득한 것으로, 옥소가 만년에 이 자연의 음악을 터득한 것으로 볼 수 있다.

이런 점들을 계산하면, 제9수에서는 [수암이 만년에 터득한 자연의 음악(거문고)을 시적 화자가 이어서 끝까지 내내 즐기려 한다.]를 노래하였다고 정리할 수 있다. 이는 제2-5수의 4수 중에서 세 번째인 제4수에서 수암의 삶을 황강서원의 후학들이 따르듯이, 제7-10수의 4수 중에서 세 번째인 제9수에서 수암의 삶을 시적 화자가 따른다는 점이 같다. 자연의 선경(제7, 8수)에서 수암과 옥소의 선경으로 전환하였다는 점에서 기승전결의 전이며, 그 선경을 끝까지 즐기려 한다는 점에서 제7, 8수보다 점층된 것이다.

이번에는 제10수를 보자.

> 九曲은 어드메오 一閣이 그 뉘러니
> 釣臺 丹葉이 古今의 風致로다
> 져기 져 別有洞天이 千萬世ㄴ가 ᄒᆞ노라(제10수, 龜潭)

초장의 일각(一閣)은 옥소가 구담을 즐기기 위해 지은 집으로 이해된다.[9] 그리고 중장인 "조대(釣臺) 단엽(丹葉)이 고금(古今)의 풍치(風致)로

8 청풍의 한천장과 능강동은 내가 말년을 보내며 편안히 쉴 곳이다. 젊어서는 세상에 쓰일 재주가 없어 늙어서 굶주림을 참아야 하는 분수를 편안히 여기니 산 그늘지고 물 굽이진 곳에 한적하게 홀로 지내게 됨을 어찌 근심하겠는가?(淸風之寒泉淩江 是我終老宴息之所也 少非需世之才 老安忍飢之分 則山之陰水之曲 亦何病於幽獨).

다."는 단순하게 조대의 단풍잎이 고금의 풍치가 아니라, 조대와 단풍잎의 풍치가 율곡, 수암, 옥소 등으로 이어지는 것을 의미한다. 수암과 옥소의 이 풍치가 같다는 것은 설명할 필요도 없다. 그런데 이것이 율곡의 풍치이기도 하다는 것은 〈고산구곡가〉의 제7수인 "육곡(六曲)은 어드미오 조협(釣峽)에 물이 넙다 / 나와 고기와 뉘야 더욱 즐기는고"와 제8수인 "칠곡(七曲)은 어드미오 풍암(楓巖)에 추색(秋色) 됴타 / 청상(淸霜)이 엷게 치니 절벽(絶壁)이 금수(錦繡) ㅣ 로다"에서 추론할 수 있는 '조대(釣臺) 단엽(丹葉)'에서 알 수 있다. 이런 점들을 계산하면, 초장과 중장에서는 시적 화자인 옥소가 구담에 각을 짓고 즐기는 것은 율곡과 수암이 즐기던 조대의 단엽과 같은 것임을 말해준다.

그런데 이 풍치는 이 율곡과 수암을 잇는 풍치에 머물지 않고, 주자의 별천지도 잇고 있는 것으로, 천만세의 것임을 종장인 "져기 져 별유동천(別有洞天)이 천만세(千萬世)ㄴ가 ᄒᆞ노라"에서 보여준다. 이 종장에 포함된 '별유동천(別有洞天)'은 〈무이도가〉(주자)의 제10수에 나온 "이곳 말고 인간 세상에 별천지가 있으랴"(除是人間別有天)와 관련되어 있다. 이는 일단 이 구담이 주자, 율곡, 수암 등으로 이어진 도맥을 의미한다.

그런데 문제는 주자의 '별유천(別有天)'을 왜 '별유동천(別有洞天)'으로 바꾸었는가를 검토해 보아야 한다. 주자의 '별유천(別有天)'은 이백의 〈산중답속인(山中答俗人)〉에 나온 '별유천지비인간(別有天地非人間)'의 '별유천지(別有天地)'[10]와 같이 '별천지'(別天地, 속된 세상과는 아주 다른 세

9 〈황강구곡도기〉를 보면 다음과 같다. "여기서 10여 리를 더 들어가면 이 구담이 제9곡으로 끝이다. 소자가 새로 지은 정자가 높다랗게 서 있다. 이인상(李麟祥, 1710~1760, 문인화가, 강직한 성격으로 관찰사와 다툰 뒤 관직을 버리고 평소 좋아하던 단양에 은거하여 벗들과 시·서·화를 즐기며 여생을 보냈다.)의 수연실(脩然室)과 이기중(李箕重, 1697~1761)의 익연각(翼然閣)이 굽이굽이 나오면서 이름난 땅의 풍광을 꾸미고 있다."(又十餘里而去 是龜潭爲九曲而止 小子新有亭 亭亭突凡 李麟祥脩然之室 李箕重翼然之閣 曲曲而出 侈名區之光景).

상, 딴 세상의 의미)이다. 이에 비해, 시적 화자인 옥소의 '별유동천'(別有洞天)은 주자의 '별유천(別有天)'과는 다소 다른 의미이다. '동천(洞天)'은 '십대동천(十大洞天), 삼십육천(三十六天)' 등의 '동천, 천' 등과 같이 "신선이 사는 곳", "하늘에 잇닿은 곳" 등의 의미를 가지고 있다. 다분히 도교적이다. 이 중에서 후자의 의미로 보면, 이 '별유동천'은 이 구담이 주자의 '별유천'뿐만 아니라, 도맥의 근원인 하늘과도 통함을 보여주는 것으로 이해된다.[11]

이렇게 본다면, 종장인 "져기 져 별유동천(別有洞天)이 천만세(千萬世)ㄴ가 ᄒᆞ노라"는 하늘에 통하는, 주자, 율곡, 우암, 수암 등으로 이어진 선경의 '별유동천(別有洞天)'이 '천만세'(千萬世, 아주 오랫동안 이어지는 세대)인가를 선언하면서, 천만세가 될 것이라고, 천만세를 계속하여 계승할 것을 노래하였다.

이에 따라 제10수의 주제는 [하늘에 통하는 주자, 율곡, 우암, 수암 등으로 이어진 도맥의 별유동천을 천만세로 이어 갈 것이다.]로 정리할 수 있다. 이 주제는 지금까지 노래한 내용을 마무리하는 정점에 있어, 점층적 구조의 정점이면서, 기승전결의 '결'이라고 정리할 수 있다.

지금까지 개별적으로 정리한 제7-10수의 주제들을 종합하여, 제7-10

---

10 이백의 〈山中答俗人〉은 "地問余何事栖碧山 笑而不答心自閒 桃花流水杳然去 別有天地非人間"이다.

11 율곡이 쓴 〈성현도통(聖賢道統)〉의 서두를 보면 다음과 같다. "신이 살피건대, 상고(上古)의 성신(聖神)이 하늘을 이어 만민의 준칙을 세우니, 이로부터 도통(道統)의 전승이 시작되었습니다. 문자가 생기기 전은 막연하여 상고해 볼 수 없고, 8괘(八卦)가 처음으로 그어지니, 인문(人文)이 비로소 선양되었습니다. 그러므로 삼가 모훈(謨訓, 뒷 임금에게 모범이 될 교훈)에 의거하고 겸해서 사적을 고람하여, 대략 여기에 기술하였습니다. 복희씨(伏羲氏)로부터 주자에까지 몸을 닦고 사람을 다스리는 실적을 나타내었으니, 먼저 공효를 살피고 뒤에 실적을 고람하면 가히 따를 바에 어둡지 않을 것입니다."(臣按 上古聖神 繼天立極 道統攸始 書契以前 茫乎罔稽 八卦肇畫 人文始宣 故謹依謨訓 兼考史籍 略述于此 始于伏羲 終于朱子 以著修己治人之實迹 先觀功效 後稽實迹 則可以不昧於所從矣).

수 텍스트의 주제를 정리하면, [제6-9곡에 들어서 본, 하늘에 통하는, 주자, 율곡, 우암, 수암 등으로 이어진 도맥의 별유동천을 천만세로 이어갈 것이다.]로 정리할 수 있다. 그리고 제7-10수 텍스트의 구조는 기승전결의 구조와 점층적 구조로 정리할 수 있다.

4.3. 제1-10수 텍스트의 논리적 구조와 주제

이 제1-10수의 텍스트는 서사(제1수)와 본사(제2-10수)로 구성되어 있다. 이를 제1수의 주제와, 제2-10수의 논리적 구조와 주제, 제1-10수의 논리적 구조와 주제 등으로 나누어 정리해 보자.

4.3.1. 제1수의 주제

제1수는 다음과 같다.

하ᄂᆞᆯ이 뫼흘 여러 地界도 ᄇᆞᆰ을시고
千秋 水月이 分 밧긔 ᄆᆞᆰ아셰라
아마도 石潭 巴谷을 다시 볼 ᄃᆞᆺᄒᆞ여라(제1수, 摠歌)

이 제1수는 소제목인 총가(摠歌), 즉 총괄적인 노래이다. 결국 제1수는 서사로, 제1-10수 텍스트의 내용을 총괄하였음을 말해준다. 이는 〈고산구곡가〉의 서사와 같다.

그러면 총괄한 내용이 무엇인가를 보자. 초장은 "하늘이 뫼흘 여러 지계(地界)도 붉을시고"이다. 이 초장은 그 표현이 상당히 특이하다. '하늘이 뫼를 열다'는 무슨 말일까? 이는 달이 떠올라 사방의 산이 우리들의 눈에 들어오는 것을 표현한 말이다. 이렇게 읽어야 초장의 후반부와 중장의 이해가 가능하다. 즉 하늘에 달이 높게 뜨면, 사방의 산들이 눈에 들어오고, 지계 즉 지경이 밝다(:"빛깔의 느낌이 환하고 산뜻하다."). 그리고 높게 떠서 밝은 달이 있어야 중장이 가능하다. 이렇게 하늘, 산, 지경 등으로 시작한 제1수는, 중장의 물에 비친 맑은 달로 내려온다. 즉 "천추(千秋) 수월(水月)이 분(分) 밧긔 맑아셰라"에서 보듯이, 물에 비친 맑은 달을 노래하고 있다. 그런데 이 수월(水月)은 시적 화자인 옥소가 처음 보는 수월이 아니다. 이는 '천추(千秋) 수월'에서 알 수 있다. 이 '천추 수월'은 주자가 보았던 수월로 생각된다. 우암의 〈파곡(巴谷)〉에는 "천년전 무이에서 있던 일"이란 표현이 나온다. 이를 계산하면, 왜 중장에서 '분 밖의'라는 표현을 했는가를 알 수 있다. 이런 초장과 중장을 보면, 하늘, 산, 물 등이 밝고 맑은 지경을 보여준다. 즉 맑고(淸) 밝은(明) 지경을 노래한 것이다. 그 다음에 종장에서 "아마도 석담(石潭) 파곡(巴谷)을 다시 볼 듯ᄒᆞ여라"를 노래하고 있다. 이에 포함된 '석담(石潭) 파곡(巴谷)'은 율곡의 석담구곡과 우암의 화암구곡을 의미한다. 석담이 석담구곡을 의미한다는 사실은 설명이 필요 없다. 파곡은 화암구곡의 제9곡인 '파곶(巴串)'의 별칭이다. 이런 사실은 우암의 〈파곡〉[12]과 권진응의 〈화양구곡화무이도가십수〉[13]를 보면 알 수 있다. 이 파곡은 화암구곡을 제유법으로 표현한 것이다. 결국 황강구곡에서 주자의 무이구곡을 계승한 율곡의 석담구곡과 우암의 화양구곡을 볼 수 있을 것이라는 것이다. 이런 점에서, 제1수의 주제를, [주자, 율곡, 우암, 수암(권상하) 등으로 이어지는 도맥을 황강구곡에서 볼 수 있을 것이다.]로 정리할 수 있다.

---

12 "시냇물은 청룡이 되어 흘러가고, 사람은 푸른 절벽을 따라 다니네. 천년 전 무이(武夷)에서 있었던 일, 오늘날 이곳 화양동에 분명하구나."(〈파곡(巴谷)〉, 우암 송시열, 1686년 3월).

13 〈화양구곡화무이도가십수〉(권진응)의 〈서시〉 제2구("巴谷還同雲谷淸")(이상주 2007:145 재인용)에서는 '巴谷'을 보여준다.

4.3.2. 제2-10수의 논리적 구조와 주제

본사는 제2-5수, 제6수, 제7-10수 등으로 나누어 정리하고자 한다. 이 중에서 제6수의 주제를 먼저 정리하고, 앞에서 검토한 제2-5수와 제7-10수의 논리적 구조와 주제를 참고하여 제2-10수의 논리적 구조와 주제를 정리하려 한다.

4.3.2.1. 제6수의 주제

제6수는 다음과 같다.

> 五曲은 어드메오 이 어인 權쇠런고
> 일홈이 偶然ᄒᆞᆫ가 化翁이 기ᄃᆞ린가
> 이 中의 左右村落의 살아 볼가 ᄒᆞ노라(제6수, 權湖)

제6수에서는 권소(權沼, 權湖)와 그 주변[14]을 노래하면서, 수암의 도맥을 이어서 좌우에 살겠다는 의지를 보여준다. 중장인 "일홈이 우연(偶然)ᄒᆞᆫ가 화옹(化翁)이 기ᄃᆞ린가"는 '권(權)소'라는 이름의 '권'이 이곳에 은거한 수암 권상하(權尙夏)의 '권'과 우연인가, 아니면 화옹(化翁, 조화옹, 조물주)이 수암 선생을 기다리는가를 의미한다. 이는 1674년(숙종 즉위년)에 자의대비(慈懿大妃)의 복제 문제로, 송시열이 덕원(德源)으로 유배되자, 수암 권상하가 남인의 정권에서 벼슬하는 것을 단념하고 황강에 은거하여 학문과 교육에 전념한 사실을 말해준다. 그 후에 그의 집안이 좌우 촌락에 살았다. 이런 사실은 제6수의 주제가 [수암의 뜻을 받들어 좌우 촌락에 살겠다.]는 다짐임을 말해준다.

---

14 〈황강구곡도기〉에서는 다음과 같이 기술하였다. "5곡 권호는 맑은 여울이 콸콸 흐르고 깨끗한 못이 넘실거리는데 좌우에는 촌락이 그림처럼 가물거린다."(其五曲權湖 淸籟激激 澄淵湛湛 左右離落 隱約如畫).

4.3.2.2. 제2-10수의 논리적 구조와 주제

앞에서 정리한 제2-10수의 구조를 종합하면, 본사는 제6수를 대칭축으로 제2-5수의 기승전경과 제7-10수의 기승전결이 대칭하는 대칭적 구조이며, 동시에 제2-5수의 점층적 구조와 제7-10수의 점층적 구조가 대칭하는 대칭적 구조이다. 그리고 앞에서 정리한 제2-5수, 제6수, 제7-10수 등의 주제를 하나로 묶어서, 제2-10수의 전체 주제를 정리하면, [주자, 율곡, 우암, 수암 등으로 이어진 도맥을 황강서원의 전도가 양양한 후생들과 함께, 그리고 시적 화자 소자(옥소)가 잘 잇고 있으며, 천만세가 이어지도록 계승하면서, 권호의 좌우에 살겠다.]로 정리할 수 있다.

4.3.3. 제1-10수의 논리적 구조와 주제

앞에서 정리한 구조들을 종합하면, 제1-10수의 텍스트는 서사(제1수)와 본사(제2-10수, 대칭적 구조)의 논리적 구조로 되어 있다. 그리고 이 본사에 포함된 대칭적 구조는 '4.3.2.2'에서 정리한 두 대칭적 구조이다. 그리고 이 제1-10수의 텍스트가 보여주는 주제 역시 '4.3.2.2.'에서 정리한 주제와 같다.

5. 결론

지금까지 〈황강구곡가〉를 탈착형 연시조의 차원에서 제2-5수의 텍스트, 제7-10수의 텍스트, 제1-10수의 텍스트 등으로 나누어서, 그 결속, 종결, 구조, 주제 등을 다시 한번 검토 정리해 보았다. 그 중요한 것들을 요약하여 결론을 대신하려 한다.

먼저 '2'장에서 정리한 텍스트별 결속과 종결은 다음과 같이 요약 정리된다.

1) 제2-5수의 텍스트에서는 '화암(花巖)이, 화암(花巖)도, 황강(黃江)이, 일홈도' 등에서 보이는 '-이, -도'의 반복표현에 의한 결속과, '기이(奇異)홀샤'(제2수)와 '홀란홀샤'(제5수)에서 보이는 '-ㄹ샤'의 대칭표현에 의한 결속과 종결을 보여준다.
2) 제7-10수의 텍스트에서는 '병산(屛山)이, 부용벽(芙蓉壁)이, 능강동(凌江洞)이, 일각(一閣)이' 등에서 보이는 '-이'의 반복표현에 의한 결속과, 이 표현들의 음수인 3, 4, 4, 3 등에서 보이는 대칭표현에 의한 결속과 종결을 보여준다.
3) 제1-10수의 텍스트는 일탈표현, 대칭표현, 반복표현 등에 의해 네 단락(제1수, 제2-5수, 제6수, 제7-10수)으로 구분되며, 제2, 3, 4단락의 결속과 종결은 제6수를 대칭축으로 제2-5수와 제7-10수가 대칭한 두 종류의 대칭표현과, 대칭표현의 후미 전환형에 의해 이루어짐을 보여주고, 제1-4단락의 결속은 제10수의 반복표현의 후미 전환에 의해 보여준다.

'3'장에서 정리한 배경시공간의 구조는 다음과 같이 요약된다.

1) 〈황강구곡가〉의 배경시간은 가을을 배경계절로 하면서, 사시는 전반부에서는 달밤의 지속을 보여주고, 후반부에서는 낮이 우세한 형태를 보여준다. 이 배경시간은 봄의 낮을 주요 배경시간으로 한 〈무이도가〉의 배경시간과도 다르며, 사시와 사철을 체계적으로 결합한 〈고산구곡가〉의 배경시간과도 다르다.
2) 〈황강구곡가〉의 배경공간은 본사에서 제2수(제1곡)부터 제10수(제9곡)까지 순차적인 구조를 보여준다. 이 배경공간의 구조는 〈무이도가〉(주자)와 〈고산구곡가〉(율곡)의 구곡 구조를 따른 것이다. 이 큰 구조는 같지만, 세부의 지명이나, 산수의 배치는 부

분적으로만 일치한다.

'4'장에서 정리한 논리적 구조와 주제는 다음과 같이 요약된다.

1) 제2-5수의 텍스트에서 논리적 구조는 기승전결과 점층적 구조이며, 주제는 [전도가 양양한 황강서원의 수암의 후학들이 주자, 율곡, 우암, 수암 등으로 이어진 도맥을 잘 잇고 있으며 잘 이을 것이다.]이다.
2) 제7-10수의 텍스트에서 논리적 구조는 기승전결과 점층적 구조이며, 주제는 [하늘에 통하는 주자, 율곡, 우암, 수암 등으로 이어진 도맥의 별유동천을 천만세로 이어 갈 것이다.]로 정리할 수 있다.
3) 제1-10수의 텍스트에서 논리적 구조는 서사(제1수)와 본사(제2-10수)이며, 주제는 [주자, 율곡, 우암, 수암 등으로 이어진 도맥을 황강서원의 전도가 양양한 후생들과 함께, 그리고 시적 화자 소자(옥소)가 잘 잇고 있으며, 천만세가 이어지도록 계승하면서, 권호의 좌우에 살겠다.]로 정리된다.

유박의 〈화암구곡〉

1. 서론

이 글은 〈화암구곡(花庵九曲)〉의 결속, 종결, 구조 주제 등을 검토 정리하는 데 연구의 목적이 있다.

〈화암구곡〉은 송타(宋柁, 1567~1597)의 작품으로 정리되어 오다가, 유박(柳璞, 1730~1787)의 작품으로 수정되었다.[1] 유박에 관한 연구로는 세 글들(정민 2003, 2005, 안대회 2004)이 있다. 그리고 〈화암구곡〉에 관한 연구로는 두 편의 글이 있다. 한 편은 〈화암구곡〉을 송타의 작품으로 보던 때에, 16, 17세기 강호시조의 변모와 전가시조의 형성이라는 측면에서, 검토한 글(김흥규 1996:217-242)이다. 다른 한 편은 〈화암구곡〉의 구성상의 특성, 제재 설정상의 특성, 지향 세계의 양가성 등을 정리한 글(권정은 2006:207-231)이다. 이 중에서, 이 글에서 다루려는 구조와

---

1 정민은 이 작품의 작가를 송타로 보아온 과정을, 이겸로의 『통문관 책방비화』(민학회, 1986, 248~251면)를 근거로 소개한 다음에, 유박으로 수정하였다. 즉 이겸로가 1960년대 초반 『현대문학』에 吳世昌 소장의 『화암수록』과 이에 수록된 〈花庵九曲〉을 소개하면서 이 작품의 작가를 송타로 소개하였고, 이 소개가 심재완의 『역대시조전서』에 그대로 수록되면서 거의 굳어져 왔다는 것이다. 이렇게 굳어져 온 이 작품의 작가를 정민은 『花庵隨錄』에 수록된 여러 글들을 근거로 유박으로 수정하였다(정민 2003:101-133).

관련된 구성상의 특성은 "전체 구성의 측면에서 볼 때에 기존의 전형에 의존하지 않고 오히려 임의성에 의존했다는 것이다."[2]

이렇게 구성의 임의성을 제외하면, 〈화암구곡〉의 결속, 종결, 구조, 주제 등에 대한 연구는 거의 없어, 연구의 필요성을 느낀다. 그러나 구조의 연구마저도, 기왕의 연구가 언급하듯이, 그 구조는 표면적인 측면에서조차, 그 단서를 찾기가 쉽지 않다. 말을 바꾸면, 기왕의 거의 모든 연구들이 연시조에서 검토해온 구조의 종류로만 보면, 〈화암구곡〉의 구조를 발견할 수 없다. 그러나 이 문제는 기왕에 검토되어 온 구조의 종류들에, 최근에 검토된 대칭적 구조를 더하여 보면, 그 해결이 가능해 보인다. 특히 〈화암구곡〉에 선행한 〈고산구곡가〉에서 발견되는 대칭적 구조[3]를 더하여 〈화암구곡〉을 보면, 그 구조를 발견할 수 있다.

이에 기왕에 논의되어 온 구조의 종류에, 대칭적 구조를 더하여, 〈화암구곡〉의 결속, 종결, 구조, 주제 등을 연구한 바(양희철 2012d)가 있다. 이 정리를 다시 이 작품이 제1-4수의 텍스트, 제6-9수의 텍스트, 제1-9수의 텍스트 등으로 탈착되는 탈착형의 연시조라는 차원에서 정리하고자 한다.

---

2 이 결론을 주장하기 위하여 제시한 논거는 둘이다. 하나는 〈花庵九曲〉은 '一曲, 二曲, 三曲 …' 등의 공간을 설정하지 않아, 九曲歌 系列의 구성상의 특징과는 크게 어긋나는 현상을 보인다는 점이다. 다른 하나는 "〈화암구곡〉은 구성상 공간 설정의 통일성을 염두에 두지 않았을 뿐만 아니라, 자연 환경과 관련된 행위 및 소재들이 자유자재로 섞여 있다. 이 가운데에서 과연 어떤 기준을 기반으로 연시조라는 완결 형태를 지향했는지 표면적인 측면에서는 단서를 찾아내기가 쉽지 않다."는 것이다(권정은 2006:214-215).

3 대칭적 구조는 〈고산구곡가〉(양희철 2011c), 〈매화사〉(양희철 2010f), 〈방진산군수가〉, 〈근답강복중영언〉, 〈강호구가〉, 〈비가(십수)〉(양희철 2011a), 〈주문답〉, 〈동유록〉(양희철 2011b) 등에서도 발견된다.

2. 결속과 종결

이 장에서는 결속과 종결을 텍스트별로 정리하고자 한다.

2.1. 제1-4수 텍스트의 결속과 종결

제1-4수 텍스트의 결속과 종결을 보기 위하여, 제1-4수를 인용하면 다음과 같다.

> 꼬아 즈란 層石榴ㅣ오 트러 지은 古槎梅ㅣ라
> 三峰 怪石에 둘닌 솔이 늙어 시니
> 아마도 花庵風景이 너뿐인가 ᄒᆞ노라(제1수)
>
> 風淸 月白夜에 三尺琴을 겻틱 로코
> 四時 佳興을 百花中에 븟쳐 시니
> 이 몸도 昇平聖澤에 저젓는가 ᄒᆞ노라(제2수)
>
> 마당의 보리 들고 花塢의 石榴 핀다
> 간 밤 비즌 술을 葛巾에 걸너 내니
> 아마도 世上 시름이 半나마 덜니인다(제3수)
>
> 草堂에 낫좀 깨여 一竿竹 둘어메고
> 釣臺 夕陽에 無心이 안즈 시니
> 白鷗도 閑暇이 너겨 짐즛 戲弄ᄒᆞ더라(제4수)

이 제1-4수의 텍스트는 세 종류의 결속과 종결을 보여준다.

첫째로, ['-에 -이'(A, 제1수) - '-을 -에'(B, 제2수) - 대칭축 - '-을 -에'(B, 제3수) - '-에 -이'(A, 제4수)]의 대칭표현에 의한 텍스트의 결속과 종결이다. 제1수의 "삼봉(三峰) 괴석(怪石)에 둘닌 솔이"(중장)와 제4수의 "조대(釣臺) 석양(夕陽)에 무심(無心)이"(중장)는 '-에 -이'의 대칭을 보여준다. 그리고 제2수의 "사시(四時) 가흥(佳興)을 백화중(百花中)에"(중장)와 제3수의 "간 밤 비즌 술을 갈건(葛巾)에"(중장)는 '-을 -에'의 대칭을 보여준다. 이 두 대칭은 [A - B - B - A]의 대칭표현으로, 제1-4수 텍스트의 결속과 종결을 보여준다.

둘째로, 제1-4수 중장의 종결형에 의한 종결이다. 이를 보기 위하여 제1-4수의 중장들을 보자.

> 三峰 怪石에 둘닌 솔이 늙어 시니(제1수 중장)
> 四時 佳興을 百花中에 붓쳐 시니(제2수 중장)
> 간 밤 비즌 술을 葛巾에 걸너 내니(제3수 중장)
> 釣臺 夕陽에 無心이 안즈 시니(제4수 중장)

인용에서 각수 종장의 끝시어들을 보면, ['시니'(제1수) - '시니'(제2수) - '내니'(제3수) - '시니'(제4수)]로 되어 있다. '시니'를 A로, '내니'를 B로 정리하면, [A - A - B - A]형으로 정리할 수 있다. 이는 반복표현의 후미전환형인 [A - A - A - B]형을 다시 도치시킨 [A - A - B - A]형이다. 이는 종결의 한 형식이다. 동시에 절구에서 '기, 승, 결'의 끝에만 압운하는 형식이다. 어느 것으로 정리하든, 이 종결형은 이 텍스트에서 제1-4수의 종결을 보여준다.

셋째로, 제4수의 종장 첫부분인 '백구(白鷗)도'가 보인 반복표현의 후미 전환에 의한 종결이다. 이를 보기 위하여 제1-4수의 초장과 중장들을 보자.

쏘아 즈란 層石榴ㅣ오 트러 지은 古槎梅ㅣ라(제1수 초장)
아마도 花庵風景이 너뿐인가 ᄒᆞ노라(제1수 종장)

風淸 月白夜에 三尺琴을 겻틔 로코(제2수 초장)
이 몸도 昇平聖澤에 저젓는가 ᄒᆞ노라(제2수 종장)

마당의 보리 들고 花塢의 石榴 핀다(제3수 초장)
아마도 世上 시름이 半나마 덜니인다(제3수 종장)

草堂에 낫좀 깨여 一竿竹 둘어메고(제4수 초장)
白鷗도 閑暇이 너겨 짐즛 戲弄ᄒᆞ더라(제4수 종장)

제1수 초장 끝의 서술형 종결['고사매(古槎梅)ㅣ라']과 종장 첫시어('아마도')는 제3수 초장 끝의 서술형 종결['석류(石榴) 핀다']과 종장 첫시어('아마도')에서와 같이 같은 종결형과 시어를 반복한다. 이와 같이 제2수 초장 끝의 연결어미('로코'의 '-고')는 제4수 초장 끝의 연결어미('메고'의 '-고')로 반복한다. 이로 인해 제2수의 종장 첫부분('이 몸도')도 제4수의 종장 첫부분에서 반복하리라고 기대하게 되는데, 이를 '백구(白鷗)도'로 일탈시켰다. 이 일탈표현은 반복표현의 후미를 전환한 것으로, 종결의 한 유형이다.

2.2. 제6-9수 텍스트의 결속과 종결

이 절에서는 제6-9수 텍스트의 결속과 종결을 정리하려 한다. 이 정리를 위해 제6-9수를 인용하면 다음과 같다.

막대 집고 나 건니니 楊柳風이 徐來로다
긴 ᄑᆞ롬 져른 로래 뜻대로 消日 ᄒᆞ니
어듸셔 樵童 牧叟ᄂᆞᆫ 웃고 指點 ᄒᆞᄂᆞ니(제6수)

夕陽에 白鷗 還ᄒᆞ고 茅簷에 煙霞宿이라
花香 月色이 텰 업시 房의 드니
ᄋᆞ희야 거문고 淸텨라 醉코 놀가 ᄒᆞ노라(제7수)

시름 계워 長醉ᄒᆞ고 금심 계워 ᄭᅩᆺ 보노라
금심 시름을 ᄭᅩᆺ ᄡᅴ여 술로 치니
어즈버 酒非狂藥이오 花閑趣 ᄂᆞᆫ가 ᄒᆞ노라(제8수)

白水에 벼를 갈고 靑山에 섭플 친 후
西林 風雨에 쇼 머겨 도라 오니
두어라 野人 生涯도 자랑ᄒᆞᆯ ᄯᅢ 이시리라(제9수)

이 텍스트에서는 다음과 같은 결속과 종결을 정리할 수 있다.

첫째로, 현재시제의 반복표현에 의한 결속이다. 제6-9수의 중장 끝시어들을 보면, 'ᄒᆞ니, 드니, 치니, 오니' 등의 현재시제이다. 이 현재시제는 바로 앞의 제5수 중장 끝시어의 과거시제로부터 분리된 제6-9수 텍스트의 결속을 보여준다.

둘째로, 반복표현의 후미 전환에 의한 종결이다. 제6-9수 초장들의 끝시어들을 보면, '서래(徐來)로다'(제6수), '연하숙(煙霞宿)이라'(제7수), '보노라'(제8수), '친 후'(제9수) 등이다. 제6, 7, 8수의 끝시어들은 종결형이다. 이에 비해 제9수의 끝시어는 '후(에)'의 부사형이다. 이는 종결형의 반복표현을 후미에서 전환한 반복표현의 후미 전환형이라고 부르는 종결이다.

2.3. 제1-9수 텍스트의 결속과 종결

이 절에서는 제1-9수 텍스트의 세 단락에서 드러난 단락내의 결속과 종결과, 단락간의 결속과 종결을 정리하려 한다.

2.3.1. 단락내의 결속과 종결

'2.1.'에서 정리한 제1-4수 텍스트의 결속과 종결은 이 제1-9수의 텍스트에서는 제1단락의 단락내 결속과 종결이 되고, '2.2'에서 정리한 제6-9수 텍스트의 결속과 종결은 이 제1-9수의 텍스트에서는 제3단락의 단락내 결속과 종결이 된다.

2.3.2. 단락간의 결속과 종결

단락간의 결속과 종결은 두 유형으로 나뉜다. 하나는 대칭표현에 의한 것이고, 다른 하나는 반복표현의 후미 전환에 의한 것이다.

2.3.2.1. 대칭표현에 의한 결속과 종결

대칭표현에 의한 결속과 종결로는 다음의 다섯이 있다.

첫째로, [비대구(제1-4수의 중장) - 대구(대칭축, 제5수의 중장) - 비대구(제6-9수의 중장)]의 대칭표현에 의한 단락간의 결속과 종결이다. 제5수(제2단락) 중장에서는 "소정(小艇)에 사립(簑笠) 두고 등상(藤床)에 누엇더니"의 대구(對句)를 사용하였다. 그리고 나머지 8수(제1, 3단락)의 중장들이 보이는 비대구(非對句)의 규범은, 제5수(제2단락)의 전후에서 대칭한다. 9수의 중장들을 인용하면 다음과 같다.

三峰 怪石에 둘닌 솔이 늙어 시니(제1수 중장)

四時 佳興을 百花中에 븟쳐 시니(제2수 중장)

간 밤 비즌 술을 葛巾에 걸너 내니(제3수 중장)

釣臺 夕陽에 無心이 안즈 시니(제4수 중장)

小艇에 簑笠 두고 藤床에 누엇더니(제5수 중장)

긴 ᄑᆞ롬 져른 로래 뜻대로 消日 ᄒᆞ니(제6수 중장)

花香 月色이 털 업시 房의 드니(제7수 중장)

금심 시름을 숏 씌여 술로 치니(제8수 중장)

西林 風雨에 쇼 머겨 도라 오니(제9수 중장)

이 정리의 밑줄 친 부분에서 보듯이, 제5수(제2단락)의 중장만이 대구로 되어 있고, 나머지는 대구가 아니다. 이 표현들은 [비대구(제1-4수, 제1단락) - 대구(대칭축, 제5수, 제2단락) - 비대구(제6-9수, 제3단락)]의 대칭표현을 보여준다. 그런데 이 대칭표현은 세 단락을 하나로 묶는 단락간의 결속을 보여주고, 시종의 대칭에 의해 종결도 보여준다.

둘째로, [비대구(제1-4수의 초장과 중장) - 대구(대칭축, 제5수의 초장과 중장) - 비대구(제6-9수의 초장과 중장)]의 대칭표현에 의한 단락간의 결속과 종결이다. 제5수(제2단락)의 초장과 중장을 보면 다음과 같이 동일한 구문을 반복하는 대구를 보인다.

梧桐에 雨滴ᄒᆞ고 竹林에 煙籠이라(제5수 초장)

小艇에 簑笠두고 藤床에 누엇더니(제5수 중장)

이 인용에서 보듯이, "○○에 ○○ᄒᆞ고 ○○에 … "의 구문을 초장과 중장에서 대구로 썼다. 이는 나머지 8수(제1, 3단락)의 초장과 중장에서 대구를 쓰지 않는 규범을 벗어난 일탈표현이다. 이 일탈표현의 이면에서는 제1-4수(초장과 중장)와 제6-9수(초장과 중장)가 비대구로 대칭함을 말해준다. 이 [비대구(제1-4수의 초장과 중장) - 대구(대칭축, 제5수의 초장과 중장) - 비대구(제6-9수의 초장과 중장)]의 대칭표현은 세 단락을 하나로 묶는 단락간의 결속을 보여주고, 동시에 시종의 대칭에 의해 제1-9수 텍스트의 종결도 보여준다.

셋째로, ['-∅-'의 현재시제(제1-4수) - '-었더-'의 과거시제(대칭축, 제5수) - '-∅-'의 현재시제(제6-9수)]의 대칭표현에 의한 단락간의 결속과 종결이다. 9수의 중장들에서 끝시어를 보면, 제5수(제2단락)의 과거시제는 나머지 8수(제1, 3단락)의 현재시제를 일탈한 일탈표현이다. 즉 '누엇더니'(제5수 중장)만 과거시제로 나머지의 현재시제로부터 일탈한 일탈표현이고, 나머지 '늙어 시니'(늙어 있으니, 제1수 중장), '붓쳐 시니'(붙여 있으니, 제2수 중장), '걸너 내니'(걸러 내니, 제3수 중장), '안ᄌᆞ 시니'(앉아 내니, 제4수 중장), '소일(消日) ᄒᆞ니'(제6수 중장), '방(房)의 드니'(제7수 중장), '술로 치니'(제8수 중장), '도라 오니'(제9수 중장) 등은 현재시제로 규범을 형성한다. 이 표현들이 보여주는 ['-∅-'의 현재시제(제1-4수, 제1단락) - '-었더-'의 과거시제(대칭축, 제5수, 제2단락) - '-∅-'의 현재시제(제6-9수, 제3단락)]의 대칭표현은 세 단락을 하나로 묶는 단락간의 결속을 보여주고, 동시에 시종의 대칭에 의한 종결도 보여준다.

넷째로, 4수 1단위의 대칭표현(달, 거문고)에 의한 단락간의 결속과 종결이다. 제2수와 제7수는 '달'을 반복하면서 4수를 1단위로 한 [달(제2수) - 대칭축(제5수) - 달(제7수)]의 대칭표현을 보여준다. 즉 제2수에서는 '월백야(月白夜)'의 '달'을 보여주고, 제7수에서는 '월색(月色)'의 '달'을 보여준다. 이 '달'의 반복은 제1-4수, 제6-9수 등과 같이 4수를 단위로 할 경우에, 각각 두 번째 단시조(제2수, 제7수)에 나타나면서 제5수를 대칭축으로 대칭한다. 또한 제2수와 제7수는 거문고의 소재를 반복하면서 4수를 1단위로 하는 대칭표현을 보여준다. 즉 제2수에서는 '삼척금(三尺琴)'의 '거문고'를 보여주고, 제7수에서는 '거문고 청(淸)쳐라'의 '거문고'를 보여준다. 이 '거문고'는 제2수와 제7수에서 반복하는데, 제1-4수 및 제6-9수와 같이 4수를 단위로 할 경우에, 각각 두 번째 단시조(제2수, 제7수)에 나타나면서 제5수를 대칭축으로 하여 대칭한다. 이 대칭표현은 제5수를 대칭축으로 그 전후가 대칭하면서, 제1-4, 5, 6-9수(제1, 2, 3단락)의 세 단락을 하나로 묶는 결속을 보여주고, 전후의 대칭이란 점에서 종결도 보여준다.

다섯째로, 4수 1단위의 대칭표현(술, 시름)에 의한 단락간의 결속과 종결이다. 제3수와 제8수는 '술, 시름'을 반복하면서 4수를 1단위로 한 ['술, 시름'(제3수) - 대칭축(제5수) - '술, 시름'(제8수)]의 대칭표현을 보여준다. 즉 제3수에서는 "간 밤 비즌 술을"의 '술'을 보여준다. 그리고 제8수에서는 "술로 치니"의 '술'과 "주비광약(酒非狂藥)"의 '주(酒)'를 보여준다. 이 '술'은 제3수와 제8수에서 반복하는데, 이 반복은 제1-4수(제1단락) 및 제6-9수(제3단락)와 같이 4수를 단락으로 보면, 제5수를 대칭축으로 각각 세 번째 단시조들(제3수, 제8수)이 대칭함을 보여준다. 또한 제3수와 제8수는 같은 소재 '시름'을 반복하면서 대칭표현을 보여준다. 즉 제3수에서는 "아마도 세상(世上) 시름이"의 '시름'을 보여준다. 그리고 제8수에서는 "금심 시름을"의 '시름'을 보여준다. 이 '시름'은 제3수와 제8수에서 반복하는데, 이 반복은 4수를 한 단락으로 보면, 제5수를 대칭축으로 각각 세 번째 단시조들(제3수, 제8수)이 대칭함을 보여준다. 이렇게 정리되는 ['술, 시름'(제3수) - 대칭축(제5수 - '술, 시름'(제8수)]의 대칭표현은 세 단락의 단락간의 결속을 보여주고, 동시에 시종의 대칭에 의해 제1-9수 텍스트의 종결도 보여준다.

2.3.2.2. 반복표현의 후미 전환에 의한 결속과 종결

이 유형에 속한 결속과 종결은 둘이다.

첫째로, 반복표현(대구와 비대구)의 후미 전환에 의한 단락간의 결속과 종결이다. 이런 사실을 보기 위해 초장들을 인용하면 다음과 같다.

ᄶᅩ아 ᄌᆞ란 層石榴ㅣ오 트러 지은 古槎梅ㅣ라(제1수) : 대구

風淸 月白夜에 三尺琴을 겻틔 로코(제2수) : 비대구

마당의 보리 들고 花塢의 石榴 핀다(제3수) : 대구

草堂에 낫즘 깨여 一竿竹 둘어메고(제4수) : 비대구

梧桐에 雨滴ᄒᆞ고 竹林에 煙籠이라(제5수) : 대구

막대 집고 나 건니니 楊柳風이 徐來로다(제6수) : 비대구

夕陽에 白鷗 還ᄒᆞ고 茅簷에 煙霞宿이라(제7수) : 대구

시름 계워 長醉ᄒᆞ고 금심 계워 ᄭᅩᆺ 보노라(제8수) : 대구

白水에 벼를 갈고 靑山에 섭플 친 후(제9수) : 대구/비대구

이 정리에서 보듯이, 이 텍스트의 순서상 홀수에 해당하는 단시조들(제1, 3, 5, 7수)은 초장에서 대구를 보인다. 이에 비해 제9수는 대구를 보이되, 변화를 수반한 반복을 보인다. 즉 "백수(白水)에 벼를 갈고 청산(靑山)에 섭플 친 후"에서, "백수(白水)에 벼를 갈고"와 "청산(靑山)에 섭플 치-"는 대구이지만, 이에 첨기된 '-ㄴ 후'는 대구가 아니다. 이는 변화를 수반한 반복이다. 그리고 작품의 순서상 짝수에 해당하는 단시조들(제2, 4, 6수)은 초장에서 대구를 보이지 않는다. 그러나 제8수는 텍스트의 순서상 짝수에 해당하면서도 대구("시름 계워 장취(長醉)ᄒᆞ고 금심 계워 ᄭᅩᆺ 보노라")를 보여준다. 이는 반복표현의 후미 전환이다. 이렇게 제8, 9수는 그 이전에 반복하던 표현을 전환하였다. 이는 반복표현의 후미 전환형이라는 종결이다(양희철 2010e:135-162). 이 종결은 제1-4, 5, 6-9수의 3단락을 하나로 묶는 결속도 보여준다.

둘째로, 반복표현(종결어미)의 후미 전환에 의한 단락간의 종결과 결속이다. 이 텍스트의 순서상 홀수에 해당하는 제1, 3, 5, 7수 등의 초장들의 끝시어들을 보면, '고사매(古槎梅)ㅣ라'(제1수), '석류(石榴)핀다'(제3수), '연롱(煙籠)이라'(제5수), '연하숙(煙霞宿)이라'(제7수) 등으로 모두가

종결어미로 되어 있다. 그것도 대구(對句)를 포함한 종결어미로 규범을 형성한다. 이에 비해 제9수의 것은 부사격어미 '-에'가 생략된 명사 '후'로, 문장의 지속을 의미한다. 이런 점에서 제9수 초장의 끝시어는 제1, 3, 5, 7수의 종결어미를 수반한 단어들을 벗어난 일탈표현이다. 이는 반복표현(종결어미)의 후미 전환(부사어)에 의한 종결이다. 이 종결은 제1-4, 5, 6-9수의 3단락을 하나로 묶은 결속도 보여준다.

3. 배경시공간의 구조

이 장에서는 배경시간과 배경공간의 구조를 절을 나누어 정리하고자 한다. 제1-4수 텍스트와 제6-9수 텍스트의 배경시공간의 구조는, 필요하면 제1-9수 텍스트의 배경시공간의 구조에서 해당 부분만 분리하여 이용하면 된다. 이런 점에서, 세 텍스트별로 배경시공간의 구조를 나누어 설명하지 않고, 제1-9수 텍스트의 배경시공간의 구조만을 정리하였다.

3.1. 배경시간의 구조

'2.'에서 검토하였듯이, 제1-9수의 텍스트는 제1-4, 5, 6-9수로 3분된 3단락을 보여준다. 이는 배경시간의 구조 역시 3단락으로 되어 있음을 보여준다. 이를 구체적으로 보여주는, 이 텍스트의 배경시간은 계절의 사시(사철)와 하루의 사시가 결합되어 있는데, 이를 개별적으로 검토하고, 마지막에 종합하려 한다.

먼저 계절의 사시(사철)라는 측면에서 이 텍스트의 구조를 보자.

제1수의 배경계절은 언뜻 보면 명확하지 않다. 그러나 '고사매(古槎梅)'와 '화암풍경(花庵風景)'(꽃피는 초막의 풍경)을 결합하면, 매화가 피는 봄을 어느 정도 추정할 수 있다. 게다가 이어서 차례로 보겠지만, 이 제1수의 짝이 된 제2수의 배경계절과, 대칭으로 짝이 된 제6수의 배경계절이, 각각 봄이라는 점(계절의 사시를 정리한 아래의 표1 참조)에서, 제1수의 배경계절을 봄1, 그것도 매화가 피는 봄1로 추정할 수 있다.

제2수의 배경계절은 "풍청(風淸) 월백야(月白夜)에 삼척금(三尺琴)을 겻틔 로코 / 사시(四時) 가흥(佳興)을 백화중(百花中)에 붓쳐시니"로 보아 백화가 피는 봄2이다. 이 봄2는 매화가 피는 봄1보다 약간 늦은 봄이다.

제3수의 배경계절은 "마당에 보리 들고 석류(石榴) 핀다"로 보아 여름1이다.

제4수의 배경계절은 "초당(草堂)에 낫좀 깨여 일간죽(一竿竹) 들어메고 / 조대(釣臺) 석양(夕陽)에 무심(無心)이 안ᄌᆞ시니"에서와 같이, 낮에 조대에 나아가 석양에도 춥지 않게 앉아 있을 수 있는 여름2이다. 그것도 초여름 농사를 일단 마무리하고 낚시질을 할 수 있는, 여름1보다는 약간 늦은 여름2이다.

제5수의 배경계절은 "오동(梧桐)에 우적(雨滴)ᄒᆞ고 죽림(竹林)에 연롱(煙籠)이라"에서와 같이, 오동잎에 비가 떨어지는 소리를 듣고, 죽림에 안개가 아롱지는 여름3이다. 또한 "어듸셔 닷 드ᄂᆞᆫ 소릐ᄂᆞᆫ 좀든 날을 찌오ᄂᆞ니"에서와 같이, 집으로 돌아갈 저녁까지 등상에서 잠을 잘 수 있다는 점에서도 여름3이다.

제6수의 배경계절은 "막대 집고 나 건니니(나아가 거니니) 양류풍(楊柳風)이 서래(徐來)로다"에서와 같이 양류풍의 서래를 느낄 수 있는 봄1이다.

제7수의 배경계절은 "화향(花香) 월색(月色)이 텰 업시 방(房)의 드니"로 보아 봄2이다. 그것도 연록색 버들가지가 늘어진 봄1 다음에 피는 꽃의 화향(花香)으로 보아, 봄1보다 약간 늦은 봄2이다.

제8수의 배경계절은 '곳 보노라'와 '곳 띄여'로 보아, 꽃이 피는 봄이나 여름이다. 그런데 이 제8수의 짝이 된 제9수의 배경계절이 여름2이고, 대칭으로 짝이 된 제3수의 배경계절이 여름1이라는 점(계절의 사시를 정리한 아래의 표1 참조)에서, 제8수의 배경계절을 늦은 봄에 이어지는 이른 여름1로 추정할 수 있다.

제9수의 배경계절은 "백수(白水)에 벼를 갈고 청산(靑山)에 섭플 친 후"와 "서림(西林) 풍우(風雨)에 쇼 머겨 도라 오니"로 보아 여름2이다. 이 여름2는 우기에 접어든 여름으로 이른 여름1보다는 늦은 여름으로 정리된다.

이렇게 정리된 배경계절들은 제5수를 대칭축으로 다시 정리하면, 다음의 표1과 같이 대칭적 구조를 보인다.

표1

봄1(제1수)	봄2(제2수)	여름1(제3수)	여름2(제4수)
여름3(제5수)			
봄1(제6수)	봄2(제7수)	여름1(제8수)	여름2(제9수)

이 표1의 정리에서, 우선 앞에서 추정한 제1수의 봄1을, 봄1(제1수)과 봄2(제2수)의 짝과 봄1(제1수)와 봄1(제6수)의 대칭에서 다시 확인할 수 있고, 앞에서 추정한 제8수의 여름1을, 여름1(제8수)과 여름2(제9수)의 짝과 여름1(제3수)과 여름1(제8수)의 대칭에서 다시 확인할 수 있다. 그리고 이 작품의 배경계절은 여름3(제5수)을 대칭축으로, [봄1(제1수) - 봄2(제2수) - 여름1(제3수) - 여름2(제4수)][4]의 순차적 구조와 [봄1(제6수) - 봄2(제7수) - 여름1(제8수) - 여름2(제9수)]의 순차적 구조가 대칭하는 대

4 이 [봄1(제1수) - 봄2(제2수) - 여름1(제3수) - 여름2(제4수)]의 순차적 구조는 〈고산구곡가〉에서도 발견된다(양희철 2011c:283-310)는 점에서, 이 구조는 〈고산구곡가〉에서 영향을 받은 것 같다.

칭적 구조로 정리된다. 이 순차적 구조에서 세 번째 단시조들(제3수, 제8수)은 계절의 전환(봄〉여름)도 보여준다.

이번에는 하루의 사시로, 〈화암구곡〉의 구조를 보자. 하루의 사시를 직접 보여주는 시어들은 '월백야(月白夜)'(제2수), '낫좀'(제4수), '석양(夕陽)'(제4, 7수) 등이다. 이 시어들과 다른 시어들을 통하여, 이 작품에 나타난 하루의 사시를 정리하면, 역시 대칭적 구조를 발견할 수 있다.

제1수의 배경사시는 직접 언급하지 않고 있지만, 층석류, 고사매, 솔 등을 통해 화암의 풍경을 노래하는 것으로 보아, '낮'으로 추정된다.

제2수의 배경사시는 '청풍(淸風) 월백야(月白夜)'로 보아 '밤'이다.

제3수의 배경사시는 "마당에 보리 들고 석류(石榴) 핀다 / 간 밤 비즌 술을 갈건(葛巾)에 걸너 내니"로 보아, '낮, 밤'이다.

제4수의 배경사시는 "초당(草堂)에 낫좀 깨여 일간죽(一竿竹) 들어메고 / 조대(釣臺) 석양(夕陽)에 무심(無心)이 안즈시니"로 보아 '낮, 저녁'이다.

제5수의 배경사시는 "오동(梧桐)에 우적(雨滴)ᄒᆞ고 죽림(竹林)에 연롱(煙籠)이라 / 소정(小艇)에 사립(簑笠) 두고 등상(藤床)에 누엇더니"로 보아 '낮'이다. 그리고 이에 더하여 "어듸셔 닷 드는 소릐는 좀든 날을 씨오ᄂᆞ니"에서 보이는 돌아갈 시간 즉 저녁도 계산하면, 제5수의 배경사시는 '낮, 저녁'이다.

제6수의 배경사시는 "막대 집고 나 건니니 양류풍(楊柳風)이 서래(徐來)로다 / … / 어듸셔 초동(樵童) 목수(牧叟)는 웃고 지점(指點) ᄒᆞᄂᆞ니"로 보아 '낮'이다.

제7수의 배경사시는 "석양(夕陽)에 백구(白鷗) 환(還)ᄒᆞ고 모첨(茅簷)에 연하숙(煙霞宿)이라 / 화향(花香) 월색(月色)이 텰 업시 방(房)의 드니"로 보아 '저녁, 밤'이다.

제8수의 배경사시는 "시름 계워 장취(長醉)ᄒᆞ고 금심 계워 쏫 보노라

/ 금심 시름을 쏫 씌여 술로 치니"로 보아, 특히 '(주야)장취[(晝夜)長醉]'로 보아, '낮, 밤'이다.

제9수의 배경사시는 "백수(白水)에 벼를 갈고 청산(青山)에 섭플 친 후"로 보아 '낮'이며, 이에 더하여 "서림(西林) 풍우(風雨)에 쇼 머겨 도라오니"에서 '저녁'을 짐작할 수 있어, 제9수 전체의 배경사시는 '낮, 저녁'으로 짐작할 수 있다.

이렇게 차례로 정리된 배경사시를 표2로 정리하면 다음과 같다.

표2

낮(제1수)	밤(제2수)	낮, 밤(제3수)	낮, 저녁(제4수)
낮, 저녁(제5수)			
낮(제6수)	저녁, 밤(제7수)	낮, 밤(제8수)	낮, 저녁(제9수)

이 표2에서 제5수를 대칭축으로 상하를 비교하면, 제2수의 '밤'과 제7수의 '저녁, 밤'이 정확하게 대칭을 이루지 않지만, 상하가 대체로 대칭함을 알 수 있다. 물론 제7수의 '저녁'을 괄호 안에 넣으면, 상하가 완벽하게 대칭함을 알 수 있다.

이번에는 앞에서 정리한 계절의 사시(사철)와 하루의 사시를 하나로 묶어서 정리하면 다음의 표3과 같다.

표3

봄1(낮) (제1수)	봄2(밤) (제2수)	여름1(낮, 밤) (제3수)	여름2(낮, 저녁) (제4수)
여름3(낮, 저녁) (제5수)			
봄1(낮) (제6수)	봄2(저녁, 밤) (제7수)	여름1(낮, 밤) (제8수)	여름2(낮, 저녁) (제9수)

이 표3의 정리에서 이 텍스트의 배경시간은, 제5수의 '여름3(낮, 저녁)'을 대칭축으로, 상하가 대체로 대칭하는 대칭적 구조임을 정리할 수 있다. 또한 [봄1(낮) - 봄2(밤) - 여름1(낮, 밤) - 여름2(낮, 저녁)](제1-4수)와 [봄1(낮) - 봄2(저녁, 밤) - 여름1(낮, 밤) - 여름2(낮, 저녁)](제6-9수)는 각각 순차적 구조임을 정리할 수 있다. 이 순차적 구조에서 세 번째 단시조들(제3수, 제8수)은 계절의 전환(봄〉여름)을 보여준다.

이 구조에서와 같이, 사계절을 모두 배경계절로 이용하지 않고 봄과 여름만을 이용한 것은 〈강호사시가〉와 〈고산구곡가〉 등등을 포함한 사시가 계통의 시조로부터의 변화를 의미한다. 또한 계절의 사시와 하루의 사시를 '봄 - 아침, 여름 - 낮, 가을 - 저녁, 겨울 - 밤' 등과 같이 결합하는 것이 사시가의 특성인데, 이를 벗어난, '봄 - 낮, 봄 - 밤, 봄 - 저녁・밤, 여름 - 낮・밤, 여름 - 낮・저녁' 등의 결합을 보이는 것도, 〈강호사시가〉와 〈고산구곡가〉 등등을 포함한 사시가 계통의 시조로부터의 변화를 의미한다.

3.2. 배경공간의 구조

'2.'에서 검토하였듯이, 이 텍스트는 제1-4, 5, 6-9수로 3분된 세 단락을 보여준다. 이는 배경공간의 구조 역시 세 단락으로 되어 있음을 보여준다. 이를 구체적으로 보여주는, 이 텍스트의 배경공간을, 각수별로 먼저 정리하면 다음과 같다.

제1수의 배경공간은 화암의 뜰[盆栽所]이다. 초장과 중장의 "ᄶᅩᆨ아 ᄌᆞ란 층석류(層石榴)", "트러 지은 고사매(古槎梅)", "삼봉(三峰) 괴석(怪石)에 둘닌 솔" 등은 분재이다. 이 분재들은 화암의 뜰에 있는 둑[5]에 있다.

5 "작은 것은 화분에 담아 둑을 쌓아 백화암 가운데 두었다(小者瓷瓦 塢而藏之庵之中)."

이런 점에서 제1수의 배경공간은 분재가 있는 화암의 뜰이다.

제2수의 배경공간은 화암의 뜰과 모옥이다. 중장의 "사시(四時) 가흥(佳興)을 백화중(百花中)에 븟쳐시니"의 백화는 화암의 뜰에 핀 꽃으로 볼 수 있다는 점에서 화암의 뜰을 정리할 수 있다. 그리고 초장의 "풍청(風淸) 월백야(月白夜)에 삼척금(三尺琴)을 겻틔 로코"로 보아, 화암의 모옥 내지, 화암의 뜰과 모옥으로 짐작할 수 있다. 이런 점에서 제2수의 배경공간은 화암의 뜰과 모옥이다.

제3수의 배경공간은 화암의 마당, 뜰, 모옥 등이다. 초장의 "마당의 보리 들고 화오(花塢)의 석류(石榴) 핀다"에서, 배경공간은 '마당'과 '화오(花塢, 꽃둑)'의 뜰이다. 그리고 중장과 종장의 "간 밤 비즌 술을 갈건(葛巾)에 걸너 내니 / 아마도 세상(世上) 시름이 半나마 덜니인다"에서 술로 시름을 달래는 곳은 뜰과 모옥으로 볼 수 있다. 이런 점들에서 제3수의 배경공간은 화암의 마당, 뜰, 모옥 등이다.

제4수의 배경공간은 화암의 모옥과 조대이다. 초장인 "초당(草堂)에 낫좀 깨여 일간죽(一竿竹) 둘어메고"의 '초당(草堂)'은 모옥이다. 그리고 중장인 "조대(釣臺) 석양(夕陽)에 무심(無心)이 안즈시니"에서 조대를 알 수 있다. 이런 점에서 제4수의 배경공간은 화암의 모옥과 조대이다.

제5수의 배경공간은 물가와 소정이다. 초장인 "오동(梧桐)에 우적(雨滴)ᄒᆞ고 죽림(竹林)에 연롱(煙籠)이라"에서 전반부의 배경공간은 오동잎에 빗방울이 떨어지는 들이고, 후반부의 배경공간은 죽림에 안개가 아롱지는 들이다. 그런데 이 들들은 중장인 "소정(小艇)에 사립(蓑笠) 두고 등상(藤床)에 누엇더니"에서 보이는 등상이 있는 물가에 포함된다. 그리고 이 중장의 '소정(小艇)' 역시 배경공간이다. 특히 이 물가는 종장의 "소정(小艇)에 사립(蓑笠) 두고 등상(藤床)에 누엇더니"와 종장의 닻 드

(〈花庵記〉, 『화암수록』, 41면)[정민(2003:120)에서 재인용].

는 소리가 잠든 자신을 깨운다는 점에서, 소정을 타고 집으로 돌아 와야 하는, 물가로 볼 수 있다. 이런 점에서 제5수의 배경공간은 물가[6]와 소정이다.

제6수의 배경공간은 화암의 들이다. 초장인 "막대 집고 나 건니니 양류풍(楊柳風)이 서래(徐來)로다"와 종장인 "어듸셔 초당(樵童) 목수(牧叟)는 웃고 지점(指點) ᄒᆞᄂᆞ니"는 들에서 발생하는 풍경들이다. 이런 점에서 제6수의 배경공간은 화암의 들이다.

제7수의 배경공간은 화암의 들과 모옥이다. 초장인 "석양(夕陽)에 백구(白鷗) 환(還)ᄒᆞ고 모첨(茅簷)에 연하(煙霞) 숙(宿)이라"는 들에서 보이는 풍경이다. 그리고 중장과 종장인 "화향(花香) 월색(月色)이 텰 업시 방(房)의 드니 / ᄋᆞ희야 거문고 청(淸)텨라 취(醉)코 놀가 ᄒᆞ노라"는 모옥에서의 풍경과 일이다. 이런 점에서 제7수의 배경공간은 화암의 들과 모옥이다.

제8수의 배경공간은 화암의 뜰, 들, 모옥 등이다. 초장인 "금심 계워 쏫 보노라"의 꽃은 들과 뜰의 어느 한 곳이거나 두 곳 모두일 수 있다. 그리고 초장인 "시름 계워 장취(長醉)ᄒᆞ고"와 중장인 "금심 시름을 쏫 씌여 술로 치니"의 장소는 화암의 모옥, 뜰, 들 등에서 모옥을 포함한 두 곳이거나 세 곳 모두일 수 있다. 이런 점들에서 제8수의 배경공간은 화암의 뜰, 들, 모옥 등이라고 할 수 있다.

제9수의 배경공간은 모옥과 산야이다. 초장과 중장인 "백수(白水)에 벼를 갈고 청산(青山)에 섭플 친 후 / 서림(西林) 풍우(風雨)에 쇼 머겨 도라 오니"에서 '백수(白水, 논), 청산, 소를 먹인 곳' 등은 화암의 산야(山野)이다. 그리고 중장의 '도라오니' 앞에 생략된 장소는 '모옥으로'의 모옥이다. 이런 점에서 제9수의 배경공간은 화암의 모옥과 산야이다.

6 이 물가는 물 건너의 물가인지, 아니면 물을 건너지 않은 물가인지 명확하지 않다.

이런 배경공간을 다시 간단하게 정리하면 다음의 표4와 같다.

표4

화암의 뜰 (제1수)	화암의 뜰과 모옥(제2수)	화암의 뜰, 모옥, 마당(제3수)	화암의 모옥과 釣臺(제4수)
물가와 小艇 (제5수)			
화암의 들 (제6수)	화암의 들과 모옥(제7수)	화암의 들, 모옥, 뜰(제8수)	화암의 모옥과 山野(제9수)

이 표4를 언뜻 보면, 대칭적 구조를 간단하게 가늠할 수 없다. 그러나 변화와 교체를 이해하면서 보면, 대조적인 대칭적 구조를 가늠할 수 있다. 이 변화와 교체를 먼저 보자.

제1-4수를 보면, 제1수의 '화암의 뜰'에 '모옥'이 더해진 것이 제2수이고, 제2수의 '화암의 뜰과 모옥'에 '마당'이 더해진 것이 제3수이다. 이런 점들에서, 제1수〉제2수〉제3수의 변화는 공간의 확대라고 할 수도 있고, 공간의 확대와 전환이라고도 할 수도 있다. 전자는 이 공간을 단순하게 보았을 때의 판단이다. 후자에서 제1수〉제2수는 확대이지만, 제2수〉제3수에서 제3수에 나타난 '마당'은 "마당의 보리 들고"와 같이 농사일과 관련된 공간으로, 이는 그 이전의 뜰[庭園]의 완상(玩賞) 공간에 농사일의 공간이 첨가된 전환이다. 이에 비해 제3수〉제4수는 제3수('화암의 모옥, 마당, 뜰')의 '마당, 뜰'을 제4수['화암의 모옥, 조대(釣臺)']의 '조대(釣臺)'로 바꾼 교체이다.

이와 같은 변화(확대, 또는 확대·전환)와 교체는 제6-9수에서도 마찬가지이다. 제6수의 '화암의 들'에 '모옥'이 더해진 것이 제7수의 '화암의 들과 모옥'이다. 그리고 제7수의 '화암의 들과 모옥'에 '뜰'이 더해진 것이 제8수의 '화암의 들, 모옥, 뜰'이다. 이런 점들에서, 제6수〉제7수〉제8수의 변화는 공간의 확대라고 할 수도 있고, 공간의 확대와 전환이라고 할 수도 있다. 전자는 이 공간을 단순하게 보았을 때의 판단이다. 후자에서 제6수〉제7수는 확대이지만, 제7수〉제8수에서 제8수에 나타난 '뜰'은 완상과 관련된 공간으로, 이는 그 이전의 농사일의 공간인 '들'에 첨가된 전환이다. 이에 비해 제8수〉제9수는 제8수('화암의 모옥, 들, 뜰')의 '들, 뜰'을 제9수('화암의 모옥, 산야')의 '산야'로 바꾼 교체이다.

이렇게 제1-4수와 제6-9수의 공간에서, 변화(확대, 또는 확대 · 전환)와 교체를 꾀하는 방법은 같다. 게다가 제1-4수의 '뜰, 마당, 조대' 등을 차례로 제6-9수의 '들, 뜰, 산야' 등으로 교체하면, 제1-4수의 배경공간은 제6-9수의 배경공간과 대칭적 구조를 보인다. 즉 앞의 표4에서와 같이, 제1-4수의 '뜰, (모옥,) 마당, 조대' 등이 제6-9수의 '들, (모옥,) 뜰, 산야' 등과 대조적으로 대칭하는 대칭적 구조를 보인다. 이런 사실을 확인하기 위하여, 앞의 표4에서 제1-4수의 '뜰, (모옥,) 마당, 조대' 등을 a, (b,) c, d 등으로, 제6-9수의 '들, (모옥,) 뜰, 산야' 등을 a', (b,) c', d' 등으로 부호화를 하면 다음의 표5와 같다.

표5

화암의 a (제1수)	화암의 a와 b (제2수)	화암의 a, b, c (제3수)	화암의 b와 d (제4수)
물가와 小艇 (제5수)			
화암의 a' (제6수)	화암의 a'와 b (제7수)	화암의 a', b, c' (제8수)	화암의 b와 d' (제9수)

이 표5에서 보면, 제5수의 상하에서 a, (b,) c, d 등과 a', (b,) c', d' 등이 대조적으로 대칭한다. 이런 점에서 이 작품의 배경공간은 대조적인 대칭적 구조라고 정리할 수 있다. 이 대조적인 대칭적 구조는 이어서 볼 논리적 구조와도 일치한다.

이런 공간적 구조는 〈고산구곡가〉의 것과 다르다. 이 다름은 〈고산구곡가〉의 공간적 구조에서 보인 '곡(曲)'을 이 작품에서는 동음이의어[7]로 사용하고, 전후를 대조적으로 대칭시켰기 때문에 발생한 것이다.

4. 논리적 구조와 주제

이 장에서는 논리적 구조와 주제를 텍스트별(제1-4수의 텍스트, 제6-9수의 텍스트, 제1-9수의 텍스트)로 정리하려 한다.

4.1. 제1-4수 텍스트의 논리적 구조와 주제

제1수에서는 화암의 뜰에서 봄의 낮에 분재를 관상(觀賞)하는 한가로움을 보여준다. 화암의 뜰에 있는 분재들["ᄡᅩ아 ᄌᆞ란 층석류(層石榴)", "트러 지은 고사매(古槎梅)", "삼봉(三峰) 괴석(怪石)에 둘닌 솔"]을 통해서 화암의 봄 낮의 풍경을 노래하고 있다. 이는 분재를 관상하는 한가로운 생활의 표현이다. 한가로운 풍경, 그것도 계절의 시작인 봄의 낮을 노래로 시작하면서 기승전결의 '기'에 해당함을 보여준다.

게다가 제1수 초장의 시어('ᄡᅩ아 ᄌᆞ란')는 제1-4수 텍스트에서 일탈표

7 〈花庵九曲〉도 '曲'을 보여준다. 제목인 〈花庵九曲〉에서 보여주고, 평시조들의 내용 다음에 쓴 '一曲, 二曲, 三曲 … 九曲' 등에서 보여준다. 그런데 이는 배경공간의 순차적 구조를 보여주는 〈高山九曲歌〉의 '一曲, 二曲 … 九曲' 등과는 전혀 다른 의미이다. 〈高山九曲歌〉의 제2-10수의 첫머리에 나온 '一曲, 二曲 … 九曲' 등의 '曲'은 '굽이'의 의미이다. 이는 장소를 이동할 수 있는 공간이다. 이에 비해 〈花庵九曲〉의 '曲'은 '音曲'의 의미이다. 이런 사실은 〈花庵九曲〉의 원전에서, '一曲, 二曲 … 九曲' 등을 각수별로 노랫말을 세로로 다 적은 다음에, 그 줄의 거의 끝부분에 적었다는 점(정민 2003:129-132)에서 알 수 있다. 이 '一曲, 二曲 … 九曲' 등의 '曲'은 '굽이'의 의미가 아니라, '음곡'의 의미이다. 이런 점에서 〈高山九曲歌〉와 〈花庵九曲〉의 '九曲'은 同音異意語로 정리할 수 있다.

현을 보인다. 즉 제2, 3, 4수 초장들의 첫머리를 보면, '풍청월백야(風淸月白夜)에(제2수), 마당의(제3수), 초당(草堂)에(제4수)' 등과 같이 '-의/에'의 규범을 보인다. 이 규범을 제1수의 첫머리는 'ᄯᅩ아 ᄌᆞ란'으로 일탈하고 있다. 이 일탈과 제1수의 내용은 제1-4수에서 제1수가 기승전결의 '기'에 해당함을 말해준다.

제2수에서는 화암의 뜰과 모옥에서 봄의 달밤에 사시가흥을 백화에 붙이는 한가로움을 노래한다. 화암의 뜰과 모옥에서 청풍 백월야에 삼척금을 곁에 놓고 사시가흥을 백화 중에 붙이고 있다. 이는 사시가흥을 거문고로 노래하는 것이 아니라, 백화(百花)를 관상(觀賞)하는 것에 붙인 것이다. 이 백화를 관상하는 한가로움은 끝내 자신도 승평성택(昇平聖澤)에 저젔는가를 스스로 묻고 있다. 이는 그만큼 백화를 감상하는 흥과 한가로움을 노래한 것이다. 이 제2수는 화암의 뜰에서 보아온 봄 낮의 분재 풍경(제1수)을 '풍청(風淸) 백월야(白月夜)'와 백화의 봄 밤의 풍경으로 이어서 노래하고, 이 풍경에 시적 화자의 사시가흥의 정의(情意)를 더한 것이다. 이 이음과 더함은 제2수가 기승전결의 '승'임을 말해준다.

제3수에서는 화암의 마당, 뜰, 모옥 등에서 여름의 낮과 밤의 풍경과 세상 시름을 술로 달래는 생활을 노래한다. 이 제3수에 포함된 '시름'의 소재는 그 앞뒤(제1, 2수와 제4수)의 긍정적인 소재로부터 일탈된 일탈표현이다. 초장인 "마당의 보리 들고 화오(花塢)의 석류(石榴) 픤다"는 화암의 마당과 뜰의 여름 낮의 풍경이다. 이는 겉으로 보면 한가롭다. 그러나 왜 갑자기 양식인 '보리'를 언급할까? 이는 시적 화자가 화암의 뜰과 모옥에서 한가롭게만 생활할 수 없음을 의미하는 것으로 볼 수 있다. 특히 종장의 '세상(世上) 시름'과 연관시키면, 이 '보리'는 보리를 수확하기 직전까지 겪었던 양식 걱정으로 보인다. 이로 인해 술로 달래는 세상의 시름은 한가로운 생활을 깼던 양식 걱정의 해소를 의미한다고 볼 수 있다. 이 제3수는 그 이전의 봄(제1, 2수)으로부터 계절이 전환된 여름의 낮과 밤에 화암의 마당, 뜰, 모옥 등에서의 한가로운 생활을 노래하되, 화암의 뜰과 모옥의 풍경을 양식 걱정이라 할 수 있는 세상의 근심을 술과 보리 수확으로 전환하여 노래하였다는 점에서, 기승전결의 '전'으로 정리된다.

제4수에서는 화암의 모옥에서의 낮잠과 조대에서의 낚시질을 통해 여름 낮과 저녁의 한가로운 생활을 노래한다. 낮에 한가롭게 낮잠을 자다가 조대(釣臺)로 나아가, 석양에 무심하게 앉아 낚시질을 하고, 이를 백구(白鷗)도 한가하게 여겨 희롱한다. 이는 화암에서의 한가로운 생활의 명확한 묘사와 요약으로 정리된다. 특히 이 제4수에서는 더 이상 화암의 뜰과 모옥의 자연 풍경을 노래하지 않고 있으며, 시적 자아 자신의 한가로운 생활(낮잠, 낚시질)을 보여주고, 백구의 행동을 통해 '한가(閑暇)'를 요약하면서 기승전결의 '결'에 해당함을 보여준다.

게다가 제4수 종장 첫시어인 '백야(白鷗)도'도 제1-4수에서 일탈표현이 되어 '결'의 성격을 보여준다. 제1수 초장 끝의 서술형 종결['고사매(古槎梅) ㅣ라']과 종장 첫시어('아마도')는 제3수 초장 끝의 서술형 종결['석류(石榴) 핀다']과 종장 첫시어('아마도')에서와 같이 같은 유형이나 시어를 반복한다. 이와 같이 제2수 초장 끝의 연결어미('로코'의 '-고')는 제4수 초장 끝의 연결어미('메고'의 '-고')로 반복한다. 이로 인해 제2수의 종장 첫부분('이 몸도')도 '제4수'의 종장 첫부분에서 반복하리라고 기대하게 되는데, 이를 '백구(白鷗)도'로 일탈시켰다. 이런 점에서 이 일탈표현은 반복의 지속을 중지한 것으로 기승전결의 '결'을 의미한다. 이렇게 제4수는 내용과 표현에서 기승전결의 '결'로 정리된다.

이상의 정리에 근거하면, 제1-4수 텍스트의 구조는 기승전결이며, 주제는 [화암에서 꽃과 술을 좋아하며 낚시질로 한가롭게 소일하는 한객의 생애]로 정리할 수 있다.

4.2. 제6–9수 텍스트의 논리적 구조와 주제

제6수에서는 화암의 들에서 봄의 낮에 소요(逍遙) 소일(消日)하는 한가로운 삶을 노래한다. 제5수의 물가와 소정의 여름 낮과 저녁에 이어서, 화암의 들에서 봄 낮의 한가로운 생활을 다시 노래한다는 점에서, 새로 시작한 '기'에 해당한다.

게다가 제6수의 초장이 제6-9수 텍스트에서 일탈표현이 되어 기승전결의 '기'를 암시한다. 제7, 8, 9수의 초장들은 다음과 같이 각각 대구들이다.

> 夕陽에 白鷗 還ᄒᆞ고
> 茅簷에 煙霞 宿이라(제7수 초장)
> 시름 계워 長醉ᄒᆞ고
> 금심 계워 욋보노라(제8수 초장)
> 白水에 벼를 갈고
> 靑山에 섭플 친후(제9수 초장)

이 인용에서 보듯이 세 초장들은 각각 전후가 대구(對句)이고, 연결어미 '-고'를 수반하면서 규범을 형성한다. 이에 비해 제6수의 초장은 "막대 집고 나 건니니 양류풍(楊柳風)이 서래(徐來)로다"에서와 같이 대구도 아니고 반행 휴지에서 연결어미 -고'도 보여주지 않으면서 일탈을 보여준다. 이 일탈표현은 제6수의 내용과 함께 제6-9수의 텍스트에서 제6수가 기승전결의 '기'에 해당함을 말해 준다.

제7수에서는 화암의 들과 모옥에서 봄의 저녁과 밤의 풍경과 가흥이 있는 한가로운 생활을 노래한다. 화암의 들과 모옥에서 보고 느끼는 봄의 저녁과 밤의 풍경은 "석양(夕陽)에 백구(白鷗) 환(還)ᄒᆞ고 모첨(茅簷)

에 연하숙(煙霞宿)이라 / 화향(花香) 월색(月色)이 털 업시 방(房)의 드니"가 말해주고, 가흥은 "ᄋᆞ희야 거문고 청(淸)터라 취(醉)코 놀가 ᄒᆞ노라"가 말해준다. 이런 제7수는 화암의 들과 봄의 낮 풍경(제6수)을 화암의 들과 모옥에서 봄의 저녁과 밤의 풍경으로 잇고, 이에 시적 화자의 가흥을 더하고 있다는 점에서, 기승전결의 '승'으로 정리된다.

제8수에서는 화암의 들, 뜰, 모옥 등에서 여름의 낮과 밤에 느끼는 근심과 시름을 꽃과 술로 달래는 생활을 노래한다. 제8수에 나온 '시름'은 제6-9수 텍스트에서 보면 일탈표현이다. 왜냐하면 이 제8수의 '시름'은 그 앞뒤(제6, 7수와 제9수)의 긍정적인 소재로부터 일탈된 표현이기 때문이다. 이를 포함한 제8수는 제6, 7수에서 보인 봄을 여름으로 바꾸고, 들과 모옥에서의 소요와 가흥을 근심과 시름으로 바꾸었다. 그리고 이를 꽃과 술로 달래는 것으로 바꾸어 시상을 전환하였다. 이 경우에 근심과 시름이 무엇인가는 분명하지 않다. 그러나 대칭의 짝인 제3수의 보리와, 제9수의 벼농사, 섭풀 치기, 소 먹이기 등을 참고하면, 화암의 풍경과 가흥만을 즐길 수 없고, 농사일도 하지 않으면 아니 되는 현실적인 문제가 아닌가 생각한다. 이렇게 전환을 보인다는 점에서 이 제8수는 기승전결의 '전'으로 정리된다.

제9수에서는 화암의 모옥과 산야에서 여름의 낮에 농사일을 하고 저녁에 돌아오는 가운데 야인의 농가 생애도 자랑할 때가 있으리라는 기대로 야인의 농가 생애를 스스로 달래고 있다. 특히 이 야인의 농가 생애는, "백수(白水)에 벼를 갈고 청산(靑山)에 섭플 친 후 / 서림(西林) 풍림(風雨)에 쇼 머겨 도라 오니"에서와 같이, 농사일을 하는 생애이다. 이 야인의 농가 생애를 "두어라 야인(野人) 생애(生涯)도 자랑ᄒᆞᆯ 쌔 이시리라"로 스스로 달래고 있다. 특히 "스스로의 마음을 달랠 때 영탄조로 하는 말"인 '두어라'가 스스로 달램을 잘 말해준다.

게다가 제9수 초장 끝시어가 제6-9수 안에서 일탈표현을 보여준다.

제6-9수 초장의 끝시어들을 보면, '서래(徐來)로다'(제6수), '연하숙(煙霞宿)이라'(제7수), '보노라'(제8수), '(섭플 친) 후'(제9수) 등이다. 이 중에서 제6, 7, 8수의 것들은 종결어미를 수반한 단어들로 문장의 종결을 의미한다. 이에 비해 제9수의 것은 부사격어미 '에'가 생략된 명사 '후'로, 문장의 지속을 의미한다. 이런 점에서 제9수 초장의 끝시어는 제6, 7, 8수의 종결어미를 수반한 단어들을 벗어난 일탈표현이라고 정리할 수 있다. 이는 종결어미를 반복하는, 반복표현의 후미 전환에 의한 결속과 종결이다. 이 종결은 앞에서 본 내용의 종결과 함께 제9수가 기승전결(제6-9수)에서 '결'에 해당함을 의미한다.

이상과 같은 점에서, 제6-9수 텍스트의 구조는 기승전결이며, 주제는 [화암에서 꽃과 술을 좋아하며 농사일(벼농사, 섶치기, 소 먹이기)로 스스로를 위로하며 살아가는 야인의 생애]로 정리할 수 있다.

4.3. 제1-9수 텍스트의 논리적 구조와 주제

제1-9수의 텍스트는 세 단락으로 구성되어 있다. 단락별 논리적 구조와 주제를 정리한 다음에, 제1-9수의 논리적 구조와 주제를 정리하고자 한다.

4.3.1. 단락별 논리적 구조와 주제

논리적 구조와 주제를 세 단락별로 정리한다.

4.3.1.1. 제1단락의 논리적 구조와 주제

제1단락은 제1-4수이다. 이 단락의 논리적 구조는 제1-4수 텍스트의 기승전결의 구조이다. 그리고 이 단락의 주제는 제1-4수 텍스트의 주제인 [화암에서 꽃과 술을 좋아하며 낚시질로 한가롭게 소일하는 한객의 생애]와 같다.

4.3.1.2. 제2단락의 주제

제2단락인 제5수에서는 물가와 소정(小艇)에서 여름의 낮과 저녁의 한가로운 풍경과 삶을 노래한다. 오동잎에 비가 떨어지고 죽림에 안개가 어리는 것은 비오는 여름날에 볼 수 있는 풍경이다. 그리고 "소정(小艇)에 사립(簑笠) 두고"는 소정에서 도롱이를 입고 삿갓을 쓰고 낚시질을 하다가 그친 것을 의미한다. 그 다음에 등상에 누어 자다가 닷 드는 소리, 즉 다른 사람의 돌아가려는 준비에 잠을 깬다. 이런 점에서 제5수의 주제는 [물가와 소정에서 보내는 한가한 삶]으로 정리할 수 있다. 이 제5수(제2단락)는 화암의 뜰, 들, 모옥 등을 보여주는 제1-4수와 제6-9수의 중앙에서 대칭축의 기능을 한다.

4.3.1.3. 제3단락의 논리적 구조와 주제

제3단락은 제6-9수이다. 이 단락의 논리적 구조는 제6-9수 텍스트의 기승전결의 구조이다. 그리고 이 단락의 주제는 제6-9수 텍스트의 주제인 [화암에서 꽃과 술을 좋아하며 농사일(벼농사, 섶치기, 소 먹이기)로 스스로를 위로하며 살아가는 야인의 생애]와 같다.

4.3.2. 제1-9수의 논리적 구조와 주제

앞 절의 세 항에서 살핀 바를 종합하면, 이 제1-9수의 텍스트는 제5수를 대칭축으로, 그 전후에 있는 두 기승전결이 대칭하는 대칭적 구조이다.[8] 그것도 앞의 기승전결(제1-4수)과 뒤의 기승전결(제6-9수)이 대조되

8 제5수를 대칭축으로 하여, 그 전후의 두 기승전결(1, 2)이 대칭하는 對稱的 構造는 〈고산구곡가〉에서도 발견된다(양희철 2011c:283-310)는 점에서, 이 역시 〈고산구곡가〉에서 영향을 받은 것 같다.

는 대칭적 구조를 보인다. 대조된 점은 뜰, 모옥, 마당, 조대 등에서의 화취, 음주, 낚시질 등의 한가로운 한객의 생애와, 들, 모옥, 뜰, 산야(논과 山林) 등에서의 화취, 음주, 농사일(벼농사, 섶치기, 소 먹이기) 등의 한가로운 야인의 생애이다.

그리고 대칭적 구조에서 제1수의 '기'는 '기승전결'(제1-4수)의 '기'이면서 동시에 제1-9수의 총서(總序)에 해당하고, 제9수의 '결'는 '기승전결'(제6-9수)의 '결'이면서 동시에 제1-9수의 총결(總結)에 해당한다. 이 총서와 총결의 기능을 간단하게 보자.

앞에서 정리하였듯이, 제1수는 그 내용상 제1-4수의 기승전결에서 '기'에 해당하고, 제1수 초장의 시어('ᄶᅩ아 ᄌᆞ란')는 제2-4수의 초장 첫머리에서 보인 '-의/에'의 규범['풍청월백야(風淸月白夜)에'(제2수), '마당의'(제3수), '초당(草堂)에'(제4수)]을 일탈하면서 '기'의 위치를 잘 보여준다. 그런데 이 제1수 초장 첫머리의 일탈을 제1-9수 텍스트의 홀수에 해당하는 제3, 5, 7, 9수 등으로 확대하면, 역시 일탈을 보인다. 즉 '마당의'(제3수), '오동(梧桐)에'(제5수), '석양(夕陽)에'(제7수), '백수(白水)에'(제9수)' 등이 보이는 '-의/에'의 규범을 제1수의 첫머리는 'ᄶᅩ아 ᄌᆞ란'으로 일탈하고 있다. 이 일탈은 제1수가 제1-4수에서 '서'이고, 동시에 제1-9수에서 총서(總序)에 해당함을 보여준다.

앞에서 정리하였듯이, 제9수는 그 내용상 제6-9수의 기승전결에서 '결'에 해당하고, 제9수의 초장 끝시어['(섭플 친) 후']는 제6-8수의 초장 끝시어가 보인 종결어미의 규범['서래(徐來)로다'(제6수), '연하숙(煙霞宿)이라'(제7수), '보노라']을 일탈하면서, '결'의 위치를 잘 보여준다. 그런데 이 제9수 초장 끝시어의 일탈을 제1-9수 텍스트의 홀수에 해당하는 제1, 3, 5, 7수 등의 초장 끝시어들로 확대하면, 역시 일탈을 보인다. 즉 '고사매(古槎梅)ㅣ라'(제1수), '석류(石榴)핀다'(제3수), '연롱(煙籠)이라'(제5수) '연하숙(煙霞宿)이라'(제7수) 등이 보이는 종결어미의 규범을 제9수의 끝시어인 '(섭플 친) 후'로 일탈하고 있다. 이 일탈은 제9수가 제6-9수에서 '결'이고, 동시에 제1-9수에서 총결(總結)에 해당함을 보여준다.

이런 총서와 총결을 가지고 있는 제1-9수 텍스트는 기승전결과 기승전결을 대칭시킨 대칭적 구조을 보여준다.

이런 대칭적 구조는 작가의 현실인식 및 현실대응과 이 텍스트의 주제를 잘 말해준다.

먼저 작가의 현실인식 및 현실대응을 보자. 이 텍스트는 화암의 한가로운 생애를 노래하되, 꽃과 술을 좋아하며 낚시질로 소일하는 한객의 생애(제1-4수)에서 꽃과 술을 좋아하며 농사일(벼농사, 섶치기, 소 먹이기)로 스스로를 위로하며 살아가는 야인의 생애(제6-9수)로의 전환을 보여주었다. 이 전환은 앞에서 살핀 배경공간의 교체에서도 확인된다. 즉 '뜰'과 '조대(釣臺)'(제1-4수)를 '들'과 '산야(山野)'(논과 산림)(제6-9수)로 교체한 것이 바로 이를 말해준다. 이 전환은 야인(野人), 즉 향촌사족(鄕村士族)의 현실인식 및 현실대응과도 밀접한 관계에 있는 것 같다. 유한족으로 꽃과 술을 좋아하며 낚시질로 소일하는 한객의 생애를 더 이상 영위할 수 없으며, 꽃과 술을 좋아하되, 적어도 농사일(벼농사, 섶치기, 소 먹이기)을 하면서 스스로를 위하며 살아가야 하는 야인, 즉 향촌 사족의 현실인식 및 현실대응을 보여주는 것이다.

이번에는 이 텍스트의 주제를 보자. 이 텍스트의 주제는 [한객의 생애에서 야인의 생애로 바뀌는 상황에서, 야인(향촌사족)의 농가 생애도 자랑할 때가 있으리라는 기대로 야인의 농가 생애를 스스로 달램]으로 정리할 수 있다. 이런 사실은 이 텍스트의 제9수가 잘 말해준다. 왜냐하면 제9수는 기승전결(제6-9수)의 '결'이며, 동시에 이 텍스트(제1-9수)의 '총결'이기 때문이다. 이런 '총결'의 제9수에서 작가는 야인의 농가 생애도 자랑할 때가 있으리라는 기대로 야인의 농가 생애를 스스로 달래고 있다. 즉 초장과 중장인 "백수(白水)에 벼를 갈고 청산(靑山)에 섭플 친 후

/ 서림(西林) 풍림(風雨)에 쇼 머겨 도라 오니"에서는, 야인의 농가 생애의 대표적인 농사일(벼농사, 섶치기, 소 먹이기)을 잘 보여준다. 그리고 종장인 "두어라 야인(野人) 생애(生涯)도 자랑홀 때 이시리라"에서는, 초장과 중장의 대표적인 농사일에 꽃과 술을 좋아하는 일까지 포함시킨 야인의 농가 생애도 자랑할 때가 있으리라는 기대로 야인의 농가 생애를 스스로 달래고 있다. 이런 점에서 이 텍스트의 주제는 [한객의 생애에서 야인의 생애로 바뀌는 상황에서, 야인(향촌사족)의 농가 생애도 자랑할 때가 있으리라는 기대로 야인의 농가 생애를 스스로 달램]이라고 정리할 수 있다.

5. 결론

지금까지 탈착형 연시조인 〈화암구곡〉의 세 텍스트에 나타난 결속, 종결, 구조, 주제 등을 검토 정리해 보았다. 그 중요한 결과를 요약하는 것으로 결론을 대신하면 다음과 같다.

먼저 '2'장에서 정리한 결속과 종결은 다음과 같이 요약된다.

1) 제1-4수 텍스트의 결속과 종결은 셋이다. 첫째는 ['-에 -이'(A, 제1수) - '-을 -에'(B, 제2수) - 대칭축 - '-을 -에'(B, 제3수) - '-에 -이'(A, 제4수)]의 대칭표현에 의한 텍스트의 결속과 종결이다. 둘째는 '시니'(제1수) - '시니'(제2수) - '내니'(제3수) - '시니'(제4수)가 보여주는 반복표현의 후미 전환과 그 도치에 의한 종결이다. 셋째는 제4수 종장의 첫부분('백구(白鷗)도')이 보인 반복표현의 후미 전환에 의한 종결이다.
2) 제6-9수 텍스트의 결속과 종결은 둘이다. 첫째는 현재시제의 반

복표현('ᄒᆞ니, 드니, 치니, 오니')에 의한 결속이다. 둘째는 제9수의 '친 후'가 보인 반복표현의 후미 전환에 의한 종결이다.

3) 제1-9수 텍스트의 결속과 종결은 단락내의 것과 단락간의 것으로 나뉜다. 단락내의 결속과 종결은 제1단락(제1-4수)과 제3단락(제6-9수)에서 보인다. 제1-4수 텍스트의 결속과 종결은 이 제1-9수의 텍스트에서는 제1단락의 단락내 결속과 종결이 되고, 제6-9수 텍스트의 결속과 종결은 이 제1-9수의 텍스트에서는 제3단락의 단락내 결속과 종결이 된다. 단락간의 결속과 종결에는 대칭표현에 의한 것들과 반복표현의 후미 전환에 의한 것들이 있다. 전자로는 다섯이 있고, 후자로는 둘이 있다.

'3'장에서 정리한 배경시공간의 구조는 다음과 같이 요약된다.

1) 제1-9수 택스트의 배경시간에서, 계절의 사시[四季]는 제5수를 대칭축으로 대칭하는 대칭적 구조를, 하루의 사시는 제5수를 대칭축으로 대체로 대칭하는 대칭적 구조를 보인다. 이 둘이 결합된 배경시간에서는, 제5수의 '여름3(낮, 저녁)'을 대칭축으로, [봄1(낮) - 봄2(밤) - 여름1(낮, 밤) - 여름2(낮, 저녁)](제1-4수)의 순차적 구조와, [봄1(낮) - 봄2(저녁, 밤) - 여름1(낮, 밤) - 여름2(낮, 저녁)](제6-9수)의 순차적 구조가 대체로 대칭하는 대칭적 구조를 보인다. 제1-4수 텍스트와 제6-9수 텍스트의 배경시간의 구조는 제1-9수 텍스트의 해당 부분만을 분리한 것과 같아서, 그 설명의 분리는 생략하였다.
2) 제1-9수 택스트의 배경공간의 구조는 제5수를 대칭축으로 제1-4수와 제6-9수가 대조적으로 대칭하는, 즉 [화암의 뜰(제1수), 화암의 뜰과 모옥(제2수), 화암의 마당, 들, 모옥(제3수), 화암의 모옥

과 조대(제4수)]와 [화암의 들(제6수), 화암의 들과 모옥(제7수), 화암의 뜰, 들, 모옥(제8수), 화암의 모옥과 산야(제9수)]가 대조적으로 대칭하는 대칭적 구조이다. 제1-4수 텍스트와 제6-9수 텍스트의 배경공간의 구조는 제1-9수 텍스트의 해당 부분만을 분리한 것과 같아서, 그 설명의 분리는 생략하였다.

'4'장에서 정리한 논리적 구조와 주제는 다음과 같이 요약된다.

1) 제1-4수 텍스트의 논리적 구조는 기승전결이며, 주제는 [화암에서 꽃과 술을 좋아하며 낚시질로 한가롭게 소일하는 한객의 생애]이다.
2) 제6-9수 텍스트의 논리적 구조는 기승전결이며, 주제는 [화암에서 꽃과 술을 좋아하며 농사일(벼농사, 섶치기, 소 먹이기)로 스스로를 위로하며 살아가는 야인의 생애]이다.
3) 제1-9수 텍스트의 논리적 구조는 제5수를 대칭축으로, 그 전후에 있는 두 기승전결이 대칭하는 대칭적 구조이며, 주제는 [한객의 생애에서 야인의 생애로 바뀌는 상황에서, 야인(향촌사족)의 농가 생애도 자랑할 때가 있으리라는 기대로 야인의 농가 생애를 스스로 달램]이다.

이상과 같은 〈화암구곡〉의 구조는, 〈고산구곡가〉의 구조로부터, '봄(제1, 2수) - 여름(제3, 4수)'의 배경시간에서의 구조와, 두 기승전결(1, 2)을 대칭시킨 논리적 구조에서의 대칭적 구조를 수용하고, 그 나머지를 다시 창안하였음을 어느 정도 암시한다. 그리고 이 글에서는 이 작품의 서정성, 미학적 원리, 가치 등을 다루지 않았다. 이것들에 대한 연구는 후일의 다른 글로 돌린다.

나위소의 〈강호구가〉

1. 서론

이 글은 나위소(羅緯素 1582~1666)가 지은 〈강호구가〉에서 보이는 다섯 텍스트의 결속, 종결, 구조, 주제 등을 검토 정리하고, 이를 통하여 탈착형(脫着形) 연시조의 가능성을 가늠하는 데 연구의 목적이 있다.

〈강호구가〉는 박준규, 유수양, 양희철 등에 의해 주로 연구되었다. 그 내용을 간단하게 정리하면 다음과 같다.

〈강호구가〉를 1976년에 처음으로 소개한 박준규(1989;1997)는, 누정제영(樓亭題詠)과 국문학을 언급한 다음에, 송암의 가계, 생애, 수운정(岫雲亭)의 건립과 누정제영, 송암의 수운정 생활과 〈강호구가〉 등을 폭넓게 연구하였다. 〈강호구가〉의 부분에서는 연시조 9수를 소개하고, 9수의 내용을 정리[1]한 다음에, 이 작품을 일종의 어부가, 즉 윤선도의

---

1 "제1곡은 낳아주신 어버이와 먹여주신 임금의 恩惠, 제2곡은 강호에서 편안한 생활을 하게 하고, 두 아들을 보살펴 주신 聖恩, 제3곡은 煙霞痼疾에 빠져 聖恩을 생각하는 강호 생활, 제4곡은 饌物도 마련하기 어려운 시골에서 손을 맞는 소박한 생활, 제5곡은 달밝은 밤, 물위에 배를 띄워 즐기는 江湖閑情, 제6곡은 갈매기와 함께하는 석양의 半帆歸興, 제7곡은 낚시대를 멘 漁翁의 그윽한 興致, 제8곡은 분수에 맞게 어른을 대접하는 소박한 생활, 제9곡은 벼슬을 그만두고 낚시로 소일하는 강호 한적 등을 노래하였다."(박준규 1997:236).

〈어부사시가〉와 같은 계열의 강호가로 정리를 하면서, 윤선도와 가까웠음도 부기하였다. 그리고 제1수의 종장("焂然히 七十이 러무니 홀 일 업서 ᄒᆞ노라")과 제9수 초장("食祿을 긋친 後로 漁釣을 生涯ᄒᆞ니")에 근거해, 이 작품의 창작시기를 70세 이후로 보았다.

유수양(2006)은 송암의 생애와 수운정 경영, 수운정의 누정한시, 수운정의 누정시조 등을 다루면서, 〈강호구가〉를 정리하였다. 〈강호구가〉의 부분에서는 9수의 내용을 간단하게 검토하고, 이어서 〈어부사시가〉와의 상관성을 검토하였다. 이 글에서도, 박준규와 같은 근거에 의거하여, 70세 이후에 지은 작품으로 보면서, 작품의 성격을 "강호에서 누리는 안분지족의 생활을 표현한 누정시조"로 보았다.

또한 유수양은 다른 글(2010)에서 송암 문학의 형성 배경, 송암의 시조 문학, 송암의 한시 문학, 송암 문학의 특성 등을 다루면서, 〈강호구가〉 이해의 시각, 사시가의 전통과 〈강호구가〉, 어부가의 전통과 〈강호구가〉 등을 다루었다. 특히 구성내용과 주제[2]를 정리한 다음에, 〈강호구가〉는 사시가와 어부가의 성격을 모두 지닌 것으로 정리를 하였다.[3]

2 유수양이 정리한 구성내용과 주제는 다음과 같다.

작품순	구성 내용	주제
其一	낳아준 부모와 먹인 임금의 은혜를 같다고 보며 성은을 갚고자 함	성은에 감사
其二	두 아들이 가까이서 봉양에 성은의 망극함을 노래함	성은에 감사
其三	강호에 묻혀 지낸 지 10년 동안도 성은을 잊지 못함	성은에 감사
其四	배를 띄우고 그물을 놓아 손님의 반찬을 구하고자 함	손님 대접
其五	短艇을 타고 백구와 즐기는 흥취	江湖閑情
其六	半帆歸興의 여유로운 江湖風趣	半帆歸興
其七	낚시를 즐기는 생활 속의 漁興	江湖漁興
其八	조촐한 생활 속에 분수를 지키며 살아감	安分知足
其九	漁釣의 生涯이나 江湖閑適을 즐김	江湖閑適

3 사시가와 어부가의 성격으로 정리한 부분을 인용하면 다음과 같다. "이는 전체 9수로 되어 있는데, 서두의 3수는 치사한객으로서 노년에 느끼는 江湖之樂에서 성은에 대한 감격을 노래한 사시가이며, 후반부의 6수는 강호에서의 소박한 어옹 생활을 노래한 어부가이다."(유수양 2010:38쪽). "요컨대, 〈강호구가〉는 정확한 사시의 변화를 드

양희철은 세 편의 글(2010c, 2010e, 2011a)에서 일탈표현, 대칭표현, 후미 반복형의 종결, 구조, 주제 등을 논의하였다. 이 논의들은 이 글에서 검토하려는 다섯 텍스트 중에서 하나의 텍스트(9수의 텍스트)만을 부분적으로 검토하였다. 일부 주목되는 부분들도 보이지만, 〈강호구가〉를 다른 여러 작품들과 함께 부분적으로 다루었기 때문에, 〈강호구가〉의 작품론으로는 수정하고 보완해야 할 부분이 적지 않다.

이렇게 연구되어온 선행연구들은 〈강호구가〉의 이해에 많은 도움을 주어 왔다. 그러나 결속, 종결, 구조, 주제 등의 정리에서 미진한 것들이 적지 않아 보인다. 특히 이 작품은 다섯 텍스트로 수용되었을 가능성이 많은데, 이 중에서 9수의 텍스트만이 부분적으로 연구되었고, 이 9수의 텍스트를 제외한, 나머지 네 텍스트(전3수의 텍스트, 중3수의 텍스트, 후3수의 텍스트, 전후6수의 텍스트 등)와 관련된 결속, 종결, 구조, 주제 등은 연구된 바가 없다. 이에 〈강호구가〉의 다섯 텍스트에서 그 결속, 종결, 구조, 주제 등을 다시 한번 검토 정리하면서, 이 작품이 전3수의 텍스트, 중3수의 텍스트, 후3수의 텍스트, 전후6수의 텍스트 등으로 떼어서 수용하기도 하고, 9수의 텍스트로 붙여서 수용하기도 하는, 탈착형(脫着形) 연시조[4]의 가능성을 검토 정리해 보고자 한다.

러내고 있지 않으나 작가가 치사한객의 상태에서 지었고, 군은을 송축한다는 점에서 사시가로 분류할 수 있다."(유수양 2010:43).

4 탈착형(脫着形) 연시조는 한 작품의 연시조에서 그 일부를 떼어서 연시조로 수용할 수도 있고, 붙여서 하나의 연시조로 수용할 수 있는 연시조를 말한다. 이 탈착형(脫着形) 연시조는 착탈형(着脫形) 연시조로 부를 수도 있다. 이런 탈착형은 조선조의 문학인 『용비어천가』, 판소리, 연시조 등에서 발견된다.

『용비어천가』에서 그 일부만을 떼어서 〈여민락〉으로 수용하기도 하고, 붙여서 『용비어천가』로 수용하기도 하였다. 그리고 판소리의 경우에는, 어느 한 부분을 분리하여 마당 또는 대목으로 수용하기도 하고, 붙여서 판소리 전편으로 수용하기도 하였다.

탈착형의 연시조로는 이 글에서 다루려는 〈강호구가〉와 다음의 14편이 있다. 〈도산십이곡〉은 〈언지〉의 텍스트, 〈언학〉의 텍스트, 〈언지+언학〉의 텍스트 등으로 탈착되는 탈착형이다. 〈강호연군가〉(장경세)와 〈영언십이장〉(신지)은 〈도산십이곡〉을

2. 3수의 세 텍스트

이 작품은 우선 3수의 텍스트 셋으로 나눌 수 있다. 즉 전3수(제1-3수)의 텍스트, 중3수(제4-6수)의 텍스트, 후3수(제7-9수)의 텍스트 등으로 나눌 수 있다. 이 세 텍스트를 이 장에서 차례로 검토 정리하려 한다.

2.1. 전3수의 텍스트

이 절에서는 전3수 텍스트의 결속, 종결, 구조, 주제 등을 검토 정리하려 한다. 전3수 텍스트를 인용하면 다음과 같다.

어버이 나ᄒᆞ셔늘 님금이 먹이시니
나흔 德 먹인 恩을 다 갑곤랴 ᄒᆞ엿더니
倏然히 七十이 러무니 ᄒᆞᆯ 일 업서 ᄒᆞ노라(제1수)

어와 聖恩이야 罔極ᄒᆞᆫ 聖恩이다

모방한 탈착형이다. 〈고산구곡가〉는 제2-5수의 텍스트, 제7-10수의 텍스트, 제1-10수의 텍스트 등으로 탈착되는 탈착형이다. 〈화암구곡〉(유박)과 〈황강구곡가〉(권섭)는 〈고산구곡가〉를 모방한 탈착형이다. 〈술회〉(정광천)는 전3수의 텍스트, 후3수의 텍스트, 6수의 텍스트 등으로 탈착되는 탈착형이다. 〈전원사시가〉(신계영)는 〈사시〉의 텍스트, 〈제석〉의 텍스트, 〈사시+제석〉의 텍스트 등으로 탈착되는 탈착형이다. 〈오륜가〉(박선장)는 5수의 텍스트와 8수의 텍스트로 탈착되는 탈착형이다. 〈오륜가〉(박인로)는 오륜별 5종의 텍스트들, 총론의 텍스트, 전체 텍스트 등으로 탈착되는 탈착형이다. 〈풍아별곡〉(권익륭)은 제1, 2, 7곡의 텍스트, 제1, 3, 8곡의 텍스트, 제1, 4, 9곡의 텍스트, 제1, 5, 10곡의 텍스트, 제1, 6, 11곡의 텍스트, 제1, 7-11곡의 텍스트, 제1-11곡의 텍스트 등으로 탈착되는 탈착형이다. 〈전가팔곡〉(이휘일)은 〈원풍〉의 텍스트, 〈사시〉의 텍스트, 〈신오석〉의 텍스트, 〈원풍+사시+신오석〉의 텍스트 등으로 탈착되는 탈착형이다. 〈농가(구장)〉(위백규)는 전6수의 텍스트, 후3수의 텍스트, 9수의 텍스트 등으로 탈착되는 탈착형이다. 〈매화사〉(안민영)는 전6수의 텍스트와 8수의 텍스트로 탈착되는 탈착형이다. 이 정리에 소용되는 자료들은, 거의가 필자의 글들이다. 번잡을 피하기 위하여, 그 서지사항들은 참고문헌에만 제시하였다.

江湖 安老도 分 밧긔 일이어든
ᄒᆞ물며 두 아ᄃᆞᆯ 專誠榮養은 ᄯᅩ 어인가 ᄒᆞ노라(제2수)

煙霞의 깁피 든 病 藥이 效驗 업서
江湖에 ᄇᆞ리연디 十年 밧기 되어세라
그러나 이제 다 못 죽음도 긔 聖恩인가 ᄒᆞ노라(제3수)

2.1.1. 결속과 종결

이 전3수 텍스트의 결속은 제1-3수 종장의 반복표현('ᄒᆞ노라')에 의해 이루어진다. 제1-3수의 종장을 보면 'ᄒᆞ노라'를 반복한다. 이 반복은 반복표현에 의해 전3수(제1-3수) 텍스트의 내부 결속을 보여준다. 그리고 이 전3수 텍스트의 종결은 후미에서 같은 표현을 반복함에 의해서 이루어진다. 즉 제2, 3수의 종장을 보면, '-인가 ᄒᆞ노라'를 반복한다. 이 반복은 후미에서 반복표현에 의해 종결을 보여주는 종결의 형태이다. 이런 종결의 형태는 이 작품의 후미인 제8, 9수에서도 보인다.

2.1.2. 구조와 주제

전3수 텍스트에서는 논리적 구조만이 발견된다. 이 논리적 구조를 차례로 보자.

제1수는 서사에 해당한다. 초장과 중장인 "어버이 나ᄒᆞ셔ᄂᆞᆯ 님금이 먹이시니 / 나흔 德 먹인 恩을 다 갑곤랴 ᄒᆞ엿더니"에서는 부모와 임금의 은덕을 갚으려 살아온 과거를 노래하고, 종장("焂然히 七十이 러무니 ᄒᆞᆯ 일 업서 ᄒᆞ노라")에서는 벌써 칠십이 넘어, 노래하는 현재까지 할 일이 없음[閑暇]을 노래한다. 그것도 구체적으로 강호한적을 노래하기에 앞서, 시적 화자 자신의 위치를 포괄적으로 소개하고 있다는 점에서, 제1수는 서사로 정리할 수 있다. 그런데 이 서사는 전3수(제1-3수) 텍스트의 서사인 동시에, 뒤에 볼 전후6수(제1-3, 7-9수) 텍스트와 9수(제1-9수) 텍스트의 서사이기도 하다.

제2수는 분외사[分外事, 강호안로(江湖安老)와 전성영양(專誠榮養)]의 성은을 통하여, 안분지족(安分知足)의 강호한적(江湖閑適)을 노래한 본사1에 해당한다. 초장인 "어와 성은(聖恩)이야 망극(罔極)홀손 성은(聖恩)이다"를 보면, 분명히 성은을 노래한다. 그런데 핵심은 성은 자체보다 그 성은이 분외사(分外事)라는 것이다. 중장["강호(江湖) 안로(安老)도 분(分) 밧긔 일이어든"]을 보면, 강호에서 편안하게 늙는 것만도 '분(分) 밧긔 일'[分外事]이라고 안분지족을 보여준다. 그리고 이어서 종장에서는 "ᄒᆞ물며 두 아돌 전성영양(專誠榮養)은 ᄯᅩ 어인가 ᄒᆞ노라"라고 노래하는데, 이 두 아들의 전성영양은 더더욱 '분(分) 밧긔 일'[分外事]이라고 안분지족을 보여준다. 이런 사실들로 보면, 제2수에서는 분외사의 성은을 통하여, 안분지족의 강호한적을 노래했다고 정리할 수 있다. 이는 본사1이다.

제3수는 분외사[分外事, 강호안로(江湖安老)]의 성은을 통하여, 안분지족의 강호한적을 노래한 본사2에 해당한다. 초장인 "연하(煙霞)의 깁피 든 병(病) 약(藥)이 효험(效驗) 업서"와 중장인 "강호(江湖)에 ᄇᆞ리연디 십년(十年) 밧기 되어세라"에서는 강호에서 10년이 넘도록 편안하고 한적하게 살아온 삶을 보여준다. 그리고 종장에서는 초장과 중장에서 노래한 편안한 강호한적에 안분지족을 더하고 있다. 종장은 "그러나 이제 다 못 죽음도 긔 성은(聖恩)인가 ᄒᆞ노라"이다. 이 종장에서 '이제 다 못 죽음'은 10년 이상 강호의 즐거움에 깊이 빠진 병이면, 죽어도 여한이 없다는 의미를 보여주는 것으로, 이 역시 안분지족을 보여준다. 이렇게 노래한 안분지족의 강호한적을 "긔 성은(聖恩)인가 ᄒᆞ노라"로 돌리고 있는데, 이는 제2수에서와 같이, 분외사의 성은을 통한 안분지족의 강호한적을 표현한 것으로 정리할 수 있다.

이런 점에서 이 제3수 역시 분외사[分外事, 강호안로(江湖安老)]의 성은을 통하여 안분지족하는 강호한적을 노래했다고 정리할 수 있다. 그런데 이 제3수의 성은에는 제2수의 강호안로(江湖安老)만 있고, 전성영양(專誠榮養)은 없다. 이를 계산하면, 제3수(본사2)는 제2수(본사1)보다 점강되었다고 정리할 수 있다.

이렇게 보면, 전3수(제1-3수)의 텍스트는 서사(제1수)와 본사(제2, 3수, 점강적 구조)로 구성된 파격의 구조로 되어 있으며, [분외사인 성은의 표현을 통해 보여준 안분지족의 강호한적]의 주제를 노래하였다고 정리할 수 있다.

이상과 같이, 전3수의 텍스트는 독자적인 결속, 종결, 구조, 주제 등을 보여준다. 그런데 이 독자적인 결속, 종결, 구조, 주제 등은 독립된 작품들과 독립된 텍스트들의 조건이란 점에서, 이 전3수의 텍스트는 독립적 텍스트로도 수용되었다고 볼 수 있다.

2.2. 중3수의 텍스트

이 절에서는 중3수 텍스트의 결속, 종결, 구조, 주제 등을 검토 정리하려 한다. 중3수 텍스트를 인용하면 다음과 같다.

전나귀 밧비 모라 다 졈은 날 오신 손님
보리피 구즌 뫼예 饌物이 아조 업다
아히야 ᄇᆡ 내어 씌워라 그믈 노하 보리라(제4수)

ᄃᆞᆯ ᄇᆞᆰ고 ᄇᆞ람 자니 믈결이 비단일다
短艇을 빗기 노하 오락 가락 ᄒᆞᄂᆞᆫ 興을
白鷗야 하 즐겨 말고려 世上 알가 ᄒᆞ노라(제5수)

모래 우희 자는 白鷗 閑暇홀샤
江湖 風趣롤 네 디닐 씨 내 디닐 씨
夕陽의 半帆歸興은 너도 날만 못 ᄒ리라(제6수)

2.2.1. 결속과 종결

중3수 텍스트의 결속과 종결은 ['-리라'(제4수) - '-노라'(제5수) - '-리라'(제6수)]의 대칭표현에서 확인된다.[5] 제4, 5, 6수의 종장 끝시어들은 '보리라, ᄒ노라, ᄒ리라' 등이다. 이 시어들 중에서 제4, 6수의 두 '-리라'는 제5수의 '-노라'를 대칭축으로 대칭한다. 이 대칭표현은 시종의 대칭표현을 통하여 이 텍스트의 결속과 종결을 보여준다.

2.2.2. 구조와 주제

중3수의 텍스트는 배경시간의 구조, 배경공간의 구조, 논리적 구조 등의 세 구조를 보여준다. 이를 차례로 보자.

2.2.2.1. 배경시간의 구조

제4-6수는 은퇴 이후의 시간을 보여주면서, 사시의 배경시간도 보여준다. 이는 제1-3, 7-9수와 다른 점이다. 제4수의 배경시간은 '저녁'이다. 초장인 "전나귀 밧비 모라 다 졈은 날 오신 손님"의 '다 저문 날'에서, 제4수의 배경시간이 저녁임을 알 수 있다. 그리고 제5수의 배경시간은 '달밤'이다. 초장인 "돌 볽고 ᄇ람 자니 믈결이 비단일다"에서, 제5수의 배경시간이 '달밤'임을 알 수 있다. 제6수의 배경시간은 저녁이다. 종장인 "석양(夕陽)의 반범귀흥(半帆歸興)은 너도 날만 못 ᄒ리라"에서, 제6수의 배경공간이 저녁임을 알 수 있다. 이런 시간들로 보아, 제4-6수의

5 양희철(2010a:103, 2011:116).

배경시간은 [저녁(제4수) - 밤(제5수) - 저녁(제6수)]의 대칭적 구조로 정리할 수 있다.

2.2.2.2. 배경공간의 구조

제4수의 배경공간은 강호 그 중에서도 물가(집)와 배로 추정할 수 있다. 이런 사실은 초장("전나귀 밧비 모라 다 졈은 날 오신 손님")과 종장("아히아 빅 내어 씌워라 그믈 노하 보리라")을 통하여 추정할 수 있다. 제5수의 배경공간은 강호 그 중에서도 물위의 단정(短艇)이다. 이런 사실은 초장과 중장인 "둘 붉고 ㅂ람 자니 믈결이 비단일다 / 단정(短艇)을 빗기 노하 오락 가락 ᄒᆞ는 흥(興)을"에서 알 수 있다. 제6수의 배경공간은 강호 그 중에서도 돌아오는 물가와 배로 정리할 수 있다. 이런 사실은 "모래 우희 자는 백구(白鷗) 한가(閑暇)ᄒᆞ샤 / 강호(江湖) 풍취(風趣)를 네 디닐 찌 내 디닐 찌 / 석양(夕陽)의 반범귀흥(半帆歸興)은 너도 날만 못ᄒᆞ리라"의 '모래 위, 강호, 귀흥(歸興)' 등에서 종합할 수 있다.

이상의 중3수 텍스트의 배경공간은 [물가, 배(제4수) - 물위, 단정(제5수) - 물가, 배(제6수)]의 대칭적 구조로 정리할 수 있다.

2.2.2.3 논리적 구조와 주제

제4수에서는 안분지족의 강호한적을 보여준다. 초장과 중장인 "전나귀 밧비 모라 다 졈은 날 오신 손님 / 보리피 구즌 뫼예 찬물(饌物)이 아조 업다"에서는 안분지족을 알 수 있고, 찬물을 준비하기 위해 배를 띄우려는 종장("아히아 빅 내어 씌워라 그믈 노하 보리라")에서는 강호한적을 읽을 수 있다.

제5수 역시 안분지족의 강호한적을 보여준다. 초장과 중장인 "둘 붉고 ㅂ람 자니 믈결이 비단일다 / 단정(短艇)을 빗기 노하 오락 가락 ᄒᆞ는 흥(興)을"에서는, 달이 밝고 바람이 차므로 물결이 비단과 같은 물에, 단정(短艇, 작은 거룻배)을 비스듬히 놓아 오락가락 하는 흥을 즐기고 있다. 이는 안분지족하는 강호한적의 극치라고 할 수 있다. 이 제5수의 안분지족의 강호한적은 제4수의 것보다 점층되어 있다. 왜냐하면 제5수의 안분지족의 강호한적은 제4수에서 보인 보리 피 밥에 찬물이 없어, 찬물을 위해 배를 내는 목적성도 제거되고, 흥이 수반된 안분지족의 강호한적이기 때문이다.

제6수 역시 안분지족의 강호한적을 보여준다. 초장과 중장인 "모래우희 자는 백구(白鷗) 한가(閑暇)ᄒᆞ샤 / 강호(江湖) 풍취(風趣)ᄅᆞᆯ 네 디닐 ᄯᅵ 내 디닐 ᄯᅵ"에서는, 강호의 풍경과 정취를 한가한 백구와 함께 하면서, 강호한적을 보여준다. 그리고 종장인 "석양(夕陽)의 반범귀흥(半帆歸興)은 너도 날만 못 ᄒᆞ리라"에서는, 귀흥을 노래하면서, 안분지족도 보여준다.

이 제6수의 안분지족의 강호한적은 제5수의 것보다 점강되어 있다. 왜냐하면 제6수에서 보인 강호풍정을 맛본 다음에 집으로 돌아오는 흥의 강호한적은, 제5수에서 보인 단정을 비스듬히 놓아 오락가락 하는 강호한적에 인간세상사가 포함되었기 때문이다. 특히 이 집으로 돌아오는 흥의 강호한적에는 자연에서 무한정 마음 편하게 놀 수 없어 집으로 돌아와야 하는 목적성을 보인다. 이 목적성의 부여는 제4수에서 제5수로 점층되면서 제거된 것을 다시 살린 것이다. 이로 인해 제6수와 제4수의 강호한적은 대칭적이다.

이렇게 볼 때에, 중3수는 점층적 구조와 점강적 구조가 대칭된 대칭적 구조로 정리할 수 있다. 그리고 이 중3수의 주제는 [강호에서 배를 타고 물에 나아가고, 물위에서 놀고, 돌아오면서 즐기는, 안분지족의 강호한적]으로 정리할 수 있다.

이상과 같이, 중3수(제4-6수)의 텍스트는 독자적인 결속, 종결, 구조, 주제 등을 보여준다. 그런데 이 독자적인 결속, 종결, 구조, 주제 등은 독립된 작품들과 독립된 텍스트들의 조건이란 점에서, 이 중3수의 텍스트는 독립적 텍스트로도 수용되었다고 볼 수 있다.

2.3. 후3수의 텍스트

이 절에서는 후3수(제7-9수) 텍스트의 결속, 종결, 구조, 주제 등을 검토 정리하려 한다. 후3수 텍스트를 인용하면 다음과 같다.

ᄀᆞᄂᆞᆫ 비 빗긴 ᄇᆞ람 낫대 멘 뎌 하나바
네 生涯 언마치라 슈고롬도 수고롤샤
生涯를 爲호미 아니라 漁興계워 ᄒᆞ노라(제7수)

피 燒酒 무우저리 우옵다 어룬 待接
놈은 져닐은 말이 草草타 ᄒᆞ건마ᄂᆞᆫ
두어라 니도 내 分이니 分內事ㅣᆫ가 ᄒᆞ노라(제8수)

食祿을 긋친 後로 漁釣을 生涯ᄒᆞ니
헴 입슨 아ᄒᆡ들은 괴롭다 ᄒᆞ건마ᄂᆞᆫ
두어라 江湖閑適이 이 내 分인가 ᄒᆞ노라(제9수)

2.3.1. 결속과 종결

후3수 텍스트의 결속과 종결은 세 종류의 반복표현을 통하여 파악할 수 있다.

첫째로, 제7-9수에서의 반복표현('ᄒᆞ노라')이다. 제7-9수의 종장을 보면 'ᄒᆞ노라'를 반복한다. 이 반복은 반복표현에 의해 후3수(제7-9수)를 하나의 텍스트로 묶는 결속의 기능을 보여준다.

둘째로, 제8, 9수의 중장에서 보이는 'ᄒᆞ건마는'의 반복표현이다. 제9수의 중장에서는 제8수의 중장에서 사용한 'ᄒᆞ건마는'을 반복하였다. 이는 후미에서의 반복표현에 의한 종결의 표현이다.

셋째로, 제8, 9수의 종장에서 보이는 "두어라 … -인가 ᄒᆞ노라"의 반복표현이다. 제9수의 종장에서는 제8수의 종장에서 사용한 "두어라 … -인가 ᄒᆞ노라"를 반복하였다. 이 역시 후미에서의 반복표현에 의한 종결의 표현이다.

2.3.2. 구조와 주제

후3수 텍스트에서는 본사(제7, 8수)와 결사(제9수)로 구성된 파격의 논리적 구조를 보여준다. 이를 차례로 보자.

제7수는 안분지족의 강호한적을 노래한 본사1이다. 초장인 "ᄀᆞᄂᆞᆫ 비 빗긴 ᄇᆞ람 낫대 멘 뎌 하나바"에서는 강호한적을 보여준다. 그리고 중장과 종장인 "네 생애(生涯) 언마치라 슈고롬도 수고롤샤 / 생애(生涯)를 위(爲)호미 아니라 어흥(漁興)계워 ᄒᆞ노라"에서는 안분지족을 보여준다. 특히 생애(生涯, 생애=생활)를 위함이 아니기 때문에 어흥겨운 안분지족을 보여준다. 이런 점에서 제7수는 안분지족의 강호한적을 노래한 본사1로 정리할 수 있다.

제8수 역시 안분지족의 강호한적을 노래한 본사2이다. 초장과 중장인 "피 소주(燒酒) 무우저리 우웁다 어룬 대접(待接) / 눔은 져닐은 말이 초초(草草)타 ᄒᆞ건마는"에서는 강호의 조촐함과 한적을 잘 보여준다. 그리고 종장인 "두어라 니도 내 分이니 분내사(分內事) ㅣ가 ᄒᆞ노라"에서는 안분지족을 잘 보여준다. 이런 점에서, 이 제8수도 안분지족의 강호한적을 노래한 본사2로 정리할 수 있다.

이 제8수의 안분지족의 강호한적은 제7수의 안분지족의 강호한적보다 점강되어 있다. 왜냐하면 제7수의 안분지족의 강호한적에는 어흥(漁

興)의 흥이 있지만, 제8수의 안분지족의 강호한적에는 흥이 없다. 이런 점에서, 제7수와 제8수는 점강적 구조이다.

제9수는 결사에 해당한다. 초장인 "식록(食祿)을 긋친 후(後)로 어조(漁釣)을 생애(生涯)ㅎ니"와 종장인 "두어라 강호한적(江湖閑適)이 이 내 분(分)인가 ㅎ노라"에서는 식록(食祿, 먹고 살기 위한 벼슬)을 그친 이후의 강호한적을 자신의 분(안분지족)으로 생각하는 삶을 요약하고 있다. 특히 이에 포함된 안분지족의 강호한적은 제7, 8수에서 개별적으로 노래한 안분지족의 강호한적은 물론, 제2-8수에서 개별적으로 노래한 안분지족의 강호한적들을 종합할 수 있는 결사이다.

이에 따라 후3수의 텍스트는 본사(본사1, 본사2, 점강적 구조)와 결사로 구성된 파격의 논리적 구조와, [낚시와 소박한 술과 안주에 안분지족하는 강호한적]의 주제를 보여준다고 정리할 수 있다.

이상과 같이, 후3수(제7-9수)의 텍스트는 독자적인 결속, 종결, 구조, 주제 등을 보여준다. 그런데 이 독자적인 결속, 종결, 구조, 주제 등은 독립된 작품들과 독립된 텍스트들의 조건이란 점에서, 이 후3수의 텍스트는 독립적 텍스트로도 수용되었다고 볼 수 있다.

3. 전후6수의 텍스트

이 장에서는 전후6수(제1-3, 7-9수)의 텍스트가 보여주는 결속, 종결, 구조, 주제 등을 검토 정리하고자 한다.

3.1. 결속과 종결

전후6수(제1-3, 7-9수)의 텍스트가 보여주는 결속과 종결을 보기 위하여, 제1-3, 7-9수를 인용해 보자. 이 텍스트는 전체 텍스트에서 중3수(제 4-6수)를 제외한 텍스트이다.

어버이 나ᄒᆞ셔늘 님금이 먹이시니
나흔 德 먹인 恩을 다 갑곤랴 ᄒᆞ엿더니
倏然히 七十이 러무니 ᄒᆞᆯ 일 업서 ᄒᆞ노라(제1수)

어와 聖恩이야 罔極ᄒᆞᆯ손 聖恩이다
江湖 安老도 分 밧긔 일이어든
ᄒᆞ물며 두 아ᄃᆞᆯ 專誠榮養은 ᄯᅩ 어인가 ᄒᆞ노라(제2수)

煙霞의 깁피 든 病 藥이 效驗 업서
江湖에 ᄇᆞ리연디 十年 밧기 되어세라
그러나 이제 다 못 죽음도 긔 聖恩인가 ᄒᆞ노라(제3수)

ᄀᆞᄂᆞᆫ 비 빗긴 ᄇᆞ람 낫대 멘 뎌 하나바
네 生涯 언마치라 슈고롬도 수고롤샤
生涯를 爲호미 아니라 漁興계워 ᄒᆞ노라(제7수)

피 燒酒 무우저리 우옵다 어룬 待接
ᄂᆞᆷ은 져닐은 말이 草草타 ᄒᆞ건마ᄂᆞᆫ
두어라 니도 내 分이니 分內事 ㄴ가 ᄒᆞ노라(제8수)

食祿을 긋친 後로 漁釣을 生涯ᄒᆞ니
혬 업슨 아ᄒᆡ들은 괴롭다 ᄒᆞ건마ᄂᆞᆫ
두어라 江湖閑適이 이 내 分인가 ᄒᆞ노라(제9수)

이 텍스트의 반복표현, 대칭표현, 일탈표현 등을 통하여 결속과 종결을 정리해 보자.

첫째로, 'ᄒᆞ노라'의 반복표현이다. 이 텍스트를 구성한 제1-3, 7-9수의 종장들을 보면, 'ᄒᆞ노라'를 반복한다. 이 반복은 제1-3, 7-9수를 하나의 텍스트로 묶는 결속의 기능을 한다.

둘째로, ['ᄒᆞ노라' - '-인가 ᄒᆞ노라' - '-인가 ᄒᆞ노라']의 반복표현이다. 이 텍스트의 종장들을 보면, ['ᄒᆞ노라' - '-인가 ᄒᆞ노라' - '-인가 ᄒᆞ노라']의 표현을 제1-3수와 제7-9수에서 반복한다. 즉 ['ᄒᆞ노라'(제1수) - '-인가 ᄒᆞ노라'(제2수) - '-인가 ᄒᆞ노라'(제3수)]와 ['ᄒᆞ노라'(제7수) - '-인가 ᄒᆞ노라'(제8수) - '-인가 ᄒᆞ노라'(제9수)]로 반복한다. 이 반복 역시 제1-3, 7-9수를 하나의 텍스트로 묶는 결속의 기능을 한다.

셋째로, [분외사(分外事, 제2수의 중장) - 대칭축(제3수와 제7의 중간 공간) - 분내사(分內事, 제8수의 중장)]의 대조적 대칭표현이다. 제2수의 중장에 나온 '分 밧긔 일'(分外事)과 제8수의 중장에 나온 '분내사(分內事)'는 대조적인 대칭표현이다. 이 대칭표현은 전3수의 텍스트와 후3수의 텍스트를 전후6수의 텍스트로 묶는 텍스트간의 결속을 보여준다.

넷째로, ['-니'(제1수) - 대칭축(제3수와 제7의 중간 공간) - '-니'(제9수)]의 대칭표현이다. 제1, 9수의 초장 끝시어들은 '먹이시니'와 '生涯ᄒᆞ니'이다. 이 두 어휘의 어미 '-니'는 제3수와 제7수의 중간을 대칭축으로 하는 대칭표현이다. 이 대칭표현은 시종의 대칭표현으로 종결을 보여준다.

다섯째로, 제8, 9수 중장에서의 'ᄒᆞ건마는'의 반복표현과, 제8, 9수 종장에서의 "두어라 … -인가 ᄒᆞ노라"의 반복표현이다. 이 두 반복표현은 후3수의 텍스트에서 정리했듯이, 후3수 텍스트의 후미에서 같은 것을 반복하여 종결을 보이는 후미 반복형인 동시에, 제1-3, 7-9수의 텍스트에서도 같은 종결의 기능을 수행한다.

3.2. 구조와 주제

전후6수(제1-3, 7-9수)의 텍스트는 배경시간의 구조, 배경공간의 구조, 논리적 구조 등을 보여준다. 이 세 구조와 주제를 차례로 보자.

3.2.1. 배경시간의 구조

제1수는 은퇴 이전과 이후가 결합된 배경시간을 보여준다. 은퇴 이전의 배경시간은 초장과 중장인 "어버이 나ᄒᆞ셔늘 님금이 먹이시니 / 나흔 德 먹인 恩을 다 갑곤랴 ᄒᆞ엿더니"에서 알 수 있다. 그리고 은퇴 이후의 배경시간은 종장("倏然히 七十이 러무니 홀 일 업서 ᄒᆞ노라")에서 알 수 있다. 특히 종장의 "숙연(倏然)히 칠십(七十)이 러무니"와 행장을 참고[6]하면, 종장의 배경시간이 은퇴 이후임을 알 수 있다.

제2수는 은퇴 이후의 배경시간을 보여준다. 이런 사실은 중장인 "강호(江湖) 안로(安老)도 분(分) 밧긔 일이어든"과 종장인 "ᄒᆞ물며 두 아둘 전성영양(專誠榮養)은 뜨 어인가 ᄒᆞ노라"에서 쉽게 알 수 있다.[7] 이 중에서도 '강호 안로(江湖 安老)'는 강호에서 편하게 늙음의 의미로 은퇴 이후의 배경시간을 잘 말해준다.

제3수도 은퇴 이후의 배경시간을 보여준다. 이런 사실은 초장인 "연하(煙霞)의 깁피 든 병(病) 약(藥)이 효험(效驗) 업서"와 중장인 "강호(江

---

6 박준규가 원문을 각주로 달고, 그 내용을 쉽게 정리한 행장을 인용한다. "그러나 慶州牧使로 있다가 71세가 되던 임진년(효종 3)에 罷歸될 때는 나이도 70이 넘은지라 '내 이미 늙었으니 벼슬을 그만두고 쉬리라' 하고 고향에 은퇴하여 여생 보낼 것을 결심했다. 송암은 이로부터 선산 밑에 있는 錦水湖 위에 岫雲亭을 짓고 悠悠自適하던 강호 생활을 시작하였다.(박준규 1997:219)

7 이 제2수의 성은에 대한 감사가 한시 「戀闕」의 감사와 같은 것이라면(박준규 1997: 236-237, 유수양 2006:262), 「戀闕」의 기구인 '十載江湖抱病身'에서와 같이, 강호에서 생활한 지 10년이 되는 때로 정리할 수 있다.

湖)에 ᄇᆞ리연디 십년(十年) 밧기 되어세라"에서 알 수 있다. 초장의 '연하(煙霞)의 깁피 든 병(病)'은 강호를 좋아 하는 병으로 은퇴 이후의 삶을 말해준다. 그리고 중장의 "강호(江湖)에 ᄇᆞ리연디 십년(十年) 밧기 되어세라"는 강호에 은퇴하여 살아온 지 10년이 넘었음을 의미한다. 이런 사실들로 본다면, 제2, 3수는 은퇴의 이후의 시간을 배경시간으로 하였다고 정리할 수 있다.

제7수는 은퇴 이후의 배경시간을 보여준다. '생애(生涯)'에 포함된 '생계'의 의미로, 제7수의 초장("ᄀᆞᄂᆞᆫ 비 빗긴 ᄇᆞ람 낫대 멘 뎌 하나바")과 중장["네 생애(生涯) 언마치라 슈고롬도 수고롤샤"]을 보면, 제7수의 배경시간은 생계를 위한 시간으로 보인다. 그러나 종장인 "생애(生涯, 생애=생계)를 위(爲)호미 아니라 어흥(漁興)계워 ᄒᆞ노라"을 염두에 두고, 초장과 중장을 보면, 은퇴 이후의 생애를 노래하고 있음을 정리할 수 있다. 특히 종장의 "생애(生涯, 생애=생계)를 위(爲)호미 아니라"는 '강호한적을 위함이므로'의 의미를 우언법으로 표현한 것이라는 점에서, 제7수의 배경시간은 은퇴 이후로 정리할 수 있다.

제8수도 은퇴 이후의 배경시간을 보여준다. 제8수의 초장과 중장인 "피 소주(燒酒) 무우저리 우읍다 어룬 대접(待接) / 놈은 져닐은 말이 초초(草草)타 ᄒᆞ건마는"만을 보면, 은퇴 이전의 시간인지, 아니면 은퇴 이후를 제유법으로 표현한 것인지, 명확하지 않다. 그러나 종장인 "두어라 니도 내 분(分)이니 분내사(分內事) ㄴ가 ᄒᆞ노라"와 함께 보면, 이것도 내 분이란 점에서, 은퇴 이후의 배경시간을 정리할 수 있다. 특히 뒤에 설명하겠지만, 대칭되어 있는 제2수의 중장인 "강호(江湖) 안로(安老)도 분(分) 밧긔 일이어든"에 포함된 '분 밧긔 일' 곧 '분외사(分外事)'가 제8수의 종장에 나오는 '분내사(分內事)'와 대칭되면서, 제8수의 배경시간이 안분(安分)하는 은퇴 이후임을 말해준다.

제9수는 은퇴 이전과 이후가 결합된 배경시간을 보여준다. 초장인

"식록(食祿)을 긋친 후(後)로 어조(漁釣)을 생애(生涯)ᄒᆞ니"에서, '식록(食祿)'은 은퇴 이전의 배경시간을 보여주고, "식록(食祿)을 긋친 후(後)로 어조(漁釣)을 생애(生涯)ᄒᆞ니"는 은퇴 이후의 배경시간을 보여준다. 그리고 종장의 "두어라 강호한적(江湖閑適)이 이 내 분(分)인가 ᄒᆞ노라"의 '강호한적' 역시 은퇴 이후를 배경시간으로 보여준다. 이런 점에서 제9수의 배경시간은 은퇴 이전과 이후의 결합으로 정리할 수 있다.

이상의 배경시간을 표로 정리하면 다음과 같다.

순서		배경시간	비고
전3수의 텍스트	제1수	은퇴 이전과 이후	인생 전체
	제2수	은퇴 이후	
	제3수	은퇴 이후	
(대칭축)			
후3수의 텍스트	제7수	은퇴 이후	
	제8수	은퇴 이후	
	제9수	은퇴 이전과 이후	인생 전체

이 표에서 보듯이, 전후6수(제1-3, 7-9수)의 텍스트는, 배경시간에서 제3수와 제7수의 사이를 대칭축으로 대칭하는 대칭적 구조를 보여준다.

3.2.2. 배경공간의 구조

제1수의 배경공간은 과거의 관직공간과 현재의 강호공간(은퇴공간)으로 추정할 수 있다. 관직의 공간은 시적 화자가 살아온 행장의 관직과 초장("어버이 나ᄒᆞ셔늘 님금이 먹이시니") 및 중장["나흔 덕(德) 먹인 은(恩)을 다 갑곤랴 ᄒᆞ엿더니"]에서 추정할 수 있으며, 현재의 공간이 아니라 과거의 공간이다. 강호의 공간은 종장["숙연(焂然)히 칠십(七十)이 러무니 홀일 업서 ᄒᆞ노라"]에서 추정할 수 있으며, 현재의 공간이다.

제2수의 배경공간은 강호(江湖)로 정리할 수 있다. 이런 사실은 중장

["강호(江湖) 안로(安老)도 분(分) 밧긔 일이어든"]의 '강호(江湖)'에서 알 수 있다.

제3수의 배경공간도 강호로 정리할 수 있다. 이런 사실은 중장["강호(江湖)에 ᄇ리연디 십년(十年) 밧기 되어세라"]의 '강호(江湖)'에서 알 수 있다.

제7수의 배경공간은 강호로 추정할 수 있다. 이런 사실은 초장인 "ᄀᆞᄂᆞᆫ 비 빗긴 ᄇᆞ람 낫대 멘 뎌 하나바"에서 추정할 수 있다.

제8수의 배경공간도 강호로 추정할 수 있다. 제8수인 "피 소주(燒酒) 무우저리 우웁다 어룬 대접(待接) / 눕은 져닐은 말이 초초(草草)타 ᄒᆞ건마는 / 두어라 니도 내 분(分)이니 분내사(分內事) ᅵ가 ᄒᆞ노라"를 보면, 배경공간을 알 수 없다. 그러나 전후가 모두 강호를 배경공간으로 하고 있다는 점에서, 강호로 추정할 수 있다.

제9수의 배경공간은 과거의 관직공간과 현재의 강호공간으로 추정할 수 있다. 과거의 관직의 공간은 초장의 전반부인 "식록(食祿)을 긋친 후(後)로"에서 알 수 있고, 현재의 강호의 공간은 초장의 후반부인 "어조(漁釣)을 생애(生涯) ᄒᆞ니"와 종장의 '강호한적'에서 알 수 있다.

이상의 배경공간을 표로 정리하면 다음과 같다.

순서		배경공간	비고
전3수의 텍스트	제1수	관직(과거)과 강호	인생 전체
	제2수	강호	은퇴 이후
	제3수	강호	은퇴 이후
(대칭축)			
후3수의 텍스트	제7수	강호	은퇴 이후
	제8수	강호	은퇴 이후
	제9수	관직(과거)과 강호	인생 전체

이 표에서 보듯이, 전후6수(제1-3, 7-9수)의 텍스트는 그 배경공간에서 제3수와 제7수의 사이를 대칭축으로 대칭하는 대칭적 구조를 보여준다.

3.2.3. 논리적 구조와 주제

'2'장에서 정리한 제1-3수와 제7-9수의 논리적 구조와 이 항에서 설명하려는 논리적 구조를 표로 정리하면 다음과 같다.

<table>
<tr><th colspan="3">두 텍스트의 구조</th><th>순서</th><th colspan="2">전후6수의 텍스트</th></tr>
<tr><td rowspan="3">전3수의 텍스트</td><td colspan="2">서사</td><td>제1수</td><td colspan="2">기</td></tr>
<tr><td>본사1</td><td rowspan="2">점강적 구조</td><td>제2수</td><td rowspan="2">본사1</td><td rowspan="2">승</td></tr>
<tr><td>본사2</td><td>제3수</td></tr>
<tr><td rowspan="3">후3수의 텍스트</td><td>본사1</td><td rowspan="2">점강적 구조</td><td>제7수</td><td rowspan="2">본사2</td><td rowspan="2">전</td></tr>
<tr><td>본사2</td><td>제8수</td></tr>
<tr><td colspan="2">결사</td><td>제9수</td><td colspan="2">결</td></tr>
</table>

이 표에서 보듯이, 전3수의 서사와 본사로 구성된 파격의 구조는 전후6수의 텍스트에서는 '기승'이 되고, 후3수의 본사와 결사로 구성된 파격의 구조는 전후6수의 텍스트에서는 '전결'이 된다. 특히 제2, 3수와 제7, 8수는 같은 강호한적을 노래한 본사(본사1, 본사2)가 되면서, 소재를 바꾼 '승전'이다. 이런 점에서 전후6수(제1-3, 7-9수)의 텍스트는 전3수 텍스트의 '서본'의 파격 구조와, 후3수 텍스트의 '본결'의 파격 구조가 합친 '기승전결'의 구조로 정리할 수 있다.

그리고, 이 전후6수 텍스트의 주제는 [은퇴 이후에 안분지족하는 강호한적]으로 정리할 수 있다.

이상과 같이, 전후6수(제1-3, 7-9수)의 텍스트는 독자적인 결속, 종결, 구조, 주제 등을 보여준다. 그런데 이 독자적인 결속, 종결, 구조, 주제 등은 독립된 작품들과 독립된 텍스트들의 조건이란 점에서, 이 전후6수의 텍스트는 독립적 텍스트로도 수용되었다고 볼 수 있다.

4. 9수의 텍스트

이 장에서는 〈강호구가〉 전체인, 9수(제1-9수) 텍스트의 결속, 종결, 구조, 주제 등을 검토 정리하고자 한다.

4.1. 결속과 종결

전3수(제1-3수)의 텍스트, 중3수(제4-6수)의 텍스트, 후3수(제7-9수)의 텍스트 등을 하나의 텍스트로 묶은 결속과 종결을 보자.

첫째로, [분외사(分外事, 제2수의 중장) - 대칭축(제5수) - 분내사(分內事, 제8수의 중장)]의 대조적 대칭표현이다. 제2수의 중장에 나온 '분 밧긔 일'[分外事]과 제8수의 중장에 나온 '분내사(分內事)'는 대조적인 대칭표현이다. 이 대칭표현은 전3수(제1-3수)의 텍스트, 중3수(제4-6수)의 텍스트, 후3수(제7-9수)의 텍스트 등의 세 텍스트들을 하나의 텍스트로 묶는 결속을 보여준다.

둘째로, ['ᄒᆞ노라' - '-인가 ᄒᆞ노라' - '-인가 ᄒᆞ노라']가 제1-3수와 제7-9수에서 보이는 대칭표현이다. 앞에서 살펴보았듯이, ['ᄒᆞ노라' - '-인가 ᄒᆞ노라' - '-인가 ᄒᆞ노라']는 제1-3수와 제7-9수에서 반복한다. 그런데 이 반복의 가운데에 제4-6수가 들어온 이 텍스트에서, ['ᄒᆞ노라'(제1수) - '-인가 ᄒᆞ노라'(제2수) - '-인가 ᄒᆞ노라'(제3수)]와 ['ᄒᆞ노라'(제7수) - '-인가 ᄒᆞ노라'(제8수) - '-인가 ᄒᆞ노라'(제9수)]는 대칭표현이 된다. 이 대칭표현은 전3수(제1-3수)의 텍스트, 중3수(제4-6수)의 텍스트, 후3수(제7-9수)의 텍스트 등의 세 텍스트들을 9수의 텍스트로 묶는 결속을 보여주며, 동시에 시종의 대칭에 의해, 제1수와 제9수가 각각 시작과 종결임을 보여준다.

셋째로, ['ᄒᆞ노라'(제1-3수) - 'ᄒᆞ노라'(제5수, 대칭축) - 'ᄒᆞ노라'(제7-9수)]

의 대칭표현(양희철 2010c:104, 2011a:116)이다. 제1-3, 5, 7-9수의 종장 끝시어들은 모두가 'ᄒᆞ노라'이다. 이 중에서 제1-3수와 제7-9수의 'ᄒᆞ노라'는 제5수의 'ᄒᆞ노라'를 대칭축으로 한 대칭표현이다. 이 대칭표현은 전3수(제1-3수)의 텍스트, 중3수(제4-6수)의 텍스트, 후3수(제7-9수)의 텍스트 등의 세 텍스트들을 9수의 텍스트로 묶는 결속을 보여주며, 시종의 대칭에 의해, 제1수와 제9수가 각각 시작과 종결이란 사실도 보여준다.

넷째로, 제8, 9수 중장에서의 'ᄒᆞ건마ᄂᆞᆫ'의 반복표현과, 제8, 9수 종장에서의 "두어라 … -인가 ᄒᆞ노라"의 반복표현이다. 이 두 반복표현은, 후3수의 텍스트와 전후6수의 텍스트에서 정리했듯이, 후미에서 같은 것을 반복하여 종결을 보이는 후미 반복형이다. 이 종결의 기능은 9수의 텍스트(양희철 2010c:104, 2010e:141-142, 2011a:116)에서도 그대로 작용한다.

다섯째로, ['-니'(제1수) - '-다'(제5수, 대칭축) - '-니'(제9수)]의 대칭표현(양희철 2011a:116)이다. 제1, 5, 9수의 초장 끝시어들은 '먹이시니, 비단일다, 생애(生涯)ᄒᆞ니' 등이다. 이 중에서 제1, 9수의 어미 '-니'는 제5수의 어미 '-다'를 대칭축으로 하는 대칭표현이다. 이 대칭표현은 시종의 대칭표현으로 종결을 보여준다.

4.2. 구조와 주제

9수의 텍스트도 세 구조와 주제를 보여준다. 이를 차례로 간단하게 보자.

4.2.1. 배경시간의 구조

앞에서 정리한 제1-9수의 배경시간을 표로 종합하여 다시 정리하면 다음과 같다.

순서		배경시간	비고
전3수의 텍스트	제1수	은퇴 이전과 이후	인생 전체
	제2수	은퇴 이후	
	제3수	은퇴 이후	
중3수의 텍스트	제4수	은퇴 이후의 어느 저녁	
	제5수	은퇴 이후의 어느 달밤	대칭축
	제6수	은퇴 이후의 어느 저녁	
후3수의 텍스트	제7수	은퇴 이후	
	제8수	은퇴 이후	
	제9수	은퇴 이전과 이후	인생 전체

이 배경시간으로 보면, 배경시간에서 흔히 쓰는 순차적 구조와 이를 이용한 대칭적 구조를 구사하지 않고, 다른 방법을 통하여 대칭적 구조를 보여주는 특성을 보여준다. 즉, 큰 단위의 시간으로부터 작은 단위의 시간으로 변화하는 변모, 즉 은퇴 이전과 이후의 배경시간인 인생 전체, 은퇴 이후, 사시(저녁, 달밤) 등과 같이 변모를 시키고, 다시, 사시(달밤, 저녁), 은퇴 이후, 은퇴 이전과 이후의 인생 전체 등으로 변모를 시키면서 대칭적 구조를 보인다. 이 대칭적 구조는 특이한 것인데, 이는 전3수의 텍스트, 중3수의 텍스트, 후3수의 텍스트, 전후6수의 텍스트, 9수의 텍스트 등이 가능하게, 이 작품을 탈착형(脫着形) 또는 착탈형(着脫形)으로 쓴 데, 그 이유가 있는 것 같다.

4.2.2. 배경공간의 구조

앞에서 정리한 제1-9수의 배경공간을 표로 종합하여 다시 정리하면 다음과 같다.

순서		배경공간	비 고
전3수의 텍스트	제1수	관직(과거)과 강호	인생 전체
	제2수	강호	은퇴 이후

	제3수	강호	은퇴 이후
중3수의 텍스트	제4수	강호(물가, 배)	은퇴 이후
	제5수	강호(물위, 단정)	은퇴 이후(대칭축)
	제6수	강호(물가, 배)	은퇴 이후
후3수의 텍스트	제7수	강호	은퇴 이후
	제8수	강호	은퇴 이후
	제9수	관직(과거)과 강호	인생 전체

이렇게 배경공간은 제5수를 대칭축으로 그 전후가 대칭하는 대칭적 구조를 보여준다.

4.2.3. 논리적 구조와 주제

이 항에서는 9수(제1-9수) 텍스트의 논리적 구조와 주제를 정리하고자 한다. 이 9수 텍스트의 구조는 앞에서 살핀 전3수의 텍스트, 중3수의 텍스트, 후3수의 텍스트 등에서 정리한 구조를 종합하면서, 조금만 설명하면 쉽게 이해할 수 있다. 앞에서 정리한 세 텍스트의 구조와, 이 장에서 제시하려는 9수 텍스트의 구조를 표로 정리하면 다음과 같다.

<table>
<tr><th>순서</th><th colspan="3">세 텍스트의 구조</th><th colspan="3">9수 텍스트의 구조</th></tr>
<tr><td>제1수</td><td rowspan="3">전3수의 텍스트</td><td colspan="2">서사</td><td colspan="3">서사</td></tr>
<tr><td>제2수</td><td>본사1</td><td rowspan="2">점강적 구조</td><td rowspan="2">점강적 구조</td><td rowspan="7">대칭적 구조</td><td rowspan="7">본사</td></tr>
<tr><td>제3수</td><td>본사2</td></tr>
<tr><td>제4수</td><td rowspan="3">중3수의 텍스트</td><td rowspan="3">점층적 구조
점강적 구조</td><td rowspan="3">대칭적 구조</td><td rowspan="3">대칭적 구조</td></tr>
<tr><td>제5수</td></tr>
<tr><td>제6수</td></tr>
<tr><td>제7수</td><td rowspan="3">후3수의 텍스트</td><td>본사1</td><td rowspan="2">점강적 구조</td><td rowspan="2">점강적 구조</td></tr>
<tr><td>제8수</td><td>본사2</td></tr>
<tr><td>제9수</td><td colspan="2">결사</td><td colspan="3">결사</td></tr>
</table>

전3수의 텍스트에서 서사로 쓰인 제1수는 제2, 3수는 물론 제2-8수에서도 서사이다. 왜냐하면 은퇴 이후의 안분지족의 강호한적을 구체적으로 노래하기에 앞에서 그 실마리를 보여준다는 점에서, 전3수의 텍스트는 물론, 9수의 텍스트에서도 서사가 되기 때문이다.

후3수의 텍스트에서 결사로 쓰인 제9수는 제7, 8수는 물론 제2-8수에서도 결사이다. 왜냐하면 은퇴 이후의 안분지족의 강호한적을 구체적으로 노래한 것들을 하나로 묶었다는 점에서, 후3수의 텍스트는 물론, 9수의 텍스트에서도 결사가 되기 때문이다.

게다가 제1수와 제9수만이 은퇴 이전과 이후를 모두 보여주고 있다는 점에서도, 제1수와 제9수는 전3수의 서사와 후3수의 결사가 되는 동시에, 9수(제1-9수) 텍스트의 서사와 결사가 된다.

그리고 전3수의 본사인 제2, 3수는 점강적 구조이고, 후3수의 본사인 제7, 8수도 점강적 구조이다. 이는 두 점강적 구조가 제5수, 또는 중3수(제4-6수)의 텍스트를 대칭축으로 대칭하는 구조이다. 즉 [점강적 구조(제2, 3수) - 저녁의 출항(제4수) - 물위의 단정(대칭축, 제5수) - 저녁의 귀항(제4수) - 점강적 구조(제7, 8수)]의 대칭적 구조이다.

이렇게 9수의 텍스트는, 서사(제1수), 본사(제2-8수, 대칭적 구조), 결사(제9수) 등으로 이루어진 3단 구조로 정리할 수 있다. 그리고 이 9수 텍스트의 주제는, 전후6수 텍스트의 주제와 같이, [은퇴 이후에 안분지족하는 강호한적]으로 정리할 수 있다.

이상과 같이 9수의 텍스트는 독자적인 결속, 종결, 구조, 주제 등을 보여준다. 이런 사실은 이 작품이 전3수의 텍스트, 중3수의 텍스트, 후3수의 텍스트, 전후6수의 텍스트로 떼어서 수용할 수도 있고, 9수의 텍스트로 붙여서 수용할 수도 있게, 탈착형(脫着形)의 연시조로 지어졌음을 말해준다.[8]

5. 결론

지금까지 〈강호구가〉의 다섯 텍스트에서 결속, 종결, 구조, 주제 등을 검토 정리하고, 이를 통하여 탈착형 연시조의 가능성도 검토해 보았다. 그 결과를 요약하여 결론을 대신하려 한다.

먼저 전3수(제1-3수)의 텍스트에서 검토 정리한 결속, 종결, 구조, 주제 등은 다음과 같이 요약할 수 있다.

1) 제1, 2, 3수의 종장에서 반복하는 'ᄒᆞ노라'는 전3수(제1-3수) 텍스트의 내부 결속을 보여준다.

---

8 지금까지 논의한 다섯 텍스트에 대하여, 작가가 의도한 텍스트들을 연구자가 발견한 것인가, 아니면 작가가 의도하지 않은 텍스트들을 연구자가 발명한 것인가 하는 문제를 제기할 수 있다. 이 문제는 다음의 네 측면에서도 작가가 의도한 텍스트들로 판단한다.

첫째는 문체의 수렴의 측면이다. 다섯 텍스트에서 발견된 문체 장치들(결속 표현, 종결 표현, 구조)은 우연히 그리고 여기저기서 산견(散見)되는 하나 또는 두 개가 아니고, 상당히 많은 것들이 수렴(收斂, convergence)된 것들이다. 이렇게 여러 문체들이 하나의 기능으로 수렴될 때에, 이 문체들은 작가가 의도적으로 사용한 문체 장치들로 정리된다(M. Riffaterre, "Criteria for Style Analysis", *Word* XV, New York : the Linguistic Circle of New York, 1959, pp.172~174).

둘째는 다섯 텍스트를 가능하게 한 대칭표현과 대칭적 구조의 측면이다. 대다수의 한국시가 연구가들은 결속, 종결, 구조 등에서 대칭표현과 대칭적 구조를 거의 인식하지 않고 있다. 그러나 최근에 〈오륜가〉, 〈도산십이곡〉, 〈고산구곡가〉, 〈오우가〉, 〈매화사〉 등등의 연시조 30여 편에서 결속, 종결, 구조 등에 사용된 대칭표현들과 대칭적 구조들이 발견되었다는 점을 참고하면, 〈강호구가〉의 다섯 텍스트가 작가가 의도한 것임을 좀더 이해할 수 있다.

셋째는 탈착형 연시조에 나타난 텍스트들과 수용자의 심적 상황의 부합이란 측면이다. 〈강호구가〉의 다섯 텍스트는 물론, 탈착형 연시조에 나타난 텍스트들은 각각 그 수용시에 수용자의 심적 상황에 부합하는 텍스트의 길이, 내용, 주제 등을 가지고 있다는 점에서도 그 존재가 인정된다.

넷째는 탈착형은 조선조 문학(『용비어천가』, 판소리)은 물론 상당히 중요하고 적지 않은 연시조 15편에서 발견된다는 측면이다. 이는 서론의 각주에서 설명하였다.

이런 네 측면들로 보아, 〈강호구가〉의 다섯 텍스트는 작가가 의도한 것으로 판단한다.

2) 제2, 3수의 종장에서 반복하는 '-인가 ᄒᆞ노라'는 전3수 텍스트의 후미에서 반복표현에 의한 종결을 보여준다.
3) 전3수(제1-3수) 텍스트의 논리적 구조는 서사(제1수)와 본사(본사1 : 제2수, 본사2 : 제3수, 점강적 구조)로 구성된 파격의 구조이다.
4) 전3수(제1-3수) 텍스트의 주제는 [분외사인 성은의 표현을 통해 보여준 안분지족의 강호한적]이다.

중3수(제4-6수)의 텍스트에서 검토 정리한 결속, 종결, 구조, 주제 등은 다음과 같이 요약할 수 있다.

1) 중3수의 텍스트에서, ['-리라'('보리라', 제4수) - '-노라'('ᄒᆞ노라', 제5수) - '-리라'('ᄒᆞ리라', 제6수)]의 대칭표현은 시종의 대칭표현을 통하여 이 텍스트의 결속과 종결을 보여준다.
2) 중3수의 텍스트에서, 배경시간은 [저녁(제4수) - 밤(제5수) - 저녁(제6수)]의 대칭적 구조이고, 배경공간은 [물가, 배(제4수) - 물위, 단정(제5수) - 물가, 배(제6수)]의 대칭적 구조이며, 논리적 구조는 점층적 구조와 점강적 구조가 대칭된 대칭적 구조이다.
3) 중3수 텍스트의 주제는 [강호에서 배를 타고 물에 나아가고, 물위에서 놀고, 돌아오면서 즐기는, 안분지족의 강호한적]이다.

후3수(제7-9수)의 텍스트에서 검토 정리한 결속, 종결, 구조, 주제 등은 다음과 같이 요약할 수 있다.

1) 제7-9수에서 반복하는 'ᄒᆞ노라'는 후3수 텍스트의 결속을 보여준다.
2) 제8, 9수에서 반복하는 'ᄒᆞ건마는'과 "두어라 … -인가 ᄒᆞ노라"는

후3수 텍스트의 후미에서 같은 표현의 반복을 통한 종결을 보여준다.

3) 後3수의 텍스트에서, 논리적 구조는 본사(본사1, 본사2)와 결사로 구성된 파격의 구조이다.
4) 後3수 텍스트의 주제는 [낚시와 소박한 술과 안주에 안분지족하는 강호한적]이다.

전후6수의 텍스트에서 검토 정리한 결속, 종결, 구조, 주제 등은 다음과 같이 요약할 수 있다.

1) 제1-3, 7-9수의 전후6수를 하나의 텍스트로 결속하는 표현은 세 종류이다. 하나는 6수(제1-3, 7-9수)의 종장들에서 반복하는 'ᄒᆞ노라'의 반복표현이고, 다른 하나는 ['ᄒᆞ노라'(제1수) - '-인가 ᄒᆞ노라'(제2수) - '-인가 ᄒᆞ노라'(제3수)]와 ['ᄒᆞ노라'(제7수) - '-인가 ᄒᆞ노라'(제8수) - '-인가 ᄒᆞ노라'(제9수)]의 반복표현이며, 또 다른 하나는 [분외사(分外事, 제2수의 중장) - 대칭축(제3수와 제7의 중간 공간) - 분내사(分內事, 제8수의 중장)]의 대조적 대칭표현이다.
2) 전후6수의 텍스트에서 발견되는 종결의 표현은 두 종류이다. 하나는 시종의 대칭표현에 의해 종결을 보여주는, ['-니'('먹이시니', 제1수) - 대칭축(제3수와 제7의 중간 공간) - '-니'('生涯ᄒᆞ니', 제9수)]의 대칭표현이고, 다른 하나는 텍스트의 후미에서 같은 표현의 반복을 통하여 종결을 보여주는 것으로, 제8, 9수에서 반복하는 'ᄒᆞ건마는'과 "두어라 … -인가 ᄒᆞ노라"의 반복표현이다.
3) 배경시간은 [은퇴 이전과 이후(제1수) - 은퇴 이후(제2, 3수) - 대칭축 - 은퇴 이후(제7, 8수) - 은퇴 이전과 이후(제9수)]의 대칭적 구조이고, 배경공간은 [관직과 강호(제1수) - 강호(제2, 3수) - 대칭축

- 강호(제7, 8수) - 관직과 강호(제9수)]의 대칭적 구조이며, 논리적 구조는 [기(제1수) - 승(제2, 3수) - 전(제7, 8수) - 결(제9수)]의 구조이다.

4) 전후6수 텍스트의 주제는 [은퇴 이후에 안분지족하는 강호한적]이다.

9수의 텍스트에서 검토 정리한 결속, 종결, 구조, 주제 등은 다음과 같이 요약할 수 있다.

1) [분외사(分外事, 제2수의 중장) - 대칭축(제5수) - 분내사(分內事, 제8수의 중장)]의 대조적 대칭표현은 전3수의 텍스트, 중3수의 텍스트, 후3수의 텍스트 등의 세 텍스트들(제1-9수)을 9수의 텍스트로 묶는 결속을 보여준다.
2) ['ᄒᆞ노라'(제1-3수) - 'ᄒᆞ노라'(제5수, 대칭축) - 'ᄒᆞ노라'(제7-9수)]의 대칭표현, ['ᄒᆞ노라'(제1수) - '-인가 ᄒᆞ노라'(제2수) - '-인가 ᄒᆞ노라'(제3수)]와 ['ᄒᆞ노라'(제7수) - '-인가 ᄒᆞ노라'(제8수) - '-인가 ᄒᆞ노라'(제9수)]의 대칭표현, ['-니'('먹이시니', 제1수) - '-다'('비단일다', 제5수, 대칭축) - '-니'('生涯ᄒᆞ니', 제9수)의 대칭표현 등은, 전3수의 텍스트, 중3수의 텍스트, 후3수의 텍스트 등의 세 텍스트들(제1-9수)을 9수의 텍스트로 묶는 결속을 보여주면서, 동시에 시종의 대칭표현에 의해 제1수와 제9수가 각각 시작과 종결임을 보여준다.
3) 제8, 9수에서 반복하는 'ᄒᆞ건마는'과 "두어라 … -인가 ᄒᆞ노라"는 후미에서 같은 것을 반복하여 종결을 보여준다.
4) 배경시간은 [은퇴 이전과 이후(제1수) - 은퇴 이후(제2, 3수) - 은퇴 이후의 어느 저녁(제4수) - 은퇴 이후의 어느 달밤(대칭축, 제5수) - 은퇴 이후의 어느 저녁(제6수) - 은퇴 이후(제7, 8수) - 은퇴 이

전과 이후(제9수)]의 대칭적 구조이고, 배경공간은 [관직과 강호(제1수) - 강호(제2, 3수) - 강호(물가, 배, 제4수) - 강호(물위, 단정, 대칭축, 제5수) - 강호(물가, 배, 제6수) - 강호(제7, 8수) - 관직과 강호(제9수)]의 대칭적 구조이며, 논리적 구조는 [서사(제1수) - 본사(제2-8수, 대칭적 구조) - 결사(제9수)]의 구조이다. 논리적 구조의 본사가 보여주는 대칭적 구조는 [점강적 구조(제2, 3수) - 대칭적 구조(제4-6수) - 점강적 구조(제7, 8수)]이다.

5) 9수 텍스트의 주제는 전후6수의 텍스트에서와 같은 [은퇴 이후에 안분지족하는 강호한적]이다.

이상과 같이, 다섯 텍스트들은 각각 독자적인 결속, 종결, 구조, 주제 등을 보여준다. 그리고 이 독자적인 결속, 종결, 구조, 주제 등은 독립된 작품들과 독립된 텍스트들의 조건이다. 이런 사실들은 이 작품이 전3수의 텍스트, 중3수의 텍스트, 후3수의 텍스트, 전후6수의 텍스트 등의 네 텍스트로 떼어서 수용할 수도 있고, 9수의 텍스트로 붙여서 수용할 수도 있게, 탈착형(脫着形) 또는 착탈형(着脫形)의 연시조로 지어졌음을 알 수 있게 한다.

그리고 이 작품은 기왕의 논의에서와 같이 내용상 〈강호사시가〉 및 〈어부가〉와 유관할 뿐만 아니라, 결속 및 종결에서는 〈도산십이곡〉 및 〈고산구곡가〉와도 밀접한 관계에 있다. 이로 인해 계통을 달리 분류할 수도 있지만, 마지막에 수용한 것이 〈고산구곡가〉라는 점에서 구곡가의 계통에 편입하였다.

제5부

기행가 계통

신교의 〈동유음〉과 〈북정음〉

1. 서언

이 글에서는 신교(申灚 1641~1703)가 지은 〈동유음〉과 〈북정음〉의 결속, 종결, 구조, 주제 등을 검토 정리하고자 한다.

〈동유음〉에 관한 연구는 거의 없다.

〈북정음〉의 연구는 세 글(양희철 2010c, 2010e, 2011b)에서만 보인다. 앞의 두 글에서는 〈북정음〉이 〈방진산군수가〉와 같은 대칭표현을 보이고, 시종의 대칭형과 후미 전환형의 종결을 보인다는 사실을 정리하였다. 그리고 마지막의 글에서는 〈동유음〉과 〈북정음〉의 일탈표현, 대칭표현, 구조, 주제, 유형성 등을 정리하였다.

이 글에서는 앞의 세 글들을 이 책의 체계에 맞게, 결속, 종결, 구조, 주제 등으로 정리하면서, 부분적인 보완을 하고자 한다.

2. 결속과 종결

이 장에서는 〈동유음〉과 〈북정음〉의 결속과 종결을 절을 나누어 정리하고자 한다.

2.1. 〈동유음〉의 결속과 종결

밑줄 친 부분에 유의하면서 〈동유음〉을 보자.

> 鳥嶺 너문 후에 周王 山水 됴타커늘
> 短琴 壺酒로 澗水邊의 안자 노니
> 아마도 向來 功名이 꿈인(←르) 듯ᄒᆞ여라(제1수)

> 淸凉山 景 됴흔 ᄃᆡ 芒鞋竹杖 신고
> 三尺 一壺酒로 處處의 안자 노니
> 아마도 世事를 다 니ᄌᆞ니 갈 줄 몰라 ᄒᆞ노라(제2수)

> 陶山 貴ᄒᆞᆫ 곳을 귀경ᄒᆞ려 願이러니
> 匹馬 單童으로 오롤이야 ᄎᆞᄌᆞ오니
> 아마도 先賢 遺跡이 어제론 듯ᄒᆞ여라(제3수)

〈동유음〉의 결속과 종결을 보여주는 반복표현, 일탈표현, 대칭표현 등은 다음과 같다.

첫째로, '아마도'의 반복표현이다. 종장의 첫시어로 '아마도'를 제1-3수에서 반복하고 있다. 이 같은 시어를 같은 위치에서 반복하는 행위는 이 세 수를 하나로 묶는 결속이다.

둘째로, 'ᄎᆞᄌᆞ오니'의 일탈표현(1)이다. 제1, 2수의 종장 끝시어를 보면, '안자노니'를 반복한다. 이 반복을 제3수의 종장 끝시어는 'ᄎᆞᄌᆞ오니'로 일탈하였다. 이런 점에서 제3수 종장 끝시어 'ᄎᆞᄌᆞ오니'의 일탈표현(1)을 정리할 수 있다.

셋째로, '필마(匹馬) 단동(單童)으로'의 일탈표현(2)이다. 제1, 2수 중장의 첫부분은 '단금(短琴) 호주(壺酒)로'와 '삼척(금)[三尺(琴)] 일호주(一壺酒)로'로 '금(琴)'과 '호주(壺酒)'를 반복한다. 이 반복을 제3수의 첫부분은 '필마(匹馬) 단동(單童)으로'로 일탈하였다. 이런 점에서 일탈표현(2)을 정리할 수 있다.

이 일탈표현들(1, 2)은 반복표현을 후미에서 전환한 형태로, 이 반복표현의 후미 전환형에 의해 제1-3수의 결속을 보여주고, 동시에 반복이라는 지속을 중지하고 전환였다는 점에서 종결도 보여준다.

넷째로, ["아마도 ○○○○이"(제1수) - "아마도 ○○를"(제2수, 대칭축) - "아마도 ○○○○이"(제3수)]의 대칭표현(1)이다. 제1, 3수의 종장은 각각 "아마도 ○○○○이"를 반복한다. 이 반복은 제2수의 "아마도 ○○를"의 일탈을 대칭축으로 대칭한다. 이런 점에서, 대칭표현(1)을 정리할 수 있다.

다섯째로, ['듯ᄒᆞ여라'(제1수) - 'ᄒᆞ노라'(제2수, 대칭축) - '듯ᄒᆞ여라'(제3수)]의 대칭표현(2)이다. 제1, 3수의 종장 끝시어인 '듯ᄒᆞ여라'는 제2수의 종장 끝시어 'ᄒᆞ노라'를 대칭축으로 대칭한다. 이런 점에서 대칭표현(2)을 정리할 수 있다.

이 대칭표현들(1, 2)은 대칭표현을 통하여 제1수(시작)의 대칭인 제3수가 종결임도 말해준다.

2.2. 〈북정음〉의 결속과 종결

밑줄 친 부분에 유의하면서 〈북정음〉을 보자.

北闕을 하직ᄒᆞ고 龍灣으로 도라 드러
統軍亭 올라 안자 胡地를 구버 보니
아마도 慷慨愚忠이 더욱 無窮 ᄒᆞ여라(제1수)

鐵嶺 노픈 재를 匹馬로 올라오니

白雪이 滿(←蒲)壑인듸 갈 길이 千里로다

ᄒᆞ물며 家鄕이 杳然ᄒᆞ니 自然 心亂 ᄒᆞ여라(제2수)

鐵嶺 너문 후의 花信을 알녀 ᄒᆞ야

젼나귀 밧비 모라 萬世橋 도라 오니

아마도 봄눈 깁흐니 핀 곳 몰나 ᄒᆞ노라(제3수)

이 〈북정음〉의 결속과 종결 역시 일탈표현과 대칭표현에 의해 드러난다. 이를 차례로 보자.

첫째로, 'ᄒᆞ노라'의 일탈표현이다. 제1, 2수 종장의 끝시어를 보면, 'ᄒᆞ여라'를 반복한다. 그런데 이 반복을 제3수 종장의 끝시어는 'ᄒᆞ노라'로 일탈하였다. 이런 점에서 일탈표현을 정리할 수 있다. 이 일탈표현은 반복표현의 후미 전환형이다.

반복표현의 후미 전환형은 이 반복표현의 후미 전환형에 의해 제1-3수의 결속을 보여주는 동시에 제3수가 종결임을 보여준다.

둘째로, ["… -아 … -니"(제1수) - 대칭축(제2수) - "… -아 … -니"(제3수)]의 대칭표현(1)이다. 제1, 3수의 중장은 각각 "통군정(統軍亭) 올라안자 호지(胡地)를 구버 보니"와 "젼나귀 밧비 모라 만세교(萬世橋) 도라 오니"이다. 이 중장들을 보면, 밑줄 친 "… -아 … -니"의 문형을 반복하면서 규범을 형성한다. 이 반복은 제2수인 "배설(白雪)이 포학(蒲壑)인듸 갈 길이 천리(千里)로다"의 일탈을 대칭축으로 대칭한다. 이런 점에서, 대칭표현(1)을 정리할 수 있다.

셋째로, ['아마도'(제1수) - 'ᄒᆞ물며'(제2수, 대칭축) - '아마도'(제3수)]의 대칭표현(2)이다. 제1, 3수의 종장 첫시어인 '아마도'는 제2수의 종장 첫시어 'ᄒᆞ물며'를 대칭축으로 대칭한다. 이런 점에서 대칭표현(2)을 정리할 수 있다.

이 대칭표현들(1, 2)은 제1수(시작)의 대칭인 제3수가 종결임을 보여준다.

3. 구조와 주제

앞 절에서 정리한 두 작품의 대칭표현들과 일탈표현들은 두 작품의 구조와 주제를 파악하는 데 도움을 준다.

3.1. 〈동유음〉의 구조와 주제

먼저 구조를 보자. 〈동유음〉은 '조령 - 주왕산'(제1수), '청량산'(제2수), '도산서원'(제3수) 등을 차례로 다니며 느낀 바를 노래하였다. 이는 순차적 구조이다.

이 순차적 구조만으로는 시작과 종결이 분명하지 않다. 이로 인해 이 〈동유음〉은 3수로 된 작품인지, 아니면 더 있었는데, 산실되고 지금까지 남은 것이 3수인지를 알 수 없다. 이 문제를 해결해 주는 것이 바로 이 작품에서 찾아낸 종결의 표현이다. 대칭표현에 의한 종결은 이 작품에서 제1수와 제3수가 제2수를 대칭축으로 한 대칭표현이 되면서 시종, 즉 시작과 종결의 대칭을 말해준다. 그리고 제3수의 일탈표현들에 의한 종결은 그 이전까지 보여준 반복표현의 지속을 중지하고 전환하였다는 점에서 종결을 의미한다. 이런 점들에서 이 작품의 대칭표현들과 일탈표현들은 시작과 종결이 명확하지 않은 여행의 순차적 구조에서 작품의 시작과 종결을 보여주면서 순차적 구조를 확정하게 한다.

이번에는 주제를 보자. 〈동유음〉의 제1수에서는 조령 넘어 주왕산의 계곡 물가에서 단금(短琴)과 술로 앉아 노니 공명이 꿈인 듯함을 노래한다. 제2수에서는 청량산의 경치 좋은 곳들에서 삼척금과 술로 앉아 노니 세사를 다 잊고 갈 줄 모름을 노래한다. 제3수에서는 도산서원을 구경하고 선현의 유적이 어제인 듯함을 노래한다. 이렇게 주왕산과 청량산에서 앉아 놀면서 공명과 세사를 잊음과 도산서원에서 선현의 유적이 어제인 듯함을 노래하였다. 결론적으로 보면, 주왕산, 청량산, 도산서원 등을 다니면서 놀거나 탐방하면서 느낀 정감을 노래했다고 할 수 있다.

3.2. 〈북정음〉의 구조와 주제

먼저 구조를 보자. 〈북정음〉은 '북관 - 용만(용천) - 통군정(의주)'(제1수), '철령'(제2수), '철령 - 만세교(함흥)'(제3수) 등을 차례로 다니며 느낀 바를 노래하였다. 이는 순차적 구조이다.

이번에는 주제를 보자. 〈북정음〉의 제1수에서는 북관, 용만(용천), 통군정(의주) 등을 다니면서 느낀 비분강개와 충성심을 노래하였다. 제2수에서는 철령에 올라 고향이 아득하여 심란한 마음을 노래하였다. 제3수에서는 철령을 넘어 화신(花信)을 알려고 바삐 만세교(함흥)로 돌아 왔으나 봄눈이 깊어 꽃 핀 곳을 몰라 한다. 이런 내용으로 보아, 함경도와 평안도를 다니면서 느낀, 충성심과 고향 생각과 꽃 소식을 기다림 등을 노래하였다고 할 수 있다.

4. 결언

지금까지 신교의 〈동유음〉과 〈북정음〉의 결속, 종결, 구조, 주제 등을 정리해 보았다. 그 중요한 것들을 요약하여 결론을 대신하려 한다.

먼저 〈동유음〉의 결속, 종결, 구조, 주제 등은 다음과 같이 정리된다.

1) 제1-3수의 결속은 '아마도'의 반복표현에 의해 조성되었다.
2) 제1-3수의 결속과 종결은 반복표현의 후미 전환형에 의해 조성되었다. 이 반복표현의 후미 전환형은 'ᄎᄌᆞ오니'의 반복과 이를 일탈한 '안자노니', '금(琴)'과 '호주(壺酒)'의 반복과 이를 일탈한 '필마(匹馬) 단동(單童)으로'에 의해 이루어졌다.
3) 종결은 ["아마도 ○○○○이"(제1수) - "아마도 ○○를'(제2수, 대칭축) - "아마도 ○○○○이"(제3수)]의 대칭표현과 ['듯ᄒᆞ여라'(제1수) - 'ᄒᆞ노라'(제2수, 대칭축) - '듯ᄒᆞ여라'(제3수)]의 대칭표현에 의해 이루어졌다.
4) 구조는 '조령 - 주왕산'(제1수), '청량산'(제2수), '도산서원'(제3수) 등으로 이어진 순차적 구조이다.
5) 4)의 순차적 구조는 시작과 종결이 명확하지 않은 문제를 보이는데, 이를 보완하는 것이 2)와 3)의 종결표현이다.
6) 주제는 [주왕산, 청량산, 도산서원 등을 다니면서 놀거나 탐방하면서 느낀 정감]이다.

〈북정음〉의 결속, 종결, 구조, 주제 등은 다음과 같이 정리된다.

1) 결속과 종결은 반복표현의 후미 전환형에 의해 조성되었는데, 이 반복표현의 후미 전환형은 'ᄒᆞ여라'의 반복과 이를 일탈한 'ᄒᆞ노라'에 의해 이루어졌다.
2) 대칭표현에 의한 종결의 표현은 ["… -아 … -니"(제1수) - 대칭축(제2수) - "… -아 … -니"(제3수)]의 대칭표현과 ['아마도'(제1수) - 'ᄒᆞ물며'(제2수) - '아마도'(제3수)]의 대칭표현에 의해 이루어졌다.

3) 구조는 '북관-용만(용천)-통군정(의주)'(제1수), '철령'(제2수), '철령-만세교(함흥)'(제3수) 등으로 이어진 순차적 구조이다.
4) 주제는 [함경도와 평안도를 다니면서 느낀, 충성심과 고향 생각과 꽃 소식을 기다림]이다.

박순우의 〈동유록〉

1. 서론

이 글은 박순우(朴淳愚 1686~1759)가 지은 〈동유록〉의 결속, 종결, 구조, 주제 등을 검토 정리하는 데 연구의 목적이 있다.

〈동유록〉의 연구는 두 글(양희철 2010e, 2011b)에서 보인다. 전자의 글에서는 이 작품의 종결을, 시종의 대칭형과 후미 반복형으로 정리를 하였다. 후자의 글에서는 일탈표현, 대칭표현, 구조, 주제, 유형성 등을 정리하였다.

이 두 글은 〈동유록〉을 이해하는 데에 도움을 주었다. 그러나 그 동안 이 분야의 다른 작품들을 검토하면서 새로 인식한, 결속, 종결, 구조 등의 측면들을 더하여 보면, 수정하고 보완해야 할 것들이 적지 않다.

이에 앞의 두 글을 결속, 종결, 구조, 주제 등의 차원에서 수정 보완하면서 다시 쓰고자 한다.

2. 결속과 종결

결속과 종결을 보기 위해, 밑줄 친 부분에 유의하면서, 〈동유록〉을 보자.

萬壑이 깁픈 곳에 안개조차 줌겨셰라
桃花水 업ᄉᆞ니 갈 길히 희미토다
아마도 武陵仙子의 藏春計ㅣ가 ᄒᆞ노라(제1수, 鐵原 金化)

摩尼洞 깁픈 골로 斷髮嶺 올라 셔니
金剛山 萬二千을 歷歷히 다 볼로다
아ᄒᆡ야 몰 밧비 몰아라 어셔 가려 ᄒᆞ노라(제2수, 斷髮嶺)

一見 金剛山이 中國人의 願이로다
生此東國ᄒᆞ야 아니 보고 어이 ᄒᆞ리
우리도 不遠千里來ᄒᆞ니 緣分인가 ᄒᆞ노라(제3수, 金剛山〈斷髮嶺)

四仙亭 舊日仙人 누긔누긔 四仙인고
오늘날 나 온 후는 五仙亭이 되엿도다
아ᄒᆡ야 四仙이 뭇거던 나 왓더라 ᄒᆞ여라(제4수, 四仙亭)

東海를 넙다더니 이제 보니 과연 넙다
魯仲達 업ᄉᆞ니 뉘 다시 ᄇᆞ롤소니
아마도 江漢 朝宗은 녯 길인가 ᄒᆞ노라(제5수, 東海)

明沙에 픠엿는 海棠 녯 즁을 너도 본다.
兩兩 白鷗는 疎雨에 그저 는다
아마도 昔年 詩句가 卽今朝ㅣ가 ᄒᆞ노라(제6수, 東海)

이 작품의 결속과 종결은 대칭표현과 일탈표현을 통하여 정리되므로, 대칭표현과 일탈표현을 보면서 결속과 종결을 정리해 보자.

첫째로, [A(제1수) - B(제2수) - C(대칭축, 제3수) - B(제4수) - A(제5수)]의 대칭표현이다. 이 대칭표현은 제1수와 제5수가 대칭하는 두 종류의 대칭표현과, 제2수와 제4수가 대칭하는 한 종류의 대칭표현으로 구성되어 있다. 이를 차례로 보자.

제1수와 제5수가 대칭하는 두 종류의 대칭표현은 ['업ᄉᆞ니'(제1수) - 대칭축(제3수) - '업ᄉᆞ니'(제5수)]와 ["아마도 … -ㄴ가 ᄒᆞ노라"(제1수) - 대칭축(제3수) - "아마도 … -ㄴ가 ᄒᆞ노라"(제5수)]이다. 전자의 대칭표현에서 보이는 '업스니'는 제1수의 중장("도화수(桃花水) 업ᄉᆞ니 갈 길히 희미토다")과 제5수의 중장("노중달(魯仲達) 업ᄉᆞ니 뉘 다시 ᄇᆞ롤소니")에서 두 번째 시어로 나온다. 이 두 '업ᄉᆞ니'는 ['업ᄉᆞ니'(제1수) - 대칭축(제3수) - '업ᄉᆞ니'(제5수)]의 대칭표현을 보여준다. 후자의 대칭표현에서 보이는 "아마도 … -ㄴ가 ᄒᆞ노라"의 구문은 "아마도 무릉선자(武陵仙子)의 장춘계(藏春計) ㄴ가 ᄒᆞ노라"(제1수)와 "아마도 강한(江漢) 조종(朝宗)은 녯 길인가 ᄒᆞ노라"(제5수)에 포함되어 있다. 이 두 구문은 ["아마도 … -ㄴ가 ᄒᆞ노라"(제1수) - 대칭축(제3수) - "아마도 … -ㄴ가 ᄒᆞ노라"(제5수)]의 대칭표현을 보여준다.

제2수와 제4수가 대칭하는 대칭표현은 ["아희야 … ᄒᆞ(노)라"(제2수) - 대칭축(제3수) - "아희야 … ᄒᆞ(여)라"(제4수)]의 대칭표현이다. 이 대칭표현을 보이는 "아희야 … ᄒᆞ(노/여)라"의 구문은 "아희야 몰 밧비 몰아라 어셔 가려 ᄒᆞ노라"(제2수)와 "아희야 사선(四仙)이 뭇거던 나 왓더라 ᄒᆞ여라"(제4수)에서 발견된다.

이렇게 정리되는, 제1수와 제5수의 두 대칭표현과, 제2수와 제4수의 대칭표현은 제1-5수의 대칭표현을 보여준다. 제1수와 제5수에서 반복하는 표현을 A로, 제2수와 제4수에서 반복하는 표현을 B로, 대칭축을 C로 바꾸어 쓰면, [A(제1수) - B(제2수) - C(대칭축, 제3수) - B(제4수) - A(제5수)]의 대칭표현이 된다. 이 대칭표현은 단락간의 결속과 종결을 보여준다.

둘째로, 제6수 종장의 일탈표현이다. 제6수의 종장을 보면, 제5수의 종장에서 보이는 "아마도 … -ㄴ가 ᄒᆞ노라"의 구문을 반복하고 있다. 이 작품에서 각수의 종장들은 바로 앞에 온 단시조의 종장 구문을 반복하지 않는 것이 규범이다. 그런데 이 규범을 제6수의 종장은 일탈하고 있다.

이 제6수의 일탈표현은 제1, 5수에서 반복한 "아마도 … -ㄴ가 ᄒᆞ노라"의 반복이다. 이를 계산하면, 이 작품은 [A(제1수) - B(제2수) - C(대칭축, 제3수) - B(제4수) - A(제5수) - A(제6수)]형으로 정리할 수 있다.

이 [A(제1수) - B(제2수) - C(대칭축, 제3수) - B(제4수) - A(제5수) - A(제6수)]형에서는 대칭표현의 대칭이라는 결속과 후미 반복의 종결을 발견할 수 있다. 그리고 제1수와 제5수의 대칭형 종결에 후미 반복이 더해진, 제1수와 제6수의 대칭형 종결과 대칭형의 후미 반복형의 종결을 정리할 수 있다.

3. 배경시공간의 구조

이 작품의 배경시간은 시어로 표현한 것이 거의 없다. 그러나 단시조들의 순서와 제목으로 보아, 순차적 구조를 취한 것으로 추정된다.

이 작품의 배경공간은 1차로 제1-5수의 여행 순서에 따른 순차적 구조로 정리할 수 있다. 즉 소제목에서 보듯이, 여행 순서인 철원 금화(제1수), 단발령(제2, 3수), 사선정(제4수), 동해(제5, 6수) 등의 순차적 구조이다. 이 중에서 제3수의 '단발령'은 '금강산'으로 수정해야 할 것 같다. 제3

수를 보면, "일견(一見) 금강산(金剛山)이 중국인(中國人)의 원(願)이로다 / 생차동국(生此東國)ᄒᆞ야 아니 보고 어이 ᄒᆞ리 / 우리도 불원천리래(不遠千里來)ᄒᆞ니 연분(緣分)인가 ᄒᆞ노라"이다. 이 제3수를 보면, '금강산'을 노래하고 있다. 특히 이 '금강산'은 '단발령'을 노래한 제2수["마니동(摩尼洞) 깁픈 골로 단발령(斷髮嶺) 올라 셔니 / 금강산(金剛山) 만이천(萬二千)을 역력(歷歷)히 다 볼로다 / 아ᄒᆡ야 ᄆᆞᆯ 밧비 몰아라 어셔 가려 ᄒᆞ노라"]의 '금강산'이다. 이런 점에서 제3수를 '금강산'으로 바꾸어야 한다. 이렇게 정리하고 보면, 이 작품의 배경공간은 철원 금화(제1수), 단발령(제2수), 금강산(제3수), 사선정(제4수), 동해(제5, 6수) 등의 순차적 구조라고 정리할 수 있다.

이 작품의 배경공간인 철원 금화(제1수), 단발령(제2수), 금강산(제3수), 사선정(제4수), 동해(제5수) 등은 2차로, 점층적 구조와 점강적 구조가 대칭한 대칭적 구조로 정리할 수 있다. 제1수의 철원과 금화에서 제2수의 단발령으로의 이동은 지리상 높은 곳으로 이동하는 점층적이다. 이런 사실은 제2수의 "도화수(桃花水) 업ᄉᆞ니 갈 길히 희미토다"와 제3수의 "마니동(摩尼洞) 깁픈 골로 단발령(斷髮嶺) 올라 셔니"로 알 수 있다. 다시 제2수의 단발령으로부터 제3수의 금강산으로의 이동 역시 지리상 높은 곳으로 이동하는 점층적이다. 이런 사실은 제2수의 "금강산(金剛山) 만이천(萬二千)을 역력(歷歷)히 다 볼로다"와 단발령(834m)과 금강산(1638m)의 높낮이로 알 수 있다. 이렇게 보면 제1-3수의 배경공간은 점층적 구조이다. 그리고 제3수의 '금강산', 제4수의 '사선정', 제5수의 '동해' 등은 지리상 그 높낮이에서 점강적이다. 이렇게 보면, 제1-5수는 점층적 구조와 점강적 구조가 대칭된 대칭적 구조라고 정리할 수 있다.

4. 논리적 구조와 주제

이 작품이 이용한 소재는 다음의 표와 같다.

한국소재 중국소재			東國人 中國人之願			
한국소재		斷髮嶺		四仙(亭) 舊日仙人		옛즁 昔年 詩句
중국소재	桃花水 武陵仙子				魯仲連 江漢朝宗	
소재	제1수	제2수	제3수	제4수	제5수	제6수

이 소재와 앞에서 정리한 결속과 종결 및 배경공간의 구조는, 이 작품의 논리적 구조와 주제를 파악하는 데 도움을 준다. 이를 차례로 보자.

제1수에서는 금강산으로 가는 길(/장소), 즉 내금강의 밖을, 중국 소재를 통해 노래하였다. 제1수에서 노래하는 장소는 초장과 중장인 "만학(萬壑)이 깁픈 곳에 안개조차 줌겨셰라 도화수(桃花水) 업ᄉᆞ니 갈 길히 희미토다"에서 알 수 있듯이, 금강산으로 가는 길인 철원과 금화이다. 그리고 이 길(/장소)을 중장과 종장에서는 "도화수(桃花水) 업ᄉᆞ니 갈 길히 희미토다 무릉선자(武陵仙子)의 장춘계(藏春計) 닌가 ᄒᆞ노라"와 같이, 중국의 무릉도원 소재를 통해 노래하였다.

제2수에서는 내금강 초입과 멀리 본 금강산을, 동국 소재를 통해 노래하였다. 이는 제1수에 점층된 내용과 표현이다. 초장과 중장의 "마니동(摩尼洞) 깁픈 골로 단발령(斷髮嶺) 올라셔니 금강산(金剛山) 만이천(萬二千)을 역력(歷歷)히 다 볼로다"에서 보듯이, 금강산 초입(摩尼洞, 斷髮嶺)과 멀리 본 금강산을 노래한다. 그것도 동국의 소재인 '단발령'의 설화를 이용하는 동시에, 종장인 "아희야 몰 밧비 몰아라 어셔 가려 ᄒᆞ노라"를 이용하여, 좀더 빨리 금강산을 보고 싶은 현재의 장소를 노래하였다. 이 장소는 금강산에 좀더 가까워진 점층의 장소이다. 그리고 노래하는 소재 '단발령'은 과거 동국인의 체험(:이 고개에 올라 금강산을 보면 누구나 머리를 깎고 세속을 벗어나고 싶은 생각을 하게 된다는 지명 유래담)을 통한 추체험으로, 제1수의 중국인의 체험을 통한 추체험보다는 좀더 점층된 것이다.

제3수에서는 금강산 보기를 중국과 동국의 소재를 통해 노래한다. 이는 제2수에 점층된 것이다. 이 금강산은 제2수에서 노래한 금강산 초입이 아니라 금강산 자체라는 점에서 점층된 것이다. 그리고 이를 노래하는 초장의 "일견(一見) 금강산(金剛山)이 중국인(中國人)의 원(願)이로다"는 중국 소재를 통한 금강산 보기의 강화이고, 이에 더해진 "생차동국(生此東國)ᄒᆞ야 아니 보고 어이 ᄒᆞ리"의 중장은 동국 소재를 통한 금강산 보기의 강화이다. 이 중국 소재와 동국 소재를 겸한 추체험은 제1수의 중국 소재를 통한 추체험과, 제2수의 동국 소재를 통한 추체험을 모두 합친 것으로 제2수의 추체험에 점층된 것이라고 정리할 수 있다.

이렇게 제1-3수는 차례로 점층되어 있다는 점에서, 제1-3수는 점층적 구조라고 할 수 있다. 그리고 이 제3수는 제4수부터 점강을 보인다는 점에서, 대칭축이면서 동시에 정점이라고 정리할 수 있다.

제4수에서는 외금강 초입이라 할 수 있는 사선정을, 동국 소재를 통해 노래한다. 이는 제3수보다 점강되고 제2수에 대칭되어 있다. 제4수에서 노래하는 사선정은 외금강의 초입인 해금강에 있다. 그리고 사선정과 구일사선(舊日四仙)은 동국의 소재이다. 이 동국의 소재는 제3수에서 노래한 중국 소재와 동국 소재 중에서 동국 소재로 점강시킨 표현이다. 그리고 이 점강은 제2수에서 제3수로 점층된 것에 반비례한다. 이로 인해 제2수와 제4수의 동국 소재와 내금강의 초입과 외금강의 초입은 제3수를 대칭축으로 대칭한다.

제5수에서는 동해와 바다로 향한 옛 길을, 즉 외금강의 밖을, 중국 소재를 통하여 노래한다. 제5수가 동해와 바다로 향한 옛 길을 노래했다는 사실은 초장인 "동해(東海)를 넙다더니 이제 보니 과연 넙다"와 중장의 '옛 길'에서 알 수 있다. 그런데 이 동해와 옛 길은 외금강의 초입인 사선정의 밖에 있어, 금강산에서 좀더 멀어진 점강이다. 게다가 중장과 종장에서 볼 수 있는 중국 소재인 노중련(魯仲連, 진나라가 천하를 통일하면 그 포악한 정치를 피해 동해로 가겠다는 말을 함)과 강한조종(江漢朝宗, 양자강과 한수와 같이 강물이 바다로 감)은 중국 소재로 제4수의 동국 소제보다 점강되고, 제1수의 중국 소재와 대칭이며, 이 외금강 밖은 제1수의 내금강 밖과 대칭이다.

이렇게 제3-5수는 점강적 구조를 보여준다. 그리고 제1-3수의 점층적 구조와 제3-5수의 점강적 구조는 대칭적 구조로 종합된다. 이런 점에서 앞에서 정리한 대칭표현들은 이 작품의 제1-5수가 대칭적 구조라는 것을 암시했다는 점도 정리할 수 있다.

제6수에서는 동해물가의 풍경을 노래하면서, 이 풍경이 옛 중이 노래한 것과 같음을 보여주고 있다. 초장["명사(明沙)에 픠엿는 해당(海棠) 녯 즁을 너도 본다"]을 보면, 명사에 피어 있는 해당화에게 너도 옛날에 고승(高僧)을 보았느냐고 묻는 것 같이 보인다. 그러나 '너도 본다'의 시제를 엄격하게 계산하면, '옛날에 고승을 보았느냐고 묻는 것'이 아니라, 지금 네 앞에 있는 고승 즉 나를 보느냐는 물음이 된다. 말을 바꾸면, 지금 고승과 같은 나를 보고 있느냐 하는 것이다. 이를 계산하면, 고승은 시적 화자 자신의 은유이다. 이렇게 읽을 때에, 고승의 시구와 시적 화자 자신의 지금의 시구는 좀더 하나가 되는 것이다. 이는 제4수에서, 사선(四仙)에 시적 화자 자신을 더해 오선(五仙)을 노래하듯이, 고인들이 즐기던 금강을 자신도 즐김을 보여준 것으로 판단할 수 있다. 그리고 이 제6수는 제5수와 같이 동해를 노래하면서, "아마도 한강(江漢) 조종(朝宗)은 녯 길인가 ᄒᆞ노라"(제5수 종장)와 "아마도 석년(昔年) 시구(詩句)가

즉금조(卽今朝) ㅣ가 ᄒᆞ노라"(제6수 종장)에서와 같이 같은 문장을 반복하고 있어, 논리적 구조상, 제5수의 반복형으로 정리할 수 있다.

이상을 종합하면, 이 작품은 제1-3수의 점층적 구조와 제3-5수의 점강적 구조가 대칭된 대칭적 구조의 후미 반복형으로 정리할 수 있다. 그리고 이 작품의 주제는 [중국인과 한국인이 그리던 금강산을 유람하면서, 고인이 느끼던 감회에 젖음]으로 정리할 수 있다.

5. 결론

지금까지 〈동유록〉의 결속, 종결, 구조, 주제 등을 검토해 보았다. 그 중요한 겻들을 요약하는 것으로 결론을 대신하려 한다.

1) ['업ᄉᆞ니'(제1수) - 대칭축(제3수) - '업ᄉᆞ니'(제5수)]의 대칭표현, ["아마도 … -ㅣ가 ᄒᆞ노라"(제1수) - 대칭축(제3수) - "아마도 … -ㅣ가 ᄒᆞ노라"(제5수)]의 대칭표현, ["아희야 … ᄒᆞ(노)라"(제2수) - 대칭축(제3수) - "아희야 … ᄒᆞ(여)라"(제4수)]의 대칭표현 등으로 구성된, [A(제1수) - B(제2수) - C(대칭축, 제3수) - B(제4수) - A(제5수)]형의 대칭표현을 통하여, 결속과 종결을 보여준다.
2) 제6수는 제1, 5수에서 대칭된 "아마도 … -ㅣ가 ᄒᆞ노라"의 표현을 반복하여, 후미 반복형의 종결도 보여준다.
3) 이 작품의 배경시간은 시어로 표현한 것이 거의 없지만, 단시조들의 순서와 제목으로 보아, 순차적 구조를 취한 것으로 추정된다.
4) 이 작품의 배경공간은 철원 금화(제1수), 단발령(제2수), 금강산(제3수), 사선정(제4수), 동해(제5, 6수) 등의 순차적 구조로 정리할 수 있다.

5) 이 작품의 논리적 구조는 금강산의 기행을 중국소재와 한국소재를 점층시킨 점층적 구조와 점강시킨 점강적 구조가 대칭된 대칭적 구조에 후미 반복이 더해진 구조이다.

6) 이 작품의 주제는 [중국인과 한국인이 그리던 금강산을 유람하면서, 고인이 느끼던 감회에 젖음]으로 정리할 수 있다.

유심영의 〈남강유희가〉

1. 서언

이 글은 유심영이 지은 〈남강유희가〉의 결속, 종결, 구조, 주제 등을 검토 정리하는 데 연구의 목적이 있다.

이 작품의 연구는 두 글들(양희철 2010c, 2010e)에서 보인다. 이 두 글에서는 종결표현을 보여주고, 결속을 정리할 수 있는 일탈표현과 대칭표현을 보여주고 있다. 그러나 종결, 구조, 주제 등은 현재까지 정리하지 않았다.

이에 앞의 글을 수정하고 보완하는 선에서, 〈남강유희가〉의 결속, 종결, 구조, 주제 등을 다시 정리하고자 한다.

이 작품은 제목이 없는데, 시적 화자가 남강에서 유희를 하는 작품의 내용으로 보아, 〈남강유희가〉로 명명하고자 한다.

2. 결속과 종결

결속과 종결을 정리하기 위하여 〈남강유희가〉를 밑줄 친 부분에 유의하면서 보자.

九曲水 나린 물이 南江水 되단 말가
월궁의 ᄂᆡ친 선녀 濯足ᄒᆞ랴 네 왓난냐
우리도 蓬萊로 가난 길이니 함ᄀᆡ 놀가(제1수)

瑤池 蓮花 옴겨다가 남강슈의 심엇더니
採蓮兒 어ᄃᆡ 가고 너 홀노 붉어난냐
아무탄 낙목 한천인들 향긔 죠쳐(제2수)

梅花 한 가지예 ᄉᆡ 달이 도더 오니
달다려 무른 말이 梅花 홍미 네 아난냐
차라로 내 네 몸 되면 가지 가지(제3수)

직녀의 ᄍᆞᆫ 비단 銀河의 씨여 ᄂᆡ여
姮娥 손 비러 지어 ᄂᆡ니 錦囊이라
우리도 언제나 봉ᄂᆡ 仙官 되면 차고 놀가(제4수)

이 작품은 [A(제1수) - B(제2수) - B(제3수) - A(제4수)]의 대칭표현에 의해 작품 전체의 결속을 보인다.

이 결속에 관여하는 대칭표현은 세 종류이다. 이를 차례로 보자.

첫째는 제2, 3수 초장의 '-니'의 대칭표현이다. 제2, 3수 초장말의 어미로 '-니'(심엇더니, 오니)가 반복한다. 이는 반복표현일 수도 있고, 대칭표현일 수도 있다. 그런데 이어서 볼 다른 표현들로 보아 대칭표현으로 정리한다.

둘째는 제2, 3수 종장말의 생략표현의 대칭표현이다. 제2수의 종장인 "아무탄 낙목 한천인들 향긔 죠쳐"를 보면, 이 종장말에 '없을소냐'와 같은 어휘가 생략되었음을 알 수 있다. 그리고 제3장의 종장인 "차라로 내 네 몸 되면 가지 가지"를 보면, 이 종장말에 생략된 어휘가 있음을 알 수 있다. 이 두 생략 역시 반복표현일 수도 있고, 대칭표현일 수도 있는데, 이어서 볼 셋째의 대칭표현에 따라, 대칭표현으로 판단된다.

셋째는 제1, 4수의 대칭표현이다. 제1, 4수의 종장에서는 "우리도 … 놀가"를 반복하고 있다. 이는 제1, 4수가 짝이 되어 제2수와 제3수의 가운데, 크게 보면 이 작품의 한 가운데 있는 빈 공간을 대칭축으로 한 대칭표현임을 드러낸다.

이렇게 나타난 세 대칭표현에서, 제2수와 제3수에서 대칭된 대칭표현을 B로, 제1수와 제4수에서 대칭된 대칭표현을 A로 정리하면, [A(제1수) - B(제2수) - B(제3수) - A(제4수)]의 대칭표현이 된다. 이 대칭표현은 제1-4수의 결속을 보이며, 동시에 시작 부분인 제1수에 대칭된 제4수가 종결임을 보여준다.

이 작품의 결속과 종결은 반복표현의 후미 전환형에 의해서도 보여준다. 중장들을 보면, 제1, 2, 3수에서는 '-난냐'가 반복되면서 규범이 형성된다. 이 규범을 제4수에서는 '-이라'로 일탈하고 있다. 이 일탈은 반복표현의 후미 전환이라는 점에서 이 작품의 결속과 종결을 보여준다.

이렇게 볼 때에, 이 작품의 결속과 종결은 [A(제1수) - B(제2수) - B(제3수) - A(제4수)]의 대칭표현과, 반복표현의 후미 전환형에 의해 이루어졌다고 정리할 수 있다.

3. 구조와 주제

배경시간이나 배경공간의 구조는 구체적으로 보여주지 않는다. 단지 "구곡수(九曲水) 나린 물이 남강수(南江水) 되단 말가"(제1수 초장)와 "우리도 봉래(蓬萊)로 가난 길이니 함기 놀가"(제1수의 종장)로 보아, 금강산으로 유람을 가는 도중의 시간과 장소(남강수)에서 지은 것으로 판단된다.

논리적 구조는 기승전결로 판단되는데, 차례로 보자.

九曲水 나린 물이 南江水 되단 말가
월궁의 닉친 선녀 濯足ᄒᆞ랴 네 왓난냐
우리도 蓬萊로 가난 길이니 함기 놀가(제1수)

초장에서는 시적 화자가 임하고 있는 장소를 노래하였다. 즉 구곡수의 나린 물이 남강수가 된 곳에 있음을 노래하였다. 그리고 이 곳에서 선녀에게 말을 거는 것이 중장이다. 이 중장에서 노래한 '월궁의 내친 선녀'는 사람인지, 아니면 제2수에 나오는 연(蓮)의 의인화인지는 명확하지 않다. 그러나 종장의 "우리도 봉래로 가는 길이니"와, 당시에 수작이 가능한 여성은 기녀라는 점으로 보아, 이 선녀는 금강산으로 유람을 가는 기녀들로 추정할 수 있다. 종장에서는 우리도 봉래로 가난 길이니 함께 놀 것을 청하고 있다. 이런 내용으로 보면, 제1수에서는 [(구곡수가 나려 남강수가 된 곳에서 만난 기녀들에게) 우리 봉래로 가는 같은 풍류를 가졌으니 함께 놀자.]는 주제를 노래하였다고 정리할 수 있다. 함께 놀기를 처음으로 청하고 있다는 점에서 기승전결의 '기'로 정리할 수 있다.

瑤池 蓮花 옴겨다가 남강슈의 심엇더니
採蓮兒 어ᄃᆡ 가고 너 홀노 붉어난냐
아무탄 낙목한천인들 향긔 죠쳐(제2수)

제2수에서는 표면만을 보면, 남강수의 연꽃, 즉 홍련(紅蓮)을 유희하고 있다. 이 표면적 의미만을 읽을 때는 이 작품의 이해가 쉽지 않다. 그러나 제1수와 연결하여 보면, 이 연꽃은 이면적으로 기녀를 대상으로 유희하고 있음을 알 수 있다. 즉 중장의 "채련아 어데 가고 너 홀로 붉었느냐"를 통하여, 시적 화자는 채련아를 대신하고자 하는 유희를 보인다. 그리고 종장에서는 "아무튼 낙목한천(落木寒天)인들 향기조차 (없을소냐)"를 통하여, 수작을 걸고 있다. 그리고 이 종장으로 보아, 남강수에서 만난 기녀는 나이 먹은 노기들이나 퇴기들로 짐작된다. 이런 점들을 계산하면, 제2수에서는 [(남강수에서 만난 노기들 또는 퇴기들 중의) 홍련(紅蓮)아 내가 채련아가 되어 함께 놀아 보자.]는 수작으로 볼 수 있다. 이 제2수는 제1수의 놀기를 청하는 내용을 잇고 있다는 점에서 '승'으로 정리할 수 있다.

梅花 한 가지예 식 달이 도더 오니
달다려 무른 말이 梅花 홍미 네 아난냐
차라로 내 네 몸 되면 가지 가지(제3수)

제3수에서는 소재를 바꾸고 있다. 즉 제2수의 홍련(紅蓮)의 소재를 이 제3수에서는 매화로 바꾸었다. 어떻게 갑자기 남강수에서의 노래에 식물 매화가 나올 수 있을까? 이것만을 생각하면 상당히 당황스럽다. 그러나 남강수에서 만난 노기들이나 퇴기들과의 놀이라는 측면을 생각하면, 매화의 등장은 문제가 되지 않는다. 즉 이 매화는 표면적으로는 식물의 매화이지만, 이면적으로는 노기나 퇴기의 매화라는 것이다. 이렇게 소재를 바꾸고 있지만, 종장에서는 역시 유희를 한다. 즉 "차라로 내 네 몸 되면 가지 가지 (……)"에서와 같이 진한 유희를 하고 있다. 이런 점들을 계산하면, 제3수에서는 [매화를 가까이 하는 친구의 달에게 나 같으면 가지 가지 (……) 하겠다.]는 유희를 주제로 노래하였다고 정리할 수 있다. 제2수와 같이 유희를 노래하되, 소재를 바꾸었다는 점에서 기승전결의 '전'으로 이해할 수 있다.

> 직녀의 짜낸 비단 銀河의 씨여 닉여
> 姮娥 손 비러 지어 닉니 錦囊이라
> 우리도 언제나 봉닉 仙官 되면 차고 놀가(제4수)

제4수에서는 더 이상 제1, 2, 3수에서 노래하던 노기들이나 퇴기들을 소재로 사용하지 않고, 천상의 선녀인 직녀와 항아의 소재와, 그들이 짠 금낭을 소재로 노래하면서, 후일 선관이 되면 놀 것을 노래하고 있다. 이는 표면적으로는 죽어서 선관이 된 다음의 놀이를 노래한 것이다. 그러나 이면적으로는 금강산에 가서의 놀이를 기약하는 것이다. 이로 보면 제4수는, [이 자리에서 놀지 못한 유희는 선관이 된 금강산에서 놀아보자.]는 기약을 주제로 하였다고 정리할 수 있다. 그리고 이 제4수는 이 작품의 결론이라는 점에서 기승전결의 '결'로 정리할 수 있다.

이상과 같이 본다면, 이 작품의 논리적 구조는 기승전결이며, 주제는 [금강산으로 유람을 가는 도중인 남강수에서 만난 노기들이나 퇴기들과의 수작과 후일 유희의 기약]으로 정리할 수 있다.

4. 결언

지금까지 유심영의 〈남강유희가〉에서 그 결속, 종결, 구조, 주제 등을 검토 정리해 보았다. 그 중요한 것들을 요약하여 결론을 대신하려 한다.

1) 이 작품은 [A(제1수) - B(제2수) - B(제3수) - A(제4수)]의 대칭표현

을 통하여, 작품 전체의 결속과 종결을 보여준다.

2) 이 작품은 반복표현의 후미 전환형에 의해서도 작품 전체의 결속과 종결을 보여준다.

3) 배경시간과 배경공간은 "구곡수(九曲水) 나린 물이 남강수(南江水) 되단 말가"(제1수 초장)와 "우리도 봉래(蓬萊)로 가난 길이니 함기 놀가"(제1수의 종장)로 보아, 금강산으로 유람을 가는 도중의 시간과 장소(남강수)로 추정되며, 배경시간의 구조와 배경공간의 구조는 발견되지 않는다.

4) 이 작품의 논리적 구조는 기승전결로 정리된다.

5) 이 작품의 각수별 주제는, [(구곡수가 나려 남강수가 된 곳에서 만난 기녀들에게) 우리 봉래로 가는 같은 풍류를 가졌으니 함께 놀자.](제1수), [(남강수에서 만난 노기들 또는 퇴기들 중의) 홍련(紅蓮)아 내가 채련아가 되어 함께 놀아 보자.](제2수), [매화를 가까이 하는 친구의 달에게 나 같으면 가지 가지 (……) 하겠다.](제3수), [이 자리에서 놀지 못한 유희는 선관이 된 금강산에서 놀아 보자.](제4수) 등으로 정리된다.

6) 이 작품의 전체 주제는 [금강산으로 유람을 가는 도중인 남강수에서 만난 노기들이나 퇴기들과의 수작과 후일 유희의 기약]으로 정리된다.

제6부

기타(1)

윤선도의 〈오우가〉

1. 서론

고산의 연시조 〈오우가〉는 도남 선생이 그 표현을 극찬한 이래, 많은 연구가 있어 왔다. 그 내용은 크게 보아, 다섯 영역으로 나눌 수 있다. 첫째는 한국어의 미(美)의 발견과 수사를 정리한 영역이다.[1] 둘째는 오우의 미덕을 정리한 자연관과 의미의 영역이다.[2] 셋째는 〈오우가〉와 다른 시조들(〈사우가〉와 노계의 시조)을 비교한 영역이다.[3] 넷째는 결속과

---

1 한국어의 미(美)의 발견은 조윤제(1937:341-342)가 처음으로 밝혔고, 이 연구는 그 후에 많은 글들에서 인용되었다. 수사는 이태극(1981;1990:241-242)과 성기옥(1988:219)이 검토하였다.

2 〈오우가〉의 자연관과 의미는 조윤제(1937:338)와 이재수(1955:96)의 글에서 시작되었다. 그 후에 많은 연구들이 나왔는데, 큰 윤곽만을 정리하면 다음과 같다. 최진원(1965:77)은 不斷, 不變, 不屈, 不欲, 不言 등을 정리하였다. 이 글의 내용을 부분적으로 수정하면서 보완한 글로는, 최진원(1966:55), 윤경수(1966b:44), 문영오(1972:206, 1986:34-35), 안병태(1973:596-597), 이태극(1981;1990:236), 정익섭(1987:342-345), 원용문(1988:128, 1992:549), 윤영옥(1988:217-218), 박준규(1997:137-187), 조해숙(1997:424-431), 이상원(1998:48-49), 유육례(2015:205-209) 등의 글들이 있다. 김석회(1988)는 〈논〉과 〈책〉을 통해 본 자연관, 한시를 통해 본 자연관, 아호 '孤山'의 의미 등을 정리하였다. 윤성근(1970:639)과 이용숙(1988:247)은 이 작품의 의미를 내적 윤리와 외적 윤리로 정리를 하였다. 윤영옥(1988:217-218)과 조해숙(1997:424-431)은 이 작품의 의미를 인격적 완성으로 보았다. 장순희와 임주탁(2010:516)은 〈오우가〉의 자연을 "자기가 되고 싶은 인간형이 아니라 화자 자신은 배제되고 좋아하는 친구의 모습"으로 보았다.

구조를 연구한 영역이다.[4] 다섯째는 기타의 영역이다.[5]

이렇게 많은 연구들은 〈오우가〉의 이해에 많은 도움을 주어왔다. 그러나 아직도 이해가 되지 않아, 해석[6]이 필요한 네 가지의 문제가 발견된다.

첫째는, 문자적 의미로 볼 때에, 문맥이 비문법적인 경우들이 적지 않다는 문제이다. 예로, "구룸 빗치 조타 ᄒᆞ나 검기를 ᄌᆞ로 ᄒᆞᆫ다"(제2수 초장)의 구름은, 언뜻 보면 구름 전체인 것 같다. 그러나 모든 구름이 빛이 좋다가 검기를 자주 하는가를 생각해 보면, 그렇지 않다는 것을 바로 알 수 있다. 먹구름은 처음부터 검기만 하고, 일부의 구름만이 빛이 좋다가 검어 진다. 이런 사실은 제2수 초장의 문맥이 문자적 의미로 볼 때에 비문법적임을 말해준다. 그리고 대나무도 나무라는 점에서, "나모도 아닌 거시(:대가)"(제5수 초장)의 문맥적 의미도 문자적 의미로 보면 비문법적이다. 이런 문제는, 본론에서 보겠지만, 제2-6수 모두에서 발견된다. 이 문제는 수사론적으로 반드시 해석해 보아야 할 것으로 판단한다.

둘째는, 긍정문으로 표현할 수도 있는 구문을 부정문으로 표현한 의미가 무엇이냐 하는 것이다. 제2-6수를 보면, '그칠 뉘 업기는'(제2수), '변치 아닐 손'(제3수), '눈서리롤 모로ᄂᆞᆫ다'(제4수), '나모도 아닌 거시 플도 아닌 거시'(제5수), '말 아니 ᄒᆞ니'(제6수) 등과 같이 매수마다 부정문을 보인다. 이 표현의 기능을 검토한 바가 없는데, 이 역시 수사론적으로 반드시 해석해 보아야 할 문제로 판단한다.

---

3 이 비교연구는 이용숙(1988)과 윤영옥(1988)이 행하였다.

4 결속(성)은 고영근(1996)이 연구하였고, 결속과 구조는 고성환(1996:153), 조해숙(1997:424-431), 양희철(2015:135-150) 등이 정리하였다.

5 연구사는 조동일(1988)이 정리하였다.

6 '해석'의 의미는 다양하다. 이 글에서는 "해석이란 말은 한 언어에 전제된 비문법적인 혹은 초사전적 의미를 밝혀냄을 의미한다."(박이문 1983:89)의 의미로 사용한다.

셋째는, '벗/友'는 물론 많은 시어들의 중의(重義)를 해석하지 않은 문제이다. 이 작품을 자세히 보면, 중의들을 통하여 자연의 벗을 노래한 표면적 텍스트와, 동지(同志)의 벗을 노래한 이면적 텍스트를 형성한다. 이 중의들과 두 텍스트를 해석한 연구가 없는데, 이 역시 〈오우가〉의 이해를 위해서는 반드시 해석해야 할 문제로 판단한다.

넷째는, 제6수의 의미 또는 주제가 무엇이냐 하는 문제이다. '광명'을 '밝고 환함'의 의미로 읽고, '말 아니 하니'를 불언(不言)이나 침묵(沈默)으로 읽으면, 어휘의 해석은 정확하다. 그러나 이렇게 읽은 제6수의 의미가 유교 사회에서 갖는 가치 있는 의미를 설명하지 못해 왔다. 이 문제를 해결하고자, '광명'을 '교화'의 의미로 읽고, '말 아니 하니'를 과묵(寡默)이나 신언(愼言)으로 읽으면, 제6수의 의미가 유교 사회에서 갖는 가치 있는 의미를 설명할 수는 있다. 그러나 이렇게 읽을 경우에는, '광명'과 '말 아니 하니'의 의미 해석이 석연치 않은 문제를 보인다. 이와 같이 제6수의 해석은 명확하지 않아, 명확한 해석을 필요로 한다.

이렇게 제2-6수에서는 쉽게 이해되지 않는 네 가지의 문제가 발견된다. 이 문제들을 해석하고 이해하여야만, 〈오우가〉의 이해에 좀더 다가설 수 있다. 게다가 앞에서 언급했듯이, 〈오우가〉의 결속, 종결, 구조, 주제 등은 그 정리가 미흡하였다. 이에 이 문제들을 해결하기 위하여 글들(양희철 2015d, 2016a)을 쓴 적이 있다. 이 글에서는 앞의 두 글을 한편의 글로 다시 정리하고자 한다.

2. 결속과 종결

이 장에서는 결속과 종결을 두 절로 나누어 정리하고자 한다. 결속은 순차적 결속과 대칭적 결속으로 나눌 수 있다.

2.1. 순차적 결속

이 절에서는 〈오우가〉 6수가 순차적으로 보이는 결속을 정리하고자 한다.

제1수와 제2수의 결속을 보기 위하여 두 수를 보자.

> 내 버디 몃치나 ᄒᆞ니 水石과 松竹이라(A)
> 東山의 ᄃᆞᆯ 오르니 긔 더욱 <u>반갑고야</u>(A')(B)
> 두어라 이 다ᄉᆞᆺ 밧긔 ᄯᅩ 더ᄒᆞ야 무엇 ᄒᆞ리(제1수)

> 구룸 빗치 조타 ᄒᆞ나 검기ᄅᆞᆯ ᄌᆞ로ᄒᆞᆫ다(A)
> ᄇᆞ람 소래 ᄆᆞᆰ다 ᄒᆞ나 그칠 적이 <u>하노매라</u>(A')(B)
> <u>조코도</u> 그츨 뉘 업기ᄂᆞᆫ 믈ᄲᅮᆫ인가 ᄒᆞ노라(제2수, 水)

이 두 수의 결속은 두 종류로 정리할 수 있다.

첫째로, 제1수의 초장과 중장이 "… -니 …"의 문장을 반복한 A와 A'의 대구로 되어 있듯이, 제2수의 초장과 중장에서도 "… ᄒᆞ나 …"의 문장을 반복한 A와 A'의 대구로 되어 있다. 이는 대구의 반복에 의한 순차적 결속이다.

둘째로, 제1수 중장의 감탄문(… 반갑고야, B)과 제2수 중장의 감탄문(… 하노매라, B)이 감탄문(B)의 반복(고성환 1996:150)을 통하여 보여주는 제1수와 제2수의 순차적 결속이다. 이런 사실은 제3-6수 중장들이 모두 의문형의 시어들(누르ᄂᆞ니, 모ᄅᆞ는다, 뷔연는다, 잇ᄂᆞ냐)로 끝났다는 점에서 드러나는 결속이다.

이 제1수와 제2수의 순차적 결속은 단락의 차원에서 보면, 제1단락(제1수)과 제2단락(제2-6수)의 순차적 결속도 보여준다.

제2수와 제3수의 결속을 보기 위하여 두 수를 보자.

구룸 빗치 조타 ᄒᆞ나 검기ᄅᆞᆯ ᄌᆞ로ᄒᆞᆫ다(C)
ᄇᆞ람 소래 ᄆᆞᆰ다 ᄒᆞ나 그칠 적이 하노매라(C')
조코도 그츨 뉘 업기ᄂᆞᆫ 믈(D)ᄲᅮᆫ인가 ᄒᆞ노라(E)(제2수, 水)

고즌 므ᄉᆞ 일로 퓌며서 수이 디고(C)
플은 어이 ᄒᆞ야 프르ᄂᆞᆫ ᄃᆞᆺ 누르ᄂᆞ니(C')
아마도 변치 아닐 ᄉᆞᆫ 바회(D)ᄲᅮᆫ인가 ᄒᆞ노라(E)(제3수, 石)

순차적 반복 표현의 측면에서, 이 두 수는 네 종류의 결속을 보여준다.

첫째로, 제2수의 초장과 중장이 C와 C'의 대구를 이루듯이, 제3수의 초장과 중장에서도 C와 C'의 대구를 이루는데(조해숙 1997), 이는 제2수와 제3수의 순차적 결속을 보여준다.

둘째로, 제2수의 종장과 제3수의 종장의 D에서 벗의 명칭을 보통명사인 '믈'과 '바회'로 반복하면서 보여주는 제2수와 제3수의 순차적 결속이다.

셋째로, 제2수의 종장("조코도 그츨 뉘 업기ᄂᆞᆫ 믈ᄲᅮᆫ인가 ᄒᆞ노라")과 제3수의 종장("아마도 변치 아닐 ᄉᆞᆫ 바회ᄲᅮᆫ인가 ᄒᆞ노라")의 밑줄 친 부분인 E에서 "… -ㄴ ○(○)ᄲᅮᆫ인가 ᄒᆞ노라"의 구문을 반복하면서 보여주는 제2수와 제3수의 순차적 결속이다.

넷째로, 제2수와 제3수에서 각각 오우의 하나인 '물'과 '바위'를 부각시키기 위한 논리 전개에서 같은 의미 구조를 통하여 보여주는 제2수와 제3수의 순차적 결속이다. 즉 '물'과 '바위'를 부각시키기 위하여, 초장과 중장에서 비교 대상의 특성을 기술하고, 종장에서 '물'과 '바위'의 특성을 제시하는 논리 전개에서, 같은 의미 구조[7](F)를 반복하면서 제2수와 제3

수의 순차적 결속을 보여준다.

제3수와 제4수의 결속을 보기 위하여 두 수를 보자.

고즌 므스 일로 퓌며서 수이 디고
플은 어이(G) ᄒᆞ야 프르는 ᄃᆞᆺ 누르ᄂᆞ니
아마도 변치 아닐 손 바회뿐인가 ᄒᆞ노라(제3수, 石)

더우면 곳 퓌고 치우면 닙 디거놀
솔아 너는 엇디(G) 눈 서리를 모로는다
九泉의 불희 고든 줄을 글로 ᄒᆞ야 아노라(제4수, 松)

제3수와 제4수의 결속은 밑줄 친 부분인 G에서 같은 구문의 반복에 의해 보여준다. 즉 주제어와 부사의 결합인 '플은 어이'와 '너는 엇디'에 의해 제3수와 제4수의 순차적 결속을 보여준다.

제4수와 제5수의 결속을 보기 위하여 두 수를 보자.

더우면 곳 퓌고 치우면 닙 디거놀(H)
솔아 너는 엇디 눈 서리를 모로는다(I)
九泉의 불희 고든 줄을 글로 ᄒᆞ야 아노라(제4수, 松)

---

7 "그러나 이들 각 연 사이의 세부적인 의미 구조를 살펴 보면 이들은 다시 몇 부류로 나누어질 수 있다. 2연은 초장과 중장에서 '믈'을 부각시키기 위해 비교 대상으로 '구룸빛'과 '바람소릭'의 특성을 말하고 있고, 3연의 초장과 중장에서는 '바회'를 부각시키기 위해 '곳'과 '플'의 특성에 대해서 기술하고 있다. 그리고 2연의 종장에서는 '구룸빛'과 '바람소릭'의 특성과 대비되는 '믈'의 특성을 제시하고, 3연의 종장에서는 '플'의 특성과 대비되는 '바회'의 특성을 제시함으로써 작자가 '믈'과 '바회'를 벗으로 삼는 근거를 제시하는 것이다. 이렇게 보면 2연과 3연의 의미 구조는 완전히 일치하는 것으로 볼 수 있다."(고성환 1996:149).

나모도 아닌 거시 풀도 아닌 거시(H)
곳기는 뉘 시기며 속은 어이 뷔연논다(I)
뎌러코 ᄉᆞ시애 프르니 그를 됴하 ᄒᆞ노라(제5수, 竹)

제4수와 제5수에서 보여주는 결속은 두 종류이다.

첫째로, 제4수의 초장(H)과 제5수의 초장(H)이 각각 대구로 되어 있는데(조해숙 1997), 이 대구의 반복을 통하여 보여주는 순차적 결속이다.

둘째로, 제4수의 중장 끝시어('모ᄅᆞ논다')와 제5수의 중장 끝시어('뷔연논다')에서, 밑줄 친 부분의 I에서 '-논다'의 반복을 통하여 보여주는 제4수와 제5수의 순차적 결속이다.

제5수와 제6수의 결속을 보기 위하여 두 수를 보자.

나모도 아닌 거시(J) 풀도 아닌 거시
곳기는 뉘 시기며 속은 어이 뷔연논다
뎌러코 ᄉᆞ시애 프르니 그를 됴하 ᄒᆞ노라(K)(제5수, 竹)

쟈근 거시(J) 노피 떠셔 萬物을 다 비취니
밤듕의 光明이 너만 ᄒᆞ니 또 잇ᄂᆞ냐
보고도 말 아니ᄒᆞ니 내 벋인가 ᄒᆞ노라(K)(제6수, 月)

제5수와 제6수에서 보여주는 결속은 세 종류이다.

첫째로, 제5수의 초장과 제6수의 초장에서 밑줄 친 부분인 J의 반복에 의한 순차적 결속이다. 제5수의 초장("나모도 아닌 거시 풀도 아닌 거시")과 제6수의 초장["쟈근 거시 노피 떠셔 만물(萬物)을 다 비취니"]을 보면, 밑줄 친 부분인 J의 의존명사 '것'과 주격어미 '이'가 결합한 '것이'를 반복한다. 이 반복은 제5수와 제6수가 순차적으로 결속되어 있음을 보여준다.

둘째로, 제5수의 종장과 제6수의 종장에서 밑줄 친 부분인 K의 반복에 의한 순차적 결속이다. 제5수의 종장("뎌러코 ᄉᆞ시애 프르니 그를 됴하ᄒᆞ노라")과 제6수의 종장("보고도 말 아니ᄒᆞ니 내 벋인가 ᄒᆞ노라")의 밑줄 친 부분 K에서, "… -니 … ᄒᆞ노라"를 반복한다. 이 반복은 제5수의 종장과 제6수의 종장에서 반복하는 것으로 제5수와 제6수의 순차적 결속을 보여준다.

셋째로, 제5수와 제6수에서 각각 오우의 하나인 '죽'과 '달'을 부각시키기 위한 논리 전개에서 같은 의미 구조의 반복을 통하여 보여주는 순차적 결속이다. 즉 '죽'과 '달'을 부각시키기 위하여, 다른 비교 대상을 제시하지 않고, 해당 단시조에서 '죽'과 '달'의 특성만을 제시하는 논리 전개의 의미 구조[8](L)를 반복하면서 제5수와 제6수의 순차적 결속을 보여준다.

지금까지 정리한 결속들 중에서, 오우의 개별 특성을 제시한 논리 전개의 의미 구조(F, L)와, 제4수의 논리 전개의 의미 구조[9]로만 보면, 제2-3수, 제4수, 제5-6수의 대칭적 구조[10]를 정리할 수 있다. 또한 대구의

---

8 "5연의 경우에는 비교 대상이 표면적으로는 전혀 드러나 있지 않다. 초장부터 종장까지가 모두 대나무의 특성에 관한 것으로서, 우리는 단지 내용상 대나무가 다른 대상과 구별된다는 것을 추출할 수 있을 뿐이다. 이러한 사정은 6연에서도 마찬가지이다. 즉, 달과의 구체적인 비교 대상을 전혀 드러내지 않고 있으며, 오직 작자로 하여금 달을 좋아하게 만드는 달의 특성에 대해서만 언급하고 있을 뿐이다. 즉, 5연과 6연은 세부적인 의미 구조에서 일치하는 것이다."(고성환 1996:149).

9 "한편, 소나무를 대상으로 하는 4연은 세부적인 의미 구조에서 2~3, 그리고 5~6연과는 다른 모습을 보인다. 즉, 비교 대상이 상정된다는 점에서 비교 대상이 전혀 상정되지 않는 5~6연과는 차이를 보이며, 구체적으로 드러나 있지는 않고, 또 암시적으로 상정되는 비교 대상의 특성에 대한 언급도 초장에 그치고 있다는 점에서 2~3연과 구별된다.

이렇게 보면 2~6연의 '水, 石, 松, 竹, 둘'의 특성에 대해서 다루고 있기 때문에 전체적인 의미 구조가 유사하기는 하지만, 세부적인 의미 구조에서는 2~3연, 4연, 5~6연의 세 부류로 나누어진다고 할 수 있다. 여기에서 4연은 2~3연과 5~6연을 이어주는 이행적인 모습을 보여주는 연이 된다"(고성환 1996:149).

반복을 통한 시상 전개(C, C', H)와 대구를 사용하지 않은 제6수의 시상 전개라는 차원에서 보면, 제2-3수, 제4-5수, 제6수 등의 3분 구조를 정리할 수 있다. 이 두 정리는 두 관점에서 본 이 작품의 결속을 잘 보여준다. 그러나 나머지 결속들도 모두 고려하면, 제1-6수의 순차적 결속을 정리할 수 있다. 즉 제1수는 제2수와 함께, 제2수는 제3수와 함께, 제3수는 제4수와 함께, 제4수는 제5수와 함께, 제5수는 제6수와 함께, 각각 같은 표현의 반복을 보여준다는 점에서, 제1수부터 제6수까지가 순차적으로 결속되어 있음을 정리할 수 있다.

2.2. 대칭적 결속

이 절에서는 대칭적 결속을 단락내의 결속과, 단락간의 결속으로 나누어 정리하고자 한다.

2.2.1. 단락내 결속

제2-6수는 한 단락을 이루는데, 이 단락내의 대칭적 결속을 이 항에서 정리하고자 한다. 이 대칭적 결속은 일탈표현과 대칭표현에 의해 정리되므로, 일탈표현과 대칭표현을 먼저 살펴보려 한다. 이는 앞서 정리한 글(양희철 2010d)이 있어, 이를 인용하여 부분적으로 수정하고 보완하면

10 "… 의미 구조상으로 보았을 때 1연과 2~6연이 크게 나누어지고, 다시 2~6연은 2~3연과 4연, 그리고 5~6연으로 나누어져 4연이 이행적인 기능을 한다. 통사 구조상으로 2연이 1연에 걸쳐 있고, 4연은 3연과 5연을 이어 주는 기능을 하고 있음을 보았다. 〈오우가〉의 이러한 통사・의미적인 구조적 특징을 비추어 보면, 1연은 2~6연의 상위 층위에 자리잡게 되고, 2~6연은 4연을 중심으로 2~3연과 5~6연이 대칭적인 구조를 이루고 있는데, 2~6연은 2연의 초장과 중장의 통사 형식을 매개로 상위의 1연과 연결된다. 이러한 대칭적인 구조는 2~6연이 의미 구조상 전체적으로 안정된 구조를 가지게 하며, 그렇기 때문에 이들 각 연 사이의 순서가 바뀌게 된다면 구조의 안정성이 깨지게 되는 결과를 가져 올 것이다. …."(고성환 1996:153).

서 정리하고자 한다.

첫째로, 제1수 종장의 '-리'의 일탈표현이다. 제1수 종장 끝의 종결어미는 제2-6수에서 반복하고 있는 '-노라'의 규범을 '-리'로 일탈하고 있다. 이 일탈을 문장의 차원에서 "즉, 1연의 종장이 의문문으로 끝나고 있는 것과는 달리 2~6연의 종장은 모두가 감탄문의 형식으로 나타나고 있다."(고성환 1996:148)고 정리하기도 했다. 이는 제1수와 나머지 5수(제2-6수)를 차별화한 것으로, 내용과 함께 보면, 서사(제1수)와 본사(제2-6수)의 두 단락의 분리를 말해준다.

둘째로, 제4수 종장의 '아노라'의 일탈표현이다. 제2, 3, 5, 6수의 종장 끝시어에서는 'ᄒᆞ노라'를 반복하면서 규범을 형성하는데, 이 규범을 제4수에서는 '아노라'로 일탈하고 있다. 이 제4수는 제2-6수의 중간에서 대칭축의 기능을 한다.

셋째로, ['-고도 … -인가 ᄒᆞ노라'(제2수 종장) - 대칭축(제4수) - '-고도 … -인가 ᄒᆞ노라'(제6수 종장)]의 대칭표현이다. 제2수의 종장("조코도 그츨 뉘 업기ᄂᆞᆫ 믈ᄲᅮᆫ인가 ᄒᆞ노라")과 제6수의 종장("보고도 말 아니ᄒᆞ니 내 벋인가 ᄒᆞ노라")은 밑줄 친 부분인 '-고도 … -인가 ᄒᆞ노라'의 반복을 보여준다. 이 반복은 제4수를 대칭축으로 대칭하는 대칭표현이다.

넷째로, [ᄒᆞ노라(제3수 종장) - 대칭축(제4수) - ᄒᆞ노라(제5수 종장)]의 대칭표현이다. 제3수와 제5수의 종장 끝에서는 'ᄒᆞ노라'를 반복한다. 이 반복은 제4수를 대칭축으로 대칭하는 대칭표현이다.

다섯째로, ['-은 어이'(제3수 중장) - 대칭축(제4수) - '-은 어이'(제5수 중장)]의 대칭표현이다. 제3수의 중장('플은 어이')과 제5수의 중장('곳기ᄂᆞᆫ … 속은 어이')에서는 '-은 어이'를 반복한다. 이 반복은 제4수 중장('솔아 너ᄂᆞᆫ 엇디')을 대칭축으로 대칭하는 대칭표현이다.

지금까지 정리한 둘째의 일탈표현과, 셋째, 넷째, 다섯째 등의 대칭표현들은 제2-6수의 대칭표현을 말해준다. 즉 제4수를 대칭축으로 제2, 3,

5, 6수가 대칭하는 대칭표현이다. 이 대칭표현은 제2, 6수의 대칭표현을 A - A로, 제3, 5수의 대칭표현을 B - B로, 대칭축을 C로 부호화하면, [A - B - C - B - A]의 대칭표현으로 정리할 수 있다. 이 대칭표현은 제2단락인 제2-6수의 대칭적 결속을 말해준다.

여섯째로, ['… -는/ㄴ … ᄒᆞ노라'(제2, 3수) - 대칭축(제4수) - '… -니 … ᄒᆞ노라'(제5, 6수)]의 대칭표현이다. 제2수의 종장("조코도 그츨 뉘 업기는 믈쁜인가 ᄒᆞ노라")과 제3수의 종장("아마도 변치 아닐 순 바회쁜인가 ᄒᆞ노라")의 밑줄 친 부분에서 "… -ㄴ ○(○)쁜인가 ᄒᆞ노라"의 구문을 반복한다. 그리고 제5수의 종장("뎌러코 ᄉᆞ시애 프르니 그를 됴하 ᄒᆞ노라")과 제6수의 종장("보고도 말 아니ᄒᆞ니 내 벋인가 ᄒᆞ노라")의 밑줄 친 부분에서는, "… -니 … ᄒᆞ노라"의 구분을 반복한다. 제2수와 제3수의 반복 구문을 A로, 대칭축을 C로, 제5수와 제6수의 반복 구문을 B로 정리하면, 이 단락은 [A - A - C - B - B]의 대칭표현으로, 이 역시 제2단락인 제2-6수의 대칭적 결속을 보여준다.

일곱째로, [오우의 보통명사(제2, 3수) - 대칭축(제4수) - 오우의 의존명사(제5, 6수)]의 대칭표현이다. 제2수와 제3수에서는 해당 단시조의 오우를 '믈쁜인가'와 '바회쁜인가'의 보통명사 '물'과 '바위'로 표현하였다. 그리고 제5수와 제6수에서는 해당 단시조의 오우를 각각 '것이'의 의존명사 '것'으로 표현하였다. 이 보통명사의 반복과 의존명사의 반복은 제4수의 돈호법 '솔아'를 전후로 대칭하는 대칭표현이다. 제2수와 제3수의 보통명사를 A로, 대칭축을 C로, 제5수와 제6수의 의존명사를 B로 정리하면, 이 단락은 [A - A - C - B - B]의 대칭표현으로, 이 역시 제2단락인 제2-6수의 대칭적 결속을 보여준다.

여섯째와 일곱째의 대칭표현에 의한 [A - A - C - B - B]의 대칭표현에 의한 제2단락의 결속은, 그 앞에서 본 [A - B - C - B - A]의 대칭표현에 의한 단락의 결속과는 다른 것이다.

여덟째로, 대칭표현의 후미 전환・도치에 의한 결속이다. 앞에서 정리한 둘째의 일탈표현(제4수의 일탈표현), 셋째의 대칭표현(제2수와 제6수의 '-고도 … -인가 ᄒᆞ노라'의 대칭표현), 넷째의 대칭표현(제3수와 제5수의 'ᄒᆞ노라'의 대칭표현) 등을 종합하면, 제2-6수는 [A - B - C - B - A]의 대칭표현이 된다. 그러나 제2-6수를 달리 보면, 제2, 3, 5, 6수는 'ᄒᆞ노라'를 규범으로 하는 대칭표현을 보여준다. 그런데 이 중에서 제2, 3, 6수는 다시 '-인가 ᄒᆞ노라'를 반복하면서 규범을 형성하고, 이 규범을 제5수는 '됴하 ᄒᆞ노라'로 일탈하고 있다. 이 일탈은 대칭표현에서 그 후미를 전환하고 도치시킨 대칭표현의 후미 전환・도치형의 종결표현(양희철 2010e)이다.[11] 이 종결표현의 차원에서 이 역시 제2단락인 제2-6수의 대칭적 결속을 보여준다.

2.2.2. 단락간 결속

앞 항에서 정리한 서사 단락(제1수)과 본사 단락(제2-6수)을 각각 보면, 이 작품은 양분만 되는 것 같다. 그러나 서사 단락(제1수)과 본사 단락(제2-6수)의 결속을 보여주는 표현들이 있다. 이를 정리해 보자.

첫째로, [내 벋(제1수 초장) - 대칭축 - 내 벋(제6수 종장)]의 대칭표현이다. 제1수의 초장과 제6수의 종장을 보면, 첫부분의 초장과 끝부분의 종장에서 '내 벋'이 반복한다. 이 반복표현은 시종의 대칭표현으로 작품의 서사 단락과 본사 단락의 결속을 보여준다.

둘째로, [내 벗의 직접표현, 간접표현(제1수) - 대칭축 - 내 벗의 간접표현(제2-5수), 직접표현(제6수)]의 대칭표현이다. 제1수에서는 수석송죽을 내 벗으로 직접 표현하고, 달은 간접적으로 표현하였다. 이에 비해

11 첫째와 둘째의 일탈표현과, 여섯째와 여덟째의 대칭표현은 앞의 글(양희철 2010e: 181-183)을 인용 수정하였다.

제2-5수에서는 수석송죽을 내 벗으로 간접적으로 표현하였다. 그리고 제6수에서는 달을 '내 벗'으로 직접 표현하였다. 이로 보면, 제1단락(제1수)과 제2단락(제2-6수)은 벗의 표현에서 대칭적 결속을 보여준다.[12]

셋째로, ['… ᄒᆞ니 …'(제1수 초장) - 대칭축 - '… ᄒᆞ니 …'(제6수 종장)]의 대칭표현이다. 제1수의 초장["내 버디 몃치나 ᄒᆞ니 수석(水石)과 송죽(松竹)이라"]과 제6수의 종장("보고도 말 아니ᄒᆞ니 내 벋인가 ᄒᆞ노라")은 작품 전체의 처음과 끝이다. 이 두 장들에 포함된 '… ᄒᆞ니 …'의 구문은 시종의 대칭표현이 되면서, 제1단락(제1수)과 제2단락(제2-6수)의 대칭적 결속을 보여준다.

넷째로, ['-의 주어'(제1수 중장) - 대칭축 - '-의 주어'(제6수 중장)]의 대칭표현이다. 제1수의 중장['동산(東山)의 ᄃᆞᆯ']과 제6수의 중장['밤듕의 광명(光明)이']을 보면, 처격어미 '-의'와 주어가 반복한다. 이 반복은 이 작품의 시작과 종결의 대칭표현이다. 이 대칭표현 역시 서사 단락과 본사 단락의 대칭적 결속을 보여준다.

이 네 가지 대칭적 결속들과 제1수와 제2수의 순차적 결속으로 볼 때에, 서사 단락(제1수)과 본사 단락(제2-6수)은 단단하게 결속되어 있다. 그리고 이 중에서 제1수와 제6수의 대칭표현에 의한 결속은 제6수 다음에 기대할 수도 있는 결사 단락이, 구상 단계부터 구상되지 않은 것임을 명확하게 보여준다.

3. 처신의 수사

〈오우가〉 시어의 수사를 검토하지 않고서, 구조와 주제를 정리하는

12 첫째와 둘째의 대칭표현은 앞의 글(양희철 2010e:183-185)에서 정리한 내용이다.

데는 한계점이 수반된다. 이 문제를 해결하기 위하여, 시어의 수사를 이 장에서 먼저 정리하고자 한다.

〈오우가〉의 표현에서 가장 두드러진 수사는 대조법이다. 제2-6수에서 오우(수, 석, 송, 죽, 월)의 미덕을 드러내기 위하여, 이 소재들에 대조되는 구름, 바람, 꽃, 풀, 나무 등을 이용하였다. 이 대조법에 쓰인 앞의 소재들은 두 가지 특성을 보인다. 하나는 시적 화자가 생략법, 낮춤말, 완서법 등을 통하여 수, 석, 송, 죽, 월 등과 그 벗인 자신을 낮추었다는 점이다. 다른 하나는 시적 화자가 제유법을 통하여, 구름, 바람, 꽃, 풀, 나무, 만물 등과 그 벗들을 배려하였다는 점이다. 이런 사실을 이 장에서 절을 나누어 검토 정리하고자 한다.

3.1. 제유법의 양상과 기능

제유법에는 개별화의 제유법(particularizing synecdoche)과 일반화의 제유법(generalizing synecdoche)이 있다. 이 중에서 후자인 일반화의 제유법이 제2-6수에서도 발견된다. 그 양상을 먼저 정리하고, 그 기능을 이어서 정리해 보자.

제2수에 나온 '구름'과 '바람'의 수사는 일반화의 제유법이다. 초장("구룸 빗치 조타 ᄒᆞ나 검기를 ᄌᆞ로ᄒᆞᆫ다")의 '구름'은, 언뜻 보면 구름 전체인 것 같다. 그러나 모든 구름이 빛이 좋다가 검기를 자주 하는가를 생각해 보면, 그렇지 않다는 것을 바로 알 수 있다. 먹구름은 처음부터 검기만 하고, 일부의 구름만이 빛이 좋다가 검어 진다. 그리고 이 구름은 제2수에서 벗('물')을 드러내기 위하여 이용한 소재라는 점에서, 구름 전체가 아니라, 벗이 될 수 있는 구름으로 판단한다. 이런 구름으로는 '가난하면서도 어진 선비'를 비유하기도 하는 '고운(孤雲)'이 있다. 이 고운은 '야학(野鶴)'과 더불어 자래우(自來友)에 속하여, 일부 선비들이 벗으로 삼기도 한 존재이다. 이런 '고운'을 '구름'으로 표현하면, 이는 부분('고운')을 전체('구름')로 표현한 일반화의 제유법이다.

중장("ㅂ람 소래 묽다 ㅎ나 그칠 적이 하노매라")의 '바람'도, 언뜻 보면 바람 전체인 것 같다. 그러나 모든 바람의 소리가 맑은가를 생각해 보면, 그렇지 않다는 것을 바로 알 수 있다. 예로 태풍(颱風)은 처음부터 요란하기만 하다. 그리고 이 바람은 제2수에서 벗('물')을 드러내기 위하여 이용한 소재라는 점에서, 바람 전체가 아니라, 벗이 될 수 있는 바람으로 판단한다. 이런 바람으로는 '뜻이 맑고 높은 선비'를 비유하기도 하는 청풍(淸風)이 있다. 이 청풍은 명월(明月)과 더불어 '도우(道友)'에 속하여, 일부 선비들이 벗으로 삼은 존재이다. 이런 '청풍'을 '바람'으로 표현하면, 이는 부분('청풍')을 전체('바람')로 표현한 일반화의 제유법이다.

제3수에 나온 '꽃'과 '풀'의 수사도 일반화의 제유법이다. 초장("고즌 므스 일로 퓌며서 수이 디고")과 중장("플은 어이 ㅎ야 프르는듯 누르ㄴ니")의 '꽃'과 '풀'은, 대충 보면 꽃과 풀 전체를 대상으로 하는 것 같다. 그러나 모든 꽃이 피면서 쉬이 지고, 모든 풀이 푸르는 듯 누러지는가를 생각하면, 그렇지 않다는 사실을 쉽게 알 수 있다. 예로 배롱나무(목백일홍)의 꽃은 비교적 피어서 오래 가기에 선비들이 좋아하였고, 인동초는 남부지방에서 겨울에도 잎이 지지 않아 좋아 하는 사람들이 적지 않다. 그리고 제3수의 꽃과 풀은 벗('바위')을 돋보이게 하기 위하여 끌어온 소재라는 점에서, 꽃과 풀 전체가 아니라, 벗이 될 수 있는 꽃과 풀로 판단한다. 이런 꽃으로는 '매화, 난꽃[蘭花], 국화, 연꽃[蓮花]' 등이 있고, 이런 풀로는 '난초, 파초' 등이 있다. 이 '매화, 국화, 난초' 등은 사군자와 식물의 오우(五友)에 속하고, 연꽃은 주돈이(周敦頤)가 좋아한 이래, 선비들의 입에 회자되는 화초이며, 파초는 예로부터 화조화(花鳥畵)의 소재로 자주 등장하며, 『양화소록(養花小錄)』(姜希顔)에서는 앙우(仰友 : 재주나

학식이 뛰어나 존경받는 벗)라고 하였다. 이런 '매화, 국화, 연꽃[蓮花]' 등을 '꽃'으로 표현하고, '난초, 파초' 등을 '풀'로 표현하면, 이는 부분('매화, 국화, 연꽃, 난초, 파초')을 전체('꽃, 풀')로 표현한 일반화의 제유법이다.

제4수에 나온 꽃과 잎의 수사도 일반화의 제유법이다. 초장("더우면 곳 퓌고 치우면 닙 디거놀")의 '꽃'과 '잎'은, 언뜻 보면 꽃과 잎 전체를 언급한 것 같다. 그러나 모든 꽃과 잎이 더우면 피고 추우면 지는가를 생각하면, 그렇지 않다는 사실을 바로 이해할 수 있다. 예로 매화는 추위 속에서 꽃이 피고, 국화는 날이 서늘해지기 시작해야 꽃이 피며, 인동초와 상록수의 잎들은 날씨가 추어도 지지 않는다. 그리고 제4수의 꽃과 잎은 벗('솔')을 돋보이게 하기 위하여 이용한 소재라는 점에서, 꽃과 잎 전체가 아니라, 벗이 될 수 있는 꽃과 잎으로 판단한다. 이런 꽃으로는 '난꽃[蘭花], 연꽃[蓮花], 배롱나무꽃' 등의 '꽃'이 있고, 이런 '잎'으로는 '파초의 잎'이 있다. 이 '난, 연, 배롱나무, 파초' 등은 앞에서 설명했듯이, 선비들이 벗으로 삼아온 것들이다. 이 '난꽃, 연꽃, 배롱나무꽃' 등을 '꽃'으로 표현하고, '파초의 잎'을 '잎'으로 표현하면, 이는 부분('난꽃, 연꽃, 배롱나무꽃, 파초의 잎')을 전체('꽃, 잎')로 표현한 일반화의 제유법이다.

제5수에 나온 나무와 풀의 수사도 일반화의 제유법이다. 초장("나모도 아닌 거시 풀도 아닌 거시")의 '나무'와 '풀'은, 대충 보면 모든 나무와 모든 풀을 의미하는 보통명사의 나무와 풀인 것 같다. 그러나 이렇게 읽으면 문맥이 통하지 않는다. 즉 대나무도 나무인데, "나무도 아닌 것이(:대가)"라고 노래하고 있기 때문이다. 이는 이 '나무'가 제유법임을 암시한다. 초장을 중장("곳기는 뉘 시기며 속은 어이 뷔연는다")과 함께 보면, 초장의 나무는 '곧은 나무'를 의미하고, 초장의 풀은 '속이 빈 풀'을 의미한다. 그리고 이 나무와 풀은 벗('대나무')의 미덕을 돋보이게 하기 위하여 끌고 들어온 소재라는 점에서, 나무와 풀 전체가 아니라, 벗이 될 수 있는 '곧은 나무'와 '속이 빈 풀'로 판단한다. 이렇게 벗이 될 수 있는, 곧은 나무와 속이 빈 풀로는, 잣나무와 연(蓮)이 있다. 잣나무는 군자수(君子樹)로, 연은 주돈이의 군자화(君子花)로, 일부 선비들이 좋아한 존재들이다. 이런 '잣나무'와 '연'을 '나무'와 '풀'로 표현하면, 이는 부분('잣나무, 연')을 전체('나무, 풀')로 표현한 일반화의 제유법이다.

제6수에 나온 만물, 광명, 말 등의 수사도 일반화의 제유법이다. 초장["쟈근 거시 노피 떠셔 만물(萬物)을 다 비취니"]의 '만물', 중장["밤듕의 광명(光明)이 너만 ᄒᆞ니 또 잇ᄂᆞ냐"]의 '광명', 종장("보고도 말 아니 ᄒᆞ니 내 벋인가 ᄒᆞ노라")의 '말' 등은, 언뜻 보면 문자적 의미로 쓰인 시어같이 보인다. 그러나 미덕이 되는 '보고도 말 아니 하는'의 '말'이 문맥상 '비판하는 말'이고, 이로 인해 '보고도' 앞에는 '세상의 그른 인물들을'이 생략되었음을 알 수 있다. 그리고 이 생략된 내용은 문맥상 '만물'이 '세상의 그른 인물들'의 의미이고, '광명'(밝고 환함)이 '세상의 그른 인물들에 밝고 환함'의 의미임을 알 수 있게 한다. 이렇게 '세상의 그른 인물들'을 '만물'로, '세상의 그른 인물들에 밝고 환함'을 '광명'(밝고 환함)으로, '비판하는 말'을 '말'로, 각각 표현하면, 이는 부분('세상의 그른 인물들, 세상의 그른 인물들에 밝고 환함, 비판하는 말')을 전체('만물, 밝고 환함[光明][13], 말')로 표현한 일반화의 제유법이다.

이상의 일반화의 제유법들을 다시 간단하게 표로 정리하면 다음과 같다.

단시조	시어	보조관념(전체)	원관념(부분)
제2수	구룸	구름	고운(孤雲)
	ᄇᆞ람	바람	청풍(淸風)

13 이 해석에서는 '광명'을 '밝고 환함'의 의미로 보고, "번뇌나 죄악의 암흑에 신앙상의 지혜와 견해를 갖도록 밝게 비추는 일."의 의미를 버렸다. 왜냐하면 후자의 의미는 종장의 시작 부분에 나오는 '보고도 말 아니 하니'의 문맥에 부합하지 않기 때문이다.

제3수	곶	꽃	매화, 난꽃, 국화, 연꽃
	플	풀	난초, 파초
제4수	곶	꽃	난꽃, 연꽃, 배롱나무꽃
	닙	잎	파초의 잎
제5수	나모	나무	잣나무
	플	풀	연(蓮)
제6수	萬物	만물	세상의 그른 인물들
	光明	광명(밝고 환함)	세상의 그른 인물들에 밝고 환함
	말	말	비판하는 말

이 정리에 보듯이, 〈오우가〉에서는 부분(원관념)을 전체(보조관념, 시어)로 표현한 일반화의 제유법들을 보여준다.

그러면 이런 일반화의 제유법들을 왜 구사하였을까? 이는 부분(원관념)의 것들을 벗으로 삼은 선비들을 배려하고, 그들과의 관계를 손상하지 않기 위한 것으로 판단한다. 부분(원관념)의 것들은 시적 화자가 자신의 벗들('물, 바위, 소나무, 대나무, 달')의 미덕을 돋보이게 하기 위하여 이용한 소재들로, 자신의 벗들('물, 바위, 소나무, 대나무, 달')보다 그 정도가 떨어지는 미덕을 가지고 있다. 게다가 이 자신의 벗들('물, 바위, 소나무, 대나무, 달')보다 못한 미덕을 가지고 있는 부분(원관념)의 것들은 자연의 소재로 끝나지 않고, 일부 선비들의 벗들이다. 이렇게 되면, 시적 화자는 자신의 벗들('물, 바위, 소나무, 대나무, 달')의 미덕들을 돋보이게 하기 위하여, 대조시킨 것들을 폄하하면서, 이것들을 벗으로 삼은 선비들을 간접적으로 폄하하게 된다. 이에 비해, 부분(원관념)의 것들을 전체(보조관념, 시어)의 것들로 일반화를 하여 제유법으로 표현하면, 부분(원관념)의 것들을 폄하하지 않을 뿐만 아니라, 이 부분(원관념)의 것들을 벗들로 삼은 선비들을 폄하하지 않게 된다. 이런 점들에서, 앞에서 정리한 일반화의 제유법들은 부분(원관념)의 것들을 벗으로 삼은 선비들의 감정을 상하지 않게 배려한 처신(處身)의 수사(修辭)로 정리할 수 있다.

3.2. 생략법, 낮춤말, 완서법 등의 양상과 기능

이 절에서는 〈오우가〉에서 발견되는 생략법, 낮춤말, 완서법 등의 양상과 기능을 정리하고자 한다.

3.2.1. 생략법의 양상과 기능

생략법은 문장을 간결하게 하면서, 시조의 형식을 맞추는 데 사용되기도 하지만, 동시에 시적 화자 자신의 미덕을 생략하여 자신의 겸손을 보여주기도 한다. 이런 생략법이 제2수와 제6수의 종장에서 보인다.

제2수의 종장("조코도 그츨 뉘 업기는 믈뿐인가 ᄒᆞ노라")에서, '조코도'와 '그츨'의 앞에는 시어들이 생략되어 있다. 즉 '조코도' 앞에는 '구름 빗치'의 '빗치'가 생략되어 있고, '그츨' 앞에는 'ᄇᆞ람 소래 ᄆᆞᆰ다'에 기초한 'ᄆᆞᆰ은 소래'가 생략되어 있다. 이런 사실은 종장에서 보이는 물의 미덕이 초장("구름 빗치 조타 ᄒᆞ나 검기롤 ᄌᆞ로ᄒᆞᆫ다")에서 보이는 구름의 미덕과 중장("ᄇᆞ람 소래 ᄆᆞᆰ다 ᄒᆞ나 그칠 적이 하노매라")에서 보이는 바람의 미덕을 합친 것이라는 점에서 알 수 있다. 이 생략된 시어들을 제2수의 종장에 넣어 보면, "(빛이) 조코도 (맑은 소리) 그츨 뉘 업기는 믈뿐인가 ᄒᆞ노라"가 된다.

이 '(빛이) 조코도 (맑은 소리)'의 의미는 중의적이다. 하나는 '빛이 좋고도 맑은 소리'의 표면적 의미이고, 다른 하나는 '얼굴빛이 좋고도 맑은 소리(進言, 노래)'의 이면적 의미이다. 이 이면적인 의미를 보여주는 시어들을 표면에 직접 드러낼 때에, 이는 뜻을 같이 하는 벗[友 : 同志]인 '물'을 통하여, 시적 화자는 자신의 미덕을 드러내게 된다. 그러나 이 이면적 의미를 보여주는 시어들을 생략하면, 자신의 미덕을 표면에 드러내지 않게 된다. 이런 점들로 보아, '빛이'와 '맑은 소리'의 생략은 생략법이며, 그 기능은 시적 화자 자신의 미덕을 드러내지 않는 겸손이라고 정리할 수 있다.

혹시 이 생략법을 시조의 형식에 맞추기 위한 것으로만 볼 수도 있다. 그러나 시조의 형식에 맞추는 방법으로는 [빛 좋고 늘 맑은 소린 믈쓴인가 ᄒᆞ노라](3. 5. 4. 3.)나 [빛 좋고 늘 소리 맑긴 믈쓴인가 ᄒᆞ노라](3. 5. 4. 3.)의 표현으로도 가능하다. 이 두 표현에서는 시적 화자의 미덕을 드러내는 '빛'과 '맑은 소리'를 보여준다. 이에 비해 '빛이'와 '맑은 소리'의 생략은 시조 화자의 미덕을 드러내지 않는다. 이런 점들로 보아, '빛이'와 '맑은 소리'의 생략은 시조의 형식에 맞춤은 물론, 시적 화자 자신의 미덕을 드러내지 않기 위한 겸손의 표현으로 판단한다.

제6수의 종장에서도 생략법이 구사되었다. 즉 '보고도'의 앞에 목적구 '세상의 그른 인물들을' 생략한 생략법이다. 만약 이 생략법을 구사하지 아니 하거나, '보고도'를 '그름을'로 바꾸어 표현하였다면, 이 역시 시적 화자가 뜻을 같이 하는 벗(달)의 구체적인 미덕의 행동을 통하여, 자신의 미덕을 표면에 드러내게 된다. 그러나 이 생략법을 구사하여 표면에 자신의 미덕을 드러내지 않으면, 자신을 낮추게 된다. 이 생략법 역시 시적 화자가 자신을 낮춘 겸손의 기능을 보여준다.

이렇게 제6수의 생략법은 앞에서 검토한 제2수 종장("조코도 그츨 뉘 업기는 믈쓴인가 ᄒᆞ노라")의 생략법과 같은 기능을 보여준다. 그런데 이 제6수의 생략법은 다른 기능도 보여준다. 즉 '세상의 그른 인물들'을 배려한 기능이다. 만약 이 생략된 부분을 생략하지 않고 살려서 표현하거나, '보고도'를 '그름을'로 바꾸어 표현하였다면, '세상의 그른 인물들'이나 '그름을'의 구체적인 언급을 통하여, 세상의 그른 인물들의 감정을 상하게 한다. 그러나 이 부분을 생략하거나 '보고도'를 '그름을'로 바꾸지 않으면, 세상의 그른 인물들의 감정을 상하게 하지 않는다. 이런 점에서, 이 생략법은 '세상의 그른 인물들'을 배려한 기능도 갖게 된다.

3.2.2. 낮춤말의 양상과 기능

낮춤말은 제5수와 제6수의 초장에서 보인다. 제5수의 초장("나모도 아닌 거시 풀도 아닌 거시")에 나온 '것'과, 제6수의 초장["쟈근 거시 노피 떠셔 만물(萬物)을 다 비취니"]에 나온 '작은 것'은 대나무와 달을 추상적으로 표현한 시어이며, 동시에 시적 화자가 벗들을 낮추어 표현한 시어이다. 왜냐하면, '것'은 "사물, 일, 현상 따위를 추상적으로 이르는 말."의 의미와 "사람을 낮추어 이르는 말."의 의미[14]를 갖기 때문이다. 특히 일부 선비들의 벗들인 '잣나무'와 '연'은 '것'이나 '작은 것'으로 표현하지 않고, 시적 화자 자신의 벗들만을 '것'과 '작은 것'이란 시어로 쓸 때에, 이는 시적 화자가 벗들을 통하여 자신을 낮춘 낮춤말이다. 이 낮춤말의 기능은 두 말할 것도 없이 시적 화자 자신을 낮춘 겸손이다. 이 겸손 역시 처신의 수사이다.

3.2.3. 완서법의 양상과 기능

완서법(緩敍法, litotes)은 겸손과 정중함을 보여주기 위하여, 전하고자 하는 내용을 부드럽게 우회적으로 진술하는 형태로, 종종 반대를 부정하는 형태를 취하기도 한다. 이 완서법이 〈오우가〉의 제2-4, 6수에서도 발견된다.

제2수 종장("조코도 그츨 뉘 업기는 믈뿐인가 ᄒᆞ노라")의 '그칠 뉘 업기는'의 수사는 완서법이다. 생략된 시어들을 보충한 제2수의 종장은 "빛이 조코도 맑은 소리(進言, 노래)를 그츨 뉘 업기는 믈뿐인가 ᄒᆞ노라"이다. 이 종장의 '맑은 소리(進言, 노래)를 그츨 뉘 업기는'['맑은 소리(進言, 노래)를 그칠 때가 없기는']은 반대를 부정한 형태의 완서법이다. 이 반대

14 이 '것'의 의미는 국립국어연구원이 제공한 네이버 『국어사전』의 '것'조이다. 이하에서 큰따옴표(" ") 안에 어휘의 의미를 인용한 것들은 모두가 네이버 『국어사전』의 것들인데, 번잡을 피하여 각주를 생략하였다.

의 부정을 긍정문으로 바꾸면, 직설적 표현인 '맑은 소리(進言, 노래)를 항상 하기는(常行하기는)'이 된다. 그러면 왜 직설적 표현인 '맑은 소리(進言, 노래)를 항상 하기는(常行하기는)'을, 반대의 부정인 우회적 표현의 '맑은 소리를 그칠 때가 없기는'으로 바꾸어 썼을까? 이는 두 말할 것도 없이, 직설적 표현['맑은 소리(進言, 노래)를 항상 하기는']을, 우회적 표현['맑은 소리를 그칠 때가 없기는']으로 바꾸어, 전달하고자 하는 내용을 부드럽고도 겸손하게 표현한 것으로 보인다. 특히 우회적으로 표현할 때에, 시적 화자는 벗(물)의 행동을 통하여 보여주는 자신의 행동을 직설적으로 드러내지 않고 우회적으로 드러내면서 겸손한 태도를 보여준다. 이런 점들로 보아, '맑은 소리(進言, 노래)를 그츨 뉘 업기는'은 '맑은 소리(進言, 노래)를 항상 하기는(常行하기는)'을 부드럽고 겸손하게 표현한 완서법으로 정리할 수 있다.

제3수 종장("아마도 변치 아닐 손 바회뿐인가 ᄒᆞ노라")의 '변치 아닐'의 수사도 완서법이다. 초장("고즌 므ᄉᆞ 일로 퓌며서 수이 디고")의 '피면서 쉬이 지고'와 중장("플은 어이 ᄒᆞ야 프르는 듯 누르ᄂᆞ니")의 '푸르는 듯 누르나니'의 구체적인 변화를 추상적으로 묶은 표현이 '변치'이다. 그리고 바위의 미덕을 보여주기 위하여 '변치' 다음에 붙인 것이 '아닐'의 표현이다. 이 '변치 아닐'은 '늘 의연(毅然, 의지가 강하여 사물에 동하지 않은 모양)할'을 반대의 부정으로 바꾼 표현이다. 이는 벗인 바위는 물론, 이 바위를 벗으로 취한 시적 화자가 자신의 미덕을 직설적으로 강하게 '늘 의연(毅然)할'로 표현하지 않고, 우회적으로 부드럽게 '변치 아니 할'로 바꾼 표현으로, 겸손을 보여준다. 이런 점들로 보아, 종장의 '변치 아닐'은 시적 화자 자신의 겸손을 표현하기 위한 완서법으로 정리할 수 있다.

제4수의 중장("솔아 너는 엇디 눈서리를 모로는다")에 나온 '눈서리를 모르는다'의 수사도 완서법이다. 이런 사실은 초장("더우면 곳 퓌고 치우면 닙 디거놀")과 함께 중장을 보면 알 수 있다. 초장의 '추우면 잎 지거늘'과 연결하여 중장을 보면, '눈서리를 모르난다'는 '눈서리에도 청청(靑靑)하는다'의 강한 직설적인 표현을, 그 반대[눈서리를 알다(:눈서리에 지다)]의 부정[눈서리를 모른다(:눈서리에도 지지 않는다)]을 통하여, 우회적으로 부드럽게 바꾼 표현이다. 그리고 이 '눈서리에도 청청(靑靑)하는다'의 주체는 솔은 물론, 이 솔을 벗으로 취한 시적 화자이다. 이로 보면, 이 완서법은 솔과 시적 화자 자신의 미덕을 강하게 표현하지 않고 부드럽게 바꾸었다는 점에서, 시적 화자 자신의 겸손을 보여준다. 이런 점들로 보아, 중장에 나온 '눈소리를 모르는다'의 우회적 표현은 시적 화자 자신의 겸손을 보여주는 완서법으로 정리할 수 있다.

제5수의 초장("나모도 아닌 거시 풀도 아닌 거시")에 나온 두 '아닌 거시'는 반대의 부정이 아니라는 점에서 완서법이 아니다.

제6수의 종장("보고도 말 아니 ᄒᆞ니 내 벋인가 ᄒᆞ노라")에 나온 '말 아니 ᄒᆞ니'의 수사도 완서법이다. 반대를 부정하면서 우회적으로 표현한 '말 아니 하니'(不言)를 긍정문으로 바꾸면, 직설적인 '침묵(沈默, 안병태 1973:596-597, 문영오 1986:35)을 하니'나 '잠묵(潛默)을 하니'가 된다. 이 '침묵을 하니'나 '잠묵을 하니'는 달의 미덕은 물론, 달을 벗으로 삼은 시적 화자 자신의 미덕을 직설적으로 보여준다. 이에 비해 '말 아니 하니'(不言)는 달의 미덕은 물론, 달을 벗으로 취한 시적 화자가 자신의 미덕을 우회적으로 표현하면서, 부드럽고 겸손하게 보여준다. 이런 점들로 보아, '말 아니 ᄒᆞ니'는 직설적 표현인 '침묵을 하니'나 '잠묵을 하니'를 우회적으로 부드럽고 겸손하게 표현한 완서법으로 정리할 수 있다.

이렇게 해석한 완서법들은 이하의 두 장에서 논의할 오우의 미덕을 부정적 개념으로 논의하여 왔던 문제[15]를 해결하는 데 결정적인 도움을

---

15 "〈오우가〉의 자연이 가진 관념을 「부단」, 「불변」, 「불굴」, 「불욕」, 「불언」 등과 같은 否定槪念으로 파악하면, 개념의 內包가 확산적이고 무한하므로 개념의 실상을 파악하지 못한다. 그러므로 부정개념으로 시작된 논의는 그 자체가 공허해지기 쉽다."(윤

주게 된다.

이 장에서 지금까지 살핀 바와 같이, 〈오우가〉는 일반화의 제유법을 통하여 그 원관념의 소재와 관계된 선비들의 감정을 상하게 하지 않는 배려의 수사를 보여준다. 동시에 생략법, 낮춤말, 완서법 등을 통하여 시적 화자 자신을 낮춘 겸손의 수사를 보여준다. 이 배려의 수사와 겸손의 수사는 '처신(處身)의 수사(修辭)'로 묶을 수 있다.

4. 배경시공간의 구조

이 장에서는 〈오우가〉의 배경시공간의 구조를 표면적 텍스트와 이면적 텍스트로 나누어 정리하고자 한다.

4.1. 표면적 텍스트의 배경시공간

이 절에서는 '벗/友'의 의미를 "사람이 늘 가까이하여 심심함이나 지루함을 달래는 사물을 비유적으로 이르는 말."로 이해[16]할 때에 형성되는 표면적 텍스트의 배경시공간을 정리하고자 한다.

4.1.1. 배경시간의 구조

〈오우가〉 이전의 사시가들이 사시를 춘하추동의 사계절로 나누어 노래를 하였는데, 이 노래는 이와는 매우 다른 특성을 보인다. 사계절을 하나로 통합하여, 각 단시조의 배경시간으로 노래하고 있다. 각수별로

성근 1970:635). 이용숙(1988:238)은 이 내용을 거의 그대로 인용하였다.

16 이런 '벗'의 의미는 국립국어연구원이 제공한 네이버 『국어사전』의 '벗'조이며, 이 의미는 이재수(1955)가 그의 글에서 처음으로 취하였다.

배경시간을 정리하면 다음과 같다.

제1수(서) : 달밤, 사철

제2수(수) : 사시, 사철

제3수(석) : 사시, 사철

제4수(송) : 사시, 사철

제5수(죽) : 사시, 사철

제6수(월) : 달밤, 사철

이 정리에서 보듯이, 제2-5수는 각각 모두가 사계절을 배경으로 한다. 그리고 제2-5수의 하루의 사시는, '아침, 낮, 저녁, 밤[晨, 晝, 夕, 夜] 등의 사시 중에서 어느 하나가 아니라, 사시 전체인 하루 종일이라고 정리할 수 있다. 이에 비해 제1, 6수만은 '달밤'으로 한정되어 있다. 이런 배경시간의 특성은 두 가지 사실을 말해준다. 하나는 이 작품이 달밤에 구상되거나 지어졌을 것이라는 점이다. 이는 제1, 6수의 배경시간이 달밤이라는 점에서 알 수 있다. 다른 하나는 제2-5수가 보여주는 신주석야가 지속된 하루와, 춘하추동이 지속된 일년은, 이 작품의 주제가 보여주는 불변과 지속을 말해준다는 점이다. 이 시간으로 보면, 이 작품의 배경시간은 제3수와 제4수의 가운데를 대칭축으로 대칭하는 대칭적 구조임을 알 수 있다.

4.1.2. 배경공간의 구조

이번에는 배경공간의 구조를 분석해 보자.

제1수는 수석, 송죽, 달 등을 함께 할 수 있는 공간이다. 포괄적인 공간이다. 제2수는 하늘의 구름, 허공의 바람, 물 등을 보여준다. 공간의 폭이 하늘에서 지상까지의 공간이다. 이동하는 공간은 아니다. 제3수는 지상의 풀과 나무, 그리고 지상(또는 물위)의 바위 등이 있는 지상(또는 물위)의 공간이다. 제4수는 소나무가 있는 지상, 서리와 눈이 내리는 허공과 지상, 곧은 뿌리가 내린 구천의 지하 등의 공간이다. 제5수는 대나무가 있는 지상(또는 물위)의 공간이다. 제6수는 달이 떠 있는 하늘, 달빛이 밝은 허공, 만물이 있는 지상 등이다.

이 배경공간들을 보면, 제1수는 서사이다. 왜냐하면 제1수에서는 수, 석, 송, 죽, 달 등의 공간을 모두 포함한다는 점에서 서사임을 알 수 있다. 나머지 제2-6수는 제1수에서 종합한 수, 석, 송, 죽, 달 등을 개별적으로 노래한다는 점에서, 본사라 할 수 있다. 그리고 이 제2-6수의 본사는 다음의 표에서와 같이 배경공간에서 대칭적 구조를 보여준다.

하늘(허공)	구름, 바람		눈, 서리		달
지상	물	풀, 꽃, 바위	풀, 꽃, 솔	풀, 나무, 대	만물
지하			구천		
구분	제2수	제3수	제4수	제5수	제6수

이 표에서 보듯이, 제4수는 하늘(허공), 지상, 지하 등의 공간을 보여주면서, 가운데서 대칭축의 기능을 한다. 그리고 이 제4수를 대칭축으로 제3수와 제5수의 지상이 대칭하고, 제2수와 제6수의 지상과 하늘(허공)이 대칭한다. 이런 점에서 제2-6수의 배경공간은 대칭적 구조로 정리할 수 있다.

또한 각수의 주소재인 오우의 물, 바위, 소나무, 대나무, 달 등만을 보면, 물에서 달로의 이동을 보여준다. 이는 공간질서에 따라 아래부터 위로 이동하는 점층적 구조이다.

4.2. 이면적 텍스트의 배경시공간

이 절에서는 '벗/友'의 의미를 '뜻을 같이 하는 사람'[友 : 同志]으로 이해[17]할 때에 형성되는 이면적 텍스트에서의 배경시공간을 검토하고자 한다.

이면적 텍스트에서 제2수의 배경시공간은 유배생활의 시공간으로 추정된다. 이 추정은 다음의 세 가지 물음에 대한 대답에서 알 수 있다. 왜 제2수에서는 유동체(流動體)인 구름, 바람, 물 등을 소재로 이용하였을까? 초장의 고운은 왜 얼굴빛이 좋다가도 검어질까? 중장의 청풍은 왜 맑은 소리를 그칠 때가 많을까? 등에서 알 수 있다. 제2수에서 취한 구름, 바람, 물 등의 소재들은 모두가 흐르면서 움직이는 유동체들이다. 이는 고운과 청풍의 선비들은 물론, 물과 물의 동지인 시적 화자도 유동체로, 내치거나 귀향가고[流] 옮겨다니는[動] 존재로 있을 때를 풍유적으로 암시한다. 그리고 왕이 내치거나 귀향을 보낼 때에, 고운의 선비는 좋은 얼굴빛을 검게 바꾸고, 청풍의 선비는 맑은 소리(진언, 노래)를 그치는 것이 일반적이다. 이런 사실들로 보면, 제2수의 배경시공간은 유배생활의 시공간으로 추정할 수 있다.

이면적 텍스트에서 제3수의 배경시공간은 향리(鄕里)생활의 시공간으로 추정된다. 이런 사실은 제3수에 나온, 일부 선비들의 동지인 꽃들('매화, 난화, 국화, 연꽃')과 풀들('난초, 파초')이 피고 지는 영고(榮枯)나 영락(榮落)에서 알 수 있다. 이 영고(榮枯)나 영락(榮落)은 출사(出仕)하면서 쇄락하는 것을 풍유적으로 의미한다. 이에 비해 바위는 꽃 및 풀과는

---

17 네이버 『한자사전』의 '友'조를 보면, "뜻을 같이 하는 사람"의 의미가 나온다. 이는 한문 "同志爲友"(『설문해자』), "同志相交"(『논어』, 季氏) 등등에서 보이는 '同志'의 의미이다. 同志의 '벗/友'는 〈오우가〉의 해석에서 오우들의 의지(意志) 또는 기개(氣概) 등등의 유교적 가치를 논의한 글들이 취한 의미이다.

그 부류가 다른데, 이는 꽃과 풀이 출사한 부류이고, 바위가 관직(官職)에 늘 의연할(:의지가 굳세어서 끄떡없을) 부류임을 암시한다. 게다가 이 암시는 바위가 땅에 박혀 있음을 통하여, 이 텍스트의 배경이 향리(鄕里)에 박혀 있는 향리생활임을 풍유적으로 보여준다. 이런 점에서 이면적 텍스트에서 제3수의 배경시공간은 향리(鄕里)생활의 시공간으로 추정할 수 있다.

이면적 텍스트에서 제4수와 제5수의 배경시공간은 관직생활의 시공간으로 추정된다. 제3수의 꽃들과 풀들은 관직의 영고(榮枯)를 보인다는 점에서 관직에 나간 존재이다. 이와 마찬가지로 영고를 보인다는 점에서, 제4수에 나온 꽃들과 잎은 물론, 제5수에 나온 나무와 풀도, 관직에 나아간 존재들이다. 이렇게 제4, 5수에 나온 식물들이 관직에 나아간 존재들이라는 점에서, 제4, 5수에 나온 솔과 대도 관직에 나아간 존재로 추정할 수 있다. 이는 제4, 5수의 배경시공간이 관직생활의 시공간임을 말해준다.

이면적 텍스트에서 제6수의 배경시공간은 은둔생활의 시공간으로 추정된다. 제6수의 달은 제2수나 제3-5수의 소재와 다르게, 어두운 밤에 하늘에 멀리 떨어져서 세상을 바라보는 존재이다. 게다가 이 달은 시적 화자가 뜻을 같이 하는 동지란 점에서, 시적 화자 역시 어두운 세상에 세상으로부터 멀리 떨어져서 은둔생활을 하고 있음을 풍유적으로 보여준다. 이는 제6수의 배경시공간이 은둔생활의 시공간임을 말해준다.

이렇게 이면적 텍스트의 배경시공간은 유배생활, 향리생활, 관직생활, 은둔생활 등으로 정리된다. 그리고 이 배경시공간들은 병렬적 구조로 판단된다. 그러면 왜 작품의 순서를 병렬시켰을까 하는 문제가 나오는데, 이는 표면적 텍스트의 배경공간적 구조에 의해 발생한 것으로 판단된다. 왜냐하면, 이 이면적 텍스트의 배경시공간인 유배생활, 향리생활, 관직생활, 은둔생활 등은 표면적 텍스트의 배경공간적 구조에 의해 형성된 표면적 텍스트의 의미에서 이차적으로 형성된 이면적 텍스트의 의미이기 때문이다.

5. 논리적 구조와 주제

이 장에서는 표면적 텍스트와 이면적 텍스트의 구조와 주제를 두 절로 나누어 정리하고자 한다.

5.1. 표면적 텍스트의 구조와 주제

'벗/友'는 자연(自然)의 '벗/友'와 동지(同志)의 '벗/友'를 의미하는 중의어(重義語)이다. 이 중에서 자연의 '벗/友'로, 오우(五友)를 읽을 때에 형성되는 표면적 텍스트와 그 주제[18]를 이 장에서 먼저 정리하고자 한다. 이 자연의 '벗/友'는, "사람이 늘 가까이하여 심심함이나 지루함을 달래는 사물을 비유적으로 이르는 말."[19]의 의미로, 이재수(1955)가 〈오우가〉의 연구에서 취한 '벗/友'의 의미이다.

5.1.1. 서사의 주제

내 버디 몃치나 ᄒᆞ니 水石과 松竹이라
東山의 ᄃᆞᆯ 오르니 긔 더욱 반갑고야
두어라 이 다ᄉᆞᆺ 밧긔 ᄯᅩ 더ᄒᆞ야 무엇 ᄒᆞ리

18 이 장에서 쓰고 있는 '주제'들은 앞의 글(양희철 2016a)에서 '의미'로 썼던 것을 책의 체계에 맞추어 바꾼 것들이다.

19 이 '벗'의 의미 역시 네이버 『국어사전』의 것이다.

제1수에서는 벗이 몇인가를 노래할 뿐, 그 벗들이 왜 벗이 되는지를 보여주지 않는다. 이에 비해, 제2-6수에서는 수, 석, 송, 죽, 월 등이 왜 벗이 되는가를 구체적으로 보여준다. 그리고 종장의 '두어라'는 "옛 시가에서, 어떤 일이 필요하지 아니 하거나 스스로의 마음을 달랠 때 영탄조로 하는 말"이다. 이런 사실을 종합하면, 제1수는 제2-6수와 변별되는 서사이며, 이 제1수의 주제는 [나는 수, 석, 송, 죽, 달 등의 다섯 벗으로 만족하리.]로 일단 정리할 수 있다.

그러나 이 주제는 이 텍스트의 진면목을 이해하기 위하여, 좀더 구체적으로 정리할 필요가 있다. 이를 좀더 보자.

초장["내 버디 몃치나 ᄒᆞ니 수석(水石)과 송죽(松竹)이라"]에서는, 벗을 수석과 송죽으로 단정하였다. 그 다음에 중장["동산(東山)의 ᄃᆞᆯ 오르니 긔 더욱 반갑고야"]에서는, '달'을 다시 벗으로 첨가하고 있다. 이는 시적 화자가 얼마 전까지 수석과 송죽만을 벗으로 인식하고, 근간에 '달'도 벗으로 인식하였음을 의미한다. 이는 시적 화자가 해남 금쇄동에 들어와서 달을 새로 벗으로 인식하기 시작하였음을 의미한다.

이런 사실은 "동산(東山)의 ᄃᆞᆯ 오르니 긔 더욱 반갑고야"의 '반갑고야'에서도 확인할 수 있다. '반갑다'는 "그리워하던 사람을 만나거나 원하는 일이 이루어져서 마음이 즐겁고 기쁘다."의 의미이다. 그리고 '반갑고야'의 '-고야'는 '-구나'의 의미를 가진 종결어미로, "해라할 자리나 혼잣말에 쓰여, 화자가 새롭게 알게 된 사실에 주목함을 나타내는 종결어미"이다. 이 두 의미를 계산하면, '반갑고야'는 그리워하고 바라던 만남이, 달과의 만남임을 새로 알게 되어 기쁘고 즐겁다는 것이다. 이는 '달'을 새로운 벗으로 인식한 감정의 표현이라고 정리할 수 있다. 이 감정을 제6수의 종장("보고도 말 아니ᄒᆞ니 내 벋인가 ᄒᆞ노라")에서는, 달을 새삼 내 벗이라고 확인하는 것으로 표현하였다. 그리고 이 때문에 제1수의 종장("두어라 이 다ᄉᆺ 밧긔 또 더ᄒᆞ야 무엇 ᄒᆞ리")에서는 수석과 송죽에 달을 더하면서 이 벗 다섯으로 만족하려 하는 것이다.

이런 점들로 보아, 일차로 정리했던 주제를, [나는 지금까지 친해온 수석과 송죽의 네 벗과 새로 얻은 달의 벗으로 만족하리.]로 다시 정리할 수 있다.

5.1.2. 본사의 단시조별 주제

이 항에서는 본사에 해당하는 제2-6수의 주제를 차례로 정리하고자 한다.

5.1.2.1. 제2수(水)의 주제

3장에서 정리한 제유법('구룸, ᄇᆞ람')과 완서법('그칠 뉘 업기는')의 원관념과 생략어를 괄호 안에 넣어서, 제2수의 표면적 텍스트를 정리하면 다음과 같다.

> 구룸(:孤雲) 빗치 조타 ᄒᆞ나 검기를 ᄌᆞ로 ᄒᆞᆫ다
> ᄇᆞ람(:淸風) 소래 ᄆᆞᆰ다 ᄒᆞ나 그칠 적이 하노매라
> (빛이) 조코도 (맑은 소리) 그츨 뉘 업기는(:항상 하기는) 믈뿐인가 ᄒᆞ노라

이 텍스트에서, 괄호 안에 쓴 제유법과 완서법의 원관념과 생략어를 고려하면, 고려하지 않았을 때에 나타났던 문맥의 비문법적인 문제와 부정적 개념의 문제를 해결하게 된다. 그리고 이 내용에서, 이 텍스트의 주제를 [고운이 빛이 좋다가 검고 청풍이 소리가 맑다가 그치는 것과 달리, 빛이 좋고도 맑은 소리를 항상 하는(常行하는) 것은 물뿐이다.]의 물에 대한 칭송으로 정리할 수 있다.

5.1.2.2. 제3수(石)의 주제

3장에서 정리한 일반화의 제유법('곶, 플')과 완서법('변치 아닐')의 원관념을 괄호 안에 넣어서, 제3수의 표면적 텍스트를 정리하면 다음과 같다.

> 곶(:매화, 난화, 국화, 연꽃)은 므스 일로 퓌며서 수이 디고
> 플(:난초, 파초)은 어이 ᄒᆞ야 프르는 ᄃᆞᆺ 누르ᄂᆞ니
> 아마도 변치 아닐(:늘 의연할) 손 바회뿐인가 ᄒᆞ노라

이 텍스트에서, 괄호 안에 쓴 제유법과 완서법의 원관념을 고려하면, 고려하지 않았을 때에 나타났던 문맥의 비문법적인 문제와 부정적 개념의 문제를 해결하게 된다. 그리고 이 내용에서, 이 텍스트의 주제를, [매화, 난화, 국화, 연꽃 등이 피면서 쉬이 지고, 난초와 파초가 푸르는 듯 누레지는 것과 달리, 늘 의연할 것은 바위뿐이다.]의 칭송으로 정리할 수 있다.

5.1.2.3. 제4수(松)의 주제

3장에서 정리한 제유법('곶, 닙')과 완서법('눈서리를 모로ᄂᆞᆫ다')의 원관념을 괄호 안에 넣어서, 제4수의 표면적 텍스트를 정리하면 다음과 같다.

> 더우면 곳(:난꽃, 연꽃, 배롱나무꽃) 퓌고 치우면 닙(:파초의 잎) 디거ᄂᆞᆯ
> 솔아 너ᄂᆞᆫ 엇디 눈서리를 모로ᄂᆞᆫ다(:눈서리에도 청청하는다)
> 九泉의(아주 깊은 땅속에) 불희 고ᄃᆞᆫ 줄을 글로 ᄒᆞ야 아노라

이 텍스트에서, 괄호 안에 쓴 제유법과 완서법의 원관념을 고려하면, 고려하지 않았을 때에 나타났던 문맥의 비문법적인 문제와 부정적 개념

의 문제를 해결하게 된다. 그리고 이 내용에서, 이 텍스트의 주제를, [더우면 난, 연, 배롱나무 등이 꽃 피고, 추우면 파초의 잎이 지는 것과 달리, 소나무는 깊은 땅속에 뿌리를 아주 깊고 곧게 내리어, 눈서리에도 청청(青青)하다.]의 칭송으로 정리할 수 있다.

5.1.2.4. 제5수(竹)의 주제

3장에서 정리한 제유법('나모, 플')과 낮춤말('것')의 원관념을 괄호 안에 넣어서, 제5수의 표면적 텍스트를 정리하면 다음과 같다.

나모(:잣나무)도 아닌 거시(:대가) 풀(:蓮)도 아닌 거시(:대가)
곳기는 뉘 시기며 속은 어이 뷔연는다
뎌러코 ᄉᆞ시애 프르니 그를 됴하 ᄒᆞ노라

이 텍스트에서, 괄호 안에 쓴 제유법과 낮춤말의 원관념을 고려하면, 고려하지 않았을 때에 나타났던 문맥의 비문법적인 문제를 해결하게 된다.[20] 그리고 이 내용에서, 이 텍스트의 주제를, [대는 잣나무의 곧기와 연(蓮)의 속 빔을 모두 갖고서, 사시에 푸르니, 나는 그것을 좋아한다.]의 칭송으로 정리할 수 있다.

5.1.2.5. 제6수(月)의 주제

3장에서 정리한 제유법들('만물, 광명, 말'), 낮춤말('작은 것'), 완서법('말 아니 하니') 등의 원관념과 생략어들을 괄호 안에 넣어서 제6수의 표면적 텍스트를 정리하면, 다음과 같다.

---

20 이 제6수에 나온 '아닌'은, 제2수의 '不斷', 제3수의 '不變', 제4수의 '不屈' 등과 같이 각수의 핵심 소재('물, 바위, 솔')의 미덕을 부정적 개념으로 나타낸 것이 아니라는 점에서, 제2, 3, 4수에서 설명한 '부정적 개념'의 문제 해결과는 관계가 없다.

쟈근 것(:달)이 노피 떠셔 萬物(:세상의 그른 인물들)을 다 비취니

밤듕의 光明(:세상의 그른 인물들에 밝고 환함)이 너만 ᄒᆞ니 또 잇ᄂᆞ냐

(세상의 그른 인물들을) 보고도 말(:비판하는 말) 아니 ᄒᆞ니(:침묵을 하니) 내 벋인가 ᄒᆞ노라

이 텍스트에서, 괄호 안에 쓴 제유법, 낮춤말, 완서법 등의 원관념과 생략어를 고려하면, 고려하지 않았을 때에 나타났던 문맥의 비문법적인 문제와 부정적 개념의 문제를 해결하게 된다. 그리고 이 내용에서, 이 텍스트의 주제를, [달은 하늘에 높이 떠서 밤중에 세상의 그른 인물들을 밝고 환하게 보고도 침묵을 하니, 내 벗이다.]의 칭송으로 정리할 수 있다.

이상과 같이 3장에서 정리한 제유법, 낮춤말, 완서법 등의 원관념과 생략어를 고려하여 표면적 텍스트를 읽으면, 표면적 텍스트는 문법적이고, 부정적 개념이 사라진다. 이는 3장에서 해석한 '처신의 수사'가 틀리지 않았음을 말해준다. 그리고 지금까지 정리한 내용을 종합하면, 표면적 텍스트의 주제는 [오우의 미덕(물의 좋은 빛과 맑은 소리의 상행常行, 바위의 의연毅然, 소나무의 청청靑靑, 대나무의 곧고 속이 빔과 상청常靑, 달의 침묵)에 기초한 오우의 칭송]으로 정리할 수 있다. 그리고 이 표면적 텍스트의 논리적 구조는 서사와 본사의 구조이며, 본사는 오우(五友)를 병렬한 병렬적 구조로 정리할 수 있다.

5.2. 이면적 텍스트의 구조와 주제

이 절에서는 동지(同志)의 '벗/友'로, 오우(五友)를 읽을 때에 형성되는 이면적 텍스트와 그 주제를 정리하고자 한다. 이 동지(同志)는 '뜻을 같이 하는 사람'[友 : 同志]의 의미[21]로, 〈오우가〉의 해석에서 오우들의 의

지(意志) 또는 기개(氣槪) 등등의 유교적 가치를 논의한 글들이 취한 의미이다.

5.2.1. 서사의 주제

'벗'의 의미인 '동지(同志)'를 괄호 안에 넣어서 이면적 텍스트를 정리하면 다음과 같다.

> 내 버디(:同志가) 몃치나 ᄒᆞ니 水石과 松竹이라
> 東山의 ᄃᆞᆯ 오르니 그 더욱 반갑고야
> 두어라 이 다ᄉᆞᆺ 밧긔 ᄯᅩ 더ᄒᆞ야 무엇 ᄒᆞ리

이 이면적 텍스트는 표면적 텍스트와 다른 점으로 '벗/友'의 의미를 보여준다. 이 차이를 표면적 텍스트에서 정리한 구조와 주제에 적용하면, 제1수는 역시 서사이며, 이 이면적 텍스트의 주제는, [나는 지금까지 뜻을 같이 해온 수석과 송죽의 네 동지[友: 同志]와 새로 뜻을 같이 하는 달의 한 동지로 만족하리.]로 정리할 수 있다.

5.2.2. 본사의 단시조별 주제

이 절에서는 본사인 제2-6수의 주제를 차례로 정리하고자 한다.

5.2.2.1. 제2수(水)의 주제

벗을 동지의 의미로 보고, 제2수의 이면적 텍스트에서 다시 해석되는 중의어들의 의미들을 괄호 안에 넣어서 정리하면 다음과 같다.

---

21 네이버 『한자사전』의 '友'조를 보면, "뜻을 같이 하는 사람"의 의미가 나온다. 이는 한문 "同志爲友"(『설문해자』), "同志相交"(『논어』, 季氏) 등등에서 보이는 '同志'의 의미이다.

(일부 선비들의 동지인) 구룸(:孤雲, 가난하면서도 어진 선비) 빗이(:얼굴빛이) 조타 ᄒᆞ나 검기를 ᄌᆞ로 ᄒᆞᆫ다.

(일부 선비들의 동지인) ᄇᆞ람(:淸風, 뜻이 맑고 높은 선비) 소래(:進言, 노래) ᄆᆞᆰ다 ᄒᆞ나 그칠 적이 하노매라.

빛이(:얼굴빛이) 조코도 맑은 소리(進言, 노래)를 그츨 뉘 업기는(:항상 하기는) (내 동지인) 물ᄲᅮᆫ인가 ᄒᆞ노라.

이 이면적 텍스트에서, 고운(孤雲)은 '가난하면서도 어진 선비'를 비유하고, 청풍(淸風)은 '뜻이 맑고 높은 선비'를 비유한다. 이 두 비유적 의미는 초장의 '빗이(빛이)'도 '얼굴빛이'의 의미임을 말해주고, 중장의 '소래'도 '진언(進言)'과 '노래'의 소리임을 말해준다. 그리고 이 의미들은 종장의 '빗이(빛이)'도 '얼굴빛이'의 의미이고, '맑은 소리'도 '맑은 소리(進言, 노래)'의 의미임을 말해준다.

게다가 이 제2수의 배경은 앞에서 정리했듯이 유배생활로 추정된다. 이 추정은 다음의 세 가지 물음에 대한 대답에서 알 수 있다. 왜 제2수에서는 유동체(流動體)인 구름, 바람, 물 등을 소재로 이용하였을까? 초장의 고운은 왜 얼굴빛이 좋다가도 검어질까? 중장의 청풍은 왜 맑은 소리를 그칠 때가 많을까? 등에서 알 수 있다. 제2수에서 취한 구름, 바람, 물 등의 소재들은 모두가 흐르면서 움직이는 유동체들이다. 이는 고운과 청풍의 선비들은 물론, 물과 물의 동지인 시적 화자도 유동체로, 내치거나 귀향가고[流] 옮겨다니는[動] 존재로 있을 때를 풍유적으로 암시한다. 그리고 왕이 내치거나 귀향을 보낼 때에, 고운의 선비는 좋은 얼굴빛을 검게 바꾸고, 청풍의 선비는 맑은 소리(진언, 노래)를 그치는 것이 일반적이다. 게다가 제2수의 배경시공간은 앞에서 살폈듯이 유배생활이다.

이렇게 제2수의 배경시공간이 유배생활이란 점을 고려하여, 이 이면적 텍스트의 주제를 정리하면, [유배생활에서, 일부 선비들의 동지인 고운과 청풍이 좋은 얼굴빛을 검게 바꾸고, 맑은 소리(진언, 노래)를 그치는 것과 다르게, 얼굴빛이 좋고 맑은 소리(진언, 노래)를 항상 하는(常行하는) 태연(泰然)한 기개(氣槪)를 보이는 것은, 내 동지인 물뿐이다.]가 된다. 이는 [동지 물의 유배생활에서도 태연한 기개의 처신]으로 요약할 수 있다. 동시에 이 이면적 주제는 시적 화자가 자신의 유배생활에서도 좋은 얼굴빛을 검게 바꾸지 않고, 맑은 소리(進言, 노래)를 그치지 않는, 태연한(:마땅히 머뭇거리거나 두려워할 상황에서 태도나 기색이 아무렇지도 않은 듯이 예사로운) 기개의 처신을, 동지인 벗('물')의 처신을 통하여 우회적으로 표현한 것이기도 하다.

5.2.2.2. 제3수(石)의 주제

벗을 동지의 의미로 보고, 제3수의 이면적 텍스트를 다시 정리해 보자.

> (일부 선비들의 동지인) 곶(:매화, 난화, 국화, 연꽃)은 므스 일로 퓌며서 수이 디고
>
> (일부 선비들의 동지인) 플(:난초, 파초)은 어이 ᄒᆞ야 프르는 ᄃᆞᆺ 누르ᄂᆞ니
>
> 아마도 변치 아닐(:늘 毅然할) 손 (내 동지인) 바회뿐인가 ᄒᆞ노라

이 이면적 텍스트를 보면, 일부 선비들의 동지인 꽃들('매화, 난화, 국화, 연꽃')과 풀들('난초, 파초')은 어떤 일로 피면서 쉬이 지고, 어떤 이유로 푸르는 듯 누르느냐, 아마도 늘 의연할 것은 내 동지인 바위뿐인가 한다고 노래하고 있다. 이에 포함된 꽃들과 풀들이 영고(榮枯) 또는 영락(榮落)하는 것은, 출사(出仕)하면서 쇄락하는 것을 풍유적으로 의미한다. 그리고 바위는 꽃 및 풀과 그 부류가 다른데, 이는 꽃과 풀이 출사한 부류이고, 바위가 관직(官職)에 늘 의연할(:의지가 굳세어서 끄떡없을) 부

류임을 암시한다. 게다가 이 암시는 바위가 땅에 박혀 있음을 통하여, 이 텍스트의 배경이 향리(鄕里)에 박혀 있는 향리생활임을 풍유적으로 보여준다.

이런 점들을 계산하면, 이 이면적 텍스트의 주제는, [일부 선비들의 동지인 매화, 난화, 국화, 연꽃, 난초, 파초 등은 출사하여 영고(榮枯)를 하지만, 향리에 살면서 관직에 늘 의연한 기개(氣槪)로 처신할 것은 내 동지인 바위뿐인가 한다.]로 정리할 수 있다. 이는 [동지 바위의 향리생활에서 관직에 늘 의연할 기개의 처신]으로 요약할 수 있다. 동시에 이 이면적 텍스트의 주제는 시적 화자가 향리에 살면서 관직에 늘 의연한 기개의 처신을, 동지인 벗('바위')의 처신을 통하여 우회적으로 표현한 것이기도 하다.

5.2.2.3. 제4수(松)의 주제

벗을 동지의 의미로 보고, 제4수의 이면적 텍스트에서 다시 해석되는 중의어의 의미들을 괄호 안에 넣어서 정리하면 다음과 같다.

> 더우면 (일부 선비들의 동지인) 곶(:난꽃, 연꽃, 배롱나무꽃)은 퓌고 치우면 (일부 선비들의 동지인) 닙(:파초의 잎)이 디거늘
>
> (내 동지인) 솔아 너는 엇디 눈서리에도 늘 청청하는다(:온갖 어려움에도 늠름하는다)
>
> 九泉의[아주 깊은 땅속에(:마음에)] 불희(:심지) 고든 줄을 글로 ᄒᆞ야 아노라

이 이면적 텍스트에서 주제를 정리하는 데는 세 가지의 해석이 필요하다. 첫째로 이 텍스트는 배경시공간을 관직생활로 한다는 것이다. 이는 3장에서 검토한 바가 있다. 이를 간단하게 다시 보자. 앞에서 살폈듯이, 제3수의 꽃들과 풀들은 관직의 영고(榮枯)를 보인다는 점에서 관직

에 나간 존재이다. 이와 마찬가지로 영고를 보인다는 점에서, 제4수 초장에 나온 꽃들과 잎도 관직에 나아간 존재들이다. 이렇게 제3, 4수에 나온 식물들이 관직에 나아간 존재들이라는 점에서, 제4수에 나온 솔의 식물도 관직에 나아간 존재로 추정할 수 있다. 이는 제4수의 배경이 관직생활임을 말해준다.

둘째로, 중장에 나온 '눈서리에도 청청(靑靑)하는다'의 해석이다. 소나무가 눈서리에 청청하다고 할 때에, 이는 눈서리 즉 온갖 어려움에도 늠름함(凜凜함, 생김새나 태도가 의젓하고 당당함)을 의미한다.

셋째로, 종장에 나온 '뿌리'의 해석이다. 뿌리는 근본과 바탕을 비유하는데, 이 경우에 모든 행동의 뿌리는 심지(心志, 품은 의지)라는 점을 계산하면, 종장의 '뿌리'는 '심지'의 은유로 계산된다.

이렇게 정리된 이면적 텍스트에 기초하면, 이면적 텍스트의 주제는, [관직을 살면서, 일부 선비들의 동지들('난, 연, 배롱나무, 파초')은 영고(榮枯)하지만, 내 동지인 솔은 마음의 곧고 깊은 심지(心志)로, 온갖 어려움에도 늠름하다.]로 정리할 수 있다. 이는 [동지 솔의 관직생활에서 늠름한 기개의 처신]으로 요약할 수 있다. 동시에 이 주제는 시적 화자가 관직생활에서 온갖 어려움에도, 마음의 깊고 곧은 심지로, 늠름한 기개(윤영옥 1988:23)를 보인 처신을, 동지인 솔의 처신을 통하여 우회적으로 표현한 것이기도 하다.

5.2.2.4. 제5수(竹)의 주제

벗을 동지의 의미로 보고, 제5수의 이면적 텍스트를 정리하면 다음과 같다.

> (일부 선비들의 동지인) 나무(:잣나무)도 아닌 거시(:대가) (일부 선비들의 동지인) 플(:蓮)도 아닌 거시(:대가)

곳기는 뉘 시기며 속은 어이 뷔연는다
더러코 ᄉᆞ시애 프르니 그를 됴하 ᄒᆞ노라

이 이면적 텍스트의 주제를 정리하기 위해서는, 이 텍스트의 배경과, '곧기, 속이 빔, 사시 푸름' 등을 비유적으로 해석하는 것이 필요하다. 이를 차례로 보자.

먼저 이 이면적 텍스트의 배경은 앞에서 검토했듯이 관직생활로 추정된다. 왜냐하면, 제3, 4수에 나온 식물들이 모두 관직생활을 배경으로 하였다는 점에서, 이 이면적 텍스트에 나온 식물들(잣나무, 연, 대) 역시 관직생활을 배경으로 한 노래의 소재들로 추정되기 때문이다.

"곳기는 뉘 시기며"의 '곳기'는, '강직(剛直)'(안병태 1973:596-597, 문영오 1986:35, 정익섭 1987:337, 이상원 1998:48)이나 '정직(正直)'을 의미한다. 그리고 "속은 어이 뷔연는다"의 '속이 빔'은, 청렴(淸廉)이나 '무욕(無慾)'을 의미한다. 그런데 이 텍스트의 배경이 관직생활이라는 점에서, '강직'과 '청렴'이 좀더 적합해 보인다. 이 강직과 청렴은 그 순서를 바꾸면, 청직(淸直, 청렴과 강직)이 된다.

종장의 '사시 푸름' 자체에는 문제가 없지만, 사시 푸름의 내용, 즉 사시에 불변하는 신의나 신념이 무엇이냐 하는 문제에 답하기가 어렵다. 이 문제를 해결할 수 있는 방법은 종장을 다시 해석하는 것이다. 종장("더러코 ᄉᆞ시애 프르니 그를 됴하 ᄒᆞ노라")은, 대가 강직하고 청렴한 미덕을 보여주면서, 그 미덕을 어느 한 때에 끝내지 않고, 사시에 늘 보여준다는 의미로 해석할 수 있다. 이렇게 읽게 되면, 사시에 푸름의 기개가 보이는 신의나 신념의 내용을 이해할 수 있다. 즉 청렴과 강직의 청직이다.

이런 점들로 본다면, 이 이면적 텍스트의 주제는, [내 동지인 대는 관직을 살면서, 일부 선비들의 동지인 잣나무와 연(蓮)이 보인 강직(剛直)

한 마음과 청렴(淸廉)한 마음을 모두 갖고서도 늘 청직(淸直)한 기개를 보이기에 나는 그것을 좋아 한다.]로 정리할 수 있다. 이는 [동지 대의 관직생활에서 늘 청직한 기개의 처신]으로 요약할 수 있다. 동시에 이 주제는 시적 화자가 관직생활에서 보인, 늘 청직한 기개의 처신을, 동지인 대를 통하여 우회적으로 표현한 것이기도 하다.

5.2.2.5. 제6수(月)의 주제

벗을 동지의 의미로 보고, 제6수의 이면적 텍스트에서 다시 해석되는 중의어의 의미들을 괄호 안에 넣어서 이면적 텍스트를 정리하면 다음과 같다.

(내 동지인) 쟈근 거시(:달이) 노픠 떠셔(:멀리 떨어져서) 萬物(:세상의 그른 인물들)을 다 비취니

밤중에(:도가 없는 세상에) 光明(:세상의 그른 인물에 밝고 환함)이 너만 ᄒᆞ니 또 잇ᄂᆞ냐

(세상의 그른 인물들을) 보고도 말(:비판하는 말) 아니 ᄒᆞ니(:침묵을 하니) 내 벋인가 ᄒᆞ노라

시어 '높이 떠서'는 달이 의인화된 존재라는 점에서, '멀리 떨어져서'의 의미로 해석할 수 있다. 그리고 '밤중에'는 깜깜한 밤중의 의미를 가지고 있어, '도가 없는 어두운 세상에'의 의미로 해석할 수 있다.

이 이면적 텍스트의 배경은 3장에서 검토했듯이 은둔생활로 추정된다. 이 이면적 텍스트의 소재인 달은 제2-5수의 소재와 다르게 하늘에 멀리 떨어져서 세상을 바라보는 존재이다. 그리고 이 달은 시적 화자가 뜻을 같이 하는 동지란 점에서, 시적 화자 역시 세상으로부터 멀리 떨어져서 은둔생활을 하고 있음을 풍유적으로 보여준다.

이런 배경을 감안하여 앞의 이면적 텍스트를 보면, 이면적 텍스트의 잠정적인 주제를, [달은 도가 없는 어두운 세상에서, 은둔하여(세상과 멀리 떨어져서) 살면서, 세상의 그른 인물들을 밝고 환하게 보고도 초연하게 침묵을 하니, 내 동지의 벗이다.]로 정리할 수 있다.

이 잠정적인 주제에 대하여, 하나의 문제를 제기할 수 있다. 즉 이 이면적 주제와 비슷한 의미로는 유교 사회에서 가치 있는 의미를 설명할 수 없어 왔다는 문제이다. 이 문제 때문에, '광명'을 '밝고 환함'의 의미가 아니라, 해석이 용이치 않은 '교화'의 의미로 보기도 하고, '말 아니 하니'를 '불언(不言)'이나 '침묵(沈默)'의 의미와 다소 다른 '과묵(寡默)'이나 '신언(愼言)'으로 읽은 해석들이 나왔다. 이렇게 읽으면, 유교 사회에서 가치 있는 의미를 제시할 수는 있다. 그러나 정작 '광명'은 '교화'의 의미와 다소 다르고, '말 아니 하니'[不言] 역시 '과묵'이나 '신언'의 의미와 다소 다른 문제를 보인다. 이 문제는 앞에서 정리한 잠정적 주제가 유교 사회에서 가치 있는 의미를 갖는다는 사실을 보완하는 것으로 해결하는 것이 바람직해 보인다.

『중용』의 제27장인 '인도(人道)'의 후반부를 보자.

> 이 때문에 위에 거처하여도 교만하지 않고, 아래가 되어도 거스르지 않는다. 나라에 도가 있으면, 그 말이 족히 일어나고, 나라에 도가 없으면 그 침묵이 족히 용납되니, 『시경』(大雅 烝民편)에 이르되, "이미 밝고 또 밝아서 그 몸을 보존한다."(明哲保身) 하니, 아마 이것의 이름인저! 위는 제27장이다. 인도(人道)를 말하였다(是故 居上不驕 爲下不倍 國有道 其言足以興 國無道 其默足以容 詩曰旣明且哲 以保其身 其此之謂與 右第二十七章 言人道也).

이 인용에서 보면, 사람의 길인 인도(人道)는 나라에 도가 있을 때와 도가 없을 때로 나뉜다. 이 중에서 후자인, 나라에 도가 없을 때는, 침묵이 용납된다고 말하고, 이 용납의 예로 『시경』의 〈증민(蒸民)〉편에 나온 명철보신(明哲保身)의 처신을 들었다. 이에 포함된 '침묵'을, 공영달(孔穎達)의 『정의(正義)』에서는, "비춤을 감추고 숨어서 침묵하여[韜光潛默]"로 좀더 구체적으로 설명을 하였다. 이상을 종합하면, 나라에 도가 없을 때는, 세상을 밝게 비추어 보고도 그것을 숨기고 침묵하여 자신을 보호하는 명철보신이 용납되는데, 이것도 '인도(人道)'의 일부라는 것이다.

이렇게 『중용』의 '인도'에서 보인, 침묵을 포함한 명철보신으로 보면, 앞에서 잠정적으로 정리한 이면적 텍스트의 주제는 유교 사회에서 가치 있는 의미가 된다. 즉 『중용』 제27장의 '인도'를 따른 가치 있는 의미가 된다. 이에 따라, 앞에서 정리한 이면적 주제를 좀더 명확하게 정리하면, [달은 도가 없는 어두운 세상에서 은둔하여(세상과 멀리 떨어져서) 살면서, 세상의 그른 인물들을 밝고 환하게 보고도 침묵하는 명철보신의 초연(超然)한 기개의 처신을 하니, 내 동지이다.]로 정리할 수 있다. 이는 [동지 달의 은둔생활에서 세상에 초연한 기개의 처신]으로 요약할 수 있다. 동시에 이 이면적 주제는 시적 화자가 도가 없는 어두운 세상에서 은둔하여 살면서, 세상의 그른 인물들을 밝고 환하게 보고도 침묵하는 명철보신의 초연한(:어떤 현실 속에서 벗어나 그 현실에 아랑곳하지 않고 의젓한) 기개의 처신을, 동지인 달의 처신을 통하여 우회적으로 표현한 것이기도 하다.

이번에는 이면적 텍스트의 전체 구조와 주제를 정리하려 한다. 이를 위해 앞에서 검토한 단시조별 주제를 다시 정리하면 다음과 같다.

제1수 : 나는 지금까지 뜻을 같이 해온 수석과 송죽의 네 동지[友 : 同志]와 새로 뜻을 같이 하는 달의 한 동지로 만족하리.

제2수 : 동지 물의 유배생활에서도 태연한 기개의 처신

제3수 : 동지 바위의 향리(鄕里)생활에서 관직에 늘 의연한 기개의 처신

제4수: 동지 솔의 관직생활에서 늠름한 기개의 처신

제5수: 동지 대의 관직생활에서 늘 청직(淸直)한 기개의 처신

제6수: 동지 달의 은둔생활에서 세상에 초연한 기개의 처신

이 6수의 주제들을 종합하면, 이면적 텍스트의 논리적 구조는 서사와 본사의 구조이며, 본사는 오우(五友)를 병렬한 병렬적 구조로 정리할 수 있으며, 전체적인 주제는 [나의 처신의 동지는 다섯(수, 석, 송, 죽, 월)으로 만족하리.]로 정리할 수 있다. 그리고 이 전체적인 주제를 통하여, 고산이 이면적 텍스트에서 노래한 〈오우가〉의 오우는 처신우(處身友), 즉 처신의 동지라고 정리할 수 있다.

6. 결론

지금까지 고산 윤선도가 지은 연시조 〈오우가〉의 결속, 종결, 처세의 수사, 구조, 주제 등을 검토해 보았다. 그 중요한 내용을 요약 정리하는 것으로 결론을 대신하려 한다.

'2'장에서 정리한 순차적 결속, 대칭적 결속, 종결 등은 다음과 같이 요약된다.

1) 제1수는 제2수와 함께, 제2수는 제3수와 함께, 제3수는 제4수와 함께, 제4수는 제5수와 함께, 제5수는 제6수와 함께, 각각 반복표현을 보이면서, 이 반복표현에 의해 제2-6수는 순차적 결속을 보인다.
2) 단락내 대칭적 결속은 제2단락인 제2-6수에서 보이는데, 이 대칭적 결속은 일탈표현과 대칭표현에 의해 드러나며, [A - B - C - B

－A]의 대칭적 결속과 [A－A－C－B－B]의 대칭적 결속이 이에 속한다.

3) 단락내 대칭적 결속과 종결은 대칭표현에서 그 후미를 전환하고 도치시킨 대칭표현의 후미 전환·도치형으로 나타난다.
4) 서사 단락(제1수)과 본사 단락(제2-6수)을 묶는 단락간의 결속은, [내 벋(제1수 초장)－대칭축－내 벋(제6수 종장)]의 대칭표현, [내 벗의 직접표현, 간접표현(제1수)－대칭축－내 벗의 간접표현(제2-5수), 직접표현(제6수)]의 대칭표현, ['… ᄒᆞ니 …'(제1수 초장)－대칭축－'… ᄒᆞ니 …'(제6수 종장)]의 대칭표현, ['-의 주어'(제1수 중장)－대칭축－'-의 주어'(제6수 중장)]의 대칭표현 등에 의해 조성된다.

'3'장에서 정리한 처세의 수사는 다음과 같이 요약된다.

1) 제2-6수의 각수별 문맥이 문자적 의미의 차원에서 비문법적인 것은, 일반화의 제유법을 구사하여, 즉 부분(원관념)을 전체(보조관념)로 바꾸어서 표현한 것에 기인한다. 이 일반화의 제유법을 '보조관념(원관념)'의 형태, 즉 '전체(부분)'의 형태로 정리하면 다음과 같다. 구룸(孤雲), ᄇᆞ람(淸風), 곳(매화, 난꽃, 국화, 연꽃, 제3수), 플(난초, 파초, 제3수), 곳(난꽃, 연꽃, 배롱나무꽃, 제4수), 닙(파초의 잎), 나모(잣나무), 플(蓮, 제5수), 萬物(세상의 그른 인물들), 光明[세상의 그른 인물들에 光明(밝고 환함)], 말(비판하는 말) 등이다.
2) 1)의 일반화의 제유법은 부분(원관념)을 전체(보조관념)로 일반화를 하여 표현하면서, 부분(원관념)의 것들을 벗으로 삼은 선비들의 감정을 상하지 않게 배려한 '배려(配慮)의 수사'로 정리를 하였다.

3) 제2-4, 6수의 각수들에 나온 부정문들은, 원관념의 반대를 부정한 보조관념으로 우회하여 표현한 완서법(緩敍法)에 기인한다. 이 완서법을 '보조관념(원관념)'의 형태로 정리하면, 맑은 소리 그칠 뉘 업기는[맑은 소리 항상 하기는(常行하기는)], 변치 아닐(늘 의연할), 눈서리를 모르는다(눈서리에도 靑靑하는다), 말 아니 ᄒᆞ니(침묵하니) 등과 같다.

4) 3)의 완서법은, 시적 화자의 벗과, 그 벗인 시적 화자의 미덕을 표현하면서, 직설적이고 강한 원관념의 표현을, 우회적이고 부드러운 보조관념의 표현으로 바꾸어, 시적 화자와 벗의 겸손을 보여준 '겸손(謙遜)의 수사'로 정리를 하였다.

5) "(빛이) 조코도 (맑은 소리) 그츨 뉘 업기는 믈뿐인가 ᄒᆞ노라"(제2수)와 "(세상의 그른 인물들을) 보고도 말 아니 ᄒᆞ니 내 벋인가 ᄒᆞ노라"(제6수)는 괄호 안에 쓴 시어들을 생략한 생략법을 보여준다. 이 생략법은 벗과 시적 화자의 미덕을 나타내는 시어들을 생략한 것으로, 낮춤말들('것, 작은 것')과 더불어 시적 화자와 벗의 겸손을 보여준 겸손의 수사로 정리를 하였다.

6) 1)의 일반화의 제유법이 보여준 '배려의 수사'와, 3)의 완서법과 5)의 생략법과 낮춤말이 보여준 '겸손의 수사'를 합쳐서, '처신(處身)의 수사(修辭)'로 정리하였다.

'4'장에서 정리한 배경시공간은 다음과 같이 요약된다.

1) 〈오우가〉의 표면적 텍스트에서, 배경시간의 구조는 [달밤, 사철(제1수), 사시, 사철(제2수, 수, 제3수, 석, 제4수 송, 제5수, 죽), 달밤, 사철(제6수, 월)]이 대칭하는 대칭적 구조이다.

2) 〈오우가〉의 표면적 텍스트에서, 배경공간의 구조는 하늘(허공),

지상, 지하 등의 공간을 보여주는 제4수를 대칭축으로, 제3수와 제5수의 지상이 대칭하고, 제2수와 제6수의 지상과 하늘(허공)이 대칭하는 대칭적 구조이다. 동시에 오우인 물, 바위, 소나무, 대나무, 달 등만을 볼 때에는, 공간질서의 아래에서 위로 올라가는 점층적 구조이다.

3) 〈오우가〉의 이면적 텍스트에서, 배경시공간은 유배생활(제2수), 향리생활(제3수), 관직생활(제4, 5수), 은둔생활(제6수) 등이다.

'5'장에서 정리한 구조와 주제는 다음과 같이 요약된다.

1) '벗/友'를 "사람이 늘 가까이하여 심심함이나 지루함을 달래는 사물을 비유적으로 이르는 말."로 보면, 〈오우가〉에서 그 표면적 텍스트를 정리할 수 있다. 이 표면적 텍스트의 논리적 구조는 서사와 본사의 구조로, 본사는 병렬적 구조로 정리를 하였고, 이 표면적 텍스트의 주제는, [오우의 미덕(물의 좋은 빛과 맑은 소리의 상행常行, 바위의 의연毅然, 소나무의 청청靑靑, 대나무의 곧고 속이 빔과 상청常靑, 달의 침묵)에 기초한 오우의 칭송]으로 정리를 하였다.
2) '벗/友'를 "뜻을 같이 하는 사람"[友: 同志]의 의미로 보면, 〈오우가〉에서 그 이면적 텍스트를 정리할 수 있다. 이 이면적 텍스트에서 각수별 주제는, [나는 지금까지 뜻을 같이 해온 수석과 송죽의 네 동지[友: 同志]와 새로 뜻을 같이 하는 달의 한 동지로 만족하리.](제1수), [동지 물의 유배생활에서도 태연한 기개의 처신](제2수), [동지 바위의 향리(鄕里)생활에서 관직에 늘 의연한 기개의 처신](제3수), [동지 솔의 관직생활에서 늠름한 기개의 처신](제4수), [동지 대의 관직생활에서 늘 청직(淸直)한 기개의 처신](제5수), [동지 달의 은둔생활에서 세상에 초연한 기개의 처신](제

6수) 등으로 정리를 하였다.

3) 2)의 이면적 텍스트의 제6수에서, 세상의 그른 인물들을 밝고 환하게 보고도 침묵하는 것, 즉 세상에 초연한 기개의 처신은, [나라에 도가 없으면 그 침묵이 족히 용납되니, 『시경』(大雅 烝民편)에 이르되, "이미 밝고 또 밝아서 그 몸을 보존한다."(明哲保身) 하니, 아마 이것의 이름인저!](『중용』 제27장 人道)로 보아, 유교 사회에서 가치 있는 의미로 정리를 하였다.

4) 2)의 각수별 주제를 종합한 이면적 텍스트의 논리적 구조는 서사와 본사의 구조로, 본사는 병렬적 구조로 정리를 하였고, 이 이면적 텍스트의 주제는, [나의 처신의 동지는 다섯(수, 석, 송, 죽, 월)으로 만족하리.]로 정리를 하였다.

5) 4)의 전체적 주제와 2)의 각수별 주제로 보아, 고산이 〈오우가〉의 이면적 텍스트에서 노래한 오우는 처신우(處身友), 즉 처신의 동지로 정리를 하였다.

6) 2)에서 정리한 제2-6수의 주제는, 시적 화자가 자신의 동지들(수, 석, 송, 죽, 월)이 보인 처신들을 칭송하는 형태로 노래하였는데, 이 처신들이 동시에 시적 화자의 처신이 되기도 하는 것은, 칭송을 받고 있는 벗들은 시적 화자가 뜻을 같이 한 동지(同志)들이기 때문이다.

이상에서 정리한 처신의 수사들과, 두 텍스트를 형성한 많은 중의들은, 이황이 〈도산십이곡〉의 발문에서 인용한, 유교의 시교(詩敎)인 '온유돈후(溫柔敦厚)'의 측면도 잘 보여주며, 이이가 〈정언묘선총서〉에서 보인 '용의정심(用意情深)'의 측면도 잘 보여준다. 이런 사실은 원고를 달리 하여 정리하고자 한다.

권구의 〈병산육곡〉

1. 서론

이 글은 권구(1672~1749)가 병산에 우거하던 시기(1716~1723)에 지은 것으로 추정되는 〈병산육곡〉의 결속, 종결, 구조, 주제 등을 정리하는 데 연구의 목적이 있다.

〈병산육곡〉은 그 동안, 육가의 수용과 전승의 차원, 창작시기, 구조, 주제, 대칭표현 등의 영역에서 연구되어 왔다. 이를 간단하게 보자.

〈병산육곡〉을 육가의 수용과 전승의 차원에서 보기 시작한 것은 최재남(1987:342)이며, 이런 시각은 그 후의 글들(윤정화, 김상진, 이현자 등)에서도 보인다.

창작시기는 권구가 병산에 우거하던 시기(1716~1723)로 추정(정혜원 1995:78)되었다.

구조의 연구는 네 글에서 보인다. 정혜원[1]은 은거선택(제1수), 은거의 기쁨(제2수), 현실에 대한 우려(제3, 4, 5수), 강호의 낙(제6수) 등에 기초하여 회귀적 구조로 정리하였다. 윤정화[2]는 은거 의지의 천명(제1, 2수),

---

1 "은거선택(1곡), 은거의 기쁨(2곡), 현실에 대한 우려(3, 4, 5곡), 강호의 낙(6곡)으로 표현되어 회귀적 구조를 보인다."(정혜원 1996:27).

2 "〈병산육곡〉은 1-2수에서는 현실과 절연하고 강호자연에 은거하겠다는 의지를 천명

심리적 방황(제3, 4, 5수), 강호자연으로의 합일(제6수) 등의 구조로 보았다. 이현자[3]는 변증법적 구조로 정리를 하였다. 김상진[4]은 서사(제1수), 본사(제2-5수), 결사(제6수) 등의 구조로 정리하면서, 구조화의 문제를 지적하기도 하였다.

주제에 대한 연구는 미미하다.[5]

일탈표현과 대칭표현은 양희철(2010d)에 의해 정리되었다.

이런 선행 연구들은 〈병산육곡〉의 이해에 많은 도움을 주어왔다. 그런데 우리는 아직도 이 작품의 결속, 종결, 구조, 주제 등에서 좀더 검토해 보아야 할 것들을 가지고 있다. 결속과 종결은 일탈표현과 대칭표현에 의해 어느 정도 정리되어 있다. 그러나 그 결속의 정리에서 부족한 점을 보이고, 구조와 연결시킬 수 있는 것들의 정리가 부족하다. 그리고 구조는 어느 정도 정리되어 있지만, 그 세부에서 좀더 검토할 것들을 보이며, 어떤 종류의 구조인가 역시 좀더 확실하게 정리할 필요가 있다. 주제는 논리적 구조에 기초한 정리가 필요해 보인다.

하고, 3-5수는 자연 속에 안주하지 못하고 현실에 대한 강한 미련과 집착을 버리지 못하는 화자의 심리적 방황이 표출되어 있고, 이것이 6수에서 다시 강호자연으로의 합일이 이루어지는 구조를 취하고 있다."(윤정화 2001:11).

3 "권구의 〈屛山六曲〉은 그 구조에서 이전의 六歌系 작품들과 매우 다른 특징을 갖는다. 이것은 바로 안정, 갈등, 평정의 순서에 따른 구조인데 이는 순환이 아니라 평정 내에 내포된 갈등을 극복해 낸 새로운 평정을 추구한다는 측면에서 변증법적이고 근대적임을 알 수 있다."(이현자 2002:217).

4 김상진(2010:410)이 제시한 구조의 표는 다음과 같다.

<table>
<tr><th>기능</th><th>작품</th><th>각 작품의 중심 내용</th><th>공간</th><th>화자심리</th></tr>
<tr><td>서사</td><td>1곡</td><td>白鷗와 함께 忘機 하고자 함</td><td rowspan="2">물가</td><td rowspan="2">평온</td></tr>
<tr><td rowspan="4">본사</td><td>2곡</td><td>白鷗와 벗하며 忘機하며 평안을 구가함</td></tr>
<tr><td>3곡</td><td>安分知足하며 北窓下 누움, 문득 浮雲을 떠 올림</td><td rowspan="3">육지</td><td rowspan="3">갈등</td></tr>
<tr><td>4곡</td><td>의지할 곳 없는 자신의 처지를 서러워함</td></tr>
<tr><td>5곡</td><td>날도 저물어 가는데 갈 바를 몰라 방황함</td></tr>
<tr><td>결사</td><td>6곡</td><td>十里長沙에서 武陵을 발견함</td><td>물가</td><td>평온</td></tr>
</table>

5 최재남(1987:342)은 "隱居의 삶에서 隱居之意를 드러내는 '六歌'를 부르면서 은거 생활에 대한 즐거움으로 가득한 것이 권구의 '병산육곡'이다."로 보았다.

이에 〈병산육곡〉의 결속, 종결, 구조, 주제 등을 검토 정리하고자 한다.

2. 결속과 종결

결속과 종결을 정리하기 위하여, 다음의 밑줄 친 부분에 유의하면서 작품을 살펴보자.

富貴라 求치 말고 貧賤이라 厭치 말아
人生 百年이 閑暇할사 사니 이 내 것이
白鷗냐 날지 말아 忘機 하오리라(제1수)

千尋絶壁 섯난 아래 一帶長江 흘너 간다
白鷗로 버즐 삼아 漁釣生涯 늘거 가니
두어라 世間消息 나난 몰나 하노라(제2수)

보리밥 파 生菜를 量맛촤 먹은 後에
茅齋를 다시 쓸고 北窓下에 누엇시니
눈 압해 太空浮雲이 오락가락 하놋다(제3수)

空山裡 저 가난 달에 혼자 우난 저 杜鵑아
落花 狂風에 어나 가지 의지하리
白鳥(〉白鷗)야 恨하지 말아 내곳 설워 하노라(제4수)

저 가막이 즛지 말아 이 가막이 좃지 말아
野林寒烟에 날은 죠챠 저물거날

어엿불사 翩翩孤鳳이 갈 바 업서 하낫다(제5수)

西山에 해 저 간다 고기빋 썻단 말가
竹竿을 둘러 뫼고 十里長沙 나려가니
烟花 數三漁村이 武陵인가 하노라(제6수)

결속과 종결은 양희철(2010d)이 정리한 일탈표현과 대칭표현을 결속과 종결의 차원에서 다시 정리하면서 일부를 보완하면 다음과 같다.

첫째는 제1수 중장의 일탈이다. 제1수를 제외한 제2-6수의 종장들을 보면, 도치구문이 아닌 비도치구문을 규범으로 한다. 그런데 제1수의 중장인 "인생(人生) 백년(百年)이 한가(閑暇)할사 사니 이 내 것이"에서는 "이 내 것이 사니"를 "사니 이 내 것이"로 도치시킨 일탈을 보인다. 만약 도치시키지 않고 "이 내 것이 사니"로 썼다면, 뒤에 볼 넷째의 제4수 종장의 일탈이 대칭축의 기능을 할 수 없게 한다. 이런 점에서 이 도치는 의미 강조의 기능도 있지만, 제2-6수의 대칭표현에서 대칭축의 기능을 살리는 기능을 한다고 정리할 수 있다.

둘째는 제1수 종장의 일탈이다. 제1수를 제외한 각수의 종장 끝시어를 보면, '하노라'와 '하(노/나)ㅅ다'를 반복하는 규범을 보인다. 이 규범을 제1수는 '하오리라'로 일탈하고 있다.

이 첫째와 둘째의 두 일탈표현은 제1수가 제2-6수로부터 분리된 단락임을 말해준다. 그것도 제2-6수로부터 차별화된 것으로, 제1수의 내용인 은거의 다짐과 더불어 보면, 제1수가 '서사'임을 보여주는 문체적 표현이라고 할 수 있다.

셋째는 [하노라(제2수) - 하(노)ㅅ다(제3수) - 하노라(제4수, 대칭축) - 하(나)ㅅ다(제5수) - 하노라(제6수)]의 대칭표현이다. 첫째 일탈에서 규범을 형성한 제2-6수의 종장 끝시어들은 이 대칭표현을 보여준다. 즉 제

4수의 '하노라'를 대칭축으로, 제3수와 제5수가 '하(노/나)ㅅ다'[6]의 대칭을 보여주고, 제2수와 제6수가 '하노라'의 대칭표현을 보여준다. 이 경우에, '하노라'를 A로, '하(노/나)ㅅ다'를 B로 정리하면, [A - B - A - B - A]의 대칭표현이다.

넷째는 [조건형(가니, 제2수) - 조건형(누엇시니, 제3수) - 의문형(의지하리, 제4수, 대칭축) - 조건형(저물거날, 제5수) - 조건형(가니, 제6수)]의 대칭표현이다. 제1수의 중장은 "인생(人生) 백년(百年)이 한가(閑暇)할사 사니 이 내 것이"이다. 이 중장은 도치구문으로, 주격어미 '-이'를 끝어미로 하였다. 이 주격어미는 연결어미와 종결어미를 규범으로 한 일탈표현이었다. 이렇게 규범으로 사용되었던 제2-6수는 다시 일탈표현과 대칭표현을 보인다. 즉 제4수의 의문형 '의지하리'는 나머지의 제2, 3, 5, 6수의 조건형 연결어미에 기반한 규범로부터 일탈하면서 대칭축이 된다. 그리고 조건형들은 대칭표현이 된다. 이를 정리한 것이 [조건형(가니, 제2수) - 조건형(누엇시니, 제3수) - 의문형(의지하리, 제4수, 대칭축) - 조건형(저물거날, 제5수) - 조건형(가니, 제6수)]의 대칭표현이다. 이 대칭표현은 [A - A - B - A - A]의 대칭표현으로 정리할 수 있다. 그리고 제1수의 중장인 "인생(人生) 백년(百年)이 한가(閑暇)할사 사니 이 내 것이"에서 보인 일탈은 만약 도치법을 사용하지 않았다면, 일탈표현도 되지 않을 뿐만 아니라, '사니'의 '-니'로 인해 앞의 대칭표현을 파악하는 데 어려움을 느낄 수 있게 된다. 만약 이 도치법을 사용하지 않았다면, 이 [조건형(가니, 제2수) - 조건형(누엇시니, 제3수) - 의문형(의지하리, 제4수, 대칭축) - 조건형(저물거날, 제5수) - 조건형(가니, 제6수)]의 대칭표현은, [조건형(가니, 제2수) - 의문형(의지하리, 제4수, 대칭축) - 조건형(가니, 제6수)]의 대칭표현에 머물렀을 것이다.

---

6 '-놋다'와 '-낫다/-ᄂᆞᆺ다'는 표기는 다르지만, 그 의미는 '-는구나'로 같다.

이 셋째와 넷째의 두 대칭표현은 제2-6수의 단락내 결속을 보여준다. 그리고 이 단락내 결속은 제1수의 단락성과 더불어 제2-6수의 단락성을 보여준다.

다섯째는 제5수의 일탈이다. 앞에서 정리한 넷째 일탈의 규범인 제2, 3, 5, 6수의 연결어미는 다시 다른 일탈과 규범을 보인다. 즉 제2, 3, 6수가 보이는 '-니'(가니, 누엇시니, 가니)의 규범과 제5수가 보이는 '-거날'(저물거날)의 일탈이다. 이는 단순한 일탈이 아니라, 대칭표현의 후미를 전환하고 이를 도치시킨 형태이다. 즉 [조건형(가니, 제2수) - 조건형(누엇시니, 제3수) - 의문형(의지하리, 제4수, 대칭축) - 조건형(가니, 제5수) - 조건형(저물거니, 제6수)]의 대칭표현에서, 제6수의 '저물거니'를 '저물거날'로 전환하고, 이를 다시 제5수의 '가니'와 도치시킨 형태이다. 이 대칭표현의 후미 전환·도치형은 종결의 한 방법이다. 특히 이 종결은 제4수가 대칭축이란 점에서 제1수의 대칭이 되는 제7수(결사)의 기대를 없앤다. 이는 이 일탈을 통하여 서사에 대칭하는 결사의 결여를 보완한 것이다. 이것만으로는 종결만을 보여주고, 제1단락과 제2단락의 결속까지는 보여주지 못한다.

이렇게 제1수와 제2-6수는 단락성을 보여준다. 그런데 만약 이 단락성만을 보여준다면, 이 작품은 작품 전체의 결속성을 상실하였다고 주장할 수 있다. 그러나 이 작품은 작품 전체의 결속도 보여준다. 이를 보여주는 표현들을 보자.

여섯째는 제6수 종장의 일탈이다. 제1-5수의 종장들을 보면, 작가의 행위를 규범으로 한다. 그 주어를 시적 화자인 '나'나 시적 화자의 상징물을 규범으로 한다. 즉 생략된 '나'(제1수), '나'(제2수), '태공부운(太空浮雲)'(제3수), '내'(제4수), '편편고봉(翩翩孤鳳)'(제5수) 등의 시적 화자의 '나'나 시적 화자의 상징물을 규범으로 한다. 그리고 술어는 행위 용언으로 표현되어 있다. 이 작가의 행위를 제6수에서는 "연화(烟花) 수삼어촌(數

三漁村)이 무릉(武陵)인가 하노라"와 같이 어촌을 주어로 하고 서술격을 술어로 하면서 앞의 규범을 일탈하고 있다. 이 일탈은 반복의 지속을 중지한다는 점에서, 반복표현의 전환이란 종결의 문체적 표현이다. 이는 제1수의 단락과 제2-6수의 단락을 하나로 묶어서 종결한 것으로, 제1단락과 제2단락의 단락간의 결속과 종결을 보여주는 것이다.

일곱째는 제1단락인 제1수의 내용과 제2단락의 첫수인 제2수의 내용적 결속이다. 제1수의 중장인 "인생(人生) 백년(百年)이 한가(閑暇)할사 사니 이 내 것이"와 종장인 "백구(白鷗)냐 날지 말아 망기(忘機) 하오리라"를 보면, 백구와 짝이 된 한가한 삶을 노래한다. 그리고 제2수의 중장인 "백구(白鷗)로 벗을 삼아 어조생애(漁釣生涯) 늘거 가니"에서도, 백구와 짝이 된 한가한 삶을 노래하고, 있다. 이렇게 같은 내용을 노래하고 있다는 사실은 제1단락(제1수)과 제2단락(제2수)의 자연스러운 단락간의 결속을 보여준다.

이상과 같이 볼 때에, 이 작품의 제1단락은 일탈표현을 통하여 단락성을 보여주고, 제2단락(제2-6수)은 대칭표현에 의해 제2단락(제2-6수)의 단락내 결속과 단락성을 보여준다. 그리고 제1단락(제1수)과 제2단락(제2-6수)의 단락간의 결속은 두 측면에서 보여준다. 하나는 제1-6수의 종장들에서 제6수가 보여주는 반복표현의 후미 전환에 의한 결속이고, 다른 하나는 제1단락(제1수)과 제2단락(제2수)이 보여주는 백구와 짝이 된 한가한 삶을 공통으로 한 두 단락의 결속이다. 이 작품의 종결은 두 종류이다. 하나는 제1-6수의 종장들에서 제6수가 보여주는 반복표현의 후미 전환에 의한 종결이고, 다른 하나는 제2-6수에서 보이는 대칭표현의 후미 전환·도치형이다.

3. 배경시공간의 구조

이 장에서는 배경시간의 구조와 배경공간의 구조를 정리하려 한다.

3.1. 배경시간의 구조

이 작품에서 배경시간의 구조는 연구된 적이 없다. 각수별로 배경시간을 먼저 정리해 보자.

제1수의 배경시간은 사시와 사철을 명시하지 않았으나, 사시와 사철을 모두 포함한 포괄적인 시간으로 보인다. 중장인 "인생(人生) 백년(百年)이 한가(閑暇)할사 사니 이 내 것이"로 보아, 하루의 사시 중에서 어느 특정의 개별적 시간만을 한정한 것은 아니라고 판단한다. 그리고 사철 역시 명시하지 않았으나 포괄적인 시간으로 보인다.

제2수의 배경시간은 문면으로 보면 명확하지 않다. 그러나 제6수와의 대칭표현으로 보아, 그리고 제3-5수와 구분되는 공간으로 보아, 아침으로 추정할 수 있다.

제3, 4, 5수의 배경시간은 낮으로 보인다. 제3수인 "보리밥 파 생채(生菜)를 양(量)맛촤 먹은 후(後)에 / 모재(茅齋)를 다시 쓸고 북창하(北窓下)에 누엇시니 / 눈 압해 태공부운(太空浮雲)이 오락가락 하놋다"의 내용으로 보아 배경시간을 '낮'으로 정리할 수 있다. 제4수의 배경시간 역시 초장["공산리(空山裡) 저 가난 달에 혼자 우난 저 두견(杜鵑)아"]과 중장["낙화(落花) 광풍(狂風)에 어나 가지 의지하리"]으로 보아 낮으로 정리할 수 있다. 제5수는 중장인 "야림한연(野林寒烟)에 날은 죠차 저물거날"로 보아 저물어 가는 낮으로 정리할 수 있다. 그리고 제3, 4, 5수의 낮은 대체로 순차성을 지닌 순차적 구조의 시간으로 정리할 수 있다.

제6수의 배경시간은 초장인 "서산(西山)에 해 저 간다 고기비 썻단 말가"로 보아, 그 배경시간은 저녁이라고 할 수 있다. 그리고 이 배경시간인 '저녁'과 제3-5수의 배경시간인 '낮'은 제2수의 배경시간을 '아침'으로 추정할 수 있게 한다.

이렇게 보면, 배경시간은 포괄적 시간(제1수)과 개별적 시간(제2-6수)의 구조이며, 개별적 시간인 아침(제2수), 낮(제3, 4, 5수), 저녁(제6수) 등은 순차적 구조이다.[7]

3.2. 배경공간의 구조

배경공간의 정리는 김상진(2010:140-141)의 글에서 보인다. 즉 물가(제1, 2곡), 육지(제3, 4, 5곡), 물가(제6곡) 등의 정리이다. 이 정리는 〈병산육곡〉의 배경공간을 거의 정리한 것 같다. 단지 아쉬운 점은 현장을 좀더 구체적으로 고려하지 않았다는 점이다. 이 노래는 병산, 그것도 병산서원에서 동쪽으로 조금 떨어진 병곡(屛谷)[8]의 모재(茅齋)를 배경으로

---

7 이 배경시간은 유기적으로 구조화되지 못한 한계를 지닌 것으로 보기도 했다. 이 주장은 본문의 정리와 다르지만, 좀더 검토할 바가 있어 참고로 제시한다. "순차적 구조는 계기성의 미흡은 땅으로 올라와 갈등을 노래한 3곡에서 4곡, 5곡의 연결에서도 발견할 수 있다. 3곡의 중장 이후 5곡까지에서 묘사된 화자의 행동에 인과성이나 시간적 차서가 없음은 앞에서도 지적하였다. 물론 이러한 두서없음 자체가 그만큼 혼란스러운 화자의 심경을 대변하는 방법일 수 있다. 그러나 그것을 의도한다면, 행동의 인과성은 없더라도 시간의 차서는 있어야만 오히려 효과적일 수 있다. 그런데 4곡과 5곡에서는 '달이 흘러가고', '날이 저물었'다고만 하여 시간의 경과를 알 수 없게 하였을 뿐만 아니라 오히려 그글의 순서가 뒤바뀌었다는 인상마저 들게 한다.

게다가 혼란스럽던 화자의 마음이 6곡에서는 아무 설명없이 평온함을 되찾는다. 더욱이 여기에 등장하는 시간은 서산에 해가 지는, 즉 '일몰의 시간'이다. 이것 역시 4곡이나 5곡의 시간과의 순서를 가늠할 수 없고, 굳이 따진다면 달이 가는 4곡을 가장 늦은 시간으로 인식하게 된다. 이처럼 각 작품의 연결을 놓고 볼 때 서로 간의 순서가 무의미하기도 하고 무리하게 화자의 감정이나 공간이 변화하기도 하고 또 그 변화에 적절한 타당성을 획득하지 못함으로써 전체적으로는 유기적으로 구조화되지 못한 한계를 드러낸다."(김상진 2010:140-141).

한다. 왜냐하면, 제2수의 "천심절벽(千尋絶壁) 섯난 아래 일대장강(一帶長江) 흘너 간다"와 제3수의 "모재(茅齋)를 다시 쓸고 북창하(北窓下)에 누엇시니"가 이런 사실을 말해주기 때문이다. 이 점을 보완하면서, 배경공간을 정리하면 다음과 같다.

제1수의 배경공간은 제1수의 문면만을 보면 물가이다. 특히 종장의 전반부인 "백구(白鷗)냐 날지 말아"를 보면 물가임에 틀림이 없다. 그러나 '물가'라고만 보기에는 아쉬움이 있다. 이를 보완하기 위하여, 그리고 작품의 제2-6수를 포괄하는 공간인, 물가이면서 권구가 은거하던 '병곡'으로 정리하려 한다. 곧 이 작품을 지은 장소인 병곡(屛谷)으로 정리한다.

제2수의 공간은 물가임에 틀림이 없다. 그러나 모재(茅齋)로 보면, 모재의 남쪽 물가로 정리할 수 있다. 이 '모재의 남쪽 물가'(제2수)와 '병곡'(제1수)을 비교하면, 전자와 후자는 개별적 공간과 포괄적 공간이라는 차이를 보인다.

제3, 4, 5수의 공간은 육지임에 틀림이 없다. 그러나 병산서원은 물론 그 주변의 모재들은 배산임수의 지형이다. 북쪽(또는 동북쪽)의 '화산'을 뒤로 하고, 그 앞에 낙동강을 마주하고 있다. 그리고 낙동강 건너에는 병산(甁山)이 강을 따라 두르고 있다(이 甁山은 1608년에 지은 안동지인 『영가지(永嘉誌)』에서 '청천절벽(晴川絶壁)'이라고 하였다.). 이런 지형과 위치를 계산하면, 제3, 4, 5수의 공간은 모재(茅齋)의 북창하(北窓下)로 정리할 수 있다. 이런 사실은 제3수의 중장인 "모재(茅齋)를 다시 쓸고 북창하(北窓下)에 누엇시니"에서 알 수 있다.

제6수의 배경공간은 물가임에 틀림이 없다. 그러나 모재(茅齋)로 보면, 모재의 남쪽 물가로 정리할 수 있다. 특히 제6수의 중장"죽간(竹竿)

---

8 정혜원(1996:17, 20-22)은 권구의 모친이 유성룡의 증손녀임을 정리하고, 〈屛谷記〉(1718)와 〈東皐記〉(1720)를 검토하여, 권구가 은거하던 곳이 병산서원에서 동쪽으로 조금 떨어진 屛谷임을 정리하였다.

을 둘러 뫼고 십리장사(十里長沙) 나려가니"]과 종장["연화(烟花) 수삼어촌(數三漁村)이 무릉(武陵)인가 하노라"]으로 보면, 모재의 남쪽 물가로 정리할 수 있다.

이렇게 볼 때에, 이 작품의 배경공간은 포괄적 공간(제1수, 병산)과 개별적 공간(제2-6수)의 구조이며, 개별적 공간인 제2수(모재의 남쪽 물가), 제3, 4, 5수(모재의 북창하), 제6수(모재의 남쪽 물가) 등은 대칭적 구조이다.

지금까지 정리한 배경시간과 배경공간의 구조를 표로 정리하면 다음과 같다.

작품	공간	시간
제1수	포괄적 공간(屛谷)	포괄적 시간
제2수	개별적 공간(茅齋의 南쪽 물가)	개별적 시간(아침)
제3수	개별적 공간(茅齋의 北窓下)	개별적 시간(낮)
제4수	개별적 공간(茅齋의 北窓下)	개별적 시간(낮)
제5수	개별적 공간(茅齋의 北窓下)	개별적 시간(낮)
제6수	개별적 공간(茅齋의 南쪽 물가)	개별적 시간(저녁)

4. 논리적 구조와 주제

〈병산육곡〉의 논리적 구조는, 어찌 보면 이야기될 수 있는 것은 거의 언급된 것 같다. 이에 선행 연구들에서 문제가 되는 것이 무엇인가를 간단하게 제시한 다음에, 논리적 구조와 주제를 정리하고자 한다.

선행 연구들을 보면, 두 가지 문제를 보여준다. 첫째는 제1수와 제2수를 분리할 것(정혜원, 김상진)인가, 아니면 한 단위로 묶을 것(윤정화, 이현자)인가의 문제이다. 둘째는 제1-6수의 구조를 어떻게 정리할 것인가의 문제이다. 선행 연구들은 거의가 3단락(정혜원의 회귀적 구조, 윤정화의 은거의 의지, 심리적 방황, 강호자연에로의 합일 등의 구조, 이현자의 안정,

갈등, 평정의 변증법적 구조, 김상진의 서사, 본사, 결사의 구조)으로 보고 있는데, 과연 이렇게 3단락으로 정리할 수 있을지는 문제이다.

이 문제들의 해결을 염두에 두고, 이 작품의 논리적 구조를 먼저 보자.

4.1. 서사(제1수)의 주제

富貴라 求치 말고 貧賤이라 厭치 말아
人生 百年이 閑暇할사 사니 이 내 것이
白鷗냐 날지 말아 忘機 하오리라(제1수)

이 제1수의 선행 검토에서는 '은거의 선택', "현실과 절연하고 강호자연에 은거하겠다는 의지", '안정', "백구(白鷗)와 함께 망기(忘機) 하고자 함" 등으로 정리를 하였다. 그런데 종장과 망기(忘機 : 俗世의 일이나 慾心을 잊음)의 의미로 보면, "현실과 절연하고 강호자연에 은거하겠다는 의지"와 "백구(白鷗)와 함께 망기(忘機) 하고자 함"이 제1수의 주제를 잘 정리한 것 같다. 이 주제들은 배경공간을 계산하면서 볼 때에, [망기(忘機)하고 한가하게 병곡(屛谷)에서 은거하겠다는 다짐]으로 수정하는 것이 바람직해 보인다. 이 주제의 '다짐'은 '하오리라'에 근거한다. 제1수는 제2-6수에서 구체적으로 노래할 망기(忘機)하고 병곡에서 은거하면서 이를 계속 유지하는 삶을 보여주기에 앞서, 그 다짐을 보여준다는 점에서 서사로 정리할 수 있다.

4.2. 본사(제2-6수)의 구조와 주제

제2-6수는 제1수에서 보여준, [망기(忘機)하고 한가하게 병기(屛谷)에서 은거하겠다는 다짐]를 어떻게 실천하는가를 노래하였다는 점에서는 본사로 정리할 수 있다. 그런데 이 제2-6수는 본사로 그 하위에 다시 논리적 구조를 가지고 있어, 이 논리적 구조를 정리하여야 한다. 이 구조는 앞에서 정리한 대칭표현들을 염두에 두고 대칭적 구조로 검토해 볼 필요가 있다. 각수의 주제와 논리적 구조를 차례로 보자.

千尋絶壁 섯난 아래 一帶長江 흘너 간다
白鷗로 버즐 삼아 漁釣生涯 늘거 가니
두어라 世間消息 나난 몰나 하노라(제2수)

이 제2수는 제1수와 같은 면도 보여준다. '2'장의 결속에서 언급했듯이, 백구와 짝이 된 한가한 삶을 제1수와 제2수는 공통으로 노래하고 있다. 이런 공통점에 착안하여, 제1수와 제2수를, "현실과 절연하고 강호자연에 은거하겠다는 의지", '안정', '평온' 등의 차원에서 각각 같은 단락으로 묶을 수도 있다. 그러나 제2수에서는 제1수의 '하오리라'를 쓰지 않고, '하노라'를 쓴다는 점에서 의지의 표현으로 보기 어렵고, 제1, 2수의 내용과 다소 떨어진 '안정'이나 '평온'으로 제2수를 해석하는 것은 어려워 보인다.

반면에, 제2수를 '은거의 기쁨'이나 "백구(白鷗)와 벗하며 망기(忘機)하며 평안을 구가함"으로 정리한 경우도 있다. 이 두 정리는 제1수의 단락으로부터 제2수를 분리하였다. 이 두 경우는 비교적 제2수의 내용에 접근하였다. 이를 좀더 보완하면 다음과 같다. 즉 제2수의 주제를 [망기(忘機)하고 한가하게 사는 은거의 삶(漁釣의 생활)]으로 정리할 수 있다. 이 생활은 제1수(서사)의 주제인 [망기(忘機)하고 한가하게 병곡에서 은거하겠다는 다짐]의 실천으로 보인다. 따라서 이 제2수는 본사의 시작 부분으로 정리할 수 있다.

이제부터는 제3, 4, 5수를 보려 한다. 제3, 4, 5수를 한 단락으로 묶어서, "현실에 대한 우려", "자연 속에 안주하지 못하고 현실에 대한 강한 미련과 집착을 버리지 못하는 화자의 심리적 방황", '갈등' 등으로 정리한 경우가 대부분이다. 이에 비해, 제3, 4, 5수를 각각 나누어 "안분지족(安分知足)하며 북창하(北窓下) 누움, 문득 부운(浮雲)을 떠 올림"(제3수), "의지할 곳 없는 자신의 처지를 서러워함"(제4수), "날도 저물어 가는데 갈 바를 몰라 방황함"(제5수) 등으로 나누어 정리한 경우도 있다. 제3, 4, 5수의 내용과 주제가 각각 다르다는 점에서, 나누어서 보는 것이 논리적 구조의 정리에 도움을 준다는 점에서, 분리하여 검토하려 한다.

> 보리밥 파 生菜를 量맛촤 먹은 後에
> 茅齋를 다시 쓸고 北窓下에 누엇시니
> 눈 압해 太空浮雲이 오락가락 하놋다(제3수)

이 제3수의 초장과 중장을 보면, 망기(忘機)하고 한가하게 사는 은거의 삶을 보여준다. 그런데 이 망기(忘機)하고 한가하게 사는 은거의 삶은 종장에서 깨어진다. 즉 눈앞에 태공(太空 : 아득히 높고 먼 하늘 : 아득히 먼 서울)의 부운(浮雲 : 덧없는 세상일)이 오락가락한다. 이는 아득히 먼 서울의 덧없는 세상일로, 조정의 정사와 관련된 속세의 일을 잊는 망기가 깨어짐을 말한다. 이 점을 계산하면, 제3수의 주제를 [망기하고 한가하게 사는 은거 중에 떠오른 세상일로 방황함]으로 정리할 수 있다. 이 제3수의 주제는 망기하고 한가하게 사는 은거의 측면에서 제2수의 주제와 비교하면, 점강된 것으로 정리할 수 있다. 왜냐하면, [망기하고 한가하게 사는 은거의 삶(漁釣의 생활)](제2수)의 망기하고 한가하게 사는 삶이 [망기하고 한가하게 사는 은거 중에 떠오른 세상일로 방황함](제3수)에서는 깨어지고 있기 때문이다.

이번에는 제4수를 보자.

空山裡 저 가난 달에 혼자 우난 저 杜鵑아
落花 狂風에 어나 가지 의지하리
白鳥(〉白鷗)야 恨하지 말아 내곳 설워 하노라(제4수)

이 제4수에서는 세속의 일에 빠져 울고, 의지할 곳이 없음과 그에 따른 서러움을 노래하고 있다. 초장인 "공산리(空山裡) 저 가난 달에 혼자 우난 저 두견(杜鵑)아"에서 보면, 두견새가 낮에 떠가는 달에 울고 있다. 이 달은 낮에 하늘 높이 있는 달로, 시적 화자가 접근할 수 없는 임금을 상징한다. 결국 두견새로 비유된 시적 화자는 자신이 접근할 수 없는 임금 즉 세속의 일로 울고 있는 것이다. 이렇게 세속의 일에 울고 있는 시적 화자는, 우는 것으로 끝나지 않고, 낙화 광풍의 의지할 곳이 없는 세속의 일에 울고 있다. 그리고 이 상황을 백조(〉백구)가 한하고 있다. 이는 은거를 추구하는 백구가 그렇지 못한 시적 화자의 행동을 한하는 것이다. 물론 이 백구가 한하는 것은 시적 화자로 보면 서러운 것이다. 결국 세속의 일에 빠져 울고, 의지할 곳이 없음을 노래한 것이다. 이런 점으로 보면, 제4수의 주제는 [망기하고 한가하게 사는 은거 중에 떠오른 세상일로 서러워함]으로 정리할 수 있다. 이 제4수의 주제는 망기하고 한가하게 사는 은거의 삶의 측면에서 제3수의 주제와 비교하면, 점강된 것으로 정리할 수 있다. 왜냐하면, [망기하고 한가하게 사는 은거 중에 떠오른 세상일로 방황함](제3수)의 방황함이 [망기하고 한가하게 사는 은거 중에 떠오른 세상일로 서러워함]에서는 서러워함으로 더 점강되고 있기 때문이다. 결국 제2, 3, 4수는 점강적 구조로 정리할 수 있다.

제5수를 보자.

저 가막이 즞지 말아 이 가막이 좃지 말아
野林寒烟에 날은 죠챠 저물거날

어엿불사 翩翩孤鳳이 갈 바 업서 하낫다(제5수)

이 제5수는 "현실에 대한 우려", "자연 속에 안주하지 못하고 현실에 대한 강한 미련과 집착을 버리지 못하는 화자의 심리적 방황", '갈등', "날도 저물어 가는데 갈 바를 몰라 방황함" 등으로 해석하였다. 이 해석들은 매우 그럴 듯하지만, 정반대로 해석한 것 같다. 이런 해석은 '갈 바 업서 하낫다'를 '갈 방법 없어 하는구나'나 '갈 곳 없어 하는구나'로 해석한 것에 근거한 것 같다. '바'에는 '방법'의 의미가 있다는 점에서, '갈 방법 없어 하는구나'는 그 해독이 가능하고, 앞의 해석들이 가능할 수 있다. 그러나 이렇게 읽으면, 제6수와의 연결이 쉽지 않고, '바'에는 '일'의 의미도 있다는 점에서, 다시 해석할 필요성을 느낀다.

초장("저 가막이 즛지 말아 이 가막이 좃지 말아")을 보면, 시적 화자는 까마귀들에 의해 내몰리고 있다. 즉 세속으로 나아가게, 즉 환속으로 내몰리고 있다. 그러나 시적 화자는 내몰리지 않고, 상황상 중장과 종장을 통하여, 세속으로 갈 일이 없음을 보여준다. 즉, "야림한연(野林寒烟)에 날은 죠챠 저물거날 / 어엿불사 편편고봉(翩翩孤鳳)이 갈 바 업서 하낫다"을 통하여, 이미 시골의 한적한 곳에는 찬 안개가 끼었고, 날도 저물어 편편고봉(翩翩孤鳳 : 풍채가 멋스럽고 좋으나 외로운 봉황)이 갈 바(=일) 없어 함을 보여준다. 이는 편편고봉으로 상징된 시적 화자가 이미 찬 안개와 저문 날로 상징된, 이미 차고 저문 세월에 세속으로 갈 일이 없음을 노래한 것이다. 이런 사실들로 보아, 제5수의 주제는, 제3수의 주제([망기하고 한가하게 사는 은거 중에, 떠오른 세상일로 방황함])와는 정반대로, [망기하고 한가하게 사는 은거 중에, 강요받는 환속을 하지 않겠다는 다짐]으로 정리할 수 있다. 말을 바꾸면, [환속의 강요로 인한 방황 속에서, 망기하고 한가하게 살겠다는 다짐]으로 정리할 수 있다. 이 제5수의 주제는, 제3수의 주제인 [망기하고 한가하게 사는 은거 중에, 떠오른 세상일로 방황함]과 비교하면 대칭적이다. 그리고 이 제5수의 주제는 망기하고 한가하게 사는 은거의 측면에서 제4수의 주제와 비교하면, 점층된 것으로 정리할 수 있다. 왜냐하면, [망기하고 한가하게 사는 은거 중에 떠오른 세상일로 서러워함](제4수)의 서러워함은 [망기하고 한가하게 사는 은거 중에, 강요받는 환속을 하지 않겠다는 다짐](제5수)에서 해소되기 때문이다.

이번에는 제6수를 보자.

西山에 해 저 간다 고기비 써단 말가
竹竿을 둘러 뫼고 十里長沙 나려가니
烟花 數三漁村이 武陵인가 하노라(제6수)

이 제6수는 "강호의 낙", "다시 강호자연으로의 합일", "평정", "십리장사(十里長沙)에서 무릉(武陵)을 발견함" 등으로 정리되고 있다. 제6수만 보면, 모두가 가능한 정리이다. 그러나 제2-5수와 관련을 지워서 보면, 다시 정리할 필요성을 느낀다. 초장과 중장을 통하여, 어조(漁釣)의 생활을 보여준다. 즉 초장의 고깃배와 중장의 죽간(竹竿)은 어조(漁釣)의 생활을 잘 보여준다. 그리고 이 어조의 생활이 어려운 생업(生業)의 어조가 아니라, 망기하고 한가하게 사는 은거의 사실을 종장인 "연화(烟花) 수삼어촌(數三漁村)이 무릉(武陵)인가 하노라"가 보여준다. 즉 "연화 수삼어촌이 무릉인가"는 망기하고 한가하게 사는 은거를 보여준다. 이런 점에서 제6수의 주제는 [망기하고 한가하게 사는 은거의 삶(漁釣의 생활)]이라고 정리할 수 있다. 이 제6수의 주제는 제2수의 주제와 같은 것으로 이 두 주제는 제4수를 대칭축으로 대칭한다. 그리고 제5수의 주제와 비교하면, 점층적이다. 왜냐하면, [망기하고 한가하게 사는 은거 중에, 강요받는 환속을 하지 않겠다는 다짐](제5수)의 삶은 [망기하고 한가하게 사는 은거의 삶(漁釣의 생활)](제6수)으로 점층되고 있기 때문이다.

지금까지 정리한 논리적 구조를 다시 정리하면, 작품 전체는 서사(제1수)와 본사(제2-6수)의 구조이며, 본사는 점강적 구조(제2, 3, 4수)와 점층적 구조(제4, 5, 6수)가 대칭된 대칭적 구조이다. 지금까지 정리한 구조를 표로 다시 정리하면 다음과 같다.

기능	작품	주제 또는 중심 내용
서사	제1수	망기하고 한가하게 병곡에서 은거하겠다는 다짐
본사	제2수	망기하고 한가하게 사는 은거의 삶(=망기와 한가가 흔들릴 수 있는 은거)
	제3수	망기하고 한가하게 사는 은거 중에 떠오른 세상일로 방황함(=망기와 한가가 흔들리는 은거)
	제4수	망기하고 한가하게 사는 은거 중에 떠오른 세상일로 서러워 함(=망기와 한가가 상실된 은거)
	제5수	망기하고 한가하게 사는 은거 중에 강요받는 환속을 하지 않겠다는 다짐(=망기와 한가를 회복하려는 은거)
	제6수	망기하고 한가하게 사는 은거의 삶(=망기와 한가를 회복한 은거)

이상을 종합하면, 이 작품의 주제는 [망기하고 한가하게 사는 은거 중에 망기와 한가를 잃었다가 다시 회복하는 은거와 은거의 다짐]으로 정리할 수 있다.

5. 결론

지금까지 〈병산육곡〉의 결속, 종결, 구조, 주제 등을 검토 정리해 보았다. 그 중요한 것들을 요약하여 결론을 대신하려 한다.

먼저 '2'장에서 검토 정리한 결속과 종결에서 정리한 중요한 것들은 다음과 같다.

1) 제1단락(제1수)은 규범들[비도치구문(제2-6수의 중장), '-라/-다'(제2-6수의 종장)]을 일탈한 일탈표현들[도치구문(제1수 중장), '-리라'(제1수의 종장)]을 통하여 단락성을 보여준다.
2) 제2단락(제2-6수)은 [하노라(제2수) - 하(노)ㅅ다(제3수) - 하노라(제4수, 대칭축) - 하(나)ㅅ다(제5수) - 하노라(제6수)]의 대칭표현과, [조건형(가니, 제2수) - 조건형(누엇시니, 제3수) - 의문형(의지하리, 제4수, 대칭축) - 조건형(저물거날, 제5수) - 조건형(가니, 제6수)]의 대칭표현을 통하여, 제2단락(제2-6수)의 단락내 결속과 단락성을 보여준다.
3) 제1단락(제1수)와 제2단락(제2-6수)의 단락간의 결속은 두 측면에서 보여준다. 하나는 규범(시적 화자의 '나'나 상징물인 주어의 반복, 제1-5수의 종장들)을 일탈한 일탈표현(어촌의 주어)이 보여주는 반복표현의 전환에 의한 단락간의 결속이다. 다른 하나는 제1단락(제1수)과 제2단락(제2수)이 보여주는 백구와 짝이 된 한가한 삶을 공통으로 한 단락간의 결속이다.
4) 이 작품의 종결은 두 종류이다. 하나는 규범(시적 화자의 '나'나 상징물인 주어의 반복, 제1-5수의 종장들)을 일탈한 일탈표현(어촌의 주어)이 보여주는 반복표현의 전환에 의한 종결이다. 다른 하나는 제2-6수에서 보이는 [조건형(가니, 제2수) - 조건형(누엇시니, 제3수) - 의문형(의지하리, 제4수, 대칭축) - 조건형(가니, 제5수) - 조건형(저물거니, 제6수)]의 대칭표현에서, 제6수의 '저물거니'를 '저물거날'로 전환하고, 이를 다시 제5수의 '가니'와 도치시킨 종결이다. 이는 대칭표현의 후미 전환・도치형이라는 종결의 한 방법이다.

'3'장에서 검토 정리한 배경시공간의 구조에서 정리한 중요한 것들은 다음과 같다.

1) 〈병산육곡〉의 배경시간은 포괄적 시간(제1수)과 개별적 시간(제2-6수)의 구조이며, 개별적 시간인 아침(제2수), 낮(제3, 4, 5수), 저녁(제6수) 등은 순차적 구조이다.
2) 〈병산육곡〉의 배경공간은 포괄적 공간(제1수, 병산)과 개별적 공간(제2-6수)의 구조이며, 개별적 공간인 제2수[모재(茅齋)의 남쪽 물가], 제3, 4, 5수[모재(茅齋)의 북창하(北窓下)], 제6수[모재(茅齋)의 남쪽 물가] 등은 대칭적 구조이다.

'4'장에서 검토 정리한 논리적 구조와 주제에서 정리한 중요한 것들은 다음과 같다.

1) 〈병산육곡〉은 서사(제1수)와 본사(제2-6수)의 구조이다.
2) 본사의 제2-4수는 [망기하고 한가하게 사는 은거의 삶](제2수), [망기하고 한가하게 사는 은거 중에 떠오른 세상일로 방황함](제3수), [망기하고 한가하게 사는 은거 중에 떠오른 세상일로 서러워함](제4수) 등으로 이루어진 점강적 구조이다.
3) 본사의 제4-6수는 [망기하고 한가하게 사는 은거 중에 떠오른 세상일로 서러워 함](제4수), [망기하고 한가하게 사는 은거 중에 강요받는 환속을 하지 않겠다는 다짐](제5수), [망기하고 한가하게 사는 은거의 삶](제6수) 등으로 이루어진 점층적 구조이다.
4) 본사의 제2-6수는 점강적 구조와 점층적 구조가 대칭된 대칭적 구조이다.
5) 4)의 대칭적 구조로 보아, 〈병산육곡〉의 주제는 [망기하고 한가하게 사는 은거 중에 망기와 한가를 잃었다가 다시 회복하는 은거와 은거의 다짐]으로 정리된다.

이 작품이 보여준, 점강적 구조와 점층적 구조가 대칭된 대칭적 구조는, 다른 작품들에서 보이는 점층적 구조와 점강적 구조가 대칭된 대칭적 구조와 변별되는 것으로, 다른 작품들에서 보기 어려운 독특한 구조이다.

권익륭의 〈풍아별곡〉

1. 서론

이 글은 권익륭이 1710년에 지은 〈풍아별곡〉에서 7종 텍스트의 구조를 개관하고, 그 하나인 6곡 텍스트의 결속, 종결, 구조, 주제 등을 검토 정리하는 데 연구의 목적이 있다.

〈풍아별곡〉에 대한 선행 연구들은 세 영역으로 정리할 수 있다.

첫째는 작가, 창작 연대, 창작 목적 등의 정리이다. 이 정리는 성무경과 이상원에 의해 주로 행해졌다. 작가 문제는 『교주가곡집』에 실린 〈풍아별곡작자서문〉에 따라 권익륭으로 정리되고, 그의 인물상도 정리되었다.[1] 창작 연대는 1710년으로 정리되었다.[2] 그리고 창작 목적은 성무경(2005:269)에 의해 김창흡이 쓴 〈풍아별곡발〉에 의거하여 "교방 관현에 올릴 목적"과 "교방(教坊)에 내려주어 빈객을 기쁘고 즐겁게 하는 데 쓰도록 하였다"로 정리되었다.

---

1 성무경(2005:266-269)은 〈풍아별곡발문〉을 쓴 김창흡과 권익륭의 관계를, 이상원(2011a:204-207)은 권익륭의 집안, 벼슬 이력, 교유 인물 등을 정리하였다.

2 성무경(2005:261-269)은 『고금가곡』(마에마 전사 동양문고본)에 실린 〈풍아별곡서〉의 "庚寅首夏何處散人書于水城郡齋"에 따라, 이 작품이 1710년에 간성에서 지어진 것으로 정리를 하였다. 이 기록은 『교주가곡집』의 〈풍아별곡작자서문〉에서도 보이는데, 이제까지 주목을 받지 못했다.

둘째는 작품의 구성과 주제 또는 내용의 정리이다. 작품의 구성은 연구 초기에는 6수로 정리되다가, 최근에는 11장으로 정리되고 있다.[3] 이 작품의 주제 내지 내용은 제2-6곡의 경우는 〈풍아별곡발〉에서 정리한 것[4]이 있다.

셋째는 표현과 용도의 정리이다. 표현의 경우에는 제1, 7-11곡에서 〈고산구곡가〉식 대칭표현(양희철 2010d:189-192)이 정리되었다. 그리고 용도는 빈객 접대 외에, '향촌교화적 차원'에서도 검토되었다(이상원 2011a:207-212).

이렇게 진행되어온 선행 연구들은 작품과 작가의 이해에 많은 도움을 주었다. 그러나 아직도 그 이해가 미진한 것들이 있다. 바로 이 작품의 결속, 종결, 구조, 주제 등의 이해이다. 이 중에서 제1, 7-11곡의 일탈표현과 대칭표현의 일부만이 양희철(2010d)에 의해 검토된 적이 있지만, 결속과 종결의 측면에서 보면, 보완할 것들이 있으며, 이 검토는 작품 구조의 연구까지는 나아가지 못하였다.

이에 이 글(양희철 2015b)에서는 〈풍아별곡〉의 7종 텍스트의 구조를 개관하고, 그 하나인 제1, 7-11곡으로 구성된 6곡 텍스트의 결속, 종결, 구조, 주제 등을 검토하였다. 물론 결속과 종결은 앞서 검토한 일탈표현과 대칭표현을 수정 보완한 것이다.

---

3 『한국민족문화대백과사전』의 '풍아별곡'조에서는 작가(권익륭)와 구성[모두 6수로 되어 있으며, '수(首)' 1수, '미(尾)' 5수의 구성]을 정리하고, "'미'에서는 ≪시경≫의 〈황황자화 皇皇者華〉·〈첨피기욱 瞻彼淇薁〉·〈녹명 鹿鳴〉·〈실솔재당 蟋蟀在堂〉·〈산유추 山有樞〉의 5편을 각각 새겨서 불렀다."고 보았다. 그러나 최근에는 "… 乃於周詩五篇 … 其纘排次序 各有義意 又自升頭添尾 渾成一腔"(〈풍아별곡발문〉)의 근거와, "「시편」+「가곡」"의 짜임으로 보아, 11장으로 보고 있다(성무경 2005:269, 275).

4 "三百篇之 不被於管絃久矣 生於千古之下 不聞洋洋之音 是讀詩者之所慨恨也 余反權大叔 在水城琴閣 因其臥口饒暇 而及於穎樂 乃於周詩五篇 付諸教坊 以爲娛賓侑懽之用 始諸皇華 美輶軒之周歷也 次曰淇澳 贊君子之德容也 次曰鹿鳴 悅賓主之相得也 次曰蟋蟀 戒其當樂 而無荒也 終以山有樞 欲其趁時 而卒歡也 其纘排次序 各有義意 又自弁頭添尾 渾成一腔"

이 검토는 이 작품의 결속, 종결, 구조, 주제 등을 이해하는 데 도움을 줄 것으로 판단한다. 그리고 이 검토는 이 작품이 11장인가 아니면 6수(장)인가 하는 문제를 이해하는 데도 도움을 줄 것으로 판단한다.

자료는 한자를 살려 적어서, 어휘와 문맥의 파악이 쉬운 『교주가곡집』의 것으로 하였다.

2. 7종 텍스트의 구조 개관

〈풍아별곡〉은 전체 텍스트가 하나의 구조를 이루는 동시에, 부분 텍스트들이 다양한 구조를 이루고 있다. 이를 개관하여, 〈풍아별곡〉의 구조들을 이해하고자 한다.

2.1. 전체 텍스트의 구조

〈풍아별곡〉 전체 텍스트의 구조는 '두(頭) - 동(胴) - 미(尾)' 또는 '서사 - 본사 - 결사'의 3단 구조이다. 이런 사실은 〈풍아별곡작자서문〉, 〈풍아별곡발〉, 〈제풍아별곡후〉 등의 설명으로부터 추정할 수 있다. 이 설명들을 보면, 『시경』에서 주시 5편을 골라 '수(首)'를 씌우고 '미(尾)'를 붙여[弁首添尾], 또는 주시 5편을 골라서 차서를 세우고 배열한 다음에, '두(頭)'를 씌우고, '미(尾)'를 붙였다[弁頭添尾]는 설명이 나온다. 이 '수/두(首/頭)'는 제1곡이고, '미(尾)'는 제7-11곡이다. 그러면 제2-6곡은 무엇이라고 불러야 하고, 제1-11곡은 어떤 구조인가? '수/두'(首/頭, 제1곡)와 '미'(尾, 제7-11곡)로 보아, 제2-6곡은 '수/두 - 동 - 미'(首/頭 - 胴 - 尾, 머리 - 몸통 - 꼬리)의 '동'(胴, 몸통)이라고 할 수 있다. 이 '두 - 동 - 미'는 우리가 흔히 쓰는 글의 구조로 보면, '서사 - 본사 - 결사'에 해당한다. 특히 제2-6곡(胴)은 『시경』의 〈황황자화(皇皇者華)〉(5장, 총20구), 〈첨피기욱(瞻彼淇澳)〉(3장, 총27구), 〈녹명(鹿鳴)〉(3장, 총24구), 〈실솔재당(蟋蟀在堂)〉(3장, 총24구), 〈산유추(山有樞)〉(3장, 총24구) 등에 현토한 노래들이다. 이에 비해 제7-11곡(尾)에서는 제2-6곡의 각곡들을 각각 시조 1곡씩으로 다시 요약하였다. 이는 앞에서 노래한 내용의 중요한 부분을 차례로 요약하여 결론을 내리는 '난(亂)'과 같은 것들이다. 이로 인해 이 작품의 전체 텍스트의 구조는 '수/두(首/頭, 제1곡), 동(胴, 제2-6곡), 미(尾, 제7-11곡)' 또는 '서사(제1곡), 본사(제2-6곡), 결사(제7-11곡)'의 3단 구조로 정리할 수 있다.

2.2. 부분 텍스트의 구조

앞에서 정리한 전체 텍스트의 구조 안에는, 부분들이 독립된 텍스트를 이루는 부분 텍스트의 구조들이 포함되어 있다. 이를 정리하기 위하여, 앞에서 정리한 전체 텍스트의 구조를 도표로 정리하면 다음과 같다.

서사	제1곡				
본사	제2곡(5장)	제3곡(3장)	제4곡(3장)	제5곡(3장)	제6곡(3장)
결사	제7곡	제8곡	제9곡	세10곡	제11곡
텍스트	제1, 2, 7곡	제1, 3, 8곡	제1, 4, 9곡	제1, 5, 10곡	제1, 6, 11곡

위의 표를 통해서, 7종의 텍스트를 설정하고, 그에 따른 7종의 구조를 규명할 수 있다.

2.2.1. 전체 텍스트의 구조

이는 앞 절에서 정리한 것으로, 서사(제1곡), 본사(제2, 3, 4, 5, 6곡), 결사(제7, 8, 9, 10, 11곡)의 구조이다.

2.2.2. 부분 텍스트들의 구조

이 부분 텍스트들의 구조는 5종류의 서사, 본사, 결사의 구조이다. 이 5종류의 텍스트와 구조는 앞의 도표를 수직으로 읽을 때에 생성되는 것들이다.

2.2.2.1. 제1, 2, 7곡 텍스트의 구조

이 텍스트의 구조는 『시경』의 〈황황자화〉(5장, 총20구)에 현토한 것[5]을 본사(제2곡)로 하고, 앞에 서사(제1곡)를 씌우고, 뒤에 결사(제7곡)를 붙인, 서사(제1곡), 본사(제2곡), 결사(제7곡)의 구조이다.

---

5 현토한 〈황황자화〉를 인용하고, 번역을 붙이면 다음과 같다.

皇皇者華(황황쟈화)ㅣ여	화려하도다, 꽃이여
于彼原隰(우피원습)이로다	저 평원 진펄에 피었도다
駪駪征夫(신신정부)ㅣ여	급히 가는 저 정부여
每懷靡及(믹회미급)이로다	매번 닿지 못할까 걱정이로다(제1장)
我馬維駒(아마유구)ㅣ니	내 말은 망아지이니
六轡如濡(륙븨여유)ㅣ로다	여섯 고삐에 윤기가 돌도다
載馳載驅(지치지구)ᄒᆞ야	달리고 달려
周爰咨諏(쥬원ᄌᆞ취)ᄒᆞᄂᆞᆺ다	두루 묻고 찾아가는구나(제2장)
我馬維騏(아마유긔)니	내 말은 천리마니
六轡如絲(륙븨여ᄉᆞ)ㅣ로다	여섯 고삐 실로 꼬은 것 같도다
載馳載驅(지치지구)ᄒᆞ야	달리고 달려
周爰咨謀(쥬원ᄌᆞ모)ᄒᆞᄂᆞᆺ다	두루 묻고 꾀하는구나(제3장)
我馬維駱(아마유락)이니	내말은 가리온이니
六轡沃若(륙븨옥약)이로다	여섯 고삐가 옥처럼 빛나도다
載馳載驅(지치지구)ᄒᆞ야	달리고 달려
周爰咨度(쥬원ᄌᆞ탁)ᄒᆞᄂᆞᆺ다	두루 묻고 헤아리는구나(제4장)
我馬維駰(아마유인)이니	내 말은 오총이니
六轡既均(륙븨긔균)이로다	여섯 고삐가 이미 가지런하도다
載馳載驅(지치지구)ᄒᆞ야	달리고 달려
周爰咨詢(쥬원ᄌᆞ순)ᄒᆞᄂᆞᆺ다	두루 묻고 알아보는구나(제5장)

2.2.2.2. 제1, 3, 8곡 텍스트의 구조

이 텍스트의 구조는 『시경』의 〈첨피기욱〉(3장, 총27구)에 현토한 것[6]을 본사(제3곡)로 하고, 앞에 서사(제1곡)를 씌우고, 뒤에 결사(제8곡)를 붙인, 서사(제1곡), 본사(제3곡), 결사(제8곡)의 구조이다.

2.2.2.3. 제1, 4, 9곡 텍스트의 구조

이 텍스트의 구조는 『시경』의 〈녹명〉(3장, 총24구)에 현토한 것[7]을 본

---

6 현토한 〈첨피기욱〉을 인용하고, 현대역을 붙이면 다음과 같다.

瞻彼淇澳(쳠피긔욱)ᄒᆞᄃᆡ	저 기수 강가의 물굽이를 보는데
綠竹猗猗(록듁의의)로다	푸른 대나무 무성하도다
有匪君子(유븨군ᄌᆞ)ㅣ여	빛나는 군자여
如切如磋(여졀여차)ᄒᆞ야	깎은 듯 다듬은 듯
如琢如磨(여탁여마)ㅣ로다	쪼은 듯 간 듯하도다
瑟兮僩兮(슬혜한혜)며	엄숙하고 당당하며
赫兮咺兮(혁혜훤혜)니	빛나고 훤하니
有匪君子(유븨군ᄌᆞ)ㅣ여	빛나는 군자여
終不可諼兮(죵불가훤혜)로다	끝내 잊을 수 없도다(제1장)
瞻彼淇澳(쳠피긔욱)ᄒᆞᄃᆡ	저 기수 강가의 물굽이를 보는데
綠竹青青(록듁쳥쳥)이로다	푸른 대나무 푸르도다
有匪君子(유븨군ᄌᆞ)ㅣ여	빛나는 군자여
充耳琇瑩(츙이슈영)이며	귀 구슬 아름다운 옥돌이며
會弁如星(회변여셩)이로다	고깔에 매단 별이도다
瑟兮僩兮(슬혜한혜)며	엄숙하고 당당하며
赫兮咺兮(혁혜훤혜)로다	빛나고 훤하도다
有匪君子(유븨군ᄌᆞ)ㅣ여	빛나는 군자여
終不可諼兮(죵불가훤혜)로다	끝내 잊을 수 없도다(제2장)
瞻彼淇澳(쳠피긔욱)ᄒᆞᄃᆡ	저 기수 강가의 물굽이를 보는데
綠竹如簀(록듁여칙)이로다	푸른 대나무 빽빽하도다
有匪君子(유븨군ᄌᆞ)ㅣ여	빛나는 군자여
如金如錫(여금여셕)ㅣ여	금 같고 주석 같고
如圭如璧(여규여벽)이로다	옥홀 같고 둥근 구슬 같도다
寬兮綽兮(관혜작혜)니	너그럽고 대범한 모습이니
倚重較兮(의즁교혜)로다	수레 옆에 기대어 서셨도다
善戲謔兮(션희학혜)ᄒᆞ니	희학도 잘하시니
不爲虐兮(불위학혜)로다	상하게 하지는 않으시도다(제3장)

사(제4곡)로 하고, 앞에 서사(제1곡)를 씌우고, 뒤에 결사(제9곡)를 붙인, 서사(제1곡), 본사(제4곡), 결사(제9곡)의 구조이다.

2.2.2.4. 제1, 5, 10곡 텍스트의 구조

이 텍스트의 구조는 『시경』의 〈실솔재당〉(3장, 총 24구)에 현토한 것[8]

---

7 현토한 〈녹명〉을 인용하고, 현대역을 붙이면 다음과 같다.

呦呦鹿鳴(유유록명)이여	기쁜 소리로 사슴이 소리내며
食野之苹(식야지평)이로다	들판의 쑥을 먹도다
我有嘉賓(아유가빈)ᄒᆞ야	내 반가운 손님 있어
鼓瑟吹笙(고슬취싱)호라	거문고 타고 생황 부노라
吹笙鼓簧(취싱고황)ᄒᆞ야	생황 불고 치며
承筐是將(승광시장)ᄒᆞ니	폐백 담은 광주리 받들어 바치니
人之好我(인지호아)ㅣ	그 분 나를 좋아함이
示我周行(시아쥬ᄒᆡᆼ)이엇다	나에게 주행을 열어주시었다(제1장)
呦呦鹿鳴(유유록명)이여	기쁜 소리로 사슴이 소리내며
食野之蒿(식야지호)ㅣ로다	들판의 다북쑥을 먹도다
我有嘉賓(아유가빈)ᄒᆞ니	내 반가운 손님 있어
德音孔昭(덕음공쇼)ᄒᆞ야	덕 있는 말씀 너무나 밝아
視民不恌(시민부됴)ㅣ니	백성들이 두려워하지 않게 보여주시니
君子是則是傚(군ᄌᆞ시칙시효)ㅣ로다	군자들도 옳아서 본받도다
我有旨酒(아유지쥬)ᄒᆞ니	내 맛있는 술 있으니
嘉賓式燕以敖(가빈식연이오)ㅣ로다	반가운 손님이 잔치하며 즐기도다(제2장)
呦呦鹿鳴(유유록명)이여	기쁜 소리로 사슴이 소리내며
食野之芩(식야지금)이로다	들판의 금풀을 먹도다
我有嘉賓(아유가빈)ᄒᆞ야	내 반가운 손님 있어
鼓瑟鼓琴(고슬고금)ᄒᆞ니	슬 타고 금 치니
鼓瑟鼓琴(고슬고금)이여	슬 타고 금 쳐
和樂且湛(화락챠담)이로다	화락하고 즐기도다
我有旨酒(아유지쥬)ᄒᆞ야	내 맛있는 술 있어
以燕樂嘉賓之心 (이연락가빈지심)이로다	잔치로 반가운 손님의 마음을 즐겁게 하도다(제3장)

8 현토한 〈실솔재당〉을 인용하고, 현대역을 붙이면 다음과 같다.

蟋蟀在堂(실솔ᄌᆡ당)ᄒᆞ니	귀뚜라미가 집안에 사니
歲聿其莫(셰율기모)ㅣ엇다	한 해도 저물었다
今我不樂(금아불락)이면	지금 내가 즐기지 않으면
日月其除(일월기졔)리라	세월은 그냥 가버리리라

을 본사(제5곡)로 하고, 앞에 서사(제1곡)를 씌우고, 뒤에 결사(제10곡)를 붙인, 서사(제1곡), 본사(제5곡), 결사(제10곡)의 구조이다.

2.2.2.5. 제1, 6, 11곡 텍스트의 구조

이 텍스트의 구조는 『시경』의 〈산유추〉(3장, 총24구)에 현토한 것[9]을

無已太康(무이태강)가	너무 즐기지 않는가
職思其居(직ᄉᆞ기거)ᄒᆞ야	집안일도 생각해야지
好樂無荒(호락무황)이	즐거움을 좋아 하나 지나침이 없이
良士(량ᄉᆞ)의瞿瞿(구구)ㅣ니라	훌륭한 선비는 늘 조심하니라(제1장)
蟋蟀在堂(실솔지당)ᄒᆞ니	귀뚜라미가 집안에 사니
歲聿其逝(셰율기서)엇다	한 해도 다 지나갔다
今我不樂(금아불락)이면	지금 내가 즐기지 않으면
日月其邁(일월기매)리라	세월은 그냥 멀어져 버리리라
無已太康(무이태강)가	너무 즐기지 않는가
職思其外(직ᄉᆞ기외)ᄒᆞ야	바깥일도 생각해야지
好樂無荒(호락무황)이	즐거움을 좋아 하나 지나침이 없이
良士(량ᄉᆞ)의蹶蹶(궐궐)니라	훌륭한 선비는 늘 부지런하니라(제2장)
蟋蟀在堂(실솔지당)ᄒᆞ니	귀뚜라미가 집안에 사니
役車其休(역차기휴)ㅣ엇다	일 나갈 수레도 쉬었다
今我不樂(금아불락)이면	지금 내가 즐기지 않으면
日月其慆(일월기도)ㅣ리라	세월은 그냥 묻혀 버리리라
無已太康(무이태강)가	너무 즐기지 않는가
職思其憂(직ᄉᆞ기우)ᄒᆞ야	어려운 일도 생각해야지
好樂無荒(호락무황)이	즐거움을 좋아 하나 지나침이 없이
良士(량ᄉᆞ)의休休(휴휴)ㅣ니라	훌륭한 선비는 늘 분발하니라(제3장)

9 〈산유추〉를 인용하고 현대역을 붙이면 다음과 같다.

山有樞(산유추)ㅣ며	산에는 자유나무며
隰有楡(습유유)ㅣ니라	펄에는 느릅나무라
子有衣裳(ᄌᆞ유의샹)호ᄃᆡ	그대에게 옷 있어도
弗曳弗婁(불예불루)ㅣ며	아껴서 입지 않으며
子有車馬(ᄌᆞ유거마)호ᄃᆡ	그대에게 수레와 말이 있어도
弗馳弗驅(불치불구)ㅣ면	타지 않고, 달리지 않으면
宛其死矣(완기ᄉᆞ의)어든	그러다 만약 죽어버리면
他人是愉(타인시유)ㅣ리라	다른 사람이 기뻐하리라(제1장)
山有栲(산유고)ㅣ며	산에는 복나무며
隰有杻(습유뉴)ㅣ니라	펄에는 박달나무라

본사(제6곡)로 하고, 앞에 서사(제1곡)를 씌우고, 뒤에 결사(제11곡)를 붙인, 서사(제1곡), 본사(제6곡), 결사(제11곡)의 구조이다.

2.2.3. 제1, 7-11곡 텍스트의 구조

이 텍스트는 앞의 표로 보면, 중간에 있는 제2-6곡 텍스트를 빼고, 제1곡(서사)과 제7-11곡(결사)을 연결한 텍스트와 구조이다. 이 텍스트와 구조가 어떻게 가능한가는 설명을 요하므로, 이 텍스트의 결속, 종결, 구조, 주제 등은 '3'장과 '4'장에서 구체적으로 검토하려 한다.

그리고 본사에 해당하는 제2-6곡들은 각각 『시경』의 〈황황자화〉(5장, 총20구), 〈첨피기욱〉(3장, 총27구), 〈녹명〉(3장, 총24구), 〈실솔재당〉(3장, 총24구), 〈산유추〉(3장, 총24구) 등에 현토한 것들로, 각각 연장체의 구조를 보여주는데, 이 구조의 설명은 생략을 하였다.

子有廷內(ᄌᆞ유뎡ᄂᆡ)호ᄃᆡ	그대에게 안마당 있어도
弗洒弗埽(불쇄불쇼)ᄒᆞ며	물 뿌리지 않고, 쓸지 않으며
子有鍾鼓(ᄌᆞ유죵고)호ᄃᆡ	그대에게 종과 북 있어도
弗鼓弗考(불고불고)ㅣ면	치지 않고 두드리지 않으면
宛其死矣(완기ᄉᆞ의)어든	그러다 만약 죽어버리면
他人是保(타인시보)ㅣ리라	다른 사람이 차지하리라(제2장)
山有漆(산유칠)이며	산에는 옻나무며
隰有栗(습유률)이니라	펄에는 밤나무라
子有酒食(ᄌᆞ유쥬식)호ᄃᆡ	그대에게 술과 음식 있어도
何不日鼓瑟(하불일고슬)ᄒᆞ야	어찌 날마다 거문고 타고
且以喜樂(챠이희락)ᄒᆞ며	장차 기쁘게 즐기며
且以永日(챠이영일)고	하루를 길게 보내지 않는가
宛其死矣(완기ᄉᆞ의)어든	그러다 만약에 죽어버리면
他人入室(타인입실)이리라	다른 사람이 그대 집으로 들리라
	(제3장)(본5, 제6곡)

3. 6곡 텍스트의 결속과 종결

이 장에서는 제1곡과 제7-11곡에서 보여주는 결속과 종결을 정리하려 한다.[10] 이 결속과 종결을 정리하기 위하여, 밑줄 친 부분들에 유의하면서 제1, 7-11곡을 보자.

> 風雅의 깁ᄒᆞᆫ ᄠᅳᆺ을 傳ᄒᆞᄂᆞ니 긔 뉘신고
> 古調를 됴하 ᄒᆞ나 아ᄂᆞ니 專혀 업ᄂᆡ
> 正聲이 하 微茫ᄒᆞ니 다시 블너 보리라(頭, 제1곡)[11]

> 내 ᄆᆞᆯ이 騏어니 몰고 ᄯᅩ 모라라
> 疾苦를 모를지니 原濕을 ᄀᆞᆯ힐소냐
> 聖恩이 至重ᄒᆞ시니 못 갑ᄒᆞᆯ까 ᄒᆞ노라(尾1, 제7곡)[12]

> 威儀도 거륵ᄒᆞ고 禮貌도 너르시고
> 戲謔을 됴하 ᄒᆞ나 虐ᄒᆞ미 되올소냐
> 아마도 聖德至善을 못 니즐까 ᄒᆞ노라(尾2, 제8곡)[13]

> 座上의 손이 잇고 樽中의 술이 ᄀᆞ득
> 中心을 즐길지니 外貌를 爲ᄒᆞᆯ소냐
> 德音이 孔昭ᄒᆞ시니 是則是傚 ᄒᆞ리라(尾3, 제9곡)[14]

---

10 이 장에서 정리하는 결속과 종결은 앞서 정리한 일탈표현과 대칭표현(양희철 2010d: 189-191)을 결속과 종결의 차원에서 다시 정리한 것이다.

11 (作者反譯) 風雅深意 傳者其誰 古調雖自受 知者少 正聲何微茫 欲更吟.

12 (作者反譯) 我馬維騏 載馳載驅 詢其疾苦 奚憚原隰 聖恩至重 惟恐不能酬.

13 (作者反譯) 威儀盛大 禮貌寬兮 善戲謔兮 不爲虐兮 盛德至善 終不可諼兮.

14 (作者反譯) 座有賓 樽有酒 樂其心 奚爲其外 德音孔昭 惟當是則是傚.

이 ᄒᆡ 졈으러시니 아니 놀고 어이 ᄒᆞ리

즐기믈 됴하 ᄒᆞ나 荒ᄒᆞ믄 말지어다

아마도 職思其憂ㅣ야 긔 良士ㅣᆫ가 ᄒᆞ노라(尾4, 제10곡)[15]

두엇ᄂᆞᆫ 鐘鼓琴瑟 날노 즐겨 놀지어다

百年 後 도라 보오 華屋의 뉘 들소니

生前의 다 즐기디 못ᄒᆞ면 뉘웃ᄎᆞᆯ가 ᄒᆞ노라(尾5, 제11곡)[16]

이 텍스트의 종결과 결속은, 단락의 단락성(/시종)과 결속성을 보여주는 것들, 이 기능에 단락의 구조를 암시하는 기능까지 가진 것들, 작품 전체의 시종과 결속성을 보여주는 것들로 나눌 수 있다.

먼저 단락의 단락성(/시종)과 결속성을 보여주는 것들을 보자.

첫째는 제1곡(서/두)의 일탈표현이다. 제1곡을 제외한 각수의 종장 끝 시어를 보면, 'ᄒᆞ-'를 반복하는 규범을 보인다. 이 규범을 제1곡은 '보-'로 일탈하고 있다. 이 일탈표현은 제1곡이 서사라는 단락성을 보여주는 문체적 표현이다.

둘째는 제9곡(미3)의 일탈표현이다. 종장 끝시어로 'ᄒᆞ-'를 쓴 제7-11곡(미1 - 미5)의 5곡은 그 대칭축에 있는 제9곡(미3)을 제외하고는 'ᄒᆞ노라'의 반복을 보이면서 규범을 형성한다. 이 규범을 대칭축에 있는 제9곡(미3)은 'ᄒᆞ리라'로 일탈하고 있다.

셋째는 제10곡(미4)의 일탈표현이다. 앞에서 보았듯이 제7, 8, 10, 11곡(미1, 미2, 미4, 미5)은 'ᄒᆞ노라'를 반복하는 규범으로 제9곡의 일탈을 드러낸다. 그런데 이 제7, 8, 10, 11곡(미1, 미2, 미4, 미5)의 'ᄒᆞ노라'를

15 (作者反譯) 歲云暮矣 不遊何爲 縱好其樂 且無荒兮 職思其憂 是爲良士.

16 (作者反譯) 子有鍾鼓琴瑟 宜其日且歡游 須顧百年後終 誰入華屋 生前不盡樂 悔將何及.

그 앞의 표현까지 보면 다시 반복의 규범과 일탈을 보여준다. 즉 제7, 8, 11곡(미1, 미2, 미5)은 '-ㄹ가(/까) ᄒᆞ노라'를 반복하면서 규범을 형성하고, 제10곡은 '-ㄴ가 ᄒᆞ노라'로 앞의 규범을 일탈한다. 이 일탈은 대칭표현의 후미 전환·도치라는 종결표현인데, 이 대칭표현의 후미 전환·도치는 제7-11곡(미1-미5)의 단락성과 결속성을 보여준다.

이번에는 단락의 단락성(/시종)과 결속성을 보여주면서 단락의 구조를 암시하는 구조적 표현들을 보자.

넷째는 ['아마도 … ᄒᆞ노라'(제8곡, 미2) - 대칭축(제9곡, 미3) - '아마도 … ᄒᆞ노라'(제10곡, 미4)]의 대칭표현이다. 제8곡의 종장["아마도 성덕지선(聖德至善)을 못 니즐까 ᄒᆞ노라"]과 제10곡의 종장["아마도 직사기우(職思其憂) ㅣ야 긔 良士 ㅣᆫ가 ᄒᆞ노라"]을 보면, '아마도 … ᄒᆞ노라'를 반복한다. 그런데 이 반복된 '아마도 … ᄒᆞ노라'들은, 앞에서 본 제9곡의 일탈표현을 대칭축으로 그 상하에서 대칭하는 대칭표현이다.

다섯째는 ['ᄒᆞ노라'(제7곡, 미1) - 대칭축(제9곡, 미3) - 'ᄒᆞ노라'(제11곡, 미5)]의 대칭표현이다. 제7곡과 제11곡의 종장 끝시어를 보면, 'ᄒᆞ노라'를 반복한다. 이 반복된 'ᄒᆞ노라'들은, 앞에서 본 제9곡의 일탈표현을 대칭축으로 그 상하에서 대칭하는 대칭표현이다.

이제까지 본 둘째, 넷째, 다섯째 등의 표현들은 제7-11곡(미1-미5)이 [A - B - C - B - A]형의 대칭표현[17]이란 사실을 말해준다. 둘째의 일탈표현을 C로, 넷째의 대칭표현을 B - B로, 다섯째의 대칭표현을 A - A로 각각 부호화하면 다음과 같다.

제7곡 (미1) : A

17 이와 같이 작품의 전체, 또는 작품의 일부인 5수가 대칭표현을 보이는 작품들은, 〈오륜가〉(주세붕) - 〈오륜가〉(박선장) - 〈오우가〉 - 〈풍아별곡〉 - 〈병산육곡〉 - 〈농가(구장)〉 - 〈매화사〉 등으로 이어진다.

제8곡 (미2) : B

제9곡 (미3) : C

제10곡(미4) : B

제11곡(미5) : A

이 정리에서 제7-11곡(미1-미5)이 [A - B - C - B - A]형의 대칭표현이란 사실을 알 수 있다. 이 [A - B - C - B - A]형의 대칭표현은 제7-11곡(미1-미5)이 11곡 전체 텍스트의 차원에서는 결사 단락이라는 단락성과 그 결속성을, 제1, 7-11곡 텍스트의 차원에서는 본사 단락이라는 단락성과 그 결속성을 말해준다. 그리고 이 대칭표현은 뒤에 볼 [A - B - C - B - A]형의 대칭적 구조를 암시하기도 한다.

이렇게만 보면, 이 작품은 서사 단락(제1곡, 두)과 결사 단락(제7-11곡, 미1-미5)이 분리되어 있는 양상만 보이는 것 같다. 그러나 이 두 단락이 서로 구분되면서도 한 텍스트로 결속되어 있다는 사실을 보여주는 표현도 있다. 이 표현을 보자.

여섯째는 제11곡(미5)의 일탈표현이다. 제1, 8, 10곡(두, 미2, 미4)의 중장들을 보면, '고됴를 됴하 ᄒᆞ나', '희학을 됴하 ᄒᆞ나', '즐기믈 됴하 ᄒᆞ나' 등과 같이 '-를/을 됴하 ᄒᆞ나'를 반복한다. 그리고 이 제1, 8, 10곡(두, 미2, 미4)에 빠진 제7, 9곡(미1, 미3)의 중장을 보면, '질고를 몰을지니, 듕심을 즐길지니'와 같이 '-를/을 -ㄹ지니'를 반복한다. 이 두 반복으로 보면, 중장에서는 '-를/을 됴하 ᄒᆞ나'(제1, 8, 10곡)와 '-를/을 -ㄹ지니'(제7, 9곡)를 번갈아 반복하는 것이 이 작품의 규범이다. 이 규범으로 보면, 제11곡(미5)의 중장에도 '-를/을 -ㄹ지니'가 와야 하는데, 실제에서는 '빅년 후 도라 보오'가 와서 일탈을 보인다. 이상을 다시 정리하면 다음과 같다.

제1곡(서/두) : 고됴를 됴하 ᄒᆞ나 ('-를/을 됴하 ᄒᆞ나' A)

제7곡 (미1) : 질고를 몰을지니 ('-를/을 -ㄹ지니' B)

제8곡 (미2) : 희학을 됴하 ᄒᆞ나 ('-를/을 됴하 ᄒᆞ나' A)

제9곡 (미3) : 듕심을 즐길지니 ('-를/을 -ㄹ지니' B)

제10곡(미4) : 즐기믈 됴하 ᄒᆞ나 ('-를/을 됴하 ᄒᆞ나' A)

제11곡(미5) : 빅년 후 도라 보오 ['도라 보오' B('-를/을 -ㄹ지니')의 일탈]

이 일탈은 그 앞까지 지속된 반복을 중지한다는 점에서 종결의 문체적 표현이라고 정리할 수 있다. 그리고 이는 제1곡(서/두)과 제7-11곡(미1-미5)이 교체반복표현의 후미 전환이란 차원에서 한 텍스트로 결속되어 있음을 말해준다. 물론 이 결속은 제1, 7-11곡의 연시조 6곡을 이 작품으로 보았던 주장이, 수용 텍스트의 차원에서는 수용 텍스트의 한 종류로 가능하다는 사실을 말해준다. 그리고 이 교체반복표현의 후미 전환이란 종결은 제1, 7-11곡을 한 텍스트로 보았을 때에, 제1곡의 서사에 대응하는 결사의 기대를 없앤다. 이는 이 일탈을 통하여 서사에 대칭하는 결사의 결여를 보완한 것이다. 물론 제1, 7-11곡이 아니라, 제1-11곡을 한 텍스트로 보았을 때에는 제7-11곡이 결사라는 점에서 결사의 결여를 보완하는 기능은 하지 않는다.

4. 6곡 텍스트의 구조와 주제

이 장에서는 제1, 7-11곡으로 구성된 6곡 텍스트의 구조와 주제를 정리하려 한다. 제1곡은 어느 텍스트에서도 서사에 해당하지만, 제7-11곡은 그 기능이 세 종류이다. 전체 텍스트에서 제7-11곡은 결사에 해당한다. 그리고 제1, 2, 7곡 텍스트, 제1, 3, 8곡 텍스트, 제1, 4, 9곡 텍스트,

제1, 5, 10곡 텍스트, 제1, 6, 11곡 텍스트 등의 서사 - 본사 - 결사의 구조에서, 제7, 8, 9, 10, 11곡의 각각은 결사에 해당한다. 이에 비해 제1, 7-11곡의 텍스트에서 제7-11곡은 본사에 해당한다.

6곡 텍스트의 구조를 정리하는 데 중요한 것들이 있다. 바로 이 작품을 지은 목적이다. 김창흡이 쓴 〈풍아별곡발〉을 따르면, "교방(敎坊)에 내려주어 빈객을 기쁘고 즐겁게 하는 데 쓰도록 하였다"는 사실에서 목적을 알 수 있다. 이 경우에 수성군수가 교방(敎坊)의 노래와 연주로 접대할 빈객이 누구인가를 생각하면, 이 노래를 이해하는 데 많은 도움을 받을 수 있다. 즉 수성군수나 수성관아를 찾은 빈객과, 수성군수가 주관한 향음주례에 참여한 빈객을 위한 작품으로 보면, 이 작품의 구조를 다소 쉽게 이해할 수 있다. 그리고 그 내용도 〈풍아별곡발〉의 "빈객을 기쁘고 즐겁게 하는 데 쓰도록 하였다"와 〈제풍아별곡후〉의 '권계', '감발', '성정의 바름' 등을 참조하면, 이 작품의 이해가 다소 쉬워질 것 같다.

4.1. 서사

서사에 해당하는 제1곡을 구체적으로 보자.

風雅의 깁흔 뜻을 傳ᄒᆞᄂᆞ니 긔 뉘신고
古調를 됴하 ᄒᆞ나 아ᄂᆞ니 專혀 업ᄂᆡ
正聲이 하 微茫ᄒᆞ니 다시 블너 보리라(頭, 제1곡)

이 제1곡에서는 풍아의 깊은 뜻을 전하는 이가 그 누구인가를 묻고, 고조(古調)를 좋아하나 아는 이가 전혀 없음을 탄식하고, 정성(正聲)이 하 미망(微茫)하므로 다시 불러 보겠다는 시적 화자의 의지를 보여 주고 있다. 이는 시적 화자 자신이 이하에서 부를 곡의 성격을 소개하는 것으로, 이 텍스트의 서사에 해당한다. 그리고 이 제1곡은 제7, 8, 9, 10, 11곡의 시적 청자를 모두 포함하도록, 어느 누구로 한정하여 지칭하지 않고 열어 놓았다.

이 서사에 해당하는 제1곡에는 이하의 작품을 이해하는 데 도움을 주는 시어들이 있다. 바로, '풍아(風雅)'와 '정성(正聲)'이다. 이 시어들의 의미를 좀더 보자.

초장의 '풍아(風雅)'는 두 가지 의미를 갖는다. 하나는 『시경』의 풍아이다. 이 풍아는 두 말할 것도 없이 〈황황자화〉(소아, 제2곡), 〈첨피기욱〉(위풍, 제3곡), 〈녹명〉(소아, 제4곡), 〈실솔재당〉(당풍, 제5곡), 〈산유추〉(당풍, 제6곡) 등의 세 풍(風)과 두 아(雅)를 의미한다. 다른 하나는 시가를 의미한다. 이 의미는 제1, 7-11곡만을 분리하였을 때에, 이 단시조 6수를 지칭하게 된다. 이런 두 풍아의 의미는 앞에서 정리한 6종 텍스트를 가능하게 하는 이유이기도 하다.

종장의 '정성(正聲)'은 사람들을 감동시켜서 순기[順氣 : 道理에 맞는 올바른 氣像(사람이 타고난 기개나 마음씨)]가 응하게 하고, 나아가 순기가 모양을 이루면 화락(和樂)이 일어나는 노래[18]이다. 이런 의미의 정성(正聲)을 종장("正聲이 하 微茫ᄒᆞ니 다시 블너 보리라")에 포함시킨 이유는, 앞으로 내가 부르는 노래는 정성(正聲)이니, 이하의 『시경』에서 인용하여 현토한 제2-6곡의 시는 물론, 제7-11곡의 단시조들을 정성의 측면에서 이해하라는 의미를 갖는다. 그리고 이를 인식한 것이 바로 〈제풍아별곡후〉에서 말하는 권계(勸戒)이며, 나아가 이 작품을 지은 목적이 연회에서의 화락(和樂)임을 알 수 있게 한다.

---

18 "凡姦聲感人 而逆氣應之 逆氣成象 而淫樂興焉 正聲感人 而順氣應之 順氣成象 而和樂興焉."(『禮記』〈樂記〉), "正聲感人 而順氣應之."(『荀子』〈樂論〉).

4.2. 본사(대칭적 구조)

제7-11곡은 제1, 7-11곡 텍스트에서 본사에 해당한다. 그런데 이 본사를 이루는 5곡은 그 내부에서 다시 대칭적 구조를 보여준다. 이 대칭적 구조를 이 절에서 정리하고자 한다. 먼저 곡별로 주제를 정리하고, 뒤에 5곡의 대칭적 구조를 설명하려 한다.

제7곡은 다음과 같다.

> 내 몰이 騏어니 몰고 ᄯᅩ 모라라
> 疾苦를 모를지니 原濕을 ᄀᆞᆯ힐소냐
> 聖恩이 至重ᄒᆞ시니 못 갑흘까 ᄒᆞ노라(尾1, 제7곡)

제7곡(尾1)은 『시경』 소아의 〈황황자화〉에 현토한 제2곡(본1)을 본사로, 그 중요한 내용을 확인 요약한 결사이면서, 동시에 제2곡이 앞에 없는 제1, 7-11곡의 6곡 텍스트에서는 이 제7곡도 본사의 일부가 된다.

초장("내 몰이 騏어니 몰고 ᄯᅩ 모라라")의 "내 몰이 기(騏)어니"는 〈황황자화〉 제3장의 '아마유기(我馬維騏)'을 옮겼다. 그리고 초장의 "몰고 ᄯᅩ 모라라"는 〈황황자화〉 제2-5장의 '재치재구(載馳載驅)'을 옮겼다. 중장의 "질고(疾苦)를 모를지니 원습(原濕)을 ᄀᆞᆯ힐소냐"는 〈황황자화〉 제1장에 있는 '우피원습(于彼原隰)'을 바탕으로 다시 쓴 부분이다. 그리고 종장의 "聖恩이 至重ᄒᆞ시니 못 갑흘까 ᄒᆞ노라"는 〈황황자화〉에 없는 부분으로, 제2곡과의 차이를 드러낸다.

제2곡이 사자가 두루 순력하기에 앞서 부른 노래라면, 이 제7곡은 순력중에 순력지에서 순력지의 관장이 주관한 연회에서 연행된 곡이다. 특히 종장에서는 임금의 지중한 성은에 보답하지 못할까를 걱정하고 있다. 그리고 중장에서는 "질고를 모를지니 원습을 가릴소냐"의 설의법을 사용하고 있다. 이 중장과 종장을 결합하여 보면, 제7곡에서는 [지중한 성은을 못 갚을 것 같아 질고를 몰라야 하는데, 파송된 관리로 원습을 가릴소냐]의 주제를 보인다고 정리할 수 있다.

제8곡은 다음과 같다.

> 威儀도 거륵ᄒᆞ고 禮貌도 너를시고
> 戲謔을 됴하 ᄒᆞ나 虐ᄒᆞ미 되올소냐
> 아마도 聖德至善을 못 니즐까 ᄒᆞ노라(尾2, 제8곡)

제8곡(尾2)은 『시경』 위풍의 〈첨피기욱〉에 현토한 제3곡(본2)을 본사로, 그 중요한 내용을 확인 요약한 결사이면서, 동시에 제3곡이 앞에 없는 제1, 7-11곡의 6곡 텍스트에서는 이 제8곡도 본사의 일부가 된다.

초장의 "위의(威儀)도 거륵ᄒᆞ고 예모(禮貌)도 너를시고"는 〈첨피기욱〉의 제1, 2, 3장의 제3-7구를 종합하여 표현한 것으로 보인다. 즉 제1장의 "유비군자(有匪君子, 빛나는 군자) 여절여차(如切如磋, 깎은 듯 다듬은 듯) 여탁여마(如琢如磨, 쪼은 듯 간 듯) 슬혜한혜(瑟兮僩兮, 장중하고 당당하여) 혁혜훤혜(赫兮咺兮, 빛나고 훤하다)", 제2장의 "유비군자(有匪君子, 빛나는 군자) 충이수영(充耳琇瑩, 귀 구슬 아름다운 옥돌) 회변여성(會弁如星, 관과 고깔의 매단 구슬이 별같이 반짝인다) 슬혜한혜(瑟兮僩兮, 장중하고 반짝이며) 혁혜훤혜(赫兮咺兮, 빛나고 훤하다)", 제3장의 "유비군자(有匪君子, 빛나는 군자) 여금여석(如金如錫, 금 같고 주석 같고) 여규여벽(如圭如璧, 옥홀과 둥근 구슬 같다) 관혜작혜(寬兮綽兮, 너그럽고 대범한 모습) 의중교혜(倚重較兮, 수레 옆에 기대어 섰다)" 등을 개념적으로 종합하여 의미가 명확하게 표현한 것으로 보인다. 이 초장은 그 내용상 군자를 대상으로 하면서, 제8곡이 빈객 중에서 군자를 시적 청자로 하고 있음을 말해준다. 이 빈객은 파송된 관리가 아니면서도, 수성군수로부터 빈객의 대우를 받을 수 있는 고위직 벼슬아치로 판단된다. 왜냐하면 '군자'의 단어에는 '학식과 덕행이 높은 사람'은 물론 '벼슬이 높은 사람'의 의미가 있기 때문이다.

중장의 "희학(戱謔)을 됴하 ᄒᆞ나 학(虐)ᄒᆞ미 되올소냐"는 〈첨피기욱〉 제3장의 "선희학혜(善戱謔兮, 농담도 잘하니) 불위학혜(不爲虐兮, 상하게 하지는 않는다.)"를 바꾼 표현이다. 그리고 종장의 "아마도 성덕지선(聖德至善)을 못 니즐까 ᄒᆞ노라"는 제2, 3장의 "유비군자(有匪君子, 빛나는 군자) 종불가훤(終不可諼, 끝내 잊을 수 없도다.)"을 바꾼 표현으로 보인다.

이런 제8곡은 은근히 〈첨피기욱〉에서 보이는 인물의 성덕과 지선을 잊지 못하는데, 군자로 희학(戱謔)을 좋아하나, 학(虐)하지 말라는 내용을 설의법으로 표현하였다. 이 희학을 좋아하되 학하지 말라는, '좋아하다'에 '즐기다'의 의미가 있다는 점에서, 낙이불음(樂而不淫)의 다른 표현이다. 특히 이 중장의 "희학<u>을 됴하 ᄒᆞ나</u> 학ᄒᆞ미 되올소냐"는 제10곡 중장의 "즐기<u>믈 됴하 ᄒᆞ나</u> 황흠은 말지어다"와 대칭이 되는 표현이다. 이런 제8곡의 주제는 [성덕과 지선을 잊지 못하는데, 고위직의 군자로 희학을 좋아하나 상하게 함이 되올소냐]로 정리할 수 있다.

제9곡은 다음과 같다.

> 座上의 손이 잇고 樽中의 술이 ᄀᆞ득
> 中心을 즐길지니 外貌를 爲ᄒᆞᆯ소냐
> 德音이 孔昭ᄒᆞ시니 是則是傚 ᄒᆞ리라(尾3, 제9곡)

제9곡(尾3)은 『시경』 소아의 〈녹명〉에 현토한 제4곡(본3)을 본사로, 그 중요한 내용을 확인 요약한 결사이면서, 동시에 제4곡이 앞에 없는 제1, 7-11곡의 6곡 텍스트에서는 이 제9곡도 본사의 일부가 된다.

초장의 "좌상(座上)의 손이 잇고 준중(樽中)의 술이 ᄀᆞ득"은 〈녹명〉

제1, 2, 3장의 제3구인 "아유가빈(我有嘉賓, 내 반가운 손님 있어)"과 제2, 3장의 제7구인 "아유지주(我有旨酒, 내 맛있는 술 있어)"를 바꾼 표현이다. 이 경우의 좌상객은 일단 빈객으로 정리할 수 있다. 중장의 "중심(中心)을 즐길지니 외모(外貌)를 위(爲)홀소냐"는 〈녹명〉 제3장의 제8구인 "이연악가빈지심(以燕樂嘉賓之心, 잔치 베풀어 반가운 손님의 마음을 즐겁게 한다)."을 바꾸면서 후미를 더한 것으로 보인다. 그리고 종장의 "덕음(德音)이 공소(孔昭)ᄒᆞ시니 시칙시효(是則是傚) ᄒᆞ리라"는 〈녹명〉 제2장의 제4, 6구인 "덕음공소(德音孔昭, 이치에 맞는 말씀 너무나 밝아서) 군자시칙시효(君子是則是傚, 군자들도 옳아서 본받는다)"를 가볍게 바꾼 것으로, 제4곡이 앞에 있으면 '시칙시효(是則是傚)'의 주어로 군자가 되지만, 제4곡이 앞에 오지 않았다는 점에서, '시칙시효(是則是傚)'의 주어는 사람들이 된다. 이 덕음(德音)으로 보아, 앞에서 본 좌상객은 유덕한 인물로, 향음주례에서 수성군수가 모신 유덕한 주빈이라고 할 수 있다. 물론 이 좌상객은 관리는 아니지만, 수성관아로 시적 화자를 찾아온 손님일 수도 있다. 이런 유덕한 좌상객을 시적 청자로 보면, 제9곡은 [덕음이 공소하여 사람들이 따르게 해야 하는데, 유덕한 좌상객(주빈)으로 중심을 즐길 것이지, 외모를 위할소냐]의 주제를 가진다고 정리할 수 있다.

제10곡은 다음과 같다.

> 이 ᄒᆡ 졈으러시니 아니 놀고 어이 ᄒᆞ리
> 즐기믈 됴하 ᄒᆞ나 荒ᄒᆞ믄 말지어다
> 아마도 職思其憂ㅣ야 긔 良士ㅣㄴ가 ᄒᆞ노라(尾4, 제10곡)

제10곡(尾4)은 『시경』 당풍의 〈실솔재당〉에 현토한 제5곡(본4)을 본사로, 그 중요한 내용을 확인 요약한 결사이면서, 동시에 제5곡이 앞에 없는 제1, 7-11곡의 6곡 텍스트에서는 이 제10곡도 본사의 일부가 된다.

초장의 "이 히 졈으러시니 아니 놀고 어이 ᄒᆞ리"는 〈실솔재당〉 제1, 2장 제2구인 "세율기모(歲聿其莫, 한 해도 저물어간다)", 제1, 2, 3장 제3구인 "금아불락(今我不樂, 지금 내가 즐기지 않으면)", 제1, 2, 3장 제4구들인 "일월기제(日月其除, 세월은 그냥 가버린다), 일월기매(日月其邁, 세월은 그냥 멀어져버린다), 일월기도(日月其慆, 세월은 그냥 묻혀버린다)" 등을 바꾼 표현이다. 중장의 "즐기믈 됴하 ᄒᆞ나 황(荒)ᄒᆞ믄 말지어다"는 〈실솔재당〉 제1, 2, 3장의 제7구인 "호락무황(好樂無荒, 즐거움을 좋아하나 지나치지 않아야지)"를 바꾼 표현이다. 그리고 종장의 "아마도 직사기우(職思其憂)ㅣ야 긔 良士ㅣ가 ᄒᆞ노라"는 〈실솔재당〉 제3장 제6, 8구인 "직사기우(職思其憂, 어려운 일도 생각해야지), 양사휴휴(良士休休, 훌륭한 선비는 늘 분발한다네)"를 바꾼 표현이다. 이런 이 제10곡의 시적 청자는 훌륭한 선비인데, 이 선비는 향음주례에 참석한 손님인 유생들과 연결된다. 이런 시적 청자를 염두에 두고 제10곡을 보면, [어려운 일도 생각하는 양사(良士)가 되어야 하는데, 선비로 놀고 즐김을 좋아하나 지나치지 말지어다(지나칠소냐)]의 주제를 정리할 수 있다. 이런 명령형은 중장의 '말지어다'의 명령이 말해준다. 그리고 '지나치지 말지어다'는 제7, 8, 9곡과 같은 어투로 바꾸면 괄호 안의 '지나칠소냐'가 된다.

제11곡은 다음과 같다.

> 두엇는 鐘鼓琴瑟 날노 즐겨 놀지어다
> 百年 後 도라 보오 華屋의 뉘 들소니
> 生前의 다 즐기디 못ᄒᆞ면 뉘웃츨가 ᄒᆞ노라(尾5, 제11곡)

제11곡(尾5)은 『시경』 당풍의 〈산유추〉에 현토한 제6곡(본5)을 본사로, 그 중요한 내용을 확인 요약한 결사이면서, 동시에 제6곡이 앞에 없는 제1, 7-11곡의 6곡 텍스트에서는 이 제11곡도 본사의 일부가 된다.

초장인 "두엇는 종고금슬(鐘鼓琴瑟) 날노 즐겨 놀지어다"는 〈산유추〉 제2장의 제5-8구인 "子有鍾鼓(ᄌ유죵고)호ᄃᆡ 弗鼓弗考(불고불고)ㅣ면 宛其死矣(완기ᄉ의)어든 他人是保(타인시보)ㅣ리라"(그대에게 종과 북 있어도, 치지도 두드리지도 않으면, 그러다 만약 죽어버리면, 다른 사람이 차지하리라)와 제3장의 제4-8구인 "何不日鼓瑟(하불일고슬)ᄒᆞ야 且以喜樂(챠이희락)ᄒᆞ며 且以永日(챠이영일)고 宛其死矣(완기ᄉ의)어든 他人入室(타인입실)이리라"(어찌 날마다 거문고 타고, 장차 즐거움을 누리며, 하루를 길게 보내지 않는가, 그러다 만약에 죽어버리면, 다른 사람이 그대 집으로 들리라)의 내용을 종합하여 바꾼 표현으로 보인다. 이 초장의 '두엇는 종고금슬은'은 두어 있는 악기, 즉 내어 쓸 때가 아니어서 쓰지 않는 악기를 말한다. 이 악기를 "날로 즐겨 놀지어다"는 쓸 때가 되면 날이 갈수록 즐겨 놀라는 의미를 갖는다. 중장의 "백년(百年) 후(後) 도라 보오 화옥(華屋)의 뉘 들소니"는 〈산유추〉 제3장의 제7, 8구인 "宛其死矣(완기ᄉ의)어든 他人入室(타인입실)이리라"(그러다 만약에 죽어버리면, 다른 사람이 그대 집으로 들리라)를 바꾼 표현이다. 종장의 "생전(生前)의 다 즐기디 못ᄒᆞ면 뉘옷츨가 ᄒᆞ노라"은 제1, 2, 3장의 제3-8구를 종합하여 개념화한 표현이다. 이런 제11곡은 [살아서 즐기지 못하면 죽어서 후회하게 되는데, 즐겨 놀 때가 되면 즐겨 놀지어다]의 주제를 갖는다고 일단 정리를 할 수 있다.

이 제11곡의 주제 정리에서 일단 유보한 것이 있다. 바로 시적 청자의 문제이다. 이 문제는 다소 복잡하여 앞에서 유보한 것인데, 이를 구체적으로 보자. 제6곡(〈산유추〉)에 나온 거마(車馬), 종고(鐘鼓), 금슬(琴瑟) 등은 서민들의 소용이 아니므로, 주희(朱熹)는 대부(大夫)들이 친구에게 급시행락(及時行樂)하라는 뜻으로 부른 노래로 보았고, 〈모시서(毛詩序)〉에서는 진(晋)나라 소공(昭公)을 풍자한 것이라 했다. 이 시적 청자를 그대로 제11곡에 적용하는 것은 어려워 보인다. 제11곡에는 종고금슬(鐘鼓琴瑟)이 나오는데, 이는 문자적 의미로 보면, 조선조에서 서민만이 가질 수 없는 것이 아니라, 임금의 사자, 군자, 좌상객, 선비, 대부 등의 어느 누구도 가질 수 없는 것이다. 그러나 종고금슬(鐘鼓琴瑟)을 전의된 음악의 의미로 보면, 어느 누구도 가질 수 있는 음악이다. 그리고 〈풍아별곡〉을 "사족(士民)들이 전하여 외우기를 그치지 않았다"(〈제풍아별곡후〉)는 기록과 향음주례에 서민까지 참석을 시켰다는 사실이 보인다. 게다가 향음주례에 참석한 유덕한 좌상객과 선비들은 이미 즐기고 있는 내용을 보인다. 이런 사실들로 보아, 제11곡은 시적 청자를 서민으로 하였다고 정리할 수 있다.

이상과 같은 사실들로 보아, 제11곡은 [살아서 즐기지 못하면 죽어서 후회하게 되는데, 서민으로 즐겨 놀 때가 되면 즐겨 놀지어다(아니 즐겨 놀소냐)]의 주제를 갖는다고 정리를 할 수 있다. 이런 명령형은 초장의 '놀지어다'의 명령이 말해준다. 그리고 '즐겨 놀지어다'를 제7, 8, 9수와 같은 어투로 바꾸면 괄호 안의 '아니 즐겨 놀소냐'가 된다.

지금까지 정리한 제7-11곡의 곡별 주제를 함께 옮겨 놓으면 다음과 같다.

제7곡 : 지중한 성은을 못 갚을 것 같아 질고를 몰라야 하는데, 파송된 관리로 원습을 가릴소냐

제8곡 : 성덕과 지선을 잊지 못하는데, 고위직의 군자로 희학을 좋아하나 상하게 함이 되올소냐

제9곡 : 덕음이 공소하여 사람들이 따르게 해야 하는데, 유덕한 좌상객(주빈)으로 중심을 즐길 것이지 외모를 위할소냐

제10곡 : 어려운 일도 생각하는 良士가 되어야 하는데, 선비로 놀고 즐김을 좋아하나 지나치지 말지어다(지나칠소냐)

제11곡 : 살아서 즐기지 못하면 죽어서 후회하게 되는데, 서민으로 즐겨 놀 때가 되면 즐겨 놀지어다(아니 즐겨 놀소냐)

이 제7-11곡의 곡별 주제를 하나로 묶으면, 수성군수가 주관한 연회에서 화락(和樂)을 위해, 파송된 관리, 고위직의 성인, 유덕한 좌상객, 선비(또는 유생), 서민 등의 빈객들이 어떻게 즐겨야 하는가를 보여주는 작품이라고 할 수 있다. 그리고 이 주제는 다음의 두 구조를 통하여 실현된다.

하나는 시적 청자로 보았을 때 나타나는, 점강적 구조이다. 파송된 관리, 고위직의 군자, 유덕한 좌상객, 선비(또는 유생), 서민 등의 위계질서에 기반을 둔 점강적 구조이다.

다른 하나는 즐김의 정도에서 보이는 대칭적 구조이다. 이 구조를 간단하게 정리해 보자.

제7곡은 [지중한 성은을 못 갚을 것 같아 질고를 몰라야 하는데, 파송된 관리로 원습을 가릴소냐]의 주제를 보여준다. 그리고 제8곡은 [성덕과 지선을 잊지 못하는데, 고위직의 군자로 희학을 좋아하나 상하게 함이 되올소냐]의 주제를 보여준다. 그런데 제7곡에는 좋아하거나 즐기는 것이 없다. 이에 비해 제8곡에서는 좋아하는 것으로 희학이 나온다. 그리고 이 희학을 좋아하나 학하지 말라는, 중용의 미학으로 보면, 낙이불음(樂而不淫)을 보여준다. 이렇게 좋아하는 것을 보여준다는 사실은, 좋아하거나 즐거워하는 것을 전혀 보여주지 않은 제7곡보다 점층된 것이다.

제9곡에서는 [덕음이 공소하여 사람들이 따르게 해야 하는데, 유덕한 좌상객(주빈)으로 중심을 즐길 것이지, 외모를 위할소냐]의 주제를 보여준다. 이 주제에 나온 중심을 즐김은 가장 바람직한 즐김으로, 제8곡의 좋아하는 것보다 그 강도가 더 강하다는 점에서, 제8곡에 점층된 것이다.

이런 점들에서 제7-9곡은 점층적 구조로 정리할 수 있다.

제10곡은 [어려운 일도 생각하는 양사(良士)가 되어야 하는데, 선비로 놀고 즐김을 좋아하나 지나치지 말지어다(지나칠소냐)]의 주제를 보여준다. 이 주제에 나온 좋아하는 것은 제9곡에서 중심을 즐길 것에 비해 그 정도가 점강되어 있다. 그리고 이 좋아하는 것은 제8곡에서 좋아 하는 것과 대등하다. 즉 낙이불음(樂而不淫)의 차원에서 대등하다. 이에 따라 제10곡은 제8곡과 더불어 제9곡을 대칭축으로 대칭되어 있다고 정리할 수 있다.

제11곡은 [살아서 즐기지 못하면 죽어서 후회하게 되는데, 서민으로 즐겨 놀 때가 되면 즐겨 놀지어다(아니 즐겨 놀소냐)]의 주제를 보여준다. 이 주제에 나온 즐겨 놀음은 제10곡보다 점강된 것이다. 왜냐하면, 제10곡의 놀고 즐김을 좋아하나 지나치지 말라는 것은 너무 좋아하여 지나칠까 자제를 시키는 것인 데 비해, 제11곡에서는 좋아하고 즐기는 것이 너무 없어 즐기기를 권장하는 것이기 때문이다. 이런 점에서 제9-11수는 점강적 구조로 정리할 수 있다.

이상과 같은 점들로 보아, 이 작품의 제7-11곡은 점층적 구조와 점강적 구조가 대칭된 대칭적 구조로 정리할 수 있다. 그리고 전체적으로 제1곡은 서사에 해당하고, 제7-11곡은 대칭적 구조의 본사이다. 이 본사의 대칭적 구조는 제7-11곡의 결속과 종결에서 정리한 [A - B - C - B - A]형의 대칭표현에 상응하는 구조이다.

5. 결론

지금까지 〈풍아별곡〉의 7종 텍스트의 구조를 개관하고, 그 하나인 제1, 7-11곡으로 구성된 6곡 텍스트의 결속, 종결, 구조, 주제 등을 검토해 보았다. 그 결과를 정리 요약하는 것으로 결론을 대신하면 다음과 같다.

첫째로, 7종 텍스트와 이 텍스트들에서 개관된 구조는 다음과 같이 정리 요약된다.

1) 전체 텍스트는 제1곡(단시조 1수), 제2-6곡[『시경』의 〈황황자화〉(5장, 총20구), 〈첨피기욱〉(3장, 총27구), 〈녹명〉(3장, 총24구), 〈실솔재당〉(3장, 총24구), 〈산유추〉(3장, 총24구) 등에 현토한 곡들], 제7-11곡[제2-6곡의 각곡들을 각각 단시조 1곡씩으로 다시 요약한 곡들] 등으로 구성되며, 이 전체 텍스트의 구조는 '수/미(首/頭, 제1곡), 동(胴, 제2-6곡), 미(尾, 제7-11곡)' 또는 '서사(제1곡), 본사(제2-6곡), 결사(제7-11곡)' 등의 3단 구조이다.
2) 부분 텍스트 중에는 3곡으로 구성된 5종류의 텍스트들이 있다. 즉 제1, 2, 7곡 텍스트, 제1, 3, 8곡 텍스트, 제1, 4, 9곡 텍스트, 제1, 5, 10곡 텍스트, 제1, 6, 11곡 텍스트 등이다. 이 5종류의 텍스트들은 서사, 본사, 결사 등의 3단 구조이다.
3) 부분 텍스트 중에는 6곡으로 구성된 제1, 7-11곡 텍스트가 있다. 이 텍스트는 서사(제1곡), 본사(7-11곡)의 구조이다.

둘째로, 제1, 7-11곡으로 구성된 6곡 텍스트에서 정리된 결속과 종결은 다음과 같이 요약된다.

1) 단락의 단락성(/시종)과 결속성을 보여주는 일탈은 3종류이다. 하나는 제1곡(두)의 종장 끝시어('보-')가 보이는 제1, 7-11곡의 종장 끝시어 'ᄒᆞ-'의 규범을 벗어난 일탈이고, 다른 하나는 제9곡(미3)의 종장 끝시어('ᄒᆞ리라')가 보이는 제7-11곡(미1-미5)의 종장 끝시어 'ᄒᆞ노라'의 규범을 벗어난 일탈이며, 나머지 하나는 제10곡(미4)의 종장 구문('-ㄴ가 ᄒᆞ노라')이 보이는 제7, 8, 10, 11곡(미1, 미2, 미4, 미5)의 종장 구문('-ㄹ가(/까) ᄒᆞ노라')의 규범을 벗어난 일탈이다.

2) 단락의 단락성(/시종)과 결속성을 보여주면서 단락의 구조를 암시하는 대칭표현은 두 종류이다. 하나는 ['아마도 … ᄒᆞ노라'(제8곡, 미2) - 대칭축(제9곡, 미3) - '아마도 … ᄒᆞ노라'(제10곡, 미4)]의 대칭표현이고, 다른 하나는 ['ᄒᆞ노라'(제7곡, 미1) - 대칭축(제9곡, 미3) - 'ᄒᆞ노라'(제11곡, 미5)]의 대칭표현이다.

3) 1)에서 정리한 제9곡(미3)의 종장 끝시어('ᄒᆞ리라')가 보이는 제7-11곡(미1-미5)의 종장 끝시어('ᄒᆞ노라')의 규범을 벗어난 일탈과, 2)에서 정리한 두 대칭표현은, [A - B - C - B - A]형의 대칭표현을 말해준다. 이 대칭표현은 [A - B - C - B - A]형의 대칭적 구조를 암시한다.

4) 제1곡(서/두)의 단락과 제7-11곡(미1-미5)의 단락이 한 텍스트로 결속되어 있다는 사실을 보여주는 일탈표현으로는, 중장에서 '-를/을 됴하 ᄒᆞ나'(제1, 8, 10곡)와 '-를/을 -ㄹ지니'(제7, 9곡)를 번갈아 반복하는 규범을 '빅년 후 도라 보오'로 벗어난 제11곡(미5) 중장의 일탈이 있다.

셋째로, 제1, 7-11곡으로 구성된 6곡 텍스트의 구조와 주제는 다음과 같이 요약된다.

1) 제1, 7-11곡으로 구성된 6곡 텍스트는 서사(제1곡), 본사(제7-11곡)의 구조이다.

2) 제7-11곡의 본사는 2종류의 구조로 정리된다. 하나는 이 작품이 즐겁게 하고자 한 시적 청자(빈객)인 파송된 관리, 고위직의 군자, 유덕한 좌상객, 선비(또는 유생), 서민 등의 위계질서에 기반을 둔 점강적 구조이다. 다른 하나는 즐김의 정도에서 보이는 제7, 8, 9곡의 점층적 구조와 제9, 10, 11곡의 점강적 구조가 대칭된 [A -

B - C - B - A]형의 대칭적 구조이다.

3) 1)과 2)의 구조들을 통하여 실현된 6곡 텍스트의 주제는 물론, 이 작품의 주제는 수성군수가 주관한 연회(수성군 관아의 연회나 향음주례의 연회)에서 화락(和樂)을 위해, 시적 청자들(빈객들)인 파송된 관리, 고위직의 군자, 유덕한 좌상객, 선비(또는 유생), 서민 등이 어떻게 즐겨야 하는가로 정리된다.

위백규의 〈농가(구장)〉

1. 서론

이 글은 위백규(1727~1798)가 지은 〈농가(구장)〉('구장'은 할주 또는 협주로 되어 있어 괄호 안에 넣었다.)의 결속, 종결, 구조 주제 등을 검토하는 데 연구의 목적이 있다.

〈농가(구장)〉에 대한 선행 연구들은 창작년대,[1] 원전비평과 주석,[2] 시어의 민요적 방언적 특성[3], 결속, 종결, 구조, 주제 등에서 다양하게 연

---

1 이종출(1970:45)은 〈자회가〉와 같은 61세(1787)경에 창작된 것으로 보았다. 김석회(1995:171)는 "위백규가 완전귀농을 결심하고 독경병행적 結社를 조직 실천해 나가기 시작하던 40대 초반에서 이 결사가 정착단계에 이른 40대 중반 무렵이라고 볼 수 있다."는 점에서, 40대 초중반(1767~1772)으로 보았다.

2 원전비평은 김석회(1992, 1995)와 장승철(1996:304-307)에서, 주석은 이종출(1970:46)과 장승철(1996:312-316)에서 각각 이루어졌다.

3 시어의 민요적 방언적 특성은 다음의 글들에서 주로 언급되었다. "순수한 우리말로 된 農村의 生活用語를 거침없이 使用하여 素朴한 農夫들의 生活感情을 보다 如實하게 나타내고 있으며, 조금도 技巧的인 虛飾이 없는 구수한 地方語의 驅使가 한결 더 親密感을 자아내고 있다."(이종출 1970:45), "농민이 실제로 주고받는 살아 있는 말을 방언 그대로 살려서 민요다운 표현을 했다."(조동일 1986:277), "민요적 언어 및 사투리의 수용"(임주탁 1991:249), "〈농가〉에서 사용된 어휘나 형식도 이미 사대부적인 것에서 많이 달라진 모습이다. 반복적 어휘사용에서 볼 수 있는 민요적 성향이라든가, 장흥지방 방언의 사용, 통제를 잃어 길어지는 구절 등이 그러하다."(정혜원 1995:87). 이 내용들은 그 후의 글들에서도 거의 비슷하게 반복되었다.

구되어 왔다. 이 중에서 이 글에서 다루려는 결속, 종결, 구조, 주제 등과 관련된 연구들을 정리하면 다음과 같다.

결속과 종결은 양희철(2013d)의 글에서 일부가 보인다. 그런데 이 글에서는 원고 분량상 적지 않은 결속과 종결을 생략하였기 때문에, 보완할 필요성을 느낀다.

구조는 전6수의 구조, 후3수의 구조, 전6수와 후3수를 종합한 전체 구조 등의 세 차원에서 정리되었다. 이를 정리해보자.

전6수의 구조는 "이른 아침부터 일터에 나가서 일을 하고 저녁에 집으로 돌아와"(이종출 1970:43)가 언급된 이래, 거의 비슷한 언급들이 반복되었다. 이는 배경시간의 구조와 논리적 구조에서 순차적 구조를 정리한 것이다. 그런데 이 주장들은 단시조별 소제목에 거의 의존하고 있어, 구조와 주제를 작품 내용에서 좀더 구체적으로 검토할 문제들을 남겨 놓았다.

후3수의 구조는 전6수에 비해 비교적 구체적으로 정리되었다. 배경시간은 가을 정도로 정리되다가, 정혜원(1995:88)에 이르러 순차적 구조가 어느 정도 정리되었다. 배경공간은 들과 음주회(또는 강신회)가 언급되면서 명확한 구조를 보여주지 않는다. 논리적 구조와 관련된 연구는 두 방향에서 정리되고 있다. 하나는 감회, 흥취, 기쁨 등의 정서로 정리한 것들(김석회 1995:161, 정혜원 1995:88, 권순회 2003:135)이고, 다른 하나는 개인, 가족, 공동체 등의 향유자로 정리한 것들(정혜원 1995:88, 김용찬 2003:148, 안혜진 2006:229)이다. 이렇게 후3수의 구조는 비교적 구체적으로 정리되었지만, 그 순차적 구조와 점층적 구조의 차원에서 좀더 명확하게, 종합적으로 정리할 문제들을 남겨 놓았다.

전6수와 후3수를 종합한 전체 구조는 김석회와 김용찬에 의해 논의되었다. 김석회(1995:161-162)는 전6수와 후3수의 구조를 '첨가된 구조' 또는 '얹어 놓은 구조'로, 김용찬(2003:148)은 원인(또는 과정)과 결실(또는 수확)의 긴밀한 호응으로 설명을 하였다. 이 두 설명은, 구조를 어느 정도 보여주지만, 주제 파악으로 연결되지 못하는 미진함을 보인다. 이 문제를 해결하고자 검토한 것이 [계획의 확인(제1수), 계획의 실천(제2-6수), 계획의 기대효과(제7-9수)]의 구조(양희철 2013d:106-108)이다.

이 작품의 주제 또는 이 작품의 성격은, 농부의 이상적인 삶의 방식을 형상화한 작품,[4] 농경행위의 의미 확인,[5] 내부결속 또는 공동체 의식의 권면,[6] 공동체적인 결속력의 강조와 수확기의 보람,[7] 농사 또는 항산의 권면,[8] 공동체에서 세운 계획의 확인과 그 실천 및 그 기대효과로 얻게 될 즐거움을 통해, 공동체적 농경에 동참하자는 청유(양희철 2013d:106-108), 생존한계선이 유지되는 안정감과 호혜성이 발현된 동락(同樂)이 자리한, 향촌공동체의 이상적인 모습,[9] 등으로 다양하게 언급되어 왔

4 "시적 주인공인 농부의 이상적인 삶의 방식을 형상화한 작품이다."(임주탁 1991:253).

5 "「농가구장」은 이러한 여건 속에서 그들의 농경행위의 의미를 확인하고 노동의 흥취를 고취하기 위해서 지어진 것으로 보인다."(김석회 1995:192).

6 이는 내부결속의 기능(김석회 1995:192)과, "農耕의 현장에서 잠시 쉬는 틈에 구성원들로 하여금 〈農歌九章〉을 가창하게 함으로서 노동의 흥취를 돋구고 한편으로는 공동체 의식을 권면하려 하였을 것으로 짐작된다."(권순회 2000:135)의 공동체 의식의 권면이다.

7 "1장에서 6장까지는 이와같이 공동체적인 결속력을 강조하고, 7장에서 9장까지는 구체적 인물들과 나누는 수확기의 보람을 노래한다."(정혜원 1995:88).

8 이와 같은 주제의 파악은 다음의 글들에서 보인다. "督農" 및 "勸農"의 역할(김석회 1995:192-195), "농부의 하루 일과를 단계적으로 제시하고 그 결과 얻어지는 풍요로운 공동체의 모습을 형상함으로서 구성원들에게 항산을 권면하려 한 것이다."(권순회 2003:142), "공동 노동과 그 즐거움을 거듭 강조하며, 농사에 적극 참여하는 시적 화자의 태도는 〈농가구장〉의 초점이 바로 농사를 권면하는 데에 놓여있음을 말해준다."(안혜진 2006:228), "… 전 6수가 한결같이 농사의 勸勉을 지향하고 있다는 사실에 유념할 때 가을 수확의 기쁨을 3수에 걸쳐 노래하고 있는 의미 역시 권농적 성격과 관련시켜 살펴볼 필요가 있다. 이 또한 농사 권면을 위한 하나의 장치임을 알 수 있기 때문이다."(안혜진 2006:229) 등등에서 발견된다. 그리고 이 주제들은 아울러 노동요의 기능인 노동의 흥취의 고취도 언급하고 있다.(김석회 1995:192, 권순회 2000:135).

9 "「農歌」는 魏伯珪가 생각했던 鄕村共同體의 이상적인 모습을 담고자 했던 것이다. 그 이상에는 生存限界線이 유지되는 安定感과 互惠性이 발현된 同樂이 자리하고 있

다. 이 주제들 또는 작품의 성격들은 이 작품의 주제를 어느 정도 보여주지만, 양희철의 글을 제외한 대다수가 구조에 기초하지 않았다는 점에서, 논리적인 설득력을 얻는 데는 다소 미흡함을 보이고 있다.

이렇게 선행 연구들의 대다수는 이 작품의 구조와 주제에서 보완하거나 다시 검토할 문제들을 남겨 놓았다. 특히 이 작품의 〈전6수〉의 텍스트, 〈후3수〉의 텍스트, 〈전6수+후3수〉의 텍스트 등은 각각 독립적인 구조와 주제를 가지면서, 독립된 텍스트들로 수용될 수도 있는데, 이를 검토하지 않았다. 그리고 이 작품에서는 노동의 시간을 축소시키고 있는데, 이에 대한 검토도 없다.

이런 문제들을 해결하려고 노력한 것이 양희철이 글이다. 그런데 이 글은 이 작품의 구조와 주제의 정리에서는 선행 연구들의 문제를 해결하지만, 결속과 종결의 정리에서는 보완하고 다시 정리할 부분들을 보인다. 이에, 결속과 종결을 다시 보완 정리하고, 구조와 주제는 앞의 글을 옮겨 쓰면서 일부를 보완하여, 〈농가(구장)〉의 결속, 종결, 구조, 주제 등을 다시 정리하려 한다.

2. 〈전6수〉의 텍스트

이 장에서는 〈전6수〉 텍스트의 결속과 종결을 먼저 다루고, 절을 바꾸어 구조와 주제를 정리하고자 한다.

西山의 도들 볏 셔고 굴움은 느제로 낸다
비 뒷 무근 플이 뉘 밧시 짓텃든고

었다고 할 수 있다."(신성환 2014:237, 256-257).

두어라 ᄎᆞ례 지운 일이니 ᄆᆡᄂᆞᆫ 대로 ᄆᆡ오리라(제1수, 朝出)

도롱이예 홈의 걸고 ᄲᅮᆯ 곱은 검은 쇼 몰고
고동플 ᄯᅳᆺ머기며 깃믈 ᄀᆞᆺ ᄂᆞ려갈 제
어ᄃᆡ셔 픔진 벗님 ᄒᆞᆷᄭᅴ 가쟈 ᄒᆞᄂᆞᆫ고(제2수, 適田)

둘너내쟈 둘너내쟈 긴 ᄎᆞᆫ골 둘너내쟈
바라기 역괴를 골골마다 둘너내쟈
쉬 짓튼 긴 ᄉᆞ래ᄂᆞᆫ 마조 잡아 둘너내쟈(제3수, 耘草)

ᄯᆞᆷ은 듣ᄂᆞᆫ 대로 듯고 볏슨 ᄶᅬᆯ 대로 ᄶᅬᆫ다
淸風의 옷길 열고 긴 파람 흘리불 제
어ᄃᆡ셔 길 가ᄂᆞᆫ 손님 아ᄂᆞᆫ ᄃᆞ시 머무ᄂᆞᆫ고(제4수, 午憩)

힝긔예 보리뫼오 사발의 콩닙치라
내 밥 만흘셰요 네 반찬 젹글셰라
먹은 뒷 ᄒᆞᆫ숨 ᄌᆞᆷ경이야 네오 내오 달올소냐(제5수, 点心)

돌아가쟈 돌아가쟈 ᄒᆡ 지거다 돌아가쟈
계변의 발 싯고 홈의 메고 돌아올 제
어ᄃᆡ셔 牛背草笛이 ᄒᆞᆷᄭᅴ 가쟈 ᄇᆡ아ᄂᆞᆫ고(제6수, 夕歸)[10]

10 텍스트는 김석회(1995:225-226)의 정리에 따라 『사강회문서첩』의 작품을 원본으로 보고 이를 인용하였다. 소제목은 다른 이본의 것이다.

2.1. 결속과 종결

이 텍스트는 앞의 인용에서 밑줄 친 바와 같이, 제2, 4, 6수의 중장들과 종장들에서 "… -ㄹ 제 / 어디셔 … -ㄴ고"를 반복한다는 점에서, 두 수씩을 한 단위로 묶을 수도 있고, 다르게 묶을 수도 있다. 이 중에서 후자로 정리하려 한다. 그 이유는 제1수가 일탈표현을 통하여 제2-6수와 구별되기 때문이다.

첫째로, 제1수가 보이는 세 일탈표현이다. 즉 제1수 초장·중장에서 보이는 종결어미의 일탈표현, 제1수 종장에서 보이는 첫시어의 일탈표현, 제1수 종장에서 보이는 끝시어의 일탈표현 등이다. 이를 차례로 보자.

먼저 제1수의 초장과 중장에서 발견되는 종결어미들(-ㄴ다, -ㄴ고)의 일탈표현을 보자. 제1-6수에서, 짝수에 해당하는 단시조들은 중장과 종장에서 "… -ㄹ 제 / 어디셔 … -ㄴ고"를 반복한다. 그리고 홀수에 해당하는 단시조들의 초장과 중장에서 종결어미를 보면 제1수가 일탈표현을 보여준다. 이런 사실을 보기 위해, 제1, 3, 5수의 초장과 중장의 종결어미를 인용해 보자.

제1수 : -ㄴ다(낸다, 초장), -ㄴ고(짓텃든고, 중장)
제3수 : -자(둘러내자, 초장), -자(둘러내자, 중장)
제5수 : -라(콩닙치라, 초장), -라(젹글셰라, 중장)

이 정리에서 보듯이, 제3수의 초장과 중장은 같은 종결어미 '-자'를 반복하고, 제5수의 초장과 중장도 같은 종결어미 '-라'를 반복한다. 이로 보면, 텍스트의 순서상 홀수에 해당하는 단시조들은 그 초장과 중장의 종결어미로 같은 어미를 반복하는 것이 규범인데, 이를 제1수는 일탈하였다.

이번에는 제1수 종장 첫시어의 일탈표현을 보자. 제1-6수 종장의 첫 시어들을 보면, '두어라'(제1수), '어듸셔'(제2수), '쉬 짓튼'(제3수), '어듸셔'(제4수), '먹은 뒷'(제5수), '어듸셔'(제6수) 등이다. 이 중에서 제1수의 '두어라'만이 감탄사이고, 나머지는 감탄사가 아니다. 이런 사실은 종장의 첫시어에서 비감탄사의 어휘를 쓰는 것이 규범이고, 이를 벗어난 제1수의 감탄사가 일탈표현임을 말해준다.

이번에는 제1수 종장 끝시어의 일탈표현을 보자. 제1-6수 종장의 끝 시어들을 보면, '믜오리라'(제1수), '흐는고'(제2수), '둘너내쟈'(제3수), '머무는고'(제4수), '달올소냐'(제5수), '빅아는고'(제6수) 등이다. 이 중에서 제1수의 '믜오리라'만이 시적 화자의 의지의 표현이고, 나머지는 청유법이나 설의법을 통한 청유의 표현이다. 이런 사실은 종장의 끝시어에서 청유의 표현이 규범이고, 이를 벗어난 제1수의 의지의 표현이 일탈표현임을 말해준다.

이 세 일탈표현들은 제1수가 나머지 제2-6수와 다른 단락임을 말해준다.

제1수의 단락성은 앞의 세 일탈표현으로도 파악할 수 있지만, 이어서 볼 제2-6수의 단락성으로 보면 좀더 명확해 진다.

둘째로, 제2-6수의 대칭표현을 보자. 이 대칭표현은 [동일 종결어미의 반복(-쟈, 제3수의 초장, 중장) - 대칭축(제4수) - 동일 종결어미의 반복(-라, 제5수의 초장, 중장)]의 대칭표현과 ['-ㄹ 제 / ○○○○(이) 흠끠 가쟈 -ㄴ고'(제2수) - 대칭축(제4수) - '-ㄹ 제 / ○○○○(이) 흠끠 가쟈 -ㄴ고'(제6수)]의 대칭표현으로 나누어 정리할 수 있다.

[동일 종결어미의 반복(-쟈, 제3수의 초장, 중장) - 대칭축(제4수) - 동일 종결어미의 반복(-라, 제5수의 초장, 중장)]의 대칭표현을 보기 위해, 제3, 4, 5수의 초장과 중장의 종결어미들을 인용하면 다음과 같다.

제3수 : -쟈(둘러내쟈, 초장), -쟈(둘러내쟈, 중장)

제4수 : -다(ᄶᅬᆫ다, 초장), 제(제, 중장)

제5수 : -라(콩닙치라, 초장), -라(젹글셰라, 중장)

이 정리에서 보듯이, 제3수의 초장과 중장의 종결어미에서는 같은 '-쟈'를 반복한다. 그리고 제5수의 초장과 중장의 종결어미에서도 같은 '-라'를 반복한다. 이런 점에서 앞의 대칭표현을 정리할 수 있다.

['-ㄹ 제 / ○○○○(이) 홈ᄭᅴ 가쟈 -ㄴ고'(제2수) - 대칭축(제4수) - '-ㄹ 제 / ○○○○(이) 홈ᄭᅴ 가쟈 -ㄴ고'(제6수)]의 대칭표현을 쉽게 볼 수 있게, 제2, 4, 6수를 다시 인용하면 다음과 같다.

도롱이예 홈의 걸고 ᄲᅳᆯ 곱은 검은 쇼 몰고
고동플 ᄯᅳᆺ머기며 깃믈 ᄀᆞᆺ ᄂᆞ려<u>갈 제</u>
<u>어ᄃᆡ셔</u> 픔진 벗님 <u>홈ᄭᅴ 가쟈</u> ᄒᆞ<u>ᄂᆞᆫ고</u>(제2수, 適田)

ᄯᆞᆷ은 듣ᄂᆞᆫ 대로 듯고 볏슨 ᄶᅬᆯ 대로 ᄶᅬᆫ다
淸風의 옷길 열고 긴 파람 흘리<u>불 제</u>
<u>어ᄃᆡ셔</u> 길 가ᄂᆞᆫ 손님 아는 ᄃᆞ시 머무<u>ᄂᆞᆫ고</u>(제4수, 午憩)

돌아가쟈 돌아가쟈 ᄒᆡ 지거다 돌아가쟈
계변의 발 싯고 홈의 메고 돌아<u>올 제</u>
<u>어ᄃᆡ셔</u> 牛背草笛이 <u>홈ᄭᅴ 가쟈</u> ᄇᆡ아<u>ᄂᆞᆫ고</u>(제6수, 夕歸)

이 인용에서 보듯이, 제2, 4, 6수의 중장에서는 '-ㄹ 제'를 반복하고, 종장에서는 '어ᄃᆡ셔 … -ㄴ고'를 반복한다. 이 사실만을 보면, 대칭표현이 아니라 반복표현이라고 할 수 있다. 그러나 제2, 6수 종장의 밑줄

친 부분에서는 제4수에 없는 '홈끠 가쟈'를 대칭적으로 표현하고 있다. 이런 점에서 제2, 6수는 제4수를 대칭축으로 하는 대칭표현을 보여준다고 정리할 수 있다.

이 두 대칭표현들은 제2-6수의 대칭표현을 보여준다. 이 제2-6수의 대칭표현은 제1수의 단락으로부터 제2-6수가 분리된 단락성과 제2-6수의 단락내 결속을 보여주고, 시종의 대칭에 의해 이 단락의 종결을 보여준다.

셋째로, 제1, 2수의 초장들에서 보여주는, '-고'를 포함한 복문의 반복표현이다. 지금까지 정리한 일탈표현과 대칭표현만을 보면, 제1단락(제1수)과 제2단락(제2-6수)은 분리만 되어 있다. 이 두 단락간의 결속을 보이는 표현이 제1, 2수의 초장들에서 보여주는, '-고'를 포함한 복문의 반복표현이다. 제1수의 초장인 "西山의 도들 볏 셔고 굴움은 느제로 낸다"는 연결어미 '-고'를 사용한 복문이다. 그리고 제2수의 초장인 "도롱이예 홈의 걸고 썔 곱은 검은 쇼 몰고" 역시 연결어미 '-고'를 사용한 복문이다. 이 연결어미 '-고'를 사용한 복문의 순차적 반복은 제1수(제1단락)과 제2수(제2단락)의 결속을 보여준다.

넷째로, 제1-6수 초장들이 보이는 대구의 반복과 민요적 표현(aaba)의 반복표현이다. 이를 보기 위해 초장들을 인용하면 다음과 같다.

> 西山의 도들 볏 셔고 굴움은 느제로 낸다(제1수의 초장)
> 도롱이예 홈의 걸고 썔 곱은 검은 쇼 몰고(제2수의 초장)
> 둘너내쟈 둘너내쟈 긴 츤골 둘너내쟈(제3수의 초장)
>
> 쑴은 듣는 대로 듯고 볏슨 쐴 대로 쬔다(제4수의 초장)
> 힝긔예 보리뫼오 사발의 콩닙치라(제5수의 초장)
> 돌아가쟈 돌아가쟈 히 지거다 돌아가쟈(제6수의 초장)

이 인용에서 보면, 제1, 2, 4, 5수에서는 전후를 '-고/오'로 연결하는 대구를 보여준다. 이에 비해 제3, 6수에서는 aaba형의 민요적 표현을 보여준다. 이를 종합하면, [대구 - 대구 - 민요적 표현(aaba)]이 반복하는 [대구 - 대구 - 민요적 표현(aaba) - 대구 - 대구 - 민요적 표현(aaba)]을 보여준다. 이 형식은 반복에 의해 제1단락(제1수)과 제2단락(제2-6수)의 결속을 보여준다.

다섯째로, ['돋을 볏 서고'(제1수의 초장) - 대칭축 - '힉 지거다'(제6수의 초장)]의 대칭표현이다. 제1수의 초장("서산(西山)의 도들 볏 셔고 굴움은 느제로 낸다")에서는 해가 뜨는 '돋을 볏 서고'를 보여준다. 그리고 제6수의 초장("돌아가쟈 돌아가쟈 힉 지거다 돌아가쟈")에서는 해가 지는 '힉 지거다'를 보여준다. 이 두 표현은 해가 뜨고 지는 것을 시종으로 대칭시킨 것이다. 이 시종은 시종에 의한 종결의 표현이다.

2.2. 구조와 주제

이 절에서는 배경시간과 배경공간의 구조를 먼저 다루고, 절을 바꾸어 논리적 구조와 주제를 정리하고자 한다.

2.2.1. 배경시공간의 구조

〈전6수〉 텍스트의 구조는 각수의 소제목을 중심으로, 여름 어느 하루의 아침부터 저녁까지의 순차적 구조로 정리되어 왔다.[11] 이 순차적 구

11 이 순차적 구조는 이종출(1970:43)에 의해 일차로 "이른 아침부터 일터에 나가서 일을 하고 저녁에 집으로 돌아와"로 정리되었다. 그 다음에 임주탁(1991:253)은 "「농가」는 아침[朝]에서 저녁[夕]까지, … 시간적 진행에 따라 형상화하고"로 정리되면서, 시간적 진행 즉 순차적 구조가 드러났다. 그리고 김석회(1995:161)는 "아침에 집을 나서서, 농구를 갖추고 들에 나가, 김을 매고, 점심 때 잠깐 쉴참을 즐기다가, 점심을 먹고, 저녁에 집에 돌아오기까지의 과정"을 그린 것으로 설명을 하였다. 이와 거의 같은

조의 정리에 큰 문제가 있는 것은 아니지만, 제1수가 과연 '조출(朝出)'인가는 검토를 요한다. 또한 이 순차적 구조 외에 배경시간의 구조에서 새로 검토할 것도 있다. 그리고 〈전6수〉 텍스트의 배경공간의 구조는 정리된 것이 없다. 이 텍스트의 배경시간과 배경공간의 구조를 정리하기 위하여, 각 단시조별로 배경시간과 배경공간을 먼저 정리해 보자.

제1수의 배경시간은 아침1이다. 이 아침1은 초장인 "서산(西山)의 도들 볏 셔고 굴움은 느제로 낸다"에서 쉽게 알 수 있다. 그리고 제1수의 배경공간은 집으로 추정된다. 왜냐하면 제1수는 종장인 "두어라 ᄎᆞ례 지운 일이니 미는 대로 미오리라"에서와 같이, 그 날 할 일을 확인하고 있는데, 이 확인이 있어야, 제2수의 밭으로 나아갈 수 있기 때문이다. 이런 점들에서, 제1수의 배경시간은 아침1로, 배경공간은 집으로 정리할 수 있다. 그리고 이 그 날 할 일의 확인은 이 제1수의 소제목으로 쓴 '조출(朝出, 아침에 나아가다)'이 정확한 것이 아님을 말해준다. 물론 소제목은 『사강회문서첩』에서는 발견되지 않는다.

제2수의 배경시간은 아침2이다. 이 아침2는 밭으로 나아가고 있는 시간을 보여주는 초장과 중장에서 추정할 수 있다. 즉 초장과 중장인 "도롱이예 홈의 걸고 뿔 곱은 검은 쇼 몰고 / 고동플 뜻머기며 깃믈 ᄀᆞᆺ ᄂᆞ려갈 제"는 밭으로 나아가는 모습을 그리고 있다. 이는 제1수의 아침1에 이어지는 것이고, 이와 같이 농부가 밭으로 나아가는 시간은 아침이란 점에서, 아침2로 추정된다. 그리고 제2수의 배경공간은 앞의 초장과 중장은 물론 종장인 "어디셔 픔진 벗님 홈씌 가쟈 ᄒᆞᄂᆞᆫ고"로 보아, 집에서 밭으로 나아가는 길이다. 이런 점들에서, 제2수의 배경시간은 아침2로, 배경공간은 밭으로 나아가는 길로 정리할 수 있다.

설명들이, 정혜원(1995:88), 권순회(2003:134-135), 김용찬(2003:134), 신성환(2014:248) 등에서도 발견된다.

제3수의 배경시간은 오전이다. 제3수를 보면, 정확한 배경시간을 말해주는 시어가 없다. 단지 함께 하는 김매기만을 보여준다. 그러나 제2수와 제4수로 보아, 제3수의 김매기가 오전에 하는 일임을 알 수 있다. 이에 근거하여 오전으로 정리한다. 그리고 제3수의 배경공간은 두 말할 것도 없이, 김매기를 하는 밭이다. 이런 점들에서, 제3수의 배경시간은 오전으로, 배경공간은 밭으로 정리할 수 있다.

제4수의 배경시간은 오시(午時)이다. 제4수의 문면에서도 배경시간을 정확하게 말해주는 시어들은 보이지 않는다. 단지 초장과 중장인 "ᄯᆞᆷ은 듣는 대로 듯고 볏슨 쐴 대로 쬔다 / 청풍(淸風)의 옷길 열고 긴 파람 흘리불 제"로 보아, 오전 일을 끝내고 쉬는 시간임을 파악할 수 있다. 그런데 이 휴식이 점심 이전의 것이고, 부제목이 '오게(午憩)'라는 점에서, 배경시간을 '오시(午時)'로 정리한다. 그리고 제4수의 배경공간은 오전 일을 끝내고 쉬는 곳이며, 종장인 "어디셔 길 가는 손님 아는 ᄃᆞ시 머무ᄂᆞᆫ고"에서와 같이, 길손도 같이 하는 공간이다. 이런 배경공간은 밭이거나 밭의 주변인데, 밭으로 정리해도 문제가 없다. 이런 점들에서 제4수의 배경시간은 오시로, 배경공간은 밭으로 정리할 수 있다.

제5수의 배경시간은 오후(점심때)이다. 이 오후(점심때)는 점심 먹는 모습과, 먹은 뒤의 한숨 잠결에서 알 수 있다. 그리고 제5수의 배경공간 역시 점심을 먹고 한숨을 잘 수 있는 밭이거나 밭의 주변인데, 이 역시 밭으로 정리해도 문제가 없다. 이런 점들에서 제5수의 배경시간은 오후(점심때)로, 배경공간은 '밭'으로 정리할 수 있다.

제6수의 배경시간은 저녁이다. 이 저녁은 초장의 'ᄒᆡ 지거다'와 소제목인 '석귀(夕歸)'에서 알 수 있다. 그리고 제6수의 배경공간은 중장의 '돌아올 제'로 보아 집으로 돌아오는 길이다. 이런 점들에서 제6수의 배경시간은 저녁으로, 배경공간은 집으로 돌아오는 길로 정리할 수 있다.

이렇게 〈전6수〉 텍스트에서 각각 정리된 배경시간과 배경공간은 다음과 같이 종합된다. 먼저 배경시간은 [아침1(제1수) - 아침2(제2수) - 오전(제3수) - 오시(제4수) - 오후(점심때, 제5수) - 저녁(제6수)]으로 종합되는 순차적 구조이다. 동시에 제2-6수는 제4수의 오시를 대칭축으로 그 전후가 대칭하는 대칭적 구조이다.

다음으로 배경공간은 [집(제1수) - 밭으로 나아가는 길(제2수) - 밭(제3수) - 밭(제4수) - 밭(제5수) - 집으로 돌아오는 길(제6수)]로 종합되는 순차적 구조이다. 동시에 제2-6수는 제4수의 '밭'을 대칭축으로 그 전후가 대칭하는 대칭적 구조이다.

2.2.2. 논리적 구조와 주제

이 항에서는 〈전6수〉 텍스트의 논리적 구조와 주제를 정리하고자 한다. 이와 관련하여, 시적 화자와 공동체 의식이 다양하게 강조되어 왔다.[12] 그러나 이 시적 화자와 공동체적 의식을 단시조별 주제와 연관시키고, 다시 이 단시조별 주제들을 바탕으로 이 텍스트의 구조와 주제를 파악하는 것이 바람직한데, 이렇게 연구한 경우는 보이지 않는다. 이 논리적 구조와 주제를 이제부터 검토해 보자.

---

12 공동체 의식의 언급은 여러 글들에서 보인다. 우선 이 공동체 의식은 처음에는 "한편 그는 『사중약강』에서 상부상조를 강조하고 있다. 그의 이러한 면은 〈농가〉의 전편에서 발견할 수 있다."(여기현 1988:155)에서와 같이 '상부상조'로 나오다가, 다음의 글들에서 공동체 의식으로 바뀌어 나온다. 김석회(1995:165)는 "공동체적 연대감과 내적 결속을 구체적으로 형상하고 있는 대목들을 몇 군데 들어 보면 다음과 같다."고 지적한 다음에, 그 예들을 제1-6수에서 정리하였다. 정혜원(1995:88)은 "첫 단락에서 너와 나의 구분이 없는 공동체적 협동과정을 강조하여 그것을 바탕으로 한 노동과 삶의 방식을 미화하고", "1장에서 6장까지는 대체로 종장에서 상호협동 태도를 강조하고 있다.", "1장에서 6장까지는 이와같이 공동체적인 결속력을 강조하고" 등으로 정리를 하였다. 권순회(2003:137-138)는 "이상과 같이 위에 제시한 여섯 수는 새벽녘에 들에 나가 김을 매고 저녁에 돌아오기까지의 농부의 일과를 단계별로 노래하고 있다. 또한 예외 없이 초장과 중장에서 농경의 상황을 제시하고 이를 종장에서 공동체 의식으로 집약하는 구조로 짜여졌다. 때문에 매 수마다 공동체 의식으로 충일되어 있다."고 정리를 하였다.

西山의 도들 볏 셔고 굴움은 느제로 낸다
비 뒷 무근 플이 뉘 밧시 짓텃든고
두어라 ᄎᆞ례 지운 일이니 ᄆᆡ는 대로 ᄆᆡ오리라(제1수, 朝出)

제1수의 중장에서는 아침에 누구네 밭의 풀이 짙었는가를 설의법(수사 의문문)으로 표현하였다. 이 설의법은 누구네 밭의 풀이 짙었는가를 시적 청자에게 묻는 것인데, 일반적인 의문법과는 다르게 누구네 밭 할 것 없이 비온 뒤에 모든 밭에 풀이 짙었다는 당연한 대답을 시적 청자 스스로가 답하게 유도하고 있다. 이는 그 날 김매기를 누구네 밭부터 할 것인가를 돌려서 물은 것으로, 시적 청자를 그 날 할 일로 끌어들이는 기능을 한다. 그 다음에 이내 종장을 통하여, 모든 공동체 구성원들의 밭을 이미 차례로 정하였으니, 이 차례로 매겠다고 노래를 하였다. 이 차례로 매겠다는 내용은, 그 바로 앞에서 끌어들인 시적 청자가 없다면, 그 날 할 일을 스스로 확인하는 것에 불과하다. 그러나 이 차례로 매겠다는 내용은, 그 바로 앞에 설의법으로 끌어들인 시적 청자들이 있어, 그 시적 청자들로 하여금 이 차례로 정해진 순서의 계획을 따르자는 간접적인 청유의 의미를 갖게 된다. 이런 점에서 제1수는 아침에 공동체에서 이미 그 날 할 일로 계획한 일을 따르자고 시적 청자들에게 청유하는 것으로 정리할 수 있다. 이는 계획의 확인 차원에서 공동체적 농경에 동참하자는 청유이다.

이 청유는 '서'에 해당한다.

제2-6수는 제1수에서 보여준 계획(그 날 할 일)의 확인 차원('서')에 이어서, 계획(그 날 할 일)의 실천 차원('본')에서 노래를 하였다. 이를 차례로 보자.

도롱이예 홈의 걸고 쁠 곱은 검은 쇼 몰고

고동플 ᄠᅳᆺ머기며 깃믈 ᄀᆞᆺ ᄂᆞ려갈 제
어ᄃᆡ셔 픔진 벗님 ᄒᆞᆷᄢᅴ 가쟈 ᄒᆞᄂᆞᆫ고(제2수, 適田)

제2수에서는 집에서 밭으로 나아가는 길을 노래하고 있다. 나아가는 곳이 정확하게 밭이라는 사실을 보여주는 표현은 문면에 없다. 그러나 제3수로 보아 밭으로 나아가는 길로 정리된다. 그리고 이 제2수에서 주목되는 것은 '품진 벗님이 함께 가자고 하는 것'이다. 이에 나타난 '품진 벗님'은 '품앗이에서 품을 빚진 벗님'의 의미라는 점에서 공동체 구성원의 일원이다. 그리고 종장의 설의법(수사 의문문)은 당연한 것을 질문으로 돌려, 시적 청자들이 그 질문에 대답하게 유도하고 있다. 그것도 시적 화자가 주도하고 있는 공동체적 농경에서의 한 일과인 밭으로 나아가는 길에 품진 벗님이 합류하고 있다는 사실을 대답하게 유도하였다. 그러면 왜 이 설의법을 통하여, 이 당연한 답을 유도하였을까. 이는 품진 벗님의 합류를 통하여 시적 청자들의 합류를 청유하는 것으로 볼 수 있다. 왜냐하면, 누구에게 어떤 일에 합류하자고 청유할 때, 청유를 직접 표현하지 않고, 나의 주도에 누구도 합류했다는 사실만을 제시하면서 합류를 간접적으로 청유하는 경우가 있기 때문이다. 이런 점에서, 제2수는 아침에 밭으로 나아가는 길에 만난 품진 벗님의 합류를 통하여, 시적 청자들에게 합류를 청유하는 것으로 정리할 수 있다. 이는 계획의 실천(밭으로 나아가는 일과) 차원에서, 공동체적 농경에 동참하자는 청유이다.

둘너내쟈 둘너내쟈 긴 ᄎᆞᆫ골 둘너내쟈
바라기 역괴를 골골마다 둘너내쟈
쉬 짓튼 긴 ᄉᆞ래ᄂᆞᆫ 마조 잡아 둘너내쟈(제3수, 耘草)

제3수에서는 김매기를 하면서 함께 하자고 직접 청유하고 있다. 이런 사실은 일차로 초장과 중장의 '둘러내쟈'의 청유에서 알 수 있다. 그런데 이 청유는 공동체 구성원들에게 하는 청유로 끝나지 않고, '너와 내가' 둘러내자는 청유도 보여준다. '너와 내가'라는 표현은 문면에는 없다. 그러나 '마조 잡아'의 앞에 생략된 행위 주체가 누구인가를 생각하면, '너와 내가' 생략되었음을 알 수 있다. 이 '(너와 내가) 마조 잡아 둘너내쟈'의 청유는 공동체적 농경에 동참하자는 청유이다. 이런 점에서, 제3수는 너와 내가 마주 하는 김매기를 통하여, 시적 청자들에게 지속적인 동참을 청유하는 것으로 정리할 수 있다. 이는 계획의 실천(마주 하는 김매기의 일과) 차원에서 공동체적 농경에 동참하자는 청유이다.

> ᄯᆞᆷ은 듣ᄂᆞᆫ 대로 듯고 볏슨 쬘 대로 쬔다
> 淸風의 옷길 열고 긴 파람 흘리불 제
> 어ᄃᆡ셔 길 가ᄂᆞᆫ 손님 아ᄂᆞᆫ ᄃᆞ시 머무ᄂᆞᆫ고(제4수, 午憩)

제4수를 언뜻 보면, 개인의 행동을 노래한 것 같다. 그러나 이 제4수 전후의 상황과 제4수의 초장과 중장에 생략된 시어들을 보면, 공동체 구성원들의 행동을 노래한 것으로 판단된다. 즉 초장에 나온 'ᄯᆞᆷ'은 누구의 '땀'인가. 시적 화자의 '땀'일 수도 있고, 너와 나의 '땀'일 수도 있다. 그리고 '볕을 쬔' 주체 역시 시적 화자일 수도 있고, 너와 나일 수도 있다. 그런데 제3수와 제5수가 너와 나를 노래하고 있다는 점에서, 제4수도 너와 나의 휴식을 노래한 것으로 보인다. 또한 제4수는 이 휴식의 묘사로 끝나지 않고, 길손이 아는 듯 머무름을 설의하고 있다. 이 설의법은 당연한 것을 질문으로 돌려, 시적 청자들이 그 질문에 대답하게 유도하고 있다. 그것도 시적 화자가 주도하고 있는 공동체적 농경에서의 한 일과인 휴식에 길손도 동참하고 있다는 사실을 대답하게 유도하였다. 그러면 왜 이 설의법을 통하여, 이 당연한 답을 유도하였을까. 이는 길손의 동참을 통하여, 시적 청자들의 지속적인 동참을 청유하는 것으로 볼 수 있다. 왜냐하면, 누구에게 어떤 일에 동참하자고 청유할 때, 청유를 직접 표현하지 않고, 나의 주도에 누구도 동참했다는 사실만을 제시하면서, 동참을 간접적으로 청유하는 경우가 있기 때문이다. 이런 점에서, 제4수는 오시에 너와 나에 길손도 함께하는 휴식을 통하여, 시적 청자들에게 동참을 청유하는 것으로 정리할 수 있다. 이는 계획의 실천(휴식의 일과) 차원에서 공동체적 농경에 동참하자는 청유이다.

> 힝긔예 보리뫼오 사발의 콩닙치라
> 내 밥 만홀셰요 네 반찬 젹글셰라
> 먹은 뒷 훈숨 좀경이야 네오 내오 달올소냐(제5수, 点心)

초장과 중장을 보면, 공동체 구성원들이 함께 나누어 먹는 점심을 노래하고 있다. 그리고 종장을 보면, 공동체 구성원인 너와 내가 공동체적 농경에서 한 일과인 점심과 짧은 낮잠경이 다르지 않다는 대답을 설의법으로 유도하고 있다. 이 유도는 시적 청자들로 하여금 자신들이 동참한 공동체적 농경에서의 휴식과 낮잠경을 통하여, 지속적인 동참을 청유하는 것이다. 이런 점에서, 제5수는 너와 내가 함께 하는 점심과 짧은 낮잠경을 통하여 시적 청자에게 동참을 청유하는 것으로 정리할 수 있다. 이는 계획의 실천(점심과 낮잠경의 일과) 차원에서 공동체적 농경에 동참하자는 청유이다.

> 돌아가쟈 돌아가쟈 히 지거다 돌아가쟈
> 계변의 발 싯고 홈의 메고 돌아올 제
> 어듸셔 牛背草笛이 홈끠 가쟈 비아는고(제6수, 夕歸)

초장에서는 공동체 구성원들에게 저녁에 함께 돌아가자고 청유를 하고 있다. 그리고 중장에서는 발을 씻고 돌아오고 있으며, 종장에서는 우배초적이 합류하는 사실을 설의하고 있다. 이 설의법이 유도하는 대답 역시 간접적인 청유의 기능을 한다. 이런 점에서, 제6수는 집으로 돌아오는 길에 만난 우배초적의 합류를 통하여, 시적 청자들의 합류를 청유하는 것으로 정리할 수 있다. 이는 계획의 실천(집으로 돌아오는 일과) 차원에서 공동체적 농경에 동참하자는 청유이다.

지금까지 정리한 내용을, 계획의 확인과 실천이라는 차원과, 무엇을 통해서 동참을 청유했는가 하는 차원에서 다시 정리해 보자.

제1수: 계획의 확인을 통해, 공동체적 농경에 동참하자는 청유

제2수: 계획의 실천(밭으로 나아가는 일과)을 통해, 공동체적 농경에 동참하자는 청유

제3수: 계획의 실천(김매기의 일과)을 통해, 공동체적 농경에 동참하자는 청유

제4수: 계획의 실천(휴식의 일과)을 통해, 공동체적 농경에 동참하자는 청유

제5수: 계획의 실천(점심과 낮잠경의 일과)을 통해, 공동체적 농경에 동참하자는 청유

제6수: 계획의 실천(집으로 돌아오는 일과)을 통해, 공동체적 농경에 동참하자는 청유

이 정리에서 보면, 제1수는 계획의 확인('서')이고, 제2-6수는 계획의 실천('본')이다. 그리고 계획의 실천에서 보이는 일과들은 순차적이다. 이는 제2-6수가 논리적인 차원에서 순차적 구조로 되어 있음을 말해준다.

이번에는 무엇을 통해서 동참을 청유했는가 하는 차원에서 제2-6수를 다시 정리해 보자.

제2수 : 아침에 밭으로 나아가는 길에 만난 품진 벗님의 합류를 통한 동참의 청유

제3수 : 오전에 너와 내가 마주 하는 김매기를 통한 동참의 청유

제4수 : 오시에 너와 나에 길손도 함께하는 휴식을 통한 동참의 청유

제5수 : 오후에 너와 내가 함께 하는 점심과 짧은 낮잠경을 통한 동참의 청유

제6수 : 저녁에 집으로 돌아오는 길에 만난 우배초적의 합류를 통한 동참의 청유

이 정리에서 보면, 제2-6수는 대칭적 구조의 후미 전환형이다. 제4수를 대칭축으로, 제2수의 밭으로 나아가기와 제6수의 집으로 돌아오기가 대칭을 이루고, 이에 합류하는 품진 벗님(제2수)과 우배초적(제6수) 역시 대칭을 이룬다. 또한 제3수의 김매기에서 보이는 너와 나의 동참은 제5수의 점심과 짧은 낮잠경에서 보이는 너와 나의 동참과 대칭이다. 이런 점에서 제2-6수는 일단 대칭적 구조라고 정리할 수 있다. 그것도 제2, 3, 4수는 점층적 구조이고, 제4, 5, 6수는 점강적 구조이다. 즉 제2수에서는 품진 벗님의 합류를, 제3수에서는 너와 나의 동참을, 제4수에서는 너와 나에 길손도 함께 하는 동참을, 각각 보인다는 점에서 점층적이다. 이에 비해 제5수에서는 제4수의 길손이 빠진 너와 나의 동참만을 보여준다는 점에서 점강적이다. 그리고 제6수는 점강적 차원에서만 보면, 제2수에서 합류한 '품진 벗님의 분리'를 노래해야 한다. 그러나 제6수에서는 '품진 벗님의 분리'를 노래하지 않고, 우배초적의 합류를 노래하고 있다. 이는 제6수가 대칭적 구조의 후미에서 전환된 전환형이란 사실을

말해준다. 이런 점에서 이 텍스트의 논리적 구조는 대칭적 구조의 후미 전환형이라고 정리할 수 있다.

그리고 앞의 정리들로 보면, 이 텍스트의 주제를 [공동체에서 차례지운 계획의 확인과 그에 따른 일과의 실천을 통하여 보여준, 공동체적 농경에 동참하자는 청유]로 정리할 수 있다. 이 '청유'는 시적 화자가 이 텍스트에서 공동체적 농경에 함께 참여하면서 권하는 것이다.

이 주제는 지금까지의 설명에서 미진했던 세 부분을 보충할 수 있게 한다.

첫째는 왜 여름의 농가를 노래하면서 여름의 어느 하루의 농가로 노래했을까 하는 문제이다. 여름을 그 어느 하루로 노래하지 않고, 세 달을 노래하면, 농가에서 겪는 여름의 다양한 노동, 그것도 여름의 다양하고 어려운 노동을 노래해야 한다. 이렇게 되면 공동체적 농경에 동참하자는 청유를 하기가 어려워진다. 이 어려움을 피하기 위하여, 여름의 어느 하루로 여름을 표현했다고 정리할 수 있다.

둘째는 제2-6수의 내용에서 노동을 축소 내지 삭제하여 표현하였다는 문제이다. 여름에 농가의 생활은 노동으로 시작해서 노동으로 끝난다고 해도 과언이 아니다. 예로, 새벽같이 들에 나가, '일 - 새참 - 일 - 점심 및 휴식 - 일 - 새참 - 일'과 같은 순시로 일을 하고, 집으로 돌아온다. 이 과정과 〈전6수〉 텍스트를 비교하면, 노동이 상당히 축소되어 있다. 설령 이 텍스트의 표현인 제5수(점심과 짧은 낮잠)와 제6수(저녁에 집으로 돌아오기)만을 보아도, 오후에 하는 노동은 표현에 없다. 이는 오후에 노동을 하지 않는 것이 아니라, 그 노동을 표현에서 삭제한 것이다. 그러면 왜 이렇게 표현을 하였을까? 이 역시 과도한 노동의 노출은 공동체적 농경에 동참하자는 청유를 하는 데 방해가 되기 때문에 축소 내지 삭제한 것으로 판단한다.

셋째는 왜 제6수에서 '품진 벗님의 분리'를 노래하지 않고, 우배초적의 합류를 노래하였을까 하는 문제이다. 이 역시 공동체적 농경에 동참하자는 청유를 하는 데 방해가 되기 때문에, '품진 벗님의 분리'를, 우배초적의 합류로 바꾸어 노래하였다고 판단한다.(제2수에서 '우배초적의 분리'를 노래하지 않은 것도 마찬가지이다.)

이렇게 〈전6수〉 텍스트는 배경시간의 구조, 배경공간의 구조, 논리적 구조와 주제 등에서 독립성을 갖는다. 이런 점에서, 이 〈전6수〉 텍스트는 이 텍스트만으로도 떼어서 수용되었을 것으로 정리한다.

3. 〈후3수〉의 텍스트

〈후3수〉 텍스트의 결속, 종결, 구조, 주제 등을 보기 위하여, 이 텍스트를 인용하면 다음과 같다.

綿花는 세 ᄃᆞ래 네 ᄃᆞ래요 일은 벼는 픠는 모개
五六月 어제런돗 七月이 ᄇᆞ롬이다
<u>아마도</u> 하ᄂᆞ님 너희 삼길 제 날 위ᄒᆞ야 삼기샷다(제7수, 初秋)

아희는 낫기질 가고 집사ᄅᆞᆷ은 저리치 친다
새 밥 닉을 때예 새 술 걸릴셰라
<u>아마도</u> 밥 들이고 잔 자블 때예 豪興계워 ᄒᆞ노라(제8수, 嘗新)

醉ᄒᆞᄂᆞ니 늘그니요 웃ᄂᆞ니 아희로다
흐튼 슌비 흐린 술을 고개 수겨 권홀 때여
뉘라셔 흙장고 긴노래로 ᄎᆞ례춤을 미루ᄂᆞᆫ고(제9수, 飮社)

3.1. 결속과 종결

이 〈후3수〉의 텍스트는 그 종결에서 반복표현의 후미 전환형에 해당한다. 앞의 자료에서 보듯이, 제7, 8수는 그 종장 첫시어로 '아마도'를 반복하고, 이를 제9수에서는 '뉘라셔'로 전환하였다. 이는 반복표현의 후미 전환형에 속한 종결이다. 이 종결은 이 텍스트의 결속도 말해준다.

3.2. 구조와 주제

이 절에서는 배경시간의 구조, 배경공간이 구조, 논리적 구조, 주제 등을 차례로 검토하고자 한다.

먼저 배경시간은 순차적[13] 점층적 구조로 정리된다. 제7수의 배경시간은 '초추(初秋)'이다. 제8수의 배경시간은 '상신(嘗新)'으로 보아, '중추(中秋)'로 추정할 수 있다. 그리고 제9수의 배경시간은 '음사(飮社)'로 보아, 추수가 모두 끝난 '만추(晩秋)'로 추정할 수 있다. 이 초추, 중추, 만추 등은 순서로는 순차적이고, 깊어가는 정도로는 점층적이다. 이런 점에서 〈후3수〉의 배경시간은 순차적 점층적 구조라고 정리할 수 있다.

이번에는 배경공간을 보자. 제7수의 배경공간은 논과 밭을 아우르는 들이다. 제8수의 배경공간은 상신하는 집으로 추정된다. 그리고 제9수의 배경공간은 음사를 하는 마을 공동체의 공간으로 추정된다. 이 들, 집, 마을 공동체의 공간 등에서는 뚜렷한 구조를 찾기 어렵다.

이번에는 논리적 구조를 정리해 보자. 서론에서 약간 언급했듯이, 선

13 이 배경시간은 임주탁(1991:253)과 김석회(1995:161)에서는 가을 정도로 정리되다가, 정혜원(1995:88)의 "초가을부터 추수가 마무리 된 늦가을까지 수확을 전후한 농촌의 풍요로운 시기의 계절적 경과를 다루고 있다."에 이르러 어느 정도 순차적 구조로 정리되었다.

행 연구들은 이 텍스트의 논리적 구조를 두 측면에서 각각 정리하여 왔다. 하나는 감회, 홍취, 기쁨 등의 정서로 정리한 것들[14]이고, 다른 하나는 개인, 가족, 공동체 등의 향유자로 정리한 것들[15]이다. 이 두 측면은 논리적 구조에서 각각 분리하여 정리할 것이 아니라고 생각한다. 이 두 측면을 함께 정리하면 다음과 같다.

제7수에서는 시적 화자가 목화 다래와 패는 벼를 보면서, 무엇인가 즐거운 모습을 보여준다. 그것도 종장에서는 '하느님이 너희(목화, 벼)를 만들 때 나를 위해 만드셨다'고 자기중심적인 즐거움을 보여주고 있다. 이 즐거움은 "이렇다 할 느낌을 받지 않고 저절로 일어나는 홍취"인 만홍(漫興)에서 느끼는 즐거움이다. 이런 점들로 보아, 제7수는 시적 화자 개인이 초추에 들에서 느끼는 만홍의 즐거움을 노래했다고 정리할 수 있다. 제8수에서는 중추의 상신(嘗新)에 시적 화자가 가족(아이, 집사람)과 함께 느끼는 호홍(豪興)겨움의 즐거움을 보여준다. 그리고 제9수에서는 시적 화자가 공동체 구성들과 함께 음사(飮社)의 술, 노래, 춤 등에서 느끼는 유홍(遊興)의 즐거움을 보여주고 있다. 이렇게 논리적 구조는 그 향유자의 측면에서 시적 화자(제7수), 시적 화자와 가족(제8수), 시적 화

---

14 이 측면에서 정리한 연구로는, "초가을에 들판을 순례하는 감회, 햇곡식의 맛을 보는 감회, 飮酒會의 감회와 홍취"(김석회 1995:161), "초가을 들판의 풍요로움으로부터 추수후 햇곡식을 맛보는 기쁨과 마을잔치의 홍겨움까지"(정혜원 1995:88), "곡식이 무르익는 초가을의 풍성한 들판을 바라보는 심경과 추수한 햇곡식을 맛보는 감회, 그리고 늦가을 추수를 끝낸 뒤에 향촌민들이 어우러진 강신회(講信會)의 홍취를 정겹게 묘사하였다."(권순회 2003:135) 등이 있다.

15 이 측면에서 정리한 연구로는, "7장에서는 '나'만이 등장하지만 8장에서는 '아희'와 '집사롬'이라는 가족이 등장하며 9장에서는 '늙으니'와 '아희', 그리고 술마시고 노래부르고 춤추는 마을의 모든 구성원이 등장한다."(정혜원 1995:88), "… '초추(初秋)'는 화자의 개인적 체험과 감정을 위주로 서술되어 있다. 그러던 것이 결실의 향유라는 측면에서 '상신'에서는 화자의 가족으로 확대되고, '음사'에서는 향촌이라는 공동체의 모습으로 더욱 확장되어 나타난다."(김용찬 2003:148), "더구나 그 기쁨을 누리는 대상이 개인→가족→향촌 공동체로 점차 확장되고 있다."(안혜진 2006:229) 등의 글들이 있다.

자와 공동체 구성원(제9수) 등과 같이 점층적이고, 즐거움의 측면에서도, 만홍의 즐거움(제7수), 호홍겨움의 즐거움(제8수), 유홍의 즐거움(제9수) 등과 같이 점층적이다. 이런 점에서 〈후3수〉 텍스트의 논리적 구조는 점층적 구조라고 정리할 수 있다.

이 구조로 보아, 〈후3수〉 텍스트의 주제는 [농부가 가을에 점층적으로 느끼는 즐거움(만홍의 즐거움, 호홍겨움의 즐거움, 유홍의 즐거움)]으로 정리할 수 있다.

이 주제 역시 이 텍스트의 설명에서 그 설명이 미진했던 부분을 보충할 수 있게 한다. 이 텍스트에서도 가을 농가에서 볼 수 있는, 어려운 노동은 삭제되어 있다. 왜 이렇게 노동을 삭제했을까. 이는 이 텍스트의 주제인 가을의 즐거움을 노래하는 데, 농가에서 어려운 노동은 적합하지 않기 때문이다.

이렇게 〈후3수〉 텍스트는 배경시간의 구조, 논리적 구조와 주제 등에서 독립성을 갖는다. 게다가 후3수의 종장 첫구들을 보면, '아마도, 아마도, 뉘라셔' 등으로 반복형의 후미 전환형이라는 종결 표현의 유형을 보인다. 이런 점에서, 이 텍스트는 이 텍스트만으로도 수용될 수 있어, 수용되기도 했을 것으로 정리한다.

4. 〈전6수+후3수〉의 텍스트

이 장에서는 〈전6수+후3수〉의 텍스트에서, 그 결속, 종결, 구조, 주제 등을 두 절로 나누어 정리하고자 한다.

4.1. 결속와 종결

이 텍스트는 종결 표현을 보면, 대칭표현에서 후미를 전환하고 도치한 형태(양희철 2010c:154-155), 시종의 대칭표현, 반복표현의 후미 전환의 형태 등이 보이며, 이 종결 표현의 일부들은 단락간 결속도 보여준다. 부분적으로 인용하면서 정리하면 다음과 같다.

西山의 도들 볏 셔고 굴움은 느제로 낸다
비 뒷 무근 플이 뉘 밧시 짓텃든고
두어라 ᄎᆞ례 지운 일이니 ᄆᆡᄂᆞᆫ 대로 ᄆᆡ오리라(제1수, 朝出)

도롱이예 홈의 걸고 ᄲᅳᆯ 곱은 검은 쇼 몰고
고동플 뜻머기며 깃믈 ᄀᆞᆺ ᄂᆞ려갈 제
어ᄃᆡ셔 픔진 벗님 ᄒᆞᆷᄭᅴ 가쟈 ᄒᆞᄂᆞᆫ고(제2수, 適田)

둘너내쟈 둘너내쟈 긴 ᄎᆞᆫ골 둘너내쟈
바라기 역괴를 골골마다 둘너내쟈
쉬 짓튼 긴 ᄉᆞ래ᄂᆞᆫ 마조 잡아 둘너내쟈(제3수, 耘草)

ᄯᆞᆷ은 듣ᄂᆞᆫ 대로 듯고 볏슨 쬘 대로 쬔다
淸風의 옷길 열고 긴 파람 흘리불 제
어ᄃᆡ셔 길 가ᄂᆞᆫ 손님 아ᄂᆞᆫ ᄃᆞ시 머무ᄂᆞᆫ고(제4수, 午憩)

ᄒᆡᆼ긔예 보리 뫼오 사발의 콩닙 ᄎᆡ라
내 밥 만홀셰요 네 반찬 젹글셰라
먹은 뒷 ᄒᆞᆫ숨 ᄌᆞᆷ경이야 네오 내오 달올소냐(제5수, 点心)

돌아가쟈 돌아가쟈 ᄒᆡ 지거다 돌아가쟈
계변의 발 싯고 홈의 메고 돌아올 제
어ᄃᆡ셔 牛背草笛이 ᄒᆞᆷᄭᅴ 가쟈 ᄇᆡ아ᄂᆞᆫ고(제6수, 夕歸)

綿花ᄂᆞᆫ 세 ᄃᆞ래 네 ᄃᆞ래요 일은 벼ᄂᆞᆫ ᄑᆡᄂᆞᆫ 모개
五六月 어제런ᄃᆞᆺ 七月이 ᄇᆞ롬이다
아마도 하ᄂᆞ님 너희 삼길 제 날 위ᄒᆞ야 삼기샷다(제7수, 初秋)

아희ᄂᆞᆫ 낫기질 가고 집사ᄅᆞᆷ은 저리치 친다
새 밥 닉을 ᄣᅢ예 새 술 걸릴셰라
아마도 밥 들이고 잔 자블 ᄣᅢ예 豪興계워 ᄒᆞ노라(제8수, 嘗新)

醉ᄒᆞᄂᆞ니 늘그니요 웃ᄂᆞᆫ니 아희로다
ᄒᆞ튼 슌ᄇᆡ ᄒᆞ린 술을 고개 수겨 권ᄒᆞᆯ ᄣᅢ여
뉘라셔 흙장고 긴노래로 ᄎᆞ례 춤을 미루ᄂᆞᆫ고(제9수, 飮社)

가장 간단한 종결의 표현을 먼저 보면, [ᄎᆞ례(제1수 종장) - 대칭축(제5수) - ᄎᆞ례(제9수 종장)]의 대칭표현이다. 제1수의 종장인 “두어라 ᄎᆞ례 지운 일이니 ᄆᆡᄂᆞᆫ 대로 ᄆᆡ오리라”와 제9수의 종장인 “뉘라셔 흙장고 긴노래로 ᄎᆞ례 춤을 미루ᄂᆞᆫ고”를 보면, [ᄎᆞ례(제1수 종장) - 대칭축(제5수) - ᄎᆞ례(제9수 종장)]의 대칭표현을 보여준다. 그런데 이 대칭표현은 첫 수와 끝수의 대칭표현으로 시종의 대칭에 의한 종결을 보여준다.

이번에는 대칭표현의 후미를 전환하고 다시 도치한 형태를 보기 위하여, 이 텍스트의 대칭표현과 일탈표현을 정리하면 다음과 같다.

첫째로, 제2수의 초장과 제8수의 초장이 보이는 연결어미의 대칭표현이다. 제2수의 초장(‘결고’)과 제8수의 초장(‘가고’)에서 발견되는 연결어

미 '-고'들은 제5수('므오')의 '-오'를 대칭축으로 대칭한다. 이는 ['-고'(제2수) - '-오'(제5수, 대칭축) - '-고'(제8수)]의 대칭표현이다.

둘째로, 제4수와 제6수가 보이는 두 종류의 대칭표현이다. 하나는 ["○○의 … -고 … -ㄹ 제"(제4수) - 대칭축(제5수) - "○○의 … -고 … -ㄹ 제"(제6수)]의 대칭표현이고, 다른 하나는 ["어듸셔 … -ᄂᆞᆫ고"(제4수) - 대칭축(제5수) - "어듸셔 … -ᄂᆞᆫ고"(제6수)]의 대칭표현이다.

제4, 6수의 중장에서는 "○○의 … -고 … -ㄹ 제"의 구문을 반복하고 있다. 즉 이 반복하는 구문은 제4수 중장에서는 "청풍의 옷길 열고 긴 파람 흘리 불 제"를 통하여, 제6수 중장에서는 "계변의 손발 싯고 홈의 메고 돌아올 제"를 통하여 각각 나타난다. 이 두 반복된 구문은 제5수를 대칭축으로 대칭하면서, ["○○의 … -고 … -ㄹ 제"(제4수) - 대칭축(제5수) - "○○의 … -고 … -ㄹ 제"(제6수)]의 대칭표현을 보여준다.

제4, 6수의 종장에서는 "어듸셔 … -ᄂᆞᆫ고"의 구문을 반복하고 있다. 제4수의 종장에서는 "어듸셔 길 가ᄂᆞᆫ 소님닉 아ᄂᆞᆫ ᄃᆞ시 머무ᄂᆞᆫ고"를 통하여, 제6수의 종장에서는 "어듸셔 우배 초젹이 홈ᄭᅴ 가쟈 ᄇᆡ아ᄂᆞᆫ고"를 통하여 앞의 구문을 실현하고 있다. 이 반복 구문은 제5수를 대칭축으로 대칭하면서, ["어듸셔 … -ᄂᆞᆫ고"(제4수) - 대칭축(제5수) - "어듸셔 … -ᄂᆞᆫ고"(제6수)]의 대칭표현을 보여준다.

이 세 대칭표현들만을 보면, 이 텍스트는 텍스트의 전체가 아닌 부분에서만 대칭표현을 보여주는 것 같다. 그러나 이하에서 설명할 제8수와 제9수에서 보여주는 일탈표현들을 통하여 보여주는 대칭표현의 후미 전환과 그 도치를 보면, 대칭표현의 후미를 전환하고 도치시킨 형태를 확인할 수 있다. 이를 보기 위하여 전환 및 도치와 관련된 제8수의 일탈표현과 제9수의 일탈표현들을 보자.

셋째로, 제8수와 제9수에서 발견되는 대칭표현의 후미 전환과 도치에 관여된 일탈표현들이다. 이 일탈표현들을 보기 위하여 중장과 종장들을 인용하면 다음과 같다.

비 뒷 무근 플이 뉘 밧시 짓텃든고
두어라 ᄎᆞ례 지운 일이니 ᄆᆡᄂᆞᆫ 대로 ᄆᆡ오리라(제1수)

고동플 ᄠᅳᆺ머기며 깃믈 ᄀᆞᆺ <u>ᄂᆞ려갈 제</u>
<u>어ᄃᆡ셔</u> 픔진 벗님 홈씌 가쟈 <u>ᄒᆞᄂᆞᆫ고</u>(제2수)

바라기 역괴를 골골마다 둘너내쟈
쉬 짓튼 긴 ᄉᆞ래ᄂᆞᆫ 마조 잡아 둘너내쟈(제3수)

淸風의 옷길 열고 긴 파람 <u>흘리불 제</u>
<u>어ᄃᆡ셔</u> 길 가ᄂᆞᆫ 손님 아ᄂᆞᆫ ᄃᆞ시 <u>머무ᄂᆞᆫ고</u>(제4수)

내 밥 만홀셰요 네 반찬 젹글셰라
먹은 뒷 혼숨 좀경이야 네오 내오 달올소냐(제5수)

계변의 발 싯고 홈의 메고 <u>돌아올 제</u>
<u>어ᄃᆡ셔</u> 牛背草笛이 홈씌 가쟈 <u>ᄇᆡ아ᄂᆞᆫ고</u>(제6수)

五六月 어제런ᄃᆞᆺ 七月이 ᄇᆞ롬이다
아마도 하ᄂᆞ님 너희 삼길 제 날 위ᄒᆞ야 삼기샷다(제7수)

새 밥 닉을 ᄣᅢ예 새 술 걸릴셰라
아마도 밥 들이고 잔 자블 ᄣᅢ예 豪興계워 ᄒᆞ노라(제8수)

ᄒᆞ튼 슌ᄇᆡ ᄒᆞ린 술을 고개 수겨 권ᄒᆞᆯ ᄣᅢ여

뉘라셔 흙쟝고 긴노래로 ᄎᆞ례 춤을 미루ᄂᆞᆫ고(제9수)

이 정리에서 보면, 제5수를 대칭축으로 그 전후가 "… -ㄹ 제(중장) / 어ᄃᆡ셔 … -ㄴ고(종장)"의 대칭표현을 보여주는데, 이를 제8수가 일탈하고 있음을 알 수 있다. 그리고 이 "… -ㄹ 제(중장) / 어ᄃᆡ셔 … -ㄴ고(종장)"의 대칭표현과 비슷한 "… -ㄹ ᄣᅢ여(중장) / 뉘라셔 … -ㄴ고(종장)"이 제9수에서 발견된다. 이는 홀수의 단시조들에서는 이런 표현을 보여주지 않다는 점에서 보면 역시 일탈표현이다.

이 두 일탈표현들은 이 텍스트의 대칭표현에서 후미인 제8, 9수에서 전환을 주고, 다시 제8수와 제9수를 도치시킨 사실을 이해할 수 있게 한다. 이를 보기 위하여 앞의 정리에서 제8수와 제9수의 순서를 도치 이전으로 바꾸어 보면, 다음과 같이 대칭표현의 후미 전환형이 된다.

비 뒷 무근 플이 뉘 밧시 짓텃든고

두어라 ᄎᆞ례 지운 일이니 ᄆᆡᄂᆞᆫ 대로 ᄆᆡ오리라(제1수)

고동플 ᄯᅳᆺ머기며 깃믈 ᄀᆞᆺ ᄂᆞ려갈 제

어ᄃᆡ셔 픔진 벗님 홈ᄭᅴ 가쟈 ᄒᆞᄂᆞᆫ고(제2수)

바라기 역괴를 골골마다 둘너내쟈

쉬 짓튼 긴 ᄉᆞ래ᄂᆞᆫ 마조 잡아 둘너내쟈(제3수)

淸風의 옷길 열고 긴 파람 흘리불 제

어ᄃᆡ셔 길 가ᄂᆞᆫ 손님 아ᄂᆞᆫ ᄃᆞ시 머무ᄂᆞᆫ고(제4수)

내 밥 만ᄒᆞᆯ셰요 네 반찬 젹글셰라
먹은 뒷 ᄒᆞᆫ숨 ᄌᆞᆷ경이야 네오 내오 달올소냐(제5수)

계변의 발 싯고 ᄒᆞᆷ의 메고 돌아올 제
어ᄃᆡ셔 牛背草笛이 ᄒᆞᆷᄭᅴ 가쟈 ᄇᆡ아ᄂᆞᆫ고(제6수)

五六月 어제런ᄃᆞᆺ 七月이 ᄇᆞ롬이다
아마도 하ᄂᆞ님 너희 삼길 제 날 위ᄒᆞ야 삼기샷다(제7수)

ᄒᆞ튼 슌비 ᄒᆞ린 술을 고개 수겨 권ᄒᆞᆯ ᄣᅢ여
뉘라셔 흙장고 긴노래로 ᄎᆞ례 춤을 미루ᄂᆞᆫ고(제9수)

새 밥 닉을 ᄣᅢ예 새 술 걸릴셰라
아마도 밥 들이고 잔 자블 ᄣᅢ예 豪興계워 ᄒᆞ노라(제8수)

이렇게 제8수와 제9수를 도치 이전으로 바꾸어 놓고 보면, 이 텍스트는 제5수를 대칭축으로 대칭하는 대칭표현에서 후미인 제8, 9수가 전환된 형태임을 알 수 있다. 즉 짝수의 단시조들에서 대칭하는 이 "… -ㄹ 제(중장) / 어ᄃᆡ셔 … -ㄴ고(종장)"를, "… -ㄹ ᄣᅢ여(중장) / 뉘라셔 … -ㄴ고(종장)"로 전환하였다. 그리고 제1-6수에서 시간의 표현에 쓴 '제'를, 제8, 9수에서는 'ᄣᅢ'로 전환하였다. 이런 사실들에 기초하면, 이 텍스트는 대칭표현의 후미를 전환하고 다시 도치시킨 형태임을 정리할 수 있다.

이 대칭표현의 후미를 전환하고 다시 도치시킨 형태는, 종결의 한 형태이다. 그리고 이 종결에 포함된 대칭표현은 이 텍스트에서 제1, 2, 3 단락의 단락간 결속도 보여준다.

이런 점에서 일단 이 텍스트는 대칭표현의 후미를 전환하고 다시 도치시킨 형태를 통하여 종결과 단락간의 결속을 보여준다고 정리할 수 있다.

이번에는 민요적 표현(aaba)의 반복표현에서 후미를 전환한 후미 전환형을 보자. 이를 보기 위해 초장들을 인용하면 다음과 같다.

> 西山의 도들 볏 셔고 굴움은 느제로 낸다(제1수의 초장)
> 도롱이예 홈의 걸고 쏄 곱은 검은 쇼 몰고(제2수의 초장)
> <u>둘너내쟈 둘너내쟈 긴 츤골 둘너내쟈</u>(제3수의 초장)
>
> ᄯᆞᆷ은 듣ᄂᆞᆫ 대로 듯고 볏슨 쐴 대로 쬔다(제4수의 초장)
> 힝긔예 보리뫼오 사발의 콩닙치라(제5수의 초장)
> <u>돌아가쟈 돌아가쟈 히 지거다 돌아가쟈</u>(제6수의 초장)
>
> 綿花ᄂᆞᆫ 세 ᄃᆞ래 네 ᄃᆞ래요 일은 벼ᄂᆞᆫ 피ᄂᆞᆫ 모개(제7수의 초장)
> 아희ᄂᆞᆫ 낫기질 가고 집사ᄅᆞᆷ은 저리치 친다(제8수의 초장)
> 醉ᄒᆞᄂᆞ니 늘그니요 웃ᄂᆞ니 아희로다(제9수의 초장)

이 인용에서 보면, 제1, 2, 4, 5, 7, 8, 9수의 초장들에서는 전후를 '-고/오'로 연결하는 대구를 보여준다. 이에 비해 제3, 6수에서는 aaba형의 민요적 표현을 보여준다. 이를 종합하면, [대구 - 대구 - 민요적 표현(aaba) - 대구 - 대구 - 민요적 표현(aaba) - 대구 - 대구 - 대구]에서와 같이 [대구 - 대구 - 민요적 표현(aaba)]을 반복하다가 제9수에서 이를 일탈하고 있다. 이는 [대구 - 대구 - 민요적 표현(aaba)]의 반복표현인 [대구 - 대구 - 민요적 표현(aaba) - 대구 - 대구 - 민요적 표현(aaba) - 대구 - 대구 - <u>민요적 표현</u>(aaba)]에서 후미를 전환한, [대구 - 대구 - 민요적 표현(aaba) - 대구 - 대구 - 민요적 표현(aaba) - 대구 - 대구 - 대구]의 종결 형태이다. 이 종결은 이 텍스트의 종결을 보여주면서, 동시에 제1단락(제1수), 제2단락(제2-6수), 제3단락(제7-9수) 등의 단락간의 결속도 보여준다.

4.2. 구조와 주제

이 절에서는 배경시간의 구조와 배경공간의 구조를 먼저 정리하고, 이어서 논리적 구조와 주제를 정리하고자 한다.

4.2.1. 배경시간과 배경공간의 구조

배경시간의 구조는 '2'장과 '3'장에서 정리한 두 구조의 결합이다. 즉 여름[아침1(제1수) - 아침2(제2수) - 오전(제3수) - 오시(제4수) - 오후(제5수) - 저녁(제6수)] - 가을[초추(제7수) - 중추(제8수) - 만추(제9수)]이다. 이 중에서 제2-6수는 순차적 대칭적 구조이고, 제7-9수는 순차적 점층적 구조이다. 이는 앞의 두 장에서 정리한 것이다. 그리고 제1-9수 전체를 보면 순차적 구조이다.

배경공간의 구조도 '2'장과 '3'장에서 정리한 두 구조의 결합이다. 즉 [집(제1수) - 밭으로 가는 길(제2수) - 밭(제3수) - 밭(제4수) - 밭(제5수) - 집으로 돌아오는 길(제6수) - 들(제7수) - 집(제8수) - 마을 공동체의 공간(제9수)] 등이다. 이 중에서 제2-6수는 제4수를 대칭축으로 한 대칭적 구조이다. 제6-9수에서는 명확한 구조를 보이지 않는다. 그리고 제1-9수 전체로 보아도, 뚜렷한 하나의 공간적 구조는 정리되지 않는다.

4.2.2. 논리적 구조와 주제

〈전6수+후3수〉의 텍스트에서 논리적 구조에 관한 연구는 이미 어느 정도 되어 있어, 이를 먼저 인용 정리한 다음에, 미진한 부분을 보완하고자 한다.

4.2.2.1 선행연구의 구조

〈전6수+후3수〉 텍스트의 구조를 연구한 글들은 두 양상을 보인다. 하나는 전6수의 구조와 후3수의 구조를, 각각 독립된 텍스트로 설정한 것은 아니지만, 개별적으로 정리한 것들이다.[16] 앞의 '3'장에서 정리한 거의 모든 선행 연구들이 이에 해당한다. 다른 하나는 전6수와 후3수의 구조를, 각각 독립된 텍스트로 설정한 것은 아니지만, 각각을 개별적으로 정리한 다음에, 전6수와 후3수의 관계를 정리한 것이다. 이를 보여주는 글로 둘이 있다.

> 이상과 같이 「農歌九章」은 前六首와 後三首로 구조적으로 양분되어 있다. 이것은 연시조의 형태가 6곡계와 9곡계가 그 주류를 이루고 있는 사실과 일정한 관련이 있는 현상으로 볼 수 있을 것인데, 「農歌九章」은 前六首가 그것 자체로 상호 긴밀한 한 편의 구조로 완결되어 있고, 그 위에 긴밀성은 조금 떨어지지만 느슨하게 한 편으로 묶일 수 있는 後三首가 첨가된 구조라고 할 수 있다. 그리하여 「農歌九章」은 "농번기의 하루일과"에 "가을의 충만감"을 얹어 놓은 구조를 이루고 있다.(김석회 1995:161-162)

이 글에서는 〈전6수+후3수〉 텍스트의 구조를, "전육수(前六首)가 그것 자체로 상호 긴밀한 한 편의 구조로 완결되어 있고, 그 위에 긴밀성은 조금 떨어지지만 느슨하게 한 편으로 묶일 수 있는 후삼수(後三首)가

16 이를 대표하는 정리로, "이 때 첫단락은 농사의 수고로움을, 둘째 단락은 수확의 기쁨을 강조한다."(정혜원 1995:88)를 들 수 있다.

첨가된 구조"에서는, 상호 긴밀한 한 편의 구조로 완결된 전6수에, 긴밀성은 조금 떨어지지만 느슨하게 한 편으로 묶일 수 있는 후3수가 첨가된 '첨가된 구조'로 설명을 하였다. 또한 ["농번기의 하루일과"에 "가을의 충만감"을 얹어 놓은 구조]에서는 '얹어 놓은 구조'로 설명을 하였다. 이 '첨가된 구조'와 '얹어 놓은 구조'의 설명은, 〈전6수+후3수〉 텍스트를 하나의 구조로 파악하는 단초를 열었다는 연구사적 의미를 지니지만, 이 텍스트의 주제를 정리하는 데는 한계를 보인다.

이번에는 김석회의 설명에 포함된 문제를 보완하려 한 김용찬의 글을 보자.

> 때문에 외견상 다소 '느슨하게' 비춰지는 〈농가〉의 형식적 측면은 오히려 전・후반부에 놓여진 작품들이 서로의 내용들에 크게 기대어 있는 셈이다. 다시 말한다면 '전6수'에서 보여지는 노동 현장의 체험적 목소리는 '후3수'의 결실과 수확에 대한 원인이면서 과정으로서 돋보이게 된다. 반대로 그러한 결실은 한여름 동안의 힘겨운 농사일의 체험으로 얻어진 것이기에 더욱 큰 의미를 획득하게 된다. 이러한 의미를 고려한다면 '전6수' 혹은 '후3수'만으로는 〈농가〉가 획득한 문학적 성취에는 미치지 못할 것이다. 결과적으로 이 작품의 완성도는 전・후반부의 작품들이 서로 긴밀히 호응하면서 이루어낸 것이라고 할 수 있겠다.(김용찬 2003:148)

이 인용에서 보면, 전6수(노동 현장의 체험적 목소리)와 후3수의 관계를 원인(또는 과정)과 결실(또는 수확)의 긴밀한 호응으로 설명하였다. 이 정리는 김석회의 설명을 좀더 발전시켰다. 그러나 이 구조를 통하여, 주제 내지 의미를 파악할 수 있을까 하는 문제로 보면, 아직도 약간은 미진한 점을 발견할 수 있다.

이 문제는 전6수와 후3수에 포함된 개개 단시조들의 주제에 입각한 구조를 설정하고, 이 구조가 〈전6수+후3수〉 텍스트의 주제 내지 의미로 연결되게 정리하지 않은 점에 기인한다고 볼 수 있다.

4.2.2.2. **서본결의 구조와 주제**

이 텍스트의 종결 표현은 대칭적 표현에서 그 후미를 전환하고 도치시킨 유형(양희철 2010e:154-155)이다. 일반적으로 이런 종결 표현은 해당 텍스트를 하나로 묶는 기능을 하는 동시에, 그 텍스트의 구조까지를 암시한다. 그러나 이 텍스트의 경우에는 전6수와 후3수를 하나로 묶는 기능[17]만을 하고, 구조의 암시는 전6수의 구조에 한정되는 것 같다.

이제 대칭적 구조의 가능성을 전6수에 한정시키고, 이 텍스트의 구조를 다른 측면에서 검토하려 한다. 이를 위해 후3수의 주제를 〈전6수+후3수〉 텍스트의 차원에서 다시 정리해 보자.

'3'장에서 정리하였듯이, 〈후3수〉 텍스트에서는 시적 화자가 초추에 들녘에서 느끼는 만흥의 즐거움, 시적 화자가 가족과 함께 중추의 상신에 집에서 느끼는 호흥겨움의 즐거움, 시적 화자가 공동체 구성원들과 함께 만추에 공동체의 음사에서 느끼는 유흥의 즐거움 등을 노래하였다. 이는 [농부가 가을에 점층적으로 느끼는 즐거움(만흥의 즐거움, 호흥겨움의 즐거움, 유흥의 즐거움)]으로 통합된다. 이 주제를 바꾸지 않고, 그대로 〈전6수〉 텍스트의 주제인 [공동체적 농경에 동참하자는 청유]와 연결하면, 전6수의 [공동체적 농경에 동참하자는 청유]와 후3수의 [농부가 가을에 점층적으로 느끼는 즐거움(만흥의 즐거움, 호흥겨움의 즐거움, 유흥의 즐거움)]는 그 주제의 연결이 잘 되지 않는다.

이 문제를 해결하기 위해 〈후3수〉 텍스트의 주제가 〈전6수+후3수〉

---

17 전6수와 후3수를 하나로 묶는 기능은, 〈농가(구장)〉에서 전6수와 후3수가 각각 별도의 연시조인데, 이를 책으로 묶는 과정에서 하나로 묶은 것에 불과하다고 주장할 때에, 이 주장을 불식시키는 논거가 된다.

텍스트에서 어떻게 바뀌는가를 보자. 후3수는 가을에 노래될 수도 있고, 여름에 노래될 수도 있다. 〈전6수+후3수〉 텍스트에서도 마찬가지이다. 〈전6수+후3수〉 텍스트가, 여름에 노래되면 후3수는 미래의 노래이고, 가을에 노래되면 후3수는 현재의 노래이다. 이는 후3수의 즐거움이 전6수의 농경에 따른 기대효과인가, 아니면 전6수가 후3수의 원인으로 후3수의 즐거움을 드러내기 위한 것인가 하는 차이를 보이게 된다. 이 중에서 후자는 아니라고 생각한다. 왜냐하면, 후3수의 즐거움을 드러내기 위해서는, 전6수에서 노동이 많으면 많을수록, 어려우면 어려울수록 좋은데, 전6수에서는 노동을 축소시키고, 어려움을 거의 느낄 수 없게 표현하였기 때문이다. 이런 점들을 고려하면, 후3수는 계획의 기대효과의 차원에서, 가을에 느끼게 될 즐거움을 통해, 이 즐거움을 가을에 느끼기 위해서, 공동체적 농경에 동참하자는 청유의 표현으로 정리할 수 있다. 이를 고려한 제7, 8, 9수의 주제를, 제1-6수의 주제를 옮긴 다음에, 이어서 정리하면 다음과 같다.

제1수 : 계획의 확인을 통해, 공동체적 농경에 동참하자는 청유

제2수 : 계획의 실천(밭으로 나아가는 일과)을 통해, 공동체적 농경에 동참하자는 청유

제3수 : 계획의 실천(김매기의 일과)을 통해, 공동체적 농경에 동참하자는 청유

제4수 : 계획의 실천(휴식의 일과)을 통해, 공동체적 농경에 동참하자는 청유

제5수 : 계획의 실천(점심과 낮잠경의 일과)을 통해, 공동체적 농경에 동참하자는 청유

제6수 : 계획의 실천(집으로 돌아오는 일과)을 통해, 공동체적 농경에 동참하자는 청유

제7수 : 계획의 기대효과(들에서 느낄 만홍의 즐거움)를 통해, 공동체적 농경에 동참하자는 청유

제8수 : 계획의 기대효과(상신에 느낄 호홍겨움의 즐거움)를 통해, 공동체적 농경에 동참하자는 청유

제9수 : 계획의 기대효과(음사에서 느낄 유홍의 즐거움)를 통해, 공동체적 농경에 동참하자는 청유

이 정리에서 〈전6수+후3수〉 텍스트의 구조를 [서(계획의 확인, 제1수) - 본(계획의 실천, 제2-6수, 대칭적 구조) - 결(계획의 기대효과, 제7-9수, 점층적 구조)]로 정리할 수 있다.

기대효과를 노래하는 일반적인 방법은 그 시제를 현재가 아니라 미래로 노래하는 것이다. 그런데 이 〈전6수+후3수〉 텍스트에서는 현재로 노래를 하였다. 이는 후3수로 〈후3수〉 텍스트에서 농부가 가을에 점층적으로 느끼는 즐거움을 표현하는 동시에, 〈전6수+후3수〉 텍스트에서 기대효과를 표현하기 위한 것으로 판단한다.

그리고 앞의 정리로 보아, 이 〈전6수+후3수〉 텍스트의 주제는 [공동체에서 세운 계획의 확인과 그에 따른 일과의 실천 및 그 기대효과로 얻게 될 즐거움을 통해, 공동체적 농경에 동참하자는 청유]로 정리할 수 있다.

이상과 같이 〈전6수+후3수〉 텍스트는 배경시간의 구조, 논리적 구조와 주제 등에서, 〈전6수〉 텍스트 및 〈후3수〉 텍스트의 그것들과 다른 것들을 독립적으로 보여준다. 이런 사실은 이 작품이 〈전6수〉 텍스트, 〈후3수〉 텍스트, 〈전6수+후3수〉 텍스트 등으로 탈착되어 수용될 수 있는 탈착형의 연시조임을 말해준다.

5. 결론

지금까지 〈농가(구장)〉의 세 텍스트(〈전6수〉 텍스트, 〈후3수〉 텍스트, 〈전6수+후3수〉 텍스트)별, 결속, 종결, 구조, 주제 등을 다시 정리해 보았다. 그 결과 중에서 중요한 것들을 요약하는 것으로 결론을 대신하려 한다.

먼저 '2'장의 〈전6수〉 텍스트의 논의에서 얻은 것들을 정리하면 다음과 같다.

1) 제1수는 세 가지 일탈표현, 즉 제1수의 초장과 중장에서 발견되는 종결어미들(-ㄴ다, -ㄴ고)의 일탈표현, 제1수 종장 첫시어('두어라')의 일탈표현, 제1수 종장 끝시어('미오리라')의 일탈표현 등을 통하여, 제1수가 나머지 제2-6수와 다른 단락임을 말해준다.
2) 제2-6수는 [동일 종결어미의 반복(-쟈, 제3수의 초장, 중장) - 대칭축(제4수) - 동일 종결어미의 반복(-라, 제5수의 초장, 중장)]의 대칭표현과 ['-ㄹ 제 / ○○○○(이) 홈끠 가쟈 -ㄴ고'(제2수) - 대칭축(제4수) - '-ㄹ 제 / ○○○○(이) 홈끠 가쟈 -ㄴ고'(제6수)]의 대칭표현을 통하여, 제1수의 단락으로부터 제2-6수가 분리된 단락성과 제2-6수의 단락내 결속을 보여주고, 시종의 대칭에 의해 이 단락의 종결을 보여준다.
3) 〈전6수〉의 텍스트에서, 제1수의 초장과 제2수의 초장은 연결어미 '-고'를 사용한 복문의 순차적 반복을 통하여, 제1수(제1단락)과 제2수(제2단락)의 결속을 보여준다.
4) 〈전6수〉의 텍스트에서, 제1-6수 초장들은 [대구 - 대구 - 민요적 표현(aaba)]을 반복하는 [대구 - 대구 - 민요적 표현(aaba) - 대구 - 대구 - 민요적 표현(aaba)]을 통하여, 제1단락(제1수)과 제2단락

(제2-6수)의 결속을 보여준다.

5) 〈전6수〉의 텍스트에서, [‘돋을 볏 서고’(제1수의 초장) - 대칭축 - ‘히 지거다’(제6수의 초장)]의 대칭표현은 해가 뜨고 지는 것을 시종으로 대칭시킨 것으로, 시종에 의한 종결의 표현을 보여준다.

6) 〈전6수〉의 텍스트에서, 제1-6수의 배경시간은 [아침1(제1수) - 아침2(제2수) - 오전(제3수) - 오시(제4수) - 오후(점심때, 제5수) - 저녁(제6수)]의 순차적 구조를 보여주고, 제2-6수는 제4수의 오시를 대칭축으로 그 전후가 대칭하는 대칭적 구조를 보여준다.

7) 〈전6수〉의 텍스트에서, 제1-6수의 배경공간은 [집(제1수) - 밭으로 나아가는 길(제2수) - 밭(제3수) - 밭(제4수) - 밭(제5수) - 집으로 돌아오는 길(제6수)]의 순차적 구조를 보여주고, 제2-6수는 제4수의 ‘밭’을 대칭축으로 그 전후가 대칭하는 대칭적 구조를 보여준다.

8) 〈전6수〉의 텍스트에서, 제1-6수의 논리적 구조는 계획의 확인(제1수)과 계획의 실천(제2-6수)의 서본의 구조이며, 제2-6수는 점층적 구조와 점강적 구조가 대칭된 대칭적 구조의 후미 전환형이다.

9) 〈전6수〉의 텍스트의 주제는 [공동체에서 세운 계획의 확인과 그에 따른 일과의 실천을 통하여 보여준, 공동체적 농경에 동참하자는 청유]이다.

10) 9)의 주제는, 왜 여름의 농가를 노래하면서 여름의 어느 하루의 농가로 노래했을까 하는 문제, 제2-6수의 내용에서 노동을 축소 내지 삭제하여 표현하였다는 문제, 제6수에서 ‘품진 벗님의 분리’를 노래하지 않고, 우배초적의 합류를 노래하였을까 하는 문제 등에 대한 대답을 보여준다.

'3'장의 〈후3수〉 텍스트의 논의에서 얻은 것들을 정리하면 다음과 같다.

1) 〈후3수〉의 텍스트는 반복표현의 후미 전환형의 종결을 보여준다.
2) 〈후3수〉의 텍스트는 배경시간에서 순차적 점층적 구조를 보여준다.
3) 〈후3수〉의 텍스트는 배경공간에서 뚜렷한 구조를 보여주지 않는다.
4) 〈후3수〉의 텍스트는 논리적 구조에서 점층적 구조를 보여준다.
5) 〈후3수〉의 텍스트는 [농부가 가을에 점층적으로 느끼는 즐거움(만흥의 즐거움, 호흥겨움의 즐거움, 유흥의 즐거움)]의 주제를 보여준다.

'4'장의 〈전6수+후3수〉 텍스트의 논의에서 얻은 것들을 정리하면 다음과 같다.

1) 〈전6수+후3수〉의 텍스트에서 [ᄎᆞ례(제1수 종장) - 대칭축(제5수) - ᄎᆞ례(제9수 종장)]의 대칭표현은, 첫수와 끝수의 대칭표현으로, 시종의 대칭에 의한 종결을 보여준다.
2) 〈전6수+후3수〉의 텍스트에서, ['-고'(제2수) - '-오'(제5수) - '-고'(제8수)]의 대칭표현, ["○○의 … -고 … -ㄹ 제"(제4수) - 대칭축(제5수) - "○○의 … -고 … -ㄹ 제"(제6수)]의 대칭표현, ["어ᄃᆡ셔 … -ᄂᆞᆫ고"(제4수) - 대칭축(제5수) - "어ᄃᆡ셔 … -ᄂᆞᆫ고"(제6수)]의 대칭표현, 제8수와 제9수에서 발견되는 일탈표현 등은, 이 텍스트가 대칭표현의 후미를 전환하고 다시 도치시킨 종결의 형태를 보여주며, 이 종결은 제1, 2, 3단락의 단락간 결속도 보여준다.
3) 〈전6수+후3수〉의 텍스트에서, [대구 - 대구 - 민요적 표현(aaba) - 대구 - 대구 - 민요적 표현(aaba) - 대구 - 대구 - 대구]는 후미

를 전환한 종결의 형태이며, 이 종결은 이 텍스트의 종결을 보여주면서, 동시에 제1단락(제1수), 제2단락(제2-6수), 제3단락(제7-9수) 등의 단락간의 결속도 보여준다.

4) 〈전6수+후3수〉 텍스트의 배경시간에서는 여름[아침1(제1수) - 아침2(제2수) - 오전(제3수) - 오시(제4수) - 오후(제5수) - 저녁(제6수)] - 가을[초추(제7수) - 중추(제8수) - 만추(제9수)]의 순차적 구조를 보여준다.

5) 〈전6수+후3수〉 텍스트의 배경공간에서는 뚜렷한 구조를 보여준지 않는다.

6) 〈전6수+후3수〉의 텍스트는 [서(계획의 확인, 제1수) - 본(계획의 실천, 제2-6수, 대칭적 구조) - 결(계획의 기대효과, 제7-9수, 점층적 구조)]의 논리적 구조를 보여준다.

7) 〈전6수+후3수〉 텍스트의 주제는 [공동체에서 차례지운 계획의 확인과 그 실천 및 그 기대효과로 얻게 될 즐거움을 통해, 공동체적 농경에 동참하자는 청유]이다.

이상과 같이 〈전6수〉 텍스트와 〈후3수〉 텍스트는 각각 독자적인 구조와 주제를 보이는 동시에, 〈전6수+후3수〉 텍스트에서는 통합되어 또 다른 구조와 주제를 보인다. 이는 이 작품이 세 텍스트로 탈착되어 수용될 수 있는 탈착형의 연시조임을 말해준다.

안민영의 〈매화사〉

1. 서론

이 글은 『금옥총부』(가람본)에 실린 〈매화사〉의 결속, 종결, (문학적, 음악적) 구조, 주제 등을 검토 정리하는 데 연구의 목적이 있다.

〈매화사〉는 문학사, 작가론, 작품론 등의 세 영역에서 주로 연구되어 왔다. 안민영은 박효관과 함께 『가곡원류』를 편찬하고, 개인 가집 『금옥총부』를 남겼으며, 두 가집에 실린 그의 〈매화사〉는 비교적 좋은 평가를 받아 왔다. 이로 인해 〈매화사〉는 문학사[1]와 작가론[2]에서 많이 연구되어 왔다. 이 연구들은 문학사와 작가론의 성격상, 〈매화사〉의 결속, 종결, 구조, 주제 등을 체계적으로 다루지 않았다. 다음으로 작가론과 작품론을 함께 다룬 글들도 〈매화사〉 전체의 결속, 종결, 구조, 주제 등

---

1 문학사적 연구는 조윤제(1937:442-444)가 안민영과 가집을 언급하고, 김사엽(1954:511)이 "梅花詞는 淸雅한 氣品이 서린 逸作이다."라고 평가한 이래, 후대의 문학사들에서 언급과 평가가 지속되었다. 문학사적인 논문으로는 세 편(최동원 1980:97-118, 고미숙 1991:151-173. 이동연 1995:95-102)이 있다.

2 작가론의 글들은 상당히 많아, 구체적인 서지는 참고문헌으로 돌리고, 연구영역별로 연구자와 연구년도만 정리한다. 글의 제목이 '안민영론'인 작가론[박을수(1985), 황순구(1986), 황충기(1989), 조규익(1993), 권택경(1999)], 안민영의 예인관[이동연(1994)], 안민영과 예인[신경숙(1999, 2000, 2001)], 안민영의 풍류와 풍류 활동[성무경(2001:2006), 신경숙(2005), 김용찬(2006)] 등이 있다.

을 체계적으로 다루지 않았다.[3] 특히 이상의 연구들은 작품론에서도 체계적으로 파악하지 못한 결속, 종결, 구조, 주제 등이기에, 이를 설득력 있게 다루지 않거나 다루지 못했다. 〈매화사〉의 작품론에서, 결속과 종결이 거의 연구되지 않은 상태에서, 예비적인 이본의 검토[4]와, 본격적인 구조와 주제 또는 의미의 검토들(류준필 1992, 성기옥 1998, 김용찬 2006, 양희철 2010f, 양희찬 2012, 손정인 2012, 양희철 2013a)이 있어 왔다. 이를 간단하게 보자.

먼저 류준필(1992)은 그 당시까지 〈매화사〉의 본격적인 작품론이 없다는 점을 지적하고, 매화시(특히 한시)와 〈매화사〉의 소재인 매화의 비교, 이 소재에 나타난 〈매화사〉의 주제의식, 〈매화사〉와 연시조 형식과의 상관성 등의 세 문제를 다루었다. 그 결과 소재의 성격과 주제의식에서 연구 성과를 내면서, 〈매화사〉는 전체로서의 단일한 주제도 통일된 짜임도 보이지 않는다는 결론을 내렸다.[5]

성기옥(1998)은 〈매화사〉의 연 구성의 원리, 구조, 의미 등의 규명을 시도하였다. 그 결과 〈매화사〉의 연 구성의 원리에는 음악적 형식이 영향을 주었다고 보고, 이를 근거로 시조는 시조 자체의 미학 안에서 연구되어야 한다는 주장도 하면서, 〈매화사〉의 구조는 [원경/밖(제1수) - 근경/안(제2-5수: 순환적 구조, 제6수: 시적 전환) - 원경/밖(제7, 8수)][6]으로

3 윤영옥(1986:403-417). 박노준(1990:36-72). 박노준(1998:330-356). 고미숙(1991). 이형대(2002:155-181).

4 심재완(1972a). 김선기(2002:17-25).

5 논의의 결과, "〈매화사〉는 독창적인 측면보다는 당시 매화와 관련하여 널리 펴져 있는 이미지 혹은 전고에 많은 부분을 기대인 채로 창작되어졌다고 할 수 있겠다.", "매화라는 시적 제재만을 놓고 볼 경우라면, 〈매화사〉는 사물의 탐구나 인식의 깊이, 표현 기법에서 기존의 매화시에 크게 못 미치는 작품이라고 하겠다.", "〈매화사〉는 긴밀한 구성을 갖추고 단일한 주제 아래 포섭되지 않아도 무방한 작품이라고 할 수 있다." 등의 결론을 내렸다(류준필 1992:574, 576, 577).

6 이 구조는, 해당 논문이 구조를 일목요연하게 종합 정리하지 않았기 때문에, "전체적

정리를 하였다. 김용찬(2006)은 성기옥의 구조 연구를 좀더 논리적으로 발전시키려고 노력하면서, 제7, 8수를 두 단락으로 나누어, 5개의 단락(①제1수, ②제2-5수, ③제6수, ④제7수, ⑤제8수)을 주장하였다.

양희철(2010f)은, 그 이전의 연구들이 문학적 음악적 구조의 연구를 주장하면서도, 문학적 구조의 종류를 명확하게 하지 않고, 음악적 구조의 연구에 기운 것과는 다르게, 언어 차원에서 〈매화사〉의 문학적인 세 구조를 정리하였다. 그 중에서 논리적 구조는 [기(서론, 제1수) - 승(본론1 : 소재1, 제2-6수 : 대칭적 구조) - 전(본론2 : 소재2, 제7수) - 결(결론, 제8수)]이다. 양희찬(2012. 01)은 양희철의 기승전결과 다소 다르게 [기(제1수) - 승(제2-5수) - 전(제6 · 7수) - 결(제8수)]로 보려 하였다.[7]

으로는 근경의 2-6연을 중심축으로 하여 원경의 1연과 7-8연이 감싸안 듯 대립적으로 맞서는 묘한 짜임", "[눈 기약(2연) - 황혼월 기약(3연)]→[눈 기약(4연) - 황혼월 기약(5연)]으로 두 자연 이미지의 반복적 교체에 의한 순환적 구조", "따라서 6연은 2-5연을 이어받으면서, 동시에 뒤의 7-8연으로 넘어갈 토대를 예비하는 시적 전환의 기능을 맡고 있다.", "'원경-근경-원경'과 '밖-안-밖'이 지닌 구조화" 등(성기옥 1998:119, 121, 123, 127)의 네 부분을 종합한 것이다. 이 주장은 그 당시까지 〈매화사〉의 구조를 언어문학의 차원에서 찾지 못하자, 문학과 음악을 아우르는 차원에서 〈매화사〉의 구조를 찾고자 한 결과이다. 그러나 이 주장은 우선 시점론과 구조론을 혼용한 생경함을 보인다. 그리고 일목요연하지 않은 진술 때문에, 이 주장은 쉽게 이해되지 않는다. 게다가 제6수 이하의 변화를 일반적인 구조론으로는 설명할 수 없어, "언어의 차원 너머에서 이루어 내는 교향적 화음의 유기성"(성기옥 1998: 124-126)을 독자적으로 창안하여 주장하였는데, 이 곳에서는 그 이해가 더욱 잘 되지 않는다. 크게 보아, 이 주장은 언어문학이나 작문의 구조론이나 구성론에서 기본적으로 다루어야 할 세 차원(시간, 공간, 논리)에서 구조를 진지하게 검토해 보지 않았을 뿐만 아니라, 음악의 차원에서도 우조 8곡의 결합 양상을 철저하게 규명하지 않은 상태에서, 작품의 구조를 대신할 수 있다고 오판한 대용물을, 〈매화사〉의 문학과 음악을 임의적으로 혼합한 차원에서 성급하게 만들어낸 문제를 피할 수 없을 것 같다. 이 주장에 포함된 구체적인 문제들은 양희철(2013a)의 비판이면 충분할 것으로 판단한다.

7 이 시도(양희찬 2012:121-152)는 양희철이 보인 [기(서론, 제1수)-승(본론1, 소재1, 제2-6수: 대칭적 구조)-전(본론2, 소재2, 제7수)-결(결론, 제8수)]의 구조를 [기(제1수)-승(제2-5수: 상승적 구조)-전(제6, 7수)-결(제8수)]의 구조로 바꾸고자 하였다. 이 주장이 포함한 문제들은 양희철(2013a)의 비판이면 충분하다고 판단한다.

손정인(2012. 12.)은 [초삭대엽(제1수)→이삭대엽(제2수) · 중거(제3수) · 평거(제4수) · 두거(제5수)→삼삭대엽(제6수) · 소용(제7수)→회계삭대엽(제8수)]으로 4분을 하였다. 이 4분은 양희찬이 단시조를 중심으로 정리한 4분을, 악곡 중심으로 정리한 것과 같다.

양희철(2013a. 02.)[8]은 앞서 정리하였던 [기(서론, 제1수) - 승(본론1 : 소재1, 제2-6수: 대칭적 구조) - 전(본론2 : 소재2, 제7수) - 결(결론, 제8수)]의 구조를 표면적 텍스트와 이면적 텍스트에서 다시 한번 확인하였다. 그리고 문학적 구조와 음악적 구조가 상응한다는 사실도 정리를 하였다.

〈매화사〉의 주제 내지 의미와 관련된 연구로는 4편의 글이 있다. 류준필은 앞에서 인용한 "〈매화사〉는 … 단일한 주제 아래 포섭되지 않아도 무방한 작품이라고 할 수 있다."에서, 단일한 주제가 없는 작품으로 보았다. 성기옥(1998:135)은 "〈매화사〉의 시적 지향은 사대부 시가에서 중시하는 자아의 이념 표상이 아니라 시인과 청자가 함께 즐길 수 있는 정서적 상황의 구축이다."[9]라고 하여, 이 작품의 시적 지향이 주제나 의미가 아니고, [제1수(풍류적 분위기), 제2-5수{정서적 경이, 고아한 홍취(또는 아취 어린 정취)}, 제6수(매화에 대한 애틋한 애정), 제7-8수(풍류적 분위기)] 등으로 정리되는 정서적 상황의 구축이라고 보았다. 손정인(2012)

8 이 글은 한국어문교육연구회 제190회 전국학술대회(2012.11.24. 한성대학교 미래관 DLC)에서 「「매화사」의 구조와 주제」라는 제목으로 발표하였던 글을 보완한 것이다.

9 이 정서적 상황(情緒的 狀況) 역시 일목요연하게 진술되어 있지 않다. 이 정서적 상황은 "곧 2-5연의 정서적 경이, 고아한 홍취는 1연의 아취어린 풍류적 분위기를 기반으로 할 때에 조성될 수 있는 경이, 홍취이다.", "6연의 시적 전환은 곧 정서적 경이와 아취 어린 정취를 불러 일으켜 준 매화에 대한 시적 자아의 애틋한 애정이 표면화된 결과로 풀이할 수 있다.", "그러므로 〈매화사〉는 1연만 풍류적 분위기를 노래하는 것이 아니라 7, 8연도 풍류적 분위기를 노래한다." 등(성기옥 1998:122, 124, 127)에서 나타난다. 이 부분들을 종합 정리하면, 성기옥이 제시하려 한 정서적 상황은 [제1수(풍류적 분위기), 제2-5수{정서적 경이, 고아한 홍취(또는 아취 어린 정취)}, 제6수(매화에 대한 애틋한 애정), 제7-8수(풍류적 분위기)]로 정리된다. 이 정서적 상황의 설명에 포함된 구체적인 문제들 역시 양희철(2013a)의 비판이면 충분할 것으로 판단한다.

은 〈매화사〉의 성격을 한 가지 개념으로 규정하여 말하기 어려운 것으로 보았다.[10] 양희철(2013a)은 표면적 주제를 [매화만의 (백설양춘에 눈 기약을 지켜 피어 보여준) 고절(高節, 높은 절개)에 대한 칭찬]으로, 이면적 주제를 [가기 매화만의 (저속한 악곡의 세상에 기약을 지켜 고상한 악곡을 꽃피워 보여준) 고절(高節, 높은 절개)에 대한 칭찬]으로 정리를 하였다.

이렇게 〈매화사〉의 연구는 그 동안 해결하지 못했던 두 문제들을 거의 해결하고 있다. 하나는 〈매화사〉의 문학적 구조를 밝히고, 이 문학적 구조와 음악적 구조의 상응 관계를 명확하게 정리한 것이다. 다른 하나는 작품의 주제를 명확하게 정리한 것이다. 그러나 아직도 〈매화사〉의 결속과 종결은 거의 정리되지 않고 있다.

이에 이 글에서는 〈매화사〉가 전6수의 텍스트와 8수의 텍스트로 탈착되는 탈착형의 연시조라는 측면에서 그 결속, 종결, 구조, 주제 등을 다시 한번 정리하고자 한다. 결속과 종결은 앞서 쓴 글(양희철 2010f)의 일탈표현과 대칭표현을 결속과 종결의 측면에서 다시 정리하면서 보완하고, 구조와 주제는 뒤에 쓴 글(양희철 2013a)에 전6수의 텍스트가 보이는 구조와 주제를 더하여 정리하고자 한다. 물론 이 글들에서 이용한 방법은 대칭표현, 일탈표현, 구조론 등에 중점을 둔 문학문체론 그 중에서도 일탈문체론[11]이다.

---

10 "〈매화사〉는 일차적으로 풍류정신의 소산이다. 그러나 〈매화사〉의 성격은 어느 한 가지의 개념으로 규정하여 말하기는 어렵다. 그것은 안민영이 매화를 여러 가지 측면에서 바라보고, 여러 가지 방식으로 감상하고 노래하고 있기 때문이다. 안민영은 이 작품을 통해 자신의 풍류정신을 포함하여 다양한 면모를 보여주고 있다."(손정인 2012:346, 362).

11 이 글에서 쓰고 있는 일탈은 레빈(S. R. Levin, "Internal and External Deviation in Poetry", *Word* XXI, New York : the Linguistic Circle of New York, 1965, pp.225-237.)의 내적 일탈과 리이치(G. N. Leech, "STYLISTICS", Dijk. Van and Teun. A.(ed), *Discourse and Literature*, Amsterdam / Philadelphia : John Benjamins Publishing Company, 1985,

2. 결속과 종결

이 장에서는 결속과 종결을 정리하고자 한다. 이 결속과 종결은 일탈표현, 대칭표현 등에 의해 정리되므로, 일탈표현과 대칭표현을 정리하면서 결속과 종결을 정리하려 한다. 이를 검토하기 위하여, 아래의 작품을 보자.[자료는 〈매화사〉의 분석에 흔히 쓰인 『금옥총부』(가람본)의 〈매화사〉이다.]

梅影이 부드친 窓에 玉人金釵 비겨신져
二三 白髮翁은 거문고와 노릭로다
이윽고 盞 드러 勸하랼 제 돌이 쏘한 오르더라(제1수)

어리고 셩근 梅花 너를 밋지 안얏더니
눈 期約 能히 직켜 두세 송이 푸엿고나
燭 잡고 갓가이 사랑할 제 暗香浮動 ᄒᆞ더라(제2수)

---

pp.39-57.)의 삼차적 일탈이다. 흔히 말하는 일탈은 레빈의 외적 일탈과 리이치의 일차적 일탈이다. 이 외적/일차적 일탈에서 일탈의 준거가 되는 규범은 해당 작품의 밖에 있어 정태적이다. 이 외적/일차적 일탈은 연구하려는 작품이 일상어(규범)와 어떻게 다른가를 밝히는 데에 유용하다. 그리고 이차적 일탈에서 일탈의 준거가 되는 규범은 해당 장르나 해당 작가의 다른 작품들에 있다. 이로 인해, 이차적 일탈은 연구하려는 작품이 해당 장르나 해당 작가의 다른 작품들과 어떻게 다른가를 밝히는 데에 유용하다. 이에 비해, 내적 일탈과 이를 자기화한 리이치의 일탈의 일탈과 그 준거가 되는 규범은 해당 작품 내에서 통계적으로 결정되기 때문에, 거의 대다수의 내적/삼차적 일탈과 규범은 작품마다 다르다. 심지어 어떤 한 작품에서 쓰인 일탈과 규범은 다른 작품에서 그 통계가 역전되면 정반대의 규범과 일탈의 표현들로 바뀐다. 뿐만 아니라 한 작품에서도 어떤 반복은 일탈이 되고, 어떤 반복은 규범이 되는데, 이는 그 반복이 그 반복에 대가 되는 표현보다 적으면 일탈이 되고, 많으면 규범이 되는 역동성 때문이다. 이런 내적/삼차적 일탈만을 이 글에서 사용하고 있어, 이하에서는 간단하게 '일탈'로 쓰고자 한다.

氷姿 玉質이여 눈 속에 네로구나
가만이 香氣 노아 黃昏月를 期約ᄒᆞ니
아마도 雅致高節은 너ᄲᅮᆫ인가 ᄒᆞ노라(제3수)

눈으로 期約터니 네 果然 푸엿고나
黃昏에 달이 오니 그림ᄌᆞ도 셩긔거다
淸香이 盞에 ᄯᅧᆺ스니 醉코 놀녀 ᄒᆞ노라(제4수)

黃昏의 돗는 달이 너와 긔약 두엇더냐
閤裡의 ᄌᆞ든 ᄭᅩᆺ치 향긔 노아 맛는고야
ᄂᆡ 엇지 梅月이 벗되는 쥴 몰낫던고 ᄒᆞ노라(제5수)

ᄇᆞ람이 눈을 모라 山窓에 부딋치니
찬 氣運 ᄉᆡ여드러 ᄌᆞ는 梅花를 침노허니
아무리 어루려 허인들 봄ᄯᅳᆺ이야 아슬소냐(제6수)

저건너 羅浮山 눈 속에 검어 웃뚝 울퉁불퉁 광ᄃᆡ등걸아
네 무숨 힘으로 柯枝돗쳐 곳조ᄎᆞ 져리 피엿ᄂᆞᆫ다
아모리 석은 ᄇᆡ 半만 남아슬망정 봄ᄯᅳᆺ즐 어이 ᄒᆞ리오(제7수)

東閣에 숨은 ᄭᅩᆺ치 躑躅인가 杜鵑花ㅣ가
乾坤이 눈이여늘 졔 엇지 감히 퓌리
알괘라 白雪陽春은 梅花밧게 뉘 이시리(제8수)

이 작품에서 발견되는 일탈표현과 대칭표현은 상당히 많다. 이를 전6수의 텍스트와 8수의 텍스트로 나누어서 차례로 보자.

2.1. 전6수 텍스트의 결속과 종결

첫째로, 제1수에서 발견되는 '매영(梅影)'과 '운애산방 전경'의 일탈표현이다. 제2-8수에서 매화의 표현은 '매화'와 '너'를 겸용하거나 어느 하나만을 사용한다. 이에 비해 제1수에서는 이 '매화'나 '너'를 전혀 사용하지 않고, '매영(梅影)'만을 쓴다. 이런 점에서 '매영'은 일탈표현이다. 그리고 제2-8수에서는 운애산방의 전경(全景)을 노래하지 않는다. 단지 흰 눈 속의 매화에 초점이 맞추어져 있다. 이에 비해 제1수에서는 '매영이 부딋친 창', '옥인금차', '이삼 백발옹', '거문고와 노래', '잔', '돋는 달' 등으로 이루어진 운애산방의 전경을 보여준다. 이 운애산방 전경의 표현은 제2-8수의 매화에 초점을 맞춘 표현을 일탈한 일탈표현이다. 이런 점들에서 제1수의 '매영(梅影)'과 '운애산방 전경'은 일탈표현이다. 이 일탈표현들은 이어서 볼 제2-6수의 단락과 구분되면서 단락성을 보인다.

둘째로, 제2-6수에서 발견되는 일탈표현과 대칭표현이다. 이에 포함된 대칭표현은 적지 않다. 이를 제2수와 제6수의 대칭표현, 제3수와 제5수의 대칭표현, 제4수의 일탈표현, 제6수의 일탈표현 등으로 나누어 정리하면 다음과 같다.

제2수와 제6수의 대칭표현은 ['-니, 매화'(제2수) - 대칭축(제4수) - '-니, 매화'(제6수)]이다. 제2수 초장의 끝과 제6수 초장의 끝을 보면, '안잣더니'와 '부딋치니'가 있는데, 이에 포함된 '-니'는 대칭표현이다. 그리고 제2-6수에서는 어리고 성긴 매화를 노래하되, 그 호칭에서 제2수와 제6수에서만 '매화(梅花)'의 표현을 보여주는데, 이 두 매화 역시 대칭표현이다.

제3수와 제5수의 대칭표현은 ['향기, 감탄 선언, 매화의 황혼월 기약'(제3수) - 대칭축(제4수) - '향기, 감탄 선언, 황혼월의 매화 기약'(제5수)]이다. 먼저 [향기(제3수) - 청향(제4수) - 향기(제5수)]의 대칭표현을 보

자. 제3수의 '향기'는 "가만이 향기(香氣) 노아 황혼월(黃昏月)을 기약(期約)하니"(중장)에서 보인다. 그리고 제4수의 '청향'은 "청향(淸香)이 잔(盞)에 떳스니 취(醉)코 놀녀 ᄒᆞ노라"(종장)에서 보인다. 제5수의 '향기'는 "합리(閤裡)의 ᄌᆞ든 ᄭᅩᆺ치 향긔 노아 맛는고야"에서 보인다. 이 제3, 5수의 '향기'는 제4수의 일탈표현인 '청향'을 대칭축으로 한 대칭표현이다. 이번에는 [감탄 선언(제3수) - 의도 선언(제4수, 대칭축) - 감탄 선언(제5수)]의 대칭표현을 보자. 제3수의 종장 후미는 "너ᄲᅮᆫ인가 ᄒᆞ노라"의 감탄 선언이고, 제4수의 종장 후미는 "놀려 ᄒᆞ노라"의 의도 선언이며, 제5수의 종장 후미는 "몰낫던고 ᄒᆞ노라"[12]의 감탄 선언이다. 이 감탄 선언들(제3, 5수)은 의도 선언(제4수)을 대칭축으로 한 대칭표현이다. 다시 [매화의 황혼월 기약(제3수) - 대칭축(제4수) - 황혼월의 매화 기약(제5수)]의 대칭표현을 보자. 제3수의 중장을 보면, "가만이 향기(香氣) 노아 황혼월(黃昏月)을 기약(期約)하니"에서, 매화가 황혼월을(/과) 기약한다. 이에 비해 제5수의 초장을 보면, "황혼(黃昏)의 돗는 달이 너와 긔약 두엇더냐"에서, 황혼월(黃昏의 돗는 달)이 너(매화)와(/를) 기약한 것으로 설의한다. 이 두 기약은, 기왕의 주장에서와 같이 '황혼월 기약'의 반복적 교체가 아니라, 황혼월과 매화가 서로 기약자와 피기약자의 위치를 바꾼 대칭표현이다. 이 제3, 5수의 두 기약은 제4수를 전후로 한 대칭표현이다.

제4수의 일탈표현은 초장 중장 종장 등에서 보이는 '… -니 …' 구문의 반복이다. 제4수의 초장["눈으로 기약(期約)터니 네 과연(果然) 푸엿고나"], 중장["황혼(黃昏)에 달이 오니 그림ᄌᆞ도 셩긔거다"], 종장["청향(淸香)이 잔(盞)에 떳스니 취(醉)코 놀녀 ᄒᆞ노라"] 등에서는 각각 "… -니 …"의 구문을 반복한다. 이는 작품 전체는 물론, 제2-6수에서 " … -니 … "가 아닌

12 『가곡원류』(국립국악원본)에서는 '몰랏던가 ᄒᆞ노라'로 되어 있어, 제3수에서와 같은 '-ㄴ가 ᄒᆞ노라'의 반복을 보인다.

다른 구문들을 쓰는 규범을 벗어난 일탈표현이다.[13] 이 제4수의 일탈표현은 제2-6수의 대칭표현에서 대칭축이 된다.

이 제2수와 제6수의 대칭표현, 제3수와 제5수의 대칭표현, 제4수의 일탈표현 등은 제2-6수의 공통된 소재 '어리고 성긴 운애산방의 매화'와 더불어 결속을 말해준다. 그런데 이 제2-6수는 한 단락을 이룬다는 점에서 단락내 결속을 보여주고, 동시에 단락내 시종(始終)의 대칭에 의해 단락의 종결을 말해준다.

제6수에서는 '향, 너, -라(종장)' 등을 사용하지 않은 일탈표현을 보여준다. 제2-5수를 보면, '향, 너, -라(종장)' 등을 반복한다. 즉 '향'은 '암향(暗香)'(제2수), '향기(香氣)'(제3수), '청향(淸香)'(제4수), '향긔'(제5수) 등을 통하여 반복한다. 이에 비해 제6수에서는 이 '향'을 쓰지 않은 일탈표현을 보여준다. 종결어미 '-라'(종장)는 'ᄒᆞ더라'(제2수)와 'ᄒᆞ노라'(제3, 4, 5)를 통하여 반복한다. 이에 비해 제6수에서는 이 '-라'(종장)을 쓰지 않고, '-나(아슬소나)'를 쓴 일탈표현을 보여준다. '너'는 '너를'(제2수), '네로구나, 너뿐인가'(제3수), '네'(제4수), '너와'(제5수) 등을 통하여 반복한다. 이에 비해 제6수에서는 이 '너'를 쓰지 않은 일탈표현을 보인다. 이 '향, 너, -라(종장)' 등을 사용하지 않은 일탈표현들은, 반복표현의 후미 전환형으로 이 단락의 종결을 보여주면서, 이 단락의 단락내 결속도 보여준다. 그리고 이 단락내 결속은 이 단락의 단락성을 통하여 이전의 제1수와 이후의 제7수(또는 제7, 8수)가 각각 단락임을 말해준다.

셋째로, 과거시제의 서술 구문의 반복에 의한 제1단락(제1수)과 제2단

13 이 글에서 검토한 문체 장치들(대칭표현과 일탈 표현)이 작가가 의도한 것인가? 아니면 연구자가 선제성의 해석에서 발명한 것인가 하는 문제가 제기될 수 있다. 그런데 이 글에서 다룬 문체 장치들은 어느 하나가 우연히 하나의 기능을 하는 것이 아니라, 여럿이 하나의 기능에 수렴(convergence)된다는 점에서 작가가 의도한 것을 연구자가 발견한 것으로 판단하였다(M. Riffaterre 1959:172-174).

락(제2-6수)의 결속이다. 제1, 2수는 각각 종장에서 "… -ㄹ 제 … -더라"(과거시제의 서술 구문)의 반복을 보여준다. 이 반복은 제1단락(제1수)과 제2단락(제2-6수)의 순차적 결속을 보여준다.

넷째로, 제1수 초장의 '부딋치-', '창(窓)' 등과 제6수 초장의 '(산)창[(山)窓]', '부딋치-' 등은 시종(始終)의 대칭표현으로, 전6수(제1-6수) 텍스트의 종결을 보여준다. 제1수의 초장["매화(梅影)이 부드친 창(窓)에 옥인금차(玉人金釵) 비겨신져"]과 제6수 초장["ᄇᆞ람이 눈을 모라 산창(山窓)에 부딋치니"]은 '창(窓)'과 '부딋치-'의 대칭표현을 보여준다. 이 대칭표현은 전6수 텍스트에서 시종의 대칭으로 전6수 텍스트의 종결을 보여준다.

이렇게 제1-6수는 두 단락으로 되어 있으며, 제2단락(제2-6수)에서는 단락내 결속을 보여 주고, 제1단락과 제2단락은 단락간의 결속을 보여주며, 대칭표현을 통하여 제1-6수의 종결도 보여준다. 이는 제1-6수가 전6수의 독립된 텍스트로 존재하기도 함을 말해준다.

2.2. 8수 텍스트의 결속과 종결

8수 텍스트는 앞에서 정리한 전6수의 텍스트에 제7수와 제8수가 더해지면서 형성된다. 이로 인해 전6수에서 정리한 결속과 종결은, 8수의 텍스트에 들어오면서 그대로 쓰인 것도 있고, 바뀐 것도 있다. 전6수 텍스트의 제2단락(제2-6수)에서 정리한 결속과 종결은 8수의 텍스트에서도 같은 기능을 한다. 전6수 텍스트에서 '과거시제의 서술 구문'을 반복하면서 보여준 제1단락(제1수)과 제2단락(제2-6수)의 순차적 결속은 8수의 텍스트에서도 같은 기능을 한다. 전6수의 텍스트에서 텍스트의 종결을 보여주었던, '부딋치-, 창(窓)'의 대칭표현(제1수 초장과 제6수 초장의 대칭표현)은, 8수의 텍스트에서는 제1단락(제1수)와 제2단락(제2-6수)의 단락간의 결속으로 그 기능을 바꾼다.

이제부터 제7수와 제8수를 더하면서 보여주는 결속과 종결을 보기 위하여, 제7수와 제8수의 일탈표현과 대칭표현을 보자.

다섯째로, 제7수에서 발견되는 장형시조의 일탈표현이다. 제1-6, 8수는 단형시조들이다. 제1-6, 8수의 초장들과 중장들은 16음절을, 종장들은 18음절을 넘지 않는다.[14] 이를 훨씬 벗어난 것이 제7수이다. 제7수의 초장인 "져 건너 나부산(羅浮山) 눈 속에 검어 웃뚝 울퉁불퉁 광ᄃᆡ등걸아"의 경우는 22음절로 앞의 16음절보다 6음절이 늘어나 있다. 제7수의 중장인 "네 무슴 힘으로 가지(柯枝) 돗쳐 곳조ᄎᆞ 져리 피엿ᄂᆞᆫ다"의 경우는 19음절로 앞의 16음절보다 3음절이 늘어나 있다. 그리고 제7수의 종장인 "아모리 석은 빅 반(半)만 남아슬망정 봄쯧즐 어이 ᄒᆞ리오"의 경우는 21음절로 앞의 18음절보다 3음절이 늘어나 있다. 이런 점에서 이 제7수는 단형시조를 일탈한 장형시조로 정리할 수 있다. 이 장형시조의 일탈표현은 그 전후와 구별되면서 제3단락을 보여준다. 이 일탈표현은 결속과 종결의 기능을 하는데, 뒤에 다른 것들과 함께 정리하려 한다.

여섯째로, 제8수 종장의 끝시어 '이시리'의 일탈표현이다. 제8수를 제외한 나머지 7수들은 종장에서 동일 구문으로 짝을 이루면서 반복한다. 즉 제1, 2수는 각각 종장에서 "… -ㄹ 졔 … -더라"의 동일 구문을 반복한다. 제3, 4, 5수는 각각 종장에서 "… ᄒᆞ노라"의 동일 구문을 반복한다. 제6, 7수는 각각 종장에서 "아(무/모)리 … 봄쯧- …"의 동일 구문을 반복한다. 이렇게 제1-7수는 그 종장에서 동일 구문의 반복을 보여주며, 이 반복이 이 작품의 규범이다. 이 규범을 제8수는 일탈하였다. 제8수 종장의 구문은 제1-7수에서 짝을 발견할 수 없다. 이런 점에서 이 제8수 종장은 동일 구문의 비반복이라는 일탈표현을 보여준다. 게다가 "알괘

---

14 초장과 중장의 16음절은 제1수의 초장("梅影이 부드친 窓에 玉人金釵 비겨신져")과 제6수의 중장("찬 氣運 ᄉᆡ여 드러 ᄌᆞ는 梅花를 침노허니")에서만 보이고, 종장의 18음절은 제1수의 종장("이윽고 盞 드러 勸하랼 제 ᄃᆞᆯ이 ᄯᅩᄒᆞᆫ 오르더라")에서만 보인다.

라 백설양춘(白雪陽春)은 매화(梅花)밧게 뉘 이시리"의 '이시리'는 생략형으로, 그 이전에 나온 '오르더라'(제1수), 'ᄒᆞ더라'(제2수), 'ᄒᆞ노라'(제3-5수), '아슬소냐'(제6수), 'ᄒᆞ리오'(제7수) 등의 비생략형으로부터 일탈된 표현이다. 이 제8수의 일탈표현 역시 제8수가 하나의 단락임을 말해준다.

지금까지 정리한 일탈표현들과 대칭표현들을 종합하면, 이 작품의 8수의 텍스트는 네 단락으로 구성되어 있음을 파악할 수 있다. 이 네 단락은 다음과 같은 결속과 종결을 보여준다.

일곱째로, 제1-4단락의 결속이다. 이 결속은 제1, 2단락의 결속, 제2, 3단락의 결속, 제1-3단락과 제4단락의 결속으로 정리할 수 있다.

제1단락과 제2단락의 결속은 앞에서 정리하였듯이, 제1수(제1단락)의 종장과 제2수(제2단락의 첫수)의 종장에서 반복된 과거시제 서술 구문의 반복에 의해 이루어진다.

제2단락과 제3단락의 결속은 제6수(제2단락의 끝수)와 제7수(제3단락)의 종장에서 반복된 "아(무/모)리 … 봄뜻- (어이) 설의형(아슬소냐, ᄒᆞ리오)"(미래시제의 설의 구문)에 의해 이루어진다.

이 제1, 2단락의 단락간 결속과 제2, 3단락의 단락간 결속은, 결국 제1, 2, 3단락의 결속을 의미한다. 이 제1, 2, 3단락의 결속은 [과거시제의 서술 구문(제1, 2수) - 현재시제의 선언 구문(제3, 4, 5수) - 미래시제의 설의 구문(제6, 7수)]의 대칭표현으로 정리할 수도 있다. 이 대칭표현은 〈매화사〉 제1-7수의 종장들에서 드러난다. 제1, 2수는 각각 종장에서 "… -ㄴ 제 … -더라"(과거시제의 서술 구문)의 반복을 보여주고, 제6, 7수는 각각 종장에서 "아(무/모)리 … 봄뜻- (어이) 설의형(아슬소냐, ᄒᆞ리오)"(미래시제의 설의 구문)의 반복을 보여주며, 제3-5수는 "… ᄒᆞ노라"(현재시제의 선언 구문)의 반복을 보여준다. 이 '과거시제의 서술 구문'(제1, 2수)의 반복과 '미래시제의 설의 구문'(제6, 7수)의 반복은 구문의 반복이라는 차원에서 제4수, 나아가 제3-5수(현재시제의 선언 구문)를 대칭축으로 한 대칭표현이다. 그리고 이에 포함된 제1, 2수의 반복표현과 제6, 7수의 반복표현은 앞에서 정리했듯이, 제1, 2단락의 단락간 결속과 제2, 3단락의 단락간 결속을 보여주면서, 제1, 2, 3단락의 결속을 보여준다.[15]

이번에는 제1, 2, 3단락과 제4단락의 결속을 보자. 이 결속은 앞에서 정리한 제7수의 일탈표현과 제8수의 일탈표현에 의해서 이루어지는데, 결속과 종결을 다음과 같이 함께 보여준다.

여덟째로, 제1-4단락의 종결이다. 이 종결은 단형시조의 일탈(제7수)이 보인 반복표현의 후미 전환과 도치, '이시리'(제8수 종장)의 일탈표현이 보인 반복표현의 후미 전환 등에 의해 이루어진다. 이 종결은 앞에서 미룬 결속도 함께 보여준다.

제7수의 장형시조는 단형시조(제1-6수) - 장형시조(제7수) - 단형시조(제8수)의 연결에서 나온다. 이는 단형시조의 반복(제1-8수)에서 그 후미인 제8수를 장형시조로 바꾸고, 다시 제7수의 단형시조와 제8수의 장형시조를 도치시킨 형태이다. 이는 반복표현의 후미 전환을 다시 도치시킨, 반복표현의 후미 전환 · 도치형의 종결 유형[16]이다. 이 종결은 종결

15 이 단락간의 결속을 보이는 반복표현을 단락내의 결속으로 보아서는 안된다. 제6, 7수의 종장에서는 "아(무/모)리 … 봄쁫- (어이) 설의형(아슬소냐, ᄒᆞ리오)"의 구문이 반복한다. 이 반복은 본문에서 보았듯이, 제2단락(제2-6수)와 제3단락(제7수)의 단락간의 결속을 보여준다. 그런데 만약 이 반복표현을 단락내의 결속을 위한 표현으로 보아, 제6, 7수를 한 단락으로 보면, 두 수를 한 의미로 묶을 수 있는 방법이 없으며, 소재1(어리고 성긴 매화, 제2-6수)과 소재2(섞어 반만 남은 나부산의 매화, 제7수)의 경계를 설명할 수 없는 문제를 보인다.

16 이 작품은 '단형시조(제1-6수) - 장형시조(제7수) - 단형시조(제8수)'로 되어 있다. 이는 '단형시조(제1-7수) - 장형시조(제8수)'와 같이 작품의 후미를 일단 장형시조로 전환하고, 이것의 후미(제7 · 8수)를 다시 '단형시조(제1-6수) - 장형시조(제7수) - 단형시조(제8수)'와 같이 도치시켜서 종결을 표현한 유형이다. 이런 유형은 〈방진산군수가〉(강복중)와 〈산정독영곡〉(김득연)에서도 보인다. 전자는 5수 중에서 제4수가, 후자는 6수 중에서 제5수가 각각 장형시조이다. 그리고 다른 표현들을 작품의 후미에서 전환하고 다시 도치시킨 전환 · 도치형의 종결의 표현은 〈사시가〉(황희), 〈병산육곡〉(권구), 〈감성은가〉(양주익) 등에서도 발견된다(양희철 2010e:156-157).

뿐만 아니라, 네 단락(제1단락 : 제1수, 제2단락 : 제2-6수, 제3단락 : 제7수, 제4단락 : 제8수)의 결속도 보여준다.

제8수 종장의 끝시어 '이시리'는 일탈표현이다. 이 일탈은 제1, 2수, 제3-5수, 제6, 7수 등이 각각 동일 구문으로 짝을 이루면서 반복하는 규범을 벗어난 일탈이다. 이 일탈은 동일 구문을 짝으로 하는 반복표현을 후미에서 전환한 것으로, 반복표현의 후미 전환이라는 결속과 종결의 표현이다. 그리고 이 '이시리'의 생략형은 반복표현의 후미 전환이란 결속과 종결도 보여준다. 제1-7수에서는 '오르더라'(제1수), 'ᄒᆞ더라'(제2수), 'ᄒᆞ노라'(제3-5수), '아슬소냐'(제6수), 'ᄒᆞ리오'(제7수) 등을 통하여 비생략형의 반복표현을 보여준다. 이 반복표현 다음에 생략형 '이시리'를 보여준다. 이는 반복표현의 후미 전환이란 종결표현이며, 이 종결표현은 제1-8수의 결속도 보여준다.

이상과 같이, 네 단락으로 구성된 8수 텍스트는 일탈표현, 대칭표현, 반복표현 등을 통하여, 단락내의 결속과 단락간의 결속을 보여주고, 동시에 반복표현의 후미 전환이란 종결과, 반복표현의 후미 전환·도치형의 종결도 보여준다.

3. 문학적 구조와 주제

이 장에서는 〈매화사〉의 문학적 구조와 주제를 정리하고자 한다. 그런데 이 작품은 배경시간과 배경공간의 구조를 보여주고, 논리적 구조와 주제는 표면적 텍스트와 이면적 텍스트의 두 차원에서 모두 보여준다. 이를 감안하여, '3.1.'에서는 배경시공간의 구조를, '3.2.'에서는 '논리적 구조와 주제'를 정리하고자 한다.

3.1. 배경시공간의 구조

배경시공간을 배경시간과 배경공간으로 나누어 정리한다.

3.1.1. 배경시간의 구조

앞 장에서 정리한 일탈표현과 대칭표현은 〈매화사〉(제1-7수)의 배경시간이 순차적 대칭적 구조로 되어 있음을 파악하는 데 도움을 준다. 이 일탈표현들과 대칭표현들을 참고하면서, 〈매화사〉의 배경시간이 순차적 대칭적 구조를 이룬다는 점을 차례로 검토해 보자.

앞장에서 정리한 [과거시제의 서술 구문(제1, 2수) - 현재시제의 선언 구문(제3, 4, 5수) - 미래시제의 설의 구문(제6, 7수)]은 이미 이 자체가 배경시간의 순차적 대칭적 구조를 말해준다. 이 대칭표현을 시간에 한정하여 다시 쓰면, [과거(제1, 2수) - 현재(제3, 4, 5수) - 미래(제6, 7수)]가 된다. 이 [과거(제1, 2수) - 현재(제3, 4, 5수) - 미래(제6, 7수)]는 이미 시간에서 순차적 구조를 말해준다. 또한 현재를 중심으로 보면, 과거와 미래는 현재의 전후로 대칭적 구조가 된다. 이런 이 배경시간의 순차적 대칭적 구조는 이것으로 끝나지 않고 좀더 자세한 순차적 대칭적 구조를 작품에서 파악하게 한다. 이를 구체적으로 보자.

우선 현재시제의 선언 구문을 반복한 제3, 4, 5수에서, 시간의 순차적 구조를 좀더 구체적으로 파악할 수 있다. 전체 8수 중에서 이 3수(제3, 4, 5수)와 제1수만이 '황혼(월)'을 보여주면서, 그 배경 시간이 현재의 황혼임을 말해준다. 제3수는 "가만이 향기(香氣) 노아 황혼월(黃昏月)을 기약(期約)하니"로 보아, 황혼월을 기약하는 현재의 시간이다. 제4수는 "황혼(黃昏)에 달이 오니"로 보아, 황혼월이 오는 현재의 시간이다. 제5수는 "황혼에 돋는 달이"로 보아, 황혼월이 돋는 현재의 시간이다. 이렇게 제3, 4, 5수는 황혼월을 기약하는 현재의 시간, 황혼월이 오는 현재의 시간, 황혼월이 돋는 현재의 시간 등으로, 시간의 순차적 구조를 말해준다. 그리고 이 시간의 순차적 구조는 황혼으로 보면, 시간의 대칭적 구조도 말해준다. 제5수의 황혼월이 돋는 현재의 시간은 황혼으로 보면, 황혼의 종반이다. 왜냐하면, 황혼월이 돋으면 황혼이 차차 달밤으로 변하기 때문이다. 이 황혼의 종반을 기준으로 제4수를 보면, 제4수의 황혼월이 오는 현재의 시간은 황혼의 중반이다. 왜냐하면 황혼월이 돋기 위해 오는 현재의 시간은 황혼월이 돋는 현재 시간(황혼의 종반)의 바로 앞인 황혼의 중반이기 때문이다. 그리고 이 황혼의 종반과 중반을 기준으로 제3수를 보면, 제3수의 황혼월을 기약하는 현재의 시간은 황혼의 초반이다. 왜냐하면 황혼월이 오고 돋는 것은 황혼월을 기약하고 그 기약을 실천하는 시간이란 점에서, 황혼월을 기약하는 시간은 이 실천 시간(황혼의 중반과 종반)의 바로 앞인 황혼의 초반이기 때문이다. 이런 점에서 제3, 4, 5수에서 현재시제로 표현된 현재의 황혼은 다시 황혼의 초반 - 중반 - 종반의 순차적 대칭적 구조로 정리된다.

이 황혼의 초반 - 중반 - 종반의 순차적 대칭적 구조는 대칭표현인 [향기(제3수) - 청향(제4수) - 향기(제5수)]에서도 확인된다. 이 확인에는 우리가 매화의 향기를 언제 어떻게 느끼는가가 도움을 준다. 매화의 향기는 저녁 무렵에 은은한 향기[제2수의 '암향(暗香)']로 땅에 내려앉기 시작하여, 황혼 초반에 점점 짙어지고, 황혼 중반에 절정에 이르며, 황혼 종반에 점점 흐려지어 마침내 사라진다. 황혼 초반의 짙은 향기와 황혼 종반의 짙은 향기는 그 짙기가 황혼 중반의 절정을 대칭축으로 하여 대칭한다. 이 절정과 대칭을 앞의 대칭표현과 견주면, 양자의 대칭은 일치한다. 즉 매화 향기의 절정은 '청향'(제4수)에, 절정 전후의 짙은 향기의 대칭은 '향기(제3, 5수)에 각각 일치한다. 이런 점에서 [향기(제3수) - 청향(제4수) - 향기(제5수)]의 대칭표현도 제3, 4, 5수에서 황혼의 초반 - 중반 - 종반의 순차적 대칭적 구조를 가능하게 한다고 정리할 수 있다.

이번에는 제2, 6수의 배경 시간을 보자. 제2수는 "촉(燭) 잡고 갓가이 사랑할 졔 암향부동(暗香浮動) ᄒᆞ더라"(종장)로 보아, 황혼 이전으로 파악된다. '촉(燭) 잡고'로만 보면, 이 시간은 산방(山房)이 어두운 때이다. 산방은 평지의 방보다, 그리고 방안은 밖보다, 각각 먼저 어두워진다는 점에서, 이 시간은 해가 서쪽으로 기울기 시작하는 늦은 오후부터 밤까지의 어느 한 시간이다. 그런데 해가 서쪽으로 기울고 온도가 내려가면 위로 휘발하던 향기가 밑으로 은은하게 내려앉기 시작한다. 이 은은하게 내려앉기 시작하는 향기가 바로 작품의 '암향(暗香)'이다. 그리고 이 암향은 제3수의 짙은 '향기'에 앞서 땅에 내려앉는 은은한 향기이다. 이런 점에서 이 암향의 시간은 황혼 이전의 시간으로 판단된다. 또한 이 제2수의 시간은 제3수에서 보이는 황혼월을 기약할 수 있는 시간이 아니라는 점에서도 황혼 이전의 시간으로 판단된다.

이에 비해 제6수의 시간은 황혼 이후로 판단된다. 제6수에는 제3, 4, 5수의 '황혼월'과 '향기'가 나오지 않는다는 점에서, 제5수까지의 시간과는 무관하게 볼 수도 있다. 그러나 초장과 중장의 시어들을 검토하면, 제5수의 황혼 종반의 다음인 황혼 이후의 시간으로 판단된다. 제6수에서와 같이 찬 기운이 산방에 새어 들어오는 시간은 황혼 이후의 늦은 밤이다. 아무리 추운 날이라도 황혼에는 아궁이에 불을 때고, 그 불을 담은 화로가 방에 있기 때문에, 찬 기운이 새어 들어 와도 거의 느끼지 못한다. 그러나 황혼을 지나 늦은 밤이 되면, 방이 식고 화로의 불이 죽어 찬 기운이 새어 들어온다. 이 새어 들어오는 찬 기운은 일차로 제6수의 시간이 황혼 이후임을 말해준다. 또한 황혼월과 향기가 등장하지 않는 것은 이차로 제6수의 시간이 황혼 이후임을 말해준다. 왜냐하면 황혼 이후의 찬 밤에는 매화의 향기가 거의 사라지고, 이 시각에는 달도 지각에서 거의 사라지기 때문이다. 이런 두 사실들로 보아, 제6수의 시간이 황혼 이후임을 알 수 있다. 이 황혼 이후(제6수)는 황혼 이전(제2수)

의 대칭 시간이다.

이번에는 제1, 7수가 황혼 이전의 이전(제1수)과 황혼 이후의 이후(제7수)의 대칭 시간임을 보자. 이 대칭 시간은 쉽게 파악되지 않는다. 그러나 바로 직전까지 정리한 제2-6수가 [황혼 이전(제2수) - 황혼 초반(제3수) - 황혼 중반(제4수) - 황혼 종반(제5수) - 황혼 이후(제6수)]라는 시간의 순차적 대칭적 구조를 확대하면서 보면, 황혼 이전의 이전(제1수)과 황혼 이후의 이후(제7수)를 파악할 수 있다. 제1수 종장("둘이 쏘한 오르더라")의 '달'은 황혼 종반을 보여준 "황혼(黃昏)의 돗는 달이"(제5수)의 '달'과 같다. 이로 인해 제1수의 황혼 종반은, 앞에서 정리한 제2-6수의 배경 시간의 순차적 대칭적 구조를 벗어난 것으로 처리하기 쉽다. 그러나 제5수는 현재시제에 기반한 현재의 황혼 종반이고, 제1수는 과거시제에 기반한 과거의 황혼 종반이다. 이로 인해 이 제1수의 배경인 과거의 황혼 종반은, 앞의 배경 시간의 순차적 구조의 차원에서 생각할 수 있게 된다. 먼저 이 제1수의 황혼 종반은 제2수의 황혼 이전의 이후로 생각할 수도 있고, 제2수의 황혼 이전의 이전으로 생각할 수도 있다. 전자의 경우는 제1수(과거의 황혼 종반)와 제2수(과거의 황혼 이전)를 같은 날[同日, 當日]의 것으로 보기 때문에, 그 순서가 앞의 순차적 구조에 맞지 않는다. 왜냐하면 황혼 이전(제2수) 다음에 황혼 종반(제1수)이 와야 하기 때문이다. 이에 비해 후자의 경우는 제1, 2수의 과거를 다른 날의 것들로 보기 때문에, 즉 제2수의 과거는 당일(當日)의 것으로, 제1수의 과거는 전일(前日)의 것으로 보기 때문에, 앞의 순차적 구조에 맞는다. 말을 바꾸면, 전일의 과거(제1수의 황혼 종반)는 당일의 과거(제2수의 황혼 이전)보다 선행하기 때문에, 앞의 순차적 구조에 맞는다. 이런 점에서 제1수의 배경 시간은 황혼 이전(제2수)의 이전이라고 정리할 수 있다.

이에 비해 제7수의 시간은 황혼 이후(제6수)의 이후로 판단된다. 제7수 초장은 "저 건너 나부산(羅浮山) 눈 속에 검어 웃뚝 울통불통 광더등

결아"이다. 이렇게 눈 속의 매화를 지각하는 것으로 보아, 이 시간은 '낮'으로 보인다. 그런데 이 제7수의 '낮'은 황혼 이후의 이후에 해당한다. 왜나하면 황혼 이후는 밤(제6수, 당일)이고, 그 밤 이후는 후일(後日)의 낮이 된다는 점에서, 제7수의 '낮'은 황혼 이후(제6수, 당일)의 이후(제7수, 후일)로 계산할 수 있다. 이 황혼 이후의 이후(제7수)는 황혼 이전의 이전(제1수)에 대칭되는 시간이다.

끝으로 제8수의 배경시간은 양춘이다. 이 양춘은 제8수의 '백설양춘(白雪陽春)'에서 직접 보여주고 있다. 이 양춘은 제1-7수에서 보여준 배경시간인 황혼(초반, 중반, 종반), 황혼 이전, 황혼 이후, 과거, 현재, 미래, 전일, 당일, 후일 등의 시간들이 속한 배경시간이다. 즉 앞의 제1-7수에서 정리한 황혼(초반, 중반, 종반), 황혼 이전, 황혼 이후, 과거, 현재, 미래, 전일, 당일, 후일 등의 시간들은 양춘(陽春), 즉 정월(正月)의 이 시간들이란 점에서, 양춘은 이 시간들을 통합한 시간이다. 이렇게 제1-7수에서 보여준 배경시간을 통합한 '양춘'은 논리적 구조의 '결'(결론)에 상응한다.

지금까지 정리한 배경시간의 구조를 표로 정리하면 다음과 같다.

〈표1〉

<table>
<tr><td rowspan="2">황혼 이전의 이전</td><td rowspan="2">황혼 이전</td><td colspan="3">황 혼</td><td rowspan="2">황혼 이후</td><td rowspan="2">황혼 이후의 이후</td><td rowspan="5">양 춘</td></tr>
<tr><td>초반</td><td>중반</td><td>종반</td></tr>
<tr><td colspan="2">과 거</td><td colspan="3">현 재</td><td colspan="2">미 래</td></tr>
<tr><td>전 일</td><td>당 일</td><td colspan="3">당 일</td><td>당 일</td><td>후 일</td></tr>
<tr><td colspan="7">양 춘</td></tr>
<tr><td>제1수</td><td>제2수</td><td>제3수</td><td>제4수</td><td>제5수</td><td>제6수</td><td>제7수</td><td>제8수</td></tr>
</table>

이 〈표1〉에서 제2-6수는 순차적이면서 동시에 대칭적이다. 이 제2-6수는 전6수의 텍스트에서는 뒤에 볼 '서본'의 논리적 구조에서 '본'에 해당하고, 8수의 텍스트에서는 뒤에 볼 '기승전결'의 논리적 구조에서 '승'

에 해당한다.

3.1.2. 배경공간의 구조

이번에는 배경공간의 구조를 간단하게 보자. 제1-6수의 공간은 운애산방의 방안이다. 굳이 구분한다면, 제1수는 전경을 보여준 운애산방의 방안이고, 제2-6수는 매화에 초점을 맞춘 운애산방의 방안이다. 이에 비해 제7수의 공간은 나부산이다. 이 운애산방의 방안과 나부산의 공간은 열거식이다. 그리고 종장의 '매화'가 운애산방의 방안의 매화와 나부산의 매화를 모두 통합한다는 점에서, 제8수의 공간은 운애산방의 방안과 나부산을 통합한 통합적 공간이다. 이런 점들에서, 이 작품의 배경공간의 구조는 [전경을 보여준 운애산방(제1수) - 매화에 초점을 맞춘 운애산방(제2-6수) - 나부산(제7수) - 통합적 공간(운애산방의 방안과 나부산, 제8수)]으로 정리할 수 있다. 이 구조에서 제1-6수의 공간 구조는 전6수 텍스트의 공간 구조로, 운애산방의 통일된 공간을 보여준다. 그리고 제1-8수의 공간 구조는 8수 텍스트의 공간 구조인데, 제1-7수의 공간과 제8수의 공간은 열거와 통합의 관계이고, 통합적 공간은 논리적 구조의 결(결론)에 상응한다.

3.2. 논리적 구조와 주제

이 절에서는 논리적 구조와 주제를 표면적 텍스트와 이면적 텍스트로 항을 나누어 정리하고자 한다.

3.2.1. 표면적 텍스트

이 항에서는 표면적 텍스트에 나타난 논리적 구조와 주제를 정리하고자 한다.

3.2.1.1. 표면적 텍스트의 논리적 구조

이 목에서는, 전6수의 텍스트에서 제2-6수의 대칭적 구조를 '본'으로 하는 [서(제1수) - 본(제2-6수)]의 논리적 구조와, 8수의 텍스트에서 제2-6수의 대칭적 구조를 '승'으로 하는 [기(제1수) - 승(소재1 : 본론1, 제2-6수) - 전(소재2 : 본론2, 제7수) - 결(제8수)]의 논리적 구조를 간단하게 확인하면서 보완하려 한다.

梅影이 부드친 窓에 玉人金釵 비겨 신져
二三 白髮翁은 거문고와 노릐로다
이윽고 盞 드러 勸하랼 졔 둘이 ᄯᅩ한 오르더라(제1수)

제1수는 '기'(서론)에 해당한다. 제1수에서는 '매영(梅影)'과 운애산방의 전경(全景)을 보여주는데, 이는 제2-8수에서 흰 눈 속에 핀 매화에 초점을 맞춘 것과 대비된다. 이 '매영'은 제2수부터 운애산방 방안의 매화를 본격적으로 직접 노래하기에 앞서, 우선 창에 비친 그림자를 통해서 간접적으로, 예비적으로, 가볍게 윤곽만 보여주면서 호기심을 자극하는 도입의 '기'(서론)로 이해된다. 또한 풍류방인 운애산방의 전경은 그 속에 포함된 매화를 제2수에서부터 본격적으로 노래하기에 앞서, 그 매화가 포함된 풍류방의 전경을 노래하는 것으로 작품을 풀어내는 '기'(서론)에 해당한다. 이 운애산방의 전경(全景)은, "잔(盞) 드러 권(勸)하랼 졔"의 미세한 행동으로 보아, 밖에서 본 원경이 아니라, 안에서 본 근경이다. 이런 점에서 매영과 운애산방의 전경을 보여준 제1수는 '기'(서론)로 정리할 수 있다.

제2-6수는 '승'(본론)에 해당한다. 이 제2-6수의 5수는 각각 어리고 성긴 운애산방의 매화를 소재로 하되, 그 노래하는 배경시간과 그 아담(雅淡)한 풍치(風致)의[17] 정도에서 점층적 구조와 점강적 구조가 결합된 대칭적 구조를 보인다. 이를 차례로 인용 정리하되, 앞의 글에서 소홀하게 처리한, '눈 기약(期約)을 지킴'과 관련된 '절개(節概)', 주제의 명료화 등등을 보완하려 한다.

> 어리고 셩근 梅花 너를 밋지 안얏더니
> 눈 期約 能히 직켜 두세 송이 푸엿고나
> 燭 잡고 갓가이 사랑할 졔 暗香浮動 ᄒᆞ더라(제2수)

제2수는 (정월에) 눈 기약을 지켜 피어 높은 절개를 보이면서, 당일의 황혼 이전에 그 암향이 부동하는 매화/너를, 감탄과 과거시제의 서술로 칭찬(稱讚)하고 있다. '높은 절개'는 앞의 글에서는 언급하지 않았다가 이 글에서 보완한 것이다. 그 근거는 "눈 기약(期約) 능(能)히 지켜"에서 신의(信義)를 지키는 것이, "신념, 신의 따위를 굽히지 아니하고 굳게 지키는 꿋꿋한 태도"라는 '절개(節概)'의 개념과 일치한다는 점에 있다. 그리고 중장인 "눈 기약(期約) 능(能)히 직켜 두셰 송이 푸엿고나"의 감탄은 기약을 지킨 높은 절개에 대한 칭찬(훌륭한 일을 높이 평가함)으로 읽을 수도 있고, 정서적 경이로 읽을 수도 있다. 그러나 제2-6수, 나아가 제2-8수에서 보이는 칭찬의 통일성, 특히 정서적 경이로 볼 수 없는 제3, 5-8수의 칭찬으로 보아, 전자의 칭찬으로 정리한다.

> 氷姿 玉質이여 눈 속에 네로구나

17 앞의 글(양희철 2010f)에서는 '雅致'를 '고아한 운치'로 정리하였었다. 그런데 이 용어의 '고아한'은 '韻致'의 의미인 '고상하고 아담한 멋'의 형용어와 겹치고, '雅致(高節)'의 사전적 의미인 '雅淡/雅澹한 風致'와도 다르다. 이런 점에서 이 글에서는 '雅致'의 의미를 '아담한 풍치'로 바꾸었다. 그리고 '(雅致)高節'의 의미도 앞의 글에서는 '(고아한 운치가) 높은 시절(高節)'로 해석하였던 것을 이 글에서는 '(아담한 풍치와) 높은 절개'의 의미로 수정하였다. '높은 시절(高節)'을 '높은 절개'로 수정한 것은 '(雅致)高節'의 사전적 의미가 '높은 절개'이고, 작품에서 '믿음'을 지켜주거나 '기약'을 지키는 신의는 '절개(節概, 節介)'의 개념과 일치하기 때문이다.

가만이 香氣 노아 黃昏月을 期約ᄒᆞ니

아마도 雅致高節은 너ᄲᅮᆫ인가 ᄒᆞ노라(제3수)

제3수는 (정월에) 눈 기약을 지켜 피어[18] 높은 절개를 보이면서, 당일의 황혼 초반에 향기로 달을 기약하는 '아담한 풍치(風致)'를 보여주는 너(매화)를, 현재시제로 칭찬하면서, 제2수에 점층되어 있다. 제3수가 정서적 경이를 보여주지 않고 칭찬을 보여준다는 점은 종장인 "아마도 아치고절(雅致高節)은 너ᄲᅮᆫ인가 ᄒᆞ노라"가 잘 보여준다. 이 선언을 통한 칭찬에는 어떤 정서적 경이도 없다. 그리고 제3수가 제2수에 점층된 사실은 '암향'(제2수)을 '향기'(제3수)로, 과거시제의 서술(제2수)을 현재시제의 선언(제3수)으로 각각 점층시키고, 제2수에 없는, 황혼월의 기약은 물론 매화와 황혼월이 이루는 아담한 풍치[19]를, 제3수에서 보여준 점들에서 알 수 있다.

눈으로 期約터니 네 果然 푸엿고나

黃昏에 달이 오니 그림ᄌᆞ도 셩긔거다

淸香이 盞에 ᄯᅥᆺ스니 醉코 놀녀 ᄒᆞ노라(제4수)

---

18 제3수는 물론 제5, 6수 등의 문면에는 '눈 期約 지켜'의 표현이 없다. 그러나 이 제3수의 매화는 앞의 제2수에서, 그리고 제5, 6수 등의 매화는 그 앞의 제2, 4수 등에서, 각각 '눈 期約을 지킨' 바로 그 매화라는 점에서, 이 제3, 5, 6수 등의 매화 역시 '눈 期約을 지킨' 매화로 정리된다. 또한 만약 제3, 5, 6수 등의 매화를 '눈 期約을 지킨' 매화로 보지 않으면, 제2, 4수 등의 매화와 제3, 5, 6수 등의 매화는 서로 별개가 되어, 문맥이 통하지 않는다. 이런 점들에서, 제3, 5, 6수 등의 매화는 제2, 4수 등에서 '눈 期約을 지킨' 매화로 정리된다. 이런 사실은 시가를 읽으면서 행간에 생략된 시어 또는 내용도 세심하게 보아야 함을 잘 보여준다.

19 제3, 4, 5수 등의 3수에서 황혼월과 매화는 '아담한 풍치'를 보여준다. 즉 "가만이 香氣노아 黃昏月을 期約ᄒᆞ니"(제3수), "黃昏에 달이 오니 (매화의) 그림ᄌᆞ도 셩긔거다"(제4수), "ᄭᅩᆺ치 향긔 노아 (황혼월을) 맛는고야"(제5수) 등의 아담한 풍치를 보여주는데, 이런 아담한 풍치를 제2수와 제6수에서는 보여주지 않는다.

제4수는 매화에 대한 직접 칭찬과, 그 매화의 청향에 취하고 놀려는 내용을 통한 간접 칭찬을 보여준다. 전자는 (정월에) 눈 기약을 지켜 피어 높은 절개를 보이면서, 당일의 황혼 중반에 오는 황혼월에 그림자도 성기고, 청향을 놓는 아담한 풍치의 너(매화)를 감탄으로 칭찬한 것이다. 이 칭찬은 초장과 중장의 감탄과 종장 전반부를 통하여 알 수 있다. 그리고 후자의 간접 칭찬은 종장에서 알 수 있다. 이 매화의 청향에 취하고 놀려는 내용은 시적 화자가 취하고 싶을 만큼 매화의 아담한 풍치가 좋다는 것을 간접적으로 칭찬한 것이다.

이런 제4수는 제3수에 점층된 정점(頂點)이다. 이 점층과 정점의 사실은 '향기'(제3수)를 '청향'(제4수)으로, 매화의 아담한 풍치와 높은 절개를 가진 매화(제3수)를 그 매화에 취하고 놀려는 시적 화자 자신을 더한 것(제4수)으로, 각각 점층시킨 것들, 제3수에 없는 술[盞]과 그 청향을 제4수에 포함시킨 것, 제3수에 없는 정감의 강화("… -니 …" 구문을 초장 중장 종장에서 반복함에 의한 정감의 강화)를 제4수에 포함시킨 것 등에 의해 알 수 있다.

黃昏의 돗는 달이 너와 긔약 두엇더냐
閤裡의 ᄌᆞ든 ᄭᅩᆺ치 향긔 노아 맛는고야
ᄂᆡ 엇지 梅月이 벗되는 쥴 몰낫던고 ᄒᆞ노라(제5수)

제5수는 (정월에) 눈 기약을 지켜 피어[20] 높은 절개를 보이면서, 당일의 황혼 종반에 자다가 향기 놓아, 기약을 두고 돋는 황혼월을 맞는 아담한 풍치를 보여주는 매화/너를 직접 칭찬하고, 그 매화와 황혼월이 벗인 것을 이제야 알았음을 통하여 간접적으로 칭찬하고 있다.

20 각주 18) 참조.

초장에서 보여주는 '황혼월의 매화와의 기약'은 '매화의 황혼월과의 기약'(제3수)과는 대칭적인 표현이다. 그리고 종장의 "ᄂᆡ 엇지 매월(梅月)이 벗되는 쥴 몰낫던고"는 [내 어찌 매월이 (나의/나와) 벗되는 줄을 몰랐던고]로 읽을 수도 있다. 그러나 이렇게 읽으면 이 종장은 초장 및 중장과의 연결에서 일관성을 보여주지 못한다. 즉 초장에서 황혼월과 매화의 관계를 노래하고, 중장에서 매화와 황혼월의 관계를 노래한 다음에, 갑자기 매월과 나의 관계를 노래하는 것이 되어, 문맥의 연결이 잘 되지 않는다. 이에 비해 [내 어찌 매월(매화와 달)이 벗되는 줄을 몰랐던고]로 해석하면, 이 종장에서 보인 매화와 달의 관계는, 초장에서 황혼월과 매화의 관계를 노래하고, 중장에서 매화와 황혼월의 관계를 노래한 다음에, 종장에서 초장과 중장을 종합하여 인식한 것이 되어 문맥이 잘 통한다. 이런 점에서 [내 어찌 매화와 달이 벗되는 줄을 몰랐던고]로 해석한다.

이 매화와 황혼월이 벗이 되는 것을 이제야 알았음을 선언하는 것은, 매화와 황혼월이 벗이 될 정도로, 잘 어우러짐을 이제야 알았다고 선언하는 것으로, 이 선언은 매화의 아담한 풍치를 간접적으로 칭찬한 것이다.

이런 제5수는 제4수보다 점강되어 있다. 이 점강의 사실은 '청향(淸香)'(제4수)을 다시 제3수에서 보여주었던 '향기'(제5수)로, 매화의 아담한 풍치와 높은 절개의 매화에 취하고 놀려는 시적 화자(제4수)를 다시 제3수에서 보여주었던 매화의 아담한 풍치와 높은 절개의 매화(제5수)로, 각각 점강시킨 것들과, 제4수의 술[盞]과 청향을 다시 제3수에서와 같이 제5수에서 제거한 점, 제4수의 정감의 강화를 다시 제3수에서와 같이 제5수에서 제거한 점 등에서 알 수 있다. 이 점강의 정도는 제3수가 제4수로 점층된 것에 거의 반비례한다.

ᄇᆞ람이 눈을 모라 山窓에 부딋치니

찬 氣運 식여드러 ᄌᆞᄂᆞᆫ 梅花를 침노허니

아무리 어루려 허인들 봄뜻이야 아슬소냐(제6수)

제6수는 (정월에) 눈 기약을 지켜 피어[21] 높은 절개를 보이면서, 당일의 황혼 이후에 눈바람이 몰아오는 찬 기운의 침노에도 봄뜻(春意, 백설양춘에 꽃이 피는 情趣)을 빼앗기지 않을 높은 절개를 보여주는 매화를, 미래시제의 설의로 칭찬하면서, 제5수보다 점강되어 있다.

이 제6수가 보여주는 점강의 사실은 제5수의 '향기'와 '황혼월'을 제6수에서 삭제한 점과, 현재시제를 통한 아담한 풍치와 높은 절개를 가진 매화의 선언(제5수)을 미래시제를 통한 높은 절개를 가진 매화의 설의(제6수)로 점강시킨 점 등에서 알 수 있다. 특히 제5수의 황혼월을 제6수에서 삭제한 것은 제2수에 없는 황혼월을 제3수에 등장시킨 것과 대칭적이다. 이 점강은 크게 보면, 제2수에서 제3수로 점층된 것에 반비례한다.

이렇게 제2, 3, 4수는 (정월에) 매화가 눈 기약을 지켜 피어 보이는 높은 절개와, 그 아담한 풍치의 정도를 당일의 황혼 이전, 황혼 초반, 황혼 중반 등에 따라 점층시키고 있어, 그 구조는 점층적 구조로 정리할 수 있다. 그리고 제4, 5, 6수는 (정월에) 매화가 눈 기약을 지켜 피어 보이는 높은 절개와, 그 아담한 풍치의 정도를 당일의 황혼 중반, 황혼 종반, 황혼 이후 등에 따라 점강시키고 있어, 그 구조는 점강적 구조로 판단한다. 이런 점층적 구조(제2-4수)와 점강적 구조(제4-6수)는 둘이 결합되어 대칭적 구조를 보인다. 이 대칭적 구조를 보인 제2-6수는, 배경시간과 아담한 풍치의 정도에서 대칭적이지만, 어리고 성긴 운애산방의 매화라는 소재와 그 매화가 (정월에) 눈 기약을 지켜 핀 높은 절개 등을 공통으로 한다는 점에서, 제1수의 '기'(서론)에 이어진 '승'(본론1 : 소재1)

21 각주 18) 참조.

으로 판단된다.

이 '기승'은 8수의 텍스트에서 보이는 기승전결의 '기승'이고, 전6수의 텍스트에서는 [서(서론, 제1수) - 본(본론, 제2-6수 : 대칭적 구조)]의 논리적 구조에 해당한다.

> 저건너 羅浮山 눈 속에 검어 웃뚝 울퉁불퉁 광디등걸아
> 네 무슴 힘으로 柯枝돗쳐 곳조ᄎ 져리 피엿는다
> 아모리 석은 빅 半만 남아슬망졍 봄뜻즐 어이 ᄒ리오(제7수)

제7수는 나부산 매화를 가상의 시적 청자로 한 독백체를 통하여 그에게 시적 화자가 혼자 묻고 혼자 대답하면서, (정월에) 눈 기약을 지켜 피어[22] 높은 절개를 보이면서, 썩어 반만 남았지만 봄뜻(春意, 백설양춘에 꽃이 피는 情趣)의 높은 절개를 후일에도 보여줄 매화를, 미래시제의 설의로 칭찬하고 있다. 후일에도 보여줄 높은 절개는 종장의 설의법이 이를 잘 보여준다. 이 칭찬의 내용은 (정월) 흰 눈 속에 눈 기약을 지켜 핀 높은 절개를 칭찬하는 제2-6수와 같다. 다른 점은 어리고 성긴 운애산방의 매화(소재1, 제2-6수)가 썩어 반만 남은 나부산의 매화(소재2, 제7수)로 바뀐 점, 시간대별로 아담한 풍치가 있고 없음과 그 정도가 다른 점, 단형시조(제1-6수)가 장형시조(제7수)로 바뀐 점 등이다. 이런 차이는 제7수가 '전'(본론2 : 소재2)에 해당함을 말해준다. 그것도 본론을 본론1과 본론2로 나누고, 소재 차원에서는 그 소재를 '어리고 성긴 운애산방의 매화'(본론1 : 소재1)와 '썩어 반만 남은 나부산의 매화'(본론2 : 소재2)

22 제7수의 문면에도 '눈 期約을 지켜'라는 표현이 없다. 그러나 중장의 "져건너 羅浮山 눈 속에 … 네 무슴 힘으로 柯枝돗쳐 곳조차 져리 피엿는다"의 '힘'을 '눈 期約'을 지키려는 '힘'으로 보면, 이 제7수에도 '눈 기약을 지켜'의 의미가 함축되었다고 판단하게 된다.

로 구분하여 분리한 구조에서의 '전'이다. 이런 점에서 이 제7수는 '전'으로 정리된다.

> 東閣에 숨은 쏫치 躑躅인가 杜鵑花ᅵᆫ가
> 乾坤이 눈이여늘 졔 엇지 감히 퓌리
> 알괘라 白雪陽春은 梅花밧게 뉘 이시리(제8수)

제8수의 종장은 "알괘라 백설양춘(白雪陽春)은 매화(梅花)밧게 뉘 이시리"이다. 이 중의 '알괘라(알겠구나)'는 그 이전의 어떤 사실들에서 무엇인가를 이해하여 알게 될 때에 쓰는 감탄사이다. 이를 검토해 보자. 먼저 알게 된 내용은 '알괘라' 이후의 "백설양춘(白雪陽春)은 매화(梅花)밧게 뉘 이시리"이다. 이는 '백설양춘에는 매화밖에 없다'는 것을 강하게 의미한다. 그러면 이 의미를 알게 된 어떤 사실들은 무엇인가? 그 사실들은 제2-7수와, 제8수의 초장과 중장에서 파악된다. 앞장에서 보았듯이, 제2-7수는 매화의 아치고절의 정도와 노래하는 시간에서는 각각 개별적으로 다르지만, 제2-7수 각각은 '(정월) 어느 날 한 때에 눈 속에 핀 고아한 운치가 있는 매화'들을 노래하였다는 점에서는 일치점을 보인다. 이 제2-7수의 개별적인 매화들이 보인 공통의 이 일치점['(정월) 어느 날 한 때에 눈 속에 피어 고아한 운치가 있는 매화']을 제8수에서 "알괘라 백설양춘(白雪陽春)은 매화(梅花)밧게 뉘 이시리"로 귀납한 것이다.

이 제8수의 '동각(東閣)'은 '봄의 집'을 뜻한다. 왜냐하면 '동(東)'은 오행상 '춘(春)'이란 점에서, '동각(東閣)'은 '봄의 집'을 뜻한다. 그리고 제8수의 매화는 제2-6수의 여린 매화와 제7수의 늙은 매화를 귀납한 매화이다. 이런 동각과 매화의 의미를 가진 제8수는 '결'(결론)에 해당한다. 이런 사실은, 동일 구문을 반복(제1, 2수: "… -ㄹ 졔 … -더라", 제3, 4, 5수: "… ᄒᆞ노라", 제6, 7수: "아무(/모)리 … 봄ᄯᅳᆺ …")하는 규범의 일탈에 의한 지속의 중지, "동각(東閣)에 숨은 꽃치 척촉(躑躅)인가 두견화(杜鵑花) ㄴ가 건곤(乾坤)이 눈이여늘 졔 엇지 감히 퓌리"의 반증, "알괘라 백설양춘에는 매화(梅花)밧게 뉘 이시리"를 통하여 개별적인 백설양춘의 매화들(제2-7수)을 귀납한 일반화, "백설양춘에는 매화(梅花)밧게 뉘 이시리"의 설의법(수사 의문문)을 통하여 "백설양춘에는 매화밖에 누구도 없다"는 강한 칭찬을 보인 점 등에서 알 수 있다. 이 제8수의 종장이 보여준 이 백설양춘에는 매화밖에 누구도 없다는 칭찬은 제2-7수의 개별적인 백설양춘의 매화[승(본론1 : 소재1), 전(본론2 : 소재2)]를 귀납하여 일반화하고 반증한 것으로 '결'(결론)에 해당한다.

이상과 같은 정리들에서, 이 작품의 8수 텍스트의 논리적 구조는 [기(서론, 제1수) - 승(본론1 : 소재1, 제2-6수 : 대칭적 구조) - 전(본론2 : 소재2, 제7수) - 결(결론, 제8수)]로 다시 한번 확인할 수 있다.

3.2.1.2. **표면적 텍스트의 주제**

앞의 목에서 정리한, 전6수 텍스트의 [서(제1수) - 본(제2-6수 : 대칭적 구조)]의 논리적 구조와, 8수 텍스트의 [기(서론, 제1수) - 승(본론1 : 소재1, 제2-6수 : 대칭적 구조) - 전(본론2 : 소재2, 제7수) - 결(결론, 제8수)]의 논리적 구조는 이 작품의 표면적 주제를 말해준다.

제1수의 운애산방의 전경(全景)에 포함되었던 제2-6수의 어리고 성긴 매화가 백설양춘에 눈 기약을 지켜 피어 높은 절개를 보이면서, 각각 다른 시간대에 보이는 아담한 풍치의 정도를 칭찬한 전6수 텍스트의 주제는 [운애산방의 매화가 백설양춘에 눈 기약을 지켜 피어 고절(高節, 높은 節槪)을 보여준다.]는 칭찬으로 정리할 수 있다. 이 주제를 화제식으로 바꾸면, [운애산방 매화의 (백설양춘에 눈 기약을 지켜 피어 보여준) 고절(高節, 높은 節槪)에 대한 칭찬]으로 정리된다.

또한 8수의 텍스트는 제1수의 운애산방의 전경(全景)에 포함되었던 제2-6수의 어리고 성긴 매화와 제7수의 나부산의 썩어 반만 남은 매화가 각각 백설양춘에 눈 기약을 지켜 피어 높은 절개를 보이면서, 각각 다른 시간대에 보이는 아담한 풍치의 정도를 칭찬한 다음에, 제8수에서 이를 반증, 귀납적 일반화, 설의법(수사 의문문) 등을 통하여, [백설양춘에는 매화(운애산방과 나부산의 매화)밖에 누구도 없다]는 칭찬의 결론을 내리고 있다. 이 칭찬의 결론은 이 8수 텍스트의 표면적 주제를 [매화(운애산방과 나부산의 매화)만이 백설양춘에 눈 기약을 지켜 피어 고절(高節, 높은 節概)을 보여준다.]는 칭찬(稱讚)으로 정리할 수 있게 한다. 이 주제를 화제식으로 바꾸면, [매화(운애산방과 나부산의 매화)만의 (백설양춘에 눈 기약을 지켜 피어 보여준) 고절(高節, 높은 節概)에 대한 칭찬]으로 정리된다.

이 주제들에 포함된 '고절(高節)'은 주의를 요한다. 사대부들이 추구했던 고절은 '세한고절(歲寒高節)'로, 추위 속에 핀 높은 절개이다. 이에 비해 안민영이 추구한 것은 '눈 기약을 지켜 핀 높은 절개'이다. "신념, 신의 따위를 굽히지 아니하고 굳게 지키는 꿋꿋한 태도"라는 '절개(節概)'의 개념으로 보면, 사대부들의 고절은 '굳게 믿는 마음'인 '신념(信念)'을 굽히지 아니하고 굳게 지키는 꿋꿋한 태도이고, 안민영의 고절은 '눈 기약을 지키는' '신의'(信義)를 굽히지 아니하고 굳게 지키는 꿋꿋한 태도이다.

3.2.2. 이면적 텍스트

이 항에서는 〈매화사〉의 이면적 텍스트를 통하여 이면적 텍스트의 논리적 구조와 주제를 정리하고자 한다.

3.2.2.1. 이면적 텍스트의 논리적 구조

〈매화사〉는 식물의 세계를 노래한 것이 전부인 것 같이 이해해 왔다. 그러나 우선 두 사실을 검토해 보면, 이 작품이 중의적 표현들을 통하여 인간 세계, 그 중에서 음악계도 노래하고 있다는 사실을 알 수 있다. 먼저 두 사실을 간단하게 보자.

하나는 발문과 제1수의 내용이다. 발문과 제1수에서는 이 작품의 소재가 식물 매화의 꽃핌이면서, 동시에 가기를 상징한 매화의 노래임을 동시에 보여준다. 이런 사실은 발문인 "경오년에 운애 박경화 선생, 오기여 선생, 평양기 순희 전주기 향춘 등과 함께 산방에서 노래하고 금을 탔다. 선생(박경화)이 매화를 매우 좋아하여 손수 새순을 심어 책상 머리에 두었는데, 마침 그때 몇 가지가 반개하여 암향이 부동하므로, 〈매화사〉 우조 1편 8절을 지었다.(於庚午年 與雲崖朴先生景華 吳先生岐汝 平壤妓順姬 全州妓香春 歌琴於山房 先生癖於梅 手栽新筍 置諸案上 而方其時也 數朶半開 暗香浮動 因作梅花詞 羽調一扁八絶)"와, 제1수의 초장과 중장인 "매영(梅影)이 부드친 창(窓)에 옥인금차(玉人金釵) 비겨 신져 / 이삼(二三) 백발옹(白髮翁)은 거문고와 노릐로다"가 말해준다. 좀더 자세한 설명은 제1수의 해석으로 돌린다.

다음으로 이 작품이 식물의 세계와 인간의 세계를 동시에 보여준다는 사실은 제8수의 종장인 "알괘라 백설양춘(白雪陽春)은 매화(梅花)밧게 뉘 이시리"에서 알 수 있다. 이 종장의 '백설양춘'과 '뉘'(누가)는 각각 식물과 인간의 세계를 보여준다. '뉘'는 '매화'의 의인화로 볼 때는, 표면적 텍스트에서와 같이 식물의 세계를 말한다. 이에 비해 '뉘'를 문자적 의미로 볼 때는, 이면적 텍스트에서와 같이 인간의 세계를 말한다. 그리고 '백설양춘'은 문자적 의미로는 '흰눈(/白雪)의 정월(/따스한 봄)'이고, 비유적 의미로는 중국의 〈백설곡〉 및 〈양춘곡〉과 같이 고상한 악곡을 의미한다. 이 중에서 전자는 식물의 세계를 보여주고, 후자는 인간의 세계를 보여준다. 그런데 전자만을 표현하려 했다면, '흰눈의 정월에', '백설의 정월에', '백설의 양춘에' 등의 어느 하나로 명확하게 표현하였을 것이다. 그러나 이렇게 명확하게 표현하지 않고, 두 의미를 모두 가질 수 있도록 '백설양춘(白雪陽春)'으로 표현한 것은 식물의 세계와 인간의 세계를 동시에 노래하기 위한 것으로 보인다.

이런 두 사실들은 다른 시어들에서도 중의적 표현들을 검토하여 이면적 텍스트를 검토하게 한다. 이런 중의적 표현들을 검토하면서 이면적 텍스트를 정리하고, 이 이면적 텍스트에서 논리적 구조와 주제를 정리해 보자.

제1수에서 발견되는 중의적 표현은 '매화(梅影)'의 '매(梅)'이다. 이 '매'는 운애산방에 있는 식물의 매화인 동시에, 이 '매'가 운애산방에 있는 가기(歌妓)를 상징할 수 있다는 점에서, 운애산방에 있는 가기이다. 이로 인해 '매영(梅影)'(매화의 그림자)'은 '식물의 그림자'인 '매영'과 '가기의 그림자'인 '매영'을 동시에 의미하는 중의적 표현이 된다. 전자는 앞장에서 살핀 표면적 텍스트에서의 의미이고, 후자는 이 항에서 다루는 이면적 텍스트에서의 의미이다.

이렇게 '매영'의 '매'가 이면적 텍스트에서 '가기'라는 사실은 중의적 표현을 통하여 알 수 있는 동시에, 연창상황과 제1수를 비교하여도 알 수 있다. 먼저 앞에서 인용한 연창상황을 보면, 운애산방에서 안민영은 박경화, 오기여, 순희(평양 기생), 향춘(전주 기생) 등과 더불어 노래하고 거문고를 탔다. 그런데 이 연창상황과 표면적 텍스트의 제1수를 비교하면, 기녀(가기) 2명 중에서 기녀 1명의 존재가 모호하다. 즉 '나(余), 박경화, 오기여' 등의 3명은 제1수를 노래한 시적 화자와 '이삼 백발옹'에서 보이는 남성 3명과 일치한다. 그러나 순희와 향춘의 기녀 2명은 제1수의 '옥인금채(玉人金釵)'에서 1명만 확인할 수 있고, 나머지 1명은 확인되지 않는다. 이로 인해 이 1명의 기녀는 어디로 갔을까 하는 의문을 갖게 되고, 연창상황과 제1수가 보여준 배경이 일치하지 않는다고 주장할 수도 있다. 그러나 앞에서 보았듯이, 이면적 텍스트에서 '매영'의 '매'를 가기로 해석하면, 순희와 향춘의 기녀 2명은 '옥인금채'와 '매영'의 2명과 일치한다. 이 일치로 보아도 이면적 텍스트에서 '매영'의 '매'는 '가기'로 해석할 수 있다.

이렇게 정리된 '가기의 그림자'를 제1수에 넣어, 제1수가 '기'(서론)라는 사실을 보자.

> 梅影(가기의 그림자)이 부드친 窓에 玉人金釵 비겨 신져
> 二三 白髮翁은 거문고와 노러로다
> 이윽고 盞 드러 勸하랼 졔 돌이 쏘한 오르더라(제1수)

제1수는 가기의 그림자인 '매영'을 포함한 운애산방의 전경을 노래하고 있다. 이는 제2-8수에서 단지 흰 눈 속(저속한 악곡의 세상)에 핀 매화(고상한 악곡)[23]에 초점을 맞춘 것과 대비된다. 이 '매영'을 포함한 운애산방의 전경은 두 측면에서 제1수가 '기'(서론)에 해당함을 보여준다. 하나는 제2수부터 운애산방의 가기를 직접 노래하기 전에, 우선 창에 비친 그림자를 통해서 간접적으로, 예비적으로 윤곽만 보여주면서, 호기심을 자극한다는 점에서, 제1수가 도입의 '기'(서론)로 이해된다는 측면이다. 다른 하나는 운애산방의 전경(全景)은, 그 안에 포함된 가기를 제2수에서부터 본격적으로 노래하기에 앞서, 그 가기가 포함된 전경을 노래하는 것으로 작품을 풀어낸다는 측면에서, 제1수는 '기'(서론)로 정리된다.

제2-6수는 기승전결의 '승'(본론1 : 소재1)에 해당하며, 점층적 구조와

---

23 흰 눈은 가기의 고상한 악곡을 드러나게 한다는 점에서, 저속한 악곡을 의미하며, 가기의 매화가 고상한 악곡이란 사실은 '백설양춘'(제8수)의 비유적 의미가 말해준다.

점강적 구조가 대칭하는 대칭적 구조로 되어 있다. 이를 보기 위해, 각 수별로 중의적 표현과 이면적 텍스트를 정리하면서 구조를 정리하면 다음과 같다.

먼저 제2수에서 중의적 표현들을 간단하게 보자. '매화'는 운애산방에 있는 분재의 매화인 동시에, 운애산방의 풍류에 참여한 어리고 성긴(어리고 나약한) 가기를 상징적으로 의미한다. '눈'은 자연의 눈인 동시에 저속한 악곡을 의미한다. 그리고 '두세 송이'는 매화꽃의 두세 송이인 동시에, 가기 매화가 부르는 고상한 두세 악곡을 의미한다. '푸엿고나'는 매화꽃 두세 송이가 '피였구나'인 동시에, 고상한 두세 악곡이 '꽃피었구나'이다. 이 '꽃피다'는 '피다'의 한 의미이다. '암향'은 매화향의 '암향(그윽한 향기 : 은근한 향기)'인 동시에 가기 매화가 부른 그윽한 악곡(은근한 악곡)을 의미한다. 이런 중의적 표현들 중에서 이면적 텍스트에 쓰인 의미를 괄호 안에 넣어 정리하면 다음과 같다.

> 어리고 셩근 梅花(어리고 나약한 가기) 너를 밋지 안얏더니
> 눈(저속한 악곡) 期約 能히 직켜 두셰 송이(악곡) 푸엿고나(꽃피었구나)
> 燭 잡고 갓가이 사랑할 제 暗香(그윽한 악곡)浮動 ᄒᆞ더라(제2수)

제2수는 눈 속(저속한 악곡의 세상)에 기약을 지켜 가기 매화가 고상한 두세 악곡을 꽃피운 높은 절개를 칭찬하고, 황혼 이전에 초를 잡고 매화를 사랑할 제, 가기 매화의 그윽한 악곡이 은은히 떠돎을 칭찬하고 있다. 높은 절개는 눈(저속한 악곡) 기약을 지켜 가기 매화가 고상한 두세 악곡을 꽃피운 "신의를 굽히지 아니하고 굳게 지키는 꿋꿋한 태도"에 근거한다.

제3수의 '빙자옥질(氷姿玉質)'은 식물의 매화인 동시에 가기의 매화를 의미한다. '향기'는 매화꽃의 향기인 동시에 가기 매화가 부른 향긋한

악곡을 의미한다. 이 중의적 표현들을 바탕으로 이면적 텍스트를 정리하면 다음과 같다.

> 氷姿 玉質(가기 매화)이여 눈 속(저속한 악곡의 세상)에 네로구나
> 가만이 香氣(향긋한 악곡) 노아 黃昏月를 期約ᄒᆞ니
> 아마도 雅致高節은 너뿐인가 ᄒᆞ노라(제3수)

제3수는 눈 속(저속한 악곡의 세상)에 기약을 지켜 가기 매화가 고상한 두세 악곡을 꽃피워[24] 높은 절개를 보이고, 당일의 황혼 초반에 그 향긋한 악곡으로 달을 기약하는 '아담한 풍치'를 보여주는 매화/너를, 현재시제로 칭찬하면서, 제2수에 점층되어 있다. 특히 '아담한 풍치와 높은 절개'의 칭찬은 종장인 "아마도 아치고절(雅致高節)은 너뿐인가 ᄒᆞ노라"가 잘 보여준다. 이 '아치고절'(아담한 풍치와 높은 절개)의 '고절(高節)'은 '고상한 악곡'으로 읽을 수도 있다. 그러나 이렇게 읽으면, '눈 속(저속한 악곡의 세상)에 기약을 지킨' 내용이 축소되어, '높은 절개'의 의미로 읽었다. 그리고 제3수가 제2수에 점층된 사실은 '암향'(그윽한 악곡, 제2수)을 '향기'(향긋한 악곡, 제3수)로, 과거시제의 서술(제2수)을 현재시제의 선언(제3수)으로 각각 점층시키고, 제2수에 없는 황혼월의 기약은 물론, 매화의 고상한 악곡과 황혼월이 이루는 아담한 풍치를 제3수에서 보여준 점들에서 알 수 있다.

제4수의 '청향(淸香)'은 매화꽃의 '맑고 깨끗한 향기'인 동시에 가기 매

24 문면에는 이런 표현이 없다. 그러나 이 제3수의 가기 매화는 제2수의 가기 매화와 같은 가기 매화이고, 제5, 6수의 가기 매화는 제2, 4수의 가기 매화와 같은 가기 매화로, 이미 제2수와 제4수에서 "눈(저속한 악곡) 기약을 지켜 가기 매화가 고상한 두세 악곡을 꽃피운"을 보여주었다는 점에서, 제3, 5, 6수의 가기 매화에도 이 내용이 적용된다.

화가 부른 '맑고 깨끗한 악곡'을 의미한다. 이를 계산하여 이면적 텍스트를 정리하면 다음과 같다.

> 눈(저속한 악곡)으로 期約터니 네 果然 푸엿고나
> 黃昏에 달이 오니 그림ㅈ도 셩긔거다
> 淸香(맑고 깨끗한 악곡)이 盞에 뗘스니 醉코 놀녀 ᄒᆞ노라(제4수)

제4수는 가기 매화가 눈(저속한 악곡)으로 기약하여 고상한 악곡을 꽃피운 높은 절개를 직접 칭찬하면서, 그 맑고 깨끗한 악곡에 취하고 놀려는 내용을 통하여 간접 칭찬을 보여준다. 전자는 눈(저속한 악곡) 속에 기약을 지켜 고상한 악곡을 꽃피운 것을 보이면서, 당일의 황혼 중반에 오는 황혼월에 그림자도 성기고, 그 맑고 깨끗한 악곡의 아담한 풍치의 너(매화)를 감탄으로 칭찬한 것이다. 이 칭찬은 초장과 중장의 감탄과 종장 전반부를 통하여 알 수 있다. 그리고 후자의 간접 칭찬은 종장에서 알 수 있다. 이 맑고 깨끗한 악곡에 취하고 놀려는 내용은 시적 화자가 취하고 싶을 만큼 그 악곡이 맑고 깨끗한 것을 간접적으로 칭찬한 것이다.

이런 제4수는 제3수에 점층된 정점이다. 이 점층과 정점의 사실은 '향기'(향긋한 악곡, 제3수)를 '청향'(맑고 깨끗한 악곡, 제4수)으로, 아담한 풍치와 고상한 악곡을 꽃피운 가기 매화(제3수)를 그 가기 매화의 맑고 깨끗한 악곡에 취하고 놀려는 시적 화자 자신을 더한 것(제4수)으로, 각각 점층시킨 것들, 제3수에 없는 술[盞]을 제4수에 포함시킨 것, 제3수에 없는 정감의 강화("… -니 …" 구문을 초장 중장 종장에서 반복함에 의한 정감의 강화)를 제4수에 포함시킨 것 등에 의해 알 수 있다.

제5수의 '꽃'은 '매화'로 운애산방에 있는 분재의 매화인 동시에 가기의 매화이다. 그리고 '향기'는 매화의 향기인 동시에 가기 매화의 '향긋한 악곡'이다.

黃昏의 돗는 달이 너와 긔약 두엇더냐
閤裡의 ᄌᆞ든 곳치(가기 매화가) 향긔(향긋한 악곡) 노아 맛는고야
너 엇지 梅月이(가기와 달이) 벗되는 쥴 몰낫던고 ᄒᆞ노라(제5수)

제5수는 눈 속(저속한 악곡의 세상)에 기약을 지켜 두세 고상한 악곡을 꽃피우고, 당일의 황혼 종반에 자다가 향긋한 악곡으로, 기약을 주고 돋는 황혼월을 맞는 아담한 풍치를 보여주는 가기 매화/너를 직접 칭찬하고, 그 가기 매화와 황혼월이 벗인 것을 이제야 알았음을 통하여 간접적으로 칭찬한다.

이런 제5수는 제4수보다 점강되어 있다. 이 점강의 사실은 '청향'(맑고 깨끗한 악곡, 제4수)을 다시 제3수에서 보여주었던 '향기'(향긋한 악곡, 제5수)로, 매화의 아담한 풍치와 높은 절개의 매화에 취하고 놀려는 시적 화자(제4수)를 다시 제3수에서 보여주었던 매화의 아담한 풍치와 고상한 악곡을 꽃피운 가기 매화(제5수)로, 각각 점강시킨 것들과, 제4수의 술[盞]과 청향(맑고 깨끗한 악곡)을 다시 제3수에서와 같이 제5수에서 제거한 점, 제4수의 정감의 강화를 다시 제3수에서와 같이 제5수에서 제거한 점 등에서 알 수 있다. 이 점강의 정도는 제3수가 제4수로 점층된 것에 거의 반비례한다.

제6수의 'ᄇᆞ람'은 사전에서 다의어로, 겨울에 눈을 몰아오는 '바람'인 동시에, "사회적으로 일어나는 일시적인 유행이나 분위기"의 의미이다. '산창(山窓)'은 운애산방의 창을 의미하는 동시에, 운애산방의 풍류객들이 보인 고상한 악곡의 진영을 의미한다. '부딋치니'는 '부딪치니'를 의미하는 동시에 '공격하니'의 의미이다. '찬 기운'은 겨울의 찬 기운인 동시에, 차가운 냉대이다. '봄뜻'은 봄에 꽃을 피우려는 정취인 동시에, 고상

한 악곡을 꽃피우려는 뜻이다. 이 중의적 표현을 바탕으로 이면적 텍스트를 정리하면 다음과 같다.

> ᄇᆞ람(일시적인 유행)이 눈(저속한 악곡)을 모라 山窓(고상한 악곡의 진영)에 부딋치니(공격하니)
> 찬 氣運(차가운 냉대) 시여드러 ᄌᆞ는 梅花(어린 가기)를 침노허니
> 아무리 어루려 허인들 봄뜻(고상한 악곡을 꽃피우려는 뜻)이야 아슬소냐 (제6수)

제6수는 눈 속(저속한 악곡의 세상)에 기약을 지켜 피어 두세 고상한 악곡을 꽃피워 높은 절개를 보이고, 당일의 황혼 이후에 바람(일시적인 유행)이 몰아오는 공격과 찬 기운(차가운 냉대)의 침노에도 봄뜻(고상한 악곡을 꽃피우려는 뜻)을 빼앗기지 않을 높은 절개의 가기 매화를, 미래시제의 설의로 칭찬하면서, 제5수보다 점강되어 있다. 이 점강의 사실은 제5수의 '향기(향긋한 악곡)'와 '황혼월'을 제6수에서 삭제한 점과, 현재시제를 통한 아담한 풍치와 고상한 악곡을 꽃피운 매화의 선언(제5수)을 미래시제를 통한 고상한 악곡을 꽃피우려는 뜻을 빼앗기지 않을 것을 설의(제6수)로 점강시킨 점 등에서 알 수 있다. 이 점강은 크게 보면, 제2수에서 제3수로 점층된 것에 반비례한다.

이렇게 제2, 3, 4수는 눈 속(저속한 악곡의 세상)에 기약을 지켜 두세 고상한 악곡을 꽃피워 높은 절개를 보인 가기 매화를 칭찬하면서, 그 악곡의 고상한 정도와 가기 매화의 아담한 풍치의 정도를 당일의 황혼 이전, 황혼 초반, 황혼 중반 등에 따라 점층시키고 있어, 그 구조는 점층적 구조로 정리할 수 있다. 그리고 제4, 5, 6수는 눈 속(저속한 악곡의 세상)에 기약을 지켜 두세 고상한 악곡을 꽃피워 높은 절개를 보인 가기 매화를 칭찬하면서, 그 악곡의 고상한 정도와 가기 매화의 아담한 풍치

의 정도를 당일의 황혼 중반, 황혼 종반, 황혼 이후 등에 따라 점강시키고 있어, 그 구조는 점강적 구조로 판단한다. 이런 점층적 구조(제2, 3, 4수)와 점강적 구조(제4, 5, 6수)는 둘이 결합되어 대칭적 구조를 보인다. 그런데 이 대칭적 구조를 보인 제2-6수는, 배경시간과 악곡의 고상한 정도와 아담한 풍치의 정도에서 대칭적이지만, 어리고 성긴 운애산방의 가기 매화라는 소재와 그 매화의 고상한 악곡을 공통으로 한다는 점에서, 제1수의 기(서론)에 이어진 승(본론1 : 소재1)으로 판단된다. 이 기승은 8수의 텍스트에서 보이는 기승전결의 기승이고, 전6수의 텍스트에서는 [서(서론, 제1수) - 본(본론, 제2-6수 : 대칭적 구조)]의 논리적 구조에 해당한다.

제7수의 '나부산(羅浮山)'은 중국 광동성에 있는 산의 의미인 동시에, 늙은 가기가 거하는 '구름이나 안개가 비단 같이[羅] 뜬[浮] 산'을 의미한다. 물론 이 늙은 가기는, 안민영 주변의 가기들로 보아, 운애산방의 풍류객 또는 그들과 같은 부류이면서, 〈매화사〉를 노래하고 있는 이 시간에는, 운애산방의 풍류에 참여하지 못한 늙은 가기로 짐작된다. '검어 웃뚝 울통불통 광디등걸'은 '고목의 매화'를 의미하는 동시에, 늙은 가기를 의미한다. 이 중의적 표현들을 바탕으로 이면적 텍스트를 정리하면 다음과 같다.

저건너 羅浮山(늙은 가기가 거하는 산) 눈 속(저속한 악곡의 세상)에 검어 웃뚝 울퉁불퉁 광디등걸아(늙은 가기의 매화야)
네 무숨 힘으로 柯枝 돗쳐 곳조ᄎᆞ(고상한 악곡조차) 져리 피엿는다(꽃피웠는다)
아모리 석은 빅 半만 남아슬망졍 봄뜻즐(고상한 악곡을 꽃피우려는 뜻을) 어이 ᄒᆞ리오(제7수)

제7수는 눈 속(저속한 악곡의 세상)에 늙은 가기가 고상한 악곡을 꽃피운 것을 감탄으로 칭찬하고, 이어서 반은 썩었지만 고상한 악곡을 꽃피우려는 뜻은 어쩔 수 없다고 늙은 가기를 칭찬하고 있다. 이런 제7수는 전(본론2 : 소재2)에 해당한다. 왜냐하면 이 제7수에서 저속한 악곡의 세상에 '고상한 악곡'을 꽃피우는 주제(본론2)는 '승'인 제2-6수의 주제(본론1)와 같으며, 늙은 가기(소재2)는 제2-6수의 어린 가기(소재1)와 구별되기 때문이다. 이 '승'과 '전'은 같은 주제를 노래하되, 소재를 바꾼 구조이다.

제8수의 '동각(東閣)'은 '동(東)'이 오행상 '춘(春)'이란 점에서 '봄의 집'이며, 동시에 '동쪽의 집/궁궐'을 의미한다. '척촉'은 '식물의 척촉'을 의미하는 동시에 '가기의 척촉'을 의미한다. '두견화'는 '식물의 두견화'를 의미하는 동시에 '가기의 두견화'를 의미한다. '백설양춘'은 흰 눈 속의 양춘(정월)을 의미하는 동시에, 〈백설곡〉 및 〈양춘곡〉 등과 같이 고상한 악곡을 의미한다.[25] 제8수 종장의 '매화'는 제1-6수의 어린 식물의 매화와 제7수의 고목의 매화를 귀납적으로 일반화한 매화를 의미하는 동시에, 제1-6수의 어린 가기의 매화와 제7수의 늙은 가기의 매화를 귀납적으로 일반화한 가기 매화를 동시에 의미한다. 이 중의적 표현들을 바탕으로 이면적 텍스트를 정리하면 다음과 같다.

東閣(동쪽의 집/궁궐)에 숨은 쏫치(가기가) 躑躅(가기)인가 杜鵑花(가기)인가

乾坤이 눈(저속한 악곡)이여늘 제 엇지 감히 (고상한 악곡을) 퓌리(꽃피우리)

알괘라 白雪陽春(〈백설곡〉 및 〈양춘곡〉과 같이 고상한 악곡)은 매화(가

---

25 기왕의 연구에서 이 '백설양춘(白雪陽春)'은 유일하게 중의적 표현으로 해석되었지만, '양춘(陽春)'은 '봄뜻'의 의미가 아니라, '따뜻한 봄'을 의미하거나 '정월의 다른 이름'이라는 문제를 보인다.

기)밖에 눠 이시리(제8수)

제8수는 저속한 악곡의 세상에 기약을 지켜 〈백설곡〉 및 〈양춘곡〉 등과 같이 '고상한 악곡'을 꽃피우는 높은 절개는 매화(운애산방과 나부산의 매화)밖에 누구도 없다는 것을 두 측면에서 칭찬한다. 하나는 초장과 중장을 통하여 척촉이나 두견화 같은 가기들은 '고상한 악곡'을 꽃피울 수 없다는 반증을 통한 칭찬이다. 다른 하나는 제2-6수의 5수 각각에서 보여준 어린 가기가 '고상한 악곡'을 꽃피운 사실과, 제7수에서 보여준 늙은 가기가 '고상한 악곡'을 꽃피운 사실을, 귀납하고 일반화하여, 매화로 상징되는 가기만이 '고상한 악곡'을 꽃피울 뿐이라고 칭찬한 것이다. 이 반증과 귀납적인 일반화는 이 제8수가 결(결론)임을 잘 말해준다.

이렇게 이면적 텍스트에서도 표면적 텍스트에서와 같이, 이 작품의 8수 텍스트의 논리적 구조는 [기(서론, 제1수) - 승(본론1 : 소재1, 제2-6수 : 대칭적 구조) - 전(본론2 : 소재2, 제7수) - 결(결론, 제8수)]임을 확인할 수 있다.

3.2.2.2. 이면적 텍스트의 주제

앞의 목에서 정리한, 전6수 텍스트의 [서(제1수) - 본(제2-6수 : 대칭적 구조)]의 논리적 구조와, 8수 텍스트의 [기(서론, 제1수) - 승(본론1 : 소재1, 제2-6수 : 대칭적 구조) - 전(본론2 : 소재2, 제7수) - 결(결론, 제8수)]의 논리적 구조는 이 작품의 이면적 주제를 말해준다.

제1수의 운애산방의 전경(全景)에 포함되었던 제2-6수의 가기 매화가 저속한 악곡의 세상에 기약을 지켜 '고상한 악곡'을 꽃피워 높은 절개를 보여주는 것을 칭찬한 전6수 텍스트의 주제를 정리하면, [운애산방의 가기 매화가 저속한 악곡의 세상에 기약을 지켜 '고상한 악곡'을 꽃피워 높은 절개를 보여준다.]는 칭찬으로 정리할 수 있다. 이 주제를 화제식으로 바꾸면, [운애산방의 가기 매화의 (저속한 악곡의 세상에 기약을 지켜 고상한 악곡을 꽃피워 보여준) 고절(高節, 높은 節槪)에 대한 칭찬]으로 정리된다.

8수 텍스트에서 이면적 구조의 결론은 [저속한 악곡의 세상에 기약을 지켜 〈백설곡〉 및 〈양춘곡〉 등과 같이 '고상한 악곡'을 꽃피워 높은 절개를 보여주는 것은 가기 매화(운애산방과 나부산의 매화)밖에 누구도 없다.]는 칭찬이다. 이 결론은 8수 텍스트에서 이면적 텍스트의 주제를 [가기 매화(운애산방과 나부산의 매화)만이 저속한 악곡의 세상에 기약을 지켜 〈백설곡〉 및 〈양춘곡〉과 같이 '고상한 악곡'을 꽃피워 높은 절개를 보여준다.]는 칭찬으로 정리할 수 있게 한다. 이 주제를 화제식으로 바꾸면, [가기 매화(운애산방과 나부산의 매화)만의 (저속한 악곡의 세상에 기약을 지켜 고상한 악곡을 꽃피워 보여준) 고절(高節, 높은 節槪)에 대한 칭찬]이 된다.

이 두 주제에서 〈매화사〉의 매화는 소재사적 측면에서, 더 이상 사대부 시가에서 중시하는 자아의 이념 표상이 아니라, '고상한 악곡을 꽃피운 가기의 표상'으로 주제적 변용을 보인 것이다. 이런 사실은 다음의 주장과 비슷하나, 그 내용은 완전히 다르다.

> 비록 사대부적 서정의 이 거대한 흐름에 맞설 강력한 대안 확립의 차원은 아닐지라도, 〈매화사〉가 추구한 서정의 세계는 분명 18세기에 볼 수 없었던 새로운 차원의 서정적 패러다임으로 평가할 면모를 지니고 있다. 우선 안민영은 매화에 부착된 유서깊은 전통적 이미지에 얽매이지 않는, 시적 대상의 자유로운 형상화에 과감하다. 이는 지조 곧은 선비상으로서의 전통적 매화 이미지를 고아한 풍류의 예술인상으로 대치시킨 〈매화사〉의 과감한 이미지 변용을 염두에 두고 지목한 것은 아니다. 매화를 음악과 관련 시키는 이미지 변용은 金裕器, 金天澤 등 18세기 가객시인의 시조에서도 이미 시도되었

기 때문에 새로울 것도, 과감할 것도 없다.(성기옥 1998:133-134)(밑줄 필자)

이 인용의 밑줄 친 부분을 보면, “고아한 풍류의 예술인상”을 언급하고 있다. 이 표현과 ‘고상한 악곡을 꽃피운 가기의 표상’이 무엇이 다른가는 분명하게 하여야 한다. 인용의 “고아한 풍류의 예술인상”은 다음의 인용에서 이해할 수 있다.

나부산의 늙은 매화 모티프를 박효관·오기여 두 백발옹에 빗대어(①), 이들 老大家의 아취 있는 풍류를 희화적으로 드러내고 있다. … 8연의 동각에 숨은 매화 역시 수법은 마찬가지다. 운애산방에 드나드는 자신들을 동각에 드나드는 賢士에 빗대어 자신들의 예술을 동각 속에 숨은 매화의 고아함과 견줌으로써(②), 예술가로서의 은근한 자부심(③)을 표현한 것으로 볼 수 있기 때문이다. 이는 종장의 ‘白雪陽春’이 ‘눈 속의 봄뜻’을 의미하는 동시에 고아한 노래의 대명사로 알려진 ‘白雪曲’과 ‘陽春曲’을 뜻하기도 한다는 중의적 의미를 지닌 데서 짐작이 가능하다.(성기옥 1998:125)(밑줄 필자)

이 인용의 ①②에서와 같이, “나부산 늙은 매화를 박효관·오기여에 빗대고”, “운애산방에 드나드는 자신들의 예술을 숨은 매화의 고아함과 견줌”을 통하여, “매화의 이미지를 고아한 풍류의 예술인상”으로 보여준다고 보고 있다. 이는 작품의 매화를 ‘고상한 악곡을 꽃피운 가기의 표상’으로 보는 것이 아니라, 자신들의 예술이 고아함을 빗대는 대상으로 쓰는 것에 불과하다. 이런 이 주장과 ‘고상한 악곡을 꽃피운 가기의 표상’은 명확하게 구분되는 주장이다.

그리고 이 가기 매화를 제1수에서 ‘자신들의 풍류집단에 속한’ 인물로 노래하면서, 상징을 통해 간접적으로 노래하고, 제4수에서 시적 화자가 그 가기의 청향(맑고 깨끗한 악곡)에 취하여 놀려 하는 태도는, 주제는 아니지만, 자신들이 속한 풍류집단을 간접적으로 은근히 드러내는 의미를 함축한다.

4. 문학적 구조와 음악적 구조의 관계

이 장에서는 성기옥과 김용찬이 제시한 〈매화사〉의 음악적 구조를 먼저 검토 보완하고, 그 결과를 '3'장에서 정리한 문학적 구조와 비교하여, 〈매화사〉의 문학적 구조와 음악적 구조의 관계를 정리하고자 한다.

먼저 〈매화사〉가 우조 한바탕으로 구성되었다는 사실을 정리한 글을 보자.

> 안민명이 ≪歌曲源流≫를 편찬하고 개인가집 ≪金玉叢部≫를 남긴 19세기 최고의 가객이었다는 사실을 염두에 두면서, ≪금옥총부≫에 수록된 〈매화사〉의 곡붙임에 주목해 보면 대단히 흥미로운 현상을 발견할 수 있다. 1연에서 8연에 이르는 곡붙임이 아래와 같이 歌曲唱의 순서에 따라 연결되어 있기 때문이다.
>
> 1연 — 2연 — 3연 — 4연 — 5연 — 6연 — 7연 — 8연
>
> [初數大葉] [二數大葉] [中擧] [平擧] [頭擧] [三數大葉] [騷聳] [回界數大葉]
>
> 이는 19세기 후반에 확립되어 오늘날에까지 전승되고 있는 24곡의 男唱歌曲 한바탕 가운데 첫 부분의 순서를 그대로 가져와 배열한 형태이다. 즉 24곡의 남창가곡 한바탕이 羽調(8곡)→界面調(7곡)→弄·樂·編(8곡)→太平歌(1곡)의 순서로 불리는 가운데, 첫머리의 '우조 8곡'을 그대로 옮겨와서 〈매화사〉에 곡붙임을 하고 있는 것이다. 이는 안민영이 〈매화사〉의 창작

동기를 밝히면서 "매화사를 우조 1편 8절로 지었다"(作梅花詞羽調一篇八絶)고 한 기록에서 확인된다.(성기옥 1998:115-116)

이 인용에서 보면, 〈매화사〉가 우조 8곡의 순서로 되어 있음을 알 수 있다. 이는 〈매화사〉의 음악적 구조가 '우조 8곡'의 순차적 구조임을 명확하게 보여준다. 〈매화사〉의 음악적 구조는 일단 이 글로 정리되었다고 할 수 있다.

이어서 성기옥은 악곡과 노래말의 관계를 다음과 같이 정리하였다.

1연	—	2연~5연	—	6연	—	7연~8연
[초삭대엽]		[이삭대엽계]		[삼삭대엽]		[소용·우롱]
遠景(외→내)		近景(→매화←)				遠景(내→외)

(성기옥 1998:119)

이 정리에서 보면, 앞에서 정리한 우조 8곡을 두 부분에서 묶었다. 즉 제2-5수와 제7-8수를 각각 한 단락으로 묶은 것이다. 그 이유를 보면 다음과 같다.

2연-5연을 하나로 묶은 까닭은 中擧·平擧·頭擧가 모두 19세기에 들어 이삭대엽에서 분화한 이삭대엽 계열의 파생곡이기 때문이다. 그리고 7-8연을 하나로 묶은 것은 騷聳이 초·이·삼삭대엽의 정격성을 다소 이탈한 파격성을 보이는 악곡이며, 羽弄 역시 우조로만 부를 때 사용되는 회계삭대엽의 변격형 악곡이라는 점에서 상호 유사성을 지니기 때문이다.(성기옥 1998:117)

회계삭대엽은 일명 '栗糖數大葉'이라 불리던 것으로서, 우조에서 계면조로 넘어갈 때 반은 우조로 반은 계면조로 부르는 오늘날의 '半葉'을 일컫는다. 그런데 ≪가곡원류≫(국악원본)의 율당삭대엽조 협주에는 "혹 반엿삭대엽이라 부른다. 순전히 羽調로만 부를 때는 이를 羽弄으로 하여 노래한다"(或半旕數大葉 純羽調則爲羽弄歌之)는 기록이 있어, 당시 계면조로 넘어가지 않고 우조 8곡만을 한바탕으로 하여 약식으로 부르는 '우조 한바탕'의 演唱方式이 실제로 있었던 것으로 보인다.(성기옥 1998:116)

이 두 인용은 앞의 인용에서 제2-5수와 제7-8수를 각각 한 단락으로 묶은 이유를 보여준다. 이 정리에는 두 가지 문제가 포함되어 있다. 그 한 문제는 이삭대엽과, 이삭대엽의 파생곡을 분리하여 언급하면서도, 이 이삭대엽과 그 파생곡들을 한 단락으로 묶은 것이다. 이 문제에 대한 설명은 뒤에 다시 언급할 것이다. 다른 한 문제는 김용찬에 의해 지적된 문제이다.

이 문제를 지적한 글을 보기 전에, 김용찬이 제시한 구조를 보자. 김용찬(2006:58)은 "악곡과 노랫말의 특성을 통해서 구조를 분석하면 크게 다음과 같이 5개의 단락으로 나눌 수 있겠다."고 주장하면서, 제1수(초삭대엽), 제2-5수(이삭대엽-두거), 제6수(삼삭대엽), 제7수(소용), 제8수(회계삭대엽) 등의 5개 단락으로 나눈 구조의 도표를 제시하였다.

이 구조에서는 성기옥이 한 단락으로 묶었던 제7, 8수를 분리하였다. 그 분리의 근거를 대략 인용하면 다음과 같다.

… 성기옥의 경우 '매화사 제7'과 '매화사 제8'을 하나로 묶어 4개의 단락으로 구분된다고 보았는데, 반엽의 곡조가 '순 우조로만 부를 때는 우롱(羽弄)으로 노래한다'는 『가곡원류』(국악원본)의 기록에 근거를 두고 있다. 만약 '우조 일편'으로 짜여진 〈매화사〉의 회계삭대엽 작품이 성기옥의 논의처럼 우롱의 곡조로 노래되었다는 것을 확인할 수 있다면, 전체를 4개의 단락으로 구분하는 것이 마땅하다고 하겠다. 하지만 음악적으로 반엽이 '계면조 초삭대엽으로 연결하지 않고 우락(羽樂)으로 뛰어서 연결할 경우에는 중여

음에서 계면조로 변조하지 않고, 그대로 평조 가락에 의하여 5장까지 끝마치는데, 이렇게 평조 가락에 의하여 부르는 곡을 우롱(羽弄)이라고 한다'는 음악계의 논의를 참고할 필요가 있다.

또한 『금옥총부』의 회계삭대엽이 '우조 일편'으로 이루어진 〈매화사〉에서 '우롱'으로 불려졌다면, 안민영은 당연히 해당 작품에 이러한 내용을 기록해 두었을 것이다. ….

… 그리고 가곡의 특성상 질러내는 소리가 계속되는 곡조들에는 다소 가사가 많은 작품들이 배분되는 경향이 있다고 하는데, 〈매화사〉 전체 8수의 작품에서 소용인 '매화사 제7'만이 사설시조 형태를 보이는 것은 바로 이런 까닭에서 이해할 수 있겠다. 때문에 노래의 중간에 평조에서 계면조로 변조(變調)되는 반엽(회계삭대엽)과는 그 음악적 성격이 명백히 다르기에, 본고에서는 이 두 작품의 단락을 구분하여 음악적으로 5개의 단락으로 구분될 수 있다고 파악하였다.(김용찬 2006:58-60)

이렇게 수정되어온 〈매화사〉의 음악적 구조를 다시 한번 검토해 보자. 우선 성기옥과 김용찬이 모두 인정하듯이, 중거(삭대엽), 평거(삭대엽), 두거(삭대엽) 등은 이삭대엽의 파생곡들이다. 그리고 '소용'은 김용찬(2006:59)이 언급하고 있듯이 삼삭대엽의 파생곡이다. 이렇게 파생곡들과 원곡들로 구성된 '우조 8곡'의 음악적 구조는 다음의 네 종류(〈표2〉)로 정리할 수 있다.

〈표2〉

<table>
<tr><th>구분</th><th>제1수</th><th>제2수</th><th>제3수</th><th>제4수</th><th>제5수</th><th>제6수</th><th>제7수</th><th>제8수</th></tr>
<tr><td>악곡</td><td>초삭대엽</td><td>이삭대엽</td><td>중거</td><td>평거</td><td>두거</td><td>삼삭대엽</td><td>소용</td><td>회계삭대엽</td></tr>
<tr><td>음악적 구조(1)</td><td>초삭대엽</td><td colspan="4">이삭대엽과 파생곡(중거, 평거, 두거)</td><td>삼삭대엽</td><td colspan="2">소용 · 우롱</td></tr>
</table>

<table>
<tr><td>음악적 구조(2)</td><td>초삭 대엽</td><td colspan="4">이삭대엽과 파생곡(중거, 평거, 두거)</td><td>삼삭 대엽</td><td>소용</td><td>회계삭대엽</td></tr>
<tr><td>음악적 구조(3)</td><td>초삭 대엽</td><td colspan="4">이삭대엽과 파생곡(중거, 평거, 두거)</td><td colspan="2">삼삭대엽과 파생곡(소용)</td><td>회계삭대엽</td></tr>
<tr><td rowspan="2">음악적 구조(4)</td><td rowspan="2">초삭 대엽</td><td rowspan="2">이삭 대엽</td><td colspan="3">이삭대엽의 파생곡</td><td rowspan="2">삼삭 대엽</td><td rowspan="2">삼삭대엽의 파생곡(소용)</td><td rowspan="2">회계삭대엽</td></tr>
<tr><td>중거</td><td>평거</td><td>두거</td></tr>
</table>

위의 표에서, 음악적 구조(1)은 성기옥이 이삭대엽과 그 파생곡들(중거·평거·두거)을 한 단락으로 묶고, 소용과 우롱(회계삭대엽)을 한 단락으로 묶어, 〈매화사〉의 음악적 구조를 4단락으로 본 것이다. 이 구조에는 김용찬이 지적하였듯이, 묶을 수 없는 소용과 회계삭대엽을 한 단락으로 묶은 문제가 포함되어 있다. 게다가 이삭대엽과 그 파생곡들을 한 단락으로 묶었으면, 음악적 구조(3)에서와 같이, 원곡과 파생곡을 한 단락으로 묶는 논리에 의해, 삼삭대엽과 그 파생곡인 '소용'도 한 단락으로 묶거나, 그렇지 않으면, 음악적 구조(4)에서와 같이, 삼삭대엽과 그 파생곡(소용)을 분리하듯이, 이삭대엽과 그 파생곡들(중거·평거·두거)을 분리하여야 했다. 그러나 이렇게 하지 않은 것은 음악적 구조(1)이 논리적으로 보이는 한계이다.

다음으로 음악적 구조(2)는 김용찬이 정리한 구조이다. 이 음악적 구조(2)는 바로 앞에서 설명했듯이, 성기옥의 음악적 구조(1)을 수정 보완한 것이지만, 역시 같은 한계를 보인다. 즉 이삭대엽과 그 파생곡들(중거·평거·두거)을 한 단락으로 묶었으면, 음악적 구조(3)에서와 같이, 원곡과 파생곡을 한 단락으로 묶는 논리에 의해, 삼삭대엽과 그 파생곡인 '소용'도 한 단락으로 묶거나, 그렇지 않으면, 음악적 구조(4)에서와 같이, 삼삭대엽과 그 파생곡인 '소용'을 분리하듯이, 이삭대엽과 그 파생곡들(중거·평거·두거)을 분리하여야 했다. 그러나 이렇게 하지 않은 것은 음악적 구조(1, 2)가 함께 논리적으로 보이는 한계이다.

이 음악적 구조(1, 2)에 비해, 음악적 구조(3)과 음악적 구조(4)는 음악 자체의 논리에서 논리적이다. 왜냐하면 '삼삭대엽'과 그 파생곡인 '소용'의 처리에서, 원곡(삼삭대엽)과 그 파생곡(소용)을 묶거나 묶지 않은 논리를, 원곡(이삭대엽)과 그 파생곡들(중거 · 평거 · 두거)에서도 유지할 수 있기 때문이다. 그런데 음악적 구조(3)은 손정인(2012)이 취하기도 했는데, 문학적 구조와 상응하지 않아 비교 대상에서 제외한다. 즉 제6수와 제7수는 음악상 삼삭대엽과 그 파생곡(소용)이란 점에서 한 단락으로 묶을 수 있다. 그러나 제6수와 제7수는 소재상 어리고 성긴 운애산방의 매화와 섞어 반만 남은 나부산의 매화이고, 단형시조와 장형시조라는 점에서 한 단락으로 묶을 수 없다. 이렇게 제6수와 제7수는 음악상 한 단락으로 묶을 수 있지만, 소재상 형식상 한 단락으로 묶을 수 없어, 서로 상응하지 않는다.

이에 비해 제6수의 어린 매화 및 단형시조는 동질적인 제2-5수의 어린 매화 및 단형시조와 함께 한 단락으로 묶고, 이것들과 구분되는 제7수의 섞어 반만 남은 매화 및 장형시조는 별도의 단락으로 분리하는 것이 바람직하다. 이 문학적 구조와 상응하는 것이 음악적 구조(4)이다. 음악적 구조(4)와 '3'장에서 정리한 문학적 구조를 비교하면 〈표3〉과 같다.

〈표3〉

<table>
<tr><th colspan="2">구분</th><th>제1수</th><th>제2수</th><th>제3수</th><th>제4수</th><th>제5수</th><th>제6수</th><th>제7수</th><th>제8수</th></tr>
<tr><td rowspan="5">문학적 구조</td><td>논리</td><td>기</td><td colspan="5">승(대칭적 구조)</td><td>전</td><td>결</td></tr>
<tr><td>배경 공간</td><td>운애 산방</td><td colspan="5">운애산방</td><td>나부산</td><td>통합 공간</td></tr>
<tr><td rowspan="3">배경 시간</td><td>전일</td><td colspan="5">당일</td><td>후일</td><td>양춘</td></tr>
<tr><td rowspan="2">황혼 이전의 이전</td><td rowspan="2">황혼 이전</td><td colspan="3">황혼</td><td rowspan="2">황혼 이후</td><td rowspan="2">황혼 이후의 이후</td><td rowspan="2">통합 시간 (양춘)</td></tr>
<tr><td>초반</td><td>중반</td><td>종반</td></tr>
<tr><td colspan="2">음악적 구조(4)</td><td>초삭</td><td>이삭</td><td colspan="3">이삭대엽의 파생곡</td><td>삼삭</td><td>삼삭대엽의</td><td>회계삭대엽</td></tr>
</table>

	대엽	대엽	중거	평거	두거	대엽	파생곡:소용	
악곡	초삭 대엽	이삭 대엽	중거	평거	두거	삼삭 대엽	소용 (이)	회계삭대엽

이 표의 음악적 구조(4)는 이삭대엽의 파생곡들인 중거, 평거, 두거 등을 이삭대엽의 파생곡으로 묶으면서 6단락이 된다. 즉 초삭대엽, 이삭대엽, 이삭대엽의 파생곡들(중거, 평거, 두거), 삼삭대엽, 삼삭대엽의 파생곡(소용), 회계삭대엽 등의 6단락이다. 이 음악적 구조(4)의 6단락은 문학적 구조의 배경시간의 구조에서 보이는, 황혼 이전의 이전(제1수), 황혼 이전(제2수), 황혼[초반(제3수), 중반(제4수), 종반(제5수)], 황혼 이후(제6수), 황혼 이후의 이후(제7수), 양춘(제8수) 등의 6단락과 상응한다. 특히 이삭대엽의 파생곡들인 중거, 평거, 두거 등은 중간의 평거를 대칭축으로 그 좌우가 대칭하는 모습을 보여준다. 이는 황혼의 초반, 중반, 종반 등이 중간의 중반을 대칭축으로 그 좌우가 대칭하는 모습과 일치하면서, 대칭적 구조를 보여준다. 이 대칭적 구조는 문학적 구조와 음악적 구조의 두 6단락들이 다시 기승전결의 4단락에서 상응하는 양상을 보여준다. 이렇게 〈매화사〉에서 문학적 구조와 음악적 구조가 각각 밝혀지고, 이 두 구조들이 서로 상응한다는 점에서, 〈매화사〉의 문학적 구조와 음악적 구조는 상응한다고 정리할 수 있다.

5. 결론

지금까지 연시조 〈매화사〉를 전6수의 텍스트와 8수의 텍스트로 탈착되는 탈착형의 연시조로 보아, 그 결속, 종결, (문학적 음악적) 구조, 주제 등을 살펴 보았다. 그 결과 중에서 중요한 것들을 요약하여 결론을 대신하려 한다.

전6수 텍스트의 결속과 종결은 다음과 같이 요약할 수 있다.

1) 제2-6수에서는 '… -니 …' 구문의 반복을 통하여 일탈표현을 보인 제4수를 대칭축으로 대칭하는 ['-니, 매화'(제2수) - 대칭축(제4수) - '-니, 매화'(제6수)]와 ['향기, 감탄 선언, 매화의 황혼월 기약'(제3수) - 대칭축(제4수) - '향기, 감탄 선언, 황혼월의 매화 기약'(제5수)]의 대칭표현들이 발견되는데, 이 대칭표현들은 제2-6수의 공통된 소재 '어리고 성긴 운애산방의 매화'와 더불어 제2-6수의 단락성을 보이면서, 단락내 결속을 보여주고, 동시에 단락내 시종의 대칭에 의해 단락의 종결을 보여준다.
2) 제2-6수의 제2-5수에서는 '향, 너, -라(종장)' 등을 각각 반복하고 제6수에서는 이 '향, 너, -라(종장)' 등을 사용하지 않는 일탈의 전환을 보이는데, 이는 반복표현의 후미 전환형으로 이 단락의 단락내 결속과 단락의 종결을 말해준다.
3) 제1, 2수에서 반복하는 '과거시제의 서술 구문'은 제1단락(제1수)과 제2단락(제2-6수)의 순차적 결속을 보여준다.
4) 제1수 초장의 '부딪치-', '창(窓)' 등과 제6수 초장의 '(산)창[(山)窓]', '부딪치-' 등은 시종(始終)의 대칭표현으로, 전6수 텍스트의 종결을 보여준다.

8수의 텍스트에서 정리한 결속과 종결은 다음과 같다.

1) 전6수 텍스트의 제2단락(제2-6수)에서 정리한 결속과 종결은 8수의 텍스트에서도 같은 기능을 한다.
2) 전6수 텍스트에서 '과거시제의 서술 구문'을 반복하면서 보여준 제1단락(제1수)과 제2단락(제2-6수)의 순차적 결속은 8수의 텍스

트에서도 같은 기능을 한다.

3) 전6수의 텍스트에서 텍스트의 종결을 보여주었던 제1수 초장과 제6수 초장의 '부딪치-, 창(窓)'의 대칭표현은, 8수의 텍스트에서는 제1단락(제1수)와 제2단락(제2-6수)의 단락간의 결속으로 그 기능을 바꾼다.

4) 제2단락과 제3단락의 단락간의 결속은 제6수(제2단락의 끝수)와 제7수(제3단락)의 종장에서 반복된 "아(무/모)리 … 봄쯧- (어이) 설의형(아슬소냐, ᄒᆞ리오)"(미래시제의 설의 구문)에 의해 이루어진다.

5) 제1단락(제1수), 제2단락(제2-6수), 제3단락(제7수) 등의 단락간의 결속은 [과거시제의 서술 구문(제1, 2수) - 현재시제의 선언 구문(제3, 4, 5수 - 미래시제의 설의 구문(제6, 7수)]의 대칭표현에 의해서 이루어진다.

6) 8수 텍스트의 전체적인 결속과 종결은 두 유형으로 이루어진다. 하나는 제7수의 장형시조가 단형시조(제1-6수) - 장형시조(제7수) - 단형시조(제8수)의 연결에서 보이는 일탈로, 이 일탈은 반복표현의 후미 전환을 다시 도치시킨, 반복표현의 후미 전환 · 도치형의 종결로, 종결과 제1-4단락의 결속을 보여준다. 다른 하나는 제8수 종장의 끝시어 '이시리'의 일탈이 두 측면에서 보인 종결과 결속이다. 한 측면은 제1, 2수, 제3-5수, 제6, 7수 등이 각각 동일 구문으로 짝을 이루면서 반복하는 규범을 벗어난 일탈을 통하여 보여준, 반복표현의 후미 전환에 의한 결속과 종결이다. 다른 한 측면은 '오르더라'(제1수), 'ᄒᆞ더라'(제2수), 'ᄒᆞ노라'(제3-5수), '아슬소냐'(제6수), 'ᄒᆞ리오'(제7수) 등의 비생략형의 반복표현을 후미에서 생략형 '이시리'로 전환한, 반복표현의 후미 전환에 의한 결속과 종결이다.

'3'장에서 정리한 구조와 주제는 다음과 같다.

1) 〈매화사〉에서 발견되는 배경시간의 구조는 [황혼 이전의 이전(제1수) - 황혼 이전(제2수) - 황혼{초반(제3수) - 중반(제4수) - 종반(제5수)} - 황혼 이후(제6수) - 황혼 이후의 이후(제7수) - 양춘(제8수)]인데, 이 중의 제1-7수는 순차적 대칭적 구조이고, 제1-7수의 시간과 제8수의 시간은 순차적 대칭적 열거와 통합의 관계이다.
2) 〈매화사〉에서 발견되는 배경공간의 구조는 [전경을 보여준 운애산방(제1수) - 매화에 초점을 맞춘 운애산방(제2-6수) - 나부산(제7수) - 통합적 공간(운애산방의 방안과 나부산, 제8수)]인데, 운애산방의 방안과 나부산의 공간은 열거의 관계이고, 제1-7의 공간과 제8수의 공간은 열거와 통합의 관계이다.
3) 〈매화사〉의 표면적 텍스트에서, 전6수 텍스트의 논리적 구조는 [서(제1수) - 본(제2-6수 : 대칭적 구조)]의 구조이고, 8수 텍스트의 논리적 구조는 [기(서론, 제1수) - 승(본론1 : 소재1, 제2-6수 : 대칭적 구조) - 전(본론2 : 소재2, 제7수) - 결(결론, 제8수)]의 구조이다.
4) 〈매화사〉의 표면적 텍스트에서, 전6수 텍스트의 주제는 [운애산방 매화의 (백설양춘에 눈 기약을 지켜 피어 보여준) 고절(高節, 높은 節概)에 대한 칭찬]이고, 8수 텍스트의 주제는 [매화(운애산방과 나부산의 매화)만의 (백설양춘에 눈 기약을 지켜 피어 보여준) 고절(高節, 높은 節概)에 대한 칭찬]이다.
5) 이면적 텍스트의 논리적 구조와 주제를 가능하게 한 중의적 표현들은 다음과 같다. '매영(梅影)'(식물 매화의 그림자, 가기 매화의 그림자), '매화(梅花)'(분재의 매화, 어린 歌妓), '눈'(자연의 눈, 저속한 악곡), '두세 송이'(매화꽃의 두세 송이, 고상한 두세 악곡), '푸엿고나'(피였구나, 꽃피었구나), '암향'(그윽한 향기, 그윽한 악곡), '빙자옥

질(氷姿玉質)'(식물의 매화, 가기의 매화), '향기'(매화꽃의 향기, 가기 매화의 향긋한 악곡), '청향(淸香)'(매화꽃의 맑고 깨끗한 향기, 가기 매화의 맑고 깨끗한 악곡), '꽃'(분재의 매화, 가기의 매화), 'ᄇᆞ람'(눈을 몰아오는 바람, 일시적인 유행), '산창(山窓)'(운애산방의 창, 운애산방의 풍류객들이 보인 고상한 악곡의 진영), '부딋치니'(부딪치니, 공격하니), '찬 기운'(겨울의 찬 기운, 차가운 냉대), '봄뜻'(봄에 꽃을 피우려는 情趣, 고상한 악곡을 꽃피우려는 뜻), '나부산(羅浮山)'(중국 광동성의 산, 늙은 가기가 거하는 구름이나 안개가 비단 같이[羅] 뜬[浮] 산), '검어 웃뚝 울통불통 광ᄃᆡ등걸'(古木의 매화, 늙은 歌妓), '동각(東閣)'(봄의 집, 동쪽의 집/궁궐), '척촉(躑躅)'(식물의 척촉, 가기의 척촉), '두견화(杜鵑花)'(식물의 두견화, 가기의 두견화), '백설양춘(白雪陽春)'[흰 눈 속의 양춘(정월), 「백설곡」「양춘곡」 등과 같이 고상한 악곡), '매화(梅花)'(제8수, 어린 매화와 고목의 매화를 귀납적으로 일반화한 매화, 어린 가기의 매화와 늙은 가기의 매화를 귀납적으로 일반화한 가기의 매화) 등이다.

6) 5)의 중의적 표현들에 의해 생성된 이면적 텍스트에서, 전6수 텍스트의 논리적 구조는 [서(제1수) - 본(제2-6수 : 대칭적 구조)]의 구조이고, 8수 텍스트의 논리적 구조는 [기(서론, 제1수) - 승(본론1 : 소재1, 제2-6수 : 대칭적 구조) - 전(본론2 : 소재2, 제7수) - 결(결론, 제8수)]이다.

7) 〈매화사〉의 이면적 텍스트에서, 전6수 텍스트의 주제는 [운애산방의 가기 매화의 (저속한 악곡의 세상에 기약을 지켜 고상한 악곡을 꽃피워 보여준) 고절(高節, 높은 절개)에 대한 칭찬]이며, 8수 텍스트의 주제는 [가기 매화(운애산방과 나부산의 매화)만의 (저속한 악곡의 세상에 기약을 지켜 고상한 악곡을 꽃피워 보여준) 고절(高節, 높은 節槪)에 대한 칭찬]이다.

8) 〈매화사〉의 매화는 소재사적 측면에서, 표면적으로는 눈 기약을 지켜 핀 고절(高節, 높은 절개)의 표상이며, 이면적으로는 고상한 악곡을 꽃피운 가기 매화의 표상이다. 이는 사대부 시가에서 중시하는 자아의 이념 표상인 세한고절(歲寒高節)의 표상으로부터 주제적 변용을 보인 것이다.

'4'장에서 정리한 문학적 구조와 음악적 구조의 관계는 다음과 같다.

1) 〈매화사〉의 음악적 구조는 일차적으로 '우조 8곡'의 순차적 구조이다. 이 음악적 구조는 이삭대엽의 파생곡인 중거, 평거, 두거 등이 이삭대엽의 파생곡들로 묶이면서, 초삭대엽, 이삭대엽, 이삭대엽의 파생곡들(중거, 평거, 두거), 삼삭대엽, 삼삭대엽의 파생곡(소용), 회계삭대엽 등의 6단락으로 정리된다.
2) 음악적 구조의 6단락은 문학적 구조의 배경시간의 구조에서 보이는 [황혼 이전의 이전(제1수), 황혼 이전(제2수), 황혼{초반(제3수), 중반(제4수), 종반(제5수)}, 황혼 이후(제6수), 황혼 이후의 이후(제7수), 양춘(제8수)]의 6단락과 상응한다. 그리고 이 문학적 구조와 음악적 구조의 두 6단락들은 다시 기승전결의 4단락에서 상응한다.
3) 이상과 같이 〈매화사〉에서 문학적 구조와 음악적 구조가 각각 밝혀지고, 이 두 구조들이 서로 상응한다는 점에서, 〈매화사〉의 문학적 구조와 음악적 구조의 상응을 정리할 수 있다.

이 글을 통하여 필자는 그 동안 궁금했던 문제를 하나 해결하였다. 궁금했던 문제는 바로 왜 승(제2-6수)이 너무 커서 불균형한 기(제1수) - 승(제2-6수) - 전(제7수) - 결(제8수)의 구조로 작품을 짰을까 하는 점이었다. 그런데 이 작품이 전6수의 텍스트와 8수의 텍스트로 탈착되는 탈착형의 연시조라는 점을 이해하면서, 이 문제를 해결할 수 있었다. 즉 불균형한 기승전결의 '기승'은, 〈오륜가〉(주세붕), 〈오우가〉(윤선도), 〈병산육곡〉(권구) 등의 서(제1수) - 본(제2-6수)의 구조와, 〈풍아별곡〉(권익륭)과 〈농가(구장)〉(위백규)에 포함된 서(제1수) - 본(제2-6수)의 구조로 떼어서 이해하면, 앞의 문제가 해결된다. 동시에 불균형한 기승전결은, 〈오륜가〉(주세붕), 〈오우가〉(윤선도), 〈병산육곡〉(권구) 등의 서(제1수) - 본(제2-6수)의 구조와, 〈풍아별곡〉(권익륭)과 〈농가(구장)〉(위백규)에 포함된 서(제1수) - 본(제2-6수)의 구조를 '기승'으로 바꾸고, 이 '기승'에 '전결'을 붙인 구조라는 점을 이해하여도 앞의 문제가 해결된다.

이런 사실 때문에, 〈오우가〉(윤선도), 〈병산육곡〉(권구), 〈풍아별곡〉(권익륭), 〈농가(구장)〉(위백규), 〈매화사〉(안민영) 등을 제6부인 기타(1)로 묶었다.

이 글에서 다룬 〈매화사〉의 결속, 종결, 구조, 주제 등은, 이에 기반을 둔 〈매화사〉의 평가와 고전시가의 해석 방법에 거의 결정적으로 영향을 주는데, 이 문제는 다음 글에서 다루려 한다.

제7부

기타(2)

강복중의 〈방진산군수가〉

1. 서언

이 글은 강복중(1563~1639)이 지은 〈방진산군수가〉의 결속, 종결, 구조, 주제 등을 검토 정리하는 데 연구의 목적이 있다.

〈방진산군수가〉의 연구는 두 글(양희철 2010d, 2011a)에서 보인다. 전자의 글에서는 일탈표현과 대칭표현을 정리하였다. 후자의 글에서는 전자의 글에서 정리한 일탈표현과 대칭표현을 다시 정리하고, 이에 구조, 주제, 유형성 등을 더하였다.

이 두 글은 〈방진산군수가〉를 이해하는 데에 도움을 주었다. 그러나 그 동안 이 분야의 다른 작품들을 검토하면서 새로 인식한, 결속, 종결, 구조 등의 측면들을 더하여 보면, 수정하고 보완해야 할 것들이 발견된다. 이에 앞의 두 글을 수정하고 보완하면서, 〈방진산군수가〉의 결속, 종결, 구조, 주제 등을 다시 정리하려 한다.

2. 결속과 종결

결속과 종결을 정리하기 위하여, 밑줄 친 부분에 유의하면서 〈방진산

군수가〉를 보자.

어와 반가올샤 그ᄃᆡ도록 반가올샤
同高祖 八寸이니 머다ᄒᆞᆫ들 얼머 멀ᅀᅩ
오날은 郡守 보니 高祖 본 ᄃᆞᆺᄒᆞ여다(제1수)

春風이 건ᄃᆞᆺ 부러 到任 긔별 쟘간 듯고
萬重 雲山을 허위 허위 너머 오니
어저버 七年의 時雨 본 ᄃᆞᆺᄒᆞ예다(제2수)

珍山 郡守 前의 爲父長歎 아뢰옵고
古人이 일오ᄃᆡ 一家의 生八寸이
어즈버 同高祖니 怨恨 업게 프러 쥬소셔(제3수)

술을 먹ᄌᆞ ᄒᆞ니 百姓이 셜워 ᄒᆞ고
고기를 먹ᄌᆞ ᄒᆞ니 샨치도 셜워 ᄒᆞ니
愛婢 料산 ○의 臺안쥬 ○○ 及將 ○ ᄒᆞ오려 더 ᄃᆞ고 니여 붓고 드쟈ᄂᆞ다
(제4수)

珍山 上下人아 네 원이 엇더ᄒᆞ니
村村 耆老더리 날다려 일온 마리
우리집 吠犬足氂ᄂᆞᆫ 자히 남ᄃᆞ ᄒᆞ네다(제5수)

이 〈방진산군수가〉의 결속과 종결은 일탈표현과 대칭표현을 통하여 정리할 수 있다.

첫째로, 제1수의 '-샤'와 '-ㄹ ᅀᅩ'의 일탈표현이다.

제1수 초장의 끝시어는 '반가올샤'이고, 연결어미는 '-ㄹ샤'이다. 이에 비해 제2, 3, 4수의 초장 끝시어들은 '듯고, 아뢰옵고, 셜워ᄒᆞ고' 등으로 연결어미 '-고'를 반복하면서 규범을 형성한다. 이 '-고'의 규범으로 보면, 제1수의 초장 끝시어의 '-ㄹ샤'는 일탈표현이다.

그리고 제1수 중장의 끝시어는 '멀ᄭᆞ'로 의문형 종결어미 '-ㄹᄭᆞ'를 보여준다. 이에 비해 제2-5수 중장 끝시어들은 '오니, 생팔촌(生八寸)이, ᄒᆞ니, 마라' 등으로, 연결어미 '-니'와 주격어미 '-이'를 보이면서, '-이'를 규범으로 한다. 이 규범으로 보면, 제1수 중장의 종결어미 '-ㄹᄭᆞ'는 일탈표현이다.

이 두 일탈표현들은 제2수 이하의 규범으로부터의 일탈이란 점에서, 제1수의 단락성을 말해준다.

둘째로, 제2-4수 초장에서의 연결어미 '-고'의 반복표현이다. 제2-4수 초장들의 끝시어들은 '듯고(제2수), 아뢰옵고(제3수), ᄒᆞ고(제4수)' 등이다. 이에 포함된 '-고'의 반복표현은 제2-4수의 결속을 보여준다. 그런데 이 결속은 단락내에서 이루어지고 있다는 점에서, 단락내 결속으로 정리할 수 있다.

셋째로, 제2-4수 중장에서의 ['-니'(제2수) - '-이'(제3수, 대칭축) - '-니'(제4수)]의 대칭표현이다. 제2, 3, 4수의 중장 끝시어를 보면, '오니, 생팔촌(生八寸)이, ᄒᆞ니' 등이다. 이 시어들은 말음 '-ㅣ'를 공통으로 하는 동시에, 제3수의 '-이'를 대칭축으로 제2, 4수의 '-니'가 대칭한다. 이 대칭표현은 제2-4수로 구성된 제2단락의 단락내 결속을 보여주면서, 동시에 상하 대칭에 의해 단락의 종결도 보여준다.

넷째로, 제5수 초장의 '-니'의 일탈표현이다. 앞에서 보았듯이, 제2-4수 초장의 끝시어는 '듯고, 아뢰옵고, 셜워ᄒᆞ고' 등으로 연결어미 '-고'를 반복하면서 규범을 형성한다. 이에 비해 제5수 초장의 끝시어는 '엇더ᄒᆞ니'로 앞의 '-고'의 규범을 일탈하였다. 이 일탈표현은 제5수를 그 이전의 단락으로부터 분리하는 단락성을 보여준다.

이상과 같이 보면, 이 작품은 제1단락(제1수), 제2단락(제2-4수), 제3단락(제5수) 등으로 3분되어 있다. 그러면 이 세 단락들은 어떻게 단락간의 결속을 보이고, 어떻게 종결을 하는가를 정리해 보자.

다섯째로, ['-다'(제1수) - '-다'(제2수) - '-셔'(제3수, 대칭축) - '-다'(제4수) - '-다'(제5수)]의 대칭표현이다. 제1, 2, 4, 5수의 종장 끝시어들인 '둣ᄒᆞ여다, 둣ᄒᆞ예다, 드쟛ᄂᆞ다, ᄒᆞ네다' 등에서는 종결어미로 '-다'를 반복하는 규범을 보여준다. 이 규범을 제3수의 종장 끝시어인 '쥬소셔'에서는 '-셔'로 일탈하였다. 이 제3수의 일탈을 대칭축으로 앞의 규범들이 대칭한다. 이 대칭표현은 제1단락과 제2단락의 단락간 결속, 제2단락과 제3단락의 단락간 결속, 제1, 2, 3단락의 단락간 결속과 종결 등을 보여준다. 이를 차례로 보자.

먼저 제1, 2수 종장에서는 '-다'(둣ᄒᆞ여다, 둣ᄒᆞ예다)의 반복표현을 보여준다. 이 반복표현은 제1단락(제1수)과 제2단락(제2, 3수)에서의 반복으로, 제1, 2단락의 단락간의 결속을 말해준다. 이와 비슷하게 제4, 5수 종장에서도 '-다'(드쟛ᄂᆞ다, ᄒᆞ네다)의 반복표현을 보여준다. 이 반복표현은 제2단락(제2, 3, 4수)과 제3단락(제5수)에서의 반복으로, 제2, 3단락의 단락간의 결속을 말해준다. 그리고 이 두 단락간의 결속은 상하에서 대칭하는 대칭표현이 되어, 다시 제1, 2, 3단락의 단락간의 결속을 보여주면서, 상하의 대칭은 시종의 대칭이 되어 종결도 보여준다.

다섯째로, 장형시조(제4수)의 일탈표현을 통한 반복표현의 후미 전환과 그 도치의 종결형이다. 제4수의 종장은 "애비(愛婢) 요(料)산 ○의 대(臺)안쥬 ○○ 급장(及將) ○ ᄒᆞ오려 더ᄃᆞ고 니여 붓고 드쟛ᄂᆞ다"에서 보듯이 28음절의 장형을 보인다. 이는 제1, 2, 3, 5수에서 반복한 13-16음절(제1수는 14음절, 제2수는 13음절, 제3수는 16음절, 제5수는 15음절)의 일반형을 일탈한 장형이다. 이는 많은 사설을 이용하여 작가의 고양된 정서나 정감의 정점을 문체적으로 표현한 것이다. 그리고 이 정점의 단시조는 뒤에서 두 번째에 있어, 그 이전의 상태로 회귀된 마지막 단형시조와 더불어 종결의 기능도 한다.[1] 이는 반복표현의 후미 전환형을 다시 도치시킨 후미의 전환·도치형의 종결이다. 이 종결은 반복표현과 후미의 전환 및 도치를 통하여 제1, 2, 3단락의 단락간 결속도 보여준다.

3. 배경시공간의 구조

이 작품의 배경시간의 구조와 배경공간의 구조를 정리하기 위하여, 각수별로 배경시간과 배경공간을 먼저 정리해 보자.

제1수는 "어와 반가올샤 그듸도록 반가올샤 / 동고조(同高祖) 팔촌(八寸)이니 머다흔돌 얼머 멀꼬 / 오날은 군수(郡守) 보니 고조(高祖) 본 듯 ᄒ여다"이다. 이 제1수에서 배경시간은 '오늘'이다. 이런 사실은 종장의 '오날'에서 알 수 있다. 이 '오늘'은 군수를 만난 날의 어느 특정 시간들을 의미하지 않고 이 특정 시간들을 포괄한 포괄적 시간이다. 동시에 군수를 만난 것은 특정 시간이다. 이로 보면, 이 제1수의 시간은 포괄적 시간과, 특정의 개별적인 시간을 모두 보여준다. 그리고 이 제1수에서 배경공간은 불명확하다. 단지 군수를 만나는 공간으로, 좁게 보면 군수를 만나는 특정의 개별적인 공간이고, 넓게 보면 군수를 만나러 가서 만나고 돌아올 때까지의 진산의 포괄적 공간이다. 이런 점에서 이 공간

---

1 이 정점과 이전 상태로의 회귀에 의한 종결의 기능은 그 설명이 두 측면에서 가능하다. 하나는 서사문학에서 클라이막스 이후에 그 이전의 안정 상태로 종결하는 것으로 설명하는 것이다. 다른 하나는 〈도산육곡1(언지)〉에서 보인 마지막 단시조의 일탈에 의한 종결을, 즉 장형의 일탈(제6수의 종장)에 의한 종결을, 다시 바로 앞의 단시조와 도치시킨 형식으로 설명하는 것이다.

역시 개별적인 공간과 포괄적인 공간을 모두 보여준다고 정리할 수 있다.

제2수는 "춘풍(春風)이 건둣 부러 도임(到任) 긔별 잠간 듯고 / 만중(萬重) 운산(雲山)을 허위 허위 너머 오니 / 어저버 칠년(七年)의 시우(時雨) 본 둣ᄒᆞ예다"이다. 이 제2수의 배경시간은 군수를 만나러 운산(雲山)을 넘어오는 시간으로, 어느 봄날의 한 때이다. 이런 사실은 초장의 '춘산(春風)'과 중장의 "만중(萬重) 운산(雲山)을 허위 허위 너머 오니"에서 알 수 있다. 그리고 이 제2수의 배경공간은 군수를 만나러 넘어가는 운산(雲山)이다.

제3수는 "진산(珍山) 군수(郡守) 전(前)의 위부장탄(爲父長歎) 아뢰옵고 / 고인(古人)이 일오딕 일가(一家)의 생팔촌(生八寸)이 / 어즈버 동고조(同高祖)니 원한(怨恨) 업게 프러 쥬소셔"이다. 이 제3수의 배경시간은 진산 군수를 만난 시간인데, 어느 때인지는 명확하지 않다. 이 제3수의 배경공간은 진산 군수를 만난 곳인데, 어느 곳인지는 명확하지 않다.

제4수는 "술을 먹ᄌᆞ ᄒᆞ니 백성(百姓)이 셜워 ᄒᆞ고 / 고기를 먹ᄌᆞ ᄒᆞ니 샨치도 셜워 ᄒᆞ니 / 애비(愛婢) 요(料)산 ○의 대(臺)안쥬 ○○ 급장(及將) ○ ᄒᆞ오려 더 ᄃᆞ고 니여 붓고 드쟛ᄂᆞ다"이다. 이 제4수의 배경시간은 술을 먹는 시간이다. 이 주석은 군수가 마련해준 것으로 추정되어, 군수를 만난 이후에 술을 마시는 시간으로 추정할 수 있다. 이 제4수의 배경공간은 군수가 마련해준 주석으로 추정된다.

제5수는 "진산(珍山) 상하인(上下人)과 네 원이 엇더ᄒᆞ니 / 촌촌(村村) 기로(耆老)더리 날다려 일온 마리 / 우리집 폐견족리(吠犬足氂)ᄂᆞᆫ 자히 남ᄃᆞ ᄒᆞ네다"이다. 이 제5수의 배경시간은 두 가지이다. 하나는 진산의 상하인(기로)과 문답한 특정 시간이다. 진산의 상하인에게 "네 원이 어떠하냐"고 묻고, 기로(耆老)들이 대답하는 시간으로, 명시되어 있지 않다. 내용상 제4수에서 본 주석의 시간, 또는 주석 이후의 특정 시간으로 보인다. 다른 하나는 "우리집 폐견족리(吠犬足麄)는 자히 남ᄃᆞ"의 시간으로, 어느 특정의 시간이 아니라 포괄적인 시간이다. 그리고 이 제5수의 배경공간 역시 두 가지이다. 하나는 진산의 상하인에게 "네 원이 어떠하냐"고 묻고, 기로(耆老)들이 대답하는 공간으로, 명시되어 있지 않다. 내용으로 보아, 제4수에서 본 주석의 공간, 또는 진산의 어느 특정 공간으로 추정된다. 다른 하나는 촌촌(村村) 기로(耆老)들이 말한 "우리집 폐견족리(吠犬足麄)는 자히 남ᄃᆞ"의 공간이다. 이 공간은 어느 특정 공간이 아니라, '촌촌(村村)'이 보여주는 진산의 포괄적 공간이다.

제1-5수의 배경시간을 다시 정리하면 다음과 같다.

제1수: 군수를 만난 특정의 개별적인 시간과 '오늘'의 포괄적인 시간
제2수: 군수를 만나러 雲山을 넘어오는 시간
제3수: 진산 군수를 만난 시간
제4수: 군수를 만난 이후에 위로주를 마시는 시간
제5수: 진산의 상하인(기로)과 문답한 특정의 개별적인 시간, "우리집 吠犬足麄는 자히 남ᄃᆞ"의 포괄적인 시간

이 정리에서 보듯이, 제1수는 특정의 개별적인 시간과 포괄적인 시간(오늘)이다. 제2-4수은 진산 군수를 만나러 가는 시간, 만나는 시간, 만난 후의 술을 마시는 시간 등으로, 특정의 개별적인 시간들이며, 순차적인 구조를 보이는 시간이다. 제5수는 특정의 개별적인 시간과 포괄적인 시간을 동시에 보여주고 있다. 이런 배경시간으로 보아 이 작품의 배경시간은 [개별적, 포괄적 시간(제1수) - 개별적 시간(제2-4수: 순차적 구조) - 개별적, 포괄적 시간(제5수)]의 구조로 정리할 수 있다.

제1-5수의 배경공간을 다시 정리하면 다음과 같다.

제1수 : 군수를 만나는 특정의 개별적인 공간과 군수를 만나는 진산의 포괄적인 공간

제2수 : 군수를 만나러 넘어가는 운산(雲山)

제3수 : 진산 군수를 만난 곳

제4수 : 군수를 만난 이후에 위로주를 마시는 공간

제5수 : 진산의 상하인(기로)과 문답한 특정의 개별적인 공간과 "폐견족리(吠犬足鼈)는 자히 남ᄃᆞ"의 진산 촌촌의 포괄적 공간

이 정리에서 보듯이, 제1수는 특정의 개별적인 공간과 포괄적인 공간이다. 제2-4수은 진산 군수를 만나러 가는 운산, 만나는 공간, 만난 후의 술을 마시는 공간 등으로, 특정의 개별적인 공간들이며, 일정의 순서를 따른 순차적인 구조를 보이는 공간이다. 제5수는 특정의 개별적인 공간과 포괄적인 공간을 동시에 보여주고 있다. 이런 배경공간으로 보아 이 작품의 배경공간은 [개별적, 포괄적 공간(제1수) - 개별적 공간(제2-4수 : 순차적 구조) - 개별적, 포괄적 공간(제5수)]의 구조로 정리할 수 있다.

4. 논리적 구조와 주제

제1수는 군수와의 팔촌 관계를 소개하고 그를 본 반가움을 노래한 서사(緖詞)이다. 초장인 "어와 반가올샤 그ᄃᆡ도록 반가올샤"에서는 반가움을 노래한다. 중장인 "동고조(同高祖) 팔촌(八寸)이니 머다ᄒᆞᆫ들 얼머 멀ᄉᆞ"에서는 팔촌이란 혈연관계를 노래한다. 그리고 종장인 "오날은 군수(郡守) 보니 고조(高祖) 본 ᄃᆞᆺᄒᆞ여다"에서는 고조를 본 듯이 반갑다는 느낌을 노래한다. 이 팔촌이란 혈연관계의 소개와 반가움의 피력은, 구체적으로 만나는 과정들과 반가움을 노래하기에 앞서, 그 대표적인 내용

을 요약하여 노래한 서사에 해당한다. 이런 사실은 '2'장에서 살핀 제1수의 단락성과도 일치한다.

제2-4수는 진산군수를 방문한 과정을 노래한 본사(本詞)이다. 이 본사의 단락성은 '2'장에서 정리한 제2-4수의 단락성과 일치한다. 이 제2-4수의 논리적 구조는 대칭적 구조이다. 진산군수에게 원한 없게 풀어주도록 청원한 장탄식이 이 글의 중심이다. 이 중심(제3수)을 대칭축으로 진산군수의 방문에서 청원 이전(제2수)과 청원 이후(4수)가 대칭한다. 이런 점에서 제2-4수는 대칭적 구조이다.

제5수는 진산군수를 간접적으로 찬양한 결사(結詞)이다. 초장은 "진산(珍山) 상하인(上下人)아 네 원이 엇더ᄒᆞ니"로, 진산군수가 어떠하냐고 물은 것이고, 이에 촌촌의 기로(耆老)들이 나에게 답한 말이 종장의 "우리집 폐견족리(吠犬足氂)ᄂᆞᆫ 자히 남ᄃᆞ ᄒᆞ네다"이다. 이 종장의 해석은 쉽지 않다. '자히 남ᄃᆞ'가 '한 재[尺]하고도 남는다'는 의미이므로, '우리집 폐견족리(吠犬足氂)'는 '우리집에서 짖는 개(/하찮은 것)의 만족스러운 꼬리침'의 의미로 생각된다. 결국 진산군수를 진산 기로들이 칭찬한다는 것이다. 이는 칭찬으로 끝을 맺는 결사이다.

이렇게 이 작품은 서사, 본사, 결사 등의 구조를 보이는데, 팔촌 군수를 만난 반가움, 만나기 위해 오는 과정의 즐거움, 장탄식의 청원, 위로받기와 서러움 달래기, 칭찬 등이 함께 나타나면서 그 구조가 매우 느슨한 것 같다. 그러나 그 당시의 상황을 생각하면 이 작품의 구조는 느슨하지 않다. 고조(高祖)의 묘와 관련된 산송(山訟)[2]으로 어려움을 겪고 있을 때에, 그 문제를 해결해 주거나 도움을 줄 수 있는, 같은 고조의 후손인 팔촌이 군수로 부임한다고 하면, 그 반가움은 두 말할 것도 없다.

2 "12歲 中和齋(高祖인 姜應貞) 墓所 山變에 이어 16歲 應訟으로 因해 家禍 … 72歲 … 公州監營에 들러 先山 山變을 解決하고…"(윤영옥 1986:177).

그리고 그를 만나기 위해 오는 과정의 즐거움, 청원, 위로받기와 서러움 달래기, 군수 칭찬 등도 밀접하게 연결된다. 특히 칭찬은 자신이 군수에게 청원한 문제의 해결자 또는 협조자를 칭찬하는 것으로, 자신의 목적 달성을 위한 행위이다. 이런 점들을 계산하면, 이 작품은 자신의 한맺힌 문제를 풀어 주거나 도와 줄 팔촌의 진산군수를 방문하면서 느낀 만남의 반가움, 만나기 위해 오는 과정의 즐거움, 청원, 위로받기와 서러움 달래기, 칭찬 등을 노래했다고 정리할 수 있다. 이런 내용을 종합하면, 이 작품의 주제는 [위부장탄(爲父長歎, 부친을 위한 긴 탄식)의 문제(고조의 묘와 간련된 山訟)를 해결하기 위해, 이 문제를 풀어주거나 도와 줄 수 있는 진산군수(8촌)를 만나는 과정에서 느낀 즐거움과 진산군수의 칭찬]으로 정리할 수 있다.

5. 결언

지금까지 〈방진산군수가〉의 결속, 종결, 구조, 주제 등을 검토 정리하였다. 검토 정리한 내용 중에서 중요한 것들을 요약하여 결론을 대신하려 한다.

'2'장에서 검토 정리한 결속과 종결에서 중요한 것들은 다음과 같다.

1) 제1수의 '-샤'와 '-ㄹ쏘'는 제2-5수의 '-고'의 반복과 '-이'의 반복인 규범을 벗어난 일탈표현들로, 제1수의 단락성을 보여준다.
2) 제2-4수 초장에서는 연결어미 '-고'를 반복하면서 제2-4수의 단락내 결속을 보여준다.
3) 제2-4수 중장에서 발견되는 ['-니'(제2수) - '-이'(제3수) - '-니'(제4수)]의 대칭표현은 제2-4수로 구성된 제2단락의 단락내 결속을

보여주면서, 동시에 상하 대칭에 의해 단락의 종결도 보여준다.

4) 제5수 초장의 '-니'는 제2-4수 초장에서 반복하는 '-고'의 규범을 벗어난 일탈표현으로 제5수의 단락성을 보여준다.

5) 1)-4)로 보아 이 작품은 제1단락(제1수), 제2단락(제2-4수), 제3단락(제5수) 등으로 3분되어 있다.

6) ['-다'(제1수) - '-다'(제2수) - '-셔'(제3수, 대칭축) - '-다'(제4수) - '-다'(제5수)]의 대칭표현은 제1단락과 제2단락의 단락간 결속, 제2단락과 제3단락의 단락간 결속, 제1, 2, 3단락의 단락간 결속과 종결 등을 보여준다.

7) 장형시조(제4수)의 일탈표현은 이 작품이 반복표현의 후미 전환형을 다시 도치시킨 후미의 전환·도치형의 종결임을 말해주고, 이 종결은 반복표현과 후미의 전환 및 도치를 통하여 제1, 2, 3단락의 단락간 결속도 보여준다.

'3'장에서 검토 정리한 배경시간과 배경공간의 구조에서 중요한 것들은 다음과 같다.

1) 이 작품의 배경시간은 [개별적, 포괄적 시간(제1수) - 개별적 시간(제2-4수 : 순차적 구조) - 개별적, 포괄적 시간(제5수)]의 구조이다.

2) 이 작품의 배경공간은 [개별적, 포괄적 공간(제1수) - 개별적 공간(제2-4수 : 순차적 구조) - 개별적, 포괄적 공간(제5수)]의 구조이다.

'4'장에서 검토 정리한 논리적 구조와 주제에서 중요한 것들은 다음과 같다.

1) 이 작품의 논리적 구조는 서사(제1수), 본사(제2-4수 : 대칭적 구조),

결사(제5수) 등의 구조이다.

2) 이 작품의 주제는 [위부장탄(爲父長歎, 부친을 위한 긴 탄식)의 문제(고조의 묘와 간련된 山訟)를 해결하기 위해, 이 문제를 풀어주거나 도와 줄 수 있는 진산군수(8촌)를 만나는 과정에서 느낀 즐거움과 진산군수의 칭찬]이다.

이렇게 정리되는 〈방진산군수가〉와 〈근답강복중영언〉은 서사(제1수), 본사(제2-4수), 결사(제5수) 등의 3단 구조이며, 〈비가(십수)〉는 서사(제1단락), 본사(제2-4단락), 결사(제5단락) 등의 3단 구조라는 점에서, 이 세 작품을 제7부인 기타(2)로 묶었다.

이미의 〈근답강복중영언〉

1. 서언

이 글은 이미가 지은 것으로 알려진 〈근답강복중영언〉의 결속, 종결, 구조, 주제 등을 검토 정리하는 데 연구의 목적이 있다.

〈근답강복중영언〉의 연구는 두 글(양희철 2010d, 2011a)에서 보인다. 전자의 글에서는 일탈표현과 대칭표현을 정리하였다. 후자의 글에서는 전자의 글에서 정리한 일탈표현과 대칭표현을 다시 정리하고, 이에 구조, 주제, 유형성 등을 더하였다.

이 두 글은 〈근답강복중영언〉을 이해하는 데에 도움을 주었다. 그러나 그 동안 이 분야의 다른 작품들을 검토하면서 새로 인식한, 결속, 종결, 구조 등의 측면들을 더하여 보면, 수정하고 보완해야 할 것들이 발견된다. 이에 앞의 두 글을 수정하고 보완하는 선에서, 〈근답강복중영언〉의 결속, 종결, 구조, 주제 등을 다시 검토 정리하려 한다.

2. 결속과 종결

구성(駒城) 이미(李瀰, 생몰 연대 미상)[1]가 지은 〈근답강복중영언〉을 보자.

七里灘 어듸런고 栗嶺川 이 아닌가
釣魚臺 어듸런고 水月亭이 이 아닌가
滄浪水 몱근 곳의 垂釣ᄒᆞᆫ 더 한아바 네야 알가 ᄒᆞ노라(제1수)

栗嶺川이 北海濱가 天下大老 만나괘라
西伯이 업스시니 善養老를 긔 뉘 ᄒᆞᆯ고
두어라 九重閶闔의 가 天下父라 아뢰리라(제2수)

渭水陽 아니로ᄃᆡ 太公望 만ᄂᆞ보니
一竿 生涯예 黃발만 彪彪ᄒᆞᆫᄃᆞ
어ᄂᆡ제 周文를 만나 載與俱歸 ᄒᆞᆯ고(제3수)

篗篗竹竿으로 耋歲 너믄 더 ᄒᆞᆫ아바
平生 所懷를 ᄂᆡᆯ더러 닐넛던고,
오날은 이 나를 만나 못ᄂᆡ 픠와 ᄒᆞ노라(제4수)

江湖의 벗지 업셔 白鷗만 벗을 ᄒᆞ니
ᄌᆞᄂᆡ 셰고 져도 셰니 우실 일은 전혀 업ᄃᆞ
世上의 莫黑匪烏는 웃ᄂᆞᆫ 법도 잇ᄂᆞ니라(제5수)

이 작품은 일탈표현과 대칭표현을 통하여, 3단락을 보여주면서, 단락 내 결속과 단락간의 결속을 보여주고, 종결도 보여준다.

먼저 이 작품이 3단락으로 되어 있다는 사실을 보자.

첫째로, 제1수의 문형이 보이는 일탈표현(1)이다. 제2-5수의 문장들

1 강복중의 영언에 답한 것으로 보아 강복중(1563~1639)과 동시대의 인물로 보인다.

을 보면, 초장, 중장, 종장 등에서 같은 문형을 반복하지 않는다. 이 문형의 운용이 이 작품의 규범이다. 그런데 이 규범을, 제1수의 초장과 중장은 같은 문형의 반복을 통하여 일탈하였다. 즉 초장인 "칠리탄(七里灘) 어듸런고 율령천(栗嶺川) 이 아닌가"와 중장인 "조어대(釣魚臺) 어듸런고 수월정(水月亭)이 이 아닌가"는 "○○○ 어듸런고 ○○○(이) 이 아닌가"의 문형을 반복하면서 앞의 규범을 일탈하였다. 이 일탈표현은 제2-5수의 규범으로부터 일탈한 것으로 제1수의 단락성을 보여준다.

둘째로, 두 종류의 제2-4수의 대칭표현들이다. 하나는 ['-고'(제2수) - '-ᄃᆞ'(제3수, 대칭축) - '-고'(제4수)]의 대칭표현(1)이다. 제2, 4수 중장의 끝시어는 '홀고'와 '닐넛던고'로 종결어미의 '-고'를 반복한다. 이 반복의 규범을 제3수 중장의 끝시어인 '표표(彪彪)ᄒᆞᆫᄃᆞ'의 '-ᄃᆞ'는 일탈하고 있다. 이 일탈을 대칭축으로 '홀고'(제2수)와 '닐넛던고'(제4수)의 '-고'가 대칭한다. 이런 점에서 대칭표현(1)을 정리할 수 있다. 다른 하나는 ['뉘'(제2수) - 대칭축(제3수) - '뉘'(제4수)]의 대칭표현(2)이다. 제2, 4수 중장을 보면, '뉘 홀고'와 '뉠더러'를 통하여 '뉘'를 반복하는데, 이 반복은 제3수를 대칭축으로 대칭한다. 이런 점에서 대칭표현(2)을 정리할 수 있다.

이 두 대칭표현들(1, 2)은 제2단락의 단락내 결속을 보여준다. 동시에 이면에서는 그 앞뒤에 있는 제1수와 제5수도 각각 제1단락과 제3단락이 됨을 말해준다.

이렇게 드러난 3단락을 하나로 묶는 단락간의 결속과 종결도 보인다.

셋째로, ['-라'(제1수) - '-라'(제2수) - '-고'(제3수, 대칭축) - '-라'(제4수) - '-라'(제5수)]의 대칭표현(3)이다. 각수 종장의 끝시어들을 보면, "ᄒᆞ노라, 아뢰리라, 홀고, ᄒᆞ노라, 잇ᄂᆞ니라" 등이다. 이 시어들의 끝음절을 보면, ['-라'(제1수) - '-라'(제2수) - '-고'(제3수, 대칭축) - '-라'(제4수) - '-라'(제5수)]로, 제3수를 대칭축으로 한 대칭을 보인다. 이런 점에서 대칭표현(3)을 정리할 수 있다. 그런데 이 대칭표현(3)은 제1, 2, 3단락을 하나로 묶는 단락간의 결속을 보인다. 즉 이 대칭표현(3)에 포함된 '-라'(제1수) - '-라'(제2수)는 제1단락(제1수)과 제2단락(제2-4)를 하나로 묶고, 이 대칭표현(3)에 포함된 '-라'(제4수) - '-라'(제5수)는 제2단락(제2-4)과 제3단락(제5수)를 하나로 묶는다. 이런 점에서 대칭표현(3)은 제1, 2, 3단락을 하나로 묶는 단락간의 결속을 보이며, 시종의 대칭에 의해 종결도 보여준다고 정리할 수 있다.

넷째로, 두 종류의 일탈표현이다. 하나는 제5수 초장 끝모음 'ㅣ'의 일탈표현(2)이다. 각수 초장의 끝모음은 끝음절 '-가, -라, -니, -바, -나' 등에서 보이는 'ㅏ, ㅏ, ㅣ, ㅏ, ㅣ' 등이다. 이 중에서 제3수의 'ㅣ'를 대칭축으로, 제2수와 제4수의 '-ㅏ'가 대칭하는데, 이 대칭으로 보면 제5수는 제1수의 'ㅏ'와 대칭하여야 한다. 그런데 제5수의 모음은 'ㅣ'로 'ㅏ'를 일탈한 표현이다. 다른 하나는 제5수 중장의 평서형의 일탈표현(3)이다. 각수 중장의 문장은 '아닌가, ᄒᆞ고, 표표(彪彪)ᄒᆞᆫᄃᆞ, 널넛던고, 업ᄃᆞ' 등에서와 같이 '의문형, 의문형, 평서형, 의문형, 평서형' 등이다. 이 중에서 제3수의 평서형을 대칭축으로, 제2수와 제4수의 의문형이 대칭하는데, 이 대칭으로 보면 제5수는 제1수의 의문형과 대칭이어야 한다. 그런데 제5수의 평서형은 기대의 의문형을 일탈하였다.

이렇게 정리된 일탈표현(2, 3)은 대칭표현의 후미에서 나타난 것으로, 대칭표현의 후미 전환형을 보여준다. 이 대칭표현의 후미 전환형은 작품의 결속과 종결을 동시에 보여준다. 즉 대칭표현의 후미 전환으로 작품 전체를 하나로 결속시키고, 대칭표현의 후미 전환으로 종결을 보여준다.

이상과 같이 볼 때에, 단락내의 결속은 제2단락인 제2-4수에서 대칭표현에 의해 나타나고, 단락간의 결속과 종결은 ['-라'(제1수) - '-라'(제2수) - '-고'(제3수, 대칭축) - '-라'(제4수) - '-라'(제5수)]의 대칭표현과, 두 종류의 대칭표현의 후미 전환형에 의해 나타난다고 정리할 수 있다.

3. 구조와 주제

앞에서 정리한 결속과 종결은 3단락을 보여주는데, 이는 이 작품의 서사, 본사, 결사의 구조를 암시한다. 이 구조와 주제를 보기 위하여, 제1수를 먼저 보자.

> 七里灘 어듸런고 栗嶺川 이 아닌가
> 釣魚臺 어듸런고 水月亭이 이 아닌가
> 滄浪水 믈근 곳의 垂釣흔 더 한아바 네야 알가 흐노라(제1수)

제1수에서는 선인들의 은거 장소를 통해, 율령천과 수월정이 강복중의 은거지이고 그가 은거인임을 간접적으로 보여준다. 이 제1수는 은거인 강복중을 암시적으로 소개한다는 점에서 서사로 판단한다. 초장인 "칠리탄(七里灘) 어듸런고 율령천(栗嶺川) 이 아닌가"에서는 강복중이 은거한 율령천을 엄광(嚴光, 엄자릉)이 은거하여 낚시질을 하던 칠리탄에 견주고, 중장인 "조어대(釣魚臺) 어듸런고 수월정(水月亭)이 이 아닌가"에서는 강복중이 은거한 수월정을 강태공(姜太公, 呂尙)이 은거하여 낚시질 하던 조어대에 견준다. 이는 율령천과 수월정이 은거지임을 간접적으로 말하며, 강복중이 은거한 인물임을 간접적으로 말해준다. 이런 제1수는 제2, 3, 4수에서 강복중의 인물과 그가 대우를 받아야 하는 위치를 구체적으로 보여주는 것에 앞서, 간접적으로 개괄적으로 소개한다는 점에서, 서사로 정리할 수 있다.

제2-4수는 제3수를 대칭축으로 하는 대칭적 구조의 본사이다. 제2수를 먼저 보자.

> 栗嶺川이 北海濱가 天下大老 만나괘라

西伯이 업스시니 善養老를 긔 뉘 홀고
두어라 九重閭閤의 가 天下父라 아뢰리라(제2수)

제2수에서는 강복중이 '천하대로(天下大老)'와 '천하부(天下父)'[2]의 두 인물인 백이(伯夷)와 강태공(姜太公) 중에서 백이와 같은 인물이므로, 그는 잘 양로되어야 하는데, 그렇지 못한 아쉬움을 보여준다. 강복중이 백이와 같은 인물이란 점은, 초장인 "율령천(栗嶺川)이 북해빈(北海濱)가 천하대로(天下大老) 만나괘라"와 종장인 "두어라 구중여합(九重閭閤)의 가 천하부(天下父)라 아뢰리라"에서 알 수 있다. 그리고 그 아쉬움은 중장인 "서백(西伯)이 업스시니 선양로(善養老)를 긔 뉘 홀고"에서 알 수 있다.

이번에는 제3수를 보자.

渭水陽 아니로ᄃᆡ 太公望 만ᄂᆞ보니

2 '天下大老'와 '天下父'를 포함한 『맹자』〈離婁章句上〉 제13장은 다음과 같다.
맹자께서 말씀하셨다. "백이가 걸왕을 허물하여 북해의 물가에 살더니, 문왕이 일어났다는 말을 듣고 흥기하여 말씀하기를 "내 어찌 그에게 돌아가지 않겠는가? 내 들으니, 서백(문왕)은 늙은 자를 잘 봉양한다." 하였으며, 강태공이 걸왕을 허물하여 동해의 물가에 살더니, 문왕이 일어났다는 말을 듣고 흥기하여 말씀하기를 "내 어찌 그에게 돌아가지 않겠는가? 내 들으니, 서백(문왕)은 늙은 자를 잘 봉양한다." 하였다." 두 노인들은 천하의 대로인데, 문왕에게 돌아갔으니, 이는 천하의 아버지가 문왕에게 돌아간 것이다. 천하의 아버지가 돌아갔으니, 그 자제들이 어디로 가겠는가? 제후가 능히 문왕의 정사를 행하는 자가 있으면 7년 이내에 반드시 천하에 정사를 할 것이다.(孟子曰 伯夷辟紂 居北海之濱 聞文王作 興曰 盍歸乎來 吾聞西伯 善養老者 太公辟紂 居東海之濱 聞文王作 興曰 盍歸乎來 吾聞西伯 善養老者 二老者 天下之大老也而歸之 是天下之父而歸之也 天下之父而歸之 其子焉往 諸侯有行文王之政者 七年之內 必爲政於天下矣).
그리고 集註에서는 '大老'를 "言非常人之老者(대로는 보통사람의 늙은이가 아님을 말한 것이다.)"로, '天下之父'를 "言齒德皆尊 如衆父然 旣得其心 則天下之心 不能外矣(천하의 아버지란 年齒와 덕이 모두 높아서 여러 사람들의 아버지와 같은 것이니, 이미 그의 마음을 얻었다면 천하의 마음이 벗어나지 못할 것이다.)"로 설명하였다.

一竿 生涯예 黃발만 彪彪ᄒᆞᆫᄃᆞ
어늬제 周文를 만나 載與俱歸 ᄒᆞᆯ고(제3수)

제3수는 제2수에 점층되어 있다. 제3수에서는 강복중이 강태공(姜太公)과 같은 '천하대로'와 '천하부'의 인물이면서도 문왕과 같은 왕을 만나 수레에 올라 함께 더불어 돌아가지 못하는 현실의 아쉬움을 노래한다. 강복중이 강태공과 같은 인물이란 사실은 초장인 "위수양(渭水陽) 아니로ᄃᆡ 태공망(太公望) 만ᄂᆞ보니"에서 알 수 있다. 그리고 그가 정치에 초빙되어야 한다는 사실은, 중장과 종장인 "일간(一竿) 생애(生涯)예 황(黃)발만 표표(彪彪)ᄒᆞᆫᄃᆞ 어늬제 주문(周文)를 만나 재여구귀(載與俱歸) ᄒᆞᆯ고"에서 알 수 있다. 특히 이 강복중이 정치에 초빙되어야 한다는 중장과 종장의 내용은 제2수의 '천하대로'와 '천하부'에 점층된 내용이다. 이런 점에서 제2수와 제3수는 점층적 구조로 되어 있다고 정리할 수 있다.

이번에는 제4수를 보자.

籊籊竹竿으로 耋歲 너믄 뎌 ᄒᆞᆫ아바
平生 所懷를 뉠더러 닐넛던고,
오날은 이 나를 만나 못닏 뫼와 ᄒᆞ노라(제4수)

제4수는 제3수보다 점강되어 있다. '적적죽간(籊籊竹竿)'을 통해 강복중이 『시경』 '위풍'편의 〈죽간(竹竿)〉[3]에 나오는 여인과 같이 사랑을 받

---

3 『詩經』 '위풍'편의 〈죽간(竹竿)〉은 다음과 같다.

길고 가는 낚시대	籊籊竹竿
기수 가에 낚시질	以釣于淇
생각 안함 아니나	豈不爾思
머나먼 길 내 못 가	遠莫致之

아야 하지만 사랑을 받지 못하고 평생을 낚시질로 보내면서 누구에게도 말하지 않은 평생 품은 바를 자신에게 말해 볼 것을 노래한다. 이는 제2, 3수에서 보인 강복중의 인물됨과 아쉬움을 공통으로 하는 내용이다. 즉 평생 품은 바의 뜻을 펴지 못한 아쉬움을 노래한다. 평생을 낚시질로 보내면서 누구에게도 말하지 않은 평생 품은 바는, 초장과 중장인 "적적죽간(籊籊竹竿)으로 질세(耋歲) 너믄 뎌 훈아바 평생(平生) 소회(所懷)를 뉠더러 닐넛던고"에서 드러난다. 그리고 자신에게 말해 볼 것은 종장인 "오날은 이 나를 만나 못닉 픠와 ᄒᆞ노라"에서 알 수 있다. 이 종장의 '픠'는 '발(發)-'의 의미로, '픠와'는 '발(發)화'의 의미이다. 이 제4수는 아쉬움만을 노래하고, 제3수의 정치에 초빙되어야 한다는 내용을 제거한 것은 점강을 보여준다. 그리고 제2수와 제4수가 시적 대상인 강복중을 대우해 줄 사람(제2수의 경우는 서백, 제4수의 경우는 아쉬움은 사랑하는 사람)이 없음을 노래했다는 점과 대칭표현들(1, 2, 3)에서 제2수와 제4수가 대칭한다는 점에서, 제2수와 제4수는 대칭된다.

이렇게 본다면, 제2-4수는 제4수를 대칭축으로 점층적 구조와 점강적 구조가 결합된 대칭적 구조의 본사라고 정리할 수 있다.

천원은 왼쪽이고　　泉源在左
기수는 오른쪽에　　淇水在右
부모 형제 멀리 떠나　　女子有行
시집감이 여자의 몸　　遠父母兄弟

기수는 오른쪽에　　淇水在右
천원은 왼쪽이고　　泉源在左
웃음 짓는 그 얼굴　　巧笑之瑳
걸으면 옥패 소리　　佩玉之儺

기수 물 굽이굽이　　淇水悠悠
전나무 노, 소나무 배　　檜楫松舟
수레 타고 나가 놀까　　駕言出遊
이 시름을 씻어 볼까　　以寫我憂

이번에는 제5수를 보자.

> 江湖의 벗지 업셔 白鷗만 벗을 ᄒᆞ니
> ᄌᆞ너 셰고 져도 셰니 우실 일은 전혀 업ᄃᆞ
> 世上의 莫黑匪烏는 웃는 법도 잇ᄂᆞ니라(제5수)

제5수에서는 강복중의 삶이 진실한 것이고 위선된 것이 아님을 노래한다. 이는 강복중의 삶을 평가 정리한다는 점에서 결사이다. 강복중의 삶이 진실된 것이라는 점은, "강호(江湖)의 벗지 업셔 백구(白鷗)만 벗을 ᄒᆞ니"(초장)와 "ᄌᆞ너 셰고 져도 셰니 우실 일은 전혀 업ᄃᆞ"(중장)에서 알 수 있다. 백구만 벗을 하여 자네 세고(머리가 세어 늙고) 백구도 세니, 남을 웃길[4] 일이 전혀 없다는 것은, 강복중의 삶이 진실된 것임을 말한다. 그리고 그의 삶이 위선된 것이 아님은 종장인 "세상(世上)의 막흑비오(莫黑匪烏)는 웃는 법도 잇ᄂᆞ니라"에서 알 수 있다. '막흑비오(莫黑匪烏)'는 전고인용으로 포학자들과 위선자들을 동시에 의미한다.[5] 이 포학

---

4 '웃이다'는 '웃기다'의 의미이므로, '우실'은 '웃길'의 의미이다.

5 '莫黑匪烏'는 이중의 의미로 쓴 것 같다. 하나는 '위선자들'의 의미이고, 다른 하나는 '포학자(暴虐者)들'의 의미이다. 전자의 경우에는 "莫赤匪狐 莫黑匪烏"가 "붉지 않나고 여우가 아니며 검지 않다고 까마귀가 아니랴?"로 해석되면서, '莫黑匪烏'는 '위선자들'의 의미로 판단된다. 후자의 경우에는 "莫赤匪狐 莫黑匪烏"가 "붉으면서 여우가 아닌 것은 없고, 검으면서 까마귀가 아닌 것은 없다(붉은 것은 모두 여우이고, 검은 것은 모두 까마귀다)"로 해석되면서, '莫黑匪烏'는 '포학자들'의 의미로 판단된다. 이 후자의 해석은 『詩經』의 해석이다. 참고로 "莫赤匪狐 莫黑匪烏"가 들어 있는 「北風」(『詩經』, '邶風'편)을 보면 다음과 같다. "북풍은 싸늘하고 / 눈은 펑펑 쏟아지네 / 이 몸 좋아 하신다면 / 손을 잡고 함께 가리 / 우물쭈물 하지 말고 / 어서 빨리 떠나야지(北風其凉 / 雨雪其雱 / 惠而好我 / 攜手同行 / 其虛其邪 / 既亟只且) // 북풍은 사납고요 / 눈은 마구 쏟아지네 / 이 몸 좋아 하신다면 / 손을 잡고 함께 가리 / 우물쭈물 하지 말고 / 어서 빨리 떠나야지(北風其喈 / 雨雪其霏 / 惠而好我 / 攜手同行 / 其虛其邪 / 既亟只且) // 붉은 것은 모두 여우(또는 붉지 않다고 여우가 아니며) / 검은 것은 모두 까마귀(또는 검지 않다고 까마귀가 아니랴) / 이 몸 좋아 하신다면 / 손을 잡고 함께

자들과 위선자들은 강복중의 생애와 태도(광해군과 인조, 그리고 두 왕들을 따르던 인물들에 대한 강복중의 태도)로 보아, 광해군을 따르던 인물들로 판단된다. 이로 인해 광해군을 따르던 인물들은 세상의 포학자들/위선자들인데, 이들은 강복중의 삶을 (비)웃는 법도 있다는 것이다. 이렇게 제5수는 강복중의 삶이 진실된 것이고 위선된 것이 아님을 평가 정리하였다는 점에서 결사라고 할 수 있다.

이상과 같이 이 작품은 서사(제1수), 본사(제2-4수, 점층적 구조와 점강적 구조가 결합된 대칭적 구조), 결사(제5수) 등의 구조를 보인다. 그리고 이 작품은 강복중의 인물이 백이, 강태공 등등과 같이 훌륭하나 이들과 같이 대우를 받지 못하는 아쉬움을 주제로 노래했다고 정리할 수 있다.

4. 결언

지금까지 이미가 지은 것으로 알려진 〈근답강복중영언〉의 결속, 종결, 구조, 주제 등을 검토 정리해 보았다. 그 중요한 내용을 요약하여 결론을 대신하면 다음과 같다.

1) 제1수의 초장과 중장에서 같은 문형의 반복을 통하여 보이는 일탈표현(1)은 제2-5수의 표현과 다른 것으로 제1수의 단락성을 보여준다.
2) 제2-4수에서 발견되는 ['-고'(제2수) - '-ᄃᆞ'(제3수, 대칭축) - '-고'(제4수)]의 대칭표현과 ['뉘'(제2수) - 대칭축(제3수) - '뉘'(제4수)]의 대

가리 / 우물쭈물 하지 말고 / 어서 빨리 떠나야지(莫赤匪狐 / 莫黑匪烏 / 惠而好我 / 攜手同行 / 其虛其邪 / 既亟只且)."

칭표현은 제2단락(제2-4수)의 단락내 결속을 보여주며, 이 결속은 제2단락의 단락성과 제3단락(제5수)의 단락성을 보여준다.

3) ['-라'(제1수) - '-라'(제2수) - '-고'(제3수, 대칭축) - '-라'(제4수) - '-라'(제5수)]의 대칭표현(3)은 3단락을 하나로 묶는 단락간의 결속과 종결을 보여준다.

4) 제5수에서 발견되는 두 종류의 일탈표현은 반복표현의 후미 전환형에 포함된 것으로, 대칭표현의 후미 전환으로 작품 전체를 하나로 결속시키고, 대칭표현의 후미전환으로 종결을 보여준다.

5) 이 작품은 서사(제1수), 본사(제2-4수, 점층적 구조와 점강적 구조가 결합된 대칭적 구조), 결사(제5수) 등의 구조를 보여준다.

6) 이 작품은 [강복중의 인물이 백이, 강태공 등등과 같이 훌륭하나 이들과 같이 대우를 받지 못하는 아쉬움]을 주제로 노래하였다.

이정환의 〈비가(십수)〉

1. 서론

이 글은 이정환(1604~1673)이 1637~1645년[1] 사이에 지은 〈비가〉 10수의 결속, 종결, 구조, 주제 등을 검토 정리하는 데 연구의 목적이 있다.

〈비가〉는 〈국치비가〉 또는 〈비가십수〉로도 불린다. 이 작품의 연구는 몇 편의 글들(이은상 1931, 양순필 1972, 1976, 양희철 2010c, 2010e, 2011a)에서 보인다. 이를 간단하게 보자.

이은상은 〈비가〉를 처음으로 『동아일보』(1931. 5. 16.)에 소개하였다. 그리고 양순필은 두 편의 글(1972, 1976)에서 〈비가〉를 비교적 소상하게 다루었다. 이 논문을 보면, 시대적 배경, 작품 분석(작가고, 작품 분석, 한역소개), 형식고, 수사기교 등을 검토하였다. 좀더 구체적으로 정리하면 다음과 같다.

시대적 배경에서는, 문학과 배경, 시대적 배경으로서의 병자란을 다루었다.

작가고에서는, 이정환의 생몰 연대(?~1673), 가계, 저서(『송암유고(松

---

1 이 창작 연도의 추정은, 작품에서 두 왕자가 볼모로 잡혀 가 있는 사실을 노래하고 있다는 점에서, 볼모로 잡혀가 있던 시기인 1637~1645년에 근거한 것이다.

巖遺稿)』) 등을 정리하였다.

작품분석에서는 10수를 인용한 다음에 간단한 해설과 해석을 하고, 한역시를 인용한 다음에, 〈비가〉를 다음과 같이 정리하였다.

> 요컨대 李廷煥의 '悲歌'는 丙子國恥를 당하여 悲歌 끝에 杜門不出하면서 創作된 麥秀歌이다. 그 詩的 內容은 憂時的 詠歎의 雰圍氣 속에 노래한 自歎이 支配的으로 많고 그 詩的 根幹은 바로 儒敎的 愛君憂國과 忠厚責人의 情神에 있다(양순필 1976:72).

형식고에선, 음수 중심의 형식을 정리하였다. 그 결과 초장[3, 4, 3(4), 4], 중장[2(3), 3(4), 3(4), 4], 종장[3, 6(5), 4. 3] 등의 형식을 정리하였다. 그리고 시어의 품사는 명사(72), 동사(37), 형용사(24), 부사(14), 대명사(11), 관형사(6) 등의 순으로 되어 있음을 정리하였다. 마지막으로 "비가(悲歌)로서 시적(詩的) 경향(傾向)이 자탄(自歎)을 노래했다고 해도 형식상(形式上) 비가(悲歌) 10수중(首中) 감탄사(感歎詞)가 한 개(個)도 없다는 것은 그만큼 비가(悲歌)가 시적(詩的)으로 승화(昇華)되었다고 미루어 볼 수 있다."고 정리를 하였다.

수사기교에선, 설의법(10), 감탄법(7), 도치법(2), 의인법(2), 비교법(2) 등을 정리하였다.

양희철(2010c, 2010e, 2011a)은 일탈표현, 대칭표현, 종결표현, 구조, 주제, 유형성 등을 다루었다.

이상의 연구들은 〈비가〉의 이해에 많은 도움을 주었다. 그러나 그 동안 이 분야의 다른 작품들을 검토하면서 새로 인식한, 결속, 종결, 구조 등의 측면들을 더하여 보면, 수정하고 보완해야 할 것들이 발견된다.

이에 앞의 세 글을 수정하고 보완하는 선에서, 〈비가〉의 결속, 종결, 구조, 주제 등을 다시 검토 정리하려 한다. 그리고 이 작품의 형식은 특이한 면을 보이고 있어, 그 사적 맥락도 함께 정리하고자 한다.

2. 결속과 종결

〈비가〉를 밑줄 친 부분에 유의하면서 보자.

반 밤듕 혼쟈 이러 <u>뭇노라</u> 이 뉘 솖아
萬里 遼陽을 어닉 돗 둔녀 <u>온고</u>
반갑다 鶴駕 仙容을 친히 뵌 듯 ᄒ여라(제1수)
풍셜 석거 친 날에 <u>뭇노라</u> 北來 使者
小海 容顔이 언매나 치오<u>신고</u>
故國의 못 쥭는 孤臣이 눈물 계워 <u>ᄒ노라</u>(제2수)(제1단락)

후싱 <u>듁은 후에</u> 항왕을 뉘 달래리
楚軍 三年에 艱苦도 그지 업다
어느제 漢日이 밝아 太公 오게 ᄒ고(제3수)
朴堤上 <u>듁은 후에</u> 님의 실람 알 리 업다
異域 春宮을 뉘라셔 모셔 오리
至今에 鵁迹嶺 歸魂을 못닉 슬허 <u>ᄒ노라</u>(제4수)(제2단락)

旄丘를 <u>돌아 보니</u> 衛사람 에엿브다
歲月이 자로 가니 칡 줄이 길엇세라
이 몸의 헤어진 갓옷을 기워줄 이 <u>업서라</u>(제5수)
朝庭을 <u>바라 보니</u> 武臣도 하 만하라
辛苦ᄒ 和親을 누를 두고 ᄒ 것인고

슬프다 趙廐吏 이미 죽으니 驂乘ᄒᆞ리 업세라(제6수)(제3단락)

九重 달 발근 밤의 聖慮 일정 만흐려니
異域 風霜에 鶴駕인들 이즐소냐
이 밧에 억만 창생을 못내 분별 ᄒᆞ시는다(제7수)
구렁에 낫는 풀이 봄비에 절로 길어
알을 일 업스니 긔 아니 조흘소냐
우리는 너희만 못ᄒᆞ야 실람 겨워 ᄒᆞ노라(제8수)(제4단락)

조그만 이 한 몸이 하늘 밧긔 ᄠᅥ디니
오ᄉᆡᆨ 구름 기픈 곳의 어느 거시 서울인고
바람에 지나는 검줄 갓ᄒᆞ야 갈 길 몰라 ᄒᆞ노라(제9수)
이 거사 어린 거사 잡말 마라스라
漆室의 悲歌를 뉘라서 슬퍼 하리
어듸서 濁酒 한 잔 얻어 이 실람 풀가 ᄒᆞ노라(제10수)(제5단락)

밑줄 친 부분들에서 보는 바와 같이, 이 작품은 단시조 둘씩에서 반복표현을 보여준다. 제1단락(제1, 2수)에서는 '뭇노라'(초장)와 '-ㄴ고'(중장)의 반복을, 제2단락(제3, 4수)에서는 '듁은 후에'(초장)의 반복을, 제3단락(제5, 6수)에서는 '-아 보니'(초장)의 반복을, 제4단락(제7, 8수)에서는 '-ㄹ소냐'(중장)의 반복을, 제5단락(제9, 10수)에서는 'ᄒᆞ노라'(종장)의 반복을 각각 보여준다. 이런 사실은 이 작품이 2수 1단락의 연시조임을 말해준다. 이 분절을 중심으로 결속과 종결을 정리해 보자.

먼저 이 작품을 3단락으로 나누고, 단락내 결속을 보이는 반복표현, 일탈표현, 대칭표현 등을 보자.

첫째로, 제1단락의 일탈표현이다. 제1단락은 시적 화자가 자신의 또 다른 대역의 인물을 설정하여 노래하는 극적 양식을 보여준다. 이는 제2단락과 구별되면서 제1단락의 단락성을 보여준다.

둘째로, 제2-4단락의 반복표현이다. 제2-4단락에서는 서정적 양식을 반복한다. 이 반복은 제2, 3, 4단락의 단락내 결속을 보이면서 하나의 상위 단락으로 묶는 결속을 보이며, 동시에 제1단락(제1, 2수)과 제5단락(제9, 10수)의 단락성도 보여준다.

셋째로, 제5단락의 일탈표현이다. 제5단락은 시적 화자가 자신의 또 다른 대역의 인물을 설정하여 노래하는 극적 양식을 보여준다. 이는 제2-4단락과 구별되면서 제5단락의 단락성을 보여준다.

이렇게 3단락으로 나뉘인 이 작품은 이 3단락을 묶는 단락간의 결속과 종결도 보여준다.

넷째로, ['ᄒᆞ노라'(제1단락) - 'ᄒᆞ노라'(제2단락) - '업셰라'(제3단락, 대칭축) - 'ᄒᆞ노라'(제4단락) - 'ᄒᆞ노라'(제5단락)]의 대칭표현이다. 단락별로 두 번째 시조의 종장 끝시어들을 보면, 제1, 2, 4, 5단락은 'ᄒᆞ노라'를 반복하면서 규범을 형성한다. 이 규범을 제3단락만이 '업셰라'로 일탈하였다. 이 일탈의 '업셰라'를 대칭축으로 'ᄒᆞ노라'의 규범들이 대칭한다. 이런 점에서 대칭표현을 정리할 수 있다.

다섯째로, ['ᄒᆞ-, ᄒᆞ-'(제1단락) - 'ᄒᆞ-, ᄒᆞ-'(제2단락) - '없-, 없-'(제3단락, 대칭축) - 'ᄒᆞ-, ᄒᆞ-'(제4단락) - 'ᄒᆞ-, ᄒᆞ-'(제5단락)]의 대칭표현이다. 단락별 두 종장의 끝시어들은 'ᄒᆞ여라, ᄒᆞ노라'(제1단락), 'ᄒᆞᆯ고, ᄒᆞ노라'(제2단락), '업서라, 업셰라'(제3단락), 'ᄒᆞ시는다, ᄒᆞ노라'(제4단락), 'ᄒᆞ노라, ᄒᆞ노라'(제5단락) 등이다. 이 시어들의 어간만을 보면, 'ᄒᆞ-, ᄒᆞ-'(제1단락), 'ᄒᆞ-, ᄒᆞ-'(제2단락), '없-, 없-'(제3단락), 'ᄒᆞ-, ᄒᆞ-'(제4단락), 'ᄒᆞ-, ᄒᆞ-'(제5단락) 등과 같이, 제3단락의 '없-, 없-'을 대칭축으로, 제1, 2, 4, 5단락의 'ᄒᆞ-, ᄒᆞ-'들이 대칭한다. 이런 점에서 대칭표현을 정리할 수 있다.

이 넷째와 다섯째에서 정리한 두 대칭표현은 제1-5단락의 결속을 보여준다. 그리고 제1단락(제1단락), 제2단락(제2, 3, 4단락), 제3단락(제5단락)의 단락간 결속을 보여주면서, 종결도 보여준다. 즉 제1, 2단락(제1-4수)의 'ᄒᆞ노라'와 'ᄒᆞ-, ᄒᆞ-'의 반복에 의한 결속은 제1단락(제1, 2수)과 제2단락(제3-8수)의 결속을 보여주고, 제4, 5단락(제7-10수)의 'ᄒᆞ노라'와 'ᄒᆞ-, ᄒᆞ-'의 반복에 의한 결속은 제2단락(제3-8수)과 제3단락(제9, 10수)의 결속을 보여준다. 그리고 이 두 대칭표현은 시종의 대칭에 의한 종결도 보여준다.

이번에는 또 다른 종결을 보자.

여섯째로, 제5단락의 '-노라, -노라'의 일탈표현이다. 단락별 두 종장의 끝시어들은 'ᄒᆞ여라, ᄒᆞ노라'(제1단락), '훌고, ᄒᆞ노라'(제2단락), '업서라, 업세라'(제3단락), 'ᄒᆞ시는다, ᄒᆞ노라'(제4단락), 'ᄒᆞ노라, ᄒᆞ노라'(제5단락) 등이다. 이 시어들의 어미만을 보면, '-여라, -노라'(제1단락), '-ㄹ고, -노라'(제2단락), '-어라, -에라'(제3단락), '-는다, -노라'(제4단락), '-노라, -노라'(제5단락) 등과 같이, 제5단락의 '-노라, -노라'만이 같은 것을 반복하고, 나머지들은 서로 다른 것들을 짝으로 한다. 이는 후자를 규범으로 한다는 점에서, 전자인 제5단락에서 보인 같은 것의 짝은 일탈표현이라고 정리할 수 있다. 이는 후미 반복형의 종결이다. 이는 제1-4단락들이 보여준 같지 않은 것들의 반복, 즉 각 단락별로 제1수의 끝시어와 제2수의 끝시어를 같지 않은 것들의 사용을 반복하던 것['ᄒᆞ여라, ᄒᆞ노라'(제1단락), '훌고, ᄒᆞ노라'(제2단락), '업서라, 업세라'(제3단락), 'ᄒᆞ시는다, ᄒᆞ노라'(제4단락)]을 같은 것['ᄒᆞ노라, ᄒᆞ노라'(제5단락)]으로 바꾼 일탈표현이다. 이 일탈표현은 종결표현에서 보이는 반복표현의 후미 전환형의 일종이다. 이 반복표현의 후미 전환형 역시 종결표현을 통하여, 제1, 2, 3단락의 단락간 결속도 보여준다.

3. 구조와 주제

'2'장의 결속과 종결에서 나타난 처음(제1단락), 중간(제2-4단락), 끝(제5단락) 등의 차별화는 이 작품의 구조를 파악하는 데 도움을 준다. 이 차별화는 서사(제1단락), 본사(제2-4단락, 점층적 구조), 결사(제5단락) 등의 구조로 연결된다.

먼저 서사에 해당하는 제1단락(제1, 2수)을 보자.

반 밤듕 혼쟈 이러 뭇노라 이 닉 숨아
萬里 遼陽을 어닉 듯 든녀 온고
반갑다 鶴駕 仙容을 친히 뵌 듯 ᄒᆞ여라(제1수)
풍셜 석거 친 날에 뭇노라 北來 使者
小海 容顔이 언매나 치오신고
故國의 못 쥭는 孤臣이 눈물 계워 ᄒᆞ노라(제2수)

제1단락에서는 꿈에게 심양에 계신 세자의 안부를 물으면서 반가움과, 죽지 못하는 자신의 눈물겨운 슬픔을 노래한다. 구체적으로 시름하는 내용들을 노래한 제2-4단락에 앞서, 안부를 겨우 꿈에게 묻는다는 점에서, 제1단락은 서사라고 정리할 수 있다. 묻는 대상은 "뭇노라 이 닉 숨아"와 "뭇노라 북래(北來) 사자(使者)야"에서 보듯이, 꿈이다. 이렇게 꿈을 직접 노래하거나, 또는 '북래(北來) 사자(使者)'로 의인화하여 노래를 한다. 이 의인화는 제1단락이 극적 양식을 취한 것으로 제2-4단락과 차별됨을 말해준다. 이 꿈에게 "만리(萬里) 요양(遼陽)을 어닉 듯 든녀 온고"와 "소해(小海) 용안(容顔)이 언매나 치오신고"라고, 심양에 볼모로 가 있는 소현세자('小海'는 분명하지 않으나 소현세자로 추정하였다)의 안부를 물으면서, 종장에서 "반갑다 학가(鶴駕) 선용(仙容)을 친히 뵌 듯 ᄒᆞ

여라"의 반가움과, "고국(故國)의 못 죽는 고신(孤臣)이 눈물 계워 ᄒᆞ노라"라고 자신의 슬픔을 노래한다. 이런 내용은 구체적으로 슬퍼하고 시름하는 내용을 노래한 제2-4단락에 앞선 서사이다.

제2-4단락은 본사인데, 그 내부에서는 점층적 구조를 보인다. 먼저 제2단락(제3, 4수)을 보자.

> 후싱 듁은 후에 항왕을 뉘 달래리
> 楚軍 三年에 艱苦도 그지 업다
> 어느제 漢日이 밝아 太公 오게 ᄒᆞᆯ고(제3수)
> 朴堤上 듁은 후에 님의 실람 알 리 업다
> 異域 春宮을 뉘라셔 모셔 오리
> 至今에 鵄述嶺 歸魂을 못닉 슬허 ᄒᆞ노라(제4수)

제2단락에서는 볼모로 심양에 가 있는 세자를 귀환케 할 인물이 없어서, 박제상의 귀혼(歸魂)을 슬퍼한다. 이는 세자를 귀환케 할 수 있는 박제상과 같은 인물이 없음을 개인의 차원에서 슬퍼한 것이다. 그것도 제3수에서는 중국의 고사를 먼저 노래한 다음에, 제4수에서 세자를 귀환케 할 수 있는 박제상과 같은 인물이 없음을 슬퍼하면서, 의미를 강화하고 있다. 이는 4장에서 검토하겠지만, 『용비어천가』에서 발견되는 형식이다.

제3수 초장의 '후싱'(候生)은 항우(項王)을 달래어 항우에게 볼모로 가 있던 유방의 아버지(太公)를 귀환시킨 인물이다. 그리고 제4수 초장의 박제상은 일본에 볼모로 가 있던 신라의 왕제(王弟)를 귀환시킨 인물이다. 이런 후생과 박제상이 죽은 후에 볼모를 귀환시킬 인물이 없으니, 제4수 종장에서와 같이 심양에 볼모로 잡혀 있는 세자를 귀환케 할 수 있는 박제상과 같은 인물이 없는 슬픔을 개인의 차원에서 노래한 것이다. 이 제2단락은 제1단락의 세자의 안부에 이어진 내용으로 본사에 해당한다.

旄丘를 돌아 보니 衛사람 에엿브다
歲月이 자로 가니 칡 줄이 길엇세라
이 몸의 헤어진 갓옷을 기워줄 이 업서라(제5수)
朝庭을 바라 보니 武臣도 하 만하라
辛苦흔 和親을 누를 두고 흔 것인고
슬프다 趙廐吏 이미 죽으니 參乘ᄒᆞ리 업세라(제6수)

제3단락에서도 중국의 고사를 먼저 노래(제5수)하고, 조선의 일을 뒤에 노래(제6수)하면서, 『용비어천가』와 같은 구성을 보인다. 이 제3단락에서는 세자의 신하된 입장에서, 즉 조정의 차원에서, 청나라와 조선의 신하들에 대한 원망을 하면서, 세자를 귀환케 하는 데 도움을 줄 신하[갓옷을 기워 줄 이(제5수), 참승할 이(제6수)]가 없음을 슬퍼하고 있다. 그런데 이 탄식은 제5수의 전고인용을 모르면, 내용을 이해할 없다. 이런 점에서 번잡하지만 전고인용된 작품(『詩經』 '위풍'편의 〈모구(旄丘)〉)을 인용하면 다음과 같다.

높은 언덕의 칡이여 / 어찌 긴 마디인가 / 위나라 신하들이여(또는 아재여 아재여) / 어찌 여러 날인가(旄丘之葛兮 / 何誕之節兮 / 叔兮伯兮 / 何多日也)

어찌 그렇게 편히 있을까 / 반드시 이유가 있겠지 / 어찌 그렇게 오래 걸릴까 / 반드시 이유가 있겠지(何其處也 / 必有與也 / 何其久也 / 必有以也)

여우 갖옷 헤지고 / 모든 수레 동으로 갔네 / 위나라 신하들이여(또는 아재여 아재여) / 연루할 바 더불어 함께이겠지(狐裘蒙戎 / 匪車不東 / 叔兮伯兮 / 靡所與同)

자질구레 하구나 꼬리 같구나 / 떠도는 사람 / 위나라 신하들이여(또는 아재여 아재여) / 옷을 잘 입었구나 귀를 막은 것 같이(瑣兮尾兮 / 流離之者 / 叔兮伯兮 / 褎如充耳)

이 〈모구〉는 여나라의 제후가 적인(狄人, 북방 오랑캐)의 침입을 피해 위나라에 망명하여 도움을 요청했지만, 위나라 제후가 차일피일 시간만 미루자, 여나라 제후의 신하들이 위나라 제후를 힐책한 노래라고 한다. 제5수의 "칡 줄이 길엇세라"는 〈모구〉의 제1장과 관련되어 있고, 제5수의 "이 몸의 헤어진 갓옷을 기워줄 이 업서라"는 〈모구〉의 제3장과 관련되어 있다. 시적 화자가 자신의 헤진 갓옷을 기워줄 이 없다고 탄식하는 데는 청나라의 신하들이 세자를 귀환케 도와주지 않아서, 자신이 이런 처지에 처해 있다는 것이다. 특히 헤진 갓옷을 기울 수 있는 칡 줄이 길었는데도 이를 이용해서 기워주지 않는다는 원망이다. 결국 전고인용을 이용한 시적 화자 자신의 처지를 통하여 세자를 귀환케 하지 못함을 슬퍼한 제6수의 내용을 강화하고 있다.

제6수에서는 세자를 귀환케 하는 데 필요한 신하, 즉 참승(驂乘)할 이가 없음을 신하의 입장에서 슬퍼하고 있다. 제6수의 초장인 "조정(朝庭)을 바라 보니 무신(武臣)도 하 만하라"와 중장인 "신고(辛苦)훈 화친(和親)을 누를 두고 훈 것인고"는 조정의 신하들에 대한 원망을 보여준다. 즉 조정에는 무신들이 그렇게도 많지만, 모두 어디에 두고, 그 맵고 쓴 화친을 한 것이냐는 힐난을 한다. 이 힐난은 종장인 "슬프다 조구리(趙廐吏) 이미 죽으니 참승(參乘)흐리 업세라"에서 탄식으로 바뀐다. 즉 조선의 조정에는 조구리가 이미 죽어서, 세자의 귀환에 참승[2]할 이가 없음을 신하의 입장, 즉 조정의 차원에서 탄식한다. 이는 조정에 세자를 귀환케 도움을 줄 수 있는 신하가 없음을 슬퍼한 것이다. 이렇게 본다면, 이 제3단락에서는 결국 청나라와 조선의 신하들에 대한 원망을 통하여 세자를 귀환케 하는 데 참승할 사람이 없는 슬픔을 신하의 입장에서, 즉 조정의 차원에서 노래하였다.

제3단락은 제2단락보다 점층되어 있다. 제2단락에서는 심양에 볼모로 잡혀 있는 세자를 귀환케 할 수 있는 박제상과 같은 인물이 없는 슬픔을 개인의 차원에서 노래하였다. 이에 비해 제3단락에서는 세자를 귀환케 하는 데 참승할 사람이 없는 슬픔을 조정의 차원에서 노래하였다. 제2단락과 제3단락은 세자를 귀환케 할 수 있는 인물이 없다는 점을 노래한 것은 같지만, 개인의 차원(제2단락)을 조정의 차원(제3단락)으로 점층시킨 차이와 구조를 보인다.

> 九重 달 발근 밤의 聖慮 일정 만흐려니
> 異域 風霜에 鶴駕인들 이즐소냐
> 이 밧에 억만 창생을 못내 분별 ᄒᆞ시는다(제7수)
> 구령에 낫는 풀이 봄비에 절로 길어
> 알을 일 업스니 긔 아니 조흘소냐
> 우리는 너희만 못ᄒᆞ야 실람 겨워 ᄒᆞ노라(제8수)

제4단락에서는 임금의 근심이 많을 것을 추측하고, 그 중에서도 이역에 볼모로 잡혀 있는 세자의 일을 임금이 잊지 않았을 것임을 노래하고,

---

2 작품의 '참승(參乘)'은 '참승(驂乘)'으로 판단된다. '참승(驂乘)'은 말 세 마리가 끄는 마차에서, 말을 모는 어지(御者)의 오른쪽에 타서 어자의 왼쪽에 타신 윗분을 모시는 배승을 의미한다.

이를 다시 우리의 근심으로 노래하였다. 제7수의 초장인 "구중(九重) 달 발근 밤의 성려(聖慮) 일정 만흐려니"와 중장인 "이역(異域) 풍상(風霜)에 학가(鶴駕)인들 이즐소냐"를 보면, 임금의 많은 근심을 노래하면서, 그 많은 근심 중에서도 이역에 볼모로 잡혀 있는 세자의 일을 잊지 않았을 것임을 보여준다. 그리고 이 근심을 제8수에서는 우리의 근심으로 확대하여 노래하였다.

이 제4단락은 제3단락보다 점층되어 있다. 제3단락에서는 세자를 귀환케 할 수 있는 인물이 없는 슬픔을 조정의 차원에서 노래하였다. 이에 비해 제4단락에서는 이역에 볼모로 잡혀 있는 세자의 일을 포함한 임금의 많은 근심을 노래하고, 이 근심을 우리의 근심, 즉 조선 전체의 차원으로 확대하여 노래하였다.

이상의 제2, 3, 4단락을 종합하면, 볼모로 잡혀가 있는 세자를 귀환하게 할 수 있는 인물이 없음을 노래하되, 노래하는 차원을 개인의 차원(제2단락), 조정의 차원(제3단락), 임금을 포함한 조선 전체의 차원(제4단락) 등으로 점층시켜서 노래하였다. 이로 보면, 제2, 3, 4단락은 점층적 구조이다.

이번에는 제5단락(제9, 10수)를 보자.

> 조그만 이 한 몸이 하늘 밧긔 써디니
> 오식 구름 기픈 곳의 어느 거시 서울인고
> 바람에 지나는 검줄 갓ㅎ야 갈 길 몰라 ㅎ노라(제9수)
> 이 거사 어린 거사 잡말 마라스라
> 漆室의 悲歌를 뉘라서 슬퍼 하리
> 어듸서 濁酒 한 잔 얻어 이 실람 풀가 ㅎ노라(제10수)

제5단락에서는 서울로 갈 길도 모르고, 이 비가가 분에 맞지 않는 시름이니, 탁주로 이 시름을 풀겠다고 노래한다. 이는 앞에서 시름을 다 노래한 다음에 그것을 해결할 수 없어 탁주로 대신하는 결사이다. 제9수에서 어느 곳이 서울인지 모르고, 바람에 지나는 검불 같아서 갈 길을 모른다고 노래하는데, 이는 세상의 흐름에 갈 길을 모른다는 것이다. 그리고 제10수에서는 "이 어리석은 사람아 잡말하지 말라"고 극적 양식을 취하면서, 이제까지 노래한 제4단락까지의 노래가 칠실지우(漆室之憂)[3], 에서와 같이 신분에 맞지 않는 시름이므로, 어디서 탁주 한 잔이나 얻어 이 시름을 풀려 한다고 노래한다. 이는 탁주 한 잔으로 시름을 풀어 보겠다는 상투적인 결사의 표현이다.

이런 점에서 이 작품은 서사(제1단락), 본사(제2-4단락, 점층적 구조), 결사(제5단락) 등의 구조로 정리할 수 있다. 그리고 이 작품은 [병자호란에서 심양에 볼모로 가서 귀환하지 못하고 있는 세자를 귀환케 할 수 없는 슬픔]을 주제로 노래하였다고 정리할 수 있다.

4. 형식의 사적 맥락

이 〈비가〉는 제2, 3장에서 보았듯이, 동일 표현을 통하여 2수를 1단락으로 묶은 연시조이며, 서사 - 본사(점층적 구조) - 결사의 구조를 가진 연시조이다. 이런 형식 또는 구조는 근원이 어디에 있으며, 이 작품은 그 후의 어느 작품에 영향을 주었을까. 이 사적 맥락을 이 장에서 정리하고자 한다.

---

3 옛날 魯나라의 칠실이란 고을의 한 여자가 나라의 일을 근신하던 끝에 목매어 자살한 고사에서 나온 말로, 제 신분에 맞지 않는 근심을 의미한다.

4.1. 동일 표현으로 묶는 2수 1단락

동일 표현으로 묶은 2수 1단락은 『용비어천가』에서 보인다.

周國(주국) 大王(대왕)이 豳谷(빈곡)애 사샤 帝業(제업)을 여르시니
우리 始祖(시조)ㅣ 慶興(경흥)에 사샤 王業(왕업)을 여르시니(제3장)

狄人(적인)ㅅ 서리예 가샤 狄人(적인)이 외어늘 岐山(기산) 올샤도 하디시니
野人(야인)ㅅ 서리예 가샤 野人(야인)이 외어늘 德源(덕원) 올샤도 하디시니(제4장)

이 제3장과 제4장에서 보듯이, 동일 표현에 의해 2수를 1단락으로 묶었다. 그것도 중국의 고사를 먼저 노래하고, 그 다음에 조선의 것을 노래하고 있다. 이는 앞에서 본 〈비가〉에서와 같은 표현과 묶음이다.

이번에는 동일 표현에 의해 2수를 1단락으로 묶은 〈전원사시가〉를 보자. 이 작품은 신계영(1577~1669)이 낙향하여 80대(1657년 이후)에 지은 작품이다.

봄날이 점점 기니 殘雪이 다 녹거다
梅花ᄂᆞᆫ ᄇᆞᆯ셔 디고 버ᄃᆞᆯ가지 누르럿다
아히야 울 잘 고티고 菜田 갈게 ᄒᆞ야라[제1수(춘1)]
陽坡의 풀이 기니 봄빗치 느저 잇다
小園 桃花ᄂᆞᆫ 밤 비예 다 픠거다
아히야 쇼 됴히 머겨 논밧 갈게 ᄒᆞ야라[제2수(춘2)]

殘花 다 진 後의 綠陰이 기퍼 간다
白日 孤村에 낫둙의 소릐로다
아희야 계면됴 불러라 긴 조롬 씨오쟈[제3수(하1)]
園林 寂寞ᄒᆞᆫ뒤 北窓을 빗겨 시니
("牧笛 三弄聲에 긴 조름 밀려온다")
(아희야) 거문고 노라라 낫잠을 씨와괴야[제4수(하2)]

흰 이술 서리 되니 ᄀᆞ올히 느저 잇다
긴들 黃雲이 ᄒᆞᆫ 빗치 피거고야
아희야 비존 술 걸러라 秋興 계워 ᄒᆞ노라[제5수(추1)]
東籬예 菊花 피니 重陽이 거에로다
自蔡로 비즌 술이 ᄒᆞ마 아니 니것ᄂᆞ냐
아희야 紫蟹 黃鷄로 안酒 쟝만 ᄒᆞ야라[제6수(추2)]

北風이 노피 부니 압 뫼히 눈이 딘다
茅簷 춘 빗치 夕陽이 거에로다
아희야 豆粥 니것ᄂᆞ냐 먹고 자랴 ᄒᆞ노라[제7수(동1)]
어제 쇼 친 구돌 오놀이야 채 덥거니
긴 즘 계우 씨니 아젹 날이 놉파 잇다
아희야 서리 녹앗느냐 닐고 쟈고 ᄒᆞ노라[제8수(동2)]

이바 아희돌아 새희 온다 즐겨 마라
헌서ᄒᆞᆫ 歲月이 少年 아사 가ᄂᆞ니라
우리도 새희 즐겨 ᄒᆞ다가 이 白髮이 되얏노라(제석1)
이바 아희돌아 날 싄다 깃거 마라
자고 새고 자고 새니 歲月이 몃츳 가리

百年이 하 草草ᄒᆞ니 나는 굿버 ᄒᆞ노라(제석2)

인용의 〈전원사시가〉에서 보듯이, 밑줄 친 부분의 동일 표현에 의해 2수를 1단락으로 묶고 있다. 이는 이정환의 〈비가〉에서 볼 수 있는 형태이다. 이정환의 주거지인 공주와, 신계영의 주거지인 예산은 거리가 멀지 않고, 연대순에서도 문제가 없다는 점에서, 영향 수수관계를 논하기에 문제가 없다.

이번에는 서사 - 본사(점층적 구조) - 결사의 구조를 보자. 이런 구조는 박인로의 〈오륜가〉[인수(仁叟)가 작고한 인조 12년 1634년 이후의 작품]에서 보이는데, 그 중의 하나인 〈부자유친〉 5수를 보자.

아비는 나ᄋᆞ시고 어미는 치옵시니
昊天罔極이라 갑흘길이 어려우니
大舜의 終身誠孝도 못다한가 ᄒᆞ노라(제1수)

人生 百歲中에 疾病이 다 이시니
父母를 섬기다 몃히를 섬길넌고
아마도 못다홀 誠孝를 일쯕 내펴 보렸로라(제2수)

父母 섬기기를 至誠으로 셤기리라
鷄鳴에 盥漱ᄒᆞ고 燠寒을 뭇ᄌᆞ오며
날마다 侍側奉養을 沒身不衰 ᄒᆞ오리라(제3수)

世上 사ᄅᆞᆷ들아 父母恩德 아ᄂᆞ산다
父母곳 아니면 이몸이 이실소냐
生死葬祭 禮로ᄡᅧ 終始 갓게 섬겨서라(제4수)

三千罪惡 中에 不孝애 더니 업다
夫子의 이 말ᄉᆞᆷ 萬古애 大法 삼아
아모려 下愚不移도 미처 알게 ᄒᆞ렷로라(제5수)

이 5수는 양희철의 해석을 보면, 서사 - 본사(점층적 구조) - 결사의 구조이다. 해당부분을 인용하면 다음과 같다.

> 부자유친 5수는 제2-4수에서 앞으로 구체적으로 갚으려는 부모의 은혜가 매우 커서 갚기 어려운 것임을 서두에서 제시한 서론(제1수), 부모의 매우 큰 은혜를 갚을 수 있는 방법들을 점층적으로 노래한 본론(제2-4수), 왜 부모의 매우 큰 은혜를 갚아야 하는가를 알고, 효를 이행하게 하겠다는 의지를 노래한 결론(제5수) 등으로 이루어진 3단 구조로 정리할 수 있다. 본론은 부모의 매우 큰 은혜를 갚을 수 있는 방법을 노래하였는데, 이른 시기부터 행함(제2수), 생전에 날마다 행함(제3수), 생사장제의 생전은 물론 사후까지 행함(제4수) 등에서와 같이, 효를 행하는 그 시간에서 확장적인 점층적 구조로 정리할 수 있다.

이 인용에서 보듯이, 〈부자유친〉은 서사 - 본사(점층적 구조) - 결사의 구조이다. 그리고 박인로의 〈오륜가〉에 나온 〈군신유의〉, 〈부부유별〉, 〈형제유애〉 등은 앞의 〈부자유친〉과도 같은 구조이다. 이런 점에서 〈비가〉는 박인로의 〈군신유의〉, 〈부자유친〉, 〈부부유별〉, 〈형제유애〉 등과 같은 구조임을 정리할 수 있다.

5. 결론

지금까지 〈비가〉의 결속, 종결, 구조, 주제 등을 다시 한번 검토하고 정리하였다. 그 중에서 중요한 것들을 요약하여 결론을 대신하면 다음과 같다.

먼저 이 작품을 3단락으로 나누고, 단락내 결속을 보이는 반복표현, 일탈표현, 대칭표현 등을 보자.

1) 제1단락(제1, 2수)의 일탈표현, 제2-4단락(제3-8수)의 반복표현, 제5단락(제9, 10수)의 일탈표현 등은 각각 규범을 일탈하면서, 제1단락, 제2-4단락, 제5단락 등의 단락성을 보여준다. 그리고 제2-4단락(제3-8수)의 반복표현은 제2-4단락에서 단락간의 결속도 보여준다.
2) ['ᄒᆞ노라'(제1단락) - 'ᄒᆞ노라'(제2단락) - '업셰라'(제3단락, 대칭축) - 'ᄒᆞ노라'(제4단락) - 'ᄒᆞ노라'(제5단락)]의 대칭표현과, ['ᄒᆞ-, ᄒᆞ-'(제1단락) - 'ᄒᆞ-, ᄒᆞ-'(제2단락) - '없-, 없-'(제3단락, 대칭축) - 'ᄒᆞ-, ᄒᆞ-'(제4단락) - 'ᄒᆞ-, ᄒᆞ-'(제5단락)]의 대칭표현은, 각각 제1단락(제1단락), 제2단락(제2, 3, 4단락), 제3단락(제5단락)의 단락간 결속을 보여주면서, 대칭의 시종에 의한 종결도 보여준다.
3) 제5단락의 '-노라, -노라'의 일탈표현은 반복표현의 후미 전환형의 종결을 보여주면서, 이 종결을 통하여 세 단락(제1, 2, 3단락)의 결속도 보여준다.
4) 〈비가〉는 서사(제1단락), 본사(제2-4단락, 점층적 구조), 결사(제5단락) 등의 구조이며, 본사는 볼모로 잡혀가 있는 세자를 귀환하게 할 수 있는 인물이 없음을 노래하되, 노래하는 차원을 개인의 차원(제2단락), 조정의 차원(제3단락), 임금을 포함한 조선 전체의

차원(제4단락) 등으로 점층시킨 점층적 구조이다.

5) 〈비가〉의 주제는 [병자호란에서 심양에 볼모로 가서 귀환하지 못하고 있는 세자를 귀환케 할 수 없는 슬픔]으로 정리된다.

6) 〈비가〉는 동일 표현에 의해 2수를 1단락으로 묶은 연시조인데, 이런 묶음은 『용비어천가』에 그 근원을 두고 있으며, 〈전원사시가〉[신계영(1577~1669)이 낙향하여 80대(1657년 이후)에 지은 작품]로 이어진다.

7) 〈비가〉의 서사 - 본사(점층적 구조) - 결사의 구조는 거의 동시대의 박인로의 〈오륜가〉(仁叟가 작고한 인조 12년 1634년 이후의 작품)에 포한된 〈군신유의〉, 〈부자유친〉, 〈부부유별〉, 〈형제유애〉 등에서도 보인다.

참고문헌

강전섭(1986), 「고시조집의 신빙성 문제」, 『한국학보』 9-4, 일지사; 강전섭(1986), 「고시조집의 신빙성 문제」, 『한국시가문학연구』, 대왕사.

강전섭(1988a), 「〈고산구곡가〉의 작자 고증」, 『고전문학연구』 4, 한국고전문학연구회.

강전섭(1988b), 「고산구곡가의 원전모색」, 『석하 권영철 박사 회갑기념 국문학연구논총』 형설출판사.

강전섭(1993), 「「고산구곡가」 유형시가의 양식사적 고찰」, 『도산학보』 14, 도산학회.

고미숙(1991), 「안민영의 작품세계와 그 예술사적 의미」, 『한국학보』 62, 일지사.

고미숙(1994), 「19세기 시조의 전개 양상과 그 작품세계 연구 : 그 예술사적 흐름과 관련하여」, 박사논문, 고려대학교 대학원.

고성환(1996), 「〈오우가〉의 어학적 분석」, 『문학과 어학의 만남』, 신구문화사.

고영근(1996), 「윤선도 〈오우가〉의 텍스트 분석」, 『이기문 교수 정년퇴임기념논총』, 신구문화사.

고영화(2000), 「장르의 매체적 성격과 장르 선택 원리에 대하여 : 오륜가 계열 경기체가와 시조를 중심으로」, 『문학교육학』 5, 한국문학교육학회.

고정희(2004), 『고전시가와 문체의 시학』, 월인.

고정희(2005), 「〈도산십이곡〉과 〈고산구곡가〉의 언어적 차이와 시가사적 의의」, 『국어국문학』 141, 국어국문학회.

구수영(1986), 「노계 박인로의 시가 연구」, 박사논문, 동국대학교 대학원.

권순회(2000), 「전가시조의 미적 특질과 사적 전개 양상」, 박사논문, 고려대학교 대학원.

권순회(2003), 「농요로 읽는 〈농가구장〉의 세계상과 표현 미학」, 박노준 편, 『고전시가 엮어읽기』(하), 태학사.

권순회(2009), 「『고금가곡』의 원본 발굴과 전사 경로」, 『우리어문연구』 34, 우리어문학회.

권연웅・금종우 편(1997), 『퇴계학 연구논총 5 : 문학사상(하)・정치사상』, 경북대 퇴계연구소.

권영철(1966), 「반구옹시조와 도산십이곡의 계보」, 『효대논문집』 1, 효성여대.

권정은(2003), 「훈민시조의 창작기반과 다원적 진술양상」, 『국문학연구』 9, 국문학회.

권정은(2004), 「자연시조의 구성공간과 지향의식」, 박사논문, 서울대학교 대학원.

권정은(2006), 「조선후기 변이형 자연시조의 미적 경계 : 〈화암구곡〉과 〈애경당십이월가〉를 중심으로」, 『정신문화연구』 105(29-4), 한국학중앙연구원.

권택경(1999), 「안민영론」, 원용문 편, 『한국시조작가론』, 국학자료원.

김경한(1964), 「도산십이곡에 대한 연구」, 『조윤제박사화갑기념논문집』, 신아사.

김광순・이동환 편(1997), 『퇴계학 연구논총 4 : 문학사상(상)』, 경북대 퇴계연구소.

김광순(1993), 「퇴계문학에 나타난 자연관과 인간관」, 『퇴계학논집』 75・76, 퇴계학연구원 ; 김광순(1997), 『퇴계학 연구논총 4 : 문학사상(상)』, 경북대 퇴계연구소.

김광순(1997), 「퇴계문학에 나타난 자연관과 인간관」, 『퇴계학 연구논총 4 : 문학사상(상)』, 경북대 퇴계연구소.

김기평(1974), 「박로계의 오륜가 소고」, 『공주교육대 논문집』 11, 공주교대.

김남기(1999), 「『동유록』 소재 기행시조에 대하여」, 『문헌과 해석』 6, 문헌과해석사.

김대행(1986), 「작자의 한 유형과 그 작품 : 율곡 이이와 고산구곡가」, 『시조유형론』, 이화여자대학교 출판부.

김명준(2004), 『악장가사주해』, 도서출판 다운샘.

김명준(2005), 「〈강호사시가〉의 창작 시기와 세계상」, 『고시가연구』 15, 한국고시가문학회.

김문기(1991), 「구곡가계 시가의 계보와 전개양상」, 『국어교육연구』 23, 경북대학교 국어교육연구회.

김문기(1999), 『국역 노계집』, 역락.

김문기(2005), 「서원 교육과 신재 주세붕」, 『국어교육연구』 38, 국어교육학회.

김병국(1986), 「한국 전원문학의 전통과 그 현대적 변이 양상」, 『한국문화』 7, 서울대학교 한국문화연구소.

김병국(1991), 「「고산구곡가」 연구 : 『정언묘선』과 관련하여」, 박사논문, 성균관대학교 대학원.

김병국(2000), 『고전시가의 미학 탐구』, 월인.

김사엽(1954), 『개고국문학사』, 정음사.

김사엽(1960), 「규호시의방과 전가팔곡」, 경대논문집편집위원회, 『영서 고병간 박사 송수기념논총』(『경북대학교 논문집』 4집), 경북대학교.

김사엽(1962), 『이조시대의 가요연구』, 학원사.

김상진(1990), 「〈고산구곡가〉의 구조와 의미 고찰」, 『한양어문연구』 8, 한양대학교 한양어문연구회.

김상진(1996), 「조선 중기 연시조의 연구: 사시가계, 오륜가계, 육가계 작품을 중심으로」, 박사논문, 한양대학교 대학원.

김상진(1997), 『조선중기 연시조의 연구』, 민속원.

김상진(2006), 「〈전원사시가〉의 사시와 '제석'의 의미」, 『16·17세기 시조의 동향과 경향』, 국학자료원.

김상진(2008), 「안서우의 〈유원십이곡〉 재조명: 강호인식과 연작성을 중심으로」, 『온지논총』 19, 온지학회.

김상진(2010), 「권구의 〈병산육곡〉에 나타난 공간 인식과 연작성」, 『동방학』 19, 한서대학교 동양고전연구소.

김상진(2012), 「장경세의 〈강호연군가〉와 법고 창신」, 『온지논총』 31, 온지학회.

김석회(1987), 「윤선도의 자연관과 그 실현양상에 관한 한 고찰」, 『고산연구』 1, 고산연구회.

김석회(1992), 「존재 위백규의 생활시 연구」, 박사논문, 서울대학교 대학원.

김석회(1995), 『존재 위백규 문학 연구』, 이회문화사.

김석회(2002), 「18세기 향촌사회와 위백규의 〈농가구장〉」, 김학성·권두환 공편, 『신편고전시가론』, 새문사.

김석회(2003), 「「독락팔곡」과 「전가팔곡」의 거리」, 박노준 외, 『고전시가 엮어읽기·하』, 태학사.

김선기(2001), 「금옥총부(주옹만영)의 작품 후기에 관한 연구」, 『어문연구』 37, 어문연구학회.

김선기(2002), 「안민영 시조를 둘러싼 국악원본 『가곡원류』와 『금옥총부』의 비교 고찰」, 『한국언어문학』 48, 한국언어문학회.

김선호(1981), 「오륜가의 연구」, 석사논문, 건국대학교 대학원.
김성기(2001), 「위백규의 농가 연구」, 『어문연구』 36, 어문연구학회.
김수경(2013), 「조선시대 『시경』 인식에서의 詩可以怨과 온유돈후」, 『한국한문학연구』 52, 한국한문학회.
김신중 외 4인(2001), 『호남의 시조문학』, 심미안.
김신중(1991), 「사시가의 강호 인식」, 『호남문화연구』 20, 전남대학교 호남학연구원.
김신중(1992), 「한국 사시가의 연구」, 박사논문, 전남대학교 대학원.
김열규(1987), 「고산작품론 : 반복법과 그 연장관계를 중심으로」, 『고산연구』 1, 고산연구회.
김용덕(1985), 「향음례고」, 『동방학지』 46-48, 연세대학교 국학연구원.
김용섭(1991), 「강호연군가고」, 『논문집』 24-2, 삼척공업전문대학.
김용찬(2003), 「위백규 〈농가〉의 구조와 작품세계」, 『어문논집』 48, 민족어문학회.
김용찬(2006a), 「〈금옥총부〉를 통해 본 안민영의 가악 활동과 가곡 연창의 방식」, 『시조학논총』 24, 한국시조학회.
김용찬(2006b), 「안민영 〈매화사〉의 연창 환경과 작품 세계」, 『어문논집』 54, 민족어문학회.
김용철(1990), 「훈민시조연구」, 석사논문, 고려대학교 대학원.
김은혜(1997), 「위백규 시 연구」, 『성심어문논집』 18, 가톨릭대학교.
김태환(1998), 「율곡 고산구곡가의 자연과 풍류」, 『한국학대학원논문집』 13, 한국정신문화연구원 한국학대학원.
김태환(2005), 「퇴계의 〈도산육곡〉 언지 제6장 '사시가흥'의 해석」, 『어문연구』 49, 어문연구학회.
김풍기(2013), 「〈고산구곡가〉에 나타난 이상향의 의미 : 주자의 〈무이도가〉와의 비교를 중심으로」, 『율곡사상연구』 29, 율곡연구원.
김학성(2009), 『한국고전시가의 전통과 계승』, 성균관대학교 출판부.
김혜숙(1992), 「〈고산구곡가〉와 정신의 높이」, 백영 정병욱 선생 10주기 추모논문집 간행위원회, 『한국고전시가작품론2』, 집문당.
김흥규(1981), 「강호자연과 정치현실」, 『세계의 문학』 19, 민음사; 김학성 · 권두환 편(1984), 『고전시가론』, 새문사.

김흥규(1982), 『조선후기의 시경론과 시의식』, 고려대학교 민족문화연구소.
김흥규(1996), 「16·17세기 강호시조의 변모와 전가시조의 형성」, 『어문논집』 35, 고려대학교 국어국문학연구회.
남정희(2008), 「신계영의 〈전원사시가〉에 나타난 시간인식과 전원의 의미」, 『어문연구』 57, 어문연구학회.
노인숙(1999), 「이이론」, 원용문 편, 『한국시가작가론』, 국학자료원; 노인숙(2002), 「율곡 이이론」, 『한국시가연구』, 국학자료원.
류준필(1992), 「안민영의 〈매화사〉론」, 백영 정병욱 선생 10주기추모논문집 간행위원회 편, 『한국고전시가작품론2』, 신구문화사.
류해춘(2011a), 「〈도산십이곡〉과 〈어부사시사〉, 그 표현의도와 수사학」, 『고시가연구』 27, 한국고시가문학회.
류해춘(2011b), 「16세기 〈어부가〉와 〈오륜가〉, 그 표현의도와 수사학」, 『시조학논총』 34, 한국시조학회.
문영오(1972), 「고산 윤선도의 단가연구 : 특히 「산중신곡」을 중심으로」, 『동악어문논집』 8, 동국대.
문영오(1986), 「고산론」, 『동대논총』 16, 동덕여자대학교.
민주식(1999), 「조선시대 지식인의 미적 유토피아 : '무이구곡'의 예술적 표현을 중심으로」, 『미학』 26, 한국미학회.
박경주(1996), 『경기체가 연구』, 이회.
박규홍(1983), 『조선전기 연시조 연구』, 석사논문, 영남대학교 대학원.
박노준(1990), 「안민영 시조의 기본 '틀'과 지향세계」, 『고전문학연구』 5, 한국고전문학연구회.
박노준(1998), 「안민영의 삶과 시의 문제점」, 『조선후기 시가의 현실인식』, 고려대학교 민족문화연구원.
박노춘(1962), 「신계영과 그의 신석가사 : 신발견 국문학 자료 소개」, 『현대문학』 85, 현대문학사.
박성의(1966;1978), 『송강·노계·고산의 시가문학』, 현암사.
박요순(1977), 「신발견 황강구곡가고」, 『어문논총』 19·20, 고대 국어국문학회.
박요순(1987), 『옥소 권섭의 시가연구』, 탐구당.
박을수(1975), 「사설시조의 수사기교 고찰(IV)」, 『새국어교육』 22·23, 한국국어교육연구회.
박을수(1985), 「안민영론」, 황패강 · 소재영 · 진동혁 공편, 『한국문학작가론』, 형설출판사.
박이문(1983), 『예술철학』, 문학과지성사.
박이정(2002), 「18세기 예술사 및 사상사의 흐름과 권섭의 「황강구곡가」」, 『관악어문연구』 27, 서울대학교 국어국문학과.
박종석(2003), 「육가계 시조 연구」, 석사논문, 고려대학교 인문정보대학원.
박준규(1989), 「송암의 수운정제영과 「강호구가」」, 『어문논총』 10 · 11, 전남대학교 국어국문학연구회; 박준규(1997), 「송암의 수운정제영과 「강호구가」」, 국어국문학회 편, 『고시조연구』, 태학사.
박준규(1997), 「윤선도의 〈오우가〉 연구」, 『고시가연구』 4, 한국고시가문학회.
박해남(2011), 「이별 '육가'의 연원 재고」, 『한국시가연구』 31, 한국시가학회.
서명희(2013), 「시교 전통의 문학교육적 의의 연구 : 〈도산십이곡〉과 〈고산구곡가〉의 창작과 영향을 중심으로」, 박사논문, 서울대학교 대학원.
서명희(2015), 「즐거움의 깊이와 넓이 : 〈고산구곡가〉의 의미 구조」, 『한중인문학연구』 49, 한중인문학회.
서원섭(1973), 「도산십이곡과 고산구곡가의 비교 연구」, 『청계 김사엽 박사 송수기념논총』, 형설출판사.
서원섭(1974), 「이퇴계의 도산십이곡 연구」, 『한국의 철학』 2, 경북대 퇴계연구소; 서원섭(1997), 『퇴계학 연구논총 4 : 문학사상(상)』, 경북대 퇴계연구소.
서재극(1978), 「낙애실기의 단가」, 모산심재완박사회갑기념 시조논총 간행위원회, 『모산심재완박사회갑기념 시조논총』, 일조각.
성기옥 외 4인(2004), 『한국시의 미학적 패러다임과 시학적 전통』, 소명출판.
성기옥(1987), 「고산 시가에 나타난 자연인식의 기본 틀」, 『고산연구』 1, 고산연구회.
성기옥(1998), 「한국 고전시 해석의 과제와 전망 : 안민영의 〈매화사〉 경우」, 『진단학보』 85, 진단학회.
성기옥(2001), 「「도산십이곡」의 재해석」, 『진단학보』 91, 진단학회.
성기옥(2002), 「〈도산십이곡〉의 구조와 의미」, 『한국시가연구』 11, 한국시가학회.
성무경(2001), 「『금옥총부』를 통해 본 '운애산방'의 풍류세계」, 『반교어문연구』 13, 반교어문학회; 성무경(2004), 「『금옥총부』를 통해 본 '운애산방'의 풍류세계」, 『조선후기, 시가문학의 문화담론 탐색』, 보고사.
성무경(2005), 「주제별 분류 가곡 가집, 『고금가곡』의 문화도상 탐색 : 마에마 쿄오사쿠[前間恭作] 전사 동양문고본을 대상으로」, 『한국시가연구』 19, 한국시가학회.
손오규(1990), 「퇴계의 산수문학 연구」, 박사논문, 성균관대학교 대학원.
손오규(1992), 「고산구곡가의 미적 위상」, 『한국문학논총』 13, 한국문학회.
손오규(2000a), 『산수문학연구』, 제주대학교 출판부.
손오규(2000b), 「퇴계의 천석고황과 상심」, 『백록어문』 16, 백록어문학회.
손정인(2012), 「안민영 〈매화사〉의 성격과 의미」, 『한민족어문학』 62, 한민족어문학회.
송정헌(1986), 「박선장의 오륜가와 박박전가 소고」, 개신어문학회 편, 『동천 조건상 선생 고희기념논총』, 형설출판사.
송종관(1999), 「가사와 시조의 상보적 관계 연구 : 〈전원사시가〉와 〈월선헌십륙경가〉의 경우」, 『어문학』 66, 한국어문학회.
송팔성(1992), 「사시가의 자연관과 시간의식」, 석사논문, 서울대학교 대학원.
신경숙(1999), 「안민영과 기녀」, 『민족문화』 10, 한성대학교 민족문화연구소.
신경숙(2000), 「안민영과 예인들 : 기악 연주자들을 중심으로」, 『어문논집』 41, 민족어문학회.
신경숙(2001), 「안민영과 예인 집단의 좌상객 연구」, 『한국시가연구』 10, 한국시가학회.
신경숙(2005), 「안민영 사랑 노래의 생산적 토대」, 『한성어문학』 24, 한성대학교 한국어문학부.
신성환(2014), 「위재 위백규의 향촌공동체 운영과 「농가」」, 『어문연구』 161, 한국어문교육연구회.
신성환(2015), 「17세기 재지사족의 향촌질서 재편과 〈전가팔곡〉」, 『우리어문연구』 52, 우리어문학회.
신연우(1998), 「주세붕에서 정철로 훈민시조의 변이와 그 의의」, 『온지논총』 4, 온지학회.
신연우(1999), 「초기 사대부 시조의 '질서 의식' 연구」, 『시조학논총』 14, 한국시조학회.

신연우(2000), 『사대부 시조와 유학적 일상성』, 이회.
신연우(2004), 「이황의 '연비어약' 이해와 시적 구현」, 『시조학논총』 21, 한국시조학회.
신영명(1990), 「16세기 강호시조의 연구」, 박사논문, 고려대학교 대학원.
신영명(2000), 「17세기 강호시조에 나타난 '전원'과 '전가'의 형상」, 『한국시가연구』 6, 한국시가학회.
신영명(2007), 「시골로 내려온 서울, 서울로 오르지 못한 시골」, 『시조학논총』 26, 한국시조학회.
심재완(1961), 「금옥총부 연구 : 문헌적 고찰 및 안민영 작품 고찰」, 『논문집』 4, 청구대학.
심재완(1972a), 『교본 역대시조전서』, 세종문화사.
심재완(1972b), 『시조의 문헌적 연구』, 세종문화사.
안대회(2004), 「꽃의 달인, 유박」, 『신동아』 542(47-11), 동아일보사.
안병태(1973), 「윤고산의 오우가에 나타난 자연관」, 『무애양주동박사고희기념논문집』, 탐구당.
안혜진(2006), 「〈농가구장〉의 권농가적 특성과 그 의의」, 『한국시가연구』 21, 한국시가학회.
양순필(1972), 「병자란을 제재로 한 시조고」, 석사논문, 동국대학교 대학원.
양순필(1976), 「이정환의 비가 연구」, 『논문집』 4, 단국대학교 대학원.
양희찬(2004), 「맹사성 〈강호사시가〉의 짜임새」, 『시조학논총』 21, 한국시조학회.
양희찬(2012), 「안민영 〈매화사〉의 짜임새에 대한 고찰」, 『시조학논총』 36, 한국시조학회.
양희철·김상태 공편역(2000), 『일탈문체론 : 리파테르, 레빈, 리이치의 이론들』, 보고사.
양희철(2006), 「시조 종장말 생략의 유형 일면」, 『어문논총』 20, 동서어문학회.
양희철(2007a), 「시조 종장말의 동형구문 겹생략의 유형」, 『국제문제연구』 25, 청주대학교 국제협력연구원.
양희철(2007b), 「시조 종장말의 이형성분 겹생략의 유형」, 『인문과학논집』 37, 청주대학교 한국문화연구소.
양희철(2007c), 「시조 생략종결의 기능 일면 : 생략된 동형 문장성분들의 중의와 수용자의 관계를 중심으로」, 『어문연구』 53, 어문연구학회.
양희철(2007d), 「시조 생략종결의 함축 연구」, 『한국시가연구』 22, 한국시가학회.
양희철(2007e), 「온유돈후와 퇴계의 시가 비평어」, 『청대학술논집』 36, 청주대학교 한국문화연구소.
양희철(2007f), 「「도산십이곡」 언학 6수의 온유돈후」, 『어문논총』 21, 동서어문학회.
양희철(2008a), 「「도산십이곡」 언지 6수의 온유돈후」, 『국제문화연구』 26, 청주대학교 국제협력연구원.
양희철(2008b), 「「도산십이곡」의 두 창자/텍스트」, 『인문과학논집』 37, 청주대학교 한국문화연구소.
양희철(2008c), 「「도산십이곡」의 네 구조와 의미」, 『어문논총』 22, 동서어문학회.
양희철(2009), 「도산십이곡의 원본과 정본」, 『인문과학논집』 39, 청주대학교 한국문화연구소.
양희철(2010a), 「〈도산육곡1(언지)〉의 변모 양상」, 『어문논총』 24, 동서어문학회.
양희철(2010b), 「연시조 교육의 한 문제」, 『청대학술논집』 4, 청주대학교 학술연구소.
양희철(2010c), 「대칭표현을 포함한 연시조들의 유형성 : 〈도산육곡〉식과 〈방진산군수가〉식의 대칭표현을 중심으로」, 『배달말』 64, 배달말학회.
양희철(2010d), 「〈고산구곡가〉식 대칭표현형 연시조들의 유형성과 개별성」, 『어문연구』 64, 어문연구학회.
양희철(2010e), 「연시조 종결의 표현 유형」, 『인문과학논집』 41, 청주대학교 한국문화연구소.
양희철(2010f), 「연시조 「매화사」의 세 구조 연구」, 『한국언어문학』 74, 한국언어문학회.
양희철(2011a), 「〈방진산군수가〉식 대칭표현형 연시조들의 해석」, 『인문과학논집』 42, 청주대학교 한국문화연구소.
양희철(2011b), 「연시조의 분석 과정과 교육 : 〈주문답〉식 대칭표현형 연시조들의 구조, 주제, 유형성」, 『청대학술논집』 2010년도 특집호 5권, 청주대학교 학술연구소.
양희철(2011c), 「〈고산구곡가〉의 구조 연구」, 『어문연구』 68, 어문연구학회.
양희철(2012a), 「도산육곡2(언학)의 변모 양상」, 『어문논총』 27, 동서어문학회.

양희철(2012b), 「시조 교육에서의 중의에 대하여」, 『청대학술논집』 6, 청주대학교 학술연구소.

양희철(2012c), 「황진이의 시조 「어져 내일이야…」의 연구」, 『배달말』 50, 배달말학회.

양희철(2012d), 「「화암구곡」의 구조 연구」, 『어문연구』 156, 한국어문교육연구회.

양희철(2013a), 「「매화사」의 문학적/음악적 구조와 주제」, 『인문과학논집』 46, 청주대학교 한국문화연구소.

양희철(2013b), 「〈전원사시가〉의 구조 연구」, 『어문연구』 77, 어문연구학회.

양희철(2013c), 「〈전가팔곡〉의 구조와 주제」, 『한국고전연구』 28, 한국고전연구학회.

양희철(2013d), 「〈농가(구장)〉의 구조 연구」, 『인문과학논집』 47, 청주대학교 한국문화연구소.

양희철(2014), 「〈오륜가〉의 구조적 표현과 구조: 악장가사, 주세붕, 박선장 등의 작품을 중심으로」, 『청대학술논집』 2014년도 특집호 8권, 청주대학교 학술연구소.

양희철(2015a), 「〈강호사시가〉와 〈사시가〉의 결속과 구조」, 『청대학술논집』 2015년도 특집호 9권, 청주대학교 학술연구소.

양희철(2015b), 「〈풍아별곡〉의 구조 연구」, 『인문과학논집』 50, 청주대학교 한국문화연구소.

양희철(2015c), 「노계의 연시조 「오륜가」의 구조 연구」, 『한어문교육』 32, 한국언어문학교육학회.

양희철(2015d), 「고산의 연시조 〈우오가〉의 결속과 구조」, 『인문과학논집』 51, 청주대학교 한국문화연구소.

양희철(2015e), 「〈고산구곡가〉의 주제 연구」, 『어문연구』 85, 어문연구학회.

양희철(2015f), 「「고산구곡가」의 용의정심 연구」, 『어문연구』 108, 한국어문교육연구회.

양희철(2016a), 「「오우가」의 처신의 수사와 두 텍스트의 의미」, 『한국언어문학』 96, 한국언어문학회.

양희철(2016b), 「〈강호구가〉의 다섯 텍스트 연구」, 『한국고전연구』 33, 한국고전연구학회.

여기현(1988), 「강호인식의 한 양상」, 『반교어문연구』 1, 반교어문연구회.

예창해(1989), 「퇴계의 시가」, 『국어국문학』 101, 국어국문학회.

오선주(2009), 「신계영, 「전원사시가」의 표현 틀과 의미구조」, 『시조학논총』 31, 한국시조학회.

우응순(1996), 「주세붕의 백운동서원 창설과 국문시가에 대한 방향 모색 : 황준량과의 논의를 중심으로」, 『어문논집』 35, 민족어문학회.

우응순(2002), 「박인로의 안빈낙도 의식과 자연」, 신영명 외 편, 『조선중기 시가와 자연』, 태학사.

원용문(1988), 「윤선도문학연구」, 박사논문, 고려대학교 대학원.

원용문(1992), 「오우가의 윤리적 의미」, 『한국고전시가작품론2』, 집문당.

위홍한(2005), 「존재 위백규의 학풍과 교유관계」, 『고시가연구』 15, 한국고시가문학회.

유수양(2006), 「송암 나위소와 수운정 문학」, 『한국고시가문화연구』 18, 한국고시가문학회.

유수양(2010), 「송암 나위소의 문학 연구」, 박사논문, 전남대학교 대학원.

유육례(2015), 「고산 윤선도의 시에 관한 생태학적 접근 : 「산중신곡」의 〈오우가〉와 〈만흥〉을 중심으로」, 『온지논총』 42, 온지학회.

유탁일(1974), 「이별육가고」, 『교양과정부 논문집』 4, 부산대학교.

윤경수(1966a), 「윤고산의 자연관 : 전통적 사상관으로 본」, 『현대문학』 134, 현대문학사.

윤경수(1966b), 「윤고산론 : 속·윤고산의 자연관」, 『현대문학』 142, 현대문학사.

윤덕진·성무경 주해(2007), 『18세기 중·후반 사곡 가집 고금가곡』, 보고사.

윤덕진(2002), 『선석 신계영 연구』, 국학자료원.

윤덕진(2005), 「고금가곡의 장가 체계」, 『고전문학연구』 28, 한국고전문학회.

윤성근(1970), 「윤선도의 자연관 : 그의 자연미와 그 표현」, 『문화비평』 7·8, 아한학회; 윤성근(1977), 『윤선도 작품집』(어문총서9), 형설출판사.

윤성근(1971), 「훈민시조 연구」, 『한메 김영기 선생 고희기념 논문집』, 형설출판사.

윤영옥(1986), 「매화와 국화의 시조」, 『시조의 이해』, 영남대학교 출판부.

윤영옥(1988), 「고산의 오우가」, 『고산연구』 2, 고산연구회.

윤영옥(2006), 「장육당의 육가와 완세불공」, 『시조학논총』 25, 한국시조학회.

윤정화(2001), 「18세기 향촌사대부의 '육가' 수용의 양상과 의미」, 『문창어문논집』 38, 문창어문학회.

이 이(1611), 『栗谷全書』, 이호형 외 역(1987), 『국역 율곡전서(Ⅲ, Ⅳ, Ⅴ)』, 한국정신문화연구원.

이가원(1984), 「퇴계시의 특징 : 온유돈후에 대하여」, 『퇴계학보』 43, 퇴계학연구원; 이가원(1997), 『퇴계학 연구논총 4 : 문학사상(상)』, 경북대 퇴계연구소.

이기현(1993), 「〈고산구곡가〉의 구조와 지향」, 『한양어문연구』 11, 한양어문연구회.

이기현(1994), 「〈고산구곡가〉의 한역악부에 대한 일고찰」, 『한국학논집』 24, 한양대학교 한국학연구소.

이동연(1995), 「19세기 시조의 변모양상 : 조황 · 안민영 · 이세보의 개인시조집을 중심으로」, 박사논문, 이화여자대학교 대학원.

이동영(1984), 「오륜가고 : 주세붕 · 김상용 · 박인노」, 『어문교육논집』 8, 부산대학교 국어교육과.

이동영(1995), 「이퇴계의 시가와 도학」, 『퇴계학보』 창간호, 퇴계학 부산연구원; 이동영(1997), 『퇴계학 연구논총 4 : 문학사상(상)』, 경북대 퇴계연구소.

이명구(1974), 『고려가요의 연구』, 신아사.

이민홍(1973), 「고산구곡가고」, 『성대문학』 18, 성균관대학교 국어국문학회.

이민홍(1978), 「고산구곡가와 어부사시사의 비교적 고찰」, 『성대문학』 20, 성균관대학교 국어국문학회.

이민홍(1981), 「고산구곡가와 무이도가고(1)」, 『개신어문연구』 1, 충북대학교 개신어문연구회.

이민홍(1982), 「고산구곡가와 무이도가고(2)」, 『개신어문연구』 2, 충북대학교 개신어문연구회.

이민홍(1984), 「사림파문학연구」, 박사논문, 성균관대학교 대학원.

이민홍(1987), 『사림파문학의 연구』, 형설출판사.

이민홍(2000), 『증보 사림파문학의 연구』, 월인.

이상보(1961), 「선석의 시가」, 『국어국문학』 2, 서울문리사범대학 국어국문학회.

이상보(1962), 『개고 박로계 연구』, 일지사.

이상보(1976), 「박선장의 오륜가 연구」, 『명대논문집』 9, 명지대학교.

이상보(1978), 『노계시가연구』, 이우출판사.

이상보(1981), 「정광천의 술회가 소고」, 『한국문학』 89(9-3), 한국문학사.
이상보(1986), 「박인로의 시가문학을 살핌」, 『어문학논총』 5, 국민대학교 어문학 연구소.
이상원(1998), 「17세기 시조 연구」, 박사논문, 고려대학교 대학원.
이상원(2000), 「「고산구곡가」의 이중 구조와 언어미」, 『민족문화연구』 33, 고려대학교 민족문화연구원.
이상원(2003a), 「〈도통가〉와 〈황강구곡가〉 창작의 정치적 배경」, 『한민족어문학』 43, 한민족어문학회.
이상원(2003b), 「조선후기 〈고산구곡가〉 수용양상과 그 의미」, 『고전문학연구』 24, 한국고전문학회.
이상원(2005), 「'육가' 시형의 연원과 '육가형 시조'의 성립」, 『어문논집』 52, 민족어문학회.
이상원(2008), 「17세기 육가형 시조 연구: 장경세의 〈강호연군가〉와 이중경의 〈어부별곡〉」, 『한국언어문학』 65, 한국언어문학회.
이상원(2011a), 「권익륭의 〈풍아별곡〉 연구」, 『한민족문화연구』 38, 한민족문화학회.
이상원(2011b), 「『고금가곡』의 체계와 성격」, 『한민족어문학』 59, 한민족어문학회.
이상원(2012), 「경주이씨 가문의 육가 전승과 그것의 문학사적 의미」, 『고시가연구』 29, 한국고시가문학회.
이상주(1998), 「『서계선생년보』와 「서계륙가」·「옥화륙가」의 창작년대」, 『서지학보』 21, 한국서지학회.
이상주(2002), 「'서계구곡'과 〈서계팔영〉 시」, 『교육과학연구』 16-1, 청주대학교 교육문제연구소.
이상주(2006), 「조선후기 산수평론에 대한 일고찰: 화양구곡을 중심으로」, 『한문학보』 14, 우리한문학회.
이상주(2007), 『충북의 구곡과 구곡시: 선인의 길을 따라 한시와 자연 속으로』(『충북학연구총서』5), 충북개발연구원 충북학연구소.
이시연(1994), 「연시조의 특성에 관한 연구」, 『국문학의 사적 조명1』, 계명문화사.
이용숙(1988), 「〈사우가〉와 〈오우가〉의 비교연구」, 『고산연구』 2, 고산연구회.
이은상(1931), 「병란과 시조: '비가' 소개를 기회로」, 『동아일보』(1931. 5. 16.),

동아일보사.
이재수(1955), 『윤고산연구』, 학우사.
이종출(1970), 「위백규의 시조 「농가」고」, 『사대논문집』 15, 조선대.
이종호(1991), 「퇴계 미의식의 형성 원리」, 『임하최진원박사정년기념논문집 : 고전시가의 이론과 표상』, 동간행위원회.
이창식(2001), 「권섭의 〈황강구곡가〉 연구」, 『시조학논총』 17, 한국시조학회.
이태극(1959 ; 1974), 『시조개론』, 새글사.
이태극(1981), 「고산시조연구 : 특히 오우가를 중심으로」, 『동대어문』 3, 동덕여대 국어국문학과; 이태극(1990), 『고산연구』 4, 고산연구회.
이현자(2001), 「사시가계 연시조에 나타난 강호자연의 인식」, 『시조학논총』 17, 한국시조학회.
이현자(2002), 「조선조 연시조의 유형별 변이양상 연구」, 박사논문, 경희대학교 대학원.
이형대(1997), 「〈강호사시가〉의 장르적 성격과 세계형상」, 『어문논집』 36, 고려대학교 국어국문학연구회.
이형대(2002a), 「안민영의 시조와 애정 정감의 표출」, 『한국문학연구』 3, 고려대학교 민족문화연구원 한국문화연구소.
이형대(2002b), 『한국 고전시가와 인물형상의 동아시아적 변전』, 소망출판.
이휘일(1993), 『존재집』, 『한국문집총간』 124, 민족문화추진회.
임기중 외(1997), 『경기체가 연구』, 태학사.
임선묵(1968), 「수서와 『오륜가』」, 『국문학논집』 2, 단국대학교.
임종찬(1986), 『시조문학의 본질』, 대방출판사.
임주탁(1990), 「연시조의 발생과 특성에 관한 연구 : 〈어부가〉, 〈오륜가〉, 〈도산육곡〉 계열 연시조를 중심으로」, 석사논문, 서울대학교 대학원.
임주탁(1991), 「위백규 「농가」에 관한 연구」, 『관악어문연구』 15, 서울대학교 국어국문학과.
임주탁(2010), 「조선시대 사족층의 시조와 일상성 담론」, 『한국시가연구』 29, 한국시가학회.
임형택(1984), 「국문시 전통과 도산십이곡」, 『한국문학사의 시각』, 창작과 비평사.
임형택(1994), 「17세기 전후 육가형식의 발전과 시조문학」, 『민족문학사연구』 6,

민족문학사연구소.

임형택(2002), 「육가속고」, 『한국문학사의 논리와 체계』, 창작과비평사.

장순희 · 임주탁(2010), 「오우가에 나타난 윤선도의 자연관 재고」, 『새국어교육』 86, 한국국어교육학회.

장승철(1996), 「위백규의 〈농가〉고」, 김완진 외, 『문학과 언어의 만남』, 신구문화사.

장정수(2004), 「〈황강구곡가〉의 창작 배경 및 구성 방식」, 『시조학논총』 21, 한국시조학회.

전재강(1989), 「노계 〈오륜가〉의 당위적 지향과 현실적 표현 양상」, 『문학과 언어』 10, 문학과언어연구회.

전재강(2006), 『사대부시조 작품론』, 새문사.

정 민(2003), 「〈화암구곡〉의 작가 유박(1730-1787)과 『화암수록』」, 『한국시가연구』 14, 한국시가학회.

정 민(2005), 「18 · 19세기 문인지식인층의 원예 취미」, 『한국한문학연구』 35, 한국한문학회.

정명세(1985), 「〈황강구곡가〉 연구」, 『벽송 이근후 선생 화갑기념문집』, 동간행위원회.

정상균(1971), 「율곡의 고산구곡가 소고」, 『선청어문』 2, 서울대학교 국어교육과.

정요일/박성규/이연세(1998), 『고전비평용어사전』, 태학사.

정익섭(1987), 「「오우가」의 교시성과 그 정신」, 『고산연구』 1, 고산연구회.

정재철(2004), 「『정언묘선』의 사유체계 및 심미의식」, 『한국한문학연구』 34, 한국한문학회.

정재호(1977), 「박인로론」, 황패강 · 소재영 · 진동혁 공편, 『한국문학작가론』, 형설출판사.

정재호(1996), 「도산십이곡의 구조」, 『민족문화연구』 29, 고려대 민족문화연구소; 정재호(1999), 『한국시조문학론』, 태학사.

정항표(1992), 「군은의 표현과 서정성의 문제」, 백영 정병욱 선생 10주기추모논문집 간행위원회, 『한국고전시가작품론2』, 집문당.

정혜원(1995), 「18세기 강호시조연구 : 연시조 작품을 중심으로」, 『인문과학연구』 4, 상명대학교 인문과학연구소.

정혜원(1996), 「권구의 병산이거기 작품연구」, 『시조학논총』 12, 한국시조학회.

조규익(1988), 「퇴계의 시가관 소고」, 『퇴계학연구』 2, 단국대 퇴계학연구소; 조규익(1994), 『가곡창사의 국문학적 본질』, 집문당.

조규익(1993), 「안민영론 : 가곡사적 위상과 작품세계를 중심으로」, 『국어국문학』 109, 국어국문학회.

조규익(2010a), 「〈강호연군가〉와 시조사 전개의 한 단서」, 『시조학논총』 32, 한국시조학회.

조규익(2010b), 「선초악장 〈오륜가〉의 시대적 의미」, 『온지논총』 24, 온지학회.

조기영(2008), 「『정언묘선』의 품격과 율곡의 시도」, 『동양고전연구』 31, 동양고전학회.

조동일(1984), 『한국문학통사 3』, 지식산업사.

조동일(1987), 「고산연구의 회고와 전망」, 『고산연구』 1, 고산연구회.

조동일(1990), 「조선시대 영남지방 농민시의 세 층위」, 『민족문화논총』 11, 영남대학교 민족문화연구소; 조동일(1993), 「농민시의 세 층위」, 『한국시가의 역사의식』, 문예출판사.

조동일(1994), 『한국문학통사2』(제3판), 지식산업사.

조동일(2005), 『한국문학통사2』(제4판), 지식산업사.

조성래(1987), 「연시조의 구조에 관한 연구」, 석사논문, 청주대학교 대학원.

조성래(1996), 「연시조 〈오륜가〉의 문체론적 연구」, 박사논문, 청주대학교 대학원.

조성래(1998), 『연시조의 문체론적 연구』, 보고사.

조성래(2000), 「신계영 〈전원사시가〉의 문체적 연구」, 『어문논총』 15, 동서어문학회.

조성래(2001a), 「〈강호사시가〉와 〈사시가〉의 구조 문체」, 『어문논총』 16, 동서어문학회.

조성래(2001b), 「〈강호사시가〉와 〈사시가〉의 서정 양상」, 『어문논총』 17, 동서어문학회.

조윤제(1937), 『조선시가사강』, 박문출판사.

조윤제(1948), 『한국시가의 연구』, 을유문화사.

조윤제(1949), 『국문학사』, 동국문화사.

조창환(1978), 「퇴계 율곡의 시관과 시조」, 『연구논문집』 9-2, 울산공대; 조창환(1998), 「퇴계 율곡의 시관과 시조」, 『한국시의 넓이와 깊이』, 국학자료원.

조태흠(1987), 「고산구곡가의 구조와 의미」, 『국어국문학』 24, 부산대학교 국어국문학과.
조태흠(1989), 「훈민시조연구」, 박사논문, 부산대학교 대학원.
조해숙(1997), 「「오우가」의 시적 구조와 의미 분석」, 『한국시가연구』 1, 한국시가학회.
조혜숙(2011), 「「도산십이곡」에 나타난 시적 표현의 특성: 은유와 운율을 중심으로」, 『우리말교육현장연구』 8, 우리말교육현장학회.
차상원 역해(1986), 『사서오경①: 대학 중용』, 한국교육출판공사.
최동원(1980), 「19세기 시조의 시대적 성격」, 『고시조론』, 삼영사.
최동원(1980), 『고시조론』, 삼영사.
최동원(1982), 「15세기 시조의 양상과 성격」, 『배달말』 7, 배달말학회.
최상은(2008), 「18세기 시가의 정서와 현실인식 지향: 위백규의 한시・시조・가사를 중심으로」, 『반교어문연구』 24, 반교어문학회.
최승범(2006), 「신계영의 「전원사시가」, 그 풍류성」, 『시와 시학』 62(여름), 시와시학사.
최신호(1992), 「〈도산십이곡〉에 있어서의 '언지'의 성격」, 백영 정병욱 선생 10주기추모논문집 간행위원회, 『한국고전시가작품론2』, 집문당.
최재남(1983), 「장육당육가와 육가계 시조: 장육당육가의 복원」, 『어문교육논총』 7, 부산대학교 국어교육과.
최재남(1987), 「'육가'의 수용과 전승에 대한 고찰」, 『관악어문연구』 12, 서울대학교 국어국문학과.
최재남(1997), 『사림의 향촌생활과 시가문학』, 국학자료원
최재남(2003a), 「『심경』 수용과 〈도산십이곡〉」, 『배달말』 32, 배달말학회; 『서정시가의 인식과 미학』, 보고사.
최재남(2003b), 『서정시가의 인식과 미학』, 보고사.
최진원(1965), 「고산의 자연관」, 『성대논문집』 10, 성균관대학교.
최진원(1966), 「윤고산의 자연관」, 『현대문학』 142, 현대문학사.
최진원(1977), 『국문학과 자연』, 성균관대학출판부.
최진원(1987), 「「고산구곡가」고」, 『대동문화연구』 21, 성균관대학교 대동문화연구소.
최진원(1988), 『한국고전시가의 형상성』, 성균관대학교 대동문화연구원.

최현재(2003), 「교훈시조의 전통과 박인로의 〈오륜가〉」, 『한국시가연구』 14, 한국시가학회.

최현재(2005), 「〈도산십이곡〉의 창작의도와 '온유돈후'의 의미」, 『한국문학논총』 39, 한국문학회.

최홍원(2013a), 「주세붕 〈오륜가〉의 표현 전략 연구: 교훈시조 작품군과의 비교를 중심으로」, 『한국언어문학』 84, 한국언어문학회.

최홍원(2013b), 「〈오륜가〉와 출처의 두 얼굴: 주세붕의 〈오륜가〉와 박인로의 〈오륜가〉의 거리」, 『국어국문학』 163, 국어국문학회.

하윤섭(2009), 「선초 〈오륜가〉의 고전적 원천과 그 의미: 경기체가 〈오륜가〉와 시조 〈오륜가〉를 중심으로」, 『어문논집』 60, 민족어문학회.

하윤섭(2010), 「16세기의 법적 질서와 〈오륜가〉의 발생: 15세기와의 대비적 지점을 중심으로」, 『우리어문연구』 37, 우리어문학회.

하윤섭(2011), 「16세기 오륜시조 출현의 시기적 조건과 그 정치적 의미」, 『민족문학사연구』 46, 민족문학사학회.

하윤섭(2012), 「조선조 '오륜' 담론의 계보학적 탐색과 오륜시가의 역사적 전개 양상」, 박사논문, 고려대학교 대학원.

한국정신문화연구원 편(1991), 『한국민족문화대백과사전』, 한국정신문화연구원.

한창훈(1997), 「박인로의 「오륜가」에 드러난 작가의식과 그 사회적 성격」, 『한국시가연구』 2, 한국시가학회.

허영진(2004), 「남창본 『고금가곡집』의 실증적 재조명」, 『국제어문』 31, 국제어문학회.

허왕욱(1996), 「박인로의 〈오륜가〉에 나타난 미의식의 양상」, 『청람어문교육』 15, 청람어문교육학회.

홍성란(2005), 「시조의 형식실험과 현대성의 모색양상 연구」, 박사논문, 성균관대학교 대학원.

황병익(1998), 「박선장의 교육자적 면모와 그 문학세계 고찰」, 『한국문학논총』 23, 한국문학회.

황병익(2012), 「〈도산십이곡〉의 의미 재고」, 『고시가연구』 29, 한국고시가문학회.

황병익(2013), 「〈도산십이곡〉의 의미 재고 2」, 『정신문화연구』 131(36-2), 한국학중앙연구원.

황순구(1986),「안민영론」, 한국시조학회 편,『고시조작가론』, 백산출판사.
황진성(1965),「고산구곡가 연구」,『동악어문논집』 1, 동국대학교 동악어문학회.
황충기(1989),「안민영론」,『시조학논총』 5, 한국시조학회.
황충기(1994),『노계 박인로 연구』, 국학자료원.
황충기(2009),『조선시대 연시조 주해』, 푸른사상.
揭傒斯(中華民國 67),「蕭孚有詩序」, 曾永義 편,『中國文學批評資料彙編之六： 元代文學批評資料彙編』, 臺北： 成文出版社有限公司.
張健(中華民國 67),「敍論」,『中國文學批評資料彙編之四： 南宋文學批評資料彙編』, 臺北： 成文出版社有限公司.
趙則誠・張連弟・畢万忱 主編(1985),『中國古代文學理論辭典』, 吉林省; 吉林文史出版社.
胡炳文(中華民國 67),「程草庭學稿序」, 曾永義 편,『中國文學批評資料彙編之六： 元代文學批評資料彙編』, 臺北： 成文出版社有限公司.
黃美鈴(中華民國 70),『唐代詩評中風格論之硏究』, 臺北： 文史哲出版社.
中文大辭典編纂委員會 편(1973),『中文大辭典』, 대북： 중국문화대학출판부.
前間恭作(1951),『교주가곡집』, 정양사.
Leech. G. N.(1985), "STYLISTICS", Dijk. Van and Teun. A.(ed), *Discourse and Literature*, Amsterdam / Philadelphia : John Benjamins Publishing Company.
Levin. S. R.(1965), "Internal and External Deviation in Poetry", *Word* XXI, New York : the Linguistic Circle of New York.
Riffaterre. M.(1959), "Criteria for Style Analysis", *Word* XV, New York : the Linguistic Circle of New York.
Smith. B. H.(1974), *POETIC CLOSURE : A Study of How Poems End*, CHICAGO・LONDON : The University of Chicago Press.
Taylor. T. J.(1980), *Linguistic Theory and Structural Stylistics*, Oxford・New York : Pergamon Press. 양희철・조성래 공역(1996),『구조문체론』, 보고사.

찾아보기

ㄱ

강호한적 417-419, 421, 422, 424, 425, 429-432, 437, 439-442.

강호한정 16, 17.

겸손의 수사 496, 518.

기승전결 197, 202, 208, 210, 220, 221, 227, 230, 232, 235, 239, 258, 279, 281, 282, 315, 325, 326, 332, 333-335, 337, 338, 340-344, 348-351, 364, 365, 367-369, 371, 373, 374, 377, 379, 401-409, 412, 432, 466, 468, 469, 613, 630, 638, 644, 650, 661, 666, 667.

ㄷ

단락간(의) 결속 5, 47, 75, 97, 103, 120, 122, 123, 125, 126, 148, 149, 155. 163, 169, 177-179, 190, 243, 244, 253, 274, 286, 288, 357, 358, 386-390, 411, 456, 481, 484, 517, 527, 539, 578, 594, 599-601, 609, 610, 621, 623-625, 663, 674, 675, 681, 684-686, 693, 698, 699, 711.

단락내(의) 결속 5, 46, 47, 120-122, 125, 149, 155, 162, 163, 168, 169, 177-180, 188, 194, 212, 219, 243, 244, 253, 356, 357, 386, 411, 481, 516, 517, 526, 527, 539, 578, 607, 620, 621, 624, 625, 662, 673, 680, 684-686, 693, 697, 698, 711.

단락의 종결 70, 187, 212, 578, 607, 620, 624, 662, 673, 681.

대구(對句) 188-190, 192, 193, 215, 218, 219, 236-238, 244, 253, 269, 356, 386-391, 404, 476, 477, 479-481, 578, 579, 600, 601, 607, 609.

대조적 구조 252, 254, 258, 259, 275, 276, 279, 287, 289.

대조적 대칭 273, 274, 287, 288, 427, 433, 440, 441.

대칭적 결속 186, 190-193, 215, 217, 219, 232, 236-239, 301, 303, 304, 307, 313, 335, 345, 347.

대칭적 구조 6, 30, 73, 75, 77, 86, 87, 90-93, 98, 99, 101, 103-105, 175, 176, 180, 296, 312-315, 335-338, 340, 341, 344, 348, 350, 351, 377, 381, 393, 394, 396, 399, 400, 407-409, 411, 412, 421, 422, 430, 432, 435-442, 457, 460, 480, 497,

498, 518, 519, 531, 533, 538, 540, 541, 554, 558, 565, 566, 568, 569, 582, 588, 601, 604, 606, 608, 610, 613, 614, 626, 627, 629, 632, 633, 637, 638, 643, 645, 650, 652, 661, 664, 665, 679, 681, 687, 690, 692, 693.

대칭적 구조의 후미 반복 72, 77, 461, 462.

대칭적 구조의 후미 전환 70, 71, 73-75, 77, 312, 347, 589, 608.

대칭표현 34, 35, 41, 47, 65-70, 75-77, 86, 87, 91, 92, 94-97, 103-105, 110-121, 123, 125, 126, 130, 131, 133-135, 138-142, 147-149, 154, 155, 161, 162, 167-169, 174, 175, 177-179, 183, 191-193, 215-219, 233, 236, 238, 244, 247, 253, 255-257, 259, 269, 270, 273, 274, 283, 284, 286-288, 294, 295, 298, 299, 301-307, 313, 335, 336, 344, 345, 346, 352-354, 356-358, 378, 383, 386- 389, 411, 415, 420, 427, 433, 434, 438, 440, 441, 445-449, 451, 453, 455, 456, 460, 461, 463-465, 469, 481-485, 516, 517, 521, 522, 524- 528, 533, 539, 543, 551, 553, 554, 566, 568, 576-579, 594-596, 598, 599, 607-609, 615-627, 662, 663, 671, 673, 674, 680, 681, 683-686, 690, 693, 695, 697-699, 711.

대칭표현에 의한 (단락간의/텍스트의) 결속 35, 40, 41, 289, 345, 346, 378, 386, 387, 410.

대칭표현에 의한 (단락간의/텍스트의) 종결 47, 86, 244, 289, 345, 346, 378, 386, 387, 410.

대칭표현을 통한 결속 283, 306.

대칭표현을 통한 종결 283, 306.

대칭표현의 후미 도치 179, 301-303.

대칭표현의 후미 전환 65. 67-70, 77, 163, 177, 178, 194, 345, 347, 357-359, 378, 596, 686, 693.

대칭표현의 후미 전환・도치 484, 517, 526, 527, 539, 553, 596.

ㅁ

민요적 표현(aaba) 578-601, 607, 609.

ㅂ

반복(적) 구조 62, 76, 184, 234, 235, 239.

반복(표현)에 의한 결속 34, 40, 126, 138, 278, 378, 385, 699.

반복(표현)의 후미 전환 20, 28, 34, 35, 40, 41, 91, 92, 114, 125, 133, 134, 136, 141, 155, 162, 178, 194,

195, 237, 257, 259, 283, 284, 289, 299, 300, 311, 378, 383, 385, 386, 389, 390, 406, 410, 411, 447, 448, 451, 465, 469, 527, 555, 591, 594, 609, 620, 624, 625, 662, 663, 675, 675, 681, 693, 699, 711.
반복적 결속 301, 345.
반복표현 5, 19, 27, 34, 40, 47, 60, 75, 76, 125, 139, 148, 154, 155, 163, 167-169, 178, 179, 213, 219, 237, 243, 269, 273, 277-279, 286, 288, 301, 345, 357, 358, 378, 417, 423, 424, 427, 434, 440, 446, 447, 449, 451, 464, 465, 484, 516, 527, 539, 577, 578, 600, 624, 625, 663, 673-675, 697, 698, 711.
반복표현의 후미 도치 122, 126, 278.
반복표현의 후미 전환·도치 625, 663.
배려의 수사 496, 518.
병렬적 구조 16, 23, 27, 29, 40, 41, 111, 115, 250, 252, 254, 500, 506, 516, 519, 520.
병렬적 구조의 후미 전환 135.
본결 257-259, 432.
본사와 결사(의 구조) 142, 432.

ㅅ

사시 21, 26, 27, 29, 32, 35, 40-42, 44-47, 50-52, 58-60, 64-66, 69-80, 88, 90, 98, 103, 205, 206, 295, 302, 303, 307-312, 347, 361, 378, 383, 391-397, 402, 411, 414, 416, 420, 435, 496, 497, 505, 512, 518, 528, 624.
사철 71, 72, 295, 302, 303, 307-312, 347, 361, 378, 391, 395, 497, 518, 528.
생략법 486, 491, 492, 496, 518.
서경시 297, 318, 323, 327, 328.
서론, 본론, 결론 143, 155, 160, 163, 166, 170, 173.
서본 340, 341, 432, 608, 630.
서본결 258, 604.
서사-본사-결사 442, 544, 556, 706, 709, 710, 712.
서사, 본사, 결사 437, 522, 532, 545, 546, 548-550, 567, 679, 682, 687, 692, 693, 700, 706, 711.
서사와 본사(의 구조) 122, 123, 125, 126, 340, 341, 432, 506, 516, 519, 520.
서정시 297, 318, 323, 327, 328.
수렴 70, 192, 438, 620.
순수시 297, 318, 323, 327, 328.
순차적 결속 186-190, 192, 193, 211-215, 219, 232, 233, 236, 237, 239, 269, 273, 274, 277, 286-288, 301, 345, 347, 475-481, 485, 516, 621, 662.

순차적 구조의 후미 반복 71, 72.
순차적 구조의 후미 전환 51, 52, 59, 71, 76.
순차적 반복 40, 477, 578, 607.
순차적 진행 16, 21.
순차적 질서 21.
순차적(인) 구조 20, 21, 28, 35, 36, 41, 43, 51, 52, 59, 61, 71, 72, 76, 77, 86, 92, 93, 98, 99, 101, 103-105, 246, 254, 257-259, 296, 312, 313, 315, 347, 348, 393, 394, 396, 401, 411, 435, 449-452, 456, 457, 461, 528, 529, 540, 571, 579, 580, 582, 591, 601, 608-610, 626, 627, 629, 656, 666, 677, 678, 681.
순환적 구조 21, 28, 612, 613.
순환적 구조의 후미 반복 71, 77.
시종의 대칭 139, 148, 193, 217, 219, 237, 238, 299, 302-304, 307, 346, 387-389, 433, 434, 578, 607, 609, 621, 662, 674, 686.
시종의 대칭에 의한 결속과 종결 35, 41.
시종의 대칭(표현)에 의한 종결 1, 47, 86, 103, 105, 131, 139, 148, 177, 179, 192, 244, 388, 595, 608, 699.
시종의 대칭표현 76, 86, 97, 103, 120, 123, 140, 149, 175, 219, 233, 244, 253, 257, 259, 307, 344, 420, 427, 434, 439, 440, 441, 445, 484, 485, 594, 621, 662.
신오석(晨午夕) 79, 82, 87, 90-94, 96-99, 102, 104-106, 416.
신주석야(晨晝夕夜) 35, 51, 98, 497.

ㅇ

연쇄(법) 214, 218, 219, 237, 238, 273, 274, 283, 287, 289.
온유돈후(溫柔敦厚) 240, 520.
완서법 20, 28, 486, 491, 493-496, 503-506, 518.
용의정심(用意精深) 341, 344, 351, 520.
유유자적(悠悠自適) 16, 17, 24-27, 29, 31, 36-41.
음악적 구조 613-615, 655, 656, 658-661, 666.
의미의 반복에 의한 결속 138.
이면적 구조 653.
이면적 의미 251, 491.
이면적 주제 316, 318, 321-324, 326-331, 333, 334, 338, 341-344, 348-351, 509, 514, 515, 615, 652.
이면적 텍스트 298, 322, 323, 327, 329, 335, 337, 338, 340, 341, 475, 496, 499-501, 506-516, 519, 520, 614, 625, 631, 641-647, 649-653, 665.
이면적 텍스트의 주제 321, 326, 333,

506-512, 515, 520, 652, 653.
인과적 구조 40, 41.
일탈표현 5, 65-70, 91, 120, 122, 125, 126, 130, 133, 134, 147, 148, 149, 154, 155, 161, 162, 167, 169, 174, 183, 187, 188, 192, 211, 212, 255-257, 294, 298, 300, 305, 306, 352, 356, 378, 384, 387, 388, 391, 402-406, 415, 427, 445-449, 453, 455, 456, 463, 481, 482, 484, 516, 522, 524, 525, 527, 539, 543, 551-554, 568, 575-578, 595, 596, 598, 607, 609, 615-620, 622-626, 662, 671-674, 680, 681, 683-686, 692, 693, 695, 697-699, 711.
입도차제(入道次第) 297.

ㅈ

재도시(載道詩) 318, 323, 327.
점강(적) 58, 116, 176, 329-333, 419, 422, 424, 457, 459, 460, 462, 534, 535, 566, 588, 636, 637, 648-650, 689, 690.
점강적 구조 72, 75, 112, 115-118, 122, 123, 125, 126, 131, 135, 140-142, 176, 180, 312, 314, 315, 316, 327, 331-334, 335, 337, 338, 340-344, 348-351, 419, 422, 425, 432, 436, 437, 439, 442, 457, 460-462, 535, 538, 540, 541, 565, 566, 568, 588, 608, 632, 637, 645, 650, 690, 692, 693.
점층(적) 22, 53-58, 64, 72, 73, 101, 150-152, 156, 158, 159, 163, 165, 170-172, 176-179, 197, 198, 200, 202, 204, 208, 209, 220, 221, 223, 225, 227-230, 232, 237-239, 250, 252, 272, 280, 281, 285, 317, 318, 322, 324-326, 365-367, 369, 371, 422, 457-459, 462, 537, 538, 565, 588, 591, 593, 604, 606, 609, 634-637, 646-649, 689, 704, 705, 710, 712.
점층적 구조의 후미 전환 28, 51, 52, 59, 76.
점층(적)(인) 구조 22, 51, 53-59, 61, 64, 72, 73, 75, 76, 98-101, 105, 150, 152, 153, 159, 160, 165, 166, 172, 173, 176-180, 184, 200, 209, 220, 225, 229, 232, 234, 237-239, 252, 254, 270, 272, 279-281, 285, 286, 288, 289, 312, 315, 316, 318, 322, 324-326, 335, 337, 338, 340-344, 348-351, 368, 373, 374, 377-379, 422, 436, 439, 457, 459, 460-462, 498, 519, 538, 540, 541, 565-568, 571, 588, 591, 593, 601, 606, 608-610, 632, 637, 644, 649, 650, 689, 690, 692, 693, 700, 701, 705,

706, 709, 710-712.
제유(법) 88, 128, 205, 206, 375, 429, 486-490, 496, 503-506, 517, 518.
제유적 결속 306.
제유적 관계 306, 346.
중의 210, 310, 311, 475, 520.
중의어 501, 507, 510, 513.
중의적 210, 491, 642-646, 649-651.
중층적 구조 197, 198, 200, 202, 204, 208, 209, 220, 221, 223, 225, 227, 228, 230, 232, 237-239.
진락(眞樂) 251, 323, 324, 327, 328, 334, 338, 341-343, 349, 350.

ㅊ

착탈형(着脫形) 78, 185, 415, 435, 442.
처신의 수사 485, 493, 506, 520.
춘하추동 16, 20, 21, 26, 28, 35, 36, 41-43, 47, 51, 52, 59, 71, 75, 76, 79, 82, 84-87, 90, 92, 94, 96-99, 102-106, 496, 497.

ㅌ

탈착형(脫着形) 6, 44, 78, 106, 142, 180, 185, 240, 260, 289, 298, 351, 353, 377, 381, 410, 413, 415, 416, 435, 437, 438, 442, 606, 610, 615, 661, 666-667.
텍스트 전체의 결속 217, 219.
텍스트간의 결속 77, 427.
텍스트내 결속 86.
텍스트의 결속 45, 60, 64, 65, 67, 69, 70, 85, 94, 103, 104, 169, 268, 270, 272, 274, 276-279, 286, 287, 298-300, 306, 307, 344-346, 353, 354, 357, 382,-386, 410, 411, 413, 416, 417, 419, 420, 423, 433, 439, 542, 543, 551, 566, 573, 590, 591, 618, 621, 662.
텍스트의 내부 결속 417, 438.
텍스트의 종결 75, 77, 86, 91, 103, 169, 239, 288, 302, 359, 388, 389, 417, 552, 601, 604, 610, 621, 662, 663.

ㅍ

피격 258, 419, 424, 425, 432, 439, 440, 656.
표면적 (텍스트의) 주제 316, 318, 322-330, 332, 333, 337, 341-344, 348-351, 615, 640, 641.
표면적 텍스트의 구조 325, 332, 501.

ㅎ

후미 반복 72, 77, 456, 462.
후미 반복형 71-73, 77, 415, 427, 434, 453, 456, 461, 699.

연시조 작품론 일반
결속, 종결, 구조, 주제 등을 중심으로

초판 1쇄 인쇄 2016년 8월 18일
초판 1쇄 발행 2016년 8월 26일

지은이 양희철
펴낸이 박성복
펴낸곳 도서출판 월인
주소 01047 서울특별시 강북구 노해로25길 61
등록 1998년 5월 4일 제6-0364호
전화 (02) 912-5000
팩스 (02) 900-5036
홈페이지 www.worin.net
전자우편 worinnet@hanmail.net

ISBN 978-89-8477-621-0 93810

값은 뒤표지에 있습니다.